山東省古籍整理規劃項目

陸子學譜

〔清〕李紱　撰
楊朝亮　點校

创于1897
商務印書館
The Commercial Press
二〇一六年·北京

圖書在版編目(CIP)數據

陸子學譜 / (清) 李紱撰；楊朝亮點校. — 北京：
商務印書館，2016
ISBN 978 - 7 - 100 - 12718 - 9

Ⅰ. ①陸… Ⅱ. ①李… ②楊… Ⅲ. ①理學－思想史
－研究－中國 Ⅳ. ①B244.05

中國版本圖書館CIP數據核字(2016)第274136號

陸子學譜
〔清〕李紱 撰
楊朝亮 點校

商務印書館出版
(北京王府井大街36號 郵政編碼 100710)
商務印書館發行
三河市尚藝印裝有限公司印刷
ISBN 978 - 7 - 100 - 12718 - 9

2016年12月第1版 開本 710×1000 1/16
2016年12月北京第1次印刷 印張 37 1/4

定價：168.00元

點校說明

《陸子學譜》，清人李紱撰。李紱（一六七五—一七五〇），字巨來，號穆堂，江西撫州府臨川縣人。少年家中貧寒，但讀書能『五行並下，落筆數千言』。康熙四十八年（一七〇九）以進士入翰林，益勵於學。六十年充會試副考官，用唐人通榜法，知名之士網羅殆盡。榜後被劾罷官，發永定河工效力。雍正元年（一七二三）復職。二年，署廣西巡撫。三年，改任直隸總督。五年三月，又奉旨前往廣西和雲南，會同雲貴總督鄂爾泰等辦理粵黔分界以及泗城改流等事。就在被命出差雲貴之際，遭一些大臣彈劾而下獄。後特旨免死，於八旗志書館效力行走。高宗即位，授户部侍郎，十二月，充三禮館副總裁。六年（一七四一），充明史綱目館副總裁。八年，致仕，十五年，去世，享年七十有六。李紱爲人耿介，一生致力於陸王學術的表彰，論者稱其『有清一代陸王學者第一重鎮』，學術事功若雙峰並峙。

《陸子學譜》一書於卷首有《序》一篇，説明編纂是書之原因。李紱於開篇以四卷的篇幅，闡明陸九淵爲學取嚮：卷一爲《辨志》、《求放心》、《講明》和《踐履》。卷二爲《定宗仰》和《辟異學》。卷三爲《讀書》和《爲政》。卷四爲《友教》等。卷五爲《家學》篇，考察了陸九淵祖孫幾代的生平學行。卷六至卷十九，敘列陸九淵弟子、門人和私淑，從宋代一直敘列到明代。卷二十爲《附録》部分，包括《宋史》本傳、行狀、謚議、文集序、祠堂書院諸記和後學辯論等。《陸子學譜》一書共載人物三百五十八人。中國科學院圖書館所藏《陸子學譜》一書，爲雍正無怒軒版本。齊魯書社一九九五年九月影印出版的《四庫全書存目叢書》中收録此書，便是雍正無怒軒刊本。中國社會科學院歷史研究所圖書館藏《陸子學譜》一書，爲義里素位堂家藏本，在光緒丁丑年（一八七七）重刊。兩個版本基本上無差別。

是書爲李紱一生『最用力最得力者，生平一知半解，立身居官，悉本此書』。作爲一部重要的理學史著述，李紱以爲陸九淵編纂學譜的形式，爬梳文獻，考證辨析，歷時五年而成書。全書以朱陸之争爲背景，闡明陸學宗旨，梳理陸學統緒，從而達到樹立陸象山學術正統地位之目的。《陸子學譜》一書具有重要價值。其一，是書爲陸九淵學術的總結性著述。就彰顯陸王學術而言，較孫奇逢、黄宗羲二人更能凸顯陸九淵學術體系和特點。可以説，李紱完成了孫、黄二人未竟之工作。其二，是書的編纂以詳盡的文獻資料爲基礎，繼承了清初的務實學風，爲其後乾嘉漢學的崛起做了鋪墊。其三，是書以黄宗羲《象山學案》稿爲基礎，充實增訂，獨立成編，在學案體史籍的演進過程中，發揮了承前啓後的作用。總之，《陸子學譜》一書是研究陸九淵學術思想較有參考價值的一部書。

這次點校《陸子學譜》，以雍正無怒軒本爲底本，參校了義里素位堂家藏（光緒丁丑重刊）本。兩個版本基本上無差別，只是《四庫全書存目叢書》在收録無怒軒本時進行了縮影，其中，有幾處模糊不清，字跡已無法辨認者。儘管義里素位堂家藏本字體稍大，字迹清晰，亦有幾處與無怒軒本完全相同之處模糊不清而無法辨識者。可見，兩個版本實爲一個版本。在點校過程中，主要參考了中華書局一九八〇年一月版《陸九淵集》，四部叢刊本《朱文公文集》，中華書局標點本《宋史》、《元史》、《明史》，還有相關地方志和文集等典籍。整理過程中，除明顯錯字及避諱改字徑以改回外，其訛脱、衍文之處，或有校改或存疑之處，均於頁末一一作註加以説明。另外，如原文目録中卷之十《弟子五》『朱幹叔克家弟益叔』，而正文中尚有『弟益伯』。再如卷之十四《弟子九》『劉伯協劉伯固伯文』，但正文中則無『劉伯固』之内容。諸如此類，皆遵照原書，不加改動。需要特別指出的是，清人在刊刻印行典籍之時，對於文字的書寫，有時隨意性較强，因而，本書中大量出現超常規的文字。如：其一，文中的『卜』字，依照常規應爲『蔔』字，而行文中則爲『卜』字；其二，『況』和『決』等字，行文中有時爲『況』和『決』，而有時則爲『況』和『決』等。本次校註嚴格遵循原著，未加更改。本書爲國家社科基金項目『清代陸王心學發展史（12BZS040）』階段性成果，本書的校註亦得到山東省古籍整理規劃項目『《陸子學譜》校註』的資助，聊城大學歷史文化與旅游學院、社科處領導和同志以及商務印書館丁波先生和責任編輯鮑海燕女士的大力支持、幫助和付出，藉此表示誠摯的敬意和感謝！

本人囿於學識，孤陋寡聞，謬誤當在所難免，祈請大家指教。

楊朝亮

二〇一六年六月十八日

於東昌静心齋

《陸子學譜》二十卷

〔清〕李紱撰

中國科學院圖書館藏清雍正無怒軒刻本

附《四庫全書總目·陸子學譜二十卷》提要

序

昔朱文公與呂成公作《近思録》，記濂、洛諸君子之言者也；文公又獨爲《伊雒淵源録》，記諸君子之行，因以及其所教之弟子以證其所行者也。顧〔一〕言與行分而爲二，視《論》、《孟》所記若有間矣。孔子教人，自謂無行不與；孟子論君子之所以教者五，答問特其一耳。慈湖楊氏簡作《陸子行狀》，謂先生授徒，即去今世所謂學規者，而諸生善心自生，容禮自莊，雍雍于于，後至者相觀而化。蓋以言教，不如以身教。求先生之學者，或分言與行而二之，豈有當哉？雖然先生之教無方，而學者所從入，則不可以無其方也。先生之教思雖無窮，而淵源所及，確乎可指目者，自有其人，不可得而誣也。紱自早歲即知嚮往，牽於俗學，玩物而喪志，三十餘年矣。再經罷廢，困而知反，盡棄宿昔所習，沉潛反復於先生之書，自立課程，從事於先生所謂切己自反，改過遷善者，五年於兹。於先生之教，粗若有見焉，獨學無友，不敢自信。今歲〔二〕萬子宇兆奉召還朝，相見之次，叩其近業，心同理同，若同堂而共學也。既而同事書局，時相考証，益著益明，乃敢抄撮先生緒言，併其教思所及，共爲一書，名曰《陸子學譜》。蓋兼用《近思》、《淵源》二録之體。先生之言與行畧備。其淵源所及，亦十得五六。視黄氏宗羲所爲《象山學案》，頗加廣焉。〔三〕將以藏諸名山，傳之其人。俾有志於希聖者，門徑可

〔一〕李紱：《穆堂初稿》卷三十二無「顧」字，乾隆庚申無怒軒刻本。
〔二〕李紱：《陸子學譜》光緒丁丑重刻本無「歲」字。
〔三〕李紱：《穆堂初稿》卷三十二無「其淵源所及，亦十得五六。視黄氏宗羲所爲《象山學案》，頗加廣焉」句。

循，歸宿有所，不沉溺於紛華〔一〕，不泛濫於章句，〔二〕庶幾斯道有絶而復新之日矣乎。吾與萬子，既幸晚而有聞，同守斯編，歲寒相勉。若道聽塗説之流，未嘗身習其事，呫呫然動其喙，所不計也。雍正壬子仲冬〔三〕，穆堂學人李紱書於京邸之無怒軒〔四〕。

〔一〕李紱：《穆堂初稿》卷三十二中『紛華』二字爲『利欲』。
〔二〕李紱：《穆堂初稿》卷三十二中有『不參錯於佛老』句。
〔三〕李紱：《陸子學譜》光緒丁丑重刻本無『仲冬』字。
〔四〕李紱：《穆堂初稿》卷三十二中爲『書於京邸寓舍』句。

目録

《陸子學譜》卷之十二

《陸子學譜》卷之十三

《陸子學譜》卷之十四

《陸子學譜》卷之十七

《陸子學譜》卷之十八

《陸子學譜》卷之十九

《陸子學譜》卷之二十

《陸子學譜》卷之一

南昌萬承蒼訂
後學臨川李紱編
平越王士俊校

辨志

《戴記》稱：『官先事，士先志。』故陸子教人以辨志爲入門始事。志之不辨，則此心茫無定嚮，豈能有造於聖學哉。志惡乎辨，義與利而已。孔子以此分君子、小人，孟子以此別舜、蹠，世之習而不察者多矣。陸子鹿洞講義，聞者至於泣下。則辨之不早辨也，故述陸子辨志之說，爲《學譜》首焉。

陸子論志於道云：『士之於道，由乎己之學，然無志則不能學，不學則不知道，故所以致道者在乎學，所以爲學者在乎志。夫子曰：「吾十有五而志于學。」又曰：「士志於道，而恥惡衣惡食者，未足與議。」孟子曰：士「尚志。」與志於道一也。』

《語録》記盱江傅子淵云：『夢泉向來只知有舉業，觀書不過資意見耳！』後因困志知反，時陳正己自槐堂歸，問先生所以教人者。正己曰：『首尾一月，先生諄諄只言辨志。又言古人入學一年，早知離經辨志，今人有終其身而不知自辨者，是可哀也。』夢泉當時雖未領畧，終念念不置。一日，讀《孟子·公孫丑》章，忽然心與相應，胸中豁然蘇醒，歎曰：『平生多少志念精力，却一切著在功利上。』自是始辨其志。雖然如此，猶未知下手處，及親見先生，方得個入頭處。先生嘗云：『傅子淵自此歸其家，陳正己問之曰：「陸先生教人何先？」對曰：「辨志。」〔一〕復問曰：「何辨？」對曰：「義利之辨。」若子淵之對，可謂切要。』

詹子南記先生語云：『阜民癸卯十二月初見先生，不能盡記所言。大旨云：「凡欲爲學，當先識義利公私之辨。今所學果爲何事？人生天地間，爲人自當盡人道。學者所以爲學，學爲人而已，非有爲也。」』

先生語李敏求〔二〕云：『人惟患無志，有志無有不成者。然資禀厚者，必竟有志。吾友每聽某之言如何？』敏求〔三〕曰：『每聞先生之言，茫然不知所入。幼者聽而弗問，又不敢躐等。』先生云：『若果有志，且須分別勢利、道義兩途。某之所言，皆吾友所固有。且如聖賢垂教，亦是人固有。豈是外面把一件物事來贈吾友？但能悉爲發明，天之所以予我者，如此其厚，如此其貴，不失其所以爲人者耳。』敏求〔四〕問云：『日用常行，去甚處下工夫？』先生云：『能知天之所以予我者至貴至厚，自然遠非僻，惟正是守。』

先生與趙然道第三書云：『黄〔五〕循中不無尊師重道之誠，而家庭牽制，不克自遂。其質固自通爽，而殊乏剛強，深懼其汩没於世習而不能以自立，故前書稍振翼之耳。富貴利達之不足慕，此非難知者。仙佛之徒、拘曲之士，亦往往優於斷棄，而弗顧視之。彼既自有所溺，一切斷棄，亦有何難？但一切斷棄，則非道矣。知道之士自不溺於此耳，初未嘗斷棄之也。故曰「素富貴行乎富貴，素貧賤行乎貧賤，素夷狄行乎夷狄，素患難行乎患難，

〔一〕陸九淵著，鍾哲點校：《陸九淵集》卷三十四中有『正己』二字，中華書局一九八〇年版。
〔二〕陸九淵著，鍾哲點校：《陸九淵集》卷三十五中爲『先生語伯敏』句。
〔三〕陸九淵著，鍾哲點校：《陸九淵集》卷三十五中爲『伯敏』二字。
〔四〕陸九淵著，鍾哲點校：《陸九淵集》卷三十五中爲『伯敏』二字。
〔五〕陸九淵著，鍾哲點校：《陸九淵集》卷十二中爲『昔』字。

君子無入而不自得焉」。所謂自得者，得其道也。夫子曰：「富與貴，是人之所欲也，不以其道得之，不處也。」然則以其道而得焉，君子處之矣，曷嘗斷棄之哉？孟子之答彭更，亦曰：「非其道，則一簞食不可受於人；如其道，則舜受堯之天下不以爲泰，子以爲泰乎？」君子亦惟其道而已矣。所謂「居天下之廣居，立天下之正位，行天下之大道，得志與民由之，不得志，獨行其道，富貴不能淫，貧賤不能移，威武不能屈」，非虛言也。學者所造縱未及此，苟志於道，便當與俗趣燕越矣。志鄉一立，即無二事。此首重則彼尾輕，其勢然也。作意立說以排遣外物者，吾知其非真志於道義者矣。所欲有甚於生，所惡有甚於死，死生大矣，而不足以易此，況富貴乎？富貴之足慕不足慕，豈足多較於學者之前哉？前與循中書所以云云者，懼其弱植孤立於横流之中，而此志不能以自拔耳。雖然，姬周之衰，此道不行。孟子之没，此道不明。千有五百餘年之間，格言至訓熟爛於浮文外飾，功利之習汎濫於天下。氣質之美，天常之厚者，固知病其末流矣，而莫知病其源。立言制行之間，抱薪救火，揚湯止沸者多矣。當今之世，誰實爲有志之士也？求真實學者於斯世，亦誠難哉！非道之難知也，非人之難得也，其勢則然也。有志之士其肯自恕於此，而弗求其志哉！今粗有其志，而實不能以自拔，則所謂講學者，遂爲空言以滋僞習，豈唯無益，其害又大矣。若其善利之間，嘗知抉擇，大端已明，大志已立，而日用踐履，未能常於清明剛健，一有緩懈，舊習乘之，捷於影響。應答之際，念慮之間，陰流密陷，不自省覺，益積益深，或遇箴藥，勝心持之，反加文飾，因不能以自還者有矣，甚可畏也。況其大端未嘗實明，大志未嘗實立，有外強中乾之證，而無心廣體胖之樂者，可不深致其思，以省其過、求其實乎？畧此不察，而苟爲大言以蓋謬習，偷以自便，囂以自勝，豈惟不足以欺人，平居静慮亦寧能以自欺乎？至是而又自欺其心，則所謂下愚不移者矣。誠能於此深切著明，則自成自道自求多福者，權在我矣。前言往訓，真先得我心之所同然耳。引翼勉勵，惟日不足，何暇與章句儒譊譊，玩愒歲月於無用之空言哉？別紙所問，多是古人憫憐後學，詳爲註釋以曉告之，可謂昭若日星，煥然無少蒙蔽。但當從容紬繹，以滋其涵養鞭策之實，豈宜服復爲蛇畫足，重爲贅疣乎？』先生《白鹿洞書院講義》云：『某雖少服父兄師友之訓，不敢自棄，而頑鈍疎拙，學不加進，每懷愧惕，恐卒負其初心。方將求鍼砭鐫磨於四方師友，冀獲開發以免罪戾。此〔一〕來得從郡侯秘書至白鹿書堂，羣賢畢集，瞻覩盛觀，竊自慶幸！秘書先生、教授先生不察其愚，令登講席，以吐所聞。顧惟庸虛，何敢當此？辭避再三，不得所請，取《論語》中一章，陳平生〔二〕之所感，以應嘉命，亦幸有以教之。子曰：「君子喻於義，小人喻於利。」此章以義利判君子、小人，辭旨曉白，然讀之者苟不切己觀省，亦恐未能有益也。某平日讀此，不無所感。竊謂學者於此，當辨其志。人之所喻由其所習，所習由其所志。志乎義，則所習者必在於義，所習在義，斯喻於義矣。志乎利，則所習者必在於利，所習在利，斯喻於利矣。故學者之志不可不辨也。科舉取士久矣，名儒鉅公皆由此出。今爲士者固不能免此。然場屋之得失，顧其技與有司好惡如何耳，非所以爲君子小人之辨也。而今世以此相尚，使汩没於此而不能自拔，則終日從事者，雖曰聖賢之書，而要其志之所嚮，則有與聖賢背而馳者矣。推而上之，則又惟官資崇卑、禄廩厚薄是計，豈能悉心力於國事民隱，以無負於任使之者哉？從事其間，更歷之多，講習之熟，安得不有所喻？顧恐不在於義耳。誠能深思是身，不可使之爲小人之歸，其於利欲之習，怛然〔三〕爲之痛心疾首，專志乎義而日勉焉，博學、審問、謹〔四〕思、明辨而篤行之。由是而進於場屋，其文必皆道其平日之學、胸中之藴，而不詭於聖人。由是而仕，必皆供〔五〕其職，勤其事，心乎國，心乎

〔一〕陸九淵著，鍾哲點校：《陸九淵集》卷二十三中爲「比」字。
〔二〕陸九淵著，鍾哲點校：《陸九淵集》卷二十三中爲「日」字。
〔三〕陸九淵著，鍾哲點校：《陸九淵集》卷二十三中爲「焉」字。
〔四〕陸九淵著，鍾哲點校：《陸九淵集》卷二十三中爲「慎」字。
〔五〕陸九淵著，鍾哲點校：《陸九淵集》卷二十三中爲「共」字。

民，而不爲身計。其得不謂之君子乎。秘書先生起廢以新斯堂，其意篤矣。凡至斯堂者，必不殊志。願與諸君勉之，以毋負其志。』

朱子跋其後云：『淳熙辛丑春二月，陸兄子静來自金谿，其徒朱克家、陸麟之、周清叟、熊鑑、路謙亨、胥訓實從。十日丁亥，熹率僚友諸生，與俱至於白鹿書院，請得一言以警學者。子静既不鄙而惠許之。至其所以發明敷暢，則又懇到明白，而皆有以切中學者隱微深痼之病，蓋聽者莫不竦然動心焉。熹猶懼其久而或忘之也，復請子静筆之於簡，受而〔一〕藏之。凡我同志，於此反身而深察之，則庶乎其可不迷於入德之方矣。新安朱熹識。』

求放心

聖人之學，心學也。道統肇於唐虞，其授受之際，諄諄於人心道心。孔子作《大學》，其用功在正心誠意。至孟子言心益詳，既曰仁人心也，又曰心之官則思，思則得之，先立乎其大，則小者不能奪。仁義禮智，皆就其發見之心言之，而莫切於求放心之説。明道程子謂聖人千言萬語，止是欲人將已放之心約之，使反復入身來，自能尋向上去，下學而上達。至陸子則專以求放心爲用功之本，屢見於文集語録。故《辨志》之後，即以《求放心》繼焉。凡涵養操存省察，皆所以求放心也，並附著於篇。

先生作《學問求放心》程文云：『舉天下從事於其間而莫知其説，理無是也，而至於有是，是豈可以不論其故哉？學問也者，是舉天下之所從事於其間者也。然於其所以學問者而觀之，則汙雜茫昧，駁乎無以議爲也。古者學

〔一〕陸九淵著，鍾哲點校：《陸九淵集》卷二十三中『受而』爲『而受』字。

問之道，於是而有莫知其説者矣。仁，人心也，心之在人，是人之所以爲人，而與禽獸草木異焉者也，可放而不求哉？古人之求放心，不啻如饑之於食，渴之於飲，焦之待救，溺之待援，固其宜也。學問之道，蓋於是乎在。下愚之人忽視玩聽，不爲動心。而其所謂學問者，乃轉爲浮文緣飾之具，甚至於假之以快其遂私縱欲之心，扇之以熾其傷善敗類之燄，豈不甚可歎哉！「學問之道無他，求其放心而已矣。」孟子斯言，誰能〔一〕聽之不藐者。』

又作《求則得之》程文云：『良心之在人，雖或有所陷溺，亦未始泯然而盡亡也。下愚不肖之人，所以自絶於仁人君子之域者，亦特其自棄而不之求耳。誠能反而求之，則是〔二〕美惡將有所甚明，而好惡趨舍將有不待強而自決者矣。移其愚不肖之所爲，而爲仁人君子之事，殆若决江疏河而赴諸海，夫孰得而禦也〔三〕？此無他，所求者在我，則未有求而不得者也。「求則得之」，故〔四〕孟子所以言也。』

先生嘗謂李敏求云：『大凡爲學須要有所立，《語》云：「己欲立而立人。」卓然不爲流俗所移，乃爲有立。須思量天之所以與我者是甚底？爲復是要做人否？理會得這箇明白，然後方可謂之學問。故孟子云：「學問之道無他〔五〕，求其放心而已矣。」如博學、審問、謹〔六〕思、明辨、〔七〕篤行，亦謂此也。此須是有志方可。孔子曰：

〔一〕陸九淵著，鍾哲點校：《陸九淵集》卷三十二中爲『爲』字。
〔二〕陸九淵著，鍾哲點校：《陸九淵集》卷三十二中有『非』字。
〔三〕陸九淵著，鍾哲點校：《陸九淵集》卷三十二中『也』爲『之』字。
〔四〕陸九淵著，鍾哲點校：《陸九淵集》卷三十二中無『故』字。
〔五〕陸九淵著，鍾哲點校：《陸九淵集》卷三十五中無『無他』二字。
〔六〕陸九淵著，鍾哲點校：《陸九淵集》卷三十五中爲『慎』字。
〔七〕陸九淵著，鍾哲點校：《陸九淵集》卷三十五中爲『審問、明辨、慎思』句，順序顛倒。

「吾十有五而志于學」是這箇志。』伯敏云：『伯敏於此心，能剛制其非，只是持之不久耳。』先生云：『只剛制於外，而不內思其本，涵養之功不至。若得心下明白正當，何須剛制？且如在此說話，使忽有美色在前，老兄必無悅色之心。若心常似如今，何須剛制？』

先生與趙監汝謙書云：『垂諭新功[一]，尤慰勤企！道塞宇宙，非有所隱遯，在天曰陰陽，在地曰柔剛，在人曰仁義。故仁義者，人之本心也。孟子曰：「存乎人者，豈無仁義之心哉？」又曰：「我固有之，非由外鑠我也。」愚不肖者不及焉，則蔽於物欲而失其本心；賢者智者過之，則蔽於意見而失其本心。故《易大傳》曰：「仁者見之謂之仁，智者見之謂之智，百姓日用而不知，故君子之道鮮矣。」徇物欲者，既馳而不知止，徇意見者，又馳而不知止。故道在邇而求之遠，事在易而求之難。道豈遠而事豈難？意見不實，自作艱難耳。深知其非，則蔽解惑去而得所止矣。道本自若，豈如以手取物，必有得於外然後爲得哉？鄧丞於此深知端緒，幸與進而圖之。』

先生與胡達材第二書云：『達材資質甚美，天常亦厚，但前此講學，用心多馳騖於外，而未知自反。喻如年少子弟，居一故宅，棟宇宏麗，寢廟堂室，廄庫廩庾，百爾器用，莫不備具，甚安且廣。而其人乃不自知，不能自作主宰，不能汛掃堂室，修完墻屋，續先世之業而不替，而日與飲博者遨遊市肆，雖不能不時時寢處於故宅，亦不復能享其安且廣者矣。及一旦知飲博之非，又求長生不死之藥，悅妄人之言，從事於丹砂、青芝、煆爐、山屐之間，冀蓬萊、瑤池可至，則亦終苦身亡家，伶仃而後已。惟聲色、臭味、富貴、利達之求，而不知爲學者，其說由前；有意爲學，而不知自返者，其說由後。其實皆馳騖於外也。昨相聚時，覺達材精神日漸收拾，

[一] 陸九淵著，鍾哲點校：《陸九淵集》卷一中爲『工』字。

不甚馳散。但收拾初時〔一〕，未甚清明，蒙然未知〔二〕所向。雖講切之次，感而必應，此乃達材本心，非由外鑠，故如此耳。至於蒙而未發，則是馳騖昏擾之久，大體未能頓清明耳。若不寧耐，復放而他馳，入妄人之説，以求長生不死之術，則恐蓬萊、瑤池終不可至，而蕞爾之身，將斃於煆爐、山屐之間矣。蒙見信之篤，輒此以助進修。向時曾説將《孟子·告子》一篇及《論語》、《中庸》、《大學》中切己分明易曉處朝夕諷詠。接事時，但隨力依本分，不忽不執，見善則遷，有過則改，若江海之浸，膏澤之潤，久當渙然冰釋，怡然理順矣。不知曾如此作工夫否？』

先生作《敬齋記》云：『古之人自其身達之家國天下而無愧焉者，不失其本心而已。凡今爲縣者，豈顧其心有不若是乎哉？然或者遏於勢而狃於習，則是心殆不可考。吏縱弗肅，則曰事倚以辦；民困弗蘇，則曰公取以足；貴勢富疆，雖姦弗治；貧羸孤弱，雖直弗信；習爲故常。天子有勤恤之詔，迎宣拜伏，不爲動心，曰奚獨我責。吏縱弗肅，民困弗蘇，姦弗治而直弗信，天子勤恤之意不宣於民，是豈本心也哉？勢或使之然也。方其流之未遠，平居静慮，或有感觸，豈能不忸怩於其心？至其同利相挺，同波相激，視己所行爲天下達道，訕侮正言，仇讐正士，則是心或幾乎泯矣。人之所以異於禽獸者〔三〕幾希，庶民去之，君子存之，是心或幾乎泯，吾爲懼矣！天地鬼神不可誣也，愚夫愚婦不可欺也，是心或幾乎泯，吾爲懼矣！黄鍾大吕施宣於内，能生之物莫不萌芽。奏以大簇，助以夾鍾，則雖瓦石所壓，重屋所蔽，猶將必達。是心之存，苟得其養，勢豈能遏之哉？貴

〔一〕陸九淵著，鍾哲點校：《陸九淵集》卷四中爲『之初』二字。
〔二〕陸九淵著，鍾哲點校：《陸九淵集》卷四中爲『有』字。
〔三〕陸九淵著，鍾哲點校：《陸九淵集》卷十九中無『者』字。

谿信〔一〕大縣，縣地過百里，民繁物〔二〕劇。暨陽吴公爲宰於兹。吏肅矣，而事未始不辦；民蘇矣，而公未始不足；姦治直信，民莫不悦〔三〕。而惴惴焉惟恐不能宣天子勤恤之意，是其本心之所發，而不遏於其勢者耶？然公之始至，則修學校，延師儒，致禮甚恭。余屢辱其禮，不敢受。今爲齋於其治之東偏，名之以敬。請記於余文，至於再三，望道之重，若不可及者。某聞諸父兄師友，道未有外乎其心者。自可欲之善至於大而化之之聖，聖而不可知之神，皆吾心也。心之所爲，猶之能生之物，得黄鍾大吕之氣，能養之至於必達，使瓦石有所不能壓，重屋有所不能蔽。則自有諸己至於大而化之者，敬其本也，豈獨爲縣而已。雖然，不可以不知其害也。是心之稂莠，萌於交物之初，有滋而無芟，根固於怠忽，末蔓於馳騖，深蒙密覆，良苗爲之不殖。實著者易拔，形潛者難察，從事於敬者尤不可不致其辯，公其謹之。某雖不敏，他〔四〕日周旋函丈，願有所請。公名博古，字敏叔。淳熙二年十有二月望日，迪功郎新隆興府靖安縣主簿陸某記。』

講明

孔子以學之不講爲憂，孟子論博學歸之於詳説，故陸子謂學有講明、有踐履。而世人妄謂陸子廢言語文字，皆未嘗讀陸子之書者也。雖然，陸子所謂講明，悉本於孔氏遺書，不敢改經文、立新義，率天下從事於不可窮之知，

〔一〕陸九淵著，鍾哲點校：《陸九淵集》卷十九中有『之』字。
〔二〕陸九淵著，鍾哲點校：《陸九淵集》卷十九中爲『務』字。
〔三〕陸九淵著，鍾哲點校：《陸九淵集》卷十九中爲『説』字。
〔四〕陸九淵著，鍾哲點校：《陸九淵集》卷十九中爲『它』字。

以求勝於堯舜所不能偏之物也。《大學》之言致知格物也，知烏在？即致其知先後之知。物烏在？即格其有本末之物，故曰此謂知本，此謂知之至也。《中庸》之言明善也，善烏在？誠身、順親、信友、護上，皆善也。其爲功有序，豫則立，不豫則廢。蓋善之先後，不可以不明也。孟子論家國天下之次，則本於《大學》。論親長平天下，則本於《中庸》。至南宋而後亂之，其恪守孔孟講明之法者，陸子一人而已。故述其《講明》之語於篇，以存古法云。

先生嘗與趙詠道書云：『爲學有講明，有踐履。《大學》致知、格物，《中庸》博學、審問、謹〔一〕思、明辨，《孟子》始條理者智之事，此講明也。《大學》修身、正心，《中庸》篤行〔二〕，《孟子》終條理者聖之事，此踐履也。「物有本末，事有終始，知所先後，則近道矣。」「欲修其身者，先正其心；欲正其心者，先誠其意；欲誠其意者，先致其知；致知在格物。」自《大學》言之，固先乎講明矣。自《中庸》言之：「學之弗能，問之弗知，思之弗得，辨之弗明，則亦何所行哉？」未嘗學問思辨〔三〕，而曰吾唯篤行之而已，是冥行者也。自《孟子》言之，則事蓋未有無始而有終者。講明之未至，而徒恃其能力行，是猶射者不習於教法之巧，而徒恃其有力，謂吾能至於百步之外，而不計其未嘗中也。故曰：「其至爾力也，其中非爾力也。」講明有所謂〔四〕未至，則雖材質之卓異，踐行之純篤，如伊尹之任，伯夷之清，柳下惠之和，不思不勉，從容而然，可以謂之聖矣，而孟子

〔一〕陸九淵著，鍾哲點校：《陸九淵集》卷十二中爲『慎』字。
〔二〕陸九淵著，鍾哲點校：《陸九淵集》卷十二中有『之』字。
〔三〕陸九淵著，鍾哲點校：《陸九淵集》卷十二中爲『辯』字。
〔四〕陸九淵著，鍾哲點校：《陸九淵集》卷十二中無『謂』字。

顧有所不願學。拘儒瞽生又安可以硜硜之必爲，而傲知學之士哉？然必一意實學，不事空言，然後可以謂之講明。若謂口耳之學爲講明，則又非聖人之徒矣。』

先生與胡季隨書云：『辛丑之春，在南康見所與晦菴書，深服邁往。丙午之夏，吾〔一〕山廨舍，相從越月，以識面爲喜，以欵集爲幸。然區區之懷，終不能孚達於左右，每用自愧。《大學》言明明德之序，先於致知；《孟子》言誠身之道，在於明善。今善之未明，知之未至，而循誦習傳，陰儲密積，厪身以從事，喻諸登山而陷谷，愈入而愈深，適越而北轅，愈騖而愈遠。不知開端發足大指之非，而日與澤虞燕賈課遠近、計枉直於其間，是必没身於大澤，窮老於幽都而已。來書所舉某與元晦論太極書，辭皆至理誠言，左右能撤〔二〕私去蔽，當無疑於此矣。不然，今之爲欣厭者，皆其私也，豈可遽操以爲驗，稽以爲決哉？』

先生與劉淳叟第二書云：『淳叟平日聞言輒喜，遇事輒詢，有聽納之體。然親朋間未肯歸以取善之實，豈似逆而順情者喜聽，而真實苦口者之未能無齟齬耶？抑從悅者多而改繹之未至也？此雖據前日而論，然今亦未能無疑於淳叟也。秋試《禮記》義破題誠佳，然或者謂〔三〕出題乃淳叟意旨，而作義者適爾投合。苟當於理，豈厭其同？不稽諸理而苟異以求致益之名，則固非也。場屋之弊固久，然有志者持文衡，將此理是責。謂彼善於此則可，謂理固如此，則不知言甚矣。申公曰：「爲治不在多言，顧力行如何〔四〕耳」，今曰「道不在多言，學貴乎

〔一〕陸九淵著，鍾哲點校：《陸九淵集》卷一中爲『吳』字。
〔二〕陸九淵著，鍾哲點校：《陸九淵集》卷一中爲『徹』字。
〔三〕陸九淵著，鍾哲點校：《陸九淵集》卷四中有『所』字。
〔四〕陸九淵著，鍾哲點校：《陸九淵集》卷四中爲『何如』二字。

自得」，明理者觀之，二語之間，其病昭矣。摩頂放踵，利天下爲之，墨子非不力行也。其往也，使人讓竈讓席，其反也，人與之争竈争席，楊子非不自得也。二氏不至多言，而爲異端。顔、閔侍側，夫子無言，可也。楊、墨交亂，告子、許行之徒，又各以其説肆行於天下，則孟子之辯豈得已哉？或默或語，各有攸當。以言餂人，以不言餂人，均爲穿窬之類。夫子之於顔子，蓋博之以文。夫博學於文，豈害自得？顓臾之不必伐，衛政之必正名，冉有、季路不能無蔽，夫子不得不申言之。夷之、陳相、告子之徒，必執其説以害正理，則孟子與之反覆，不得不致其詳。必曰不在多言，問之弗知弗措，辯之弗明弗措，皆可削也。自得之説本於孟子，而當世稱其好辯。自謂博學而詳説之，將以反説約也。《中庸》固言力行而在學問思辨之後，今淳叟所取自得、力行之説，與《中庸》、《孟子》之旨異矣。仁、智、信、直、勇、剛，皆可以力行，皆可以自得，然好之而不好學，則各有所蔽。倚於一説一行而玩之，孰無其味，不攷諸其正，則人各以其私説而傳於近似之言者，豈有窮已哉？』

包顯道録先生語云：『凡所謂不識不知，順帝之則，晏然太平，殊無一事。然却有説擒搦人不下，不能立事，却要有理會處。某於顯道，恐不能久處此間。且令涵養大處，如此樣處未敢發。然某皆是逐事逐物攷究練磨，日積月累〔一〕，以至如今，不是自會，〔二〕亦不是等閑理會，一理會便會。但是理會與他人别。某從來勤理會，長兄每四更一點起時，只見某在看書，或檢書，或默坐。常説與子姪，以爲勤，他人莫及。今人却言某懶，不曾去理會，好笑。』

〔一〕陸九淵著，鍾哲點校：《陸九淵集》卷三十五中爲『積日累月』。

〔二〕陸九淵著，鍾哲點校：《陸九淵集》卷三十五中此處有『亦不是别有一竅子』句。

踐履

《書》言非知之艱，行之維艱。而朱子《與劉子澄書》，譏陸子之學，止是專務踐履，不知踐履而外，別無所謂學也。朱子釋《學而》章，謂學之爲言效，後覺者必效先覺之所爲，豈非以踐履爲學乎？陸子嘗謂古之人，言皆實言，行皆實行。言論未形，事實先著，蓋即孔子躬行君子之意。今録陸子教人敦踐履之言，列《講明》之後。

周伯熊來學，先生問：『學何經？』對曰：『讀《禮記》。』『曾用功於九容乎？』曰：『未也。』『且用功於此。』後往問學於晦菴，晦菴曰：『僊里近陸先生，曾見之否？』曰：『亦嘗請教。』具述所言。晦菴曰：『公來問某，某亦不過如此說。』

有一生飯後微交足。飯既，先生從容問之曰：『汝適有過，知之乎？』生畧思，曰：『已省。』先生曰：『何過。』對曰：『中食覺交足。』雖即改正，亦放逸也。其嚴如此。

先生作《則以學文》程文云：『欲明夫理者，不可以無其本。本之不立，而能以明夫理者，吾未之見也。宇宙之間，典常之昭然，倫類之燦然，果何適而無其理也。學者之爲學，固所以明理〔一〕。然其疇昔之日，閨門之內，所以慕望期嚮，服習踐行者，蓋泯然乎天理之萌蘖，而物欲之蔽，實豪據乎其中而爲之主，則其所以爲學之本者，固以蹙矣。然而方且汲汲於明理，吾不知所謂理者，果可以如是而明之乎？苟惟得之於天者未始泯滅，而所以爲學之本者見諸日用，而足以怙乎人，則雖其統紀條目之未詳，自可切磋窮究，次第而講明之，而是理亦

〔一〕陸九淵著，鍾哲點校：《陸九淵集》卷三十二中爲『明是理也』。

且與吾相契，而渙然釋，怡然順者，將不勝其衆矣。〔一〕』

先生與詹子南論爲學之要，側重踐履。有書云：『日享事實之樂，而無暇辯析於言語之間，則後日之明，自足以識言語之病。急於辯〔二〕析，是學者大病，雖若詳明，不知其累我多矣。石稱丈量，徑而寡失，銖銖而稱，至石必繆，寸寸而度，至丈必差。今吾但能造次必於是，顛沛必於是，勿忘勿助長，則不亦樂乎？又何必紛紛爲大小之辨也。』

先生答曾宅之書云：『古人自得之，故有其實。言理則是實理，言事則是實事，德則實德，行則實行。吾與晦翁書，所謂：「古人質實不尚智巧，言論未詳，事實先著，知之爲知之，不知爲不知。」所謂「先知覺後知，先覺覺後覺」者，以其事實覺其事實，故言即其事，事即其言，所謂「言顧行，行顧言」。周道之衰，文貌日勝，事實湮於意見，典訓蕪於辯〔三〕說，揣量模寫之工，依倣假借之似，其條畫足以自信，其習熟足以自安。以子貢之達，又得夫子而師承之，尚不免此。「多學而識之」之見，非夫子叩之，彼固晏然而無疑。「先行」之訓，「予欲無言」之訓，所以覺之者屢矣，而終不悟。夫子既歿，其傳固在曾子，蓋可觀已〔四〕。况其不工不似，不足以自信，不足以自安者乎？雖然，彼其工且似，足以自信，足以自安，則有終身不反之患，有不可救藥之勢。乃若未工未似，未足以自信，未足以自安者〔五〕，則舍其邪而歸於正，猶易爲力也。來書「蕩而無歸」之說大謬。今足下終日依靠人言語，又未有定論，如在逆旅，乃所謂無所歸。今使足下復其本心，居安宅，由正路，立正位，

〔一〕陸九淵著，鍾哲點校：《陸九淵集》卷三十二中尚有『則以學文，夫子所以言也』一句。
〔二〕陸九淵著，鍾哲點校：《陸九淵集》卷十中爲『辨』字。
〔三〕陸九淵著，鍾哲點校：《陸九淵集》卷一中爲『辨』字。
〔四〕陸九淵著，鍾哲點校：《陸九淵集》卷一中爲『矣』字。
〔五〕陸九淵著，鍾哲點校：《陸九淵集》卷一中無『者』字。

行大道，乃反爲無所歸，足下之不智亦甚矣！今已私未克之人，如在陷穽，如在荆棘，如在泥塗，如在囹圄械繫之中，見先知先覺，其言廣大高明，與己不類，反疑恐一旦如此，則無所歸，不亦鄙哉！不亦謬哉！不知此乃是廣居、正位、大道，欲得所歸，何以易此？欲有所主，何以易此？今拘攣舊習，不肯棄捨，乃狃其狹而懼於廣，狃其邪而懼於正，狃其小而懼於大，尚得謂〔一〕智乎？夫子曰：「汝爲君子儒，無爲小人儒。」古之所謂小人儒者，亦不過依據末節細行以自律，未至如今人者〔二〕如許浮論虛說謬悠無根之甚，夫子猶以爲門人之戒，又况如今日謬悠無根而可安乎？吾友能棄去謬習，復其本心，使此一陽爲主於内，造次必於是，顛沛必於是，無終食之間而違於是。此乃所謂有事焉，乃所謂勿忘，乃所謂敬。果能不替不息，乃是積善，乃是集〔三〕義，乃是善養浩然之氣，真能如此，則不愧古人。其引用經語，乃是聖人先得我心之所同然，則不爲侮聖言矣。今終日營營，如無根之木，無源之水，有採摘汲引之勞，而盈涸榮枯無常，豈所謂「源泉混混，不舍晝夜，盈科而後進」者哉？終日簸弄經語以自傅益，真所謂侮聖言者矣。〔四〕吾與足下言者，必因足下之及此而後言其旨，只欲足下知古人事實，而不累於無根之說。足下謂得此說而思之，足下以此爲說，其不明吾言甚矣，宜其不能記憶，附以己意而失其本真也。』

先生與張輔之第三書云：『兩書所言踐履之說，皆未曉劣者之意。前書所言踐履，不說聖賢踐履，只說輔之之所

〔一〕陸九淵著，鍾哲點校：《陸九淵集》卷一中爲「爲」字。
〔二〕陸九淵著，鍾哲點校：《陸九淵集》卷一中爲「有」字。
〔三〕陸九淵著，鍾哲點校：《陸九淵集》卷一中爲「積」字。
〔四〕陸九淵著，鍾哲點校：《陸九淵集》卷一中有如下文字『《書》言：「日嚴祗敬六德」，又言：「文王之敬忌」，又曰：「罔不克敬典」。《詩》曰：「敬天之渝」，又言：「敬之敬之」，又言：「聖敬日躋」，《論語》言：「敬事而信」，又言：「修己以敬」，《孟子》言：「敬王」、「敬兄」，未嘗有言「持敬」者。觀此二字，可見其不明道矣』句。

踐履。君子有君子踐履，小人有小人踐履，聖賢有聖賢踐履，拘儒瞽生有拘儒瞽生踐履。若果是聖賢踐履，更有甚病？雖未至未純，亦只要一向踐履去，久則至於聖賢矣。只爲輔之踐履差了，正如適越北轅，愈騖而愈遠。前書分明與子說是拒善之藩籬，既是拒善之藩籬，又豈可與聖賢踐履同日而語。凡所與子言者，皆只是入頭處，何謂不教以入頭處也。如《中庸》戒謹[一]恐懼之言，子正不能如是。充子之踐履，識者觀之，正有可愧可耻，不能戒謹[二]，不能恐懼，莫甚焉。』

先生與詹子南書云：『鄉者嘗與吾友深言爲學之序，見吾友相信之篤，頗知反己就實，深以爲喜。今觀來示，頗又紛紛於無益之論，人已俱失。要之吾友且當孜孜行其所知，未嘗與人辯論是非。辯論是非以解人之惑，其任甚重，非吾友之責也。不與之論，他日却自明白。今欲遽言之，只是強說，自加惑亂耳。李三一哥所學未久，相信又篤，近在此累次磨治，尚未能去其故習。老夫平日以此事自任，與此等病人說話，尚如此費力。吾友如何解分析得他明白，且先自治，不必與人商議可也。』

[一] 陸九淵著，鍾哲點校：《陸九淵集》卷三中爲『慎』字。
[二] 陸九淵著，鍾哲點校：《陸九淵集》卷三中爲『慎』字。

《陸子學譜》卷之二

南昌萬承蒼訂
後學臨川李紱編
陸川龐嶼校

定宗仰

韓子謂古之學者必有師，陸子教人亦以親師友爲先。宋儒惟周子首開道統，其餘則各有師承。乃詹阜民問陸子之學所受，則告以讀《孟子》而自得之於心，是直接孟氏之統，而於當世諸儒無所師也。是故論喻義責志，則宗孔子。論先立乎大，求其放心，則宗孟子而已。然於濂谿、明道二子，無一語不相契合，遠宗孔、孟，近仰周、程，豈非所謂焉不學無常師者哉。今録陸子上承先聖先賢統緒之論爲一編，學者敬瞻，庶知嚮往云。

周清叟録先生語云：『韓退之言：「軻之〔一〕死不得其傳。」固不敢誣後世無賢者，然直是至伊、洛諸公，得千載不傳之學。但草創未爲光明，到今日若不大段光明，更幹當甚事？』

先生與姪孫濬書云：『道之將墜，自孔、孟之生，不能回天而易命，然聖賢豈以其時之如此而廢其業、隳其志

〔一〕陸九淵著，鍾哲點校：《陸九淵集》卷三十五中無『之』字。

哉？慟哭於顔淵之亡，喟歎於曾點之志，此豈梏於蕞然之形體者所能知哉？孔氏之轍環於天下，長沮、桀溺、楚狂接輿負蕢植杖之流，刺譏玩慢，見於《論語》者如此耳。如當時之俗，揆之理勢，則其陵藉侵侮，豈遽止是哉？宋、衛、陳、蔡之間，伐木、絶糧之事，則又幾危其身，然其行道之心，豈以此等而爲之衰止？「文不在兹」，「期月而可」，此夫子之志也。《春秋》之作，殆不得已焉耳。「然而無有乎爾，則亦無有乎爾」，此又孟子之志也；故曰「當今天下，舍我其誰哉」？至所以袪尹士、充虞之惑者，其自述至詳且明。由孟子而來，千有五百餘年之間，以儒名者甚衆，而荀、楊、王、韓獨著，專場蓋代，天下歸之，非止朋遊黨與之私也。若曰傳堯、舜之道，續孔、孟之統，則不容以形似假借，天下萬世之公，亦終不可厚誣也。至於近時，伊、洛諸賢，研道益深，講道益詳，志向之專，踐行之篤，乃漢、唐所無有，其所植立成就，可謂盛矣！然江、漢以濯之，秋陽以暴之，未見其如曾子之能信其皜皜；肫肫其仁，淵淵其淵，未見其如子思之能達其浩浩；正人心，息邪説，距詖行，放淫辭，未見其如孟子之長於知言，而有以承三聖也。故道之不明，天下雖有美材厚德，而不能以自成自達，困於聞見之支離，窮年卒歲而無所至止。若其氣質之不美，志念之不正，而假竊傅會，蠹食蛆長於經傳文字之間者，何可勝道？方今熟爛敗壞，如齊威、秦王〔一〕之尸，誠有《大學》之志者，敢不少自强乎？於此有志，於此有勇，於此有立，然後能克己復禮，遜志時敏，真地中有山，《謙》也。不然，則凡爲謙遜者，亦徒爲假竊緣餙，而其實崇私務勝而已。比有一輩，沉吟堅忍以師心，婉孌夸毗以媚世，朝三暮四〔二〕以悦衆狙，尤可惡也。不爲此等所眩，則自求多福，何遠之有？道非難知，亦非難行，患人無志耳。及其有志，又患

〔一〕　陸九淵著，鍾哲點校：《陸九淵集》卷一中爲『皇』字。
〔二〕　陸九淵著，鍾哲點校：《陸九淵集》卷一中爲『朝四暮三』句。

無真實師友，反相眩惑，則爲可惜耳。凡今所以爲汝言者，爲此耳。蔽解惑去，此心此理，我固有之，所謂萬物皆備於我，昔之聖賢先得我心之所同然者耳，故曰「周公豈欺我哉」。』

先生與李省幹書云：『古先聖賢，無不由學。伏羲尚矣，猶以天地萬物爲師，俯仰遠近，觀取備矣，於是始作八卦。夫子生於晚周，麟遊鳳翥，出類拔萃，謂「天縱之將聖」，非溢辭也。然而自謂「我非生而知之者，好古敏以求之者也」。《中庸》稱之，亦曰：「祖述堯、舜，憲章文、武。」堯、舜相繼以臨天下，而皋陶矢謨其間曰：「朕言惠可底行。」武王纘太王、王季、文王之緒以有天下，未及下車，訪於箕子，俾陳《洪範》。高宗曰：「台小子舊學於甘盤，既乃遯於荒野，入宅於河，自河徂亳，暨厥終罔顯。爾惟訓于朕志：若作酒醴，爾惟〔一〕麴蘖；若作和羹，爾惟〔二〕鹽梅。」人生而不知學，學而不求師，其可乎哉？秦漢以來，學絕道喪，世不復有師。以至於唐，曰師、曰弟子云者，反以爲笑，韓退之、柳子厚猶爲〔三〕屢歎。惟本朝理學，遠過漢唐，始復有師道。雖然，學者不求師，與求而不能虛心，不能退聽，此固學者之罪；學者知求師矣，能退聽矣，所以導之者乃非其道，此則師之罪也。學於夫子者多矣，顏淵、閔子騫、冉伯牛、仲弓，固無可疵；外此則有南宮适、宓子賤、漆〔四〕雕開，近於四子；三人之外，最後出如高子羔、曾子，雖有愚魯之號，其實皆夫子所喜。於二人中，尤屬意於子羔，不幸前夫子而死，不見其所成就，卒之傳夫子之道者，乃在曾子。伯魚死，子思乃夫子嫡〔五〕孫，夫子之門人，光耀於當世者甚多，而子思獨師事曾子，則平日夫子爲子思擇師者可知矣。宰我、子

〔一〕陸九淵著，鍾哲點校：《陸九淵集》卷一中爲「爲」字。
〔二〕陸九淵著，鍾哲點校：《陸九淵集》卷一中爲「爲」字。
〔三〕陸九淵著，鍾哲點校：《陸九淵集》卷一中有「之」字。
〔四〕陸九淵著，鍾哲點校：《陸九淵集》卷一中爲「添」字，是不正確的。
〔五〕陸九淵著，鍾哲點校：《陸九淵集》卷一中爲「適」字。

貢、有若，其才智最高，子夏、子游、子張，又下一等。然游、夏已擅文學之場，而堂堂乎子張、子游猶以爲難能。其言論足以動人，光華足以耀俗，誠非以愚魯得號者可以〔一〕比擬。至其傳道授業，不繆於聖人，宰我、子貢、有若，猶不在此位，况游、夏乎？故曰〔二〕曾子傳之子思，子思傳之孟子，乃得其傳者，外此則不可以言道。』

闢異學

陸子論學，原本於此心之理。嘗謂四海有聖人出焉，此心同，此理同。千古有聖人出焉，亦此心同，此理同，無所謂異也。其有異焉者，或雜於佛老而誤認其心，或溺於章句而自喪其志耳。故曰同此之謂同德，異此之謂異端。夫章句之弊，與佛老之言，誠若有間。然莊子論臧穀亡羊，則挾書册與博簺者同譏焉。今録陸子論異學之言爲一卷，繼《宗仰》之後。庶學者知所向，又當知所戒焉。

先生與陶贊仲第二書云：『爲學只要睹是，不要與人較勝負。今學失其道者，不過習邪説，更相欺誑，以滋養其勝心而已。古人所謂異端者，不專指佛老。「異端」二字出《論語》，是孔子之言。孔子之時，中國不聞有佛，雖有老氏，其説未熾。孔子亦不曾闢老氏，異端豈專指老氏哉？天下正理不容有二。若明此理，天地不能異此，鬼神不能異此，千古聖賢不能異此。若不明此理，私有端緒，即是異端，何止佛老哉？近世言窮理者，亦不到

〔一〕陸九淵著，鍾哲點校：《陸九淵集》卷一中爲『所可』二字。
〔二〕陸九淵著，鍾哲點校：《陸九淵集》卷一中爲『自』字。

佛老地位，若借佛老爲說，亦是妄說。其言闢佛老者，亦是妄說。今世却有一種天資忠厚、行事謹愨者，雖不談學問，却可謂〔一〕朋友。惟是談學而無師承，與師承之不正者，最爲害道。與之居處，與之言論，只漸染得謬妄之說，他時難於洗濯。不如且據見在樸實頭自作工夫，今雖未是，後遇明師友，却易整頓也。理須是窮，但今時即〔二〕無窮理之人。何時得一來，以究此義。』

先生與林叔虎書云：『世固有甘心爲小人者，此無可言矣。有不肯爲小人而甘〔三〕爲常人者，又未足言也。有不肯爲常人，而墮於流俗中力不能自拔，又無賢師友提掖之，此可念也。又有非其〔四〕不能自拔，其所爲往往不類流俗，堅篤精勤，無須臾閒暇。又有徒黨傳習，日不暇給，又其書汗牛充棟，而迷惑浸溺，流痼纏綿，有甚於甘心爲小人、甘心爲常人者，此豈不重可憐哉？上古聖賢先知此道，以此道覺此民。後世學絶道喪，邪說蜂起，熟爛以至今日，斯民無所歸命。士人憑私臆決，大抵可憐矣，而號稱學者，又復如此，道何由而明哉？復晦翁第二書，多是提此學之綱，非獨爲辯〔五〕無極之說而已，可更熟復之。』

先生與邵叔誼書云：『王澤之竭，利欲日熾，先覺不作，民心横奔，浮文異端，轉相熒惑，往聖話言，徒爲藩餙。而爲機變之巧者，又復魑魅魍魎其間，耻非其耻，而耻心亡矣。今謂之學問思辨，而於此不能深切著明，依憑空言，傅着意見，增疣益贅，助勝崇私，重其狷忿，長其負恃，蒙蔽至理，扞格至言，自以爲是，没世不復，此其爲罪，浮於自暴自棄之人矣。此人之過，其初甚小，其後乃大；人之救之，其初則易，其後則難，亦其勢

〔一〕陸九淵著，鍾哲點校：《陸九淵集》卷十五中爲『爲』字。

〔二〕陸九淵著，鍾哲點校：《陸九淵集》卷十五中爲『卻』字。

〔三〕陸九淵著，鍾哲點校：《陸九淵集》卷九中有『心』字。

〔四〕陸九淵著，鍾哲點校：《陸九淵集》卷九中有『力』字。

〔五〕陸九淵著，鍾哲點校：《陸九淵集》卷九中爲『辨』字。

然也。物有本末，事有終始，知所先後，則近道矣。於其端緒，知之不至，悉精畢力，求多於末，溝澮皆盈，涸可立待，要之其終，本末俱失。夫子曰：「知之爲知之，不知爲不知，是知也。」後世耻一物之不知者，亦耻非其耻矣。人情物理之變，何可勝窮，若其標末，雖古聖人不能盡知也。稷之不能審於八音，夔之不能詳於五種，可以理揆。夫子之聖，自以少賤而多能，然稼不如老農，圃不如老圃，雖其老於論道，亦曰學而不厭，啓助之益，需於後學。伏羲之時，未有堯之文章，唐虞之時，未有成周之禮樂。非伏羲之智不如堯，而堯、舜之智不如周公，古之聖賢，更續緝熙之際，尚可考也。學未知至，自用其私者，乃至於亂原委之倫，顛萌蘖之序，窮年卒歲，靡所底麗，猶焦焦然思以易天下，豈不謬哉？』

先生與詹子南書云：『顔子堅既已去髮胡服，非吾人矣。此人質性本亦虛妄，故卒至於此。育王有一僧曰祖新，姓趙，字日新。其爲僧非本志，質甚穩實。亦有復衣冠之志，曾識之否？得來書，亟作此。託廖丈附便奉達，不能多具。』

先生與王順伯論佛書云：『去夏遠辱臨存，甚慰積年濶别之懷。執别匆匆〔一〕，又一歲有半，瞻企不啻饑渴〔二〕。屢於七七哥書中蒙寄意之勤，感感！且知别後所學大進，膏潤沾溉多矣，敬仰之劇！然愚意竊有願訂正於左右者，不敢避浼瀆之罪。大抵學術有説有實，儒者有儒者之説，老氏有老氏之説，釋氏有釋氏之説，天下之學術衆矣，而大門則此三家也。昔之有是説者，本於有是實，後之求是實者，亦必由是説。故凡學者之欲求其實，則必先習其説。既習之，又有得有不得。有得其實者，有徒得其説而不得其實者。説之中，又有深淺〔三〕，有精

〔一〕陸九淵著，鍾哲點校：《陸九淵集》卷二中爲『忽忽』二字。
〔二〕陸九淵著，鍾哲點校：《陸九淵集》卷二中『饑渴』二字爲『渴饑』。
〔三〕陸九淵著，鍾哲點校：《陸九淵集》卷二中『深淺』二字爲『淺深』。

粗，有偏全，有純駁，實之中亦有之。凡此皆在其一家之中，而自有辯〔一〕焉者也。論三家之同異、得失、是非，而相譏於得與不得，說與實，與夫淺深、精粗、偏全、純駁之間，而不知其爲三家之所均有者，則亦非其至者矣。兄前兩與家兄書，大概謂儒釋同，其所以相比配者，蓋所謂均有之者也。某嘗以義利二字判儒釋，又曰公私，其實即義利也。儒者以人生天地之間，靈於萬物，貴於萬物，與天地並而爲三極。天有天道，地有地道，人有人道。人而不盡人道，不足與天地並。人有五官，官有五〔二〕事，於是有是非得失，於是有教有學。其教之所從立者如此，故曰義、曰公。釋氏以人生天地間，有死生〔三〕，有輪廻，有煩惱，以爲甚苦，而求所以免之。其有得道明悟者，則知本無生死，本無輪廻，本無煩惱。故其言曰：「生死事大。」如兄所謂菩薩發心者，亦只爲此一大事。其教之所從立者如此，故曰利、曰私。惟義惟公，故經世；惟利惟私，故出世。儒者雖至於無聲、無臭、無方、無體，皆主於經世；釋氏雖盡未來際普度之，皆主於出世。今習釋氏者，皆人也。彼既爲人，亦安能盡棄吾儒之仁義？彼雖出家，亦上報四恩。日用之間，此理之根諸心而不可泯滅者，彼固或存之也。然其爲教，非爲欲存此而起也，故其存不存，不足爲深造其道者輕重。若吾儒則曰：「人之所以異於禽獸者幾希，庶民去之，君子存之。」釋氏之所憐憫者，爲未出輪廻，生死相續，謂之生死海裏浮沉。若吾儒中聖賢，豈皆只在他生死海裏浮沉也？彼之所憐憫者，吾〔四〕聖賢無有也。然其教不爲欲免此而起，故其說不主此也。故釋氏之所憐憫者，吾儒之聖賢無之；吾儒之所病者，釋氏之聖賢則有之。試使釋氏之聖賢，而繩以《春秋》之法，

〔一〕陸九淵著，鍾哲點校：《陸九淵集》卷二中爲『辨』字。
〔二〕陸九淵著，鍾哲點校：《陸九淵集》卷二中爲『其』字。
〔三〕陸九淵著，鍾哲點校：《陸九淵集》卷二中『死生』二字爲『生死』。
〔四〕陸九淵著，鍾哲點校：《陸九淵集》卷二中有『之』字。

童子知其不免矣。從其教之所由起者觀之，則儒釋之辨，公私義利之别，判然截然，有不可同者矣。某嘗妄論尊兄之質，人所難及，而不滿人意者，皆所習所鄉有以病之也。此非今日之言，蓋自初拜識時，已如此竊議矣。舜居深山之中，與木石居，與鹿豕遊，其所以異於深山之野人者幾希。及其聞一善言，見一善行，若決江河，沛然莫之能禦也。有過而不能勇改，天下之通患。然今世别有一般議論：以不輕改其素守，爲老成，爲持重，爲謹審；以幡然改，沛然從者，爲輕率，爲狂妄，爲無所守。凡事理但論是非，若已知吾所守所行者爲非，則豈可不速改。若謂吾所守所行未爲非，則固不當改，又不論速不速也。知、仁、勇三者，天下之達德。尊兄之質本有勇，但從來向釋氏，不崇儒，[一]故至徇流俗。朋友中見尊兄有剛決過人處，又有徇流俗處，莫不竊怪之。若某則妄論尊兄之徇流俗亦甚勇，他人則容易被聖賢之學聳動，雖不知其實，往往以其名而赴之。若尊兄則雖自覺有未穩當處，亦且頑忍安舊，有姑自守且徐圖之意。某念非尊兄無以發其狂言，用忘犯分之罪，猖狂而言，辭不暇擇。某非敢使尊兄竊儒者之名以欺世，願尊兄試以「有言逆於汝心，必求諸道」之法試思之，或有可採。如謂不然，亦願詳以見教。辯[二]白此事，期於到頭，非兄尚誰望。』

其第二書云：『屬者僭易陳露所見，蒙教復詳至，開發多矣。來書有深不欲多言之語，某竊謂於所不當言者，加一言則非矣；若在所當言，則惟足以達其理意而已，不可以多少限也。躁人之辭多者，謂其躁妄、錯亂贅疣，是則可删也。今方將於道術趨向之間，切磋求是，則又奚多之病？願尊兄先除此一戒，使某得悉意承教，庶是非可明也。尊兄所學以力行爲主，不專務論説，所見皆行履到處，非但言説而已。此不待論。某固不敢以言説

[一] 陸九淵著，鍾哲點校：《陸九淵集》卷二中此句爲『不從儒學』。
[二] 陸九淵著，鍾哲點校：《陸九淵集》卷二中爲『辨』字。

待尊兄，交游間亦不以此病兄，獨謂兄所學不能無蔽耳。楊、墨、告子、許行之徒，豈但言説，其所言即其所行，而孟子力闢之者，以爲其學非也。儒釋之辯〔一〕，某平時亦少所與論者：有相信者，或以語之，亦無所辯難，於我無益；有自立議論與我異者，又多是勝心所持，必欲己説之伸，不能公平求是，與之反覆，只成争辯，此又不可與論。今之僧徒，多擔夫庸人，不通文理，既去髮胡服，又安能使之髪髡潔緇，而從吾遊耶？至於士大夫之好佛者，雖其好佛，亦只爲名而已！此又不足與論也。至如尊兄，不爲名，不好勝，凡事皆公心求是，又聰明博洽，鄉來未有自得處，猶有凝滯退縮之態，比來所見明白，議論發越，殊無凝滯退縮之態矣。設有如是資質，如是所到，然但工一家之説，則又難論。今兄兩家之書已皆探討，此而不與極論，則只是成自檜版矣。鄉來切疑於兄者，以爲兄之資稟〔二〕，實強敏有餘，而〔三〕宏大通達〔四〕則不足，懼爲平日所鄉、所學、所習之所攝持，密制其命而不能度越擺脱，操不忘本之説以爲典訓，拒排釋氏者於千里之外，而與「至則行矣」、「趨而避之」者同其介然自守之意，則無間之可乘矣。承來教謂：「若使釋果未進於儒，理須進步，何苦守其卑污而不進。」然後知高明之度本自宏濶，而某之疑則誠淺陋矣。某前書所論，論其教之所從起，而兄則指其所造以辯〔五〕之。某雖不曾看釋藏經教，然如〔六〕《楞嚴》、《圓覺》、《維摩》等經，則嘗見之。如來書所舉愛涅槃，憎生死，正是未免生死，未出輪廻；不了四相者，正是未免生死，未出輪廻。四相雖有淺深精粗，然其壽者相，亦

〔一〕陸九淵著，鍾哲點校：《陸九淵集》卷二中爲「辨」字。
〔二〕陸九淵著，鍾哲點校：《陸九淵集》卷二中有「質」字。
〔三〕陸九淵著，鍾哲點校：《陸九淵集》卷二中無「而」字。
〔四〕陸九淵著，鍾哲點校：《陸九淵集》卷二中爲「遠」字。
〔五〕陸九淵著，鍾哲點校：《陸九淵集》卷二中爲「辨」字。
〔六〕陸九淵著，鍾哲點校：《陸九淵集》卷二中爲「而」字。

只是我相，根本潛伏藏識，謂之命根不斷。故其文曰：「若有人讚歎彼法，則生歡喜，便欲濟度，若有人誹謗彼所得者，即生嗔恨。」此亦正是未免生死，未出輪廻。又如來教：「因地法行，亦無身心受彼生死。」正是免得生死，出得輪廻。伊川先生有云〔一〕：「釋氏只是理會生死，其他都不理會。」近有一前輩參禪，禪叢中稱其所得，一日，舉伊川先生之言，曰：「某當時若得侍坐，便問道不知除生死外更有甚事？」不知尊兄所見，與此人優劣如何？若尊兄初心不爲生死，不知因何趨向其道？來書：「實際理地，雖不受一塵，而佛事門中，不捨一法。」若論不捨一法，則虎穴魔宮，皆〔二〕爲佛事；淫房酒肆，盡是道場。維摩使須菩提置鉢欲去之地，乃其極則。當是時十地菩薩猶被呵斥，以爲取舍未忘，染净心在，彼其視吾《詩》、《禮》、《春秋》，何啻以爲緒餘土苴。惟其教之所從起者如此，故其道之所極亦如此。故某嘗謂儒爲大中，釋爲大偏。以釋與其他百家論，則百家爲不及，釋爲過之。原其始，要其終，則私與利而已。來教謂「佛說出世，非舍此世而於天地外別有樂處」。某本非謂其如此，獨謂其不主於經世，非三極之道耳。又謂「若衆聖所以經世者，不由自心建立，方可言經世異於出世，而別有妙道也」。吾儒之道乃天下之常道，豈是別有妙道？謂之典常，謂之彝倫，蓋天下之所共由，斯民之所日用，此道一而已矣，不可改頭換面。前書固謂今之爲釋氏者，亦豈能盡捨吾道，特其不主於是，而其違順得失，不足以爲深造其道〔三〕者之輕重耳。尊兄謂「行所當行」。尊兄日用中所行合理處，自是天資之美，與探討儒書之力，豈是讀《華嚴》有〔四〕省發後方始如此。然尊兄豈能保其所行皆合於理乎？韋編三絶

〔一〕陸九淵著，鍾哲點校：《陸九淵集》卷二中爲『曰』字。
〔二〕陸九淵著，鍾哲點校：《陸九淵集》卷二中爲『實』字。
〔三〕陸九淵著，鍾哲點校：《陸九淵集》卷二中無『其道』二字。
〔四〕陸九淵著，鍾哲點校：《陸九淵集》卷二中爲『自』字。

而後贊《易》，敢道尊兄未嘗從事如此工夫；「吾志在《春秋》」，敢道尊兄不能有此志；「我亦欲正人心，息邪説，距詖行，放淫辭」，敢道此非尊兄之所欲；如是而謂儒釋同，恐無是理。今尊兄將空諸所有，其視磑磑擊磬者，果爲何事哉？若〔一〕「治大國若烹小鮮」，「不以智治國國之福」，或者其可以與尊兄之道並行而不悖也。某方吐胸中愚見，欲求訂正其辭，不得不自達，願尊兄平心觀之。如不以爲然，幸無愛辭。鄉時兄弟有所論難，尚蒙推挽，令各極其意，況在朋友，彼此無他疑，正宜悉意評論，期歸乎一是之地。某平昔愚見所到，持論甚堅，然人言有以服其心，則不憚於幡然而改。惟尊兄有以知我，非執己好勝者，幸不憚盡言。若鄙言可採，亦願尊兄不憚改轍也。「周公思兼三王以施四事，其有不合者，仰而思之，夜以繼日，幸而得之，坐以待旦。」夫子自謂：「其爲人也，發憤忘食，樂以忘憂，不知老之將至云爾。」又曰：「吾嘗終日不食，終夜不寢以思，無益，不如學也。」又曰：「我學不厭而教不倦。」此豈不可爲吾人標的乎？但只如此隨見在去，豈便無益於天下，顧有如尊兄之質，不無可惜處。適得張南軒與家兄書，今附達家兄處，可試觀之如何？家兄逼歲，必歸宅上，不知曾更有切磋否？歲即除，伏幾多爲親壽，以厚新祉。』

先生贈劉季蒙云：『明德在我，何必他求？方士禪伯，真爲大祟。無世俗之陷溺，無二祟之迷惑，所謂無偏無黨，王道蕩蕩，浩然宇宙之間，其樂孰可量也。壬子月日，蒙泉守陸某書贈劉季蒙。』

先生作《好學近乎知》程文云：『聖人之言，有若不待辯而明，自後世言之，則有不可不辯者。夫所謂智者，是其識之甚明，而無所不知者也。夫其識之甚明，而無所不知者，不可以多得也。然識之不明，豈無可以致明之道乎？有所不知，豈無可以致知之道乎？學也者，是所以致明、致知之道也。向也不明，吾從而學之，學之不

〔一〕陸九淵著，鍾哲點校：《陸九淵集》卷二中有『謂』字。

已，豈有不明者哉？向也不知，吾從而學之，學之不已，豈有不知者哉？學果可以致明而致知，則好學者可不謂之近知〔一〕乎？是所謂不待辯而明者也。然大道之不明，斯人之陷溺，古之所謂學者，後世莫之或知矣。今自童子受一卷之書，亦可謂之學。雖學農圃技巧之業，亦不可不謂之學。人各隨其所欲能者而學之，俗各隨其所漸誘者而學之，均之爲學也。雖其學之也，有好有不好。其好之也，有篤有不篤。而當其篤好之也，均之爲好學也。今學農圃技巧之業者姑不論。而如童子受書，如射、御、書、數專爲一藝者亦姑不論。又如詭怪妖妄之人，學爲欺世誣人之事者亦姑不論。而世蓋有人焉，氣庸質腐，溺於鄙陋之俗，習於庸猥之說，膠於卑淺零亂之見，而乃勉勉而學，孜孜而問，茫茫而思，汲汲而行，聞見愈雜，智識愈迷，東轅則恐背於西，南轅則恐違於北，執一則懼爲通者所笑，泛從則懼爲專者所非，進退無守，彷徨失據，是其好之愈篤，而自病愈深。若是而學，若是而好者，果可謂之近於智乎？此所謂自後世言之，則有不可不辯焉者也。』

劉定夫舉禪說：『正人說邪說，邪說亦是正，邪人說正說，正說亦是邪。』先生曰：『此邪說也。正則皆正，邪則皆邪，正人豈有邪說？邪人豈有正說？此儒釋之分也。』

先生語繆文子云：『近日學者無師法，往往被邪說所惑。異端能惑人，自吾儒敗績，故能入。使在唐虞之時，道在天下，愚夫愚婦，亦皆有渾厚氣象，是時便使活佛、活老子、莊、列出來，也開口不得。惟陋儒不能行道，如人家子孫，敗壞父祖家風。故釋老却倒來檢點〔二〕你。如莊子云：「以智治國，國之賊。」惟是陋儒，不能行所無事，故被他如此說。若智〔三〕者行其所無事，如何是國之賊？今之攻異端者，但以其名攻之，初不知自家自

〔一〕陸九淵著，鍾哲點校：《陸九淵集》卷三十二中爲『智』字。
〔二〕陸九淵著，鍾哲點校：《陸九淵集》卷三十五中爲『點檢』二字。
〔三〕陸九淵著，鍾哲點校：《陸九淵集》卷三十五中爲『知』字。

被他檢點〔一〕，在他下面，如何得他服。你須是先理會了我底是，得有以使之服，方可。』

先生云：『今世儒者類指佛、老爲異端。孔子曰：「攻乎異端。」孔子時，佛教未入中國，雖有老子，其說未著，却指那個爲異端？蓋異字與同字爲對。雖同師堯、舜，而所學異緒，與堯、舜不同，此所以爲異端也。』先生因儆學者攻異端曰：『天下之理，將從其簡且易者而學之乎？將欲其繁且難者而學之乎？若繁且難者果足以爲道，勞苦而爲之可也，其實本不足以爲道，學者何苦於繁難之說。簡且易者，又易知易從，又信足以爲道，學者何憚而不爲簡易之從乎？』

告子與孟子並駕其說於天下。孟子將破其說，不得不就他所見處細與他研磨。一次將杞柳來論，便就其〔二〕杞柳上破其說；一次將湍水來論，便就他湍水上破其說；一次將生之謂性來論，又就他生之謂性上破其說；一次將仁內義外來論，又就他義外上破其說。窮究異端，要得恁地使他無言語始得。

又云：『夫子没，老氏之說出，至漢而其術益行。曹參相齊，盡召長老諸先生，問所以安集百姓。而齊故儒以百數，言人人殊，參未知所定。聞膠西〔三〕蓋公，善治黄老言，使人厚幣請之。既見蓋公，公爲言治道貴清凈而民自定，推此類而〔四〕具言之。參於是避正堂舍蓋公焉。其治要用黄老術，故相齊九年，齊國安集，大稱賢相。此見老氏之脉在此也。蕭何薨，參入相，壹遵何〔五〕之約束。擇郡縣吏長，木訥於文辭，謹厚長者，即召除爲丞相史。吏言文刻深，欲聲名，輒斥去之。日夜飲酒不事事。見人有細過，掩匿覆蓋之，府中無事。漢家之治，血

〔一〕陸九淵著，鍾哲點校：《陸九淵集》卷三十五中爲『點檢』二字。
〔二〕陸九淵著，鍾哲點校：《陸九淵集》卷三十四中爲『他』字。
〔三〕陸九淵著，鍾哲點校：《陸九淵集》卷三十四中有『有』字。
〔四〕陸九淵著，鍾哲點校：《陸九淵集》卷三十四中無『而』字。
〔五〕陸九淵著，鍾哲點校：《陸九淵集》卷三十四中有『爲』字。

脉在此。』

又云：『孟子没，吾道不得其傳。而老氏之學始於周末，盛於漢，迨晉而衰矣。老氏衰而佛氏之學出焉。佛氏始於梁達磨，盛於唐，至今而衰矣。有大賢者出，吾道其興矣夫！』

又云：『釋氏謂此一物，非他物故也，然與吾儒不同。吾儒無不該備，無不管攝，釋氏了此一身，皆無餘事。公私義利於此而分〔一〕。』

又云：『釋氏立教，本欲脱離生死，惟主於成其私耳，此其病根也。且如世界如此，忽然生一個謂之禪，已自是無風起浪，平地起土堆了。』

〔一〕 陸九淵著，鍾哲點校：《陸九淵集》卷三十五中有『矣』字。

《陸子學譜》卷之三

南昌萬承蒼訂
後學臨川李紱編
平越王士俊校

讀書

世言先生不教人讀書者，妄也。先生深於經，熟於史，沉浸於唐及北宋大家之文。讀其雜著、講義、程文，經史貫穿。讀其書、序、論、記、銘、誄諸篇，精於文律者，未能或之先也，非讀書何以致是。朱子謂子静若不讀書，安能作衆人之師？先生亦自謂某何嘗不教人讀書，但比他人讀來差别耳。昔大程子責謝上蔡讀史爲玩物喪志，及自己讀史，又逐行看過，一字不差。先生之意，正猶是也。今録其教人讀書之法，爲學者退息之居學焉。

先生作《學古入官議事以制政乃不迷》程文云：『天下有不易之理，是理有不窮之變。誠得其理，則變之不窮者，皆理之不易者也。理之所在，固不外乎人也。而人之生，亦豈能遽明此理而盡之哉？開闢以來，聖神代作，君臣之相與倡和彌縫，前後之相與緝理賡〔一〕續，其規恢締建之廣大深密，咨詢計慮之委曲詳備，證驗之著，有足以析〔二〕疑，更嘗之多，有足以破陋，被之載籍，著爲典訓，則古制之所以存於後世者，豈徒爲故實文具而已哉？以不易之理，禦不窮之變，於是乎在矣。學之以入官，操之以議事，政之不迷，固其所也。』

先生答邵中孚書云：『大抵讀書，訓詁既通之後，但平心讀之，不必強加揣量，則無非浸灌、培益、鞭策、磨勵之功。即〔三〕有未通曉處，姑缺之無害。且以其明白昭晰者日加涵泳，則自然日充日明，後日本原深厚，則向來未曉者將亦有煥然冰釋者矣。《告子》一篇，自「牛山之木嘗美矣」以下，可常讀之，其浸灌、培植之益，當日深日固也。其卷首與告子論性處，却不必深考，恐其力量未到，則反惑亂精神，後日不患不通解也。此最是讀書良法，其他非相見莫能盡。《尚書》：《皋陶》、《益稷》、《大禹謨》、《太甲》、《說命》、《旅獒》、《洪範》、《無逸》等篇，可常讀之，其餘少緩。何時得相見，諸當面盡未聞，千萬勉旃，以卒賢業。』

先生與朱濟道書云：『某嘗令後生讀書時，且精讀文義分明事節易曉者，優游諷詠，使之浹洽，與日用相協，非但空言虛說，則向來疑惑處，自當渙然冰釋矣。縱有未解，固當候之，不可強探力索，久當自通。所通必真實，與私識揣度者天淵不足喻其遠也。不在多言，勉旃是望！』

先生有《策問》論讀書云：『古者八歲入小學，十五〔四〕入大學。小學教之射、御、書、數，大學之道，則歸乎明明德於天下者。今教童稚，不過使之習字畫讀書，稍長，則教之屬文。讀書則自《孝經》、《論語》以及六經、

〔一〕陸九淵著，鍾哲點校：《陸九淵集》卷三十二中爲『更』字。
〔二〕陸九淵著，鍾哲點校：《陸九淵集》卷三十二中爲『折』字。
〔三〕陸九淵著，鍾哲點校：《陸九淵集》卷七中爲『或』字。
〔四〕陸九淵著，鍾哲點校：《陸九淵集》卷二十四中有『歲』字。

子、史，屬文則自詩、對至於所謂經義、詞賦、論策者，不識能有古者小學、大學之遺意乎？若曰今之教人者不必如古，惟使之能爲文，應有司程度，可以取科第而已，則竊有疑焉。幼所誦書，長必知其意義，及其作文，則所謂題目者，又皆出於古書，則必能言其義，而後文可成也。如《孝經》首章所謂「立身行道」；《論語》首章言「學而時習之」；《孟子》首章言「何必曰利，亦有仁義而已」。不知果何如而立身？何如而行道？所學所習果何道何業？利與仁義何如而辨？若此等類，今之爲文者果有不必知之者乎？若曰今之教人者與古大異。言之於口，筆之於紙，施之於場屋者，不必有其實，巧與勤者斯可矣。然亦不廢仁義忠信之道，兩者並行不相悖。不識有是理乎？夫仁義忠信之道，古人汲汲學之，猶懼有間〔一〕。今悉力從事者，初不在是，而曰自能不廢，則是今人才質過古人遠矣。不然，則是父詔〔二〕其子，兄語其弟，友朋之羣居相與從事者，皆爲欺爲僞，相驅入於罟擭陷穽也，而可安乎？諸君幸詳考備究而精言之，當得其實而後可。』

先生嘗謂李伯敏云：『某舊日伊洛文字不曾看，近日方看，見其間多有不是。今人讀書，平易處不理會，有可以起人羨慕者，則著力研究。古先聖人，何嘗有起人羨慕者？只是此道不行，見有奇特處，便生羨慕。自周末文弊，便有此風。如唐虞之時，人人如此，又何羨慕？所以莊周云：「臧與穀共牧羊，而俱亡其羊。問臧奚事？曰博塞以遊；問穀奚事？曰：挾策讀書。其爲亡羊一也。」某讀書只看古註，聖人之言自明白。且如「弟子入則孝，出則弟」。是分明說與你入便孝，出便弟，何須得傳註。學者疲精神於此，是以擔子越重。到某這裏，只是與他減擔。只此便是格物。』伯敏云：『每讀書，始者心甚專，三五偏後，往往心不在此。知其如此，必欲使心

〔一〕陸九淵著，鍾哲點校：《陸九淵集》卷二十四中爲『闕』字。
〔二〕陸九淵著，鍾哲點校：《陸九淵集》卷二十四中爲『語』字。

在書上，則又別生一心。卒之方寸擾擾。』先生云：『此是聽某言不入，若聽得入，自無此患。某之言打做一處，吾友二三其心了。如今讀書，且平平讀，未曉處且放過，不必太滯。』

伯敏問作文法，先生云：『讀《漢》、《史》、韓、柳、歐、蘇、尹師魯、李淇水文不誤。後生惟讀書一路，所謂讀書，須當明物理，揣事情，論事勢。且如讀史，須看他所以成，所以敗，所以是，所以非處。優游涵泳，久自得力。若如此讀得三五卷，勝看三萬卷。』

詹阜民録先生語云：『孔門弟子，如子夏、子游、宰我、子貢，雖不遇聖人，亦足號名學者，爲萬世師。然卒得聖人之傳者，柴之愚，參之魯。蓋病後世學者溺於文義，知見繳繞，蔽惑愈甚，不可入道耳。』阜民既還邸，遂盡屏諸書。及後來疑其不可，又問。先生曰：『某何嘗不教人讀書，不知此後煞有事在〔一〕。』

先生又曰：『讀書不必窮索，平易讀之，識其可識者，久將自明，毋耻不知。子亦見今之讀書談經者乎？歷敘數十家之旨而以己見終之。開闢反復，自謂究竟精微，然試探其實，固未之得也，則何益哉？』

周廉夫録先生語云：『後生看經書，須着看注疏及先儒解釋，不然，執己見議論，恐入自是之域，便輕視古人。至漢唐間名臣議論，反之吾心，有甚悖道〔二〕，亦須自家有「證諸庶民而不謬」底道理，然後別白言之。』

又云：『讀書之法，須是平平淡淡去看，子〔三〕細玩味，不可草草。所謂優而柔之，厭而飫之，自然有渙然冰釋，怡然理順底道理。』

〔一〕陸九淵著，鍾哲點校：《陸九淵集》卷三十五中爲『甚事』二字。
〔二〕陸九淵著，鍾哲點校：《陸九淵集》卷三十五中有『處』字。
〔三〕『子』字應爲『仔』字。

幼而學之，壯而欲行之，儒術非迂疎而寡效也。陸子之學，未及大行於天下。其致君之忠，止見於《輪對》五劄。其察吏安民之道，止見於與蘇宰、趙守諸書。其出身而加民者，則荆門之政。過化存神，期月間，政修事治，吏畏民懷，訟獄衰息，周益公所謂躬行之效者也。假使南宋能竟其用，則孔子之爲東周，孟子之安天下，夫豈遠哉？今録其議論設施關於政治者，爲學者示之則焉。

先生爲勅局《删定官輪對劄子》，其一云：『臣讀典謨大訓，見〔一〕君臣之〔二〕都俞吁咈，相與論辯，各極其意，了無忌諱嫌疑。於是知事君之義，當無所不用其情。唐太宗即位之初〔三〕，魏證〔四〕爲尚書右丞，或毁證以阿黨親戚者。太宗使溫彦博按訊，非是。彦博言：「證爲人臣，不能著形迹，遠嫌疑，心雖無私，亦有可責。」太宗使彦博責證，且曰：「自今宜存形迹。」證入見，曰：「臣聞君臣同德，是謂一體，宜相與盡誠，若上下但存形迹，則邦之興衰，未可知也。」太宗瞿然曰：「吾已悔之。」數年之後，蠻夷君長，帶刀宿衛，外户不閉，商旅野宿，非偶然也。唐太宗固未足爲陛下道，然其君臣之間，一能如此，即著成效。陛下天錫智勇，隆寬盡下，遠追堯、舜，誠不爲難。而臨御二十餘年，未有太宗數年之效。版圖未歸，讎耻未復，生聚教訓之實，可爲寒心。執事者方雍雍于于，以文書期會之隙與造請乞憐之人，俯仰酬酢而不倦，道雨暘時若，有詠頌太平之意，臣竊惑之。

〔一〕陸九淵著，鍾哲點校：《陸九淵集》卷十八中有『其』字。

〔二〕陸九淵著，鍾哲點校：《陸九淵集》卷十八中有『間』字。

〔三〕陸九淵著，鍾哲點校：《陸九淵集》卷十八中無『之初』二字。

〔四〕『證』字應爲『征』字。下同。

臣誠恐因循玩習之久，薰蒸浸漬之深，雖陛下之剛健，亦不能不消蝕也。鸞鳳之所以能高飛者，在六翮。臣願陛下毋以今日所進爲如是足矣，而博求天下之俊傑，相與舉論道經邦之職。將見無愧於唐虞之朝，而唐之太宗誠不足爲陛下道也〔一〕。取進止。』

其第二劄子云：『臣讀漢武帝〔二〕策賢良詔，至所謂任大而守重，嘗竊歎曰：漢武亦安知所謂任大而守重者。自秦漢〔三〕而降，言治者稱漢唐。漢唐之治，雖其賢君，亦不過因陋就簡，無卓然志於道者。因陋就簡，何大何重之有？今陛下獨卓然有志於道，真所謂任大而守重。道在天下，固不可磨滅，然人能弘道，非道弘人。今陛下羽翼未成，則臣恐陛下此心亦不能以自遂。陛下此志不遂，則宜其治功之不立，日月愈邁，而駸駸然反出漢唐賢君之下也。神龍棄滄海，釋風雲，而與鯢鰍校技於尺澤，理必不如。臣願陛下益致尊德樂道之誠，以遂初志，則豈惟今天下之幸，千古有光矣。取進止。』

其第三劄子云：『臣嘗謂事之至難，莫如知人，事之至大，亦莫如知人。人主誠能知人，則天下無餘事〔四〕。管仲嘗三戰三北，三見逐於君，鮑叔何所見而遽使小白置彎弓〔五〕之怨，釋囚拘而相之。韓信家貧無行，不得推擇爲吏，不能自業，見厭於人，寄食於漂母，受辱於胯下，蕭相國何所見而必使漢王拔於亡卒之中，齋戒設臺〔六〕而

〔一〕 陸九淵著，鍾哲點校：《陸九淵集》卷十八中为『矣』字。
〔二〕 陸九淵著，鍾哲點校：《陸九淵集》卷十八中無『帝』字。
〔三〕 陸九淵著，鍾哲點校：《陸九淵集》卷十八中無『漢』字。
〔四〕 陸九淵著，鍾哲點校：《陸九淵集》卷十八中有『矣』字。
〔五〕 陸九淵著，鍾哲點校：《陸九淵集》卷十八中爲『刀』字。
〔六〕 陸九淵著，鍾哲點校：《陸九淵集》卷十八中爲『壇』字。

拜之？陸遜吳中年少書生耳，呂蒙何所見而使孫仲謀〔一〕越諸老將而用之？諸葛孔明南陽耕夫，偃蹇爲大者耳，徐庶何所見而必欲屈〔二〕先主枉駕顧之？此四人者，自其已成之效觀之，童子知其爲〔三〕非常士也。當其窮困〔四〕未遇之時，臣謂常人之識，必無能知之理。人之知識若登梯然，進一級則所見愈廣。上者〔五〕兼下之所見，下者必不能如上之所見。陛下誠能坐進此道，使古今人品瞭然於心目，則四子之事，又豈足爲陛下道哉？若猶屈鳳翼於雞鶩之羣，日與瑣瑣者共事，信其俗耳庸目，以是非古今，臧否人物，則非臣之所敢知也。取進止。』

其第四劄子云：『臣嘗謂天下之事，有可立致〔六〕者，有當馴致者。旨趣之差，議論之失，是惟不悟，悟則可以立改。故定趨向，立規模，不待悠久，此則所謂〔七〕立致者。〔八〕如救宿弊之風俗，正久隳之法度，雖大舜、周公復生，亦不能一旦盡如其意。惟其趨向既定，規模既立，徐圖漸治，磨以歲月，乃可望其丕變，此則所謂當馴致〔九〕者。日至之時，陽氣即應，此立致〔一〇〕之驗也。大冬不能一日而爲大夏，此馴致之驗也。凡事不合天理，不當人心者，必害天下，效見〔一一〕之著，無愚智皆知其非。然或智不燭理，量不容物，一旦不勝其忿，驟爲變

〔一〕陸九淵著，鍾哲點校：《陸九淵集》卷十八中有『度』字。
〔二〕陸九淵著，鍾哲點校：《陸九淵集》卷十八中有『蜀』字。
〔三〕陸九淵著，鍾哲點校：《陸九淵集》卷十八中無『爲』字。
〔四〕陸九淵著，鍾哲點校：《陸九淵集》卷十八中爲『困窮』，二者順序顛倒。
〔五〕陸九淵著，鍾哲點校：《陸九淵集》卷十八中有『能』字。
〔六〕陸九淵著，鍾哲點校：《陸九淵集》卷十八中爲『至』字。
〔七〕陸九淵著，鍾哲點校：《陸九淵集》卷十八中有『可』字。
〔八〕陸九淵著，鍾哲點校：《陸九淵集》卷十八中有『至』字。
〔九〕陸九淵著，鍾哲點校：《陸九淵集》卷十八中有『之』字。
〔一〇〕陸九淵著，鍾哲點校：《陸九淵集》卷十八中爲『至』字。
〔一一〕陸九淵著，鍾哲點校：《陸九淵集》卷十八中爲『驗』字。

更，其禍敗往往甚於前日。後人懲之，乃謂無可變更之理，真所謂懲羹吹虀，因噎廢食者也。自秦漢以來，治道龐雜，而甘心懷愧於前古者，病正坐此。歲在壬辰，臣省試對策首篇，大抵言古事是非，初不難論，但論於今日，多類空言，事體遼絶，形勢隔塞，無可施行。末章有云：「然則三代之政，豈〔一〕終不可〔二〕復哉〔三〕？合抱之木，萌蘖之生長也。大夏之暑，大冬之推移也。三代之政，豈終不可復哉？顧當爲之以漸而不可驟耳。有包荒之量，有馮河之勇，有不遐遺之明，有朋亡之公，於復三代乎何有？」臣乃今日請復爲陛下誦之。取進止。』

其第五劄子云：『臣聞人主不親細故〔四〕，故臯陶賡歌，致叢脞之戒；周公作立政，稱文王罔攸兼於〔五〕庶言、庶獄、庶事。唐德宗親擇吏宰畿邑，柳渾曰：「陛下當擇臣輩以輔聖德，臣當選京兆尹以成大化，尹當求令長以親細故〔六〕。代尹擇令，非陛下所宜。」此言誠得臯陶、周公之旨。今天下米鹽靡密之務，往往皆上累宸聽。臣謂陛下雖得臯陶、周公，亦何暇與之論道經邦哉？荀卿子曰：「主好要則百事詳，主好詳則百事荒。」臣觀今日之事，有宜責之令者，令則曰我不得自行其事；有宜責之守者，守亦曰我不得自行其事；推而上之，莫不皆然。文移回復，互相牽制，其說曰所以防私。而行私者方藉是以藏姦伏慝，使人不可致詰。惟盡忠竭力之人欲舉其職，則苦於隔絶而不得以遂志。以陛下之英明，焦勞於上，而事實之在天下者，皆不能如陛下之志，則豈非好

〔一〕陸九淵著，鍾哲點校：《陸九淵集》卷十八中爲『其』字。
〔二〕陸九淵著，鍾哲點校：《陸九淵集》卷十八中無『可』字。
〔三〕陸九淵著，鍾哲點校：《陸九淵集》卷十八中爲『矣乎』二字。
〔四〕陸九淵著，鍾哲點校：《陸九淵集》卷十八中爲『事』字。
〔五〕陸九淵著，鍾哲點校：《陸九淵集》卷十八中爲『予』字。
〔六〕陸九淵著，鍾哲點校：《陸九淵集》卷十八中爲『事』字。

詳之過耶？此臣所謂旨趣之差，議論之失，而可以立變者也。臣謂必深懲此失，然後能遂求道之志，致知人之明。陛下雖垂拱無爲，而百事詳矣。臣不勝拳拳！取進止。』

右先生五劄，首論君臣當捐形迹以開入告之路。次言人主當志於道，任大守重，不可因陋就簡，以啓其大有爲之志。三言人主當知人擇賢，不可信庸耳俗目，以爲聽言之本。四言爲治當以漸而不可驟，庶可馴至於三代之盛。五言人主不當親細故，深懲好詳之過，乃能遂求道之志，皆啓心沃心之大端也。人主必具此五者，然後可以論治。先生初獲輪對，故先其大者。必大者見信，然後賓師、食貨、禮樂、政刑之利弊，可次第敷陳。惜乎止此一對，至次對將及，而忌者遽以監丞遷之。且王信之駁，即予祠禄，併不使容於朝廷之間，則天之無意於宋也。或疑先生五劄，辭意簡淡，不如他人極言利弊，剴切詳明者，不知此五者若未能行，雖日陳萬言，何益之有？孟子謂人不足與適，政不足與間。惟大人爲能格君心之非。先生之學本於孟子，故入告之辭，得其體要如此。當時大小臣工，下逮諸生，皆得言事。每日通進司所上，不知章奏若干，動輒連篇累牘，或千言或數千言，人主一日萬幾，覽之不能終卷矣。且入耳不煩，施於貴臣猶爾。而至尊之前，辭煩不殺，豈知奏對之體者乎。附書所以，庶於先生用意所在，發明百一，以解世俗之惑焉。若范文正公、王文公、蘇文忠公，各有萬言之奏，則皆盡獻生平所學。上書之體，與尋常奏對不同，然亦不無煩冗之弊，孔孟家法，必不爾也，至於外任治法。

附録先生與守令書，及荆門政蹟於左。

先生與宋漕使若水書云：『金谿爲邑，封壤褊隘，無豪商富民生産之絶出等夷者，稅籍之爲緡錢，不過以十計。聞之故老，往時人烟稀少，民皆自食其力，畏事自愛，輸公先期，無催期之擾。家用饒給，風俗醇美，歲時伏臘，雞豚相遺，杯酒相歡，熙熙如也。自建炎、紹興以來，寖不如舊，民日益貧，俗日益弊。比年荒歉，益致窮蹙。原其所自，官實病之。大軍月樁，起於紹興，初用兵，權以紓急，兵罷不除，因以爲額。立額未幾，有漕使勾君者，知其爲横斂，初無名色。行縣之次，問邑吏，月樁之所從取，凡以實告者，皆得蠲減。獨金谿少吏不解事，懼吐實則有罪，輒以有名色對，故金谿獨不蒙蠲減。月解之數，爲緡錢八百有奇，以歲計之，當輸萬緡。朘民之端，莫大於此。貪吏並緣，侵欲無藝，椎骨瀝髓，民不聊生。縱遇循吏，莫能善後，累有善〔一〕宰條陳本末，祈請蠲除，上府不察，吏胥持之，竟不施行。今縣宰仁厚，愛民甚篤，佐貳皆賢。適值連歲旱傷，今歲大旱，留意賑恤，盡却吏胥侵漁之策，細民始有生全之望。而月解積負，無所取償，復此詢究月樁本末，以致祈懇。此在縣官，特九牛一毛耳。而可使一邑數萬家，免於窮困流離，長無歎息，誠仁人所樂爲也。況如執事之賢，當不待贊。第以某嘗托契門墻，而占籍兹邑，當其休戚，不敢不告。某復有管見，欲效涓埃：比年民力日竭，國計日匱，郡縣日窘，獨吏胥屬饜耳。郡縣積負，日加歲增，版漕監司，督之州郡，州〔二〕郡督之縣，縣督之民，吏胥睢盱其間，轉相並緣以濟其私。吏欲日飽，而積負自若。文移之煩，追逮之頻，賄謝之厚，斂取之苛，皆此其故也，故督積負無補於縣官，獨足爲吏胥〔三〕賄謝之地，以重困吾民耳。所謂督於民者，民豈真有負哉？官吏新故相仍，有若郵置，緣絶簿書以蓋〔四〕侵盜。積負之源，實在於此。督至於縣而無所從取，則横取諸民耳。今常賦之外，奇名異例〔五〕以取於民，如所謂月樁者，不可悉數。郡縣月輸歲供，具之版帳，盡責版帳之輸，猶懼不給，彼又安能輸積負哉？鄙語所謂移東籬、掩西障，或有以積負輸者，上之人不察，欣然以喜。不知其非公家之利，乃吏胥之便也，舊者輸而新者積矣。善爲上者，莫若舍積負而責

〔一〕陸九淵著，鍾哲點校：《陸九淵集》卷八中爲『賢』字。
〔二〕陸九淵著，鍾哲點校：《陸九淵集》卷八中無『州』字。
〔三〕陸九淵著，鍾哲點校：《陸九淵集》卷八中爲『胥吏』二字，二者順序顛倒。
〔四〕陸九淵著，鍾哲點校：《陸九淵集》卷八中爲『益』字。
〔五〕陸九淵著，鍾哲點校：《陸九淵集》卷八中爲『類』字。

新輸，則賄謝絶，郡縣寬，民可以息肩。「百姓足，君孰與不足？」殆不可謂書生常談而忽之也。不識高明以爲何如〔一〕？是問倉臺守倅皆賢，有所見請，有所施行，皆可共事，不致有齟齬也。聞便稍亟，書字有塗注處，併幸亮恕！』

先生與趙節推書云：『黄霸爲潁州〔二〕守，鰥寡孤獨〔三〕無以葬者，霸爲區處，曰：「某有〔四〕大木可以爲棺，某亭猪子可以祭。」吏往皆如其言。遣吏司察事，既還而勞，其食於道旁爲鳥所攫肉事，每得實，人無敢欺，皆以爲神。史家載其得之之由，以爲語次尋繹，問他陰伏，以相參攷。後世儒者〔五〕以爲鈎距而鄙之。此在黄霸雖未盡善，而後儒非之者，尤爲無知。蓋不論其本而論其末，不觀其心而遽議其行事，則皆不足以論人。原霸之心，本欲免人之欺，求事之實，則亦豈可多罪。今風俗弊甚，獄訟煩多，吏奸爲朋，民無所歸命，曲直不分，以賄爲勝負。獄訟之間，雖有善士臨之，亦未〔六〕能盡得其情。若有志之士欲〔七〕究其實，豈免用問馬參牛之智？愚儒必以鈎距非之，則是必使情實不知，曲直倒置，奸惡肆行，不辜無告，然後爲道耶？故愚儒之論，害道傷治。真實學者，必當辯明〔八〕乎此，則正理可得而信也。近見王吉州言監司、太守不可輕置人於獄。蓋獄官多非其

〔一〕陸九淵著，鍾哲點校：《陸九淵集》卷八爲『如何』，二者順序顛倒。
〔二〕陸九淵著，鍾哲點校：《陸九淵集》卷八中爲『川』字。
〔三〕陸九淵著，鍾哲點校：《陸九淵集》卷八中有『死』字。
〔四〕陸九淵著，鍾哲點校：《陸九淵集》卷八中爲『所』字。
〔五〕陸九淵著，鍾哲點校：《陸九淵集》卷八中有『乃』字。
〔六〕陸九淵著，鍾哲點校：《陸九淵集》卷八中有『必』字。
〔七〕陸九淵著，鍾哲點校：《陸九淵集》卷八中有『研』字。
〔八〕陸九淵著，鍾哲點校：《陸九淵集》卷八中爲『明辯』，二者順序顛倒。

人，吏卒常司其權。平民一抵〔一〕於獄，唯獄卒〔二〕之所爲，箠楚之下，何求不得？文案既上，從而察之，不能復有所見矣。蓋其情詞〔三〕皆由於吏卒之所成練。前書所謂奏當之成，雖使皋陶聽之，猶以爲死有餘辜者，謂此也。今有兩詞各護其說，左證疑似，簿書契要無可攷據，事又有不在簿書契要者，則獄中求實之法，謂之閃隔。假令有二人，則隔爲二處，三人則隔爲三處，不使之相聞知。以吾所疑與其事之節目，逐處審問，謹思精察要領，可以得情者，反覆求之。若使得在於初詞之外，若可遽信，則必於兩處參審，必使有若合符節者，乃可據耳。然此事最難，若官人盡心，却不能防吏卒之奸，則吏卒必陰漏其事，〔四〕官人之智無所施矣。故獄訟惟得情爲難。唐虞之朝，惟皋陶見道甚明，羣聖所宗，舜乃使之爲士。《周書》亦曰：「司寇蘇公，式敬爾由獄。」《賁象》亦曰：「君子以明庶政，無敢折獄。」《賁》乃山下有火，火爲至明，然猶言無敢折獄，此事正是學者用功處。《噬嗑》離在上，則曰「利用獄」。《豐》離在下，則曰「折獄致刑」。蓋貴其明也。新司理初問甚賢，繼而聞之，亦無能爲重輕。足下尤宜謹之。』又云：『官人者異鄉之人，吏人者本鄉之人。官人年滿者三考，成資者兩考；吏人則長子孫於其間。官人視事，則左右前後皆吏人也。故官人爲吏所欺，爲吏所賣，亦其勢然也。吏人自食而辦公事，且樂爲之，争爲之者，利在焉故也。故吏〔五〕之無良心，無公心，亦勢使之然也。官人常欲知其實，吏人常不欲官人之知事實，故官人欲知事實甚難。官人問事於吏，吏效其說，必非其實，然必爲實形。欲爲實形，亦必稍假於實。蓋不爲實形，不能取信。官人或自能得事實，吏必多方以亂之，縱不能盡亂之，亦

〔一〕陸九淵著，鍾哲點校：《陸九淵集》卷八中爲『柢』字。
〔二〕陸九淵著，鍾哲點校：《陸九淵集》卷八中爲『吏』字。
〔三〕陸九淵著，鍾哲點校：《陸九淵集》卷八中爲『詞情』。
〔四〕陸九淵著，鍾哲點校：《陸九淵集》卷八中有『則』字。
〔五〕陸九淵著，鍾哲點校：《陸九淵集》卷八中有『人』字。

必稍亂之。蓋官〔一〕純得事實，非吏人之利也。故官人能得事實爲難，純以事實行之爲尤難。』

先生與蘇宰書云：『某往時充員勅局，浮食是慚。惟是四方奏請，廷臣面對，有所建置更革，多下詳看〔二〕。其或書生貴遊，不諳民事，輕於獻計，不知一旦施行，片紙之出，兆民〔三〕蒙害。每與同官悉意論駁，朝廷清明，常得寢廢。編摩之事，稽考之勤，顧何足以當大官之膳，尚方之賜，或庶幾者，僅此可少償萬一耳。新天子即位，執事者過聽，又復畀之荊門。某竊惟爲臣之義，進思盡忠，退思補過。倘尚未罹擯斥，得共乃事，脫或朝臣一時建請，有司失於討論，遽施行之，而反爲民害者，亦當用公心，循公理，爲百姓條析，以復於上，庶幾盡忠補過之義。郡守縣令，民之師帥，承流宣化，其職任一也，而令尤親於民。古者郎〔四〕官出宰百里，上應列宿，寄命之責，固不輕矣。某託庇治下，每辱眷待之厚，苟有所見，安可不盡陳於左右，以爲萬一之助哉。比者竊見省符，責括民户屯田，將復賣之。上失朝廷之體，下爲良農之害，甚哉計之過也。其初出監簿陳君，初官江西，因見臨江之新淦，隆興之奉新，撫之崇仁，三縣之間，有請佃没官絶户田者，租課甚重，罄所入不足以輸官。佃者因爲奸計，不復輸納，徒賄吏胥以圖苟免。春夏則羣來耕獲，秋冬則棄去逃藏。當逃藏時，固無可追尋，及羣至〔五〕，則倚衆拒捍，其强梁奸猾者如此。若其善良者，則困於官租，遂以流離死亡，田復荒棄，由是侵耕冒佃之訟益繁，公私之弊日積。陳既被召爲職事官，因以〔六〕陳請，欲行責括，減其租課。以爲如此，

〔一〕陸九淵著，鍾哲點校：《陸九淵集》卷八中有『人』字。
〔二〕陸九淵著，鍾哲點校：《陸九淵集》卷八中爲『看詳』，二者順序顛倒。
〔三〕陸九淵著，鍾哲點校：《陸九淵集》卷八中爲『姓』字。
〔四〕陸九淵著，鍾哲點校：《陸九淵集》卷八中爲『即』字。
〔五〕陸九淵著，鍾哲點校：《陸九淵集》卷八中有『時』字。
〔六〕陸九淵著，鍾哲點校：《陸九淵集》卷八中有『此』字。

則民必樂輸，而官有實入。此其爲説，蓋未爲甚失。其初下之漕臺，布之州縣，施行之間，已不能如建請〔一〕之本旨，遂併與係省額屯田者一槩責括，亦鹵莽矣。蓋佃没官絶户田者，或是吏胥一時紐立租課，或是農民遞互增租剗佃，故有租重之患，因而抵負不納。或以流亡抛荒，或至〔二〕侵耕冒佃，而公私俱受其害。陳監簿之所爲建請者，特爲此也。若係省額屯田者，則與前項事體迥然不同。其租課比之税田，雖爲加重，然佃之者皆是良農，老幼男女，皆能力作，又諳曉耕種培灌之利便，終歲竭力其間，所收往往多於税田，故輸官之餘，可以自給。人人自愛，其争先輸公，不肯逋負，亦優於有税田者。又此等官田，皆有莊名。如某所居之里，則有所謂大嶺莊，有所謂精步莊，詢之他處，莫不各有莊名。故老相傳，以爲元祐間宣仁垂簾之日，捐湯沐之入以補大農，而俾以在官之田，區分爲莊，以贍貧民，籍其名數，計其頃畝，定其租課，使爲永業。今里中之老，猶有能言宣仁上仙之年與其月日者。歲月寖久，〔三〕又相與貿易，謂之資陪，厥價與税田相若，著令亦許其承佃，明有資陪之文，使〔四〕立契字，輸牙税，蓋無異於税田。其名數之著於州縣簿籍者，目曰省莊。計其租入，則上而計省，下而郡縣，皆總之曰苗屯米若干。此其與逐時没官絶户田産隸於常平而俾之出賣者，豈可同年而語哉？歷時既多，展轉貿易，佃此田者，不復有當時給佃之人，目今無非資陪入户，租課之輸，逋負絶少，郡縣供億，所賴爲多。有司因陳君之請，槩行責括，亦已疎矣。漕臺又因有出賣之請，此不審之甚者也。若没官絶户〔五〕田産，朝廷何嘗不令出賣？惟其不售也，是以開給佃之門，亦所以勸民之耕，且使土無曠而租無虧也。今以租重

〔一〕陸九淵著，鍾哲點校：《陸九淵集》卷八中有『者』字。
〔二〕陸九淵著，鍾哲點校：《陸九淵集》卷八中爲『致』字。
〔三〕陸九淵著，鍾哲點校：《陸九淵集》卷八中有『民』字。
〔四〕陸九淵著，鍾哲點校：《陸九淵集》卷八中有『之』字。
〔五〕陸九淵著，鍾哲點校：《陸九淵集》卷八中爲『户絶』，二者順序顛倒。

之故，致前數弊，議者方建減租之策，乃不能因而推行之，而復爲出賣之説，可謂失於討論矣。且官有賣田之名，固自不美。〔一〕固無買者，假令有買者，亦必不能齊一，所收之直，又安〔二〕有補於縣官之調度，亦終〔三〕化爲烏有耳。有司坐析無補之秋毫，徒使縣官負不美之名，憂民如此，不亦謬乎？〔四〕不亦疎乎？若復及〔五〕所謂屯田者，則其失又甚矣。今有屯田者無非良農，入户有資陪之價，著令有資陪之文，立契有牙稅之輸，租課未嘗逋負，郡縣賴以供億。一旦官復責括而賣之，則有是田者，往往僅能自給，豈〔六〕能辦錢以買此田〔七〕？縱或能買，是無故而使之再出買田之價，豈不困哉？豈不冤哉？其能買者固不百一，異時有錢以買者，必兼併〔八〕豪植之家也。奪良農固有熟耕之田以資兼併〔九〕豪植之家，而使之流離困窮，啣冤茹痛，相枕籍爲溝中瘠，此何策也？版曹之勘當都省之符下，皆不復究其本末，其事益熾，其害益〔一〇〕滋。陳君之請，不過三縣，省符之下，計臺之奏，遂及三郡；版曹勘當，則又徧於一路。且其施行，與其建請，本旨絶相背違。真所謂「字經三寫，烏焉成馬」。失今不救，又將徧於天下矣。假令有成命，有司苟知其非，猶當各守其職而爭之。况今未有〔一一〕成命，

〔一〕陸九淵著，鍾哲點校：《陸九淵集》卷八中有「今」字。
〔二〕陸九淵著，鍾哲點校：《陸九淵集》卷八中有「能」字。
〔三〕陸九淵著，鍾哲點校：《陸九淵集》卷八中爲「終亦」，二者順序顛倒。
〔四〕陸九淵著，鍾哲點校：《陸九淵集》卷八中有「謀國如此」幾字。
〔五〕陸九淵著，鍾哲點校：《陸九淵集》卷八中有「於」字。
〔六〕陸九淵著，鍾哲點校：《陸九淵集》卷八中有「復」字。
〔七〕陸九淵著，鍾哲點校：《陸九淵集》卷八中有「哉」字。
〔八〕陸九淵著，鍾哲點校：《陸九淵集》卷八中爲「拜」字。
〔九〕陸九淵著，鍾哲點校：《陸九淵集》卷八中爲「拜」字。
〔一〇〕陸九淵著，鍾哲點校：《陸九淵集》卷八中爲「易」字。
〔一一〕陸九淵著，鍾哲點校：《陸九淵集》卷八中無「有」字。

豈可坐縻紙札，徒嚴期會，滋吏奸以擾良農，安視下民之困，以成執事者之過計哉？門下平日愛民如父母，憂民如疾疢，今誠爲之深究其本末，詳計其利病，陳之上府，列之計臺，丐聞於朝，俾寢其議，以便邦計，以安民心，此必門下之所樂爲也。胥吏之計，方將並緣以招賄謝，必不樂此。諒仁人君子之心，惟恐不聞吾民之疾苦，政令之利病，必不以吏胥之謀而易天下之至計。某雖不能周知一邑之版籍，以所聞見計之，此邑之民，耕屯田者，當不下三千户〔一〕。以中農夫食七人爲率，則三七二十一，當二萬一千人。撫萬家之邑，而其良農三千户，老稚二萬一千，一旦失職，凜凜有破家散業，流離死亡之憂也，豈仁人君子〔二〕所能忍視而不爲之計者？今方收穫春揄之時，誠得亟爲剗牘，而其文書期會，姑遼緩之，以須〔三〕後庚之命。使憂慮〔四〕傴仄轉爲歡心，慘悽怛悍散爲和氣，而謳歌鼓舞溢於田畝，徧於塗巷，不亦休哉！此非有缺於供輸，損於調度，決不至以此獲罪於上府計臺也。仰恃愛念，敢布腹心。』

又與蘇宰書云：『如聞徒御戒行，將如郡邸，豈黄堂將大行寬恤之政，以厚吾民之力，爲國家培固根本，爲萬世不拔之基耶？「撫字心勞，催科政拙」，此陽道州所以爲當世大賢，而史家載之以爲美談者。天以斯民付之吾君，吾君又以斯民付之守宰，故凡張官置吏者，爲民設也。無以厚民之生，而反以病之，是失朝廷所以張官置吏之本意矣。「無君子莫治野人，無野人莫養君子」，朝廷官府之用，固當野人供之，今賦輸之法，斯民所當遵而不違也。違而不供，民之罪也。官從而督之，理之宜也。爲守宰者，固不可以托「催科政拙」之言而置賦税之事

〔一〕陸九淵著，鍾哲點校：《陸九淵集》卷八中爲『石』字。
〔二〕陸九淵著，鍾哲點校：《陸九淵集》卷八中有『之』字。
〔三〕陸九淵著，鍾哲點校：《陸九淵集》卷八中爲『煩』字。
〔四〕陸九淵著，鍾哲點校：《陸九淵集》卷八中有『之』字。

一切不理。《易》曰：「理財正辭，禁民爲非曰義。」必指簿書期會爲非吾所當務，此乃腐儒鄙生不聞大道，妄爲繆悠之說，以自蓋其無能者之言也。今簿書不理，吏胥因爲姦亂，爲長吏者難以〔一〕稽考，吏胥與奸民爲市，使長吏無所窺尋其蹤跡，此所當深思精考，覈其本末，求其要領，乃所謂「理財正辭，禁民爲非」者也。簿書齊整明白，吏無所容奸，則奸民懼而弊事理，良民下户畏事之人，不復被擾矣。若循理而治賦輸，又不能寬上府之督責，則致爲臣而去，豈不甚公、甚正、甚榮、甚美哉？有如文丈，大鄉之賢，善類所宗，亦必甚慰，其意以爲吾有賢子，不愧於陽道州矣。世間富貴何限，往往與草木俱腐，其能自拔而與陽道州儷駕於方策〔二〕者，幾何人哉？若曰「今不得已，且屈吾平日之志，爲苟免之道」，非某之所聞也。吾人〔三〕當求師於往聖昔賢，有識君子，不可聽計於吏胥，吏胥者，吾之所御，豈可反入其籠罩之中也。』

先生與楊守書云：『遠違〔四〕色笑，倏爾經時，洽聞謳歌〔五〕，益用鄉德。某自省事以來五十年矣，不知幾易太守，其賢而可稱者，惟張安國、趙景明、陳時中、錢伯同四人，殆如晨星之相望，可謂難得矣。今執事臨之，又光於諸公，邦人何幸。雖然，屬者郡政不競已甚，積弊宿蠹，殆難驅除，猾吏豪家相爲表裏，根盤節錯，爲民蟊賊〔六〕。質之淳點，勢之強弱，相去懸絶，本非對偶。吏胥居府廷、司文案，宿留於邦君之側，以閑劇勞逸嘗吾之喜慍，以日月淹速嘗吾之忘憶。爲之先後緩急，開闔損益，以蔽吾聰明，亂吾是非而行其計。豪家擁高貲，

〔一〕陸九淵著，鍾哲點校：《陸九淵集》卷八中爲『於』字。
〔二〕陸九淵著，鍾哲點校：《陸九淵集》卷八中爲『册』字。
〔三〕陸九淵著，鍾哲點校：《陸九淵集》卷八中有『要』字。
〔四〕陸九淵著，鍾哲點校：《陸九淵集》卷九中爲『違遠』，二者順序顛倒。
〔五〕陸九淵著，鍾哲點校：《陸九淵集》卷九中爲『謠』字。
〔六〕陸九淵著，鍾哲點校：《陸九淵集》卷九中爲『賦』字。

厚黨與，附會左右之人，矧端緒於事外以亂本旨，結左證於黨中以實僞事，工爲節目，以與吏符合而成其說。吾以異鄉之人，一旦而聽之，非素諳其俗。而府中深崇，閭里之事不接於吾之目，塗巷之言不聞於吾之耳。被害者又淳愿〔一〕柔弱，類不能自明自達。聽斷之際，欲必得其情而不爲所欺，此甚明者之所難也。吾雖得其情，彼尚或能爲之牽制，以格吾之施行。吾斷之速，則文踈事漏，而無以絶其辭。吾求之詳，則日引月長，而〔二〕適以生其奸。況其是非曲直之未分，而嘗〔三〕有以貳吾之心，疑吾之見，變亂其事實，而其情亦未易得也。一墮其計，奸惡失所畏，善良失所恃〔四〕。豈不難哉？善惡之習，猶陰陽之相爲消長，無兩大之理。一人之身，善習長而惡習消，則爲賢人，反是則爲愚。一國之俗，善習長而惡習消，則爲治國，反是則爲亂。時之所以爲否泰者，亦在此而已。開闢以來，羲皇而降，聖君、賢相、名卿、良大夫，相與扶持封植者，善也；其所防閑杜絶者，惡也。明明在上者，明此而已。火在天上《大有》，明之至也。《象》曰：「君子以遏惡揚善，順天休命。」《傳》亦有之：「爲國家者，見惡如農夫之務去草焉，芟夷蘊崇之，絶其根本〔五〕，勿使能植，則善者信矣。」夫子曰：「聽訟，吾猶人也，必也使無訟乎。」使夫子生今之世，爲今之吏，亦豈遽使人無訟哉？《易》有《訟卦》，其來久矣，不能無訟，豈唯今日。若其聽訟之間，是非易位，善惡倒置，而曰自有使人無訟之道，無是理也。〔六〕必

〔一〕陸九淵著，鍾哲點校：《陸九淵集》卷九中爲『厚』字。
〔二〕陸九淵著，鍾哲點校：《陸九淵集》卷九中無『而』字。
〔三〕陸九淵著，鍾哲點校：《陸九淵集》卷九中爲『常』字。
〔四〕陸九淵著，鍾哲點校：《陸九淵集》卷九中有『矣』字。
〔五〕陸九淵著，鍾哲點校：《陸九淵集》卷九中爲『本根』，二者順序顛倒。
〔六〕於陸九淵著，鍾哲點校：《陸九淵集》卷九中有『舜之受終，必流共工於幽州，放驩兜於崇山，竄三苗於三危，殛鯀於羽山，而後天下咸服。夫子之得魯政，必誅少正卯於兩觀之下，而後沈猶氏不敢朝飲其羊，公鎮氏出其妻，鎮潰氏逾境而徙，魯之鬻牛馬者不豫價。遏惡揚善，順天休命，前聖後聖，其揆一也』一段文字。

使無訟之道，當於聽訟之間見之矣。君子之所以異於人者，以其存心也。遏惡揚善，順天休命，此其存心也。與後世苟且以逃吏責，鈎距以立威者，豈可同年而語哉？舉斯心以加諸彼，使善習日長，惡習日消，惡者屈，善者信，其無訟也必矣。蒙照知之素，輙效區區，以裨萬一。』

先生與黄監書云：『某切見鄉來趙丈舉行社倉，弊里亦立一倉，委梭山家兄主其事。某頗有所未安者，昨亦嘗禀聞愚見，以爲莫若爲平糴一倉以輔之，乃可長久。平糴則可獨行，社倉未必可獨行也。社倉施於常熟鄉乃可久，田不常熟，則歉歲之後，無補於賑恤。平糴則豐時可以受農民之粟，無價賤傷農之患，歉時可以摧富民閉廪騰價之計，政使獨行，可〔一〕爲長利。今以補〔二〕社倉之所不及而彌縫其缺，又兩盡善矣。』

先生任荆門，以紹熙二年九月初領郡事。吏以故例白：『内諸局務，外諸縣，必有揭示約束，接賓受詞分日。』先生曰：『安用是。』延見僚屬如朋友，推心豁然，論事惟理是從。先生家書有云：『每日同官禀事，衆有所見，皆得展其所懷，辨争利害於前，太守唯默聽，候其是非，既明，乃從容〔三〕贊歎，以養其狥公之意。太守所判，僚屬却回者常有之。』先生教民如子弟，雖賤隸走卒，亦諭以理義。接賓受詞無早暮，下情盡達無壅。故郡境之内，官吏之貪廉，民俗之習尚，忠良材武與猾吏豪〔四〕強，先生皆得之於無事之日。往時郡有追逮，皆特遣人。先生唯令訴者自執狀以追，以地近遠立限，皆如期，即日處決。輕罪多酌人情，曉令解釋。至人倫之訟既明，多使領元詞自毁之，以厚其俗。唯怙終不可誨化，乃始斷治，詳其文狀，以防後日反覆。久之，民情益孚，兩

〔一〕陸九淵著，鍾哲點校：《陸九淵集》卷九中爲『亦』字。
〔二〕陸九淵著，鍾哲點校：《陸九淵集》卷九中爲『輔』字。
〔三〕陸九淵著，鍾哲點校：《陸九淵集》卷三十三中無『容』字。
〔四〕陸九淵著，鍾哲點校：《陸九淵集》卷三十三中爲『暴』字。

造有不持狀，唯對辯求決。亦有證者，不召自至，問其故，曰：『事久不白，共約求明。』或既伏，俾各持其狀去，不復留案。嘗夜與僚屬坐，吏白有老者訴甚急，呼問之，體戰，言不可解。俾吏狀之，謂其子爲羣卒所殺。先生判翌日呈，僚屬難之，先生曰：『子安之〔一〕，不至是。』淩晨追究，其子蓋無恙也，人亦服先生之明。有訴遭竊，脫而不知其人，先生自出二人姓名，使捕至，訊之伏辜，盡得所竊物還訴者，且宥其罪，使自新。因語吏曰『某所某人尤暴』，吏亦莫知。翌日有訴遭奪掠者，即其人也。乃加追治，吏大驚，郡人以爲神。初保伍之制，州縣以非急務，多不檢覈，盜賊得藏匿其間，近邊尤以爲患。先生首申嚴之，奸無所蔽。有劫僧廬，鄰伍遽集，擒獲不逸一人，至是羣盜屏息。荆門素無城壁，先生以爲此自古戰争之場，今爲次邊，在江漢之間，爲四集之地，南捍江陵，北援襄陽，東護隨、郢之脇，西當光化、夷陵之衝。荆門固則四鄰有所恃，否則有背脇腹心之虞。由唐之湖陽以趨山，則其涉漢之徑，已在荆門之脇。由鄧之鄧城以涉漢，則其趨山之道，已在荆門之腹。餘有間途淺津，陂陁不能以限馬，灘瀨不能以濡軌者，所在尚多。自我出奇制勝，徼敵兵之腹脇者，亦正在此。雖四山環合，易於備禦，義勇四千，强壯可用，而倉廩藏庫之間，麋鹿可至。累議欲修築其〔二〕城，憚於〔三〕重費，不敢輕舉。先生審度決計，召集義勇，優給庸直，躬自勸督，役者樂趨，竭力工倍，二旬訖築。初計者議〔四〕費緡錢二十萬，至是僅費緡錢五千而土工畢。後復議成砌三重，置角臺，增二小門，〔五〕置敵樓、衝天渠、荷葉渠、護險墻之制畢備，纔費緡錢三萬。又郡學、貢院、客館、官舍，衆役並興。初俗習惰，人以執

〔一〕陸九淵著，鍾哲點校：《陸九淵集》卷三十三中爲『知』字。
〔二〕陸九淵著，鍾哲點校：《陸九淵集》卷三十三中爲『子』字。
〔三〕陸九淵著，鍾哲點校：《陸九淵集》卷三十三中無『於』字。
〔四〕陸九淵著，鍾哲點校：《陸九淵集》卷三十三中爲『擬』字。
〔五〕陸九淵著，鍾哲點校：《陸九淵集》卷三十三中有『上』字。

役爲耻，吏爲〔一〕好衣閒觀。至是此風一變，督役官吏，布衣雜役夫佐力，相勉以義，不專以威。盛役如此，而人情晏然，郡中恬若無事。荆門兩縣置壘，事力綿薄，連歲困於送迎，庫藏〔二〕空竭，調度倚辦〔三〕商稅。先是日差使臣暨小吏伺商人於門，檢貨給引，然後至務，務唯據引入稅，出門又覆視。官收無幾，而出入其費已多。初謂以嚴禁榷，杜奸弊，而門吏取賄，多所藏覆，禁物亦或通行。商苦重費，多由僻途，務入日縮。先生罷去之，或曰：『門譏所以防奸，列郡行之以爲常，一旦罷廢，商冒利，必有不至務者。』先生曰：『是非爾所知。』即日揭示，俾徑至務，復減正稅援例，是日稅入立增。有一巨商，已遵僻途，忽聞新令，復出正路。巡尉卒於岐捕之。先生詰得其實，勞而釋之，巨商感涕。行旅聞者莫不以手加額，誓以毋欺，私相轉告，必由荆門。旁觀者詰其故，商曰：『罷三門引，減援〔四〕，去我輩大害，不可不報德。』稅收增倍，酒課亦如之。荆門故用銅錢，後以近邊，以鐵錢易之。銅錢有禁，而民之輸於公者尚容貼納。先生曰：『既禁之矣，又使之輸，不可。』即蠲之。又減鈔錢，罷比較，不遣人詣縣，給吏札，置醫院官，吏民咸悦，而郡吏亦貧而樂。獄卒無以自給，多告罷，先生以僚屬訪察得其實，遂廪給之。朔望及暇日，詣學講誨諸生。郡有故事，上元設齋醮黄堂，其説曰爲民祈福。先生於是會吏民，講《洪範·斂福錫民》一章，以代醮事，發明人心之善，所以自求多福者，莫不曉然有感於中，或爲之泣。湖北諸郡軍士多逃徙，視官府如傳舍，不可禁止，緩急無可使者。先生病之，乃信捕獲之賞，重奔竄之刑，又數閲射，中者受賞，役之加庸直，無飢寒之憂，相與悉心弓矢，逸者絶少。他日

〔一〕陸九淵著，鍾哲點校：《陸九淵集》卷三十三中爲『惟』字。
〔二〕陸九淵著，鍾哲點校：《陸九淵集》卷三十三中爲『藏庫』，二者順序顛倒。
〔三〕陸九淵著，鍾哲點校：《陸九淵集》卷三十三中爲『辦』字。
〔四〕陸九淵著，鍾哲點校：《陸九淵集》卷三十三中有『例』字。

兵官按閲，獨荆門整習，他郡所無。先生平時按射，不止於兵伍，郡民皆得而與，中亦同賞。薦舉其屬，不限流品。嘗白〔一〕：『古者無流品之分，而賢不肖之辨嚴；後世有流品之分，而賢不肖之辨畧。』先生之家居也，鄉人苦旱，羣禱莫應。有請於先生，乃除壇山巔，陰雲已久，及致禱，大雨隨至。荆門亦旱，先生每有祈，必疎雨隨車，郡民異之。治化孚洽，久而益著。既踰年，笞箠不施，至於無訟。相保相愛，閭里熙熙，人心敬向，日以加厚。吏卒亦能相勉以義，視官事如其家事。識者知其爲郡，有出於政刑號令之表者矣。諸司交章論薦，丞相周公必大嘗遣人書，有曰：『荆門之政，于以驗躬行之效。』

〔一〕陸九淵著，鍾哲點校：《陸九淵集》卷三十三中爲『曰』字。

《陸子學譜》卷之四

南昌萬承蒼訂
後學臨川李紱編
陸川龐嶼校

友教

《史記·儒林傳》，稱七十子之徒，大者爲師傅卿相，小者友教士大夫。所謂大小，就其位遇言之也。陸子之學，未嘗大展，其澤之所及，友教爲多。自朱子往復而外，國學觀摩，勅局編纂，一時聚處賢豪，若機仲、元善輩，並受切磋之益。他若尤文簡，座主也。趙忠定、呂伯恭，皆禮部同考官。當仁不讓，時有諍言，豈非直諒多聞，古之三益哉。述《友教》爲一卷。

先生於呂伯恭、趙子直皆中進士時同考官也，然切磋甚至。嘗與伯恭書云：『往歲先判府窀穸，願比於執事，而卒不果。既欲展慰，又不果。去冬因東陽郭伯清宅人，嘗拜疏署申慰誠，計必徹聽。某前此欲〔一〕一再瞻見，殊未得欵聽教誨。竊惟執事聰明篤厚，人人自以爲不及，樂教導人，樂成人之美，近世鮮見。如某疎愚，所聞於

〔一〕陸九淵著，鍾哲點校：《陸九淵集》卷五中爲『雖得』二字。

朋友間，乃辱知爲最深。苟有所懷，義不容默。天下事理，固有愚夫愚婦之所與知，而大賢君子不能無蔽〔一〕。元獻晏公尹南京日，文正范公居母夫人憂。元獻屈致教導諸生，文正孳孳誨誘不倦，從之遊者，多有聞於時。竊聞執事者儼然在憂服之中，而户外之屨亦滿。伯夷、柳下惠，孟子雖言其聖，至所願則學〔二〕孔子。文正雖近世大賢，〔三〕其居憂教授，豈大賢君子之所蔽乎？執事之所爲標的者，宜不在此。執事天資之美，學問之博，此事之不安於心，未契於理，要不待煩說博引而後喻。竊聞凡在交遊者，皆不爲執事安，諒執事之心亦必不自安也。夫苟不安，何憚而不幡然改之乎？於此而改，其所以感發諸生，亦不細矣。舜聞善若决江河，沛然莫之能禦。君子之過，及其更也，人皆仰之。伏願不憚改過，以全純孝之心。不勝至願！』

又嘗與趙子直書，論吏治之弊，云：『比來道路田畝，皆鼓舞盛德，汙吏黠胥頗亦斂戢，鄉〔四〕懷疑者，皆已冰釋矣。然所在積弊，非一日可去，要當耐久緝理，想大賢之心，亦未易滿也。大抵益國裕民之心，在吾人固非所乏，弊之難去者，多在簿書名數之間，此奸貪寢食出没之處，而吾人之所疎者。比嘗攷究此等，頗得其力〔五〕。蓋事節甚多，難以泛攷，須要〔六〕於一事精熟，得其要領，則其他却有緣通類舉之理，所謂一堵牆，百堵調。撫之秋輸，鄉者病於加合之無藝，又受領官吏高下其手，輕重不均。有臨川陳知縣鼎者，議革其弊。以爲盡去之，則州用、軍糧、名會等米，皆取於此，有不可闕。於是約其類，每斗加五十合，而令兩斛輸三斛。官得以足，

〔一〕陸九淵著，鍾哲點校：《陸九淵集》卷五中有『者』字。
〔二〕陸九淵著，鍾哲點校：《陸九淵集》卷五中爲『學則』，二者順序顛倒。
〔三〕陸九淵著，鍾哲點校：《陸九淵集》卷五中有『至』字。
〔四〕陸九淵著，鍾哲點校：《陸九淵集》卷五中有『來』字。
〔五〕陸九淵著，鍾哲點校：《陸九淵集》卷五中爲『方』字。
〔六〕陸九淵著，鍾哲點校：《陸九淵集》卷五中爲『要須』，二者順序顛倒。

民亦不病，而又無輕重不均之弊，民大便之。陳知縣既去，後來又於三斛之上又加斛面。曾有徐提舉者甚愛民，一日不測入倉，百姓皆訴斛面大重，徐提舉方責罵受領官吏，官吏輙以州用、軍粮、名會米爲解，提舉不能加詰。不知先已兩斛納三斛，已是算足州用、軍粮、名會等米矣。所謂斛面者，又在此外尅斂。大抵不知節目名數之詳，鮮有不爲其所欺者。斛面之弊，去年趙使君稍稍正之，民已大悦。今歲撫雖小稔，而連雨阻獲，損折者已十三四。今未獲者尚多，已獲者亦未得舂造。苗限自當有展，而州縣殊無寬假之意。稅租折變，著令以納，月上旬時，估中價準折。而折穀折糯，侵民之直，至於再倍。其在今歲，尤爲可念！列具詳細數納呈，幸少留意觀之，亦庶幾一堵墻，百堵調者。世儒耻及簿書，獨不思伯禹作貢成賦，周公制國計〔一〕，孔子會計當，《洪範》八政首食貨，孟子言王政亦先治民産、正經界，果〔二〕可耻乎？官吏日以貪猥，弊事日以衆多，豈可不責之儒者？張官置吏，所以爲民，而今官吏日增術以朘削之，如恐不及。蹷邦本，病國脉，無復爲君愛民之意，良可歎也！「百姓足，君孰與不足」，「損下益上謂之損，損上益下謂之益」，理之不易者也。而至指以老生常談，良可歎也！大著盡公守正，今世鮮儷，而諸公皆議其不密。議者之心，固有大病，而在大著不爲無疵。《語》有失言之戒，《易》有謹密之辭，不可不察也。別紙所録利便，不可使胥吏見之。』

先生與朱元晦書云：『黄、易二生歸，奉正月十四日書，備承改歲動息，慰浣之劇。不得嗣問，倏又經時，日深馳鄉。聞已赴闕奏事，何日對敭？伏想大攄素藴，爲明主忠言，動悟淵衷，以幸天下。恨未得即聞緒餘，沃此傾渴。外間傳聞留中講讀，未知信否？誠得如此，豈勝慶幸！鄉人彭世昌得一山，在信之西境，距敝廬兩舍而

〔一〕陸九淵著，鍾哲點校：《陸九淵集》卷五中爲『用』字。
〔二〕陸九淵著，鍾哲點校：《陸九淵集》卷五中有『皆』字。

近，實龍虎山之宗。巨陵特起，㕍然如象，名曰象山。山間自爲原塢，良田清池，無異平野。山澗合爲瀑流，垂注數里。兩崖有蟠松怪石，却略偃蹇，中爲茂林。瓊瑤冰雪，傾倒激射，飛灑映帶於其間，春夏流壯，勢如奔雷。木石自爲梯階〔一〕，可沿以觀。佳處與玉淵臥龍未易優劣。往歲彭子結一廬以相延，某亦自爲精舍於其側。春間携一姪二息，讀書其上。又得勝處爲方丈以居，前挹閩山，奇峰萬叠，後帶二谿，下赴彭蠡。學子亦稍稍結茅其旁，相從講習，此理爲之日明。舞雩詠歸，千載同樂。某昔年兩得侍教，康廬之集，加欵於鵝湖，然猶鹵莽淺陋，未能成章，無以相發，甚自愧也。比日少進，甚思一侍函丈，當有啓助，以卒餘教。尚此未能，登高臨流，每用悵惘！往歲覽尊兄與梭山家兄書，嘗因南豐便人，僭易致區區，蒙復書許以卒請，不勝幸甚！古之聖賢，惟理是視，堯、舜之聖，而詢於芻蕘，曾子之易簀，蓋得於執燭之童子。《蒙·九二》曰：「納婦吉。」言〔二〕苟當於理，雖婦人孺子之言所不棄也。孟子曰：「盡信書，不如無書。」「吾於《武成》，取二三策而已矣」，或乖理致，雖出古書，不敢盡信也。智者千慮，或有一失，愚者千慮，或有一得，人言豈可忽哉？梭山兄謂：「《太極圖說》與《通書》不類，疑非周子所爲；不然，則或是其學未成時所作；不然，則或是傳他人之文，後人不辨也。蓋《通書·理性命章》，言中焉止矣。二氣五行，化生萬物，五殊二實，二本則一。曰一，曰中，即太極也，未嘗於其上加無極字。《動静章》言五行、陰陽、陰陽〔三〕太極，亦無無極之文。假令《太極圖說》是其所傳，或其少〔四〕所作，則作《通書》時，不言無極，蓋已知其說之非矣。」此言殆未可忽也。兄謂：

〔一〕陸九淵著，鍾哲點校：《陸九淵集》卷二中爲『階梯』，二者順序顛倒。
〔二〕陸九淵著，鍾哲點校：《陸九淵集》卷二中無『言』字。
〔三〕陸九淵著，鍾哲點校：《陸九淵集》卷二中無『陰陽』二字。
〔四〕陸九淵著，鍾哲點校：《陸九淵集》卷二中有『時』字。

「梭山急迫，看人文字，未能盡彼之情，而欲遽申己意，是以輕於立論，徒爲多説，而未必果當於理。」《大學》曰：「無諸己而後非諸人。」人無古今、智愚、賢不肖，皆言也，皆文字也。觀兄與梭山之書，已不能酬斯言矣，尚何以責梭山哉？尊兄向與梭山書云：「不言無極，則太極同於一物，而不足爲萬化根本；不言太極，則無極淪於空寂，而不能爲萬化根本。」夫太極者，實有是理，聖人從而發明之耳，非以空言立論，使後人簸弄于頰舌紙筆之間也。其爲萬化根本固自素定，其足不足，能不能，豈以人言不言之故耶？《易・大傳》曰：「《易》有太極。」聖人言有，今乃言無，何也？作《大傳》時不言無極，太極何嘗同于一物，而不足爲萬化根本也〔一〕？《洪範》五皇極，列在九疇之中，不言無極，太極亦何嘗同於一物，而不足爲萬化根本耶？太極固自若也，尊兄只管言來言去，轉加糊塗，此真所謂輕于立論，徒爲多説，而未必果當於理也。兄號句句而論，字字而議有年矣，宜益工益密，立言精確，足以悟疑辯〔二〕惑，乃反疎脱如此，宜有以自反矣。後書又謂「無極即是無形，太極即是有理。周先生恐學者錯認太極別爲一物，故著無極二字以明之」。《易・大傳》〔三〕曰「形而上者謂之道」，又曰「一陰一陽之謂道」，一陰一陽，已是形而上者，况太極乎？曉文義者，舉知之矣。自有《大傳》，至今幾年，未聞有錯認太極別爲一物者。設有愚謬至此，奚啻不能以三隅反，何足上煩老先生特地於太極上加無極二字以曉之乎？且「極」字亦不可以「形」字釋之。蓋極者，中也，言無極，則是猶言無中也，是奚可哉？若懼學者泥於形器而申釋之，則宜如《詩》言「上天之載」，而於下贊之曰「無聲無臭」可也，豈宜以無極字加於太極之上？朱子發謂濂谿得《太極圖》於穆伯長，伯長之傳，出於陳希夷，其必有攷。希夷之學，老氏之學也。

〔一〕陸九淵著，鍾哲點校：《陸九淵集》卷二中爲『耶』字。
〔二〕陸九淵著，鍾哲點校：《陸九淵集》卷二中爲『辨』字。
〔三〕陸九淵著，鍾哲點校：《陸九淵集》卷二中爲『《易》之《大傳》』句，其中有『之』字。

「無極」二字，出於《老子・知其雄章》，吾聖人之書所無有也。《老子》首章言「無名天地之始，有名萬物之母」，而卒同之，此老氏宗旨也。「無極而太極」，即是此旨。老氏學之不正，見理不明，所蔽在此。兄於此學用力之深，爲日之久，曾此之不能辨，何也？《通書》「中焉止矣」之言，與此昭然不類，而兄曾不之察，何也？《太極圖說》以「無極」二字冠首，而《通書》終篇未嘗一及「無極」字。二程言論文字至多，亦未嘗一及「無極」字。假令其初實有是圖，觀其後來未嘗一及「無極」字，可見其道之進，而不自以爲是也。兄今考訂註釋，表顯尊信，如此其至，恐未得爲善祖述者也。潘清逸詩文可見矣，彼豈能知濂谿者？明道、伊川親師承濂谿，當時名賢居潘右者亦復不少，濂谿之誌，卒屬於潘，可見其子孫之不能世其學也。兄何據之篤乎？梭山兄之言恐未宜忽也。孟子與墨者夷之辯，則據其「愛無差等」之言；與許行辯，則據其「與民並耕」之言；與告子辯，則據其「義外」與「人性無分於善不善」之言，未嘗泛爲料度之說。兄之論辯則異於是。如某今者所論，則皆據尊兄書中要語，不敢增損，或稍有〔一〕用尊兄泛辭以相繩糾者，亦差有證據，抑所謂夫民，今而後得反之也。兄書令「梭山寬心游意，反復二家之言，必使於其所說如出於吾之所爲者而無纖芥之疑，然後可以發言立論，而斷其可否，則其爲辯也不煩，而理之所在無不得矣」。彼方深疑其說之非，則又安能使之如出於其所爲者而無纖芥之疑哉？若其如出於吾之所爲者而無纖芥之疑，則無不可矣，尚何論之可立、否之可斷哉？兄之此言，無乃亦少傷於急迫而未精邪〔二〕？兄又謂：「一以急迫之意求之，則於察理已不能精，而於彼之情，又不詳盡，則徒爲紛紛，雖欲不差，不可得已〔三〕。」殆夫子自道也。向在南康，論兄所解「告子不得於言勿求於心」一章非

〔一〕陸九淵著，鍾哲點校：《陸九淵集》卷二中無『有』字。
〔二〕陸九淵著，鍾哲點校：《陸九淵集》卷二中爲『耶』字。
〔三〕陸九淵著，鍾哲點校：《陸九淵集》卷二中爲『矣』字。

是，兄令某平心觀之。某嘗答曰：甲與乙辯，方各是其説，甲則曰願某乙平心也，乙亦曰願某甲平心也，平心之説，恐難明白，不若據事論理可也。今此「急迫」之説，「寬心游意」之説，正相類耳。論事理，不必以此等壓之，然後可明也。梭山氣稟寬緩，觀書未嘗草草，必優游諷詠，耐久紬繹。今以急迫指之，雖他人亦未諭也。夫辨是非，別邪正，決疑似，固貴於峻潔明白，若乃料度、羅織文致之辭，願兄無易之也。梭山兄所以不復致辯者，蓋以兄執己之意甚固，而視人之言甚忽，求勝不求益也，某則以爲不然。尊兄平日惓惓於朋友，求箴規切磋〔一〕之益，蓋亦甚至。獨羣雌孤雄，人非惟不敢以忠言進於左右，亦未有能爲忠言者。言論之横出，其勢然耳。向來相聚，每以不能副兄所期爲愧，比者自謂少進，方將圖合并而承教。今兄爲時所用，進退殊路，合并未可期也。又蒙許其吐露，輒寓此少見區區，尊兄〔二〕不以爲然，幸不憚下教。政遠，惟爲國保愛，以〔三〕需柄用，以澤天下。』

先生答朱元晦第二書云：『伏自夏中拜書，尋聞得對，方深贊喜！冒疾遽興，重爲駭歎！賢者進退，綽綽有裕，所甚惜者，爲世道耳。承還里第，屢欲致書，每以冗奪，徒積傾馳。江德功人至，奉十一月八日書，備承作止之詳，慰浣良劇。比閲邸報，竊知召命，不容辭免，莫須更一出否？吾人進退，自有大義，豈直避嫌畏譏而已哉。前日面對，必不止於職守所及，恨不得與聞至言，後便倘可垂教否？前書條析所見，正以疇昔負兄所期，比日少進，方圖自贖耳。來書誨之諄復，不勝幸甚！愚心有所未安，義當展盡，不容但已，亦尊兄教之之〔四〕意

〔一〕陸九淵著，鍾哲點校：《陸九淵集》卷二中爲『磨』字。
〔二〕陸九淵著，鍾哲點校：《陸九淵集》卷二中爲『意』字。
〔三〕陸九淵著，鍾哲點校：《陸九淵集》卷二中爲『倚』字。
〔四〕陸九淵著，鍾哲點校：《陸九淵集》卷二中有『本』字。

也。近浙間有〔一〕後生貽書見規，以爲吾二人者，所習各已成熟，終不能以相爲，莫若置之勿論，以俟天下後世之自擇。鄙哉言乎！此輩凡陋，沉溺俗學，悖戾如此，亦可憐也。人能弘道，非道弘人。此理在宇宙間，固不以人之明不明、行不行而加損。然人之爲人，則抑有其職矣。垂象而覆物者〔二〕，天之職也。成形而載物者，地之職也。裁成天地之道，輔相天地之宜，以左右民者，人君之職也。孟子曰：「幼而學之，壯而欲行之。」所謂行之者，行其所學以格君心之非，引其君以〔三〕當道，與其君論道經邦，燮理陰陽，使斯道達乎天下也。所謂學之者，從師親友，讀書考古，學問思辨，以明此道也。故少而學道，壯而行道者，士君子之職也。吾人皆無常師，周旋於羣言淆亂之中，俯仰參求，雖自謂其理已明，安知非私見詖〔四〕說，若雷同相從，一唱百和，莫知其非，此所甚可懼也。〔五〕幸而有相疑不合，在同志之間，正宜各盡所懷，力相切磋，期歸於一是之地。大舜之所以爲大者，善與人同，樂取諸人以爲善，聞一善言，見一善行，若決江河，沛然莫之能禦。吾人之志，當何求哉？惟其是而〔六〕已矣。疇昔明言善議，拳拳服膺而勿失，樂與天下共之者，以爲是也。今一旦以切磋而知其非，則棄前日之所習，勢當如出陷穽，如避荆棘，惟新之念，若決江河，是得所欲而遂其志也。此豈小智之私，鄙陋之習，榮勝耻負者所能知哉？弗明弗措，古有明訓，敢悉布之。

尊兄平日論文，甚取曾南豐之嚴健。南康爲别前一夕，讀尊兄之文，見其得意者，必簡健有力，每切敬服。嘗謂

〔一〕陸九淵著，鍾哲點校：《陸九淵集》卷二中爲「一」字。
〔二〕陸九淵著，鍾哲點校：《陸九淵集》卷二中無「者」字。
〔三〕陸九淵著，鍾哲點校：《陸九淵集》卷二中爲「於」字。
〔四〕陸九淵著，鍾哲點校：《陸九淵集》卷二中爲「蔽」字。
〔五〕陸九淵著，鍾哲點校：《陸九淵集》卷二中有「何」字。
〔六〕陸九淵著，鍾哲點校：《陸九淵集》卷二中無「而」字。

尊兄才力如此，故所取亦如此。今閲來書，但見文辭繳繞，氣象偏迫，其致辯〔一〕處，類皆遷就牽合，甚費分疏，終不明白，無乃爲「無極」所累，反困其才耶？不然，以尊兄之高明，自視其説，亦當如黑白〔二〕之易辨矣。尊兄嘗〔三〕曉陳同父云：「欲賢者百尺竿頭，進取一步，將來不作三代以下人物，省得氣力爲漢、唐分疏，即更脱灑磊落。」今亦欲得尊兄進取一步，莫作孟子以下學術，省得氣力爲「無極」二字分疏，亦更脱灑磊落。古人質實，不尚智巧，言論未詳，事實先著，知之爲知之，不知爲不知。所謂「先知覺後知，先覺覺後覺」者，以其事實覺其事實，故言即其事，事即其言，所謂「言顧行，行顧言」。周道之衰，文貌日勝，事實湮於意見，典訓蕪於辨説，揣量模寫之工，依倣〔四〕假借之似，其條畫足以自信，其習熟足以自安。以子貢之達，又得夫子而師承之，尚不免此多學而識之之見。非夫子叩之，彼固晏然而無疑。先行之訓，予欲無言之訓，所以覺之者屢矣，而終不悟。顔子既殁〔五〕，其傳顧〔六〕在曾子，蓋可觀已。尊兄之才，未知其與子貢如何？今日之病，則有深於子貢者。尊兄誠能深知此病，則來書七條之説，當不待條析而自解矣。然相去數百里，脱或未能自克，淹回舊習，則不能無遺恨，請卒條之：來書本是主張「無極」二字，而以明理爲説，其要則曰：「於此有以灼然實見太極之真體。」某竊謂尊兄未曾實見太極，若實見太極，上面不必〔七〕更加「無極」字，下面必不更着〔八〕

〔一〕陸九淵著，鍾哲點校：《陸九淵集》卷二中爲『辨』字。
〔二〕陸九淵著，鍾哲點校：《陸九淵集》卷二中爲『白黑』，二者順序顛倒。
〔三〕陸九淵著，鍾哲點校：《陸九淵集》卷二中爲『當』字。
〔四〕陸九淵著，鍾哲點校：《陸九淵集》卷二中爲『放』字。
〔五〕陸九淵著，鍾哲點校：《陸九淵集》卷二中爲『没』字。
〔六〕陸九淵著，鍾哲點校：《陸九淵集》卷二中爲『固』字。
〔七〕陸九淵著，鍾哲點校：《陸九淵集》卷二中爲『必不』，二者順序顛倒。
〔八〕陸九淵著，鍾哲點校：《陸九淵集》卷二中爲『之』字。

「真體」字。上面加「無極」字，正是叠床上之床，下面着真體字，正是架屋下之屋。虛見之與實見，其言固自不同也。又謂：「極者，正以其究竟至極，無名可名，故特謂之太極，猶曰舉天下之至極，無以加此云耳。」就令如此，又何必更於上面加「無極」字也？若謂欲言其無方所，無形狀，則前書固言，宜如《詩》言「上天之載」，而於其下贊之曰「無聲無臭」可也，豈宜以「無極」字加於〔一〕太極之上？《繫辭》言「神無方矣」，豈可言無神；言「《易》無體矣」，豈可言無《易》。老氏以無爲天地之始，〔二〕有爲萬物之母，以常無觀妙，以常有觀徼，直將無字搭在上面，正是老氏之學，豈可諱也？惟其所蔽在此，故其流爲任術數，爲無忌憚。此理乃宇宙之所固有，豈可言無？若以爲無，則君不君、臣不臣、父不父、子不子矣。楊朱未遽無君，而孟子以爲無君，墨翟未遽無父，而孟子以爲無父，此其所以爲知言也。極亦此理也，中亦此理也，五居九疇之中而曰皇極，豈非以其中而命之乎？民受天地之中以生，而《詩》言「立我蒸民，莫匪爾極」，豈非以其中命之乎？《中庸》曰：「中也者，天下之大本也；和也者，天下之達道也。致中和，天地位焉，萬物育焉。」此理至矣，外此豈更復有太極哉？以極爲「中」則爲不明理，以極爲「形」乃爲明理乎？字義固有一字而數義者；用字則有專一義者，有兼數義者；而字之指歸，又有虛實，虛字則但當論字義，實字則當論所指之實。論其所之實，則有非字義所能拘者。如元字有「始」義，有「長」義，有「大」義。《坤》五之元吉，《屯》之元亨，則是虛字，專爲「大」義，不可復以他義參之。如《乾》元之元，則是實字。論其所指之實，則《文言》所謂善，所謂仁，皆元也，亦豈可以字義拘之哉？「極」字亦如此，太極、皇極，乃是實字，所指之實，豈容有二。充塞

〔一〕陸九淵著，鍾哲點校：《陸九淵集》卷二中爲『之』字。
〔二〕陸九淵著，鍾哲點校：《陸九淵集》卷二中有『以』字。

宇宙，無非此理，豈容以字義拘之哉〔一〕？中即至理，何嘗不兼至義？《大學》、《文言》皆言「知至」，所謂至者，即此理也。語讀《易》者曰能知太極，即是知至；語讀《洪範》者曰能知皇極，即是知至，夫豈不可？蓋同指此理。則曰極、曰中、曰至，其實一也。「一極備凶，一極無凶」，此兩極字，乃是虛字，專爲至意〔二〕。却使得「極者，至極而已」，於此用「而已」字，方用得當。尊兄最號爲精通詁訓文義者，何爲尚惑於此，無乃理有未明，正以太泥而反失之乎？至如直以陰陽爲形器而不得爲道，此尤不敢聞命。《易》之爲道，一陰一陽而已。先後、始終、動静、晦明、上下、進退、往來、開闔〔三〕、盈虛、消息〔四〕、長幼〔五〕、尊卑、貴賤、表裏、隱顯、向背、順逆、存亡、得喪、出入、行藏，何適而非一陰一陽哉？奇偶相尋，變化無窮，故曰：「其爲道也屢遷，變動不居，周流六虛，上下無常，剛柔相易，不可爲典要，惟變所適。」《說卦》曰：「觀變於陰陽而立卦，發揮於剛柔而生爻，和順於道德而理於義，窮理盡性以至於命。」又曰：「昔者，聖人之作《易》也，將以順性命之理。是以立天之道，曰陰與陽；立地之道，曰柔與剛；立人之道，曰仁與義。」《下繫》亦曰：「《易》之爲書也，廣大悉備：有天道焉，有人道焉，有地道焉。兼三才而兩之，故六六者非他〔六〕，三才之道也。」今顧以陰陽爲非道而直謂之形器，其孰爲昧於道器之分哉？辯難有要領，言辭有指歸，爲辯而失要領，觀言而迷指歸，皆不明也。前書之辯，其要領在「無極」二字。尊兄確意主張，曲爲飾說，既以無形釋之，又謂「周子

〔一〕陸九淵著，鍾哲點校：《陸九淵集》卷二中爲『乎』字。
〔二〕陸九淵著，鍾哲點校：《陸九淵集》卷二中爲『義』字。
〔三〕陸九淵著，鍾哲點校：《陸九淵集》卷二中爲『闔辟』二字。
〔四〕陸九淵著，鍾哲點校：《陸九淵集》卷二中爲『消長』二字。
〔五〕陸九淵著，鍾哲點校：《陸九淵集》卷二中無『長幼』二字。
〔六〕陸九淵著，鍾哲點校：《陸九淵集》卷二中有『也』字。

恐學者錯認太極別爲一物，故着『無極』二字以明之」。某於此見得尊兄只是強説來由，恐無是事。故前書舉《大傳》「一陰一陽之謂道」、「形而上者謂之道」兩句，以見粗識文義者，亦知一陰一陽即是形而上者，必不至錯認太極別爲一物，故曰「况太極乎」？此其指歸，本自明白，而兄曾不之察，乃必見誣以道上別有一物爲太極。《通書》曰：「中者，和也，中節也，天下之達道也，聖人之事也。故聖人立教，俾人自易其惡，自至其中而止矣。」周子之言中如此，亦不輕矣，外此豈更別有道理，乃不得比虛字乎？所舉《理性命章》五句，但欲見《通書》言中言一而不言無極耳。「中焉止矣」一句，不妨自是斷章，兄必見誣以屬之下文。兄之爲辯，失其指歸，大率類此。「盡信書，不如無書」，某實深信孟子之言。前書釋此段，亦多援據古書，〔一〕頗不信無極之説耳。兄遽坐以直黜古書爲不足信，兄其深文〔二〕哉！《大傳》、《洪範》、《毛詩》、《周禮》與《太極圖説》孰古，以極爲「形」而謂不得爲「中」，以一陰一陽爲「器」而謂不得爲「道」，此無乃少黜古書爲不足信，而微任胸臆之所裁乎？來書謂「若論無極二字，乃是周子灼見道體，迥出常情，不顧旁人是非，不計自己得失，勇往直前，説出人不敢説底道理」。又謂：「周子所以謂之無極，正以其無方所，無形狀。」誠令如此，不知人有甚不敢道處，但加之太極之上，則吾聖門正不肯如此道耳。夫《乾》確然示人易矣，夫《坤》隤然示人簡矣，太極何〔三〕嘗隱於人哉？尊兄兩下説無説有，不知洩漏〔四〕得多少。如所謂太極真體不傳之秘，無物之前，陰陽之外，不屬有無，不落方體，迥出常情，超出方外等語，莫是曾學禪宗，所得如此。平時既私其説以自〔五〕妙，及教學

〔一〕陸九淵著，鍾哲點校：《陸九淵集》卷二中有『獨』字。
〔二〕陸九淵著，鍾哲點校：《陸九淵集》卷二中有『矣』字。
〔三〕陸九淵著，鍾哲點校：《陸九淵集》卷二中爲『亦曷』二字。
〔四〕陸九淵著，鍾哲點校：《陸九淵集》卷二中爲『漏洩』，二字順序顛倒。
〔五〕陸九淵著，鍾哲點校：《陸九淵集》卷二中有『高』字。

者，則又往往秘此，而多說文義，此洩漏〔一〕之說所從出也。以實論之，兩頭都無着實，彼此只是葛藤未說。氣質不美者樂寄此以神其姦，不知繫絆多少好氣質底學者。既以病己，又以病人，殆非一言一行之過，兄其毋以久習於此而重自反也。區區之忠，竭盡如此，流俗無知，必謂不遜。《書》云〔二〕：「有言逆於汝心，必求諸道」，諒在高明，正所樂聞，若猶有疑，願不憚下教。政遠，惟爲國自愛。』

其第三書云：『往歲經筵之除，士類胥慶，延跂以俟吾道之行，乃復不究起賢之禮，使人重爲慨歎！新天子即位，海内屬目，然罷行陞黜，卒〔三〕多人情之所未諭者，羣小駢肩而騁，氣息怫然，諒不能不重勤者〔四〕長者憂國之懷。某五月晦日拜荆門之命，命下之日，實三月二十八日，替黄元章闕，尚三年半，願有以教之。首春借兵之還，伏領賜報，備承改歲動息，慰浣之劇。惟其不度，稍獻愚忠，未蒙省察，反成唐突，謙抑非情，督過深矣，不勝皇恐！向蒙尊兄促其條析，且有「無若令兄遽斷來章〔五〕」之戒，深以爲幸。别紙所謂：「我日斯邁，而月斯征，各尊所聞，各行所知，亦可矣，無復望其必同也。」不謂尊兄遽作此語，甚非所望。「君子之過也，如日月之食焉，過也，人皆見之，及其更也，人皆仰之。」通人之過，雖微箴藥，久當自悟，諒今尊兄必涣然於此矣。願依末光，以卒餘教。』

先生與辛幼安書云：『輒有區區，欲效芹獻，伏惟少留聰明，賜之是正。竊見近時有議論之蔽，本出於小人之黨，欲爲容奸廋慝之地，而餙其辭說，托以美名，附以古訓，要以利害，雖資質之美，心術之正者，苟思之不深，

〔一〕陸九淵著，鍾哲點校：《陸九淵集》卷二中爲『漏洩』，二字順序顛倒。
〔二〕陸九淵著，鍾哲點校：《陸九淵集》卷二中爲『曰』字。
〔三〕陸九淵著，鍾哲點校：《陸九淵集》卷二中爲『率』字。
〔四〕陸九淵著，鍾哲點校：《陸九淵集》卷二中無『者』字。
〔五〕陸九淵著，鍾哲點校：《陸九淵集》卷二中爲『書』字。

講之不詳，亦往往爲其所惑。此在高明，必已洞照本末，而某私憂過計，未能去懷，敢悉布之，且以求教。古人未嘗不言寬，寬也者，君子之德也。古之賢聖，未有無是心、無是德者也。然好善而惡不善，好仁而惡不仁，乃人心之用也。遏惡揚善，舉直錯枉，乃寬德之行也。君子固欲人之善，而天下不能無不善者以害吾之善；固欲人之仁，而天下不能無不仁者以害吾之仁。有不仁、不善爲吾之害，而不有以禁之、治之、去之，則善者不可以伸，仁者不可以遂。是其去不仁乃所以爲仁，去不善乃所以爲善也。故曰「爲國家者，見惡，如農夫之務去草焉，芟夷藴崇之，絶其本根，勿使能殖，則善者信矣」。夫五刑五用，古人豈樂施此於人哉？天討有罪，不得不然耳。是故大舜有四裔之罰，孔子有兩觀之誅，善觀大舜、孔子寬仁之實者，於四裔、兩觀之間而見之矣。近時之言寬仁者則異於是。蓋不究夫寬仁之實，而徒欲爲容奸廋慝之地，殆所謂以不禁奸邪爲寬大，縱釋有罪爲不苛者也。「罪疑惟〔一〕輕」，罪而有疑，固宜惟輕。「與其殺不辜，寧失不經」，謂罪疑者也。使其不經甚明而無疑，則天討所不容釋，豈可失也。「宥過無大，刑故無小。」使在趨走使令之間，簿書期會之際，偶有過誤，宥之可也。若其貪黷姦宄出於其心，而至於傷民蠹國，則何以宥爲？於其所不可失而失之，於其所不可宥而宥之，則爲傷善，爲長惡，爲悖理，爲不順天，殆非先王之政也。自古張官置吏，所以爲民。爲之囹圄，爲之械繫，爲之鞭箠，使長吏操之，以禁民爲非，去其不善不仁者，而成其善政仁化，懲其邪惡，除亂禁暴，使上之德意，布宣於下而無所壅底。今天子愛養之方，丁寧於誥〔二〕旨。勤卹之意焦勞於宵旰。賢牧伯班宣惟勤，勞來不怠，列郡成風，咸尚慈恕。而縣邑之間，貪饕矯虔之吏，方且用吾君禁非懲惡之具，以逞私濟欲，置民於囹

〔一〕陸九淵著，鍾哲點校：《陸九淵集》卷五中爲『爲』字。
〔二〕陸九淵著，鍾哲點校：《陸九淵集》卷五中爲『詔』字。

固、械繫、鞭箠之間，殘其支體，竭其膏血，頭會箕斂，槌骨瀝髓，與奸胥猾徒厭飫咆哮其上。巧爲文書，轉移出没以欺上府，操其奇贏，與上府之左右締交合黨，以蔽上府之耳目。田畝之民刧於刑威。小吏下片紙，因纍纍如驅羊。刧於庭廡械繫之威，心悸股慄，箠楚之慘，號呼籲天，隳家破産，質妻鬻子，僅以自免，而曾不得執一字之符以赴愬於上。上之人，或浸淫聞其髣髴，欲加究治，則又有庸鄙淺陋、明不燭理、志不守正之人爲之緩頰，敷陳仁愛、寬厚、有體之說，以杜吾窮治之意；游揚其文具、僞貌、誕謾之事，以掩其罪惡之迹；遂使明天子勤恤之意、牧伯班宣之誠壅底而不達。百里之宰，真承宣撫字之地，乃復轉而爲豺狼蝎蝨之區，日以益甚，不可驅除，豈不痛哉！若是者，其果可宥乎？果可失乎？至於是而又泛言寬仁之說，以逆蔽吾窮治之途，則其滋害遺毒，縱惡傷和，豈不甚哉？其與古人寬仁之道豈不戾哉？今之貪吏，每以應辦財賦爲辭，此尤不可不辨。今日邦計，誠不充裕，賦取於民者，誠不能不益於舊制。居計省者，誠能推支費浮衍之由，察收斂滲漏之處，深求節約檢尼之方，時行施舍已責之政，以寬民力，以厚國本，則於今日誠爲大善。若未能爲此，則亦誠深計遠慮者之所惜！然今日之苦於貪吏者，則不在此。使吏果不貪，則因今之法，循今之例，以賦取於民，民猶未甚病也。今貪吏之所取，供公上者無幾，而入私囊者，或相十百，或相千萬矣。今縣邑所謂應辦月解、歲解者，固多在常賦之外，然考其所從出，則逐處各有利源。〔一〕所在雖非著令之所許，而因循爲例，民亦視以爲常，而未甚病也。利源有優狹，優者應辦爲易，狹者應辦差難。然通而論之，優者多，狹者少。若循良之吏，則雖在利源狹處，亦寧書下考，不肯病民。今之貪吏，雖在利源優處，亦啓無厭之心，搜羅既悉，而旁緣無藝，張奇名以巧取，持空言以横索，無所不至。方且託應辦之名，爲缺乏之說，以欺其上。顧不知事實不

〔一〕陸九淵著，鍾哲點校：《陸九淵集》卷五中有『利源』二字。

可掩，明者不可欺，通數十年之間，取其廉而能者，與其貪之尤者而較之，其爲應辦則同，而其賦取誅求於民者，或相千萬而不啻。此貪吏之所借以爲說而欺上之人者，最不可不察也。貪吏害民，害之大者，而近時持寬仁之説者，乃欲使監司郡守不敢按吏，此愚之所謂議論之蔽，而憂之未能去懷者也。不識執事以爲如何？今江西緊安撫修撰是賴，願無搖於鄙陋之說，以究寬仁之實。使聖天子愛養之方，勤恤之意，無遠不暨，無幽不達，而執事之舊節素守，無所屈撓，不勝幸甚！』

先生與李省幹書云：『某試吏於此，頗益自信此學之不可須臾離也。有朋自遠方來，乃所大願。承有意相與切磋乎此，敬延跂俟之。平甫舊相從，恨其端緒未明，未知所以用力。今此又交一臂而去，每爲平甫不滿。此學之不明，千有五百餘年矣。異端充塞，聖經榛蕪，質美志篤者，尤爲可惜！何時共講，以快此懷。未相見間，倘有所疑，以片紙寓諸郵筒可也。』〔一〕蓋先生最喜講習，或以全不講學疑之，亦過矣。

先生與李省幹第二書云：『居今之時，而尚友方策〔二〕，聚友當世，亦已難矣。足下求友之意切矣，顧不知迂拙之人，果足以副足下所期否乎？鄙文數篇録往，幸熟復而審思之，毋徒狥其名而不察其實，乃所願望！未相見間，或有未當於足下之意者，願索言之，亦惟其是而已矣。愚見所到，固當傾倒，正不必以世俗相欺也。』

先生歸自臨安，湯倉使思謙來訪。因言風俗不美，先生曰：『乍歸，方欲與後生說些好話。然此事亦由天，亦由人。』湯云：『如何由天？』曰：『且如三年一次科舉，萬一中者，篤厚之人多，浮薄之人少，則風俗自此而厚。不然，只得一半篤厚之人，或三四個〔三〕，風俗猶自庶幾。不幸篤厚之人無幾，或全是浮薄之人，則後生從

〔一〕以下陸九淵著，鍾哲點校《陸九淵集》卷一中無。疑爲李紱本人之論。
〔二〕陸九淵著，鍾哲點校：《陸九淵集》卷一中爲『册』字。
〔三〕陸九淵著，鍾哲點校：《陸九淵集》卷三十四中有『篤厚之人』幾字。

而視傚，風俗日以敗壞。』湯云：『如何亦由人？』曰：『監司、守令，便是風俗之宗主。只如院判在此，毋只惟位高爵重，旗旌導前，騎卒擁後者，是崇是敬，陋巷茅茨之間，有篤敬忠信好學之士，不以其微賤而知崇敬之，則風俗庶幾可回矣。』湯再三稱善。次日謂幕僚曰：『陸丈近至城，何不去聽說話？』幕僚云：『恐陸丈門户高峻，議論非某輩所能喻。』湯云：『陸丈說話甚平正，試往聽看。某於張、呂諸公皆相識，然如〔一〕陸丈說話，自是不同。』

先生答陳君舉書云：『丁未之冬，失於一見，尺書往復，莫遂輸寫。比年山居益左，知舊消息，往往濶絶，徒積傾馳。遣人臨存，辱以書幣，備承近日動息，慰浣何〔二〕量。以尊兄之才之美，下問之勤，懇然情實，真以能問於不能，以多問於寡，尤用降歎！世習靡敝，固無可言。以學自命者，又復錮〔三〕於私見，蔽於私見〔四〕，却鍼拒砭，厚自黨與，假先訓、封形似以自附益，顧不知其實背馳久矣。天以是理界人，而舉世莫任其責，則人極殆不立矣。永思及此，益切悼懼。忘其駑蹇，以自效竭，此某所不敢不勉。著大公以滅私，昭至信以熄僞，非尊兄尚誰望〔五〕。老矣之論，未敢聞也。傅子淵已至衡陽，得其書，謂亦已相聞矣。子淵人品甚高，非餘子比也。』

嚴松録先生語云：『先生屢稱傅〔六〕子淵之賢，因言：「比陳君舉自湖南漕臺遣書幣下問，來書云：某老矣，不復

〔一〕陸九淵著，鍾哲點校：《陸九淵集》卷三十四中無『如』字。
〔二〕陸九淵著，鍾哲點校：《陸九淵集》卷九中爲『可』字。
〔三〕陸九淵著，鍾哲點校：《陸九淵集》卷九中爲『封』字。
〔四〕陸九淵著，鍾哲點校：《陸九淵集》卷九中爲『說』字。
〔五〕陸九淵著，鍾哲點校：《陸九淵集》卷九中爲『望誰』，二字順序顛倒。
〔六〕陸九淵著，鍾哲點校：《陸九淵集》卷三十四中無『傅』字。

見諸事功，但欲結果身份耳。」先生畧舉答書，因說：「近得傅〔一〕子淵與君舉書煞好，若子淵切磋不已，君舉當有可望也。但子淵書中有兩句云：是則全掩其非，非則全掩其是，亦爲抹出。」』

嚴松所録又云：『有傅黄元吉別長沙陳君舉，有詩送行云：「荷君來意固非輕，曾未深交意便傾。說到七篇無欠少，學從三畫已分明。每嗟自昔傷標致，頗欲從今近老成。爲謝荆門三益友，何時尊酒話平生？」先生切聞子淵與君舉切磋，又起君舉之疑，得黄元吉，君舉方信子淵之學。松曰：「元吉之學，却在子淵之上。」先生曰：「元吉得老夫鍛煉之力。元吉從老夫十五年，前數年病在逐外，中間數年，换入一意見窠窟去，又數年，换入一安樂窠窟去，這一二年，老夫痛加鍛煉，似覺壁立無由近傍。元吉善學，不敢發問。遂誘致諸處後生來授學，却教諸生致問，老夫一一爲之問駁〔二〕，元吉一旦從旁忽有所省。此元吉之善學。」』

〔一〕陸九淵著，鍾哲點校：《陸九淵集》卷三十四中無『傅』字。
〔二〕陸九淵著，鍾哲點校：《陸九淵集》卷三十四中爲『剥』字。

《陸子學譜》卷之五

南昌萬承蒼訂
後學臨川李紱編
平越王士俊校

家學

先生之學，固由心得，然家世授受，不可誣也。自其高曾以來，世有令德。厥考宣教公，尤瓌偉，慈湖稱其『生有異禀，端重不伐，究心典籍，見於躬行，酌先儒冠、昏、喪、祭之禮行於家，不用異教。家道整肅，著聞於海内』。其淵源固已奠矣。諸兄皆恂恂儒素。梭山、復齋並稱海内大儒，至先生而集其成耳。子持之，負經世畧，《宋史》列在特傳。從子槱之、麟之、焕之，至從孫濬、沖，並能世其學，不特十世同居之盛已也。故叙其《家學》，繼《友教》之後。

陸從政九思

從政公，諱九思，字子彊，姓陸氏。陸出嬀姓，周武王封嬀滿於陳。春秋時，陳公子敬仲適齊，別其氏曰田。

後田氏有齊，至宣王時，封其少子通於平原〔一〕陸鄉，又別其氏爲陸。通裔〔二〕孫烈爲吳令，子孫遂〔三〕爲吳郡吳縣人。烈三十九世至希聲，論著甚多，晚歲相唐昭宗，卒謚文公，生六子。次子崇，生德遷。五代末，避地於撫州金谿，解囊中資裝，置田治生，貲高閭里，爲金谿陸氏之祖，居延福鄉之青田。第四子諱有程，從政〔四〕高祖也，博學，於書無所不觀。曾祖諱演，能世其業，寬厚有容。祖戩爲第四子，趣尚清高，不治生業〔五〕。考諱賀，字道卿〔六〕，〔七〕究心典籍，見於躬行。〔八〕家道整肅，著聞海内〔九〕，贈宣教郎。生六子，從政居長，初與鄉舉，後以恩封從政郎。弟梭山撰《行狀》。所著有《家問》一卷，朱子爲之序，其畧云：『《家問》所以訓飭其子孫者，不以不得科第爲病，而深以不識禮義爲憂。其殷勤懇切，反覆曉譬，説盡事理，無一毫勉強緣飾之意，而慈祥篤實之氣藹然。諷味數四，不能釋手云。』今按：此文《朱子集》中未載。

嘉靖《撫州志》本傳畧云：『九思舉進士，幼弟九淵始生，鄉人有求抱養爲子者，二親以子多欲許之，子彊力請以爲不可。是年，子彊適生子煥之，因語妻曰：「我子付田婦乳爾，當乳小叔。」妻忻然從之。九淵既長，

〔一〕陸九淵著，鍾哲點校：《陸九淵集》卷三十六中有『般縣』二字。
〔二〕陸九淵著，鍾哲點校：《陸九淵集》卷三十六中爲『曾』字。
〔三〕陸九淵著，鍾哲點校：《陸九淵集》卷三十六中爲『避』字。
〔四〕陸九淵著，鍾哲點校：《陸九淵集》卷三十六中爲『先生』二字。
〔五〕陸九淵著，鍾哲點校：《陸九淵集》卷三十六中爲『産』字。
〔六〕陸九淵著，鍾哲點校：《陸九淵集》卷三十六中爲『鄉』字。
〔七〕陸九淵著，鍾哲點校：《陸九淵集》卷三十六中有『生有異稟，端重不伐』句。
〔八〕陸九淵著，鍾哲點校：《陸九淵集》卷三十六中有『酌先儒冠、昏、喪、祭之禮行於家，弗用異教』句。
〔九〕陸九淵著，鍾哲點校：《陸九淵集》卷三十六中爲『著聞於州里』句。

即象山先生也，事兄嫂如父母。及守荊門，迎侍以往，不半年而歸，後因書以郡政告，子彊猶責其矜功，其嚴毅如此。』

陸處士九敘

處士公九敘，字子儀，先生仲兄也。公正通敏，時賢高其行誼，稱曰處士，又稱曰五九居士，善治生，總藥肆以足其家。先生撰墓誌云：『公生於宣和五年七月乙卯，卒於淳熙十四年五月癸亥，享年六十有五，以卒之年十月壬辰，葬於臨川縣長壽鄉羅首峰下。公氣稟恢廓，公正不事形迹，羣居族談，公在其間，初若無與，至有疑議，或正色而斷之，以一言或談笑而解之，以一說往往爲之煥然。家素貧無田業，自先世爲藥肆以養生。兄弟六人，公居次，伯叔氏皆從事場屋，公獨總藥肆事，一家之衣食百用，盡出於此。子弟僕役，分役其間者甚衆，公未嘗屑屑於稽檢伺察，而人莫有欺之者。商旅往來咸得其歡心，不任權譎計數，而人各獻其便利以相裨益，故能以此足其家而無匱乏。後雖稍有田畝，至今計所收僅能供數月之糧，食指日衆，其仰給藥肆者日益重，公周旋其間，如一日也。公娶余氏，先公十一年卒。余氏孝順出於天性，娣姒皆以爲莫及。當窮約時，公之子女衣服，敝敗特甚。余氏或時及之，公即正色呵止。必伯叔氏爲之處，乃始得衣。雖公之衣服器用，亦往往如此。及伯季有四方遊，雖至窘急，裹囊無不立具。自公云亡，遠方士友聞訃慰唁諸孤，與公之伯季，稱公德，悼痛傷惋，無異辭。子男四人：望之、麟之、立之、尚之。女六人：長適鄉貢進士張商佐；次適黄叔豐；次適危三畏，先公十七年卒；次適徐翔龍、周清叟、熊鑒。孫男三人，女五人，皆幼。弟宣義郎主管臺州崇道觀某謹誌。』

按：許魯齋謂學以治生爲急，處士治家以成諸弟之學，故不可不録，且陸氏十世同居，處士之功爲多也。

陸修職九皋

修職公，諱九皋，先生第三兄也，字子昭，少力學，與鄉舉，仕終修職郎，監潭州南嶽廟。先生表其墓，其畧云：『陸氏徙金谿，年餘二百，嗣見九世。公居五世，同胞六人，公爲叔氏。少力於學，日課經子文集，必成誦。夜閲史册，不盡帙不止。嘗夜過分，先君子見公猶觀書，勉使寢息。公後不能自已，爲之障燈屏息，懼先君之復知之也。及長，補郡學子弟員，一試即居上游。郡博士徐君，視公文行俱優，擢爲齋長。公與二季，嘗正衣冠講誦不懈，徐君每所咨賞。月試必聯名占前列。徐君嘗語於衆曰：「此其學皆有淵源，非私之也。」然公年過三十，始獲薦名，又復不第，投老乃得一官，茲非命耶？公持論根據經理，耻穿鑿之習，雖蹭蹬場屋，而人所推尊不在利達者後。授經之士，或以獨步膠庠，或以擅場南省，而公之與否，曾不以是，一視其言行如何耳。今其徒有忠信自將，退然里巷庠序之間，若將終焉，而進修不替者，公之教也。先君子居約時，門户艱難之事，公所當，每以條理精密，濟登平易。吾家素無田，蔬圃不盈十畝，而食指以千數。仰藥寮以生。伯兄總家務，仲兄治藥寮，公授徒家塾，以束修之饋補其不足。先君晚歲，用是得與族黨賓客，優游觴詠，從容琴奕，裕然無窮匱之憂。當是時，公於妻子裘葛未嘗問也。〔一〕先君子之喪既除，公不復御講習，家塾教授，屬諸其季。過從之隙，時時杖策徜徉畦壟阡陌間，檢校種刈，若無意斯世者，豈各以其時耶？番陽許氏爲書院桐嶺，延師其間，以處鄉之學者，又自稟若干人。然其季子往往從學於外，亦嘗來從余遊，因得侍公函丈之末。從先生遊者有許昌朝，見翠雲題壁。公之餘論遺風，或者竊有所聞矣。一日，父子協謀：闢廬舍，儲器用，廣會集之堂，增

〔一〕陸九淵著，鍾哲點校：《陸九淵集》卷二十八中有『杜子美《北征詩》謂：「海圖圻波濤，舊繡移曲折，天吳及紫鳳，顛倒在短褐」公妻子無海圖可折，無天吳紫鳳可衣，然舊繡移曲折，顛倒在短褐，則有之矣』句。

日〔一〕稟之員，介其鄉之賢者，致禮以延公。公却之再三，請益固。公爲一出。桐嶺學者於是變而樂義理之言，厭場屋之陋，士大夫聞風，莫不願與參席，自遠至者，踵繫不絕，興起甚衆。然公年益高，頗倦酬應，未幾謝去。越數歲，安仁宰曾君，文清孫也，至則葺縣學，增士稟〔二〕，修禮儀，尊師道，願公主之，公不復出矣。淳熙丁未，江西歲旱，撫爲甚，撫五邑，金谿爲甚。倉臺、郡守，留意賑恤，別駕廖君實主之。廖知其說，莫善於鄉得其人，莫不善於吏與其事。造廬問公計策，且屈公爲鄉官，於是鄉之所得，多忠信之士，而吏不得制其權以牟利。明年，賑糶行，出粟受粟，舉無異時之弊。里閈熙熙，不知爲歉歲，而俗更以善，公力爲多。公平居混然無異於人者，而智識濬深，遇事始見。又其晦明之變，人所不解。當其晦時，童子所了，隸人所知，公或不辨，然特間見於燕閑、視聽、使令之間，未始害事。至事理之盤錯，情僞之隱伏，賢識趑趄，或用蹉跌，惟公之明，如辨蒼素。客有以名聞者，公探衣將見之矣，户間偶目其貌，退而却衣曰：「吾不欲見斯人也」。已而，果非佳士。凡〔三〕此非獨人所不解，公亦有不能自知者。不以學自命，而就證者類有愜志；不以智自多，而就謀者類有寤心。公之得於天者，如玉在山，如珠在淵，其可量哉？逆遜溺心，形似蔽實，微者過當，甚者易位，今之賢者，未易免此。惟公之明，好惡不能亂，形似不能蔽。《大學》曰：「好而知其惡，惡而知其美者，天下鮮矣。」故諺有之曰：「人莫知其子之惡，莫知其苗之碩。」公疇昔亟誦斯言，而屢歎其難。公之所以自致其力者深矣。是書之流行，近世特盛〔四〕，然其靈足以造此者。求諸其傑，未見如公者焉。公壯年，以呂氏次

〔一〕陸九淵著，鍾哲點校：《陸九淵集》卷二十八中爲『自』字。
〔二〕陸九淵著，鍾哲點校：《陸九淵集》卷二十八中爲『廩』字。
〔三〕陸九淵著，鍾哲點校：《陸九淵集》卷二十八中爲『況』字。
〔四〕陸九淵著，鍾哲點校：《陸九淵集》卷二十八中爲『甚』字。

序《大學章句》，猶有未安，於是自爲次序。今遠方學者傳録浸廣，吾家獨亡其稾。公之子，長者年將四十，乃不知父嘗有是書，蓋自其省事，惟見公正文講授故也。公見善未嘗不喜，而稱道不浮其實，見惡未嘗不惡，而指摘不加其罪。兩益之辭無所和，一切之論無所取，疑似之跡不輕實，流傳之事不輕據。故人之所稱，有所未詳〔一〕，人之所擯，有所不絶。衆人所決，發言盈庭，公每低回，以致裁抑。憂世之士，或病公首鼠，不足以植風聲，示勸懲〔二〕，而公隱然持之自若。近年以文祭舊生徒劉堯夫，頌其平日之美，責其晚節之過，謂改之冥冥，尤足爲貴，其辭深切著明，讀者無不感動。理之所存，何間幽顯，當疑而決，當決而疑，均爲不明也，孰謂公首鼠哉？公嘗名所居齋曰庸，學者因號庸齋先生，然公未嘗言其義，學者亦未嘗有所請。公著述頗多，皆未編次。生於宣和乙巳十有二月十有四日辛亥，卒於紹熙辛亥十月十日乙酉，享年六十有七。卒之前一夕，起，旋小跌，自是倦之〔三〕，然就枕即熟睡。覺時，醫者視脉，家人進藥，雖飲之，必曰：「吾不起矣！」十日之朝，侍疾者忽不聞鼻息，察公，則已逝矣。娶吴氏。子四人：損之、益之、賁之、升之。女二人：長先公二年卒，未及許嫁，次許嫁貴谿張氏。孫男一人，女三人。卜以紹熙壬子七月十有二日，葬于鄉之長慶寺側。公以淳熙甲辰壽聖慶恩，授迪功郎，監潭州南嶽廟。十六年己酉，上登極覃恩，進修職郎。某效官重湖，疾不視〔四〕藥，斂不撫棺，葬不臨穴，嗚呼！痛哉！敬次序公平生以表墓。某聞命之日，嘗請迎侍，公曰：「子行矣，吾往時當自訪子。」訃前數日，從公於夢，自是朔節〔五〕必夢見公，嗚呼！痛哉！東望隕涕，爲之銘曰：「如珠

〔一〕陸九淵著，鍾哲點校：《陸九淵集》卷二十八中爲『許』字。
〔二〕陸九淵著，鍾哲點校：《陸九淵集》卷二十八中爲『懲勸』二字，順序顛倒。
〔三〕陸九淵著，鍾哲點校：《陸九淵集》卷二十八中爲『乏』字。
〔四〕陸九淵著，鍾哲點校：《陸九淵集》卷二十八中爲『侍』字。
〔五〕陸九淵著，鍾哲點校：《陸九淵集》卷二十八中爲『節朔』，二字順序顛倒。

潛光，可以照夜，公之明也。如玉儲潤，可以賁山，公之德也。表公之墳，與斯銘其長存。」』

《江西人物志》本傳云：『子昭舉進士，率諸弟講學，從遊者多有聞。象山爲靖安簿時，子昭勉以書曰：「吾曹不可兒戲度日，視聽言動之際，三千三百之儆，不可不察，若只主張見在，正恐道無時而備，德無時而盛，仁無時而熟」云。』

陸梭山先生九韶

梭山先生，先生第四兄也。《嘉靖撫州志》本傳云：『九韶寬和凝重，讀書必優游諷詠。』嘗曰：『學之要，孝弟之外無餘道。』又曰：『義利易見，惟義中之利，隱而難明。』與閩朱熹相敬愛，見其注釋《太極圖説》，疑『無極』二字出老子，非周子之言，往復辯論。嘗損益其社倉法以濟鄉黨，人甚德之。築室前山，兄弟講學其中，山形如梭，自號梭山老圃。諸司列薦，以居士應詔，舉遺逸。與弟九齡、九淵，天下稱爲三陸先生。二弟没，韶獨後，臨終自撰《終禮篇》，戒不得銘墓。生平所著，有《日紀類編》、《經解新説》及《州郡圖》、《家制》、《文集》，凡三十五卷。《家制》多行於世。《日紀》中有《居家正本》及《制用》各二篇，尤爲希聖希賢之本。今附於後。

其《居家正本》上篇云：『古者民生八歲入小學，學禮、樂、射、御、書、數，〔一〕至十五歲，則〔二〕各因其材而歸之四民。故爲農、工、商、賈者，亦得入小學，七年而後就其業，其秀異者入大學而爲士，〔三〕教之德

〔一〕黄宗羲著，陳金生、梁運華點校：《宋元學案》卷五十七《梭山復齋學案》中無『學禮、樂、射、御、書、數』句，中華書局一九八六年版。
〔二〕黄宗羲著，陳金生、梁運華點校：《宋元學案》卷五十七《梭山復齋學案》中無『則』字。
〔三〕黄宗羲著，陳金生、梁運華點校：《宋元學案》卷五十七《梭山復齋學案》中爲『則各因其材而歸之四民，秀異者入學，學而爲士』句。

行。凡小學、大學之教，俱不在言語文字，故民皆有實行而無詐僞。自井田廢壞，民無所養，幼者無小學之教，長者無大學之師。有國者，設科取士，其始也投名自薦，其終也糊名考校，禮義廉耻絶滅盡矣。學校之養士，非養之也，賊夫人之子也。父母之教子，非教之也，是驅而入争奪傾險之域也。〔一〕愚謂人之愛子，但當教之以孝、弟、忠、信，所讀須先六經、《語》、《孟》，通曉大義，〔二〕明父子、君臣、夫婦、昆弟、朋友之節，知正心、修身、齊家、治國、平天下之道，以事父母，以和兄弟，以睦族黨，以交朋友，以接鄰里，使不得罪於尊卑上下之際。〔三〕次讀史，以〔四〕知歷代興衰，究觀皇帝王霸，與秦漢以來爲國者規模〔五〕措置之方。此皆非難事，功效逐日可見，惟患不爲耳。世之教子者，不知務此，惟教以〔六〕科舉之業，志在於〔七〕薦舉登科，難莫難於此者。試觀一縣之間，應舉者幾人？而與薦者有幾？至於及第，尤其希罕。蓋是有命焉，非偶然也。此孟子〔八〕所謂「求在外者，得之有命是也」。至於止欲〔九〕通經知古今，修身爲孝、

〔一〕黄宗羲著，陳金生、梁運華點校：《宋元學案》卷五十七《梭山復齋學案》中無『凡小學、大學之教，俱不在言語文字，故民皆有實行而無詐僞。自井田廢壞，民無所養，幼者無小學之教，長者無大學之師。有國者，設科取士，其始也投名自薦，其終也糊名考校，禮義廉耻絶滅盡矣。學校之養士，非養之也，賊夫人之子也。父母之教子，非教之也，是驅而入争奪傾險之域也』句。

〔二〕黄宗羲著，陳金生、梁運華點校：《宋元學案》卷五十七《梭山復齋學案》中無『通曉大義』句。

〔三〕黄宗羲著，陳金生、梁運華點校：《宋元學案》卷五十七《梭山復齋學案》中無『以接鄰里，使不得罪於尊卑上下之際』句。

〔四〕黄宗羲著，陳金生、梁運華點校：《宋元學案》卷五十七《梭山復齋學案》中無『以』字。

〔五〕黄宗羲著，陳金生、梁運華點校：《宋元學案》卷五十七《梭山復齋學案》中無『究觀皇帝王霸，與秦漢以來爲國者規模』句。

〔六〕黄宗羲著，陳金生、梁運華點校：《宋元學案》卷五十七《梭山復齋學案》中無『此皆非難事，功效逐日可見，惟患不爲耳。世之教子者，不知務此，惟教以』句。

〔七〕黄宗羲著，陳金生、梁運華點校：《宋元學案》卷五十七《梭山復齋學案》中無『於』字。

〔八〕黄宗羲著，陳金生、梁運華點校：《宋元學案》卷五十七《梭山復齋學案》中無『者。試觀一縣之間，應舉者幾人？而與薦者有幾？至於及第，尤其希罕。蓋是有命焉，非偶然也。此孟子』句。

〔九〕黄宗羲著，陳金生、梁運華點校：《宋元學案》卷五十七《梭山復齋學案》中無『於止欲』三字。

弟、忠、信〔一〕之人，特恐人不爲耳。此孟子所謂「求則得之」。求在我者也，〔二〕此有何難？而人不爲耶！〔三〕况既通經知古今，而欲〔四〕應今之科舉，亦無難者，若命應仕宦必得之矣，而〔五〕又道德仁義在我，以之事君臨民，皆合〔六〕義理，豈不榮哉！〔七〕』

其《居家正本》下篇云：『〔八〕人孰不愛家、愛子孫、愛身，然不克明愛之之道，故終焉適以損之。試請言其畧。〔九〕一家之事，貴於安寧、和睦、悠久也〔一〇〕，其道在於孝悌謙遜。〔一一〕仁義之道，口未嘗言之，朝夕之所從事者，名利也〔一二〕。寢食之所思者，名利也〔一三〕。相聚而講究者，取名利之方也〔一四〕；言及於名利，則洋洋然有喜色，言及於孝悌仁義，則淡然無味，惟思卧；幸其時數之遇，則躍躍以喜，小有阻意，則躁悶若無容矣〔一五〕；如其時

〔一〕黄宗羲著，陳金生、梁運華點校：《宋元學案》卷五十七《梭山復齋學案》無『忠、信』二字。
〔二〕黄宗羲著，陳金生、梁運華點校：《宋元學案》卷五十七《梭山復齋學案》無『特恐人不爲耳。此孟子所謂「求則得之」。求在我者也』句。
〔三〕黄宗羲著，陳金生、梁運華點校：《宋元學案》卷五十七《梭山復齋學案》無『而人不爲耶』句。
〔四〕黄宗羲著，陳金生、梁運華點校：《宋元學案》卷五十七《梭山復齋學案》無『欲』字。
〔五〕黄宗羲著，陳金生、梁運華點校：《宋元學案》卷五十七《梭山復齋學案》無『若命應仕宦必得之矣，而』句。
〔六〕黄宗羲著，陳金生、梁運華點校：《宋元學案》卷五十七《梭山復齋學案》有『於』字。
〔七〕黄宗羲著，陳金生、梁運華點校：《宋元學案》卷五十七《梭山復齋學案》無『豈不榮哉』句。
〔八〕黄宗羲著，陳金生、梁運華點校：《宋元學案》卷五十七《梭山復齋學案》有『爲』字。
〔九〕黄宗羲著，陳金生、梁運華點校：《宋元學案》卷五十七《梭山復齋學案》無『試請言其畧』句。
〔一〇〕黄宗羲著，陳金生、梁運華點校：《宋元學案》卷五十七《梭山復齋學案》無『也』字。
〔一一〕黄宗羲著，陳金生、梁運華點校：《宋元學案》卷五十七《梭山復齋學案》有『若』字。
〔一二〕黄宗羲著，陳金生、梁運華點校：《宋元學案》卷五十七《梭山復齋學案》無『也』字。
〔一三〕黄宗羲著，陳金生、梁運華點校：《宋元學案》卷五十七《梭山復齋學案》無『也』字。
〔一四〕黄宗羲著，陳金生、梁運華點校：《宋元學案》卷五十七《梭山復齋學案》無『也』字。
〔一五〕黄宗羲著，陳金生、梁運華點校：《宋元學案》卷五十七《梭山復齋學案》無『矣』字。

數不偶，則朝夕憂煎，怨天尤人，至於父子相夷，兄弟叛散，良可憫也。豈非愛之，適以損之乎！夫謀利而遂者，不百一；謀名而遂者，不千一。今處世不能百年，而乃徼幸於不百一、不千一之事，豈不痴甚矣哉！就使遂志〔一〕臨政，不明仁義之道，亦何足爲門户之光耶！愚深思熟慮之日久矣，而不敢出諸口。今老矣，恐一旦先朝露而滅，不及與鄉曲父兄子弟語及於此，懷不滿之意於冥冥之中，無益也，故輒冒言之，幸垂聽而擇焉。〔二〕夫事有本末，知愚賢不省者本，貧富貴賤者末也〔三〕，得其本則末隨，趨其末則本末俱廢，此理之必然也。何謂得其本則末隨？〔四〕今行孝悌，本仁義，則爲賢爲知。賢知之人，衆所尊仰，簞瓢爲奉，陋巷爲居，已固有以自樂，而〔五〕人不敢以貧賤而輕之，豈非得其本而末自隨之〔六〕？夫慕爵位，貪財利，則非賢非知。非賢非知之人，人所鄙賤，雖紆青紫，懷金玉，其胸襟未必通曉義理，亦〔七〕無以自樂，而〔八〕人亦莫不鄙賤之，豈非趨其末而本末俱廢乎？況貧富貴賤〔九〕，自有定分。富貴未必得，則將隕獲而無以自處矣。斯言往往招人怒罵，然愚謂〔一〇〕或有信之者。其爲益不細，雖怒罵有所不恤也，況〔一一〕相信者稍衆，則賢才自此而盛，又非小

〔一〕黄宗羲著，陳金生、梁運華點校：《宋元學案》卷五十七《梭山復齋學案》中『志』爲『心』字。
〔二〕黄宗羲著，陳金生、梁運華點校：《宋元學案》卷五十七《梭山復齋學案》無『愚深思熟慮之日久矣。……幸垂聽而擇焉』幾句。
〔三〕黄宗羲著，陳金生、梁運華點校：《宋元學案》卷五十七《梭山復齋學案》無『也』字。
〔四〕黄宗羲著，陳金生、梁運華點校：《宋元學案》卷五十七《梭山復齋學案》無『此理之必然也。何謂得其本則末隨』句。
〔五〕黄宗羲著，陳金生、梁運華點校：《宋元學案》卷五十七《梭山復齋學案》無『而』字。
〔六〕黄宗羲著，陳金生、梁運華點校：《宋元學案》卷五十七《梭山復齋學案》無『之』字。
〔七〕黄宗羲著，陳金生、梁運華點校：《宋元學案》卷五十七《梭山復齋學案》爲『已』字。
〔八〕黄宗羲著，陳金生、梁運華點校：《宋元學案》卷五十七《梭山復齋學案》無『而』字。
〔九〕黄宗羲著，陳金生、梁運華點校：《宋元學案》卷五十七《梭山復齋學案》爲『富貴貧賤』字。
〔一〇〕黄宗羲著，陳金生、梁運華點校：《宋元學案》卷五十七《梭山復齋學案》無『往往招人怒罵，然愚謂』幾字。
〔一一〕黄宗羲著，陳金生、梁運華點校：《宋元學案》卷五十七《梭山復齋學案》無『雖怒罵有所不恤也，況』幾字。

補矣。』

其《居家制用》上篇云：『古之爲國者，冢宰制國用，必於歲之杪。五穀皆入，然後制國用。用〔一〕地大小，視年之豐耗，三年耕，必有一年之食，九年耕，必有三年之食。以三十年之通制國用，雖有凶旱水溢，民無菜色。國既若是，家亦宜然。故凡家有田疇，足以贍給者，亦當量入以爲出，然後用度有準，豐儉得中，怨讟不生，子孫可守。今以田疇所收，除租稅及種蓋糞治之外，所有若干，以十分均之，留三分爲水旱不測之備，一分爲祭祀之用，六分分十二月之用。取一月合用之數，約爲三十分，日用其一，可餘而不可盡。用至七分爲得中，不及五分爲嗇。其所餘者，別置簿收管，以爲伏臘裘葛、修葺墻屋、醫藥賓客、弔喪問疾、時節饋送。又有餘，則以周給鄰族之貧弱者，賢士之困窮者，佃人之饑寒者，過往之無聊者，毋以妄施僧道。蓋僧道本是蠹民，況今之僧道，無不豐足，施之適足以濟其嗜欲，長其過惡而費農夫血汗勤勞所得之物，未必不增吾冥罪，果何福之有哉？〔二〕其田疇不多，日用不能有餘，則一味節嗇。裘葛取諸蠶績，墻屋取諸蓄養。雜種蔬果，皆以助用，不可侵過次日之物。一日侵過，無時可補，則便有破家之漸，當謹戒之。其有田少而用廣者，但當清心儉素，經營足食之路。於接待賓客、弔喪問疾、時節饋送、聚會飲食之事，一切不講免。至干求親舊，以滋過失；責望故索〔三〕，以生怨尤；負諱通借，以招耻辱。家居如此，方爲稱宜，而遠吝侈之咎，積是成俗，豈惟一家不憂

〔一〕黄宗羲著，陳金生、梁運華點校：《宋元學案》卷五十七《梭山復齋學案》爲『量』字。

〔二〕黄宗羲著，陳金生、梁運華點校：《宋元學案》卷五十七《梭山復齋學案》無『蓋僧道本是蠹民，況今之僧道，無不豐足，施之適足以濟其嗜欲，長其過惡而費農夫血汗勤勞所得之物，未必不增吾冥罪，果何福之有哉』句。

〔三〕黄宗羲著，陳金生、梁運華點校：《宋元學案》卷五十七《梭山復齋學案》爲『素』字。

水旱之災。雖一縣一郡通天下，皆無憂矣，其利豈不博哉。〔一〕』

其《居家制用》下篇云：『居家之病有七：曰笑、曰遊、曰飲食、曰上木、曰争訟、曰玩好、曰惰慢。有一於此，皆能破家。其次，貧薄而務周旋，豐餘而尚鄙嗇，事雖不同，其終之害，或無以異，但在遲速之間耳〔二〕。夫豐餘而不用者，疑若無害也。然己既豐餘，則人望以周濟，今乃恝然，必失人之情。既失人情，則人不佑，人惟恐其無隙。苟有隙可乘，則争媒蘖之，雖其子孫，亦懷不滿之意。一旦入手，若決堤破防矣。前所言存留十之三者，爲豐餘之多者制也。苟所餘不能三分，則有二分亦可。又不能二分，則存一分亦可。又不能一分，則宜撙節用度，以存贏餘，然後家可長久。不然，一旦有意外之事，必遂破家矣。前所謂一切不講者，非絶其事也，謂不能以貨財爲禮耳。如弔喪，則以先往後罷爲助。賓客，則樵蘇供爨，清談而已。至如奉親最急也，啜菽飲水盡其歡，斯之謂孝。祭祀最嚴也，蔬食菜羹足以致其敬。凡事皆然，則人固不我責，而我亦何歉哉！如此則禮不廢而財不匱矣。前所言以其六分爲十二月之用，以一月合用之數，約爲三十分者，非謂必於其日用盡，但約見每月每日之大概。其間用度，自爲贏縮，惟是不可先次侵過，恐難追補。宜先餘而後用，以無貽鄙嗇之譏。世所用度，有何窮盡！蓋是未嘗立法，所以豐儉皆無準則。好豐者妄用以破家，好儉者多藏以斂怨，無法可依，必至於〔三〕此。愚今考古經國之制，爲居家之法，隨貲產之多寡，制用度之豐儉，合用萬錢者，用萬錢不謂之侈；合用百錢者，用百錢不謂之吝，〔四〕是取中可久之制也。』

〔一〕黄宗羲著，陳金生、梁運華點校：《宋元學案》卷五十七《梭山復齋學案》無『家居如此，方爲稱宜，而遠吝侈之咎，積是成俗，豈惟一家不憂水旱之災。雖一縣一郡通天下，皆無憂矣，其利豈不博哉』句。

〔二〕黄宗羲著，陳金生、梁運華點校：《宋元學案》卷五十七《梭山復齋學案》爲『但在遲速間』句。

〔三〕黄宗羲著，陳金生、梁運華點校：《宋元學案》卷五十七《梭山復齋學案》爲『如』字。

〔四〕黄宗羲著，陳金生、梁運華點校：《宋元學案》卷五十七《梭山復齋學案》無『合用萬錢者，用萬錢不謂之侈，合用百錢者，用百錢不謂之吝』句。

《宋史·儒林傳》云：『九韶，字子美，其學淵粹，隱居山中，晝之言行夜必書之。其家累世義居，一人最長者爲家長，一家之事聽命焉。歲僉〔一〕子弟分任家事，凡田疇租税出内庖爨賓客之事，各有主者，九韶以訓戒之辭爲韻語。晨興，家長率衆子弟謁先祠畢，擊鼓誦其辭，使列聽之。子弟有過，家長會衆子弟責而訓之，不改，則撻之，終不改，度不可容，則言之官府，屏之遠方焉。〔二〕所著有《梭山文集》、《家制》、《州郡圖》。』

按：朱子答梭山先生三書，今見《朱子大全集》，而《梭山文集》今逸不傳。其駁《太極圖說》之語，止見於朱子答書及陸子與朱子往復辯駁書内。今附朱子答書於後。

朱子答梭山先生第一書云：『伏承示諭《太極》、《西銘》之失，備悉指意。然二書之說，從前不敢輕議，非是從人脚根，依他門户，却是反覆看來，道理實是如此，別未有開口處，所以信之不疑。而妄以己見輒爲之說，正恐未能盡發其奥而反以累之，豈敢自謂有扶掖之功哉！今詳來教，及省從前所論，却恐長者從初便忽其言，不曾致思，只以自家所見道理爲是，不知却元來未到他地位，而便以己意〔三〕輕肆抵排也。今亦不暇細論，只如《太極》篇首一句，最是長者所深排，然殊不知不言無極，則太極同於一物，而不足爲萬化之根本〔四〕；不言太極，則無極淪於空寂，而不能爲萬化之根本〔五〕。只此一句，便見其下語精密，微妙無窮，而向下〔六〕說許多道理，條貫脉絡，井井不亂，只今便在目前，而亘古亘今，攧撲不破。只恐自家見得未曾如此分明直截，則其所

〔一〕脫脫：《宋史·儒林傳》中爲『遷』字，中華書局一九八五年版。
〔二〕脫脫：《宋史·儒林傳》中有『九韶』二字。
〔三〕陸九淵著，鍾哲點校：《陸九淵集》附録二中爲『見』字。
〔四〕陸九淵著，鍾哲點校：《陸九淵集》附録二中無『本』字。
〔五〕陸九淵著，鍾哲點校：《陸九淵集》附録二中無『本』字。
〔六〕陸九淵著，鍾哲點校：《陸九淵集》附録二中有『所』字。

可疑者，乃在此而不在彼也。至於《西銘》之説，尤更分明。今亦且以首句論之。人之一身，固是父母所生，〔一〕父母之所以爲父母者，即是乾坤。若以父母而言，則一物各一父母；若以乾坤而言，則萬物同一父母矣。萬物既同一父母，則吾體之所以爲體者，豈非「天地之塞」？吾性之所以爲性者，豈非「天地之帥」哉？古之君子，惟其見得道理真實如此，所以親親而仁民，仁民而愛物，推其所爲，以至於能以天下爲一家，中國爲一人，而非意之也。今若必爲〔二〕人物只是父母所生，更與乾坤都無干涉，其所以有取於《西銘》者，但取其姑爲宏闊廣大之言，以形容仁體，而破有我之私而已。則是所謂仁體者，全是虚名，初無實體，而小己之私，却是實理，合有分别，聖賢於此，却初不見義理，只見利害，而妄以己意造作言語，以增飾其所無，破壞其所有也。若果如此，則其立言之失，膠固二字豈足以盡之？而又何足以破人之梏於一己之私哉！大抵古之聖賢，千言萬語，只是要人明得此理。此理既明，則不務立論，而所言無非義理之言，不務正行，而所行無非義理之實，無有初無此理而姑爲此〔三〕，以救時俗之弊者。不知子静相會，曾以此話子〔四〕細商量否？近見其所論王通續經之説，似亦未免此病也。此間近日絶難得江西便，草草布此，〔五〕託子静轉致。但以來書半年方達推之，未知何時可到耳。如有未當，切幸痛與指摘，剖析見教，理至〔六〕之言，不得不服也。』

〔一〕陸九淵著，鍾哲點校：《陸九淵集》附録二中有『然』字。
〔二〕陸九淵著，鍾哲點校：《陸九淵集》附録二中爲『謂』字。
〔三〕陸九淵著，鍾哲點校：《陸九淵集》附録二中有『言』字。
〔四〕『子』字應爲『仔』字。
〔五〕陸九淵著，鍾哲點校：《陸九淵集》附録二中有『卻』字。
〔六〕陸九淵著，鍾哲點校：《陸九淵集》附録二中爲『到』字。

其第二書云：『前書示諭《太極》、《西銘》之説，反復詳盡，然此恐未必生於氣質〔一〕之偏。但是急迫看人文字，未及盡彼之情，而欲遽申己意，是以輕於立論，徒爲多説而未必果當於理爾。且如《太極》之説，熹謂周先生之意，恐學者錯認太極別爲一物，故著無極二字以明之。此其〔二〕推原前賢立言之本意，所以不厭重複，蓋有深指。而來諭便謂熹以太極下同一物，是則非惟不盡周先生之妙旨，而於熹之淺陋妄説，亦未察其情矣。又謂著無極字，便有虚無好高之弊，則未知尊兄所謂太極，是有形器之物耶？無形器之物耶？若果無形而但有理，則無極即是無形，太極即是有理，明矣！又安得爲虚無而好高乎？熹所論《西銘》之意，正謂長者以横渠之言，不當謂乾坤實爲父母，而以膠固斥之，故竊疑之，以爲若如長者之意，則是爲人物實無所資於天地，恐有所未安爾！非熹本説固欲如此也。今詳來誨，〔三〕以横渠只是假借之言，而未察父母之與乾坤，雖其分之有殊，而初未嘗有二體，但其分之殊，則又不得而不辯〔四〕也。熹之愚陋，竊願尊兄更於二家之言，少賜反復，寬心游意，必使於其所説如出於吾之所爲者，而無纖芥之疑，然後可以發言立論，而斷其可否，則其爲辯〔五〕也不煩，而理之所在無不得矣。若一以急迫之意求之，則於察理已不能精，而於彼之情又不詳盡，則徒爲紛紛，而雖欲不差，不可得矣。然只此急迫，即是來諭所謂氣質之弊，蓋所論之差處，雖不在此，然其所以差者，則原於此而不可誣矣。不審尊意以爲如何？子静歸來，必朝夕得款〔六〕聚，前書所謂異論卒不能合者，當已有定説矣。恨不得側

〔一〕陸九淵著，鍾哲點校：《陸九淵集》附録二中爲「習」字。
〔二〕陸九淵著，鍾哲點校：《陸九淵集》附録二中爲「是」字。
〔三〕陸九淵著，鍾哲點校：《陸九淵集》附録二中有「猶」字。
〔四〕陸九淵著，鍾哲點校：《陸九淵集》附録二中爲「辨」字。
〔五〕陸九淵著，鍾哲點校：《陸九淵集》附録二中爲「辨」字。
〔六〕陸九淵著，鍾哲點校：《陸九淵集》附録二中爲「疑」字。

聽其旁，時效管窺，以求切磋之意也。延平新本《龜山別録》漫内一通，近又嘗作一小卜筮書，亦以附呈。蓋緣近世說《易》者，於象數全然畧闊〔一〕，其不然者，又太拘滯支離，不可究詰。故推本聖人經傳中說象數者，只此數條。以意推之，以爲是足以上究聖人作《易》之本指，下濟生人觀變、玩占之實用，學《易》者決不可以不知，而凡說象數之過乎此者，皆可以束之高閣，而不必問矣。不審尊意以爲如何？』

其第三書云：『示諭縷縷，備悉雅意。不可則止，正當謹如來教，不敢復有塵瀆也。偶至武夷，匆匆布敘，不能盡所欲言。然大者已不敢言，則亦無可言者〔二〕』云云。蓋梭山先生性情和粹，不欲競辯，故斷來章也。

按：《太極圖》，即《無極圖》，而小變其說，實出道家，非周子所作。本朝朱檢討彝尊作《太極圖授受考》云：『自漢以來，諸儒言《易》，莫有及《太極圖》者。惟道家者流，有《上方大洞真元妙經》，著太極三五之說。唐開元中明皇爲製序，而東蜀衛淇注《玉清無極洞仙經》，衍有無極、太極諸圖。按：陳子昂《感遇詩》云：太極生天地，三元更廢興。至精諒斯在，三五誰能徵。三元，本《律曆志》陰陽至精之數；三五，本魏伯陽《參同契》。要之，《太極圖說》，唐之君臣已先知之矣。陳摶居華山，曾以《無極圖》刊諸石，爲圜者四，位五行其中。自下而上，初一，曰元牝之門；次二，曰煉精化氣，煉氣化神；次三，五行定位，曰五氣朝元；次四，陰陽配合，取坎填離；最上，曰煉神還虚，復歸無極，故謂之《無極圖》，乃方士修煉之術耳。相傳摶受之呂嵒，嵒受之鐘離權，權得其說於伯陽，伯陽聞其旨於河上公，在道家未嘗詡爲彳聖不傳之秘也。元公取而轉易之，亦爲圜者四，位五行其中。自上而下，最上，曰無極而太極；次二，陰陽配合，曰陽動陰静；次三，五行定

〔一〕陸九淵著，鍾哲點校：《陸九淵集》附録二中爲『闊畧』二字，順序顛倒。
〔二〕陸九淵著，鍾哲點校：《陸九淵集》附録二中有『矣』字。

位，曰五行各一其性；次四，曰乾道成男，坤道成女；最下，曰化生萬物，更名之曰《太極圖》，仍不没無極之旨。由是諸儒推演其說。南軒張氏謂元公自得之妙，蓋以手授二程先生者。自孟氏以來，未之有也。晦庵朱子謂先生之學，其妙具於太極一圖。山陽度正作元公年表，書慶曆六年，知虔州興國縣，程公珦倅南安，因與先生爲友，令二子師之。時明道年十五，伊川年十四爾。其後先生作《太極圖》，獨手授之，他莫得而聞焉。考是年，元公以轉運使王逵薦，移知郴縣，自是而後，二程子未聞與元公覿面，然則從何地手授乎？伊川撰《明道行狀》云：先生爲學，自十五六時，聞汝南周茂叔論道，遂厭科舉之業，慨然有求道之志。未知其要，泛濫於諸家，出入於老釋者幾十年，反求諸六經而後得之。繹其文旨，似乎未受業於元公者，不然何以求道？未知其要，復出入於老釋也耶！潘興嗣志元公墓，亦不及二程子從遊事。明道之卒，其弟子友朋，若范淳夫、朱公掞、邢和叔、游定夫敘其行事，皆不言其以元公爲師，惟劉斯立謂從周茂叔問學。斯猶孔子問禮於老子，問樂於萇弘，問官於郯子云然，蓋與受業有間矣。呂與叔《東見録》，則有昔受學於周茂叔之語，然弟子稱師，無直呼其字者。而遺書，凡司馬君實、張子厚、邵堯夫，皆目之曰先生。惟元公直呼其字，至以窮禪客目元公，尤非弟子義所當出。且元公初名惇實，後避英宗藩邸嫌名改惇頤，夫既以學傳伊川矣，不應下同其名，而伊川亦不引避，昔朱子表程正思墓，稱其名下字同周，程亟請其父而更焉，孰謂二程子而智反出正思下哉？此皆事之可疑者。』檢討之論如此，亦可知《太極圖說》之不足信矣。至其理之未安，則詳見於陸子與朱子書，今已附於友教條内。

嚴松嘗問梭山云：『有問松：「孟子說諸侯以王道，是行王道以尊周室，行王道以得天位？」當如何對？』梭山云：『得天位。』松曰：『却如何解後世疑孟子教諸侯簒奪之罪？』梭山云：『民爲貴，社稷次之，君爲輕。』先生再三稱歎曰：『家兄平日無此議論。』良久曰：『曠古以來，無此議論。』松曰：『伯夷不見此理。』先生亦云。松又云：『武王見得此理。』先生曰：『伏羲以來皆見此理。』
包顯道録先生語：因言居士極不喜狂者，云最敗風俗，只喜狷者，故自號又次居士。先生云：『此言亦有味。』

陸文達公九齡

文達公，先生第五兄也。先生《年譜》稱其少有大志，浩博無涯涘。嘗與鄉舉，補入太學，已負重名。登進士第，授桂陽教授，以不便迎侍，不赴。改興國，未滿，丁艱。服除，授全州教授，未上，卒。呂成公祖謙銘其墓云：『先生，諱九齡，字子壽。幼明悟端重，十年喪母，哀毁如成人。少長，補郡博士弟子員，時秦丞相當國，場屋無道程氏學者。先生從故編得其說，獨委心焉。久之，新博士且至，聞其雅以魏晉放逸自許，慨然歎曰：「此非吾所願學也。」賦詩徑歸，結茅舍傍，講習兼晨夜不怠。先生年猶未冠，於取舍向背已知，所擇如此。吏部郎襄陵許公忻，直道清節。在中朝，名論甚高，屏居臨川，閉門少所賓接。一見先生，亟折輩行與深語，恨相遇之晚。他日，許公起守邵陽，思與先生游。先生亦樂從其招。凡治體之升降，舊章之損益，前聞人之律度軌轍，每亹亹爲先生言不厭，所以屬之者厚矣。既歸，益大肆其力於學，廣覽博咨，深觀默養，如是者蓋十餘年。乃束書，入太學，太學知名士，聞聲争願交。始則樂其可親，久則知其可事，屏所挾，北面而稱弟子者甚衆。祭酒司業，酌衆論，舉以爲學録。先之以身，正之以漸，行之以無，事雖跌宕見鐫誚者，退亦心服，不知怨之所在焉。登乾道五年進士第，授迪功郎，桂陽軍軍學教授，以母老道遠，改調興國軍軍學教授。地瀕大江，民寒嗇，罕游校宫。先生不以職閑自佚，端榘矱，肅衣冠，如臨大衆，勸綏引翼，士方興於學，而先生以家難去官矣。服除，調全州州學教授。未上，以疾終於家。實淳熙七年戊寅，享年四十有九。母饒氏，繼母鄧氏，用光堯慶壽恩封太孺人。娶王氏，知通州堿之女，而元豐左丞之曾孫也。子艮之，女二人，皆幼。是歲十二月甲申，葬於鄉之萬石塘。初，居士潛德不試，采司馬氏冠、昏、喪、祭儀行之家，至先生又繹先志而修明之，晨昏伏臘，奉盥請衽，觴豆饎爨，闔門千指，男女以班，各供其職。儉而安，莊而舒，薄而均，禮俗既成。雋者不敢踔厲，朴者有所據依，順弟之風，被於鄉社，而聞於天下。其儀節品式，江西士大夫多能道之。至於先生忠敬樂易，優而柔之，曲而暢之，遂濟登茲者，則非言語形容之所及矣。先生兄弟皆志古嗜學，燕居從容講論道義，誾誾衎衎和而不同，伯仲之間，自爲師友，雖先生所以成德，其資取者非一端，然家庭追琢封植之功，與爲多焉。休暇則與子弟適場圃習射，曰：「是故君子之事也。」自是里中士始不敢鄙弓矢爲武夫末藝。值歲惡多剽刼，或欲睥睨垣墻，曹耦必搖手相戒，是家射多命中，毋取死，故獨無犬吠之警。廬陵嘗有茶寇，聲搖旁郡，聚落皆入保，並舍民走郡，請先生主之，郡如其請，門下人多不悅。先生曰：「古者比閭之長，五兩之率也，士而耻此，則豪俠武斷者專之矣。今文移動，以軍興從事，郡縣欲事之集，勢必假借主者。彼乘是，取必於里閭，亦何所不至哉！寇雖不入境，閑習屯禦，皆可爲後法。」其在興國，學廪名存實亡，薄書漫漶不可考。先生爲核實催理受輸之法，白郡授有司行之，科條簡明，士得其養。凡經世之務，職分所當，知者未有聞而不講，講而不究，此一二條，特因事而見者耳。先生和順不違物，而非意自不能干。簡直不徇人，而與居久益有味。四方學者，踵門請益，羣疑塞胸，糾纏轇轕，雖善辯者不能解，先生從容啓告，莫不涣然，釋其疑而退。非惟動悟乎格，固有所本，亦其用力於自治者，既專且久，人之疢疾，皆嘗折肱，浮湛滑濇，適中其病，聽之者於其心有戚戚焉。至於扞格不入，必寬養以俟，其可未嘗無益而雜施之也。天下之治方術者多矣，囿於異端小道者，既不足與議。晚進新學，間有聞君子之餘論者，又多能其文而不既其實，摹規而畫圓，擬矩而作方，雖或似之，而卒非也。方先生勇於求道之時，憤悱直前，蓋有不由階序者矣。然其所志者大，所據者實，有肯綮之阻，雖積九仞之功不敢遂。毫釐之偏，雖立萬夫之表不敢安。公聽並觀，却立四顧，弗造於至平至粹之地弗措也。屬纊之夕，與其昆弟語，猶以天下學術人才爲念。少焉，正卧，整衣衾，理鬚髯，恬然而終。所謂仁以爲己任，死而後已者，蓋於此見。荆州牧廣漢張公栻，與先生不相識，晚歲還書，相與講學問大端，期以世道之重，無幾何而張公没。又半歲而先生下世矣。豈遒之，顯晦果有數存乎其間耶！雖然來者無窮，而義理之在人心者，不可泯也，先生之志必有嗣之者矣。葬有日，其友呂某，爲銘二十九字識其窆。曰：自古皆有死，盡其道而終者幾希，是維宋陸先生之墓，百世之下，尚永保之。』

按：呂成公集與人書及銘墓文甚多，唯銘先生墓稱爲陸先生，推崇甚至，所敘事實，多本於陸子所爲行狀。其遺而未敘入者，今附於後。

陸子作教授陸公行狀，畧云：『先考居士君賀六子，先生爲第五子，生而穎悟，能步趨，則容止有法。五歲入學，同學年長踰倍者所爲，盡能爲之。讀書，因析義趣。〔一〕十三應進士舉，爲文優贍有理致，老成歎異。年十六，遊郡庠，每課試必居上游。時方擯程氏學，先生獨尊其説。郡博士徐君嘉言，高年好修，留意學校，閑日獨行訪諸齋。先生侍諸兄衣冠，講論未嘗懈弛，由是徐君雅相敬禮。明年，徐君物故。又明年，新博士將至。先生聞其嗜黄老言，脱畧儀檢，慨歎不樂，賦詩見志。歸葺茅齋，從父兄讀書講古。間出，見故老先達，所咨叩皆不苟。時居士君欲悉傳家政，平日紀綱儀節，更加檃〔二〕括，使後可久，先生多與裁評。先生至臨江，郡守鄧君子〔三〕，延先生於學，臨江士人皆樂親之。居半歲，乃歸。越數年，郡博士苗君昌言，復延先生於學，從遊者益衆。苗自謂平生所尊賞者不苟，至其所以禮先生者特異，人亦以是信之。其與先生啓有云：「文辭近古，有退

〔一〕陸九淵著，鍾哲點校：《陸九淵集》卷二十七中有『十歲丁母憂，居喪哀毁如成人』句。
〔二〕陸九淵著，鍾哲點校：《陸九淵集》卷二十七中爲『隱』字。
〔三〕此處有删節，與陸九淵著，鍾哲點校《陸九淵集》卷二十七中略有不同。而《陸九淵集·全州教授陸先生行狀》則爲『予』字。

之子厚之風，道學追〔一〕微，得子思、孟子〔二〕之旨。」推尊蓋如此。先生覽書無滯礙，緍閱百家，晝夜無倦，於陰陽、星曆、五行、卜筮，靡不通曉。性周謹，不肯苟簡，涉獵所習，必極精詳。歲在己卯，始與舉送。同郡官中都者，適有二人，皆先進知名士，閱貢籍，見先生姓名，相顧喜曰：「吾州今乃可謂得人矣〔三〕。」庚辰，春官試不利。辛巳，補入太學。故端明汪公實爲司業，月試輒居上游。場屋之文，大抵追時好，拘程度，不復求至當。惟先生之文，據經明理，未嘗屈其意。嘗有先進以是病之，先生曰：「是不可改。」先生寬裕平直，人皆樂親，久愈敬愛，學校知名士，無不師尊之。明年，丁居士君憂。乙酉，升補内舍。丙戌，爲學録。學校綱紀日肅，弊無巨細，皆次第革之，人不駭異。嘗有小戾規矩者，先生以正繩之，無假借。後或以先生問其人，顧稱先生之德，不以爲怨。丁亥，升補上舍。戊子，館於婺女之張氏，先生授其子以《中庸》、《大學》。其父老矣，每隅坐，拱手，與聽講授，且曰：「不自意晚得聞此。」張君之死，其子葬〔四〕以古禮，不用浮屠氏。己丑，登進士第，授迪功郎、桂陽軍軍學教授。壬辰當赴，迓吏且至，時太孺人間親藥餌，先生以桂陽道遠，風物不類江鄉，難於迎侍，陳乞不赴。甲午，授興國軍軍學教授。明年夏，湖之南有寇侵軼，將及郡境。先是建炎虜寇之至，先生族子謂，嘗起義應募。是〔五〕後寇攘相次犯州境，謂皆被檄保聚捍禦，往往能却敵，州里賴焉。至是謂已死，舊部伍願先生主之，以請於郡。時先生適在信之鉛山，聞警報，亟歸。抵家，請者已盈門，却之不去，日益衆。先生與兄弟門人論所以宜從之義，甚悉。會郡符已下，先生將許之。或者不悦，謂先生曰：「先

〔一〕陸九淵著，鍾哲點校：《陸九淵集》卷二十七中爲「造」字。
〔二〕陸九淵著，鍾哲點校：《陸九淵集》卷二十七中爲「軻」字。
〔三〕陸九淵著，鍾哲點校：《陸九淵集》卷二十七中無「矣」字。
〔四〕陸九淵著，鍾哲點校：《陸九淵集》卷二十七中爲「喪」字。
〔五〕陸九淵著，鍾哲點校：《陸九淵集》卷二十七中有「有」字。

生海内儒宗，蹈履規矩，講授經術，一旦乃欲爲武夫所爲。衛靈公問陳於孔子，孔子不答，今先生欲身爲之乎？」先生曰：「男子生以弧矢，長不能射，則辭以疾。文事武備，初不可析。〔一〕衛靈公家國無道，三綱將淪。既見夫子，非哲人是尊，社稷是計，而猥至問陣，其顛荒甚矣，故夫子答以俎豆而遂行。夾谷之會，三都之墮，討齊之請，夫子豈不知兵者？其爲委吏、乘田，則會計當，牛羊茁壯長，使靈公捨戰陣而問會計、牧養之事，則將遂言之乎？執此而謂夫子誠不知軍旅之事，則亦難與言理矣。」或者又曰：「禮别嫌疑，事有宜稱。使先生當方面，受邊寄，誰復敢議此？閭里猥事，何足以累先生？今鄉黨自好者不願尸此，尸此者，必豪俠武斷者也。今先生尸之，人其謂何？」先生曰：「子之心，殆未廣也。使自好者不尸此，而豪俠武斷者卒尸此，是時之不幸也。子亦將願之乎？事之宜稱，當觀其實。假令寇終不至，郡縣防禦〔二〕之計，亦不可已。是社之初，大率〔三〕應募，非有成法，〔四〕主者或非其人，乘時〔五〕取必於閭里，何所不至？是其爲慘，蓋不必寇之來也。有如寇至，是等皆不可用，無補守禦，因爲剽劫，仁者忍視之哉？彼之所以必諉我者，爲其有以易此也。吾固以許之爲宜。」或者又曰：「曾子之在魯，寇至則先去。寇退，則曰：修我墻屋，我將反爲其爲師也。今先生居於鄉，有師儒之素，命於朝，爲師儒之官，而又欲尸此，無乃與曾子異乎？」先生曰：「吾居鄉講授，自窮約之分。吾求仕，爲禄養。今之官，乃吏按銓格而與之耳，異乎曾子之爲師也。今又遲次居鄉，老母年且八十，家累過百〔六〕。寇未

〔一〕陸九淵著，鍾哲點校：《陸九淵集》卷二十七中有『古者有征討，公卿即與將帥，比閭之長，則五兩之長也』句。
〔二〕陸九淵著，鍾哲點校：《陸九淵集》卷二十七中爲『虞』字。
〔三〕陸九淵著，鍾哲點校：《陸九淵集》卷二十七中爲『倉卒』二字。
〔四〕陸九淵著，鍾哲點校：《陸九淵集》卷二十七中有『令，備禦文移，類以軍興從事，郡縣欲事之集，勢必假借』句。
〔五〕陸九淵著，鍾哲點校：《陸九淵集》卷二十七中爲『是』字。
〔六〕陸九淵著，鍾哲點校：《陸九淵集》卷二十七中有『人』字。

至，先去之〔一〕，固今郡縣所禁。比至而去，必不達，剽劫、踐蹂、狼狽、流離之禍，往往不可免。去固不可，藉令可去，扶八九十老者，從以千餘指，去將焉之？子欲使吾自附於分位不同之曾子，而甘家之禍，忍鄉之毒，縮手於所可得爲之事，此奚啻嫂溺不援者哉？」或者乃謝不及。先生於是始報郡符，許之。已而，調度有方，備禦有實，寇雖不至，而郡縣倚以爲重。丙申夏四月，到任。先生於事無大小，處之未嘗不盡其誠；於人無衆寡，待之未嘗不盡其敬。富川單僻，弦誦希闊，士人在學校者無幾。先生蒞職，舉措謹重，規模雅正，誠意孚達，士人莫不感動興起。先生方將收拾茂異，而遠近願來親依者且衆。富川學廩素薄，〔二〕又負逋不輸，歲入僅六百石，而比年不輸者，乃七八百石。民未必盡負，姦吏黠徒乾没其間，簿書緣絶，莫可稽證。先生爲核實催理受輸之法，甚簡而便，白郡行之。於是無文移之繁，無追督之擾，簿書以正，負者樂輸，儲廩充裕，士人至者日衆。不滿歲，丁太孺人憂，去職。在富川者，莫不惋惜！己亥四月，服闋，冬末到選。庚子春，授全州州學教授。夏中，得寒熱之疾，繼以脾泄，屢止屢作，竟不可療，九月二十有九日，卒。〔三〕先生雖卧病，見賓客必衣冠，舉動纖悉皆有節法。卒之日，晨興，坐於床，問疾者〔四〕留與語，幼者人人有所訓誨，談笑歡如也。先生未嘗不以天下學術人才爲念，病中言論，每每在此，是日言之尤詳。夜稍久，則正卧，整衣衾，理鬚髯，疊手腹間，不復言笑，又數刻而逝。先生道德之粹，繫天下之望，曾未及施，一疾不起，識與不識，莫不痛惜！先生少有大志，而深純浩博，無涯涘可見。親之者無智愚賢否，皆不覺敬愛慰釋。稱其善者，往往各以所見，

〔一〕陸九淵著，鍾哲點校：《陸九淵集》卷二十七中無『之』字。
〔二〕陸九淵著，鍾哲點校：《陸九淵集》卷二十七中有『而』字。
〔三〕陸九淵著，鍾哲點校：《陸九淵集》卷二十七中有『享年四十有九』句。
〔四〕陸九淵著，鍾哲點校：《陸九淵集》卷二十七中有『必』字。

未嘗同也。不區區撫摩而藹然慈祥愷悌之風，有以消争融隙，不斷斷刻畫而昭然修潔清白之實，足以澄汙律慢。趣尚高古而能處俗，辯〔一〕析精微而能容愚。一行之善，一言之得，雖在巫醫卜祝，農圃臧獲，亦加重敬珍愛。自少以聖賢爲師，其於釋老之學辯之嚴矣，然其徒苟有一善，亦所不廢。故先生不〔二〕棄人，而人〔三〕於先生亦鮮有不獲自盡者。與人言，未嘗遽迫〔四〕，從容敷析，本末洞徹。質疑請益者，莫不得所欲而去。於人言行之失，度未可與語，則不發。或者疑之，先生曰：「人之惑，固有難以口舌争者。言之激，適以固其意，少需之，未必不自悟也。扞格忤狠之氣當消之，不當起之。責善固朋友之道，聖人猶曰『不可則止』，況泛然之交者乎？又況有親愛之情者乎？雖朋友商榷，至不可必通處，非大害義理，與其求伸而傷交道，不若姑待以全交道。且事有輕重小大，吾懼所益者小，所傷者大，所争者輕，所喪者重故也。然有時而遽言之，盡言之，力言之者，蓋權之以其事，權之以其人，權之以其時也。」〔五〕娶王氏，魏公曾孫、通州使君瑊之長女也。通州君亦以是年八月卒，先生卧病，聞訃，制服成禮，逮遣祭，纖悉皆自經畫。〔六〕先生未及著書，若場屋之文與朋友往來論學之書，則傳録者頗衆，其餘雜著、古律詩、墓誌、書啓、序跋等，門人方且編次。將以十二月乙酉，葬於鄉萬石塘，謹書其行實之大概，以求志於當世之君子。淳熙七年十一月既望，弟某狀。」

按：《宋史》本傳大概俱本行狀及墓誌，其不本於二文者，惟寶慶二年，特贈朝奉郎直秘閣，賜謚文達。九齡

〔一〕陸九淵著，鍾哲點校：《陸九淵集》卷二十七中爲「辨」字。
〔二〕陸九淵著，鍾哲點校：《陸九淵集》卷二十七中爲「無」字。
〔三〕陸九淵著，鍾哲點校：《陸九淵集》卷二十七中無「人」字。
〔四〕陸九淵著，鍾哲點校：《陸九淵集》卷二十七中爲「迫遽」二字，順序顛倒。
〔五〕陸九淵著，鍾哲點校：《陸九淵集》卷二十七中有「母饒氏，繼母鄧氏，淳熙三年，以慶壽恩封太孺人」句。
〔六〕陸九淵著，鍾哲點校：《陸九淵集》卷二十七中有「子艮之，年十三，女二人，皆幼」句。

嘗繼其父志，益修禮學，治家有法，闔門百口，男女以班，各供其職。閨門之内，嚴若朝廷，而忠敬樂易，鄉人化之，皆遜弟焉。與弟九淵相爲師友，和而不同，學者號二陸云。又按：文達公之卒，朱子傷之甚切。其與吕伯恭第八十六書云：『陸子壽復爲古人，可痛可傷。不知今年是何氣數，而吾黨不利如此。』蓋是年張南軒亦先卒也。其與伯恭第八十九書云：『子壽云亡，深可痛惜。近遣人酹之，吾道不振，此天也。奈何，奈何！』其第九十書云：『子壽之亡，極可痛惜，誠如所喻。近得子静書云，已求銘於門下，屬熹書之，此不敢辭。』蓋其反復勤拳如此。朱子於南軒身後，雖無不足之辭，於其遺集，猶有取舍。若伯恭則間有譏議，惟文達公則粹然無間言，其待文達蓋在張、吕之上。今張、吕二公，俱從祀孔廟，而文達祀典猶虚，必有論而定之者矣。

《朱子文集》有祭先生文云：『學匪〔一〕私説，惟道是求。苟誠心而擇善，雖異序以〔二〕同流。如我與兄，少不並遊。蓋一生而再見，遂傾倒以綢繆。念昔鵝湖之下，實云識面之初。兄命駕而鼎來，載季氏而與俱。出新篇以示我，意懇懇而無餘。厭世學之支離，新易簡之規模。顧予聞之淺陋，中獨疑而未安。始聽瑩於胸次，卒紛繳乎〔三〕談端。徐度兄之不可遽以辯屈，又知兄必將反而深觀。遂逡巡而旋反，悵猶豫而盤旋。别來幾時，兄以書來。審前説之未定，曰予言之可懷。逮予辭官而未獲，停驂道左之僧齋。兄乃枉駕〔四〕而來教，相與極論而無猜。自是

〔一〕黄宗羲著，陳金生、梁運華點校：《宋元學案》卷五十七《梭山復齋學案》中爲『非』字。
〔二〕黄宗羲著，陳金生、梁運華點校：《宋元學案》卷五十七《梭山復齋學案》中爲『而』字。
〔三〕黄宗羲著，陳金生、梁運華點校：《宋元學案》卷五十七《梭山復齋學案》中爲『於』字。
〔四〕黄宗羲著，陳金生、梁運華點校：《宋元學案》卷五十七《梭山復齋學案》中爲『車』字。

以還，道合志同，何風流而雲散，乃一西而一東。蓋曠歲以索居，僅尺書之兩通，期杖屨之枉〔一〕顧，或未〔二〕滿乎予衷。屬者乃聞兄病在床，亟函書而問訊，併藥裹〔三〕而携將。曾往使之未返，何來音之不祥。驚失聲而隕涕，沾予袂以淋浪。嗚呼！〔四〕今茲之歲，非龍非蛇，何獨賢人之不淑，屢興吾黨之深嗟！惟兄德之尤粹，儼中正而無邪。至其降心以從善，又豈有一毫驕吝之私耶。〔五〕嗚呼！哀哉！兄則已矣，此心實存。炯然參倚，可覺惰昏。孰泄予哀？一慟寢門。緘辭千里，侑此一尊。』

按：朱子祭陸文達公，既云志同道合，又先之以前說未定，予言可懷，似文達晚從朱子之說。然嚴松記陸子語云：『先兄復齋臨終言〔六〕：「比來見得子静之學甚明，恨不及〔七〕更相與切磋，見此道之大明。」』是文達、文安之學，始終無異同也。此豈朱子與文安各引文達以爲重，必其學實相同耳。三君子者，因皆不妄語者也。文達既與朱子志同道合，又與文安始終無異，是朱陸之學實無同異也。其彼此未能相信，實由兩家門人傳語之誤，而後人又逞其褊心，必欲岐而二之耳。無論陳建輩猖狂妄論，如近日張清恪改薛方山《考亭淵源録》爲《伊洛淵源續録》。去同父、止齋二陳，並去三陸，文安無異同，猶不可去，乃並去志同道合之文達，朱子有知，必不以爲然矣。

〔一〕黄宗羲著，陳金生、梁運華點校：《宋元學案》卷五十七《梭山復齋學案》中爲「肯」字。
〔二〕黄宗羲著，陳金生、梁運華點校：《宋元學案》卷五十七《梭山復齋學案》中爲「慰」字。
〔三〕黄宗羲著，陳金生、梁運華點校：《宋元學案》卷五十七《梭山復齋學案》中爲「裹藥」二字，順序顛倒。
〔四〕黄宗羲著，陳金生、梁運華點校：《宋元學案》卷五十七《梭山復齋學案》中有「哀哉」二字。
〔五〕黄宗羲著，陳金生、梁運華點校：《宋元學案》卷五十七《梭山復齋學案》中無「至其降心以從善，又豈有一毫驕吝之私耶」句。
〔六〕陸九淵著，鍾哲點校：《陸九淵集》卷三十四中爲「云」字。
〔七〕陸九淵著，鍾哲點校：《陸九淵集》卷三十四中爲「得」字。

淳熙二年乙未，文達、文安二公赴呂伯恭鵝湖之約。嚴松録象山先生語云：『先兄復齋謂某曰：「伯恭約元晦爲此集，正爲學術異同，某兄弟先自不同，何以望鵝湖之同。」先生〔一〕遂與某議論致辯，又令某自説，至晚罷。先生〔二〕云：「子静之説是。」次早，某請先兄説，先兄云：「某無説，夜來思之，子静之説極是。方得一詩云：孩提知愛長知欽，古聖相傳只此心。大抵有基方築室，未聞無址忽成岑。留心傳註翻榛塞，著意精微轉陸沉。珍重友朋相切琢〔三〕，須知至樂在于今。」某云：「詩甚佳，但第二句微有未安。」先兄云：「説得恁地，又道未安，更要如何？」某云：「不妨一面起行，某沿途却和此詩。」及至鵝湖，伯恭首問先兄〔四〕別後新功。先兄舉詩，纔四句，元晦顧伯恭曰：「子壽早已上子静船〔五〕了也。」舉詩罷，遂致辯於先兄。某云：「途中某和得家兄此詩，云〔六〕：墟墓興哀宗廟欽，斯人千古不磨心。涓流積至滄海水，〔七〕拳石崇成泰華岑。易簡功夫終久大，支離事業竟浮沉。」舉詩至此，元晦失色。至〔八〕「欲知自下升高處，真僞先須辨只〔九〕今」。元晦大不懌，於是各休息。翌日，二公商量數十折議論來，莫不悉破其説。繼日凡致辯，其説隨屈。伯恭甚有虚心相聽之意，

〔一〕陸九淵著，鍾哲點校：《陸九淵集》卷三十四中爲『兄』字。

〔二〕陸九淵著，鍾哲點校：《陸九淵集》卷三十四中爲『兄』字。吳長庚主編：《朱陸學術考辨五種・朱子年譜》中亦爲『兄』字，江西高校出版社二〇〇〇年版。

〔三〕吳長庚主編：《朱陸學術考辨五種・朱子年譜》中爲『勤琢切』三字。

〔四〕吳長庚主編：《朱陸學術考辨五種・朱子年譜》中爲『生』字。而《陸九淵集》卷三十四中爲『兄』字。

〔五〕陸九淵著，鍾哲點校：《陸九淵集》卷三十四中爲『舡』字。

〔六〕吳長庚主編：《朱陸學術考辨五種・朱子年譜》中無『云』字。

〔七〕陸九淵著，鍾哲點校：《陸九淵集》卷三十四中爲『涓流滴到滄溟水』句。吳長庚主編：《朱陸學術考辨五種・朱子年譜》中爲『涓流積至滄溟水』句。

〔八〕吳長庚主編：《朱陸學術考辨五種・朱子年譜》中有『末二句云』四字。

〔九〕吳長庚主編：《朱陸學術考辨五種・朱子年譜》中爲『自』字。

竟爲元晦所尼。元晦歸後三年，乃和前詩云：「德業流風〔一〕夙所欽，别離三載更關心。偶携〔二〕藜杖出寒谷，又枉籃輿度遠岑。舊學商量加邃密，新知培養轉深沉。只愁説到無言處，不信人間有古今。」後信州守楊汝礪建四先生祠堂於鵝湖寺，勒陸子詩於石，復齋與張欽夫書云：「某春末會元晦於鉛山，語三日，然皆未能無疑。」』

按：呂成公譜，乙未四月，訪朱文公於信之鵝湖寺，陸子静、子壽、劉子澄及江浙諸友皆會，留止旬日。朱亨道書云：『鵝湖講道，切誠當今盛事。伯恭蓋慮陸與朱議論猶有異同，欲會歸於一，而定其所適從，其意甚善，伯恭蓋有志於此，語自得則未也。』臨川趙守景明，邀劉子澄、趙景昭在臨安，與先生相歡，亦有意於學。又云：『鵝湖之會，論及教人。元晦之意，欲令人泛觀博覽而後歸之約；二陸之意，欲先發明人之本心，而後使之博覽。朱以陸之教人爲太簡；陸以朱之教人爲支離。此頗不合，先生更欲與元晦辯，以爲堯、舜之前，何書可讀？復齋止之。趙、劉諸公拱聽而已，先發明之説，未可厚誣。』元晦見二詩不平，似不能無我。元晦書云：『某未聞道學之懿，兹幸獲奉餘論，所恨匆匆别去，彼此之懷，皆若有未既者，然而警切之誨佩服不敢忘也。』還家無便，寫此少見拳拳。嘉定間，撫州守高商老刊復齋先生文集於郡治，自爲之序。先生以復名齋，故學者稱復齋先生。

《張南軒集》有《答陸子壽書》云：『栻聞昆弟之賢有年矣，近歲得之爲尤詳。每懷願見，以共講益，眇然相望，而未克遂，向往可知，忽辱枉教，三復辭義，有感於中，弟惟孤陋，不足以當盛意也。然而不敢以虚來貺，講

〔一〕吳長庚主編：《朱陸學術考辨五種·朱子年譜》中爲『風流』二字。
〔二〕吳長庚主編：《朱陸學術考辨五種·朱子年譜》中爲『扶』字。

學不可以不精也，毫釐之差，則其弊有不可勝言者矣。故夫專於考索，則有遺本溺心之患，而騖於高遠，則有躐等憑虛之憂，二者皆其弊也。考聖人之教人，固不越乎致知力行之大端，患在人不知所用力耳。莫非致知也，日用之間，事之所遇，物之所觸，思之所起，以至於讀書考古，苟知所用力，則莫非吾格物之妙也。其爲力行也，豈但見於孝悌之所發，形於事而後爲行乎，自息養瞬存以至於三千三百之間，皆合内外之實也。行之力，則知愈進，知之深，則行愈達，區區誠有見乎此也。如箋注詁訓，學者雖不可使之溺乎此，又不可使之忽乎此，要當昭示以用功之實，而不忽乎細微之間，使之免溺心之病，而無躐等之失，涵濡浸漬，知所用力，則莫非實事也。凡左右之言，皆道其用力之實也，故樂以復焉。聖上聰明不世出，真難逢之會，所恨臣下未有以仰稱明意，大抵後世致君澤民之事業，不大見於天下者，皆吾講學不精之罪。故區區每願從世之賢者，相與切磋究之，而盛意之辱，欣幸至於再三也。元晦卓然特立，真金石之友也，然作別十餘年矣，書問往來，終豈若會面之得盡其底裹哉。伯恭一病，終未全復，深可念，向來坐枉費心思處多耳。心之精微，書莫能究，布復草草，正惟亮之。』

《徐楳埜集》有《復齋陸先生贊》云：『先生名九齡，字子壽，臨川人，舉進士第，講明斯道以授學者，詳縝和緩，俾之有優游自得之功，與弟象山先生同稱於時。嘗會晦庵、東萊於鵝湖蘭若，相與辯論旨歸。迄今祠像在焉，謚文達。贊曰：「德積於中，一襟和氣。學雖精深，論不乖異。於道有功，韡韡常棣。區區機雲，徒文而已。」』

《袁蒙齋集》有《四先生贊》，其贊復齋先生云：『復齋之德，碩大以寬。其儀如鳳，其臭如蘭。弟兄琢磨，惟義所安。此意寂寥，令我心酸。』又題其後云：『某既贊四先生之盛德矣，復有謏聞，願畢其說，以與同志共之。世謂鵝湖之集，諸老先生論議未能悉同，以是妄加揣摩，其失遠矣。夫子嘗曰：「君子和而不同。」不同乃所以爲和，不斬於合，乃所以爲一致也。天生英賢，扶植斯道，忠君、愛親、敬長，一性靈明，與天地立，亘萬古不可磨滅者。或入之也漸，或爲之也勇，勇非無漸，而漸非不勇也，顧其所由之門然耳。鵝湖之集，誰得而議其異哉？君子講學，既切之又磋之，既琢之又磨之，反復辯明，惟求一是。若慮其不相合，心非而口然之，此乃淺丈夫之所爲耳，何足以窺諸老先生之門墻耶？』

陸山堂先生焕之

陸焕之，從政公九思子，即與先生同歲生，而從政令田婦乳之，留其母之乳以乳先生者也。焕之學行甚高，屢舉於鄉，不第，未及出仕，而學者尊之曰山堂先生。會稽陸放翁游，與先生同遠祖，年長焕之二歲，其爲焕之墓誌銘，亦尊稱以先生云。陸氏之遺譜曰：漢太中大夫賈生仕，爲豫章都尉，葬於吴胥屏亭，始爲吴人。至晉侍中贈太尉玩生始，始生萬載，萬載生子貞，子貞生惠徹，徹生閑，閑生貌，貌生丘公，丘公生探，探生山仁，山仁生糸之，糸之生元生，元生生景融。景融後四世曰文公希聲，仕唐爲户部侍郎同中書門下平章事。文公生崇，崇生德遷，猶居吴，遭唐季之亂，始遷家撫州之金谿。德遷生有程，有程生演，演生處士諱戩，配曰周氏。處士生贈宣教郎諱賀，配曰孺人饒氏。宣教生從政郎諱九思，配曰孺人賜冠帔彭氏。從政生山堂先生，諱焕之，字伯章，一字伯政。生而穎異端重，五歲入家塾，坐立語默，悉有常度，讀書自能質問，出長者意表。與季父象山先生九淵生同年學同時，先生不敢以年均狎季父。象山則朋友視之，磨礲浸灌甚至。十三學爲進士，即有聲。十六諸父開以大學，先生一聞，輒窮深造微，極其指趣，而文章機杼，自成一家。宿士見之，多自貶以爲不可及，屢貢禮部皆不合。學益成，文章益奇。憫世學多淪於異端，尤務自拔，出以張吾道意所不可，雖名儒顯人爲時所宗者，必力斥之，恨力之不足也。諸父雖繼以進士起家，亦不用於時。象山晚爲朝士，陸陸百寮底，旋復斥死。先生滋信其道之躬，蓋將退耕於野，著書傳世，而未及也，以嘉定三年十月戊子卒，年六十有四。諸孤以是年十二月乙酉，葬先生于某鄉之福林。娶陳氏，鄱陽人，有賢行，先十八年卒。子男三，洽、濬、浹。洽篤於養，先生出遊，賴以經理家事，無後憂。濬遊太學，有雋才，而器用淵粹可喜。浹方就學。女五，項黠、朱日邁、鄧文子其壻也，皆士。餘二尚處。先生葬日迫，幽隧之銘未刻。既葬二年，濬以先生之友晁君百談之狀來請銘。某以既嘗序先生文章所謂山堂集者，而先生多朋遊，不應併以銘見屬，因辭焉。連三年，請益勤，乃敘而銘之。銘曰：『陸姓入漢，祖好峙兮。迨及豫章，始南徙兮。吳晉至唐，世見史兮。斷自文公，三百祀兮。傳世八九，皆可紀兮。雖不公卿，世爲士兮。後乃浸大，名實偉兮。培養既久，產杞梓兮。維時伯章，繼以起兮。白首篤學，未見止兮。攘斥異端，正而不詭兮。天不少留，使耄齒兮。伯章之志，在其子兮。我銘於隧，亦以誄兮。』子濬有傳。

陸安撫持之弟循之

《宋史》本傳云：『陸持之，字伯微，知荊門軍九淵之子也，七歲能爲文。九淵授徒象山之上，學者數百人，有未達，持之爲敷繹之。荊門郡治火，持之倉卒指授中程，九淵器之。韓侂胄將用兵，持之憂時不懌，乃歷聘時賢，將〔一〕以告。見徐誼於九江時，議防江，持之請擇僚吏，察地形，孰險而守，孰易而戰，孰隘而伏，毋專爲江守。具言：自古興事造業，非有學以輔之，往往皆以血氣盛衰爲銳惰。故三國、兩晉諸賢，多以盛年成功名。

〔一〕《二十五史·宋史》卷四百二十四《陸持之傳》中有『有』字，上海古籍出版社一九八六年版。

公更天下事變多矣，未舉一事而朝思夕，惟利害先入於中，愚恐其爲之難也。誼憮然。又之鄂，謁薛叔似〔一〕、項安世。之荆，謁吳獵，争欲留之，尋皆謝歸。著書十篇，名《囈說》。嘉定三年，試江西轉運司預選，常平使袁燮薦於朝，謂持之議論不爲空言，緩急有可倚仗。不報。豫章建東湖書院，連帥以書幣彊起持之長之。嘉定十六年，寧宗特詔持之秘書省讀書，固辭，不獲。既至，又詔以迪功郎入省，乞歸，不許。理宗即位，轉修職郎，差幹辦浙西安撫司，以疾請致仕，特命改通直郎。所著有《易提綱》、《諸經雜說》。』

先生嘗爲子持之改所吟鶯詩云：『百喙吟春不暫停，長疑春意未丁寧。數聲緑樹黄鸝曉，始笑從前著意聽。遶梁餘韻散南柯，争奈無如春色何。剩化玉巢金綽約，深春到處爲人歌。』先生言：『鶯巢以他羽成之，至貼近金羽處，以白鵰羽藉之，所以養其金羽也。』

《撫州嘉靖志·持之傳》與《宋史》畧同。其稍詳者，言持之弟循之，字仲理，資禀溫粹，學知爲己，嘗曰：『此心澄然本無膠擾。』又曰『四時變化，俱我妙用，其洞悟本心，不失象山宗旨，與門人慈谿楊簡大同』云。

按：《魏鶴山大全集》有陸持之墓誌銘，較史傳尤詳。其辭云：『嘉定十六年月正元日，先皇帝御路朝，特詔陸持之秘書省讀書。持之，字伯微，故象山先生文安公之子也。固辭不獲命。既至，又詔以迪功郎入省。余時秉筆本史，一見如舊交。明年之元日，余爲秘書監，又得同省。余嘗榜所居室曰「自庵」。伯微問所以名，余曰：「易象於天行言自强不息，於明出地上言自昭明德，天之健也，日之進也，非以爲人也。」伯微竦然曰：「吾所素講也。」爲余作銘，大要謂義襲而取之，與集義所生，當致辨於内外賓主之分，以發名菴之義。余以是益奇之。伯微凡再乞歸，不許。上即位，轉修職郎，冬十有一月，詔與堂除屬官。寶慶元年春，差幹辦浙西安撫司，

〔一〕《二十五史·宋史》卷四百二十四《陸持之傳》中爲『以』字。

命下而伯微病矣，請致其仕，特命改通直郎，遂以三月甲子屬纊，年五十有五。諸公貴人，嗟惜同聲，競致賻恤，始得脫轄於牖下。厥十月，其孤以書來曰：「先君之葬，既卜兆於文安之墓側。卜日於十一月之庚申，重惟知先君莫子若也，識窀之文，敢以他屬，諸孤杖而執事於殯，使先君之門人張璞，以湣曾所次行實請，子其毋辭也。」嗚呼！伯微余益友也，銘不敢不諾。陸氏之系，語在文安志狀。伯微曾大父戩。大父賀，贈宣教郎，生六子，季曰九淵，學者遵其道，稱之曰象山先生，終奉議郎知荆門軍。娶吳氏，封太孺人，生二子，伯微其長也。生而英悟，七歲，援筆成文，文安授徒於家，伯微侍側，從容出一語，同堂生莫能易也。爲敕局刪定，伯微年纔十三，嚴重如成人。開講象山，徒衆百人，有未達，伯微爲敷繹厥旨。出守荆門，會郡治失火，伯微倉卒指授中程，文安器之。文安没，伯父梭山先生九韶，言動必識，事太孺人以孝謹著。盱江利文伯，文安高第也。佐邑金谿，伯微將師事之，謝不敢當。與人語有所啓發，誦之終身，凡可以資取成德者，如憤如失，迨其劃然啓，油然得氣豁神疎，昆弟友朋或訝其日改月化，伯微不以自足也。尤善觀人，氣有純駁，才有高下，抑揚開闔，各中其會。開禧北征，伯微屏居且二十年矣。憂時不懌，乃歷聘時賢，將以有告。過九江，見徐公誼，時議防江。伯微請擇僚吏，察地形，孰險而守，孰易而戰，孰隘而伏，毋專爲江守。徐又問伯微，具言：「自古興事造業，非有學以輔之，往往皆以血氣盛衰爲鋭惰。故三國、兩晉諸賢，多以盛年功名。公更天下事變多矣，未舉一事，而朝思夕，惟利害分數先入於中，愚恐其爲之難也。」徐憮然，留與語數日。又之鄂，謁薛公叔似、項公安世。之荆，謁吳公獵，争先延禮，尋，皆謝歸。著書十篇，名以《贛說》。嘉定三年，試江西轉運司與選，既下第。即所居講授生徒，有池舊名百薦，遂以薦名堂。著書有《易提綱》、《諸經雜說》。常平使袁公燮薦於朝，謂伯微議論，不爲空言，緩急有可倚仗。不報。豫章建東湖書院，連帥馳書幣，强起伯微長之。尋以太孺人年高辭歸。居四年，衛公溼又致之，累辭乃就。諸生習於閑放，出入無節，伯微每旦會揖，即編其姓名於牒，不至者麾之，由是皆集。遇有講授，衛公率僚屬往聽焉。其教大抵使人反求追思，以不失其性之本明，與人言疎暢磊落而自律嚴謹，驟見若和易，至反覆問辯，則壁立千仞，無少假借。人有思念句時不决，若累千百語不能竟，伯微判之，俄頃，盡以一言蓋其生長見聞，既加人一等而精敏強濟，又足以踐其所聞。然而晚得一官，閱十有九月而卒。世之爵不稱德，榮不蓋愧者，往往皆是，獨與儒生學士銖較寸量。嗚呼！天果夢夢矣乎。二男子，溁、洞。四女子，尚幼。銘曰：金谿之陸，自象山氏。第令季彊，以學名世。天嗇厥施，罔庸於時。僅垂空言，以淑爾私。謂天嗇之，而燾厥後。吁嗟燾矣，亦罔克壽。永興之阡，英烈言言。有稽陸學，玆維其傳。』

陸仲時麟之

陸麟之，字仲時，先生仲兄處士九敍第二子也，少先生十一歲，學於先生，才識明敏，嘗從先生過南康訪朱子，見朱子所爲鹿洞講義題跋。其卒也，未及仕，人咸惜之，梭山先生爲作墓碣。後南城黄應龍題跋云：『嗚呼！諸陸先生在時，家庭講學蔚然雍睦之風，而恪任家事如仲時公者，真芝蘭之秀傑也。其行事既卓然不羣，而盡瘁同堂之責，以至歲入耗半，而補事默辦。公已矣，繼世多賢，向學亦衆，此天之錫佑善人也。今亦有出力如公者焉，是諸老先生爲不亡，庸知其未究於身者，不大施於後人哉！伏讀梭山先生之銘文，於斯有感，僭越敬書其下。』

陸伯蕃槱之

陸槱之，字伯蕃，梭山先生長子，負才早逝。先生與豐宅之書云：『遊仙巖題壁之末二姪，其一名槱之者，乃梭山兄之子，賦質純雅，少贊家政，事上使下，真無間言；又博通經史，射御筆札，皆絕出等夷，琴尤高，平時業此者，皆在下風。今年二十有六，春末無疾，一夕，談笑間，奄然長逝，極爲痛心！』

又與饒壽翁書云：『閲人之多，亦〔一〕知人材之難。蕃姪平日一家賴之，事無巨細，皆經其心手，而閒雅沉靜，琴書之致，深造自得。比一二月間，所整葺事務至多，間繙選粹《晉書》，皆盡帙無遺，材力優贍，誠難其輩。詩文下筆，皆非汎汎所到，而其涵泳儲蓄，不肯輕發，理道精明，見於事上使下，處事御物，可謂有證矣。而甚不自足，若射之有志，不中不止。凡此皆其有以自處，非或使之然也。此其爲難得也至矣，天何奪之遽耶？痛哉冤乎！鄉黨鄰里，莫不傷怛，況吾壽翁乎？今已爲立嗣子，名曰紹孫，乃百九姪第五子也。見擇葬地，未有葬期。恐欲知之耳。』先生代致政兄祭姪槱之云：『吾年七十有六，闔門且將千指，田僅充數月之糧，卒歲之計，每用凛凛。汝在同行十餘人之下，獨能任吾事以紓吾憂，彌縫補苴於缺絕迫窄之中，如霈然者，不動聲色，而中外巨細，靡不整辦，使吾有以安之。然吾念汝獨勞久矣，顧難於代汝者耳。去年雖令諸子與汝輪幹，以遂汝學問之志，而事之本末，緊汝是賴。籬落之未葺，春揄之未便，皆在隱處，汝死之日，猶〔二〕爲吾治之。吾平日見爲人臣而不恤君之民，不任君之事者，每竊憤之，有盡瘁者，必喜而愛之，況汝在子弟之中，而服勤於至難之事，若此者乎？如汝之賢，或壽而死，人猶傷之，況於未壯而亡乎？而天遽奪乎汝，汝其有以知我之哀也。命也奈何！莫非命也。吾既以紹孫環孫爲汝後，高選之山，真佳城也，吾見之矣。翌日維吉，汝其行乎！』

〔一〕陸九淵著，鍾哲點校：《陸九淵集》卷十二中爲『益』字。
〔二〕陸九淵著，鍾哲點校：《陸九淵集》卷二十六中有『悉』字。

陸進士濬

《江西人物志》本傳云：『陸濬，字深甫，九思孫，象山以伊洛諸賢勉之，鄉舉入國學，歷升上舍。開禧末，朝廷罪啓兵端者，欲函首以謝，濬謂失國體，上書爭之，不報。吉寇披猖，憲使李玨檄入幕中贊畫，寇平，欲上其功，濬固辭。寧宗嘉定四年，登進士第，授饒州教授而卒。』

先生與姪孫濬書，共五首，第一首已見《定宗仰》條內。其第二書云：『家間遞至汝三信，甚念。汝文字意旨皆不長進。如所謂「士論翕然宗之」，所謂「盡公樂善，人無間言」，斯世何幸乃有斯人耶？此人么麽姦宄，諂事權貴，陰爲譏慝，媒孽〔一〕善類。自吾在朝時，物論固已籍籍。往者擢爲少司成，又進而爲大，負乘之醜，海内羞之。今賢關之論，乃復如彼，何耶？豈汝所交之士皆不足以爲士，而所見之人皆非其人耶？「沈鷙」二字，史家多以稱人之長，關睢亦鷙，非惡辭也。向來家中書〔二〕亦〔三〕有此等旨趣，此非特辭語之病，甚可畏也。其他用字下語差錯不安者甚多，已令汝尊後便，逐一告汝。場屋得失有命，不足計。後生作文，却要是當。若只如此，未可便道時文不難辦，安得不勤厥尊之慮也。新政雖未甚滿人意，且得輔道儲君者得人，甚有方畧，誠如是，國本立矣。實宗社無疆之休，何幸如之？人心至靈，惟受蔽者失其靈耳。羣兒聚戲，袖少果實與之；見樵牧而與爲禮；見市井不逞與村農輸納者，邀入酒肆犒之，則稱頌贊美，士大夫即據此以爲評裁，可乎？雲從龍，風從虎，水流濕，火就燥，物各從其類也。天下何〔四〕嘗無人，況賢關乎？在所以召之

〔一〕陸九淵著，鍾哲點校：《陸九淵集》卷十四中爲『謀蘖』二字。
〔二〕陸九淵著，鍾哲點校：《陸九淵集》卷十四中爲『書中』二字，順序顛倒。
〔三〕陸九淵著，鍾哲點校：《陸九淵集》卷十四中有『時』字。
〔四〕陸九淵著，鍾哲點校：《陸九淵集》卷十四中爲『曷』字。

者如何耳。』

其第三書云：『吾春末歸自象山，瓶無儲粟，囊無留錢，不能復入山。近諸生聚糧除道，益發泉石，遣輿夫相迎，始復〔一〕一登。茲山廢久，田萊墾未及半。今食之者甚衆，作之者甚寡。結廬之人，事力有限，頻歲供役，賴其相向之篤，無倦志耳。倘得久於是山，何樂如之？未知造物者卒能相之乎？梭山所與汝言，真至言也，第致之當有道耳，此道之不明久矣。羣小則固背馳，君子於此，往往亦未得平土而居之，所報時事又如此，此皆不可易言之也。紛紛之說，但可憐憫，豈復有可商校者。近閱舊稿中有一段文字，汝可精觀。相識見問，但出此書及此文可也。』

其第四書云：『學者之不能知至久矣！非其志其識能度越千有五百〔二〕餘年間名世之士，則《詩》、《書》、《易》、《春秋》、《論語》、《孟子》、《中庸》、《大學》之篇，正爲陸沉，真柳子厚所謂獨遺好事者藻繪，以矜世取譽而已。堯、舜、禹、湯、文、武、周公、孔子、孟子之心，將誰使屬之。夫子曰：「三人行，必有我師焉，擇其善者而從之，其不善者而改之。」又曰：「見賢思齊焉，見不賢而內自省。」誠得斯言之旨，則凡悠悠泛泛者皆吾師也。汝氣質外柔〔三〕而中實不弱，自向者旨趣未得其正時，固已有隱然不可搖撓之勢矣。能於此深思痛省，大決其私，毅然特立，直以古聖賢爲的，必居廣居、立正位、行大道，則誰能禦之？於此不具大勇，却放過一着，姑欲庶幾於常人，則非吾之所知也，真孟子所謂「終亦必亡而已矣」。仁者先難後獲。夫道豈難知哉？所謂

〔一〕陸九淵著，鍾哲點校：《陸九淵集》卷十四中有『爲』字。
〔二〕陸九淵著，鍾哲點校：《陸九淵集》卷十四中爲『佰』字。
〔三〕陸九淵著，鍾哲點校：《陸九淵集》卷十四中有『弱』字。

難者，乃己私難克，習俗難度越耳。吾所〔一〕深思痛省者，正欲思其艱以圖其易耳。仁者必有勇，顏子聞「一日克己復禮」之言，而遽能「請問其目」，可謂大勇矣。汝能以其隱然不可搖撓之勢用力於此，則仁、智、勇三德皆備於我。當知「爲仁由己，而由人乎哉」之言，不我欺也。「國家閒暇，及是時明其政刑，雖大國必畏之矣。」豈獨爲國爲然哉？爲家爲身一也。「逮天之未陰雨，徹彼桑土，綢繆牖户，今此下民，或敢侮予。」汝其念之。人臣之於國猶其家也，於君猶其親也，雖不吾以而問安寢門之心所不能忘也。黜陟施設，時欲聞之，便信毋畧乎此。見羅中舍致吾意。』

其第五書云：『人非木石，不能無好惡，然好惡須得其正，乃始無咎。故曰「惟仁者能好人，能惡人」。惡之得其正，則不至於忿嫉。夫子曰：「我未見好人〔二〕者、惡不仁者。」蓋好仁〔三〕者，非好其人也，好其仁也；惡人者非惡其人也，惡其不仁也。惟好仁，故欲人之皆仁；惟惡不仁，故必有以藥人之不仁。「中也養不中，才也養不才」，豈但是賢父兄之心？賢子弟之心，亦豈得異於其父兄哉？故凡棄人絶物之心，皆不仁也。《比》吉也，《比》輔也，此乃仁也，人道也。吾非斯人之徒與而誰與？「《澤》上有地，臨；君子以教思無窮，容保民無疆。」後生晚進，苟無異趣，當與先生長者同心同德。先生長者，亦須賢子弟爲先後疏附。吾嘗謂唐虞盛時，田畝之民，竭力耕田，出什一以供公〔四〕上者，亦是與堯、舜、皋、夔同心同德。故曰「比屋可封」。此和氣之所以充塞宇宙，謂之「於變時雍」。處末世弊俗，當使憐憫扶持，救藥之心勝其憎嫉嫌惡，乃爲近正。汝當以此言深

〔一〕陸九淵著，鍾哲點校：《陸九淵集》卷十四中有『謂』字。
〔二〕陸九淵著，鍾哲點校：《陸九淵集》卷十四中爲『仁』字。
〔三〕陸九淵著，鍾哲點校：《陸九淵集》卷十四中爲『人』字。
〔四〕陸九淵著，鍾哲點校：《陸九淵集》卷十四中爲『其』字。

思，毋忽其爲已曉，則當有進益。有書與胡學録，問曾盡見去年吾所與汝書否？若有未見，汝當盡以示之。雖汝亦當時一閲之，毋謂已盡〔一〕爲汝剖白也。』蓋其期望之者如此！

按：深甫《諫和戎書》，最見稱於當時，今從其《家譜》録附後云：『國子正奏名上舍生、臣陸濬等，謹齋沐昧死百拜獻書皇帝陛下。臣等竊惟方今事勢，有可爲痛哭流涕者，而廟堂四五大臣，莫肯爲陛下任責；侍從三四故老，莫肯爲陛下盡言。苟幸事業，不計其窮，雷同附和，如出一律，國無人焉。以至此極，天下安所恃以爲固，夷狄安所恃以憚而不敢肆哉！自古兩國相持，一事失中，禍不旋踵。今有國體瞭然易知，匹夫卑人，皆謂不可，而主議者固冒然爲之，臣竊惑焉。曩者權臣妄開兵端，南北生靈肝腦塗地，怨聲徹天，怨淚徹泉，陛下寢不安枕，食不甘味，皇天悔禍，權臣速誅，安危之機，正在於此，議論舉措，不可不審。三數日來，口語籍籍，甚可駭愕。臣雖愚竊爲陛下惜之，夫以陛下聖度包荒，兼愛南北，屈己講和，誰曰不可？然而謀國之臣，巽懦已甚，增幣加貨，累百钜萬，竭民膏血以飽狼貪，亦可已矣。函送權臣之首，檻致歸附之人。大失人心，重傷國體。借使夷狄踐言，猶可以自立，況虜情姦深，方籍此覘國，身乃墮其術中，恬不覺察。彼必輕視中國，謂此無人，慚辱有加，誅索無已，其將何以應之。靖康時和議往事可鑒。今市井之人，行伍之卒，一聞舉措，心冲氣塞，相顧隕泣，敢怒而不敢言。一介微臣，何受一死，不爲陛下陳之。臣私竊計慮，有七不可，故昧死條上，陛下垂聽焉。臣聞誅賞之柄，當自己出，移於臣下，然且不可，況移於敵國乎。廼者權臣速誅，雖就俎醢，未快衆憤，陛下重以韓琦之故，俾全首領，形於詔旨，頒布天下。暨王柟復命，敵國藉以爲辭。於是臺諫有斫棺截屍之請。及柟再旋，將命再辱。於是侍臣始有函首讐中原之說。典刑不考，惟虜是詢，登載汗簡，貽笑萬世。

〔一〕陸九淵著，鍾哲點校：《陸九淵集》卷十四中有『知之矣。觀汝前一書，亦未深解吾說。若有疑，不妨吐露，當盡』句。

此其不可一也。臣聞國之存亡，在於人心，敵國相持，於此尤急者。騎劫攻齊，所得齊卒，劓而置之前行，又盡掘齊之墳墓而焚之，齊人怨憤，戰氣十倍，遂以敗燕，人心不可失也如此。今自南而北者，彼則械送而沮怒之，人心向背，於此乎決。田單所以返陳於齊者，今顧順受而安行之，爲計如此，猶爲國有人乎？此其不可二也。昔國僑用百里之鄭，介於晉楚之間，童牛豶豕，宜不足以有立，而於伯國之命，未嘗詭隨，問鼎必辨，貴賂弗予，卓然有以自振，豈才裕兵強，足以抗衡上國，特不甘爲晉之縣鄙。故能修政事，正紀綱，以植其國耳。國家襟帶江淮，連跨荆益，非小弱也，何致凜凜懦懼，一切苟且，無復生意乎？或謂已斃之首不足惜。倘或虜情無厭，巧僞交致，勳臣猛將，盡欲誅求，則陛下之忠臣，皆有首領不保之憂，人懷疑懼，未知所終，天下大勢，豈不可慮。當是之時，雖粉王柟之骨，庸有及乎？此其不可三也。昔在先朝，敵國跳梁，蕩搖邊疆。當時主和議者，驅歸附之民，俾之駢首就戮備極，痛毒失中原之心，其後追咎往事，貶責議者。今乃不鑒前轍，二三降附，舉以還敵，曾無留難。萬一使者譤及，彼將盡求淮北之民，靳而不與，前功俱廢。驅而與之，人所共憤，主國計者，何以處此，且人已降，殺之不祥，脱身歸附，何負於前。一旦械繫置之萬死之地，其忍爲之。青女降霜，白虹貫日，匹夫匹婦，有所憾恨，上通乎天，胡可弗恤。今若竟成少恩，不復旋踵，豈惟有辜於降附之人，是驅天下之人而使之北嚮也。此其不可四也。天下甚輕之物，有國家視之若甚重者，不可不察也。侂胄本以冗散，躐居元老久虚之位，罪惡貫盈，自貽覆滅。區區頭顱，在此視之，不過疇昔一武弁耳。一旦委之敵人，彼必張皇受馘，以爲得中原之大臣，侂胄專僭，固應蒙此，獨不爲國體惜乎？藉令三關可復，濠梁可歸，和議可成，事之輕重，亦有可議，而況有大不然者乎。於期之首已入，商、於之地不酬，覆水難收，噬臍何及。此其不可五也。夫李全以漣水來歸，功雖不就，忠亦可念。襄州重圍，非納合道僧懷印以來，岌岌孤城，何以却敵。今善撫之，以勸來者，尚懼弗蒇，況又從而檻致之乎。二人之來一年餘矣，山川險阻，軍國利病，彼何所不知。萬一虜人脫桎梏而將之，朋吾叛亡，以致死力於我，當是之時，其能括解體之人而與之角勝負乎？此其不可六也。夫虜情叵測，機事難料，二關之險，可以窺四川，濠梁之城，可以控兩淮，則彼視若不甚惜，顧乃索權臣之首以辱吾國，取歸附之人以令彼衆，不争區區之利而争之人心，其爲慮深，爲謀遠矣。堂堂中國，反不慮此。内之奸賊，不得以自正其罪；外之降附，不得以自全其恩。一意買和，淺陋疎虞，手足畢露，寧不爲敵國所覘。此其不可七也。臣之所陳，不待英傑，皆能與知，廟堂之區畫，侍從臺諫之議論。顧憒然於此，不知而爲則不知，知而不言則不忠，宗室安危，民生休戚，在此一舉。陛下幸聽臣之言，試爲陛下疇之。夫二境交兵之時，行陳之人，力有不加，遊談之士，志有未愜，自非知義，寧免叛亡。爲今之計，莫若令使者設辭喻之，以爲叛臣賊子，人所共惡，大國志在勸忠，必不獎叛。和議已定，兩國降附之人，更爲期日，相與接受於境上，人情不甚相遠，彼不欲殺其附己，而又安敢殺其附人。其事必且遼緩，可以申解，至如元克創謀造意，身首異處，未酬其罪，軍兵憤怨，痛入骨髓，皆有食肉寢皮之意。今若梟之於邊，以快衆怨，必且競肆虀粉，寧復存全，名正詞順，自足以間敵國之口。處斯二者，各有攸當，而人心自固，國勢亦尊，敵國有所忌憚而不敢侮，和議不俟致曲而必成，陛下何憚而不爲？此臣之所以拳拳也。屬者陛下奮發威斷，總攬權綱，收召耆儒，一新軌度，天下拭目洗耳，想望風采，敵國聳動，未之敢抗。奈何偷風薄俗，悉仍故舊。政舛令乖，無異曩時。細娱是安，大患弗圖。畿甸之間，米價日湧。都城之内，楮幣日賤。生民嗷嗷，怨氣滿腹。淮揚新兵，尚需調護。湖湘小寇，且未勦絶。和戰之機，安危所係，而舉措輕忽如此，胡以慰愜人心，綱維國勢，壽我永無疆之休哉！今日四五凝丞，二三耆老，更越世故已熟，豈應拙於謀國如此。特以懲創已甚，惟恐和之不速，而他不暇計，殊不知戰、守、和三策，於爲國不可偏廢。今日之勢，戰固未易，守則可爲，守或未能，和豈足恃，奈何忘戰與守，曾不介意，而屈意請和，爲是倉皇卒迫失人心傷國體之事耶！惟陛下實圖之。冒犯天顔，罪當萬死，臣等不勝殞越之至。』

陸家長沖

陸沖，字翔父，號寶谿，亦從政公九思孫，濬之從兄也。德年並高，率子弟恪守家學，孝友雍睦之風，聲稱益遠，沖之力爲多，嘗任廣西王府伴讀。淳祐元年辛丑，冬十月，金谿進義居表言：『青田陸氏，來自吳〔一〕郡。其四世諱賀，字〔二〕道卿，酌先儒冠、婚、喪、祭之禮行於家，家道整肅，著聞州里。生六子，以子貴贈宣教郎。素無田產，蔬畦不盈十畝，而食指千餘。長九思，總家務。次九敘，治藥寮。次九皋，授徒於家塾，以束脩之具補不足，率其弟九韶、九齡、九淵，相與講論聖道。九淵以其道聚徒講於貴谿之應天山，山形類象，故學者號稱象山先生。彬彬乎儒門，〔三〕謹具表進。』二年壬寅，秋九月，勑旌陸氏義門。皇帝制曰：『青田陸氏，代有名儒，載在謚典〔四〕。聚食踰千指，合爨二百年，一門翕然，十世仁讓。惟爾〔五〕睦族之道，副朕理國之懷，宜特褒異，勑旌爾門，光於閭里，以勵風化。欽哉！』沖時爲青田義門家長，進謝恩表云：『十世義居，旌表已頒於廊廟；九天申命，勑書復畀於門閭。乾坤之露澤新承，里宅之風聲益振，叨塵過分，榮耀下懷。臣誠惶誠恐，稽首頓首。臣聞修身齊家，乃大學之根本，化民成俗，實聖治之權輿。自唐有張公藝以來，至我宋彭氏程

〔一〕陸九淵著，鍾哲點校：《陸九淵集》卷三十六中爲『邯』字。
〔二〕陸九淵著，鍾哲點校：《陸九淵集》卷三十六中無『賀』、『字』二字。
〔三〕陸九淵著，鍾哲點校：《陸九淵集》卷三十六中有『州縣以其義聚』句。
〔四〕陸九淵著，鍾哲點校：《陸九淵集》卷三十六中有『籍』字。
〔五〕陸九淵著，鍾哲點校：《陸九淵集》卷三十六中有『能』字。

而下，懷始終羣居之義。乃荷蒙聖典之褒，眷念儒門，尤加篤愛。疇茲二老，乃先知先覺之民。政奉兩朝，賜文達、文安之謚。既以千餘指宗枝之衆，聚於二百年古屋之間，詩禮相傳，饔飧合爨，祇謂閭閻之共處，詎期綸綍之昭垂，郡邑争先而快覩，室家相慶以騰歡，自愧深恩，孰兹報稱？兹蓋恭遇皇帝陛下，化民長久，霈澤豐隆，中三極以作君，奄四海以光澤，人處唐虞之治，比屋可封，士遵洙泗之傳，里仁爲美，遂令瑣末，亦被寵榮。臣敢不仰體聖恩，俯察族類，聖益聖，明益明，長藉照臨之德，老吾老，幼吾幼，盡叨孝弟之誠。臣無任瞻天激切屏營之至』云。

陸學士泓

陸泓，字傳甫，先生長兄從政公之孫，從子經園先生行之之第四子也，歷仕至殿閣學士，其事蹟無可考。惟吴文正公澄集中，有題陸傳甫墓誌後云：『文安先生兄弟六人，其伯兄從政君之孫傳甫，粹行遠識，不殞家聞，號燕居之室曰頤庵。葬時，江西運管黄□爲撰志銘，事核辭達，足彰厥美。後復改葬，季子士楀自記碑陰。痛惻懇至，允克孝慕，於是知陸之世有人也。士楀，字景薦，介特寡合，博記工文。』按：士楀，號青田，仕至觀察使。

按：先生自厥考以上五世同居，積慶甚厚，自先生以下又五世同居，至宋元鼎革，室廬焚毀，然後蕩析，此五世中科名爵位甚盛，不獨先生兄弟六人。兩進士，兩鄉舉，一徵君，而子孫通顯者，指不勝屈。長兄從政公一門尤盛，八子，十六孫，三十三曾孫。諸孫中，洽，修職郎；濬，進士國學正；浹，祭酒；浩，御史；澥，禮部郎中；澧，給事中，□，學士；濟，汀州守；濠，國學録；沖，王府伴讀；淇，五軍都統制；滂，御史；

湜，嚴州判。曾孫中，士潔，户部侍郎；士桀，同安簿；士楚，刑部主事；士森，工部尚書；士悅，金紫光禄大夫；士權，吏部員外郎；士新，儀禮局序班；士槐，工部贊教；士楷，以武功封西安侯；士檽，觀察使；士松，迪功郎；士本，吏部尚書；士桂，順義令；士機，僉判；士東，元山東參政；士和，瑞安尹；士杞，河南府判；士橸，户部主事；士楠，應天府助教；士栻，元山東路宣撫使司。孫曾兩世，仕宦至三十餘人，史册所未有也，積厚流光，豈不信哉！其處士公以下至先生，五門子孫，亦皆各有仕宦，然不如從政公孫曾之盛，今不備著焉。

陸參議筠附

《撫州府志》本傳

陸筠，字嘉材，一字元禮，金谿人，博習修潔，紹興十五年進士，初筮仕爲貴谿簿。官舍舊有木石之怪，夜則觸人，筠撤而新之，令不嚴而民效其力。已而盜作，邑毁，獨簿舍存。調岳陽教授，改宣教郎，除諸王宫教授，出爲江西憲。時洪邁爲刺史，一見如舊。秩滿，倅江陵。張南軒爲荆牧，以悃愊無華善言不隱薦之，轉浙西帥司參議。奉祠，官至朝奉大夫，賜服金紫，卒，年七十六。筠平生好讀《孟子》，與象山意合，著《翼孟音解》九十一條，擇《春秋》、《左氏傳》、《莊》、《列》、《楚詞》、《西漢書》、《説文》之存古者，深思考互，以成此編，周益公序之。嘗過豐城，至南禪寺，有緑筠軒，協其姓名。因僑寓，子孫遂爲豐城人。

按：嘉材爲先生緦麻兄之子，而年齒甚長，復齋先生就傅時，嘗從之學，其志於道，嘉材啓發亦有力焉，生平著述甚富，而《翼孟音解》尤著。廬陵周必大序之曰：『嘉材平生篤志《孟子》，著《翼孟音解》九十一條，擇《春秋》、《左傳》、《莊》、《列》、《楚辭》、《西漢書》、《説文》之存古者，深思互考，遂成此書。如以折枝爲磬折腰肢，讀樂灑若，樂山樂水，角招爲韶，眸子爲牟，殺三苗本作竄，二女果作婐之類，皆粲若白黑。至論舜生於諸馮，遷於負夏，卒於鳴條。識漢儒所記《檀弓》、《蒼梧》之説，孰近孰遠，孰信孰疑，此古今學者議論所未及也。且舜居河東歷山雷澤，各有其地，而越人則指歷山舜井象田，仍以餘姚上虞名縣，風土記曲爲之辭，人不謂然，蓋異端之作，其來也久，於舜平居附會已類此，況身後乎？所謂九嶷之葬，二妃之溺，宜退之黄陵碑云皆不可信。彼孔安國解《書》，以陟方訓升遐，其説尤拘。《書》固曰「升高必自下，陟遐必自邇」，陟豈專訓升乎。然退之近捨《孟子》而遠引《竹書紀年》，何也？予每歎恨不得質疑於韓門，而喜嘉材嗜古著書，有益後覺，藏其本迨三十年。今嗣子新融水尉孝溥，追敘先志，請題卷首，始爲推而廣之。昔唐彭城劉軻，慕《孟子》而命名，著《翼孟》三卷。白樂天記其事，賴以不朽。嘉材視劉何愧，特予非樂天比，其能使嘉材不朽乎。』

《陸子學譜》卷之六

南昌萬承蒼訂
後學臨川李紱編
陸川龐嶼校

弟子一

孔門弟子三千，身通六藝者七十二人，見於《史記》列傳者，多五人而已。陸子倡道南宋，弟子亦以數千計，今考其姓名，卓然見於史册地志者，亦七十餘人。其論議姓字，見於《陸子文集》，而門閥官階無可考者，尚不下百人。楊、袁、舒、沈，慶元所稱『淳熙四君子』也；蔡文懿、徐文忠、羅文恭等，並一代名臣，可謂盛矣。今次其事蹟及論學語，共爲十卷。

楊文元公簡

行狀

先生諱簡，字敬仲，姓楊氏，家世天台，十世祖自寧海徙明之奉化，後又徙鄞。紹興末，寇突淮右，考避地慈谿，因占籍焉。曾大父，諱宗輔，大父諱演，皆不仕。考諱庭顯，臞臞然儒，而果毅有識量，義所不可，萬夫莫回，屹砥柱頽波中，奮自植立，起門户，繩己甚度，飭弟子齊家有紀律。書訓累牘，字字可諷，然與物極平恕，一言之善，樵牧吾師。自少志學，弗得弗措，省過嚴密，毫髮不少宥，至泣下，至自拳。象山陸文安公碣其墓，謂：『年耄耋而學日進，〔一〕當今所識，四明楊公一人而已。』〔二〕故任承奉郎，累贈通奉大夫，妣臧氏碩人。先生生有異稟，清夷古澹，淵乎受道之器。誕降之夕，猶匽勤，祥光外燭，亘天而上，四廂望之以爲火也，輒集衆環向。入小學，便儼立若成人，書堂去巷陌，隔牖間〔三〕一紙，凡遨戲〔四〕事，呼譟過門，若無有。朔望，例得假，羣兒數日以俟，走散相徵逐，先生凝静扃門〔五〕，如常日課，未嘗投足户外。既長，任幹蠱，主出入家用外，終日侍通奉公旁，二親寢已，弇燈默坐，候熟寐，始揭弇佔畢，或漏盡五鼓。爲文清潤峻整，務明聖經，不肯規時好，作俗下語。踰弱冠，入上庠，每試輒魁。聞耆舊言，先生入院時，但面壁坐，日將西，衆閧閧競寸晷，乃方舒徐展卷寫，筆若波注，無一字誤，寫竟，復袖卷，舒徐，俟衆出，不以己長先人。乾道五年，以一經冠南宫選，登乙科，授迪功郎，主富陽簿。簿於邑，號閑冷，先生誠以接物，衆畏信之，相戒奉約束惟謹，走吏持片紙入市，可質數千。日諷詠《魯論》、《孝經》堂上，不動聲色，民自化乎。初，先生在循理齋，嘗入夜，燈未上，憶通奉公訓，默自反觀，已覺，天地萬物通爲一體，非吾心外事。至是，〔六〕文安公新第歸，來富陽，長先生二歲，素相呼以字。爲交叐，留半月，將別去，則念天地間無疑者，平時願一見莫可得，遽語離

〔一〕陸九淵著，鍾哲點校：《陸九淵集》卷二十八中爲『年在耄耋，而其學日進者』句。
〔二〕此前與北京圖書館編：《北京圖書館藏珍本年譜叢刊》（第三十二册）《慈湖先生年譜卷一》中略有不同，北京圖書館出版社一九九九年版。
〔三〕北京圖書館編：《北京圖書館藏珍本年譜叢刊》（第三十二册）《慈湖先生年譜卷一》中無『間』字。
〔四〕北京圖書館編：《北京圖書館藏珍本年譜叢刊》（第三十二册）《慈湖先生年譜卷一》中爲『遊』字。
〔五〕北京圖書館編：《北京圖書館藏珍本年譜叢刊》（第三十二册）《慈湖先生年譜卷一》中無『扃門』二字。
〔六〕北京圖書館編：《北京圖書館藏珍本年譜叢刊》（第三十二册）《慈湖先生年譜卷一》中有『陸』字。

乎？復留之，夜集雙明閣上，數提本心二字。因從容問曰：『何謂〔一〕本心？』適平旦，嘗聽扇訟，公〔二〕即揚殽答曰：『且彼訟扇者，必有一是，有一非。若見得孰是孰非，即決定謂〔三〕某甲是，某乙非矣〔四〕，非本心而何？』先生聞之，忽覺此心澄然清明，亟問曰：『止如斯耶？』公竦然端厲復揚殽曰：『更何有也。』先生不〔五〕暇他語，即揖而歸，端拱達旦，質明正北面而拜，終身師事焉〔六〕。每謂某〔七〕感陸先生，尤〔八〕是再答一語，更云云，便支離去，八年秋七月也。已而沿檄宿山谷間，觀故書，猶疑，終夜坐不能寐，天曈曈欲曉，忽〔九〕灑然如物脱去，乃益明。淳熙元年春，喪妣氏，去官，居堊室，哀毁盡禮。後營壙車厩，更覺日用酬應，未能無礙。沉思屢日，偶一事相提觸，亟起旋草廬中，始大悟變化云爲之旨，縱横交錯，萬變虚明不動，如鑑中象矣。學不疑不進，既屢空屢疑，於是乎大進。先生之至富陽也，閲兩月，無一士來見，怪問之。左右對曰：『是邑多商人肥家，不利爲士，故相觀望，莫之習也。』先生惻然，即日詣白宰，謂：『兹壯邑，於今爲赤縣，而士俗蔽陋，學道愛人，宰其職矣，且僚佐繫銜，例主學，士無以風動教化之，絃歌吾邑，子坐糜廩，稍效尤俗吏，束濕，程賦役，事笞棰，吾食且不得下咽，奈何？』宰唯唯，遂破食補生徒，文理稍稍即收之。先生日詣學相講

〔一〕北京圖書館編：《北京圖書館藏珍本年譜叢刊》（第三十二册）《慈湖先生年譜卷一》中爲『爲』字。
〔二〕北京圖書館編：《北京圖書館藏珍本年譜叢刊》（第三十二册）《慈湖先生年譜卷一》中爲『象山』二字。
〔三〕北京圖書館編：《北京圖書館藏珍本年譜叢刊》（第三十二册）《慈湖先生年譜卷一》中爲『爲』字。
〔四〕黄宗羲著，陳金生、梁運華點校：《宋元學案》卷七十四《慈湖學案》中無『矣』字，中華書局一九八六年版。
〔五〕北京圖書館編：《北京圖書館藏珍本年譜叢刊》（第三十二册）《慈湖先生年譜卷一》中爲『下』字。
〔六〕北京圖書館編：《北京圖書館藏珍本年譜叢刊》（第三十二册）《慈湖先生年譜卷一》中爲『專』字，而不是『事焉』二字。
〔七〕北京圖書館編：《北京圖書館藏珍本年譜叢刊》（第三十二册）《慈湖先生年譜卷一》中爲『簡』字。
〔八〕北京圖書館編：《北京圖書館藏珍本年譜叢刊》（第三十二册）《慈湖先生年譜卷一》中爲『由』字。
〔九〕北京圖書館編：《北京圖書館藏珍本年譜叢刊》（第三十二册）《慈湖先生年譜卷一》中有『覺』字。

習。又約宰，凡稱進士，優以示勸。秀民自是欣奮，恨讀書晚。有自山出者，尤朴茂，來問學。先生曰：『子姑習〔一〕拱。』既數月，曰：『可矣！』與之語，孜孜窮日夜不厭，先生憂去，輒提篋以隨，願卒學，後擢第爲名儒，邑人爭相慕效，文風遂〔二〕益振，故老至今德之。服除，以通奉公畏浙淛江濤，受紹興府理椽，便就養，犴狴必躬臨之，端默以聽，使自吐露，〔三〕囚情炯燭，罔失毫末。猾吏僅行文案，束〔四〕手膠拳，莫敢舞越。陪都臺府鼎立，大抵承媚風旨，不暇問可否。先生公〔五〕平無頗，惟理之從，〔六〕一〔七〕府吏觸怒帥，送獄勘之。先生曰：『無罪可勘。』命勘。平日，先生曰：『吏過詎能免，若今日則實無過〔八〕也，必擿擲往事置之法，某不敢奉命。〔九〕』帥大怒。先生嘆曰：『是尚可爲乎？』歸取告身，納之。爭愈力，〔一〇〕帥知不可屈，遂已。一憲使嘗舉職官，一日緣兩造是非，壓先生就己意。先生趨庭雪辨〔一一〕，捧還削。憲莫能奪，改容謝之。每謁白事上官，必從容陳述，有不合即退思，思之而審，堅守無所撓，或大礙不見聽，則決去而已。朱文公持庾節，薦先生學能治己，材可及人，屈無可關陞。先是，太師史越王薦引諸賢而先生屈第二，謂性學通明，辭華條達，孝

〔一〕北京圖書館編：《北京圖書館藏珍本年譜叢刊》（第三十二册）《慈湖先生年譜卷一》中爲『學』字。
〔二〕北京圖書館編：《北京圖書館藏珍本年譜叢刊》（第三十二册）《慈湖先生年譜卷一》中無『遂』字。
〔三〕北京圖書館編：《北京圖書館藏珍本年譜叢刊》（第三十二册）《慈湖先生年譜卷一》中無『端默以聽，使自吐露』句。
〔四〕北京圖書館編：《北京圖書館藏珍本年譜叢刊》（第三十二册）《慈湖先生年譜卷一》中無『束』字。
〔五〕《二十五史・宋史》卷四百七中爲『中』字，上海古籍出版社、上海書店一九八六年版。
〔六〕北京圖書館編：《北京圖書館藏珍本年譜叢刊》（第三十二册）《慈湖先生年譜卷一》中無『惟理之從』句。
〔七〕北京圖書館編：《北京圖書館藏珍本年譜叢刊》（第三十二册）《慈湖先生年譜卷一》中爲『一』字。
〔八〕北京圖書館編：《北京圖書館藏珍本年譜叢刊》（第三十二册）《慈湖先生年譜卷一》中爲『罪』字。
〔九〕北京圖書館編：《北京圖書館藏珍本年譜叢刊》（第三十二册）《慈湖先生年譜卷一》中無『必擿擲往事置之法，某不敢奉命』句。
〔一〇〕北京圖書館編：《北京圖書館藏珍本年譜叢刊》（第三十二册）《慈湖先生年譜卷一》中無『爭愈力』句。
〔一一〕北京圖書館編：《北京圖書館藏珍本年譜叢刊》（第三十二册）《慈湖先生年譜卷一》中爲『抗辯』二字。

友之行，閫内化之，施於有政，其民心敬而愛之。得旨任滿都堂審察，僅一考，即移注。先生不欲，文安公書來勉之，不可，親庭有命，乃不敢違，差湖西撫幹。大尹張公〔一〕杓，雅敬先生，先生亦渠渠與之盡。幕中本無事，及是多所委頓，吏牘日相衡在家〔二〕，天府澔穰，類多戾契聲牙，不易可辦。先生雍容立決，的中腠會，莫不服爲神明。畿甸灾，意悩悩叵測，白尹宜戒不虞，遂委督三將兵，接以恩信，得其心腹，出諸葛武侯正兵法，調肄習之，軍政大脩，〔三〕衆大和悅。先生於是益信人心至靈，至易感動，億萬衆之心，一人之心也。徒恃詐力，相籠絡，若虎豹然，自憂其將噬，大不可。故每論元帥，當以四海爲一家，撫士卒如室中人，習正兵不可敗，先生之規模也。自入仕，固未嘗祈人舉，亦不效尤稱門生，求脚色狀，例遜謝不敢答，而諸公争推擁若恐後，輒從部中得去剡章，輻集溢數削返之。改宣教郎，知紹興府嵊縣，以外艱不往。宰傒之樂平。故學宫逼陋甚危，朽相枝柱，苟且暮，先生曰：『教化之〔四〕原也，可一日緩乎。』撤新之，首登講席，邑之大夫士咸會。誨之曰：『國家設科目，欲求真賢實能，共理天下。設學校亦欲養真賢實能，使進于科目，非具文而已。然士之應科目處學校，往往謂取經義、詩賦、論策耳。善爲是，雖士行掃盡，無害於高科，他何以爲，持此心讀聖人書，不惟大失聖人開明學者之意，亦大失國家教養之意。人性至善，人性至靈，人性至廣、至大、至高、至明。人所自有，不待外求；人所自有，〔五〕不待外學。孩提之童，無不知愛其親，及其長也，無不知敬其兄。見牛觳觫，誰無不忍之心；見孺子匍匐將入井，誰無往救之心，是謂仁義之心，是謂良心，即堯、舜、禹、湯、

〔一〕北京圖書館編：《北京圖書館藏珍本年譜叢刊》（第三十二册）《慈湖先生年譜卷一》中無『公』字。
〔二〕北京圖書館編：《北京圖書館藏珍本年譜叢刊》（第三十二册）《慈湖先生年譜卷一》中爲『庭』字。
〔三〕北京圖書館編：《北京圖書館藏珍本年譜叢刊》（第三十二册）《慈湖先生年譜卷一》中無『軍政大脩』句。
〔四〕北京圖書館編：《北京圖書館藏珍本年譜叢刊》（第三十二册）《慈湖先生年譜卷一》中無『之』字。
〔五〕北京圖書館編：《北京圖書館藏珍本年譜叢刊》（第三十二册）《慈湖先生年譜卷一》中無『人所自有』句。

文、武、周公、孔子之心，即天地、日月〔一〕、鬼神之心。人人皆有此心，而顧爲庸庸逐逐，貪利禄患得失者所熏灼，某〔二〕切惜之，敢先以告。每謂牧〔三〕養兹邑，猶欲使舉吾邑人皆爲君子，況學者乎？』誨之諄諄不倦，剗除氣習，脱落意蔽，本心本自無恙。其言坦易明白，聽之者人人可曉。異時，汨於凡陋，視道爲高深幽遠，一旦得聞聖賢與我同心，日用平常無非大道，而我自暴自棄自顛，冥而不知有泣下者。入齋舍，晝夜忘寢食，遠近爲之風動。初入境，訪求民瘼，則聞楊、石二惡少以嚚健虚〔四〕喝官府，姦人無賴，湖〔五〕藪歸之，起事端，賊我良善。或不才長吏，反利之爲鷹犬，挾借聲焰，生其爪角，莫可誰何？交事未久，果狺狺然來，搖牙庭下。先生灼見姦狀，趣提囹中，加責罰，諭以禍福利害，咸感悟，願終自贖，由是，足不及公門。邑人銜化〔六〕，以訟爲耻，夜無盜警，路不拾遺。未三考，以國子博士召。紹興五年，寧宗皇帝即位之初年也。二人者，大率衆相隨出境外，呼先生楊父，泣拜戀戀不忍離。既赴監，講《乾》、《繇》，反覆數千百言，發人心固有之妙，欣欣然人自慶幸，謂先聖贊《易》后，未之聞也。時〔七〕御筆遵孝宗成規，復三年之制。先生奏陛下此舉，堯、舜、三代之舉，此心堯、舜、三代之心，順此心以往，則堯、舜、三代之盛，復見於今日。但臣深恨上行而下未效，羣臣衰服之餘，常服則紫緋緑，大非禮。虜人曩日，嘗歎孝宗復古，且謂金主亦欲依倣而行，今陛下順聖心行

〔一〕北京圖書館編：《北京圖書館藏珍本年譜叢刊》（第三十二册）《慈湖先生年譜卷一》中無『日月』二字。
〔二〕北京圖書館編：《北京圖書館藏珍本年譜叢刊》（第三十二册）《慈湖先生年譜卷一》中爲『簡』字。
〔三〕北京圖書館編：《北京圖書館藏珍本年譜叢刊》（第三十二册）《慈湖先生年譜卷一》中爲『教』字。
〔四〕北京圖書館編：《北京圖書館藏珍本年譜叢刊》（第三十二册）《慈湖先生年譜卷一》中爲『恫』字。
〔五〕北京圖書館編：《北京圖書館藏珍本年譜叢刊》（第三十二册）《慈湖先生年譜卷一》中爲『淵』字。
〔六〕北京圖書館編：《北京圖書館藏珍本年譜叢刊》（第三十二册）《慈湖先生年譜卷一》中爲『化之』二字，而不是『銜化』二字。
〔七〕北京圖書館編：《北京圖書館藏珍本年譜叢刊》（第三十二册）《慈湖先生年譜卷一》中無『時』字。

之，破羣臣非禮久例，亦當溥及四夷，心悦誠服，豈不益光明偉特，爲萬世法歟。趙忠定公汝愚，定策宗英，實贊初政，推崇道學，茅拔茹連，公論翕然奮張，謂我本朝統承二帝三王之脉，非漢唐所可及者，正在斯道昌明，人知禮義，是故國有元氣，三綱九法，賴以司命，此皆累聖培植，及二三犬臣相與主張之，天下引頸朝夕望太平。時主議者害公山立，扼我其上，造無端罪狀垢染公，斥之去。祭酒李公祥，抗章辨之。先生按〔一〕學館舊事，請列劄。不許，告同列，人人相顧語難。先生曰：『拚一死耳。』遂上書言：『臣與汝愚，義合者也。汝愚豈每事盡善，至被不韙以出，則舉天下皆能亮其忠也。昨者危急變駭，不可具道，軍民將潰亂，社稷將傾，陛下所親見。汝愚冒萬死，轉危爲安，人情妥定。汝愚之忠，陛下所心知，不必深辨。臣爲祭酒屬，日義訓諸生，若見利忘義，畏害忘義，臣恥之。〔二〕汝愚往矣，不當復來，今日之言，不爲汝愚發，爲義而發。』未幾亦遭斥，諸生復激於義，爲先生辨，又斥之。一時端人正士〔三〕，例誣以僞。若先生則見謂僞之尤者，〔四〕痛黜，遂掃地不留根株，而其禍滔滔矣。主管台州崇道觀，再任轉朝奉郎。嘉泰四年，賜緋魚袋，朝散郎，發遣全州。將陛辭，擬二劄。其一，言天下惟有此道而已，天以此覆，地以此載，日月以此明，四時以此行，人以此羣居乎〔五〕天地之間而不亂。是故得此道則治，失此道則亂；得此道則安，失此道則危；得此道則利，失此道則害，此萬古斷斷不可易之理。自漢而下，雜之以霸，故治日少亂日多。此心即道，惟起乎〔六〕意則失之。孔子曰『毋

〔一〕北京圖書館編：《北京圖書館藏珍本年譜叢刊》（第三十二册）《慈湖先生年譜卷一》中爲『案』字。
〔二〕北京圖書館編：《北京圖書館藏珍本年譜叢刊》（第三十二册）《慈湖先生年譜卷一》中以上有節略。
〔三〕北京圖書館編：《北京圖書館藏珍本年譜叢刊》（第三十二册）《慈湖先生年譜卷一》中爲『端士正人』句。
〔四〕北京圖書館編：《北京圖書館藏珍本年譜叢刊》（第三十二册）《慈湖先生年譜卷一》中無『若先生則見謂僞之尤者』句。
〔五〕北京圖書館編：《北京圖書館藏珍本年譜叢刊》（第三十二册）《慈湖先生年譜卷一》中爲『於』字。
〔六〕北京圖書館編：《北京圖書館藏珍本年譜叢刊》（第三十二册）《慈湖先生年譜卷一》中無『乎』字。

意』，意不可微起，况大起乎？起利心焉則差，起私心焉則差，起權術心焉則差，作好焉作惡焉，有所〔一〕不安於心焉，皆差。臣願陛下即此虛明不起意之心以行，勿損勿益，自然無所不照，賢否自辨，庶政自理，民自安自化，四夷〔二〕自服，此即三王之道，即堯、舜之道，願陛下無安於漢唐規模。其二，言國家舉大事必上當天心，上〔三〕帝以爲可戰則戰，上帝以爲未可則勿戰。《易》曰『天地之大德曰生』，上帝視南北之民一也，惟無道甚，則誅之，未至於甚，人心猶未盡離。苟亟戰，使南北無罪之民，肝腦塗地，豈上帝之心也哉，必民心盡離，如獨夫紂，帝乃震怒，前徒倒戈矣，是爲湯武之師。故志曰：『行一不義，殺一不辜，而得天下，有所不爲。』《公羊》九世復讐之論，非《春秋》本旨，臣願陛下成湯、武事業。又軍帥尅剥諸軍，怨讟溢於聽聞，陛下亟罷尅剥之帥，擇用不以官職爲意、不受私謁之人，則三軍之鼓舞，士氣百倍，更得元帥大賢大智、習知將畧者訓治諸軍。數年後，庶其可用。廷議方易〔四〕遙邊磧，口語籍籍，莫敢遏其端萌，故先生願懇陳之。刀筆小吏，狐鼠弄威福，冒節鉞，張甚，先生趨脩門間，慫慂修尺牘。答曰：『我無是也。』未及對，論罷。自後兵連禍結，肝腦塗地，語若合符，識者恨先生〔五〕扼不上聞，爲之痛惜。主管建昌軍仙都觀。嘉定元年，上勵精更化，首訪耆德，除秘書郎、轉朝請郎、遷秘書省著作佐郎、兼權兵部郎官。〔六〕先生平時日夜長慮，無路以告于上，輪當面對，遂極言時弊，陳經國之要。首奏陛下亦知都城之内外有餓奪市食者乎？有勢不能俱生沈子若女於江者

〔一〕北京圖書館編：《北京圖書館藏珍本年譜叢刊》（第三十二册）《慈湖先生年譜卷一》中爲『凡有』二字，而不是『有所』二字。
〔二〕北京圖書館編：《北京圖書館藏珍本年譜叢刊》（第三十二册）《慈湖先生年譜卷一》中爲『更』字。
〔三〕北京圖書館編：《北京圖書館藏珍本年譜叢刊》（第三十二册）《慈湖先生年譜卷一》中爲『北』字。
〔四〕北京圖書館編：《北京圖書館藏珍本年譜叢刊》（第三十二册）《慈湖先生年譜卷一》中有『爾』字。
〔五〕北京圖書館編：《北京圖書館藏珍本年譜叢刊》（第三十二册）《慈湖先生年譜卷一》中有『言』字。
〔六〕北京圖書館編：《北京圖書館藏珍本年譜叢刊》（第三十三册）《慈湖先生年譜卷二》中爲『除秘書郎，遷著作佐郎』句。

乎？都城之東，有婦閔舅姑之餓〔一〕，請鬻身助給。姑聞之自經死。舅知姑死，又自經死。子歸，知父母死，又自死。婦以舅姑及夫俱死，又經死。又有取小兒烹食者。嗚呼痛哉！近在轂輦之下而致此極，又况淮民相食，妻食夫屍，弟食兄屍，以至父子相食其屍。陛下爲民父母而有此，羣臣之罪也，望陛下急詔大臣，集羣臣詳議。内外多少財賦，陷没於贓吏之手；多少財賦，徒費於送迎，而不思擇賢久任；多少財賦，費壞於科舉，取浮薄昏妄背理傷道之時文。諸軍虚籍，不知其幾，以虚籍之費濟饑民，何爲不可？聞淮民之饑者，欲渡江，郡守遏之，結怨饑民，是激之欲〔二〕爲亂。又聞賑濟官以嘯聚申上司，累累查不報，昏繆若此，而朝廷未聞黜陟。臣大懼養寇危社稷也。又奏今守令多昏而聽吏，多懷私而狥利，詞訟反是爲非，反非爲是，飲恨含怨，無所告訴。二税已納者復追，伏則囚則絣訊，或舉債，或鬻産，甚者鬻妻賣子。陛下試思民情至是，其怨當何如？重以今歲旱蝗，郡守不肯蠲税，害民弊政，不可勝紀，此不擇賢之故也。在外官司，以污爲常，公取竊取，對送互送，一會至送千緡，彼此本庫自支。生辰有送，生子〔三〕若孫有送，子弟又有送。今國家患無財，束手無策，得賢則官庫無公取竊取之盜，財不可勝用矣，此又不擇賢之故也。元凶妄肆，小人道長，風俗大壞，今雖誅殛，而餘風未殄。陛下宜汲汲爲計，勿從士大夫庸庸苟且之論。臣自知學以來，熟思治務，惟有一策。每路擇一賢監司使，監司各辟本路郡守，守辟縣令，守令各辟其屬，先於本貫人，本貫無人乃及外邑，既得賢必久任。擇賢久任，則百事成；不擇賢久任，則百事廢。擇賢久任，則社稷安；不擇賢久任，則社稷危。宰執臺諫，知社稷安危在此，共堅守此，不以親故私情敗國家公義。辟非其人，並罪舉主。此令一下，人知仕進之路，悉本實行，

〔一〕北京圖書館編：《北京圖書館藏珍本年譜叢刊》（第三十三册）《慈湖先生年譜卷二》中爲「窘」字。
〔二〕北京圖書館編：《北京圖書館藏珍本年譜叢刊》（第三十三册）《慈湖先生年譜卷二》中爲「使」字。
〔三〕北京圖書館編：《北京圖書館藏珍本年譜叢刊》（第三十三册）《慈湖先生年譜卷二》中爲「子生」二字，順序顛倒。

不用虛文，則舍惡從善，舍僞從實，吏姦頓掃，民悦財豐矣。自此因保甲漸修，比閭族黨之制，書其孝友睦婣，書其敬敏任恤，書其德行道藝，興其賢者能者，肆成人有德，小子有造，舉明主三代之隆矣。又奏古者六軍，軍將皆命卿，今諸將率從事武勇，未熟復乎古先聖王之訓典，未踐修乎詩書禮樂之實德，則齊諸軍，不過射刺擊戰耳。今陛下宜精擇文武俱通之儒，法古司馬以尹正之，訓導之，賞諸卒之孝者、忠者、善者，則惡者潛化，祈天永命，鞏國祚於泰山，在此而已。殿司十三軍太盛，宜析小半，益以司馬餘卒，以備二司，則其勢均，可以防後患。三劄恫切，上數俯首諦視，至讀饑民相食處，蹙額久之。人争傳論〔一〕，流入北境，見者輒雪涕，舉兩手曰：『此江南楊夫子也。』三〔二〕年旱蝗，詔求直言。先生復上封事。臣聞旱者灾厲之氣，三才一氣，如人一身，腹臟作楚，則四體頭面〔三〕，亦爲之不安。人事乖厲，則天地之氣，亦感應而爲乖厲。孔子曰：『聖人有國，日月不食，星辰不悖，海不溢〔四〕，河不滿〔五〕，川澤不竭。』連年旱蝗，雖或由軍興殺人，及流移死者多，而其餘人事，亦大有乖厲。郡縣官所至賦污，怨讟充塞，豈不感動天地而爲旱蝗？近者凶人謀爲大逆，天祐宗社，幸即敗獲。乃官司多非其人而無德教，時文取士，不攷實行，故放辟姦邪之風盛，豈不感動天地而爲乖厲，爲旱蝗。旱蝗根本近在人心，陛下雖精禱於宫中，又分命徧〔六〕于羣神，畧降雨澤，未至宏濟者，旱蝗之根本未

〔一〕北京圖書館編：《北京圖書館藏珍本年譜叢刊》（第三十三册）《慈湖先生年譜卷二》中爲『誦』字。
〔二〕北京圖書館編：《北京圖書館藏珍本年譜叢刊》（第三十三册）《慈湖先生年譜卷二》中爲『二』字。
〔三〕北京圖書館編：《北京圖書館藏珍本年譜叢刊》（第三十三册）《慈湖先生年譜卷二》中爲『目』字。
〔四〕北京圖書館編：《北京圖書館藏珍本年譜叢刊》（第三十三册）《慈湖先生年譜卷二》中爲『運』字。
〔五〕北京圖書館編：《北京圖書館藏珍本年譜叢刊》（第三十三册）《慈湖先生年譜卷二》中有『溢』字。
〔六〕北京圖書館編：《北京圖書館藏珍本年譜叢刊》（第三十三册）《慈湖先生年譜卷二》中爲『備』字。

除也。臣臘月三劄，所陳皆弭灾厲消禍變之道，願陛下與二三大臣熟計之。天官汪公逵〔一〕，小宗伯章公穎，咸相敬禮，願親接聞誨言。汪牒兼考功郎官，江西隱士吳姓者，漕司申請謚，先生按吳有云：安社稷而以既幅〔二〕在念，不知爲臣之道也。孔子曰：『以孝事君則忠。』既違孔〔三〕聖訓，且啓誘人使不念〔四〕親。又其子觀先儒語『亂臣十人』，問太姒爲誰？吳曰：『武王母。』曰：『何故母亦爲臣？』答曰：『率土之濱，莫非王臣。』其子曰：『是尊無二上之意乎？』吳以是奇之。竊惟有婦人焉，當是武王后。使臣母之說行，是驅天下人子不母其母。不孝則不忠，不忠不孝，天下大亂，胥而爲夷狄、爲禽獸，難議謚。章亦牒兼本部郎官，先生舉賢，不可梯級取，實知其人，即自舉之。剡章既上，然後取部示牒，照所舉者。嘗曰：『爲國薦賢，吾其職也。』而先私照牒於人，且又剡章付之使自上，此何理乎？西府爲親故問京狀。先生難之，至再三，終不許。後欲舉某氏，某未審，屬當路原善先生者問果否？當路笑曰：『此老欲舉，宜自舉。吾有言，即敗，乃事矣。』除著作郎，遷將作少監，其〔五〕兼職如舊。三年面對，有左曹郎官者爲前班。上眷記先生，特格下左曹。先生首奏陛下已自信有大道乎！舜曰：『道心，明心即道。』孔子曰：『心之精神是爲聖。』孟子曰：『仁，人心也。』此心虛明無體，廣大無際，日用云爲，無非變化，故《易》曰：『變化云爲，虛明泛應，如日月之光。』無思無爲而萬物畢照，陛下已自〔六〕有此大道，又聖性澹然無所好嗜，宜清明舉無失策，而猶有禍變云云者。臣恐意或微動，如云氣之

〔一〕北京圖書館編：《北京圖書館藏珍本年譜叢刊》（第三十三册）《慈湖先生年譜卷二》中爲『達』字。
〔二〕北京圖書館編：《北京圖書館藏珍本年譜叢刊》（第三十三册）《慈湖先生年譜卷二》中爲『庭幃』二字，而不是『既幅』二字。
〔三〕北京圖書館編：《北京圖書館藏珍本年譜叢刊》（第三十三册）《慈湖先生年譜卷二》中爲『先』字。
〔四〕北京圖書館編：《北京圖書館藏珍本年譜叢刊》（第三十三册）《慈湖先生年譜卷二》中有『其』字。
〔五〕北京圖書館編：《北京圖書館藏珍本年譜叢刊》（第三十三册）《慈湖先生年譜卷二》中爲『並』字。
〔六〕北京圖書館編：《北京圖書館藏珍本年譜叢刊》（第三十三册）《慈湖先生年譜卷二》中有『信』字。

興，故日月之光，有不照之處，舜禹相告，猶以精一爲難。願陛下兢兢業業，無起意，不起意，則自〔一〕知柔、知剛、知賢、知不肖，洞見治亂之機，常清常明，可以消天灾弭禍亂。次言今江淮湖湘之寇並作，由賢不肖溷淆監司守令而下多非其人，是非顛倒，尅虐不恤，故下民怨咨，聚爲羣盜。陛下當精擇衆所推服、正直不撓之人巡行天下，黜陟監司守令。昔先正〔二〕范仲淹、富弼，亦言委路自擇知州，委州自擇知縣，仍久其官守，異政者就與陞擢。臣深念時務莫先於擇賢久任，所任既賢，則餘不肖乃害民敗國之人，不足深恤。又次言改過聖賢之大德，近世士大夫多以改過爲恥，故人亦不敢忠告。王安石本有非常之譽，諸賢競議新法，决于去位，安石豈不動心致疑？而決策不回者，重於改過也。故其末流，小人類進，禍及國家。陛下取羣臣之改過服義者，表章陞擢，使凡建議，不遂非飾詞則集衆智，歸于一是，國家何事不辦，而堯、舜、禹、湯之大道復〔三〕明於今日矣。先生曩〔四〕嘗口奏：『陛下自信此心即大道乎？』上曰：『心即是道。』畧無疑貳之色。問日用如何？上曰：『止學定耳。』先生謂定無用，學但不起意自然静定澄明。上曰：『日用但勿起意而已。』先生贊至善，至善不起意，則是非賢否自明。此日復奏：『陛下意念不起，已覺如太虚乎？』上曰：『是如此問賢否？是非已歷歷明照否？』上言：『朕已照破。』先生曰：『如此則天下幸甚？』問答往復，漏過八刻，先生出，上目送久之。兼國史院編修官，兼實録院檢討官，請改史法從編年之舊。謂孔子作《春秋》，書某年某月某日某事，人讀之以爲是者道也，以爲非者非道也，如此而書，大道自明。自〔五〕司馬遷改編年爲紀爲世家、列傳，使後世見事見人而

〔一〕北京圖書館編：《北京圖書館藏珍本年譜叢刊》（第三十三册）《慈湖先生年譜卷二》中有『然』字。
〔二〕北京圖書館編：《北京圖書館藏珍本年譜叢刊》（第三十三册）《慈湖先生年譜卷二》中爲『臣』字。
〔三〕北京圖書館編：《北京圖書館藏珍本年譜叢刊》（第三十三册）《慈湖先生年譜卷二》中有『大』字。
〔四〕北京圖書館編：《北京圖書館藏珍本年譜叢刊》（第三十三册）《慈湖先生年譜卷二》中有『日』字。
〔五〕北京圖書館編：《北京圖書館藏珍本年譜叢刊》（第三十三册）《慈湖先生年譜卷二》中無『自』字。

不見道，遷不知道，故敢頓廢先聖法度，後人又靡然從之，故道不明於天下，某等〔一〕不敢苟從，以壞聖朝大典，後不果上。先生凡兩章引年一丐祠，皆不允。已而，面對所陳，久未施行，遂〔二〕求去，得溫州。先生每嘆風俗之壞，自上啓周禁羣飲，至執至殺，後世雖甚不美〔三〕，尚賜酺有時，不縱爲羣飲事，倡優下賤，人道所不齒，顧貨視之，以媒飲者，冶容列肆，導淫釣利，傷風敗俗，莫此爲甚。到郡之明日，妓羣賀，即戒之具狀來，衆亦未諭也，至則皆判從良去〔四〕。異時督賦之吏星馳火駕，上下相束，皇皇不能以朝暮，至是寂無一跡歷縣庭。獨首移文罷妓籍，首訪賢者禮致之示，標表〔五〕首崇孝養，明宗族相恤之令。首行鄉紀〔六〕，效《周官》書敬敏任恤之類，書善不書惡，願與士大〔七〕夫軍民共由斯道。上下呼舞載路，如脫湯鼎濯清波，如從寒谷中生春矣。詞訴類局於日分，難遽達。先生架大羅戟門外，令訴者自鳴，鳴即引問，立剖决無時〔八〕。每受詞採訪縣官賢否？以至不一，問之言，人人同，乃〔九〕黜陟。文移僚屬，例書名不押字据，案方書判有若，於庭者無問誰何？即釋筆拱答揖入言，苟是雖賤隸必敬聽，於理未安，雖至親不爲撓。有私鹺者，五百爲羣，過境内，〔一〇〕分

〔一〕北京圖書館編：《北京圖書館藏珍本年譜叢刊》（第三十三册）《慈湖先生年譜卷二》中爲『簡』字，而不是『某等』二字。
〔二〕北京圖書館編：《北京圖書館藏珍本年譜叢刊》（第三十三册）《慈湖先生年譜卷二》中有『力』字。
〔三〕北京圖書館編：《北京圖書館藏珍本年譜叢刊》（第三十三册）《慈湖先生年譜卷二》中爲『善』字。
〔四〕北京圖書館編：《北京圖書館藏珍本年譜叢刊》（第三十三册）《慈湖先生年譜卷二》中有『矣』字。
〔五〕北京圖書館編：《北京圖書館藏珍本年譜叢刊》（第三十三册）《慈湖先生年譜卷二》中爲『表率』二字，而不是『標表』二字。
〔六〕北京圖書館編：《北京圖書館藏珍本年譜叢刊》（第三十三册）《慈湖先生年譜卷二》中爲『記』字。
〔七〕北京圖書館編：《北京圖書館藏珍本年譜叢刊》（第三十三册）《慈湖先生年譜卷二》中無『大』字。
〔八〕北京圖書館編：《北京圖書館藏珍本年譜叢刊》（第三十三册）《慈湖先生年譜卷二》中爲『待』字。
〔九〕北京圖書館編：《北京圖書館藏珍本年譜叢刊》（第三十三册）《慈湖先生年譜卷二》中有『行』字。
〔一〇〕北京圖書館編：《北京圖書館藏珍本年譜叢刊》（第三十三册）《慈湖先生年譜卷二》中爲『有私鹺五百過境内』句。

司幹官檄永嘉尉及水寨兵捕之。巡尉偎佻易事不白郡〔一〕。先生驚曰：『是可輕動乎？』賊徒五百，合家族何啻二千口，拒捕相殺傷，變在頃刻耳。萬一召亂貽朝廷憂，百爾其死奚贖也，且兵之節制在郡將，違節制是不嚴天子命，違節制應斬。建旗立巡尉庭下，召劊手兩行夾立，郡官盛服立西序，數其罪，命斬之。郡官堵進爲懇，致悔罪意，良久乃得釋。奏罷分司，其紀律如此。〔二〕或訟售產寓公，負其直若干。先生曰：『是固名流有文，且長上位尊顯，何得爾？』對曰：『今所訴行也，又〔三〕何以爲語？』對曰〔四〕：『益苦。』受其狀，既而麇至者十八人，同所訴，即命吏籌計官帑，人給之，袖衆詞即其家，語曰：『某〔五〕知公必無是也。』是在幹者，精誠所感，寓公爲動，則不得已吐實。先生曰：『某〔六〕知公必無是也。』幸出幹者屬吏寓公，斬之，竟追斷償所負。濱海膠禁甚嚴，商人庾稅閩出海。時副端方以威福奴視官府，二子親喪母歸，輒衰衣造庭，挺身自冒。先生從容書狀，尾曰：『楊某〔七〕老繆不堪爲郡。』預乞一章放歸田里，竟坐犯者如法。府第障官河立僦屋扼舟人喉衿，巷居者苦溉濯，而官失虞火之備，累政氣咽咽不得吐。有言者，先生命廂官立毀之，廂官慴怯，莫敢前。曰：『汝不食天子粟，不爲吾用耶！』科首械之往，遂即日撤去，滿城讙踊，勒石名『楊公河』。楮券之枰提也，所至嚴酷，以杜後惠文從事，告訐成風，破家者相踵。先生寬平不迫，市價自登。天子下使者郡譏察，使於先生

〔一〕北京圖書館編：《北京圖書館藏珍本年譜叢刊》（第三十三册）《慈湖先生年譜卷二》中無『不白郡』三字。

〔二〕北京圖書館編：《北京圖書館藏珍本年譜叢刊》（第三十三册）《慈湖先生年譜卷二》中此前與《陸子學譜》略有不同，爲『先生驚曰，賊徒五百，闔家族何啻二千口，拒捕相殺傷，變在頃刻耳。萬一召亂，百爾其死奚贖也，且違節制命斬之。郡官爲懇，致悔罪意，乃得釋』句。

〔三〕北京圖書館編：《北京圖書館藏珍本年譜叢刊》（第三十三册）《慈湖先生年譜卷二》中爲『文』字。

〔四〕北京圖書館編：《北京圖書館藏珍本年譜叢刊》（第三十三册）《慈湖先生年譜卷二》中爲『白』字。

〔五〕北京圖書館編：《北京圖書館藏珍本年譜叢刊》（第三十三册）《慈湖先生年譜卷二》中爲『簡』字。

〔六〕北京圖書館編：《北京圖書館藏珍本年譜叢刊》（第三十三册）《慈湖先生年譜卷二》中爲『簡』字。

〔七〕北京圖書館編：《北京圖書館藏珍本年譜叢刊》（第三十三册）《慈湖先生年譜卷二》中爲『簡』字。

爲先世契出郊迎，不敢當，從間道走州入客位。先生聞之，不敢入，往傳道數四，乃驅車反。將降車，使者趨出立戟門外。先生亦趨出立使者外，頓首言曰：『天使也，某不敢不肅。』使者曰：『契家子，禮有常尊。』先生曰：『某守臣，使者銜天子命，辱臨敝邑，天使也，某不敢不肅。』遂從西翼偕進，禮，北面東上。先生行則常西，步常後。及階，莫敢升，已，乃同升。自西階足踧踧莫敢就主席。使者曰：『邦君之庭也，禮有常尊。』先生曰：『春秋王人雖微，例書大國之上，尊天子也，況今天使也。』持之益堅，使者辭益力，如是數刻。使者知先生終守正不渝。乃曰：『某不敏，敢不敬承執事尊天子之義。』即揖而出，既就館，先生乃以賓禮見。儀典曠絶，邦人創見之莫不瞿然竦觀屏息。使者反，告於朝，〔一〕曰：『抨提若永嘉可爲法矣。』後憲臺〔二〕亦以譏察奉朝旨行郡，先生禮遜之如初，然事體異天使，升阼階西向坐，不終辭。故事歲擷朱欒蒸馨木而化之。曰柑香分徧朝路，號土物名品，又蠲楮真柑介饋，費大苛擾，悉削去。食用甚菲，設廚生埃，語家人曰：『吾儒素爲天子任撫字，敢以郡爲樂，羞赤子膏血自肥乎？』雖不督賦而財未嘗匱。不設法，不立額，而課未嘗虧，蓋由廉儉自將。不費於無藝，中孚感物，而人自化服，不忍欺也。士咸向方知務已學。有冒同姓登科者，既數年矣，忽大感悟，詣先生繳納出身。間貴游，狃聲樂，事敖放，蹐然難畏，相戒曰：『老子無乃聞乎！』悉庋置之。一名卿第，治〔三〕甚華，中有堂，尤偉麗，固常日交賓之所。先生往謁，特委蛇延之別館，猶愧發顔間，豪侈頓

〔一〕北京圖書館編：《北京圖書館藏珍本年譜叢刊》（第三十三册）《慈湖先生年譜卷二》中此前與《陸子學譜》略有不同，爲『使於先生爲先世契，儀典曠絶，邦人創見之。使者反告於朝曰』句。

〔二〕北京圖書館編：《北京圖書館藏珍本年譜叢刊》（第三十三册）《慈湖先生年譜卷二》中爲『臺憲』二字，順序顛倒。

〔三〕北京圖書館編：《北京圖書館藏珍本年譜叢刊》（第三十三册）《慈湖先生年譜卷二》中爲『治第』二字，順序顛倒。

消，兼并衰止。閭巷雍睦，無忿争聲。諸色〔一〕訟者，雖遠涉甘心，到郡庭，受賭是〔二〕杖，杖之終無怨。軍民懷戀，有父母慈，家家肖像祀之，願阿翁壽。五年，除駕部員外郎，去之日，老稚纍纍争扶擁緣道，曰『我阿翁去矣，將奈何？』傾城出，盡哭。有機户嘗遭徒，亦手織錦字爲大帷，頌德政。葉侍郎適書別先生云：『執事二年勤治，公私交慶，惠利所及，載白老人以爲前此未有。載于竹帛，形于圖繪，雲聚山積，懽沸井里，此實録也。』後十餘歲，上庠知名士，猶極談邦人去思未艾，且謂當時真有三代之風，更久任，則一秉好矣。改除工部，上殿言：『臣有當今第一急務告於陛下，世俗常情，喜順惡逆，故其相與，率多奉承。雖於同官，明知其過而不敢言，恐拂其意，終將害己，習以成俗，牢不可破。故雖明知吏部注授，不問賢不肖而不敢革，恐拂不肖者之情也。雖明知擇賢久任爲上策，而不敢行，以員多缺少，恐不賢者不任而拂其情也。以至中外獄吏，箠楚取賂，以直爲曲，冤苦無告，當職憚煩，受成吏手，同官拱默，不復審聽囚詞。州縣承帖，吏卒困苦，小民萬狀。同官雖知，不敢告，長官亦視爲常，恐拂其屬，姑容之。上官剛德，始或案奏，其漏網者多矣，民怨吏卒怨官，遂怨及朝廷。臣大懼中外積怨之久，一夫夜〔三〕呼，從之者如歸市。今聖朝雖有善政，猶以一盃水，捄一車薪之火，節節盜起，皆乘民怨。願陛下明諭大臣，有長官能受逆耳之言，小官善〔四〕於聞過或知過能改，特表章之，布告天下，切勿以爲善小〔五〕而忽之也。堯、舜舍己從人，成湯改過不吝，改過之善，惟孔子知之，

〔一〕北京圖書館編：《北京圖書館藏珍本年譜叢刊》（第三十三册）《慈湖先生年譜卷二》中爲『邑』字。
〔二〕北京圖書館編：《北京圖書館藏珍本年譜叢刊》（第三十三册）《慈湖先生年譜卷二》中無『賭是』二字。
〔三〕北京圖書館編：《北京圖書館藏珍本年譜叢刊》（第三十三册）《慈湖先生年譜卷二》中爲『吠』字。
〔四〕北京圖書館編：《北京圖書館藏珍本年譜叢刊》（第三十三册）《慈湖先生年譜卷二》中爲『喜』字。
〔五〕北京圖書館編：《北京圖書館藏珍本年譜叢刊》（第三十三册）《慈湖先生年譜卷二》中爲『小善』二字，順序顛倒。

後世罕知，非表章布告，使天下改觀，則衆以改過爲恥，此誠治亂安危所繫。人性本善，朝還〔一〕重賞，導之於前；御史監司，绳之於後，庶幾願聞過求忠告者多，盡掃喜順惡逆之私情，善政盡舉，弊政盡除，民怨自消，禍亂不作。』上嘉納之。除工部員外郎。六年輪將對，先生謂五十年深思熟慮，無出擇賢久任之上策，既累告於上矣。他何言，即此説行，天下事自無不治，此而未竟，又將旁舉細務，姑嘗試具奏牘，某〔二〕不能是也。君子於其言，無所苟而已，况告君乎？復詳劄申斯旨。除軍器監兼工部郎官，轉朝奉大夫。先生不樂用磨勘，初員外郎時，遲數歲不轉，一故舊自爾相料理，此日亦部長貳白堂轉之。先生猶申省宅寢免。除將作監，兼國史院編修官，兼實録院檢討官。七年，以兩院進御集實録，轉朝散大夫。虜大飢，北民襁屬歸我，蜂聚蟻壅，日數十〔三〕萬〔四〕，邊吏間不知大體，列弓弩臨淮水射之退。先生戚然曰：『得土地易，得人心難，三代之得天下也，得其民也。况薄海内外，皆吾赤子。不幸中土人落腥羶，一旦飢，驅故民出塗炭，投慈父母，顧與之靳斗升粟而迎殺之。靳脱死，乃速得死，豈相上帝綏四方之道也哉！』〔五〕即日上奏，哀痛言之。〔六〕不報。後十日當面對，復謂方今上策，無過擇賢久任，累白廟堂，亦已寖知擇賢久任之味，云且有驗矣。但朝廷承襲昔〔七〕例，科舉取士，專尚虚文，大壞士子心術。吏部注授，專以資格，不考才德。郡守例二年爲任，知縣三年，餘京官選

〔一〕从上下文意思来看，本應爲『廷』字，而不應爲『還』字。
〔二〕北京圖書館編：《北京圖書館藏珍本年譜叢刊》（第三十三册）《慈湖先生年譜卷二》中爲『簡』字。
〔三〕北京圖書館編：《北京圖書館藏珍本年譜叢刊》（第三十三册）《慈湖先生年譜卷二》中爲『千』字。
〔四〕北京圖書館編：《北京圖書館藏珍本年譜叢刊》（第三十三册）《慈湖先生年譜卷二》中有『計』字。
〔五〕北京圖書館編：《北京圖書館藏珍本年譜叢刊》（第三十三册）《慈湖先生年譜卷二》中無『曰：「得土地易，得人心難……豈相上帝綏四方之道也哉！」』句。
〔六〕北京圖書館編：《北京圖書館藏珍本年譜叢刊》（第三十三册）《慈湖先生年譜卷二》中無『哀痛言之』句。
〔七〕北京圖書館編：《北京圖書館藏珍本年譜叢刊》（第三十三册）《慈湖先生年譜卷二》中爲『久』字。

人，各有定例。不肖者前後踵接，故妄作害民，致怨招禍，大盜累起，朝廷又憚改作，甚非祖宗所望聖子神孫之意。今兵帥多非其人，軍人懷怨有語，謂用命者無恩澤，不戰而走者擢用。將帥全才固難得，其有智勇不刻剥得士卒心者，不可謂無。楮券大失信，民對泣痛怨，後難〔一〕稍寬。而有秤提，州郡過嚴，民甚冤苦。又鹽法累改失信，舊以年月日次第支鹽。今定舊鈔二分，新鈔八分，故舊鈔幾於無用，客子怨深至骨。軍器物料，尚欠客子若千萬緡，不知已未支還。又放散軍人，失所深怨，不知已未根刷收拾。最有一大利害，習俗常談，以大公至正之論爲迂濶，以趨時苟且權譎之術爲通才，權術苟且，暫遣目前，而人心不服，上帝不與，禍其在後，此國家治亂安危所繫。孔子曰：『一物失理，亂亡之端，苟違此道，民畔如歸。』惟陛下明察靜思，大臣亦虚己求言，聞過願改，君臣同心，則天下被如天莫大之恩。已乃嘆曰：『吾益老，當去矣！』猶未已耶，會有疾，遂連乞假。先生自永嘉後告老，丐祠之章，又十餘上，每切切乎道義。謂有國者由乎道義，則上當天心下合人心；有家者由乎道義，則上可以〔二〕事君親下可以〔三〕臨民。某〔四〕踰七十又幾年，三入脩門，四經陛對，言無可採，澤不被於天下，徒綴班列，不去，義乎不義乎。至此又極言當去之義，愈明愈確，而請愈力。遂除直寶謨閣，主管成都府玉局觀。十二年，除直寶文閣、亳州明道宮，再任。十四年，除秘閣修撰，紹興千秋鴻禧觀。十五年，特授朝請大夫、右文殿修撰、南京鴻慶宮，賜紫衣金魚。十六年，除寶謨閣待制、提舉鴻慶宮，賜金帶。十七年，皇上御極，除寶謨閣直學士，提舉仍舊，洊賜帶。寶慶元年，轉朝議大夫、慈谿縣開國男，食邑

〔一〕北京圖書館編：《北京圖書館藏珍本年譜叢刊》（第三十三册）《慈湖先生年譜卷二》中爲『雖』字。
〔二〕北京圖書館編：《北京圖書館藏珍本年譜叢刊》（第三十三册）《慈湖先生年譜卷二》中無『以』字。
〔三〕北京圖書館編：《北京圖書館藏珍本年譜叢刊》（第三十三册）《慈湖先生年譜卷二》中無『以』字。
〔四〕北京圖書館編：《北京圖書館藏珍本年譜叢刊》（第三十三册）《慈湖先生年譜卷二》中爲『簡』字。

三百户。尋授華文閣直學士，提舉佑神觀，奉朝請。親灑宸翰，屢頒詔旨。謂先朝耆德，朕日素所簡記，令所在軍州，以禮津發赴行在。先生卧病控辭至於五六。二年，授敷文閣直學士，累加中大夫，仍提舉鴻慶，尋以〔一〕寶謨閣學士大中大夫致仕。三月二十三日，薨於正寢，享年八十有六。生紹興十年庚申，〔二〕先生清明純一，無生死異。屬纊之夕〔三〕，怡然如平常時〔四〕遺奏聞。特贈正奉大夫，官其後如格，賻銀絹二百計，告詞有云：作覬來歸，胡不愈疾。〔五〕士歎明師之失國，奚黄髪之詢。學者觀之，爲之悲慟。鄉閭孺慕，走哭者交道。公卿大夫士無遐邇，弔奠者交踵。四朝耆舊，百世宗師，生榮死哀，不愧不怍。娶林氏，封令人。二子，恪，承務郎沿海制置司，准備差遣，克承家學，勉進未艾。懿，早亡。女三，嫁進士孫誼，宣教郎知湖州德清縣童㕑善，宜州〔六〕倅舒公諱璘之子銑。孫男五，埜、生、基、在、堂。孫女二，長嫁將仕郎韓燮。曾孫金。以三年四月乙酉，葬邑之五峯。〔七〕嗚呼！三代衰，聖教熄，異端邪説争鞭駕於天下。其後傳註以爲經，章句以爲學。洙泗家法，徒存紙上之空言，穿裂剥蝕，舛千稂莠，學者信之愈篤，即所以遺害〔八〕愈深，求其真得我心之同然。洞照古聖於千載之上，无是理也。於赫我宋，篤生賢哲，而先生又挺出諸儒後，伏羲肇畫，初無文義可傳。孔氏〔九〕

〔一〕北京圖書館編：《北京圖書館藏珍本年譜叢刊》（第三十三册）《慈湖先生年譜卷二》中爲『升』字。
〔二〕北京圖書館編：《北京圖書館藏珍本年譜叢刊》（第三十三册）《慈湖先生年譜卷二》中無『生紹興十年庚申』句。
〔三〕北京圖書館編：《北京圖書館藏珍本年譜叢刊》（第三十三册）《慈湖先生年譜卷二》中爲『日』字。
〔四〕北京圖書館編：《北京圖書館藏珍本年譜叢刊》（第三十三册）《慈湖先生年譜卷二》中有『以』字。
〔五〕北京圖書館編：《北京圖書館藏珍本年譜叢刊》（第三十三册）《慈湖先生年譜卷二》中爲『胡疾不愈』句。
〔六〕北京圖書館編：《北京圖書館藏珍本年譜叢刊》（第三十三册）《慈湖先生年譜卷二》中無『州』字。
〔七〕北京圖書館編：《北京圖書館藏珍本年譜叢刊》（第三十三册）《慈湖先生年譜卷二》中無『以三年四月乙酉，葬邑之五峯』句。
〔八〕北京圖書館編：《北京圖書館藏珍本年譜叢刊》（第三十三册）《慈湖先生年譜卷二》中有『者』字。
〔九〕北京圖書館編：《北京圖書館藏珍本年譜叢刊》（第三十三册）《慈湖先生年譜卷二》中爲『子』字。

遺書，不從言語上得，本心本聖，無體無方，虚明變化，無非妙用，斯道也，堯以之安安，舜以之無爲，禹以之行其所無事，湯以之懋昭，文王以之順帝則，武王以之訪《洪範》，周公以之師保萬民，孔子以之爲刪、爲定、爲繫、爲筆削、爲褒貶，是之謂中，是之謂極，是之謂秉彝之則。茫茫千古，智探巧索，如瞶商律，如膜指杓，而先生得之，斯道於是大明。開後學之夷塗，掃羣迷之浮論，有功聖門大矣。蓋由天資醇實，渾然不雜，是故立志也剛，進學也勇，而行之也有力。既大省發，終身以之勉，兢無須臾微懈。又且〔一〕克永厥壽，習久益熟，遂造純明之盛，若先生真所謂天民先覺者歟，其歸自冑監也。家食者十四載，築室德潤湖上，更名慈湖，館四方學子于熙光詠春之間，而啓迪之。於是始傳《詩》、《易》、《春秋》，傳曾子。始取先聖大訓間見諸雜說中者，刊訛剔誣，萃六卷而爲之解。謂人皆以易爲書，不以易爲己；以易爲天地變化，不以易爲己之變化，故面牆者比比天地載〔二〕之，天地變化我之變化，非他物也，私者裂之，私者自小也。先生是以有己易。人皆狥目爲見，狥耳爲聞，而不明夫哀樂相生，不可見聞之妙，不明夫禮樂無體無聲之妙，先生是以有閒居解。人心自明，人心自靈，夫人皆有至明、至靈、廣大、聖智之性。微生意焉，故弊之有必焉，故弊之有固焉，故蔽之，有我焉，故蔽之，聖人不能以道與人，能去人之弊耳，如太虛未始不清明，去其雲氣則清明，是性人所自有，不求而獲，不取而得，先生是以有絶四紀。學者不反其所自有，而或陷溺於諸子百家之臆說，紛呶簧鼓，疑似支離，坐祟其中，卒莫見道，先生是以有啓蔽。謂治天下其最急者五：一曰謹擇左右大臣、近臣、小臣；二曰擇賢久

〔一〕北京圖書館編：《北京圖書館藏珍本年譜叢刊》（第三十三册）《慈湖先生年譜卷二》中爲『且又』二字，順序顛倒。
〔二〕北京圖書館編：《北京圖書館藏珍本年譜叢刊》（第三十三册）《慈湖先生年譜卷二》中爲『我』字。

任中外之官；三曰罷科舉而〔一〕鄉舉里選賢者能者；四曰罷設法導〔二〕淫；五曰教習正兵法以備不虞〔三〕。其次急者八：一曰募兵屯田以省養兵之費；二曰限民田以漸復井田；三曰罷妓籍俾〔四〕從良；四曰漸罷和買折帛暨諸續增〔五〕之賦及榷酤而禁羣飲；五曰擇賢士教之大學，教成使分掌諸州之學，又使各擇邑〔六〕里之士，聚而教之，教成使各掌邑里之學；六曰取《周禮》及古書會議熟講，其可行於今者，三公定議而奏行之；七曰禁淫樂；八曰修書以削邪說。先生是以治務，蓋先生之學，以古聖爲的。嘗言非大聖人終未全明，故於子思、孟子，猶若有所未滿。論治則三代之規模，苟爲漢唐事業，雖隆貴所弗願焉。其領玉局而歸也，門人益親，遐方僻嶠，婦人孺子，亦知有所謂慈湖先生。巋然天地間，爲斯文宗主。泰山喬嶽，秋月獨明也。始傳古文《孝經》、傳《魯論》，而釐正其篇次。平生多所著述，片言隻字，无非發明大道，散落海内，未易遽集，方裒之。其已成編者，《甲稿》、《乙稿》，又《冠記》、《昏記》、《喪禮》、《家記》、《家祭記》、《釋菜禮記》、《石魚家記》，皆成書。時受恩師，門至深至厚，自顧庸淺，何能發揮。然〔七〕先生德業，建諸天地而不悖，質諸鬼神而不〔八〕疑，百世以俟聖人而不惑。初不以人言而輕重可否也。既葬有日，乃弗獲已，奉同志之命，姑誦其所聞謹狀。寶慶三年正月十五日。門人嚴陵錢時撰。

〔一〕《二十五史·宋史》卷四百七《楊簡傳》中有『行』字。
〔二〕《二十五史·宋史》卷四百七《楊簡傳》中爲『道』字。
〔三〕《二十五史·宋史》卷四百七《楊簡傳》中此句爲『治武法修諸葛武侯之正兵以備不虞』。
〔四〕《二十五史·宋史》卷四百七《楊簡傳》中無『俾』字。
〔五〕《二十五史·宋史》卷四百七《楊簡傳》中爲『無名』二字，而不是『續增』二字。
〔六〕《二十五史·宋史》卷四百七《楊簡傳》中爲『井』字。
〔七〕北京圖書館編：《北京圖書館藏珍本年譜叢刊》（第三十三册）《慈湖先生年譜卷二》中無『然』字。
〔八〕北京圖書館編：《北京圖書館藏珍本年譜叢刊》（第三十三册）《慈湖先生年譜卷二》中爲『無』字。

真西山跋行狀後云：慈湖先生將葬，叔謹書來，命德秀曰，先君之墓，子其銘之。先生之門人建昌傅君正夫，不遠千里，訪予於粵山之麓，亦以是爲請。竊惟〔一〕伏念，嘉定初元，先生以秘書郎召，德秀備數館職，始獲從之游。見其齋明盛服，非禮不動，燕私嚴恪，如臨君師。朞功之戚下淚，緦麻服制喪期，一以經禮〔二〕爲則，而容色稱之。平居接物，從容和樂，未始苟異於人，而清明高遠，自不可及。同僚有過，微諷潛警，初不峻切，而聽者常懼然。一日見謂曰：『希元有志於學，顧未能忘富貴利達，何也？』德秀怳然，莫知所謂。先生徐曰：『子嘗以命訊日者，故知之。夫必去是心，而後可以語道。』先生之於德秀，可謂愛之深而教之篤矣。惜其時方繆直禁林，役役語言文字間，故於先生之學，雖竊聞一二而終未獲探其精微。憂患以來，粗知向道，思欲一扣函丈，求其指歸，而不可得矣。嗚呼！先生已矣，德秀〔三〕何所據以爲進德之地也。夫未能深知先生之道，而欲傳其心於百世之下，此德秀之所不敢也。雖然有一焉，蓋今傳後之文，有狀有銘而又或有表。先生之門，賢哲甚衆，今狀其事者既有人，非高弟不可也。如德秀者，或使之序其梗槩而表於墓門，則其責差輕而可勉，正夫幸以爲然，則願復于叔謹而還以命焉。故書於行述之後以俟。行述者，正夫所篡，〔四〕蓋有得於先生之道者也，故其言言皆實録云。寶慶丁亥七月朔日，建安真德秀跋。

按：真文忠公辭誌銘而任表，然《西山集》中無慈湖墓表文，豈未及爲，抑集遺之也。然文忠公所見者，傅正夫所爲之行述，非錢子是所爲之行狀也。傅作今不傳。《宋史》傳千餘言，悉本錢狀，今不復録，惟傳末有，後咸

〔一〕北京圖書館編：《北京圖書館藏珍本年譜叢刊》（第三十三册）《慈湖先生年譜卷二》中無『惟』字。
〔二〕北京圖書館編：《北京圖書館藏珍本年譜叢刊》（第三十三册）《慈湖先生年譜卷二》中爲『禮經』二字，順序顛倒。
〔三〕北京圖書館編：《北京圖書館藏珍本年譜叢刊》（第三十三册）《慈湖先生年譜卷二》中有『復』字。
〔四〕北京圖書館編：《北京圖書館藏珍本年譜叢刊》（第三十三册）《慈湖先生年譜卷二》中有『正夫』二字。

淳間制置使劉𣼴，即其居作慈湖書院，門人錢時，二十一字，爲狀所無，今附於此。

書問雜記

先生嘗言，楊敬仲不可說他有禪，只是尚有習氣未盡。

先生與楊敬仲書云：『此心之良，戕賊至於熟爛，視聖賢幾與我異類。端的自省，誰實爲之？改過遷善，固應無難，爲仁由己，聖人不我欺也。直使存養至于無間，亦分内事也〔一〕。然懈怠縱弛，人之通患，舊習乘之，捷於影響。慢游是好，傲虐是作，游逸淫樂之戒，大禹、伯益猶進於舜；盤盂几案〔二〕之銘，成湯猶賴之；夫子七十而從心，吾曹學者省察之功，其可已乎？承喻未嘗用力，而舊習釋然，此真善用力者也。舜之孳孳；文王之翼翼；夫子言「主忠信」，又言「仁能守之」，又言「用其力於仁」；孟子言「必有事焉」，又言「勿忘」，又言「存心養性以事天」，豈無所用其力哉？此《中庸》之戒謹〔三〕恐懼，而浴沂之志，曲肱陋巷之樂，不外是矣。此其用力自應不勞。若茫然而無主，泛然而無歸，則將有顛頓狼狽之患，聖賢樂地尚安得而至乎？』

又與書云：『日新之功，有可以見教者否？易簡之善，有親有功，可久可大，苟不懈怠廢放，固當日新其德，日遂和平之樂，無復艱屯之意。然怠之久，爲積習所乘，覺其非而求復，力量未宏，則未免有艱屯之意。誠知求復，則屯不久而解矣。此理勢之常，非助長者比也。頻復所以雖厲而無咎，仁者所以先難而後獲也。若於此

〔一〕陸九淵著，鍾哲點校：《陸九淵集》卷五中爲『耳』字。

〔二〕陸九淵著，鍾哲點校：《陸九淵集》卷五中爲『杖』字。

〔三〕陸九淵著，鍾哲點校：《陸九淵集》卷五中爲『慎』字。

而〔一〕別生疑惑，則不耘助長之患，必居一於此矣。當和平之時，小心翼翼，繼而不絶，日日新又日新，則艱屯之意，豈復論哉？顧恐力量未能至此耳。』

慈湖祖象山先生辭云：某所以獲執弟子之禮于先生門下，四方莫不聞矣。某所以獲執弟子之禮於先生門下，四方實未之知。豈惟四方之士未之知？雖前乎此千萬世之已往，後乎此千萬世之未來，盈天地兩間皆高識深智之士，竭意悉慮，窮日夜之力，亦將莫知。又豈惟盡古今與後世高識深智之士莫能知，雖某亦不能自知。壬辰之歲，富陽之簿廨，雙明閣之下，某以本心問，先生舉凌晨之扇訟。是非之答，實觸某機，此四方之所知。至於即扇訟之是非，乃澄然之清，瑩然之明，匪思匪爲，某實有之。無今昔之間，無須臾之離，簡易和平，變化云爲，不疾而速，不行而至，莫知其鄉，莫窮其涯。此豈惟某獨有之？舉天下之人皆有之，爲惻隱、爲羞惡、爲恭敬、爲是非。可以事君，可以事親，可以事長，可以與朋友交，可以行於妻子，可以與上，可以臨民。天以是覆而高，地以是載而畢，日月以是臨照，四時以是變化，鬼神以是靈，萬物以是生。是雖可言而不可議，可省而不可思。孔子曰：『吾有知乎哉？無知也。』文王順帝之則，亦自不議不知，况於某乎？况於四方之士乎？故聖人遏絶學者之意，以有意則有知；遏絶學者之必，以有必則有知；遏絶學者之固，以有固則有知；遏絶學者之我，以有我則有知。愈知愈離，愈思愈遠，道不遠人，人之知道而遠人。不可以知道，不知猶遠，而况於知乎？故夫先生平日之論，非學者之所知，非某之所知。雖然先生之道，亦既昭昭矣，何俟乎知？仰觀乎上，先生確然示人易矣；俯察乎下，先生隤然示人簡矣。垂象著明者，先生之著明；寒暑變化者，先生之變化。《書》者，先生之政事；《詩》者，先生之詠歌；《禮》者，先生之節文；《春秋》者，先生之是非；《易》者，先生之變

〔一〕陸九淵著，鍾哲點校：《陸九淵集》卷五中無『而』字。

化〔一〕。學者之所日誦，百姓之所日用，何俟乎復知？何俟乎復思？勿思勿知，不可度思，矧可射思。〔二〕今先生釋然而化矣，又豈學者之所知？某聞先生之訃，慟哭既絶而復續，續而又絶，絶而又復續，不敢傷生，微聲竟哭，亟欲奔赴，病質岌岌，度不可支，循循歷時，荒政方敫，今也畧定，氣血微強，矧聞襄大事之有期。求檄以來，庸暢中腸之悲，一奠祖行，薦以此辭。先生之道不可思，此哀亦不可思。

真西山作《慈湖訓語》跋云：『慈湖先生之道，學者所共尊。顧嘗側聽諸公間，或不能無竊議者，謂〔三〕泯心思，廢持守，談空妙，畧事爲也。今觀正夫所録，有曰：「無思甚妙，思之正亦甚妙。」又曰：「徒思不可爲學，不思如何是學？」然則先生之學，其果泯心思耶？曰：「學未純熟，不可廢守。」又曰：「敬以守之。」於意態未動之先，守定用力，自然光明。先生之學，其果廢持守耶？至於言道以本心爲正，言德以直心爲主，則其爲論至平實，既與談空説〔四〕玅者不同。而於當世之務，討論區畫，若指諸掌，又非脱畧事爲者也，是四者既皆異乎所聞。至其爲説，有曰成身莫如敬，《書》曰欽、曰敬、曰謹、曰克艱、曰孜孜、曰兢兢、曰勤恤。三五盛際，君以此命臣，臣以此戒君。蓋灼知不敬〔五〕此心易動，敬則此心不動，此心微動，百過隨之。此心不動，常一常明，嗚呼！斯言至矣。非正夫之心，與先生通貫爲一，豈能傳之簡牘，不失其真哉。然則先生之言固有功於後〔六〕，而正夫所録，又有功於先生者也。』

〔一〕陸九淵著，鍾哲點校：《陸九淵集》卷三十六中爲『易』字。
〔二〕陸九淵著，鍾哲點校：《陸九淵集》卷三十六中爲『何俟乎復思？不可復思，矧可斁思』句。
〔三〕北京圖書館編：《北京圖書館藏珍本年譜叢刊》（第三十三册）《慈湖先生年譜卷二》中無『謂』字。
〔四〕北京圖書館編：《北京圖書館藏珍本年譜叢刊》（第三十三册）《慈湖先生年譜卷二》中爲『説空』二字，順序顛倒。
〔五〕北京圖書館編：《北京圖書館藏珍本年譜叢刊》（第三十三册）《慈湖先生年譜卷二》中有『則』字。
〔六〕北京圖書館編：《北京圖書館藏珍本年譜叢刊》（第三十三册）《慈湖先生年譜卷二》中有『學』字。

真西山又作《慈湖手書〈孔壁孝經〉跋》云：『司馬文正公平生未嘗草書，雖造次顛沛間，一點一畫，必如〔一〕法度，觀其書者，即知公之爲人。慈湖先生楊公〔二〕，道德學問，追媲前脩，而於翰墨尤極嚴謹。嘉定初，獲侍公於著廷，見其酬答四方書問，無一字作行狎體，蓋其齊莊中正，表裏惟一，故形於心畫，亦絕類文正公，而清勁過之。傅君侹所藏《孔壁孝經》，又其得意書也。嗚呼！先生不可作矣。學者即此而觀之，猶足以窺大賢氣象而知立德之本』云。

《四明文獻志》有明陳文定公敬宗，作《重建慈湖書院碑記》云：『宋寶謨閣學士大中大夫楊文元公既没，其時邑大夫祠之於慈湖之濱，凡更二遷。咸淳辛未，郡守劉黻，再遷普濟僧寺之右，又爲寺僧挾勢毀之。至元丁亥，繡衣使者行部乃即文元公舊居遺址，重建禮殿，祠庭、堂廡、齋舍咸備。設官廩，備規制，視郡縣學校。入國朝革罷之，禮殿久廢不存，公宇如故。正統四年，適遭回禄之變，悉燎無遺，惟存門屋三間，遂遷奉文元公塑像於門屋之下。景泰間，朝使廣信二李公，高郵龔公，三侍御，先後按節之邑。謁拜之餘，慨然以興復作新爲己任。先之以祠堂之成，則李公玘、龔公謙，二公之功。而董督其事者，實縣丞何黻，主簿劉源也。繼之以彝訓一堂成，則曰良李公，與郡守姑蘇陸公阜，縣令西蜀賈公奭之功也。彝訓垂成之際，臬司僉憲吳公立，適值分巡至此，按舊圖尚有步廊四齋，東西二十楹，未有謀者。於是詢其子孫，凡所未備，悉謀復之。嚴嚴翼翼，肅穆静深，甍棟翬飛，煥然一新，是則督勸其成以全書院之舊規者，吳公之功亦大矣。此文元公泰運之亨嘉也。吳公、陸公，前後以石章相屬予謂天地間氣運有否泰。若四時寒暑之代序，古今治亂之循環，歷代君子小人之

〔一〕北京圖書館編：《北京圖書館藏珍本年譜叢刊》（第三十三册）《慈湖先生年譜卷二》中爲『始』字。
〔二〕北京圖書館編：《北京圖書館藏珍本年譜叢刊》（第三十三册）《慈湖先生年譜卷二》中無『先生楊公』四字。

進退，與夫賢人君子斯道之興替，莫不各有其時，非偶然也。文元公稟剛誠明正之性，心天地之心學，羲文周孔之學，振洙泗之絶響，紹伊洛之正傳，附註六經，貫通百氏，以皋、夔、稷、契、伊、傅、周、召所以事，堯、舜、禹、湯、文、武之心，事吾之君以龔黄卓魯所以撫民之心，撫吾之民，此文元公立心行己之本志。不幸丁宋祚之末運，小人在朝，君子在野。四經陛對，逆鱗之言雖忠，光宗悦之而不繹，披肝瀝胆之勸雖勤，寧宗從之而不改。有尊君親上憂國愛民之心，措之於無用之地，天地之所覆載，日月之所照臨，足鑒此心，亦末如之何也已矣？子思子曰：「動而世爲天下道，言而世爲天下法，行而世爲天下則。」又曰：「建諸天地而不悖，質諸鬼神而無疑，百世以俟聖人而不惑。」文元公皆可無愧。然當綱紀不振之時，宜置文元於左右輔弼，以資論思，顧乃止授州縣國博秘閣閑散等官，則當時退君子而進小人可知矣，何望其能克復中原也？文元公閲事孝、光、寧、理四朝，始終五十四年，立朝僅三十六日而已，餘皆丐祠可勝惜哉。文元公知道不行，年七十餘，遂引年而歸，乃著書立言於闞峯慈湖之上，樂天知命于詠春之間，有曾點浴沂舞雩，上下與天地同流之氣象，壽八十有六而終。今幸遇四風憲，二守令，相與悉心共成盛美，獲睹書院於久廢之餘，拜瞻賢像於重興之日，倡明斯道於未泯之時，修舉墜典於曠日無聞之後，文運之興，又當聖朝重熙累洽之世。然則侍御僉憲守令之茂績，同一並傳于不朽，審矣。何其盛哉？礱石既具，遂因吳、陸二公之請爰書其槩，俾勒置於書院之東，以昭示於罔極。若夫文元公文學、政事、道德之詳。《宋史》列傳，與其門人錢時行狀，載之備矣。茲不能悉，是爲記。』

《陸子學譜》卷之七

南昌萬承蒼訂
後學臨川李紱編
平越王士俊校

弟子二

袁正獻公燮

行狀　　真文忠公德秀撰

本貫慶元府鄞縣
曾祖灼左朝議大夫尚書倉部郎中
妣石氏封恭人
祖悃贈朝奉郎
妣林氏贈安人
父文贈通議大夫
妣戴氏贈淑人

公諱燮，字和叔。姓袁氏，其先出有虞嬀。春秋時，陳大夫濤塗，始見於經。兩漢之世，最稱賢者曰博士固、司徒安。晉宋迄唐，人物相望，至我朝而四明袁氏浸顯。其譜録可考者，府君謐生本州助教志，志生贈大中大夫裴，裴生左朝奉大夫知處州贈光録大夫轂，博極羣書，登嘉祐第，嘗通判杭州，蘇文忠公爲守，譚論賡酬，相得歡甚，公之高大父也。袁氏世學，源流於此。倉部登元祐第，嘗守婺，時蔡氏顓國，其黨曹宗者，横於一州，倉部以法誅之。入對徽皇，以清心省事安不忘危爲獻。至朝奉通議，皆以篤厚醇實稱於鄉。戴淑人亦博覽圖史，如古烈女。生四子，公其仲也。公端粹專静，得之於天。生數月，乳媪寘槃水其前，玩視終晷，夜卧常醒然達旦。五六歲，讀書數遇輒成誦。少長，讀《東漢·黨錮傳》〔一〕，揃編太息，以名節自期。乾道初，入太學，陸先生九齡爲學録，公望其德容粹盎，肅然起敬，亟親炙之。而同里之賢如沈公焕、楊公簡、舒公璘，亦皆聚於學，朝夕以道義相切磨，器業日益充大，平居莊敬，自將爲同舍所嚴憚，暨升前廊，範物以躬，處事有法，士亦推服。淳熙辛丑第進士。孝宗在御久，責治切，有勸公對策，宜謂大體已正，當堅忍以俟其成。公不謂然，直以意對，具言大體未正，與所當更張者，以是僅得丙科。而言堅忍者竟爲舉首，公以舍選當得教官。丞相史忠定公，勉以姑爲一尉，遂注江陰。是歲，忠定薦士十有五人，公在選中。有旨密察，公曰：『始仕而召可乎？』遲次累年，授生徒以供菽水。江陰故兩尉，弓兵合二百人，後獨置一尉，弓兵亦多虚額，公至，盡補之。葺亭教射，躬自按閲，其勇鋭善緝盗者，遇之加優，盗輒立獲。初，弓兵散處閭里，至是始爲營，紀律肅整如軍伍。尉舍傍有黄田港，民居素稠密，公以保伍法部分之，因寓火政。浙西大饑，提舉常平羅公點，妙選僚吏，分任賑恤事而就，以江陰屬公。公謂經理田野之政，自一保始，每保畫一圖，凡田疇、山水、道路、橋梁、寺觀之屬，靡不登載，而以民居分布其間，某治某業，丁口老幼凡幾，悉附見之。合諸保爲一都之圖，合諸都爲

〔一〕黄宗羲著，陳金生、梁運華點校：《宋元學案》卷七十五《絜齋學案》中爲『東都黨錮傳』。

一鄉之圖，又合諸鄉爲一縣之圖。可以正疆界，可以稽户口，可以起徒役，可以備姦偷，凡按征發争訟追胥之事，披圖一見可決。在田野爲保社，在軍旅爲伍法，韓信多多益辦，用是故也。公首以此爲荒政之要，由是民被實惠，而欺僞者無所容。訖事，羅公薦於朝，有旨陞擢。既又循兩資，終更入都。周丞相謂當處公班列，少須三月其可，公曰：『遲遲以待内除，非吾志也，且親老得便養足矣。』即就沿海制屬以歸。紹熙初，衆正在廷，而公連遭内外艱，未及用。寧宗嗣位，始以太學正召，然侍講朱公及諸名儒已次第去國矣。未幾，趙丞相罷，公知必不爲時所容，然猶晨入學，延見生徒，商確理道。或謂諸生多上書議斥時事，不當誘進，公不爲變，迄以此論罷，自是僞學之禁興，而正人無容足矣。公貧甚，退處泰然，久之得浙東帥屬，再爲福建常平屬官。嘗言職分無大小，皆當自竭，非求人知。滯訟如山，窮日夜繙閲，凡所予奪，無再愬者。改秩通判贛州，未上。會開禧邊事作，兩淮大震擾。公謂海道通山東，宜謹備，而内地盜賊尤不可不務防。趙尚書善堅帥沿海請公攝參議官，後帥傅公伯成因之。公爲言備禦大畧，及團結鄉兵事宜，傅公一以相屬。公周眂屬邑，所至按閲，井井有倫。嘉定初元，天子既誅權臣，盡起當世鴻碩，召公爲宗正簿，樞密院編脩官，權考功郎，遷丞奉常。時諸賢雖收召，而鯁直罕見親。二年春，因對言曰：『陛下履位之初，委任賢相，正士鱗集於朝，人情翕然，以爲太平可致，而欲竊威權者，從旁睨之。彭龜年逆知其必亂天下，因對顯言其姦，陛下竦然開納，然龜年繼以罪去，而權臣根據自若，羣邪合之，排斥善類，積而至於無故興師，幾危社稷。嚮若陛下篤信龜年，折於萌蘖之初，豈至是哉？正人端士，今不爲乏，惟陛下所用耳。《書》曰「有言逆于汝心，必求諸道」，往者龜年所進，合於道之言也。今日復有指陳闕失，盡心無隱者即龜年之言也。陛下追思龜年，蓋嘗臨朝太息曰「斯人猶在，必大用之」，固已深知龜年之忠矣。陛下此時之心，即二帝三王敬賢納諫之心也。常存此心，急聞愷切之言，崇奬朴直之士，若龜年之效忠者，接踵而至矣。一龜年雖没，衆龜年繼進，何憂天下之不治哉。』是歲郡民艱食，公又言：『古者制國用，量入爲出，今當饑饉艱危之時，惟有裁節冗費，自乘輿服御至百司庶府，無所不節，以爲施惠之具，或可以濟。』又論軍兵虚籍，宜用孝宗獎邵宏淵故事，凡軍帥有能以姦蠹來上者褒寵之，不然者擯絀之，軍費省則民食寬矣。因言用度有節或恐有傷國體，然民者邦之本，以邦本之故，少虧國體未害也。上皆嘉納之，而公請外甚力，知江州。屬歲不登，公請於朝，貸椿管錢九萬緡爲糴本，告糴旁郡，計口而糶，循環相因，市直頓平，郡仰征税以給。公謂薄征所以來商旅，益損税額，擇僚吏以董之。舳艫相銜，無苛取，無濡留，至者大悦。又謂《周官》弊餘居九賦之末，亦足用之一端也。於是窒滲漏，稽餘羨，用賴無乏。郡治有亭，扁以節愛，凡非奉禀之正者皆不取，簡燕遊，削交饋，至事關風教惠養，則汲汲爲之。大學宫創福田院，居再歲，畧計經用之餘，緡錢猶二十七萬。郡當大江之衝，而城堞不治，因請悉舉爲版築費，報可。朝廷患楮多錢少，令沿江八郡通用鐵錢，敕榜下九江，公曰：『此令一出，銅錢將益閉藏。』姑緩揭榜，將力言之。俄聞金陵以鐵錢二當銅錢一，咸謂不便，而朝廷亦弗果行，人服公之先見。公每謂牧守兼兵民之寄，訓習師旅，所不可後。种世衡教射法可行，始至大閲，以銀爲的，中者給之，竟日無一焉。乃合卒伍時按試，第其能以賞，自是中者如櫛，破的常數十。峒寇鴟張，上命副都統劉元鼎提兵討捕，公問何以平賊？元鼎鋭欲殄滅，而實無必勝策。公告之曰：『諸峝崖谷峻險，若輕入其阻，未易得志，不如以重兵壓之，勿與争鋒，而待其弊。』元鼎從公言，按兵南安，不與賊角，來則禦之，賊果降。提舉江西常平，權隆興府事。會朝廷新易楮幣，分遣中都官出使諸道察不如詔者，帥守奉承過當，稍損厥直者，即寘于辟。公知上意本以捄弊，而非欲毒民，因王君棐銜命至，爲請言之。後兩月至臨川，則聞官吏競爲發擿，黔流之罪日報，公嘆曰：『吾可不爲明主一言乎！』即上章具論官吏以刻核之心，行苛暴之政，刑罰不中，民無所措手足，邦本朘削，深爲國家憂，願詔監司郡守奉行寬大。俄以都官郎召，時更化六年，而頹綱未舉，宿弊猶在，上方恭已仰成，公言：『古者大有爲之君，所以根源治道者，一言以弊之，曰「此心之精神而已」，心之精神，洞徹無間，九州四海靡所不燭。故《書》曰「光被四表，格於上下」。又曰「帝光天之下」，二帝之精神也；「明明我祖，萬邦之君」，「德日新」，「宣重光」，三王之精神也。二帝三王，終日乾乾自強不息，故能全此精神，照臨天下，至於今仰之。陛下雖有仁心仁聞，而大有爲之效未著，願毋以寬裕溫柔自安，必以發強剛毅相濟，朝夕警策，不敢荒寧，以磨勵其精神，監觀古昔，延訪英髦，以發揮其精神，日進而不止，常明而不昏，則流行發見莫非精神矣。昔我藝祖，當俞寓縣分裂之際，整頓乾坤，如再開闢，《詩》曰「周雖舊邦，其命維新」，新者精神之謂也。願陛下以藝祖爲法，則我宋之維新，亦當常如創業之初。』又言帝王不可不勤於訪問。上首肯再三，且言問則明，遷司封郎官。因對言曰：『臣昨勸陛下勤於好問，而聖訓有曰「問則明」，退與朝士言，莫不稱歎，而側聽十旬，陛下之端拱淵默猶昔也，臣竊惑焉。夫既知如是而明，則當知反是而闇，明則輝光旁燭，無所不通，闇則是非得失，懵然不辨，或以爲人主一言之失，史官書之，天下議之，問而不當，不如勿問。臣謂不然，自古帝王之言，豈能無失？惟得賢臣開陳正救歸於至善而已，豈可畏人之譏議而終於不問哉？』兼國史編脩實録檢討官。明年春，遷國子司業。又明年春，遷秘書少監、兼司業。及秋，進祭酒。冬，除秘書監，仍兼祭酒。公謂邇年士氣不振，皆由本心無所興起，而尸教養者有摧沮無開導，以故日就頹靡。每延見諸生，必迪以反躬切己之學。常病世之學者，徒知襲先儒緒言，通遺經訓釋，而未能自得於心，不足以爲學。吾心即道，不假外求，忠信篤實，是謂道本。聞者竦然有得，士氣日以激昂，上焉者可與語斯道之本原，次亦不失爲謹敕士。至國有大議，叩閽投匭，爭獻所聞，始無負於天子之教育矣。禁中銀器失，上不忍坐主者，命以錫易之，公言：『陛下聖德如此而治效未著，以臣管見，或者君人之大節，猶有可議者歟？《易》曰「大哉乾元，萬物資始」；《語》曰「大哉！堯之爲君」，是故君子大之爲貴；《孟子》曰「古之人所以大過人者，無他焉，善推其所爲而已」。惟陛下恢洪志氣，毋自菲薄，以成大功。時韃虜甚強，金勢日蹙，我朝屢遣使，不得通。公言戰守無二道，威聲雄畧，可以決戰，而後可以固守。謝安相晉，未嘗輕用兵也。秦師垂至，桓沖以根本爲憂，遣兵入衛，安卻之，曰「朝廷處分已定，甲兵無闕，味已定無闕」之語，則知講之有素，備之非一日矣，願陛下亟圖之。』九年春正月，兼崇政殿說書，因對條陳四事，其一曰：在《易》之乾，天行健，君子以自強不息，宜健而弱，非天德也。故君德弱則不進，紀綱弱則不張，法度弱則不修，號令弱則不行，治內而弱則中國不尊，治外而弱則夷狄不懾，女真將亡，無智愚皆知之。陛下愛惜生靈，遵養時晦，似未失也，而揣摩迎合之徒，遂欲苟於無事，有言不可者則詆之，曰『是欲用兵爾』，加以是名，時所甚諱，則不敢復言，而不知我能自奮，則不戰而屈人兵，我不自強而示人以弱，則適以召兵安能息兵。韃靼憂人自昔雄盛，新興諸豪，兵力亦強，皆知中國之弱，日夜垂涎，伺隙而作，竊恐兵端浸啓而禍患未易平也。陛下可不法天行健，磨勵精神，破庸人之論，以強中國之勢。其二謂：刑賞二柄，不原乎天，則朝綱弛而國勢陵，願大明公道以救其弊。其三謂：旱蝗相仍，民大饑困，而長民之吏，慮觸放太多，罕以實告，故饑民不可勝計，而惠施不能偏及。晉之李雄、李特，初起不過流民，寖盛乃能據蜀，監觀往事，可爲寒心。我朝内帑之儲，本爲凶荒備，所宜止絶它費，以賑饑爲急。其四謂：廣謀從衆，則合天心。今侍從之臣，所以資獻納之益也，日近清光而不聞有所咨訪。通進一司，所以達庶僚之言也，虛名僅存而不聞有所規箴，則是朝廷之舉事，實未嘗與天下共之也。自今事關利病，皆當廣咨博訪，是爲至公，是爲天心，行此四者，易於轉圜，而臣猶慮未能盡行者，諂諛之風未息，而蒙敝之患方深。孔子曰『遠佞人，佞人殆』〔一〕，而孟軻亦曰：『與讒諂面諛之人居，國欲治得乎？』崇觀政宣之際，此徒實繁，所以靖康之禍，至大至酷，今日所當深

〔一〕楊伯峻譯註《論語·衛靈公》爲『放鄭聲，遠佞人。鄭聲淫，佞人殆』，中華書局一九八〇年。

戒。又言向者女真甚強，中國不逮所以受禍。今之韃靼猶女真初興時，上曰亦聞韃靼強盛，公遂言今日未遑他務，且須咨訪臣下，但能行此一事，其效立見。陛下即位之初，羣臣多聞玉音，自爲韓侂胄所誤，惟恐有錯，所以咨訪甚少。上曰：『錯不妨乎？』對曰：『古人稱獻可替否？若皆無錯，則惟有獻可無否之可替矣。』上曰：『予違汝弼，汝無面從，專賴臣下正救。』十一月，權禮部侍郎，陞同修國史實録院修撰，進侍講，猶兼祭酒。公謂人臣以經誼輔導人主，非徒誦說而已。因講《詩》二南於先王正始之本，后妃輔佐之道，所以自身而家，自家而天下者。既敷演厥旨，深寓規儆之意，至列國變風，有關乎君德治道者，亦委曲開陳，託其義以諷。十年夏四月，霖雨不已。公言善爲天下者，當使陽制陰，不當使陰干陽，今淫雨爲災，兼旬未止，此陰盛陽微之證也。一二年來，正論漸微，正塗漸梗，賢者潔身而去，諂諛緘默，以順爲正者，尚多有之，豈天意哉？蠢再殘虜，敢犯王畧，皆因君子道消，所以召侮如此。陛下必欲國勢恢張，亦惟擇夫剛毅正直不肯詭隨公論之所屬，而沉伏於下僚棲遲於遠外者，拔舉而尊禮之，則精神立變，誰敢侮之？虜失燕徙居於汴，來索歲幣，未予，輒舉兵寇邊，或欲以攢年歲幣輸之。公謂果出此不可以爲國，因請對，具言所以不可與狀。又謂用兵一事，雖治世不能免，以言兵爲諱，以安居爲樂，變生不虞，無以禦之，爲計踈矣。自北方擾攘，流民欲歸附者甚衆，皆拒絶之。有至於殺戮多者，流民之怨深入骨髓，安知虜不能激怒之，使讎我乎？自古善用兵者，攻其所必救，彼擾吾邊疆，而吾舉兵北向。欲持其虛，必解而去，從而躡之，腹背受敵，此制勝之奇策也。不知出此，而戰於境内，兵氣不揚矣，又安能決勝乎？上曰：『開禧我先用兵，彼直而我曲，今日虜人叛盟，我直而彼曲。』公對曰：『今日之事，要在陛下剛明果斷，振作士氣。』上然之，公復言歲幣不可與。上曰：『却可以此賞有功。』七月請對，論今之刑政未明者四事。國不自重，以人而重，忠良布列，重於九鼎，姦諛並進，輕於鴻毛。今自更化以來，非才不用，而國勢浸弱，戎心遂啓者，則以所用之才，非真才耳，似奮發而實怯懦也，似多能而實寡陋也。不皇皇於仁義而汲汲於榮祿也。己不自重，又豈能爲國重乎？國人不服，又豈能服夷狄乎？今之儒帥，固有德望巋然，舉世推重者，分閫瀘南，未爲不用，而地非切要，不足以觀其施設。今之忠賢，亦有慷慨論事。名聞夷狄者，宜還天朝，增重國勢，而遠守支郡，未究所長，舍莫邪而用鉛刀，弃周鼎而寶康瓠，是非顛倒，何以立國？今日民困甚矣，重以貪吏，政以賄成，監司牧守，更相饋遺，習以成風。於是昔之優裕者，今凋弊矣；昔之驩樂者，今愁嘆矣。行都之建，垂九十年，生齒雖繁，衣食未裕，蓋自楮幣更新，而蓄財之多者頓耗，盐筴屢變，而藏鈔之久者遽貧。頻年水旱，民無餘貲，貨物積滯，商旅不行。故大家困竭，而小民焦熬，市井蕭條，而官府匱乏，勢所必至。京輦之下，人心不寧，殆孔子所謂吾恐季孫之憂不在顓臾而在蕭墻之内也。朝廷舉措，人所觀瞻，罪當重而輙輕之，禁當嚴而輙弛之，皆非至公無私之道。開禧用兵，一時將帥，扞患守城者，不爲無勞，事平之後，迺以廉謹責之，豈漢家宥李廣利赦陳湯之意。夫政刑苟明，強大之隣不足畏，政刑不明，微弱之虜不可忽。又謂當今之計，當以漸圖之，因舉伍員圖以敝楚者，與李泌困賊之謀，王朴開邊之策爲上言。謂三人者，皆欲先困之而後取，其功雖若稍緩而十全無失，乃所以爲速。十一月又請對，言大小之臣，咸懷忠良，則朝廷之勢尊。邪正雜揉，忠讒並進，則人主之勢孤。今在廷之臣，惟靡曼是娱，珍奇是好，淫侈相高，燕樂無節，同堂合席，不聞箴規。赤心謀國者，果如是乎？賢才之於國，猶禦寒之衣裘，養生之穀粟，汲引善類，無問親疎，所以報國也。今推賢揚善，固不爲乏，而挾私害正者，乃或有之。合於己則掩覆其大過，異於己則指摘其小疵，毁譽發於私情，而真才不得展布，赤心謀國者，豈其然乎？星象屢變，其占爲兵，甚可畏也，而不以爲憂。帝城之近，剽掠公行，非小故也，而不以爲怪。旱蝗之後，征科如故，殘民之大者而不以爲非。導諛貢佞，媮合苟容，以梯寵祿，又豈赤心謀國者乎？植私者衆，赤心者寡，人主少所憑仗，其何以重朝廷乎？又言王辛光州之勝，可謂奇功，而行賞差薄。上曰：『賞豈可薄，薄則無以激勵後人。』公又言，自昔備禦夷狄，不過防秋。今則無時不至，如四月犯光州是也。上曰：『春夏亦不可不防。』公言陛下但能選用赤心謀國之臣，布滿朝列，日聞忠言，朝無闕政，夷狄自然率服。上曰：『卿言甚當。』又言陛下垂意宰屬，精選才士以充之。然政事不勝其多，而宰屬止於數人，耳目不能徧察，思慮不能周知，急則鹵莽，緩則壅滯，甚非所以彌縫宰輔也。願詔大臣，增置掾屬，廣求賢俊，秉心公正者爲之，則所補多矣。十一年正月，天大雷電，繼以飛雪。公言雷乃發聲，蟄虫啓户，著於月令之仲春，今先期而發，已非其時矣。雷陽也，中國亦陽也。雪陰也，夷狄亦陰也，當春而雪，未爲害也。而作於雷震之餘，陽已發舒，而陰忽用事，有夷狄侵侮中國之象，豈小故哉？蓋自殘虜竄伏汴都，陛下不忍遽絶，仍與通好，遺黎歸附者，拒而不納，故此曹惟我是怨，而殘虜以我爲怯，糾合羣怨，致死於我。陛下履至尊之位，而見輕於垂亡之虜，辱莫大焉，其可以不奮發乎？《書》曰：『元首起哉。』起云者，奮發之謂也。元首奮發，則國人莫不奮發矣。深懲既往之失，圖回日新之功，恢張紀綱，振起頹惰，以伸中國之威，破夷狄之膽，此所謂奮發也。雷雪之變，人皆以爲陰盛陽衰所致，此皇天啓佑上聖，欲以剛濟柔，而成以陽制陰之功也，陛下可不仰體天意乎？二月，真除禮侍，兼侍讀。金虜侵軼西陲，公進對，言蜀利害甚悉。大畧欲開示大信，以結並邊忠義之人，俾爲我用，則虜不能支。又謂曩時戎虜去中國遠，粮運難繼，故和可以久。今假息之地密邇，於我利苟在焉，豈其顧盟。汴地四平，難以立國，欲奪我險要爲駐足之地。昔犯浮光襄漢，駸駸至蜀，觀其志，非專爲歲賜也。且所以欲和者，圖省費耳。往年四月，聘使之選，甫入吾境，而犯順之虜，亦以是日入。難信如此，和可恃乎？戍可撤乎？忠義之流，既與虜爲仇。彼方仇之，我則和之，大拂其情，倒戈反噬，誰與禦之。堂堂中國，卑詞厚幣，謹奉垂亡之虜，自示削弱，誰不侮之。自古立國，固有終不與虜和者。石勒來聘，晉焚其幣，何獨今日，必欲通好乎？財用未足，兵力未強，以通和爲戒，若非體國者，究其實而言，求和自我不保，其往將有無窮之悔，絶不通和，事雖難辨，是乃久安之策。上曰：

『卿可謂忠直矣。』十二年冬，時雪雖應，俄頃即止，公謂此《洪範》庶證，所謂豫常燠若者也。陛下早朝晏罷，不狗貨色，不盤遊田，無逸豫之失，而有逸豫之灾，其故何歟？以臣觀之，所謂逸豫者，非必貨色遊畋之謂。邊烽未熄，戎事方殷，而優游恬愉，若四方無虞之日。真才未用，宿弊未革，浸浸焉入於頹弊之域，即所謂逸豫也。因言時雪未降，惟陛下致誠感假，庶幾亟回天意。上曰：『朕日在禁中致禱。』公言：古人應天以實要，須修明政事，登進忠良，屏去邪佞，此乃應天之實。又請以内帑付外廷，俾任鉤考之責。未幾復對，論蜀關外事宜曰，今春虜犯興元，歷金洋以至大安，我師勦之，威聲震矣，然犬羊巧於窺覘，萬一乘我少懈，奪我江源，順流而下，不可不慮也。夫藩籬嚴密，彼安得以窺我。根本堅壯，彼安得以搖我。因言蜀之急務六，欲復階成和鳳之堡障。搜揚、巴、蜀之人材，優大安戰功之賞，與夫教民兵，防蠻患，紓民力，條數甚悉。且謂藝祖得蜀甚難，今可不思所以保蜀之策。人謂國事之可憂者莫如蜀，外障之難防者亦莫如蜀，何者？其地至遠也，有才而無識者，不可以爲蜀帥。有勇而無謀者，亦不可以爲蜀帥，何者？其任至重也。奏畢，反復再三。上曰：『可見卿忠誠愛君。』公進讀高宗寶訓，推演甚詳，而上亦玉音屢發。其尤大者，則論進退人才之公。上曰：『天大地大，道大王亦大，惟其至公，所以爲大。』論賞罰適中，上曰：『柔而不中，則爲姑息；剛而不中，則爲霸道。剛柔皆得正中，則爲王道。』論趙鼎言、吕順浩過失，而上則曰：『此所謂言及乘輿，則天子改容，事關廊廟，則宰相待罪。』又云：『上下之情交通，則爲泰，不交通則爲否，若臺諫不言，何由得知？』論擇宰相，而上則曰：『人主擇宰相，宰相擇百官，爲治之要道也。主好要，則百事詳，主好詳，則百事荒。』其後讀續帝學，至司馬康講《洪範》三德，哲宗問只此三德爲更有德。起居舍人王嚴叟請書於册，以示萬世。公言哲宗發問不過兩言，而當時賢臣，其喜如此，以此知帝王之學，要在發問。上曰：『問則明，不問徒然無益於事。』又讀至上官均言好學好問，公言人主豈可不好問？不好問則羣臣之邪正，政事之得失，必不能盡知。說書柴中行，亦奏須觀所問之人邪正。公言：『但觀其所言，爲己乎？爲國乎？則邪正辨矣。』上曰：『若爲一身計便是小人。』又讀至講讀官，舊皆有講義，中間侍讀獨廢，程瑀隨事著明其說。公言：『臣所以每遇進讀，必從而敷陳之，此乃法程瑀所以事高宗者。』上曰：『若只讀一偏，何益？』公之意以爲儒臣進讀，當兼之以陳說，人主務學，當參之以好問，故懇懇言之。而上亦問答。如響，啓沃之助。於是爲多公德量恢洪，充以涵養。嘗言伊川程公，稱明道先生，視其色，接物如春陽之溫，聽其言，入人如時雨之潤，爲善形容有德者氣象，平居待物，粹和之氣可挹。至立朝論事，則義形於色，凛不可回。一時正論，賴以宗主，而同列始有側目者矣。讐虜垂亡，聘使屢返，非我絶好，彼自内訌。公謂歲幣不必與，議者以爲當與，困獸跳梁屢蹂邊鄙，被自爲寇，非我興戎。公謂戰守不可弛，而議者以爲當和，孜孜獻納，有言必盡，近思之職，所當再也。而目曰多事，侃侃守正，不阿時好，平生之節，不可屈也。而指爲好名，公丐歸至八九，上迄不之許。會三學諸生伏闕上疏，斥主和者之非，既而全臺論列，乃併公以罷，十二年六月也。太學諸生三百餘人，祖餞都門外，且賦詩以別。公曰：『乾道變化，各正性命。雷雨作解，草木甲拆，此吾志也。』以直得名，豈其心哉？明年，除寶謨閣待制、提舉鴻慶宮，起知溫州。辭，陞直學士，皆奉祠如初。明年春，疾大作，而神觀精明，著述弗倦，或勸公宜少休者。公曰：『吾以爲笙鏞筦磬不知其勞也。』八月庚寅，猶竄定近作，疾革矣。醫來必正衣冠以見，癸巳薨於正寢。公受知寧皇，終始簡記，既薨之三日，寧皇亦弃天下。嗚呼！痛哉！公官自改秩十二遷爲太中大夫，爵自鄞縣男，再進爲伯，食邑三百户至九百户。今上御極，陞顯謨閣學士，加秩二等致仕。遺奏聞，贈龍圖學士，光禄大夫，官其後如格，賻銀絹皆再百。自諸老淪謝，天下之士視公出處以爲輕重，及是聞者莫不傷盡。太學諸生相率爲位於西湖之昭慶寺以哭，四方之來奠者，其辭皆哀，學者稱公，不以爵氏，而曰絜齋先生云。寶慶三年，上有事南郊，以二子登朝，贈金紫光禄大夫。紹定三年，明堂恩贈開府儀同三司。自象山先生闡明大道，揭以示人曰：『學問之要得其本心而已，心之本真，未嘗不善，有不善者，非其初然也。』公始遇之都城，一見即指本心洞徹通貫警策之言，字字切己，公神悟心服，遂師事焉。研精覃思，有所未合不敢自信，居一日，豁然大明，因筆於書曰：『以心求道，萬别千差，通體吾道，道不在它。』此公自得之實也。慈湖楊公，與公同師，造道亦同，而每稱公之覺爲不可及。其見諸言論則曰：『人生天地間，所以超然獨貴於物者，以是心爾，心者人之大本也。此心存，則雖賤而可貴，不存，則雖貴而可賤。』又曰：『大哉心乎，與天地一本，精思以得之，兢業以守之，則與天地相似。』又曰：『直者天德，人所以生也。本心之良，未嘗不直，回曲繚繞，不勝其多端者，非本然也。』其告君以此，其教學者以此。某之漕江左也，公贈以言，謂《中庸》曰天地之道可一言而盡也。其爲物不貳，則其生物不測。《大雅》曰：『上帝臨汝，無貳爾心，維此大本，不必他求，卓然不貳，萬善咸具。』古人所以兢兢業業，不敢少懈者惧其貳也。至爲作忠宣堂記，則曰：『心本不偏，制行而原於心，斯不偏矣，凡此皆所以推明本心之善也。』又嘗言：『道不遠人，本心即道，知其道之如是，循而行之，可謂不差矣。然未能爲一，則猶有間也，執柯伐柯，睨而視之，猶以爲遠，謂其未能無間，則雖近猶遠耳！惟夫全體渾融，了無間隔，則善之至也。』又曰：『吾道一以貫之，非吾以一貫之也。舜由仁義行，非行仁義，若致力以行之，則猶與仁義爲二也。』其言益精切矣。雖然，公非苟知而已，少而任道，晚益自力，其致遠也。萬里之涂，跬步未至，不敢以遂休也，其任重也。萬鈞之負，銖兩弗逮，不肯以遽已也。閎其量，必欲如滄海之涵浸。粹其行，必欲如璠璵之光潔。嘗言人心至神，翳之以欲，則不神矣。故其修身以寡欲爲主，勇猛奮勵，痛自懲室，又謂人之欲無窮，必求所以遂其欲，非道而取，何所不至？養小喪大淪胥不仁不義之域，豈不哀哉？晚於所居爲樓，名以是，亦曰直不高大爾，是亦樓也。以至山石花木、衣服飲食、貨財隸役，亦莫不然。至於官情亦薄，曰直不高顯爾，是亦仕也，凡身外之物，皆可以寡求而易足，惟此身與天地並廣大高明，我固有之，朝夕磨勵，必欲追古人而與俱，若徒儕於凡庸，曰是亦人爾，則吾所不敢也。以此自警，且以誨子孫云。公自少有志經濟之業，每謂爲學當以聖賢自期，仕宦當以將相自任，故其所講明者，由體而用，莫不兼綜。謂學不足以開物成務，則於儒者之職分爲有闕。自六藝百家與史氏所記，莫不反覆紬繹，而又求師取友，以切磋講究之。東萊呂成公，接中原文獻之正傳，公從之游，所得益富。永嘉陳公傅良，明舊章，達世變，公與從容考訂，細大靡遺，其志以扶持世道爲己責，然自始學，於義利取舍之辨甚嚴，嘗讀《論語》至『不義而富且貴，於我如浮雲』，慨然歎曰：『士之知所輕重，當如是矣。』辭受進退，惟義所在，金石弗渝。方孽臣顓柄，天地閉塞，徊翔不以爲辱。公道開明，羣賢拔茹，致位禁近，不以爲榮，惓惓一心，惟王室生民是念。事有不可，陳義固争，蓋將尊君重朝，而措天下於大寧也。道不果行，齊志以没，然其所立，固已偉然爲萬夫之特矣。曾子所謂『仁以爲己任，死而後已』。孟子居廣居立正位，行大道者，於公見之。公之事親如天，事君亦如天，由其本心昭明隨事著見有一無二，親雖殁，敬奉遺體，舉足弗忘，無適而非親也。身雖退，心在闕庭，一飯不置，無適而非君也。於昆弟友愛尤篤，弟槱亦事公如嚴師。從兄濤，嗜學固窮，其亡也，爲斂葬，嫁其孤女之未嫁者。於宗族賙貧拯厄，備極其至，至於友朋，忠而盡。自爲幕府，事其長，敬以誠。及在朝廷，每言君相同體，愛吾相者，所以愛吾君也。故勤勤納忠，寧有違怫而不忍蔽欺。嘗告之曰，導諛雖可喜，未必非賣我之人，鯁言雖難聽，異日乃真能不負者也。公賞鑒絶人，李正節誠之，始見於鄞，傾蓋如舊友。嘉定初，李與丹陽劉君宰，偕命召，公謂某曰，此二人者，皆所謂有所不爲者也。其後二公果皆如所許云。少而嗜書，白首弗厭，凡聖賢大訓切於己者，味之終身，夜則默誦，疾亦吟諷，講道於家，以諸經《論》、《孟》大義警策學者，於《書》、《禮記》，論説尤詳，其所成就後學甚衆，博觀羣籍，取其切用者會粹成篇。謂法度之言，自秦以前，乃可矜式，故有先秦古書若干卷。謂學士大夫不知兵，則武夫悍將，得矜所長，而緩急無以應變，故有《兵畧》若干卷。謂祖宗成憲，爲人臣者所當講究，故有《皇朝要録》若干卷。其爲辭章，根本至理，一言一句，皆胸襟流出，謂《論語》、《孟子》無難通之辭，難曉之字，故凡所著，不爲奇嶮刻峭語，而溫純條鬯，自不可及。晚而好詩，嘗賦《進德堂》諸篇，趣味幽遠，而於一卉木之芬馨，一羽毛之皓潔，輒寄興焉。曰：『吾之自修當如是也，此豈苟爲賦詠者邪？』奏議藹然忠誠，讀者感動。銘志敘事有史法，諸子裒其集若干卷，藏於家。公之在宗正也，修寧宗玉牒。在樞庭，修經武要畧。先時修書官，類不經意，將進則取具臨時，公涖職，即悉力編摩，後數歲乃進呈，大要多出公筆。史院修《高宗實訓》，紀録過詳，公删繁剪浮，見謂得體。修《孝宗實訓》，遂專以屬公。退自儀曹，坐史館輒終日，書垂成而公去。議者又欲用司馬溫國公編《通鑑》故事，俾以書局自隨，或言國史出外有禁，乃止。公娶邊氏，進士友益之女，先公二十有一年卒，累贈中國夫人，至性淑行，見公所爲墓志。墓在鄞縣某里某山之原，公薨遂合葬焉，某年某月某日也。子男四，高某官，後若干年卒，肅某官、甫某官、商某官，女四云云，孫男五云云。始公嘗言所貴乎世家者，非必七葉珥貂如漢金張，八葉宰相如唐蕭氏，名位雖崇而不能皆賢，何世之有？若東都之袁、楊二氏，氣脉聯屬，名德俱隆，則可謂世家矣。吾之先世，雖出處不侔，然皆忠信正直，蔚有賢譽，其不謂之世家乎？後嗣子孫，努力奮發，不自菲薄，必欲追前人而及之，亦足以爲世家矣。平居訓勵諸子，率本此意。肅首躡世科，甫冠多士，公不以自喜。至其德業有進，與當官有可紀則爲加飯，故士大夫言家法者，必袁氏爲稱首云。某之與肅，同年進士也。眂公實丈人行，而於其德學，則願師焉。嘉定中，再同朝，不鄙其愚，以爲可教，故於嘉言善行，多所親覿。歲在甲戌，持節去朝，辱公訪別於南山之佛舍，語及國事，幾於涕流，公之盛心，昭揭天日，至今猶赫赫也。公之葬，慈湖楊公實爲之銘，於公大節，摹寫盡矣。顧其孅微委折，有未備者，維公粹學偉行，爲時儒宗，忠言至計有補宗社，而爵命品秩，又已應易名之典，肅等將有請焉，謂某合爲之狀，慨念疇昔，誼不得辭，雖筆研蕪廢，猥釀是慚，然不溢美，不失實，尚庶幾公平昔之志，謹狀。

按：《宋史》列傳，悉本此狀，今不復載。又按：《寧波府志·藝文志》列公所著有書鈔十卷。

真西山作《絜齋先生訓語跋》云：『絜齋先生袁公，道德文學，慶曆元祐間人也。德秀以年家子，初拜侍於富沙。嘉定同朝，始獲親炙。某之庸鄙，於道未有所聞，先生獨以爲可教，方其數論時事，人多誚其濶疏，惟先生見輒嘉獎。甲戌外補，辱爲序言以贈，稱其知有國不知有家，知有天下安危，不知有己訢戚。始出關，夜宿南山招提，詰旦，甫辨色，吏擊門以告，曰：「袁司業至矣。」亟披衣迎拜。曰：「先生出何蚤耶？」先生曰：「此何時而安寢也？」坐論世事，至於流涕。先生盛心，昭揭日月，今猶赫赫也。方是時，德秀年壯氣鋭，舉措有不合於道者，先生直切切規警焉。其後聞德秀頗自約敕，輒對客談道之。今傅君正夫所録訓語，蓋有一二爲德秀發者，然自招提之别，暨於先生没，蓋十有二年，迄不得再見。歲月侵尋，學弗加益，悠悠長道，未知所窮，常恐有負先生期許之意，追念疇昔，爲之愴然，歎九原之不可作，用謹志於訓語之末』云。

《四明文獻志》載《正獻公輪對劄子》云：『臣聞天下無一日可不明者，正道也；天下無一日可不用者，正人也。用正人，則正道明；用邪人，則正道鬱。正道明，則黜陟有序而治本立；正道鬱，則是非顛倒而權綱紊。臣恭惟陛下，履位之初，委任賢相，網羅天下正直之士，鱗集于朝，人心翕然，以爲治本可立，太平可致，而欲竊威權者從旁睨之，不便於己，有嫉惡之心。彭龜年逆知其必亂天下，嘗因面對。顯言其姦，陛下竦然開納，賜坐從容，俾罄其說，龜年亦盡誠無隱，退而稱頌聖德寬明，容受讜直。臣時備數學官，實親聞之，深爲天下賀。然龜年繼以罪去，而姦臣根據自若，於是乎姦心浸長，無所忌憚，羣邪和之，排斥善類，積而至於無故興師，幾危社稷。向若陛下篤信龜年之忠，折姦邪於萌蘖之初，豈至是哉？雖然，往者不可及，來者猶可追，正人端士，今不爲乏，惟陛下用之爾。書曰：「有言逆於汝心，必求諸道；有言遜於汝志，必求諸非道。」此萬世人主聽言之要法也。言雖忤意，而合于道，斯忠言矣；言雖可喜，而悖于理，斯不忠矣。往年龜年所進，合於道之言也。陛下追思龜年，蓋嘗臨朝嘆息，謂輔臣曰：「斯人猶在，必大用之。」褒贈溢於常典，榮名冠於西清，擢其後嗣寘諸班列，固知龜年之忠矣。陛下此時之心，二帝三王敬賢納諫之心也，常存此心，急聞剴切之言，崇獎朴直之士，若龜年之效忠者，接踵而至矣。一龜年雖没，衆龜年繼進，何憂天下之不治哉？昔天聖中御史曹修古，論事鯁切，忤宫幃意，謫守小郡，不幸而卒。其後仁宗深知其忠，嘆其用之不盡，優贈以官，無子而官其壻。察其如修古者教而聽之，自是忠言讜論，源源而來。孔道輔、范仲淹、包拯、韓琦、富弼、歐陽修、余靖、王素、蔡襄、唐介、趙抃、范鎮、司馬光之流，皆以端亮切直，相望於三四十年之間，以君德則修明，以朝綱則清肅，以深仁厚澤，則結於人心而不可解，忠諫之有益於國，豈不明甚？伏惟陛下念忠臣之愛君，仰仁宗以爲法，使士氣常伸，而正途常闢，則光明正大之治，復見於今日矣。且臣聞之，風俗無常，惟上所導，導之以正直，則人心皆趨於正直矣；導之以邪佞，則人心皆趨於邪佞矣。此誠風俗之樞機，而治亂安危之所由分也，可不謹歟。惟陛下留神省察，取進止！』按公此劄，專以君心人心爲重，正有得于陸子所主先立乎大之說也。

舒文靖五子，曰釿、曰鉦、曰銑、曰鍇、曰鐻。釿，沈端憲壻。銑，楊文元壻。銑，字和仲，王伯厚録《絜齋荅和仲書》云：『純仲近日不倦讀書否？此事不可緩，究心於此，當自知之。若高論謂學者功夫不在書策。子路嘗云「何必讀書」，而夫子斥其佞，書其可廢哉。此在和仲倡率之，則令弟胥從之矣。賢昆仲朝欵夕聚，浸灌磨礱，有日新之盛。此乃兄弟爲朋友也。甚善！甚善！更宜日課一經一史尤佳。學者但慕高遠，不覽古今，最爲害事。子路曰：「何必讀書？然後爲學。」夫子曰：「是故惡夫佞者，是雖聖人於書不敢廢，況他人乎？」聞讀不輟，甚善甚善！爲學要當通知古今，多識前言往行，古人所謂畜其德也。純仲氣質亦佳，又得諸賢兄旦夕磨切之，所學當日進矣。賢伯謹守先訓，未嘗一毫苟求，人皆歸重，先大夫於是乎有子。政宜益固所守，豈可輒自菲薄耶？然讀書一事，決不可廢，學問無有窮盡，用力愈久，所得愈深。慈湖中年以後却肯讀書，所以益大其器業也。惟和仲勉之，倡率諸賢弟皆篤志于學，則門户有光矣！惠貺韓家晚，甚佳，物固有以晚爲貴者，惟人亦然。嘗記陳止齋有詩云：「由來盛事歲月晚，行到修途肝胆健。」蓋取東漢書所謂大才晚成者。由此觀之，吾和仲之襟期亦豈嫌於晚哉？』伯厚題其後曰：『右絜齋袁先生答廣平舒先生子和仲書，掇其要切者如右，昔子朱子有言。子思教人之法，以尊德性道問學兩事爲用力之要。陸子静所言專是尊德性。絜齋先生之學，陸子之學也，觀其尺牘皆勉學之要言。蓋尊德性實所以根本於問學，未嘗失於一偏，是亦朱子之意也。所謂但慕高遠，不覽古今，務爲高論，不在書策者，箴末俗之膏肓，至深至切。所謂通古今多識前言往行，日課一經一史，斯言也。學者當紳書几銘，晝誦夜思，尊所聞，行所知，可不勉歟？至于因晚楊梅之饋，推之於大才晚成。此格物之學，一草一木之理，必致其極節或虧于晚。學或倦于耄，俛焉孳孳，不知年數之不足，尤當以是自儆。書不云乎，汝丕惟商耉成人，宅心知訓，嗟爾後進惟憲言時式，沉潛乎經術，貫穿乎史籍。外以致用，内以崇德，費隱一原，敬義俱立，庶正學之不墜，尚前修之可及。』

虛谷方氏跋絜齋袁公年譜畧

公所學天地之心也，自有天地以來，聖此心也，賢此心也；自公之得諸師傳家授以來，象山此心也，慈湖此心也，絜齋此心也。必有事焉而勿正之心，勿忘而又勿助長之心也。孩之知愛親也，長之知敬兄也，宗廟而欽也，墟墓而哀也，即此所謂本然之心也。或者謂陸氏之學，與晦菴先生朱文公異同。竊謂文安公之學，因已發之心而驗未發之心，由其情以知其性。孟子所謂見孺子將入井，怵惕惻隱，而仁之端倪於此呈露者也，見其惻隱之發焉，而知其本心之中，具有性之仁也，四端皆然。操不舍存不亡，大人不失其赤子之心者也。文公之學，存養未發之心，而省已發之心，全其性而節其情，子思所謂人已俱不睹不聞之前，性之静也。有戒慎焉，有恐懼焉，而己所獨睹獨聞之際，情之動也，則慎其獨焉，存養以保其中也，省察以充其和也，貫體用一顯微無二心也，此朱氏、陸氏之所以異歟，而未嘗不同也。所以同者何也？無不芸苗之弊，亦無揠苗之弊，朱此心也，陸此心也，所以異者何也？陸氏專力行之踐履，而畧致知之著述。朱氏雖多有著述，而未嘗敢少於踐履，力行致知，夾持而進，特江湖學者以朱爲漸，以陸爲頓。樂於頓之易，而苦於漸之難者爲一説。以漸爲循序平進而願學，以頓爲一趨直入而不敢學者，又爲一説。後生小子，不知其同，而妄議其異也。文公蓋嘗有言各尊所聞，各行所知，要之升堂之階，初異而入室之奧，豈終不同哉？

按：《陸子全集》二十八卷，余家所藏宋本，與明朝荆門州儒學藏本，撫州家祠本，並相同，無片言增減。嘗繙閲數十過，從無『頓悟』二字，其生平教人，好舉木升川至，專以循序爲主，積小以高大，盈科而後進。即鵞湖之詩，必曰『涓流積至滄溟水，卷石崇成泰華岑』，此天下所共見共聞者也。朱子徒以其有先發明本心之説。其門人傅子淵、包顯道等，又有過高之論，遂以頓悟之禪學目之，不知發明本心並非頓悟。孟子即孺子入井，發明惻隱之本心，謂擴而充之，則可以保四海。論嘑蹴之與，寧死不受，發明羞惡之本心，而爲宫室妻妾窮乏得我不辨禮義而受萬鍾，則爲失其本心。陸子發明之意，不過如此。故在富陽，即扇訟之是非以發明楊敬仲是非之本心，此其証也。豈若朱子所謂一旦豁然貫通而衆物之表裏精粗無不到也哉？其所以必欲發明人之本心者，蓋專以效法先覺言學。則中材以下，必且以資性自諉不能，惟知仁義禮智，皆吾本心固有，非由外鑠，然後夫婦之愚不肖者，皆可與知能行，而人皆可以爲堯舜，無庸自諉，亦無可自棄也。自聖賢之學，變而爲科舉之業，剽竊口耳！不復以身心體認，陸子之書未嘗涉目，而道聽途説，隨聲附和，咸曰陸氏爲頓悟之學，不知《陸子全書》具在，並無此論也。方氏此跋，頗窺二先生大旨，而頓悟之説，未能辨别，故復爲論之如此。學者試取《陸子全書》讀之，則知娶寡女者，不可誣以撾婦翁矣。

沈端憲公煥

《宋史》本傳

沈煥，字叔晦，定海人，試，入大〔一〕學，始與臨川陸九齡爲友，從而學焉。乾道五年，舉進士，授餘姚尉，揚州教授，召爲太學録。以所躬行者淑諸人，早暮延見學者，孜孜誨誘，長貳同僚，忌其立異，會充殿試考官，唱名日，序立庭下，帝偉其儀觀，遣内侍問姓名，衆滋忌之，或勸其姑營職，道未可行也。煥曰：『道與職有二乎。』適私試發策，引《孟子》立乎人之本朝而道不行耻也。言路以爲訕己，請黜之，在職才八旬，調高郵軍教授而去。後充幹辦浙東安撫司公事。高宗山陵，百司次舍供帳酒食之需，供給不暇，煥亟言於安撫使鄭汝諧曰：『國有大戚，而臣子宴樂自如，安乎？』汝諧屬煥條奏。充修奉官，移書御史，請明示喪紀本意，使貴近哀戚之心重。則茇舍菲食自安，不煩彈劾而須索絶矣。於是治並緣爲姦者，追償率斂者，支費頓減。歲旱，常平使分擇官屬，賑恤得宜〔二〕，上虞、餘姚二縣無復流殍。改知婺源，三省類薦書以聞。遂通判舒州，閒居雖病，猶不廢讀書，拳拳然以母老爲念，善類凋零爲憂。卒，丞相周必大聞之曰：『追思立朝不能推賢揚善，予愧叔晦益者三友，叔晦不予愧也。』煥人品高明，而其中未安不苟自恕。常曰：『書觀諸妻子，夜卜諸夢寐。兩者無愧，始可以言學。』追贈直華文閣，特謚端憲。煥之友舒璘。

〔一〕《二十五史·宋史》卷四百十《沈煥傳》中爲『太』字。

〔二〕《二十五史·宋史》卷四百十《沈煥傳》中無『宜』字。

按：《宋史・象山先生傳》稱，門人楊簡、袁燮、沈煥、舒璘，能傳其學。故今撰先生學譜，先生而下，即繼以楊、袁、舒、沈四君子，從史本文也。

《寧波志・沈煥本傳》，有《宋史》所未敘及者。云叔晦自定海徙鄞，偉儀觀，尊瞻視，音吐鴻亮，與之友者，以嚴見憚。入太學，行藝優諸生。始與臨川陸九齡爲友，一日，盡舍所學師事焉，晝夜鞭策，務本趨實，不自矜衒，第進士，講學不倦，自以資禀剛勁，非所以歡庭闈，大書深愛和氣愉色婉容數語於壁，自觀省焉。門人弟子，決疑請益者，自遠而至，啓告簡嚴，中心悅服，師道益尊，爲太學録，修教養法，士争歸之，不詭隨苟容以取光寵，遂補外，終於舒州通判，煥非聖哲書，未嘗誦習。與朱文公、呂成公問辯，凡世變推移，治道體統，明君賢臣經綸事業。孳孳講求，日益深廣。慈湖祭沈叔晦文云：『友弟宣教郎，新差知饒州樂平縣主管勸農公事楊某，謹以清酌庶羞致奠於故友人沈叔晦通判國録，嗚呼！念哉！朋友道喪，爲日久矣，吾叔晦倡之，切偲義起。某未離膝下時，知有先訓而已。出門逐逐，不聞正言，竊意世間不復有朋友之義。及入太學，首見吾叔晦，始聞正論。且辱告曰：「此天子學校四方英俊所萃，正當擇賢而親，不可固閉。」某遂從求其人，遂得從其賢遊，相與切磨講肄，相救以言，相觀而善，皆吾叔晦所賜，今棄我而往矣。嗚呼！痛哉！嗚呼！念哉！其所以得門外之助，不負先訓，勉勉於今，未至于自棄，吾叔晦之力也，豈不念哉？豈不痛哉！叔晦之賢，豈吾一鄉所可得而私，蓋天下共之，世方習諛，波頹不可起，叔晦不然，如底柱中流而峙，正色立朝，不肯靡靡，學官發策，無所回畏。雖不旋踵而罷，而亦足以起士大夫萎靡不振之氣。嗚呼！念哉！某自聞先訓，大舜從人，禹拜昌言，由喜聞過，改過明白。先君則然，何止内訟？盡以告人，自怨自艾，至於泣下，至於自拳，出門泛觀，大難其人。而叔晦亦嘗聞過伏義，筆書而口宣，某由是蓋服叔晦之高，念叔晦之賢，孝友天資，敬恭粹然。處他人之所甚難，獨相從乎周旋，善言善行，奚可悉數，威儀文詞，誠足以稱雄一世，某竊以爲由中而發，當觀叔晦之中，不當徇叔晦之外，三十年相與相切之情，三十年相與相切之義，遵制之官，不得執綈而從樞，一奠哭別。嗚呼！哀哉！嗚呼！痛哉！』

袁正獻公作端獻行狀，其畧云：『自君之歿，朋友親故，哭之皆慟，四方賢士大夫，識與不識，咸爲世惜之，此豈一日之積哉？考其平生大節，寧固窮獨善而不肯苟同於衆，寧齟齬與時不合，而不肯少更其守。凜然清風震竦頹俗，使時見用，必能振朝廷之綱，折姦回之萌，屹立中流，爲世砥柱，亦可謂難矣。然世之知君者，如此而已，至于日進其德，浸浸焉自期於純全博大者。鮮能知之，雖人品高明，而其中未安，不苟自恕，嗜學如飢渴。考察精密，其爲言晝觀諸妻子，夜卜諸夢寐，兩者無愧，始可以言學矣。知非改過，踐履篤實，其始面目嚴冷，清不容物，久久寬平，可敬可親，面攻人之短，退揚人之善，切磋如争，歡愛如媢。古所謂直而溫，毅而弘者，殆庶幾焉，篤愛其親，以曾子爲法，而復以名諸子，以《孝經》爲家傳。沈氏其未艾矣。始居家塾，非聖哲書未嘗誦習，及遊太學亦然。嘗嘗作詩，箴其友曰：「爲學未能識肩背，讀書萬卷空亡羊。」每稱陶靖節讀書不求甚解，會意欣然忘食，此真善讀書者，史籍傳記，采諸至約。後與東萊呂公伯仲極辨古今，始知周覽博考之益，凡世變之推移，治道之體統，明君賢臣之經綸事業，孳孳講求，日益廣深，君子是以知君胸中之蘊，有足以開物成務者矣。終身沉于下位，而聲名流於四方。抑之愈高，困之愈堅，死且不隕，是豈偶然？嗚呼！其可敬也夫。』《四明文獻志》

舒文靖公璘兄西美琥弟元英琪

《宋史》本傳

璘，字元質，一字元賓，奉化人。補入太學，張栻官中都，璘往從之，有所開警，又從陸九淵遊。曰：『吾惟朝於斯，夕於斯，刻苦磨厲，改過遷善，日新有功，〔一〕亦可以弗畔矣乎。』朱熹、吕祖謙講學於婺，璘徒〔二〕步往謁之，以書告其家曰：『敝床疏席，總是佳趣，櫛風沐雨，反爲美境。』舉乾道八年進士，兩授郡教授，不赴，繼爲江西轉運司幹辦公事，或忌璘所學，望風心議，及與璘處，了無疑間，爲徽州教授，徽習頓異，詩禮久不預，貢士學幾無傳。璘作詩禮講解，家傳人習，自是其學寖盛。丞相留正，稱璘爲當今第一教官。司業汪逵首欲薦璘，或謂逵〔三〕舉員已足。逵曰：『吾職當舉教官，舍斯人將誰先。』卒剡薦之。知平陽縣，郡政頗苛，及璘以民病告，辭嚴義正，守爲改容，秩滿，通判宜州，卒。璘樂於教人，嘗曰：『師道尊嚴，璘不如叔晦。若啓迪後進，則璘不敢多遜。袁燮謂璘，篤實不欺，無毫髮矯僞。楊簡謂璘，孝友忠實，道心融明。樓鑰謂璘之於人，如熙然之陽春。』淳祐中，特謚文靖。

《寧波志·舒璘本傳》，有《宋史》所未備者，云：『元質雅有大志，恥以一善自名，篤實不欺，無毫髮矯僞，力於躬行，教授徽州，以身率多士，日詣學勸誘啓迪，質或不美，未嘗忿疾，需其自新。徽人追思之曰，吾鄉學問之源，窒而復通者，先生實開之，因祠於學，璘信道甚篤，利禄之念不萌，宰平陽，臨政聽斷，人服其平，終於宜州通判，所著有《詩學發微》、《詩禮講解》，學者稱爲廣平先生。』

書問奠辭附《廣平類稿》

陸子與舒元賓書云：『得書開讀，殊覺未甚明快。此事何必他求，此心之良，本非外鑠，但無斧斤之伐，牛羊之

〔一〕《二十五史·宋史》卷四百十《沈煥傳》中爲『日有新功』句。
〔二〕《二十五史·宋史》卷四百十《沈煥傳》中爲『徙』字。
〔三〕《二十五史·宋史》卷四百十《沈煥傳》中爲『璘』字。

牧，則當日以暢茂。聖賢之形容詠嘆者，皆吾分内事。日充日明，誰得而禦之。尊兄看到此，不須低回思索，特達奮發，無自沉於縈迴迂曲之處。此事不借資於人，人亦無著力處。聖賢垂訓，師友切磋，但助鞭策耳。』

慈湖奠舒元質辭云：『承議郎楊某〔一〕謹致奠〔二〕於故友人元質舒兄通判，嗚呼！昔孔子没，既葬，他日子夏、子張、子游，以有若似聖人，欲以所事孔子事之，夫有子能使同門諸友斂衽而師之，其賢可想而知已。而曾子獨不可，曾子斷斷乎非好爲己勝者。裼裘之失言，出祖而失禮，速貧速朽之失旨。諸賢知之，曾子亦自知，曾子何所見於此，而獨異哉？皜皜之論，曾子自言，曾子自知，他人安能盡知，他人寥寥乎千載之下，知曾子者有幾，知自信者有幾，吾元質亦庶乎自知自信矣。而知元質者有幾，元質豈有異乎人哉？亦不過不失孔子所謂忠信之主本而已矣，忠信人所自有，而自知其爲主本者無幾。元質之朋友，則知元質矣，亦安能盡知，新安從遊之士，蒙被元質之啓佑。知元質者，亦無幾，平陽之民，感元質撫字之愛，服元質惻怛之誠矣。知元質者爲誰，吾鄉萬口一辭，曰吾元質忠信士也。吾鄉多士知元質者，亦屢見其人矣，而自萬衆言之，則亦無幾爾。嗚呼已矣！某〔三〕獨念不獲與元質俱終其學，俱進其發憤忘食之篤志以緝熙於光明。〔四〕嗚呼已矣！元質享某〔五〕之奠，元質之心，惟某知之，嗚呼元質！嗚呼元質！』

袁正獻公祭文靖文云：『燮與吾兄，金蘭之契，踰三十年，義均兄弟，聞兄之疾，旦旦懸系，自溫還明，休息勞勩謂沉疴之既痊，每撫躬而自慰，曾不幾時，遽以訃至，驚呼失聲，何以至是，喪我良友，如之何不痛心賈涕

〔一〕北京圖書館編：《北京圖書館藏珍本年譜叢刊》（第三十二册）《慈湖先生年譜卷一》中爲『簡』字。

〔二〕北京圖書館編：《北京圖書館藏珍本年譜叢刊》（第三十二册）《慈湖先生年譜卷一》中爲『奠致』二字，順序顛倒。

〔三〕北京圖書館編：《北京圖書館藏珍本年譜叢刊》（第三十二册）《慈湖先生年譜卷一》中爲『簡』字。

〔四〕北京圖書館編：《北京圖書館藏珍本年譜叢刊》（第三十二册）《慈湖先生年譜卷一》中爲『俱進其發憤忘食之篤念』句。

〔五〕北京圖書館編：《北京圖書館藏珍本年譜叢刊》（第三十二册）《慈湖先生年譜卷一》中爲『簡』字。

也？嗚呼天乎！天稟之粹，如彼鳳麟，爲時嘉瑞，自始奮發，蜚聲槐市經術淵源，詞采宏麗，退然不矜，日益磨勵，隆師親友，刳心刻意，思古聖賢標準，萬世仰攀高躅謂必可繼，操行有常，屋漏無愧，不求名聲，不貪榮利，護養良心，毋敢失墜乎於家人，施諸政事，教養作成，士賢而藝，吏畏其公，民懷其惠，平生力學，纔見一二。謂福履之方隆，俄一朝而川逝，嗚呼兄乎！孰能盡力閨門，如兄之躬行孝悌乎？孰能保養名節，如兄之肝胆忠義乎？又孰能舉世信之，如兄之不遭譏議乎？考其終身踐履純備，死生夜旦，夫復何喟？而所深痛者，朋友乏切磨之益，而後學失歸依之地也。聞兄之喪，欲往莫遂，拊棺慟哭，形於夢寐，寓哀情於一觴，望靈帷而涕泗，嗚呼哀哉！尚饗。』（《四明文獻志》）

文靖之教，尤行於徽，既没之後，徽人祠祀之。袁正獻燮爲之記曰：士生於世，以篤實不欺爲主，對越上帝而無慊，質諸鬼神而不怍，微有差焉，痛自懲艾，無復毫髮之矯僞，是謂篤實，嗚呼！若鄉友舒元質者，真其人歟！元質狀貌不踰中人，而雅有大志，耻以一善自名，每自循省，苟不聞道，何以爲人？汲汲乎不啻飢者之嗜食，寒者之索囊也。游太學，結交皆良友，時張宣公宦中都，元質請益焉。有所開警，又與其兄西美，弟元英，同親炙象山先生，西美元英，皆頓有省悟。元質則曰：『吾非能一蹴而至其域也，吾惟朝夕於斯，刻苦磨厲，改過遷善，日有新功，亦可以弗畔云爾。』元質此語，燮實親聞之。躬行愈力，德性益明。與其兄弟家居講貫，若合符契，罔有差別。而後公論翕然並稱之。徽學雅稱多士，而自規繩廢弛，浸不如昔，前官每有不可爲之歎，及元質典教此邦。奮然曰：『士之孅惡，獨不在我乎？』則以身率之，時猶在選調，同寮有爲之經嘗薦舉者，元質力止之曰：『是非我志也。』既而令聞藹然，諸公推轂惟恐後，元質始受之，不稱門生，不以駢麗語爲謝，益信道甚篤，利禄之念，截然不萌，故諸公亦深亮焉。教人以躬行，諸生既知嚮方矣。加之不憚勤勞，日日詣學，隆寒酷暑，未嘗少懈，暮夜亦間往。又築風雩亭會集其上，日有講求涵泳之功，質或不美，毋痛忿疾端吾桀蠖，需其自新，久乃有勇進不可遏者，此邦之人，追思至今。僉曰：『吾鄉學問之源窒而復通者，此先生實開之也。』舊祠于學，庳陋已甚，拜跪不能容席，獻享不供，未稱所以尊崇之意，校官李君以制，及其諸生，有請於郡中，乃營新基，爲堂三間，宏敞明潔，非曩時比，所以以示不忘也。嗚呼！人心之不能忘，其惟有德之君子乎，才能智術，事無劇易皆辦，非不可喜也。翰音之登，溝澮之盈，何以能久？豈若有德之可貴哉？元質之賢行可稱述者，多矣。要以篤實不欺爲主，是主也。萬善之根本，自信不疑，而後人信之，如珪璋璧琮，人信其爲美玉，如麒麟鳳凰，人信其爲嘉祥，考其平生，發於言語，率由中出，未嘗見其一語之妄，此易所謂有孚盈缶者，可不謂有德乎！元質既没，諸子一遵先訓，秩然有倫，相勉以善道，鄉黨以爲儀表，非有德之後，典刑猶在，而能爾乎？行乎家者如是，宜其新安之教，入人之深，雖久而不忘也。祠宇告具，李君貽書於燮曰：『事關風教，幸爲我志之。』燮不敢辭。《四明文獻志》

舒文靖《廣平類稾》中論學語精者今采八條附後。

成物之道，咸在吾心。我念無虧，精神必契。一或有欠，無限格言，總成虛話。

持敬之説，某素不取。我心不安，強自體認，強自束縛，如篾箍桶，如藤束薪。一旦斷決，散漫不可收拾，理所宜然。夫子教人，何嘗如是？其曰『入則孝，出則弟，言忠信，行篤敬。與夫出門如見賓，使民如承祭』如此等處，在孩提便可致力，從事無斁，則此心不放，此理自明，聖賢事業，豈在他處耶？

每與兒輩言，吾輩此身，不過天地間數十年之物，而昭然理義，蓋千古不磨，平時要著明處，斷不可以數十年之物而失其所謂不磨者，但欲酌義理之中，處之安然耳。

本原既明，是處流出，以是裕身則寡過，以是讀書則蓄德，以是齊家則和，以是處事則當。

晦翁當世人傑。地步非吾儕所及，其有不合者，姑置之。向在新安，未嘗與諸友及此。後有發者，自能知之，後生未聞道，吾儕之論一出，便生輕薄心，未能成人，反以誤人。

西美先兄，進學之初，親庭甚喜，先妣未能無疑。一日忽問云：『爲學儘好，萬一饑餓，如之何？』先兄謹對曰：『饑餓自當順受，若不知學，必將殞獲失措寡廉鮮耻，惟知學乃能安於義命隨順區處，終不至喪失身命。』夫子曰：『君子固窮，小人窮斯濫矣。』妣氏聞之，乃釋然大喜。

平時以聖賢經書，前輩議論，粧裹作人，自己良心，元不明白，一旦處外境，不動難矣哉！

純一是心，乃克主善，善爲吾主，動静皆應，雖酬酢萬事，罔有他適。則向之所雜者，自無所容立矣。不然，則隨物變遷，雖外境若相宜，而失已甚，欲其日新難矣。

黄氏宗羲曰：『廣平之集，久不傳矣，近得之其子孫所論常平茶鹽保長義倉荒政。皆鑿鑿可見之行事，而言學者甚寡，則其遺逸者尚多也。今删節一二，可知大概矣。』

舒西美，名琥，元質之兄。學於先生，自疑所學艱難支離，先生有書與之，併以戒元英焉。

先生與舒西美書云：『某時下從諸兄講學，不敢自棄，頗有日益，恨不得吐露以求教也。今歲都下與朋友講切，自謂尤更直截如前日。今時學者，悠悠不進，號爲知學耳，實未必知學；號爲有志耳，實未必有志。若果知學有志，何更悠悠不進。事業固無窮盡，然古〔一〕聖賢未嘗艱難其途徑，支離其門户。夫子曰：「吾道一以貫之。」孟子曰：「夫道一而已矣。」曰：「塗之人可以爲禹。」曰：「人皆可以爲堯舜。」曰：「人有四端，而自謂不能者，自賊者也。」人孰無心，道不外索，患在戕賊之耳，放失之耳。古人教人，不過存心、養心、求放心。此心之良，人所固有，人惟不知保養而反戕賊放失之耳。苟知其如此，而防閑其戕賊放失之端，日夕保養灌溉，使

〔一〕陸九淵著，鍾哲點校：《陸九淵集》卷五中有『先』字。

之暢茂條達，如手足之捍頭面，則豈有艱難支離之事？今曰向學，而又艱難支離，遲回不進，則是未知其心，未知其戕賊放失，未知所以保養灌溉。此乃爲學之門，進德之地。得其門不得其門，有其地無其地，兩言而決。得其門，有其地，是謂知學，是謂有志。既知學，既有志，豈得悠悠，豈得不進。元英春間相聚，始初亦間闕，既而感發端的，臨別時曾畧箴其自喜過當。既過暨陽，便悔所以箴之者，適所以病之，今聞不甚進，其原皆起於此。別有書言之。尊兄朴茂，無他蹊徑，苟能端的自反，灼知陷溺戕賊之處，特達自奮，誰得而禦之？不然，恐未免爲不知學，爲無志而已矣。』

元英，名琪，元質之弟，亦師事先生。嘗有書訓之，今集中不載，惟附見舒西美書中。

慈湖祭舒元英文云：『從政郎浙西安撫司幹辦公事楊某。迪功郎新邑川教授高宗商，謹致奠於故友人元英舒兄。嗚呼元英！不謂元英之往如此遽也。相望數百里，不聞知疾狀，〔一〕昨晨家僕以書來轉得之，陳氏姑謂元英往矣。和仲兄謂傳聞多失實，尚須審問。既而應朝相訪，道子約之語亦然。嗚呼元英！果往矣，元英果往也耶！〔二〕元英居明之奉化，某〔三〕官浙西，應朝又自越來，同哭於此。此吾三人者之形也，非吾三人者之性也，元英果往也耶！元英得此，必蒙養而存之矣，萬物轉移，此心不動，日月遷流，此心弗改。庶幾乎復性，中道而往，嗚呼！元英，鄉曲子弟，從元英學。善心感動，亹亹可觀，使元英得志，行之天下，其感動當益廣，而今往矣。嗚呼元英！事職有守，奔赴不可，望哭東南於黑龍潭，嗚呼元英！必饗此奠。』

寧波正學祠，明浙江督學薛公應旂之所作也。自爲記云：秦漢晉唐，上下千百餘年，出没于申韓老佛訓詁詞章之

〔一〕北京圖書館編：《北京圖書館藏珍本年譜叢刊》（第三十二册）《慈湖先生年譜卷一》中爲『從政郎浙西安撫司幹辦公事楊簡致奠於元英舒兄』句。

〔二〕北京圖書館編：《北京圖書館藏珍本年譜叢刊》（第三十二册）《慈湖先生年譜卷一》中無『元英果往也耶』句。

〔三〕北京圖書館編：《北京圖書館藏珍本年譜叢刊》（第三十二册）《慈湖先生年譜卷一》中爲『簡』字。

間，而豪傑之士，亦不免淪胥以溺，于是正學失傳，而紛紜之論，亦莫知所適從矣。宋百有餘年，諸儒繼出，立言著論，固皆足以爲聖賢之羽翼，至於直窺堂奧，上溯本真，而獨得夫傳心之學。象山陸氏蓋不可誣也，當時遊其門者，若慈谿楊敬仲，鄞袁和叔，定海沈叔晦，奉化舒元質，皆高第弟子，以道義相切磨而深有契，夫陸氏之學，特以其師之學，與晦菴朱氏入門路徑微有不同，所以是朱非陸之說，卒蔓延於天下後世而不可以一二開導也。楊、袁、沈、舒之學，得其宗，夫孰從而知之。夫天下之大，千百年之遠，得一人焉斯亦難矣。今以一明州之地，萃玆四賢，而久無專祀，不得與婺之何、王、金、許並列者，無亦朱陸之故也乎。有識者不能不爲之慨嘆矣。嘉靖辛亥，余視學兩浙，遂與寧波守成都孫君宏軾，議合四公而祠祀焉。因即郡城鎮明菴廢址，建堂立主，題四公之謚，妥安如禮。夫朱陸之學，異同者衆，然溺因襲之見，而主先入之說者，至今未盡決也。噫，是豈可以口舌争也哉？唯是祠成，庶幾拜瞻者，以心會心，其將有啓發矣乎，余故樂爲之記。

奉化廣平書院，在縣東十里廣平鄉舒文靖先生家塾也，元改爲書院。王公應麟記其畧曰：『乾道淳熙間，正學大明，朱子在建，張子在潭，吕子在婺，陸子在撫，學者宗之，日月江漢，光潤所被，皆爲名儒。』于是，明有四先生，其一曰廣平先生文靖舒公，先生之學，講於張而成於陸，考德問業于吕、朱，心融神會，精知力踐，其躬行有尚絅之實，其誨人有時雨之澤，沈、袁、楊三先生，道同志合，化東海之濱爲沂泗，位不配德，而教行於鄉，聲聞于天下。淳祐中，先生有孫棫，明經世其學，惟昔先生嘗題扁曰『廣平書塾』，游於斯，詠於斯，聚辨於斯。先生歿，門人敬事不怠，肖像祠於塾，乃適追先志，奂飾堂宇，帥子若孫，曁宗族之秀，朝益暮習，春秋舍菜先聖，歲時朔望，謁祠講說，絃誦藹如，蓋文靖之後，世世有人焉，豈惟一家之光，一國之仁遜，將自一家始，後之人其懋哉！

《陸子學譜》卷之八

南昌萬承蒼訂
後學臨川李紱編
陸川龐嶼校

弟子三

徐文忠公誼

《宋史》本傳

徐誼，字子宜，一字宏父，溫州人。乾道八年進士，累官太常丞。孝宗臨御久，事皆上決，執政惟奉旨而行，羣下多恐懼顧望。誼諫曰：『若是則人主日聖，人臣日愚，陛下誰與共功名乎？』及論樂制，誼對以『宫亂則荒，其君驕；商亂則陂，其臣〔一〕壞』。上遽改容，曰：『卿可謂不以官自惰矣！』知徽州，陛辭，屬光宗初受禪，誼奏：『三代聖王，有至誠而無權術，至誠不息，則可以達天德矣。』至郡，歙縣有妻殺夫，繫獄，以五歲女爲證，誼疑曰：『婦人能一掌致人死乎？』緩之未覆也。會郡究實稅於庭，死者父母及弟在焉，乃言：『我子欠

〔一〕脫脫等撰：《宋史》卷三百九十七《徐誼傳》中爲『官』字。

租久繫，飢而大叫，役者批之，墮水死矣。』然後寃者得釋，吏皆坐罪，闔郡以爲神。移提舉浙西常平，守右司郎中，遷左司。孝宗疾浸棘，上久稽定省，誼入諫，退告宰相曰：『上慰納從容，然目瞪不瞬，意思恍惚，真疾也。宜禱祠郊廟，進皇子嘉王參決。』丞相留正不克用。孝宗崩，上不能喪，祭奠有祝，有司不敢攝，百官皆未成服。誼與少保吳琚，議請太皇太后臨朝，扶嘉王代祭。及將禫，正憂惧，仆於殿庭而去。誼以書譙趙汝愚曰：『自古人臣，爲忠則忠，爲姦則姦，忠姦雜而能濟者，未之有也。公内雖心惕，外欲坐觀，非杂之謂歟？國家安危，在此一舉。』汝愚問策安出，誼曰：『此大事，非憲聖太后命不可。而知閤門事韓侂胄，憲聖之戚也，同里蔡必勝與侂胄同在閤門，可因必〔一〕勝招之。』侂胄至，汝愚以内禪議，遣侂胄請於憲聖，侂胄因内侍張宗尹、關禮，達汝愚意，憲聖許之。寧宗即位，誼遷檢正中書門下諸房公事，兼權刑部侍郎，進權工部侍郎、知臨安府。侂胄恃功，以賞薄浸觖望。誼告汝愚曰：『異時必爲國患，宜飽其欲而遠之。』不聽。汝愚雅器誼，除授建明，多咨訪，誼隨事裨助，不避形迹，怨者始衆。嘗勸汝愚早退，汝愚亦自請：『名在屬籍，不宜久司揆事，願因阜陵訖事以去。』寧宗已許之。侂胄出入禁中無度，誼密啓汝愚，無計防之，乃直面諷侂胄。侂胄疑將排己，首謁誼，退束裝，冀〔二〕還謁留之，通殷勤，誼不往。吏部侍郎彭龜年，論侂胄罪狀，侂胄疑汝愚、誼知其情，益恨怨。以御史劉德秀、胡紘疏誼，責惠州團練副使、南安軍安置，移袁州，又移婺州。久之，許自便。復官，提舉崇道觀，起守江州，加集賢殿修撰，陞寶謨閣待制，移知建康府，兼江、淮制置使。初，金攻廬、楚不下，留兵綴濠州以待和，時時钞掠，與宋師遇，殺傷相當，淮人大驚，復迸流江南，在建康者，以數十萬

〔一〕《二十五史·宋史》卷三百九十七《吳獵傳》中爲『以』字。
〔二〕脱脱等撰：《宋史》卷三百九十七《吳獵傳》中有『誼』字。

計。誼晝夜拊循，益嚴備禦，請專捍敵，勿從中御。朝廷懼生事，移知隆興府以卒。誼嘗與紹興老將接，於行陣之法，分數奇正，皆有指授，自爲圖式。後謚文忠〔一〕。

按：《宋史》徐文忠公傳，悉本於葉水心所爲墓誌，其棄而未收者，尚十之五。今附録其論公所學者云：『公少而異質，自然合道，天下雖争爲性命之學，然而滯痼於語言，播流於偏末，多茫昧影響而已。及公以悟爲宗，懸解朝徹，近取日用之内，爲學者開示修證所緣。至於形廢心死，神視氣聽，如静中震霆，冥外朗日，無不洗然自以爲有得也。水心未嘗師陸子，其言亦不能得陸子所以爲學之功，與所以教人之法，然其語意，則固譏切紫陽，而推崇青田矣。』

事蹟書問

先生《年譜》乾道八年，壬辰春，記徐誼子宜侍學。又云：『子宜侍先生，每有省。』蓋是時，誼與先生並以得解赴南宫試，同在行都也。省試後，先生曰：『某欲説底，却被子宜道盡，但某所以自得受用底，子宜却無。』蓋從學在省試之先，故試後論試卷如此。慶元僞學之禁，除爲首四人外，朱子居第一，徐文忠公第二。其端始於寧宗慶元三年，知綿州王沇上疏，乞置僞學之籍，仍自今曾受僞學舉薦關陞，及刑廉吏自代之人，並令省部籍記姓名，與關慢差遣。從之。於是僞學逆黨得罪著籍者，趙汝愚、留正、周必大、王藺四人爲之首。朱熹、徐誼、彭龜年、陳傅良、薛叔似、章穎、鄭湜、樓鑰、林大中、黄由、黄黼、何異、孫逢吉、劉光祖、吕祖儉、葉適、楊萬里、項安世、沈有開、曾三聘、游仲鴻、吴獵、李祥、楊簡、趙汝讜、趙汝談、陳峴、范仲黼、汪

〔一〕《二十五史·宋史》卷三百九十七《吴獵傳》中爲『忠文』二字，順序顛倒。

逵、孫元卿、袁燮、陳武、田澹、黄度、張體仁、蔡幼學、黄灝、周南、吴柔勝、李㚟、王厚之、孟浩、趙鞏、白炎震、皇甫斌、危仲壬、張致遠、楊宏中、周端朝、張衡、杜仲麟、蔣傳、徐範、蔡元定、呂祖泰，共五十五人。

包顯道録先生語，因舉徐子宜語云：『與晦庵月餘説話，都不討落著，〔一〕先生説話，一句即討落著。』

先生與徐子宜書云：『某無能，連黜銓寺，今始以免試擬隆興靖安簿，六年闕。去家四百里，久離侍下，欲急歸，文字但託淳叟取。比來所得朋舊，多好氣質，講切端的，亦自覺稍進。兄爲學必日新，恨不證於兄也。端卿、蕃叟、成之、淳叟諸公，自相講切，皆自謂有益。某觀之，甚不謂然。諸公雖各不同，然學失其正，一也。嘗論其説均爲邪説，其行均爲詖行。淳叟最先知過；成之相信甚篤，然蒙滯竟未開明；端卿力戰大屈，而後有省；蕃叟相見，始恐懼，而又不能黶然。見李叔潤，與之言惡俗交戕之處，泫然流涕，感激良深，自此亦可以爲學，第恨相處不久耳！此心之良，人所均有，自耳目之官不思而蔽於物，流浪展轉，戕賊陷溺之端不可勝窮。最大害事，名爲講學，其實乃物欲之大者，所謂邪説誣民，充塞仁義。質之懿者，乃使之困心疲力，而小人乃以濟惡行私。兄質性篤厚，行己有耻，不至有是。然近來講學，大率病此，不敢不相告。劉伯正嘗相聚否？聞其莊整，迺是有進。不及作書，煩爲致意。天民重困猶昔，皆聞見駁雜之弊，近嘗苦口與言，稍能自反，應之亦復荒唐。今此相聚相欸，志嚮却篤，知非甚明，有可喜者，亦可爲天民慶也。端木、君舉、象先、益之諸兄，時相聚否？蔡行之何以不來參部？彭子復、戴少望皆安在？爲况如何？前年得少望書，復書頗切磋之，不知其書曾達否？兄講下多秀異否？劉司業在江西，民甚賴之，以與同官不協，得綿州去矣。便中特此奉記室，餘祝

〔一〕陸九淵著，鍾哲點校：《陸九淵集》卷三十四中有『與』字。

爲吾道自重！』

先生與子宜第二書云：『婺女之行，道經上饒，往往聞說其守令無狀，與臨川大不相遠。既而聞景明劾罷上饒、南康二守，方喜今時監司乃能有此，差強人意。劉文潛在〔一〕漕江西，光前絶後，至其帥湖廣，乃遠不如在江西時，人才之難如此。某人始至，人甚望之。舊聞先兄稱其議論，意其必不碌碌，乃大不然。明不足以得事之實，而姦黠得以肆其巧；公不足以遂其所知，而權勢得以爲之制。自用之果，反害正理，正士見疑，忠言不入，護吏而疾民，陽若不任吏，而實陰爲所賣。姦猾之謀，無不得逞，賄賂所在，無不如志。聞有一二行遣，形若治吏，而僞文詭辭，諂順乞憐者，皆可回其意。下人轉移其事，如轉户樞。胥輩窺之審，玩之熟，爲日久矣。所欲爲者，如取如携，不見有毫髮畏憚之意。惟其正論誠意，則扞格而不入，乃以此自謂其明且公也。良民善士，疾首蹙頞，飲恨吞聲，而無所控訴。公人世界，其來久矣，而尤熾於今日。公人之所從得志，本在官人不才。然向者邪説不甚盛，風俗不甚壞，公人未盡得顯然肆意，官人未盡與公人一律。官人之才者，固有實益，亦難得盛譽。官人之不才者，亦尚藉常理常心，默有維持，未至泯然大亂。十數年來，公人之化大行，官人皆受其陶冶，沉涵浸漬，靡然一律。而書生腐儒，又以經術爲之羽翼，爲之干城，沮正捄之勢，塞懲治之路，潛禦其侮，陰助其瀾。故官人之才者，雖易以自見，易得盛譽，而無補風俗，無救大勢。至其不才，必至大亂。中人無以自立，皆從風而靡，隨波而流。守正而材術不足以自見者，其心僅不泯滅，而不復可伸，外之驅迫流狥者，亦不少矣。此今時之大勢。今之爲善者，猶持杯水救車薪之火也。然持杯水者常少，而抱薪者常多。某竊有區區之説，以爲可以絶薪而致水，要在於不厭詳復，不忽卑近，相與就實以講求至理，研覈其實，毋遽以大意粗

〔一〕陸九淵著，鍾哲點校：《陸九淵集》卷五中爲『作』字。

說蓋之，則至理可明，詖説可破。至理明，詖説破，則自其身達之家國天下，無不可爲者，君心國論，亦有致力處，豈直州縣官吏間哉？天生民而立之君，使司牧之，張官置吏，所以爲民也。「民爲大，社稷次之，君爲輕」，「民爲邦本，得乎丘民爲天子」，此大義正理也。今縣家，親民撫字之職也。縣家而害民，州家得以治之，州家而害民，使家得以治之。今州家、使家，壅之以胥吏，塞之以僚屬，所賴以通閭巷田畝之情者，有被害者赴愬也。今乃以告訐把持之名而抑絶之。近來胥吏之妙用，專在抑絶赴愬者之路，懲一二以威衆，使之吞聲斂衽，重足脅息，而吾得以肆行而無忌。監司太守，有服其役、任其怨而不得享其利者；有相爲相役而共享其利者。』

慈湖奠子宜辭云：『別去辭色，惟十五年，謂當合并，可以從容奉話言，胡爲寢疾，繼以訃傳，傳訃惟審某當哭于寢門之外，時疾作，不可如志，嗚呼哀哉！子先我覺，導我使復親象山以學，某即從教。自是亦小覺，虛明靜莫，變化云爲，不可射度，知及仁守，聖訓具在。某尚欲與子，共講仁守之方，道阻且長，而遽永寂，哭以遣奠，匪邇匪遠！』

蔡文懿公幼學

《宋史》本傳

蔡幼學，字行之，溫州瑞安人。年十八，試禮部第一。是時，陳傅良有文名於太學，幼學從之遊。月書上祭酒芮華〔一〕及呂祖謙，連選拔，輒出傅良右，皆謂幼學之文過其師。孝宗聞之，因策士將寘首列。而是時外戚張說用

〔一〕脫脫等撰：《宋史》卷四百三十四《蔡幼學傳》中爲『燁』字。

事，宰相虞允文、梁克家皆陰附之。幼學對策，其畧曰：『陛下資雖聰明，而所存未大，志雖高遠，而所趨未正，治雖精勤，而大原不立。即位之始，冀太平旦暮至，奈何今十年，風俗日壞，將難扶持；紀綱日亂，將難整齊；人心益搖，將難收拾；吏慢兵驕，財匱民困，將難正捄。』又曰：『陛下耻名相之不正，更制近古，二相並進，以爲美談。然或以虚譽惑聽，自許立功，或以緘默容身，不能持正。』蓋指虞允文、梁克家也。又曰：『漢武帝用兵以來，大司馬、大將軍之權重，而丞相輕。公孫弘爲相，衛青用事，弘苟合取容，相業無有。宣、元用許、史，成帝用王氏，哀帝用丁、傅，率爲始元之禍。今陛下使姨子預兵柄，其人無一才可取。宰相忍與同列，曾不羞耻。按其罪名，宜在公孫弘上。』蓋指張説也。帝覽之不懌，虞允文尤惡之。遂得下第，教授廣德軍。丁父憂，再調潭州。執政薦於朝，帝許之，且問：『年幾何矣？何以名幼學？』參政施師點，舉《孟子》『幼學壯行』之語以對。上佇思，慨然曰：『今壯矣！可行也。』遂除勅令所删定官。首言：『大耻未雪，境土未復，陛下睿知神武，可以有爲。而苟且之議，委靡之習，顧得以緩陛下欲爲之心。』孝宗喜曰：『解卿意，欲令朕立規模爾。』尋以母憂去。光宗立，以太學録召，改武學博士。踰年，遷太學，擢秘書省正字兼實録院檢討官，遷校書郎。時光宗以疾不朝重華宮，幼學上封事曰：『陛下自春以來，北宫之朝不講。比者壽皇愆豫，侍從、臺諫，叩陛請對，陛下拂衣而起，相臣引裾，羣臣隨以哀〔一〕泣。陛下退朝，宫門盡閉，大臣累日，不獲一對清光。望日之朝，都人延頸，遷延至午，禁衛飲恨。市廛軍伍，謗誹籍籍，旁郡列屯，傳聞疑怪，變起倉卒，陛下實受其禍。誠思身體髮膚，壽皇所與，宗社人民，壽皇所命，則疇昔慈愛，有感乎心，可不獨出聖斷，復父子之歡，弭宗社之禍！』疏入不報。寧宗即位，詔求直言。幼學又奏：『陛下欲盡爲君之道，其要有三：

〔一〕脱脱等撰：《宋史》卷四百三十四《蔡幼學傳》中爲『號』字。

事親、任賢、寬民，而其本莫先於講學。比年小人謀傾君子，爲安靖和平之説以排之。故大臣當興治而以生事自疑，近臣當效忠而以忤旨擯棄，其極至於九重深拱而羣臣盡廢，多士盈庭而一籌不吐。自非聖學日新，求賢如不及，何以作天下之才！自熙寧、元豐而始有免役錢，有常平積剩錢，有無額上供錢；自大觀、宣和而始有大禮進奉銀絹，有贍學糴本錢，有經制錢；自紹興而始有和買、折帛錢，有總制錢，有月樁大軍錢；至於茶鹽酒榷、稅契頭子之屬，積累增多，較之祖宗無慮數十倍，民困極矣。』幼學既論列時政，其極歸之聖學。帝稱善，將進用之。時韓侂胄方用事，指正人爲『僞學』，異論者立黜。幼學遂力求外補，特除提舉福建常平。陛辭，言：『今除授命令，徑從中出，而大臣之責始輕；諫省經筵，無故罷黜，而多士之心始惑。或者有以誤陛下至此耶！』侂胄聞之不悦。既至官，日講荒政。時朱熹居建陽，幼學每事咨訪，遂爲御史劉德秀劾罷，奉祠者凡八年。起知黃州，改提點福建路刑獄，未行。有勸侂胄以收召海内名士者，乃召幼學爲吏部員外郎。入見，言：『高宗建炎間，減婺州和買絹折羅事，因諭輔臣曰：「一日行得如此一事，一年不過三百六十事而已。」陛下除兩浙丁錢，視高宗無間然，而兵事既開，諸路罹鋒鏑，轉餉之艱，江、湖以南，有調募科需之擾，惟陛下以愛惜邦本爲念。』遷國子司業、宗正少卿，皆兼權中書舍人。侂胄既誅，餘黨尚塞正路，幼學次第彈繳，竄黜尤衆，號稱職。遷中書舍人兼侍講。故事，閤門宣贊而下，供職十年，始得路都監若鈐轄。侂胄壞成法，率五六年七八年，即越等除授，有已授外職猶通籍禁闥者，幼學一切釐正。嘉定初，同樓鑰知貢舉。時正學久錮，士專於聲律度數，其學支離。幼學始取義理之文，士習漸復於正。兼直學士院，内外制皆溫醇，雅厚得體，人多稱之。除刑部侍郎，改吏部，仍兼職。趙師睪除知臨安府，睪辭。故事，當有不允詔。幼學言：『師睪以媚權臣進官，三尹京兆。狼籍無善狀，詔必出褒語，臣何辭以草？』命遂寢。改兼侍讀，師睪命乃下。除龍圖閣待制、知泉州，徙建康府福州，進福建路安撫使。政主寬大，惟恐傷民。福建下州例，抑民買盐，以户產高下均賣者曰產盐，以交易契紙錢科敷者曰浮盐，皆出常賦外，久之遂爲定賦。幼學力請蠲之，不報。提舉司令民以田高下藏新會子，不如令者籍其資〔一〕。幼學曰：『罔民而可，吾忍之乎！惟有去而已。』因言錢弊未均，秤提無術，力求罷去。遂陞寶謨閣直學士、提舉萬壽宮。召權兵部尚書，兼修玉牒官，尋兼太子詹事。先是，朝廷既遣歲幣入金境，適值其有難，不果納，則遽以兵叩邊索之。中外洶洶，皆言當亟與。幼學請對，言：『玉帛之使未還，而侵軼之師奄至，且肆其侮慢，形之文辭。天怒人憤，可不伸大義以破其謀乎！』於是朝論奮然，始詔與金絶。幼學因請『固本根以弭外虞，示意向以定衆志，公汲引以合材謀，審懷附以一南北』。帝稱善。一夕，感異夢，星隕於屋西南隅，遂卒。年六十四。幼學早以文鳴於時，而中年述作，益窮根本，非關教化之大、由情性之正者不道也。器質凝重，莫窺其際，終日危坐，一語不妄發。及辨論義理，縱横闔闢，沛然如決江河，雖辨士不及也。嘗續司馬光《公卿百官表》、《年曆》、《大事記》、《備忘》、《辨疑》、《編年政要》、《列傳舉要》，凡百餘篇，傳於世。

遺事

先生《年譜》云，乾道八年，先生試南宮，奏名，諸賢從遊，聽其言者興起。永嘉蔡幼學爲省元，連日無所問難。先生問其志，乃答曰：『幼學之志，在於爲善而已。』先生嘉歎而勉勵焉。此師事先生之實録。而《傳》止云『師陳傅良者』，蓋學文於陳，而學道於先生也。

按：《宋史》本傳不載蔡幼學謚，惟考趙希弁讀書附志，跋《國朝編年政要》四十卷云，右兵部尚書太子詹事蔡

〔一〕《二十五史·宋史》卷四百三十四《蔡幼學傳》中爲『貲』字。

文懿公幼學所編也。希弁南宋人，既知其謚，必不謬也。又云其書自太祖建隆之元迄於欽宗靖康之末，祖《春秋》之法，而參以司馬公《舉要》，呂氏《大事記》之例，宰輔拜罷，表諸年首。其子朝請大夫直秘閣提舉福建路常平義倉茶事籥，敘而刻之。

羅文恭公點

《宋史》本傳

羅點，字春伯，撫州崇仁人。六歲能文，登淳熙三年進士第，授定江節度推官，累遷校書郎兼國史院編修官。歲旱，詔求言，點上封事，謂：『今時姦諛日甚，議論凡陋，無所可否，則曰得體；與世浮沉，則曰有量；衆皆默，己獨言，則曰沽名；衆皆濁，己獨清，則曰立異。此風不革，陛下雖欲大有爲於天下，未見其可也。自旱暵爲虐，陛下禱羣祠，赦有罪，曾不足以感動。及朝求讜言，夕得甘雨，天心所示，昭然不誣。獨不知陛下之求言果欲用之否乎？如欲用之，則願以所上封事，反覆詳熟，當者審而後行，疑者咨而後決，如此則治象日著，而亂萌自消矣。』遷秘書郎兼皇太子宮小學教授。寧宗時以皇孫封英國公，點兼教授，入講，至晡時不輟，左右請少憩，點曰：『國公務學不休，奈何止之。』又摭古事勸戒，爲《鑑古録》以進。高宗崩，孝宗在諒闇，皇太子參決庶務，點時以户部員外郎兼太子侍讀〔一〕，出使浙右。遷起居舍人，改太常少卿，兼侍立修注官。被命使金，告登寶位。會金有國喪，迫點易金帶，點曰：『登位吉事也，必以吉服從事。有死而已，帶不可易。』又詰點不當稱『寶位』，點曰：『聖人大寶曰位，不加「寶」字，何以別至尊？』金人不能奪。上嘗謂點：『卿舊爲

〔一〕脫脫等撰：《宋史》卷三百九十三《羅點傳》中爲『講』字。

宮寮，非他人比，有所欲言，毋憚啓告。』點言：『君子得志常少，小人得志常多。蓋君子志在天下國家，而不在一己，行必直道，言必直〔一〕論，往往不忤人主，則忤貴近；不忤當路，則忤時俗。小人志在一己，而不在天下國家，所行所言，皆取悅之道。用其所以取忤者，其得志鮮矣；用其所以取悅者，其不得志亦鮮矣。若昔明王，念君子之難進，則極所以主張而覆護之；念小人之難退，則盡所以燭察而提防之。』皇子嘉王，年及弱冠，點言：『此正親師友、進德業之時，宜擇端良忠直之士，參侍燕間。』遂除黃裳爲翊善。又言：『人主憂勤，則臣下協心；人主偷安，則臣下解體。今道塗之言，皆謂陛下每旦視朝，勉强聽斷，意不在事。宰執奏陳，備禮應答，侍從庶僚，備禮登對，而宮中燕遊之樂，錫賚奢侈之費，已騰於衆口。强敵對境，此聲豈可出哉！』紹熙三年十一月，日長至，車駕將朝賀重華宮，既而中輟。點言：『自天子達庶人，節序拜親，無有闕者，三綱五常，所係甚大，不當以爲常事而忽之。』上過宮意未決，點奏：『陛下已涓日過宮，壽皇必引領以俟陛下。常人於朋友，且不可以無信，況人主之事親乎？今陛下久闕溫清，壽皇欲見不可得，萬一憂思感疾，陛下將何以自解於天下？』嘗召對便殿，點言：『近者中外相傳，或謂陛下内有所制，不能遽出，溺於酒色，不恤政事，果有之乎？』上曰：『無是。』點曰：『臣固知之。竊意宮禁間，或有攖拂之事，姑以酒自遣耳！夫閭閻匹夫，處閨門逆境，容有縱酒自放者。人主宰制天下，此心如青天白日，當風雨雷電既濟〔二〕之餘，湛然虛明，豈容復有纖芥停留哉？』上猶未過宮。點又奏：『竊聞嘉王生朝，稱壽禁中，以報劬勞之德，父子歡洽，寧不動心，上念兩宮延望之意。』十一月，點以言不見聽，求去，不許。十二月，試兵部尚書。五年四月，上將幸玉津園，

〔一〕脫脫等撰：《宋史》卷三百九十三《羅點傳》中爲「正」字。
〔二〕脫脫等撰：《宋史》卷三百九十三《羅點傳》中爲「霽」字。

點請先過重華，又奏曰：『陛下爲壽皇子，四十餘年，一無間言，止緣初郊違豫，壽皇嘗至南内督過，左右之人，自此讒間，遂生憂疑。以臣觀之，壽皇與天下相忘久矣。今大臣同心輔政，百執事奉法循理，宗室、戚里、三軍、萬姓，皆無貳志，設有離間，誅之不疑。乃若深居不出，久虧子道，衆口謗讟，禍患將作，不可以不慮。』上曰：『卿等可爲朕調護之。』黄裳對曰：『父子之親，何俟調護！』點曰：『陛下一出，即當釋然。』上猶未行。點乃率講官言之，上曰：『朕心未嘗不思壽皇。』對曰：『陛下久闕定省，雖有此心，何以自白乎？』及壽皇不豫，點又隨宰執班進諫。閤門吏止之，點叱之而入。上拂衣起，宰執引上裾，點亟前泣奏曰：『壽皇疾勢已危，不及今一見，後悔何及！』羣臣隨上入至福寧殿，内侍闔門，衆慟哭而退。越三日，點隨宰執班起居，詔獨引點入。點奏：『前日迫切獻忠，舉措失禮，陛下赦而不誅，然引裾亦故事也。』上曰：『引裾可也，何得輒入宫禁乎？』點引辛毗事以謝，且言：『壽皇止有一子，既付神器，惟恐見之不速耳。』壽皇崩，點請上奔喪，許而不出，拜遺詔於重華宫。前後與侍從列奏，諫請，帝過宫者凡三十五疏，自上奏者又十六章，而奏疏重華、上書嘉王，及面對口奏不預也〔一〕。寧宗嗣位，人心始定。拜點端明殿學士、簽書樞密院事。上有事明堂，點扈從齋宫，得疾卒，年四十五。贈太保，謚文恭。點天性孝友，無矯激崖異之行，而端介有守，義利之辯皎如。或謂天下事非才不辨，點曰：『當先論其心，心苟不正，才雖過人，果何取哉！』宰相趙汝愚嘗泣謂寧宗曰：『黄裳、羅點相繼淪謝，二臣不幸，天下之不幸也。』

書問

先生與春伯書云：『適聞晉貳奉常，鄉於柄用，深爲吾道慶。大蠹之去，四方屬目，惟新之政，藐未有所聞。鄉

〔一〕脱脱等撰：《宋史》卷三百九十三《羅點傳》中爲『焉』字。

來相聚，不爲不久，不能有以相發，每用自愧，屬閲來示，尤爲惕然。宇宙無際，天地開闢，本只一家。往聖之生，地之相去千有餘里，世之相後千有餘歲，得志行乎中國，若合符節，蓋一家也。來書乃謂「自家屋裏人」，不亦陋乎？來書言朱、林之事，謂「自家屋裏人，自相矛盾」，不知孰爲他家？古人但問是非邪正，不問自家他家。君子之心未嘗不欲其去非而就是，捨邪而適正，至其怙終不悛，則當爲《夬》之上六矣。舜於四凶，孔子於少正卯，亦治其家人耳。妄分儔黨，反使玉石俱焚，此乃學不知至，自用其私者之通病，非直一人之過，一言之失也。近見臺端逐林之辭，亦重歎其陋。羣兒聚戲，雜以猥狡，尚何所望？非國之福，恐在此而不在彼也。』

按：先生與劉志甫書云『與春伯一書，痛箴其陋』，即此書也。

光宗紹熙元年，先生又與春伯書云：『某夏中拜之任之命，適感寒伏枕，幾至於殆。月餘少甦，又苦腸痔。七月四日始得離家，九月三日抵二泉，即日交割。是間素號閒静，至此未嘗有一字揭示，每事益去其煩，事至隨手決之，似頗不忤於人心。士民相敬向，吏輩亦肅肅就職，獄中但有向來二大囚：一已奏未報，一已報而憲臺未來審覆，除此牢户可閴寂矣。自外視之，真太平官府。然府藏困於連年接送，實亦匱乏，簿書所當整頓，廬舍所當修葺，道路當治，田萊當闢，城郭當立，武備當脩者不少。朝夕潛究密考，略無少暇，外人蓋不知也。真所謂心獨苦耳！今時仕宦，書問常禮，與朝夕非職事應接者，費日力過半。比來於此等固不敢簡忽，苐亦不敢以此等先職事。拙鈍之質，迺今尚有缺典。如臺諫侍從當〔一〕啓劄，今皆未辦。所恃羣賢，必不以此督過。萬一致簡慢之疑，更賴故人有以調護之。職事間有當控訴者，續得盡情。春伯資望日隆，宜在兩地優矣。濡筆以待

〔一〕陸九淵著，鍾哲點校：《陸九淵集》卷十五中有『有』字。

慶牘，向寒爲國保愛。』

戴文端公溪

《宋史》本傳

戴溪，字肖望，永嘉人也。少有文名，淳熙五年，爲别頭省試第一，監潭州南嶽廟。紹熙初，主管吏部架閣文字，除太學録兼實録院檢討官。正録兼史職自谿始。陞博士，奏兩淮當立農官，若漢稻田使者，括閑田，諭民主出財，客出力，主客均利，以爲救農之策。除慶元府通判，未上〔一〕，改宗正簿。累官兵部郎官。開禧時，師潰於符離，谿因奏沿邊忠義人、湖南北鹽商皆當區畫，以銷後患。會和議成，知樞密院事張嚴督師京口，除授參議軍事。數月，召爲資善堂說書。由禮部郎中，凡六轉爲太子詹事兼秘書監。景獻太子命溪講《中庸》、《大學》，溪辭以講讀非詹事職，懼侵官，太子曰：『講退便服說書，非公禮，毋嫌也。』復命類《易》、《詩》、《書》、《春秋》、《論語》、《孟子》、《資治通鑑》，各爲說以進。權工部尚書，除文華閣〔二〕學士。嘉定八年，以宣奉大夫、龍圖閣學士致仕。卒，贈特進、端明殿學士。理宗紹定間賜謚文端。谿久於宮僚，以微婉受知春宮，然立朝建明，多務秘密，或議其殊乏骨鯁云。

按：戴文端史稱字肖望，先生《集》中俱作少望。

〔一〕脱脱等撰：《宋史》卷四百三十四《戴谿傳》中爲『行』字。
〔二〕《二十五史·宋史》卷四百三十四《戴谿傳》中爲『華文閣』。

書問

先生與戴少望書云：『某銓曹報罷，歸已及秋，侍親粗適，無足道者。向辱下問諄諄，時竭愚心，辱以爲可語，益用不敢不自盡於左右。別既經時，兄亦涉歷千里而歸。婺女宿留，龍窟卧病，與凡航川輿陸者，無往而非進學之地。來示謂向意爲學，而新功殊未蒙有以見教者，何耶？起居食息，酬酢接對，辭氣、容貌、顏色之間，當有日明日充之功，如木之日茂，如川之日增，乃爲善學。古人之多多形容詠嘆者，固皆吾分内，然戕賊陷溺之未免，則亦安得不課其進。雖如顏子，夫子猶曰「未見其止」。易知易從者，實有親有功，可久可大，豈若守株坐井然哉？如《中庸》、《大學》、《論語》諸書，不可不時讀之，以聽其發揚告教。戕賊陷溺之餘，此心之存者，時時發見，若火之始然，泉之始達。苟充養之功不繼，而乍明乍滅，乍流乍窒，則淵淵其淵，浩浩其天者，何時而可復耶？任重道遠，繄兄是望，敢布胸臆，少見切磋之誠，且以求教。』

按：先生與徐文忠公誼書云：『前年得少望書，復書頗切磋之。』即謂此書也。

李參政性傳

《宋史》本傳

李性傳，字成之，宗正寺主簿舜臣之子也。嘉定四年舉進士。歷幹辦行在諸軍審計事〔一〕。進對：『有崇尚道學之名，未遇其實。』帝曰：『實者何在？』性傳對曰：『在陛下格物致知，以爲出治之本。』遷武學博士。尋爲太

〔一〕脱脱等撰：《宋史》卷四百一十九《李性傳傳》中爲『司』字。《二十五史·宋史》卷四百十九《李性傳傳》中爲『事』字。

常博士，兼諸王宮大小學教〔一〕授。陞太常寺丞兼權工部郎中，兼權都官郎官，遷起居舍人兼侍講。疏言：『東周以後，諸侯卿大夫皆以既葬而除服。秦、漢之際，尤爲淺促，孝文定爲三十六日之制，則視孝惠以前已有加矣。東漢以後，又損之爲二十七日，謂之以日易月，則簿之至也。千數百年，惟晉武帝、魏孝文爲能復古之制，而羣臣沮格，未克盡行。惟孝宗通喪三年，近古所獨。陛下繼之，至性克盡，前烈有光。乞以此疏，付之史官，庶幾四海聞風，民德歸厚。』遷起居郎，兼國史編修、實録檢討。權刑部侍郎，進禮部侍郎。以臣僚言罷。尋以寶章閣待制知饒州，改知寧國府，再知饒州，復以言罷。召爲兵部侍郎兼侍講〔二〕，兼同修國史，兼實録院同修撰。升兼侍讀，權兵部尚書。進讀《仁皇訓典》，乞讀《帝學》，從之。權吏部尚書。臣僚論舜臣立廟封爵事，落職，提舉太平興國宫。淳祐四年，權禮部尚書兼給事中，兼同脩國史、實録院同脩撰，兼侍讀。五年，拜端明殿學士、簽書樞密院事兼權參知政事。尋同知樞密院事。未幾，落職與郡。十二年，以資政殿大學士提舉洞霄宫。寶祐二年，依舊職提舉萬壽觀兼侍讀。以觀文殿學士致仕。卒，特贈少保。

書問

先生與高應朝書云：『成之到此，講切曲折，〔三〕具應之書中。大抵學者各倚其資質聞見，病狀雖復多端，要爲戕賊其本心，則一而已。』

先生與李成之書云：『某去冬，距對班數日，忽有匠丞之除，王給事遂見繳。既而聞之，有謂吾將發其爲首相爪

〔一〕《二十五史·宋史》卷四百十九《李性傳傳》中無『教』字。
〔二〕《二十五史·宋史》卷四百十九《李性傳傳》中爲『讀』字。
〔三〕陸九淵著，鍾哲點校：《陸九淵集》卷五中有『卻』字。

牙者，故惶懼爲此，抑可憐也！古人所以不屑屑於間政適人，而必務有以格君心者，蓋君心未格，則一邪黜，一邪登，一弊去，一弊興，如循環然，何有窮已。及君心既格，則規模趨向有若燕越，邪正是非有若蒼素，大明既升，羣陰畢伏，是瑣瑣者，亦何足復汙人齒〔一〕頰哉？鄉來面對，粗陳梗槩，明主不以爲狂，而條貫靡竟，統紀未終。所以低回之久者，欲俟再望清光，輸寫忠藴，以致臣子之義耳。然而不遂，則亦天也，王氏之子，焉能使予〔二〕不遇哉？』

又嘗與書論學云：『李尉處附至三月晦日書，發讀，慰浣之極！别紙尤見情實，歷述病狀，可謂自知之審矣。爲仁由己，而由人乎哉？奮拔植立，豈不在我？若只管譏評因循，不能勇奮特立，如官容奸吏，家留盜虜，日積憂患，而不勇於一去之決，誰實爲之？今幸尚知其爲奸盜而患苦之，護惜玩愒之久，寖以習熟便安之，未必不反以爲忠良也。任賢勿貳，去邪勿疑，豈獨爲國而然，爲家爲身，蓋一理也。願精思深察，致一日克己復禮之力，當有勿憂，宜日中之快矣。』

先生與徐子宜書云：『成之相信甚篤，然蒙滯竟未開明。』

呂寺丞祖儉

《宋史》本傳

呂祖儉，字子約，祖謙之弟也，受業祖謙如諸生。監明州倉，將上，會祖謙卒。部法半年不上者爲違年，祖儉必

〔一〕陸九淵著，鍾哲點校：《陸九淵集》卷十中爲『牙』字。
〔二〕陸九淵著，鍾哲點校：《陸九淵集》卷十中爲『子』字。

欲終期喪，朝廷從之，詔違年者以一年爲限，自祖儉始。終更赴銓，丞相周必大語尚書尤袤招之，祖儉已調衢州法曹，而後往見。潘時經畧廣東，欲辟爲屬，祖儉辭。尋以侍從鄭僑、張杓、羅點、諸葛庭瑞薦，召除籍田令。中丞何澹所生父繼室周氏死，澹欲服伯母服，下太常百官雜議。祖儉貽書宰相曰：『《禮》曰：「爲伋也者〔一〕妻者，是爲白也母。」今周氏非中丞父之妻乎？將不謂之母而謂之何？中丞爲風憲首，而以不孝令，百僚何觀焉？』除司農簿，已而，乞補外，通判台州。寧宗即位，除太府丞。時韓侂胄寢用事，正言李沐論右相趙汝愚罷之。祖儉奏：『汝愚亦不得無過，然未至如言者所云。』侂胄怒曰：『呂寺丞乃預我事邪？』會祭酒李祥、博士楊簡，皆上書訟汝愚，沐皆劾罷之。祖儉乃上封事曰：『陛下初政清明，登用忠良，然曾未踰時，朱熹老儒也，有所論列，則亟使之去；彭龜年舊學也，有所論列，亦亟許之去；至於李祥，老成篤實，非有偏比，蓋衆聽所共孚者，今又終於斥逐。臣恐自是天下有當言之事，必將相視以爲戒，鉗口結舌之風一成而未易反，是豈國家之利邪？』又曰：『今之能言之士，其所難非在於得罪君父，而在忤意權勢。姑以臣所知者言之，難莫難於論灾異，然言之而不諱者，以其事不關於權勢也。若乃御筆之降，廟堂不敢重違，臺諫不敢深論，給、舍不敢固執，蓋以其事關貴倖，深慮乘間激發而重得罪也。故凡勸道人主，事從中出者，蓋欲假人主之聲勢，以漸竊威權耳。比者聞之道路，左右暬御，於黜陟廢置之際，間得聞者，車馬輻湊，其門如市，恃權怙寵，搖撼外庭。臣恐事勢浸淫，政歸倖門，不在公室，凡所薦進，皆其所私，凡所傾陷，皆其所惡，豈但側目憚畏，莫敢指言，而阿比順從，内外表裏之患，必將形見，臣因李祥獲罪而深及此者，是豈矯激自取罪戾哉？實以士氣頹靡之中，稍忤權臣，則去不旋踵。私憂過計，深慮陛下之勢孤，而相與維持宗社者寢寡也。』疏既上，束

〔一〕脱脱等撰：《宋史》卷四百五十五《呂祖儉傳》中無『者』字。

擔〔一〕待罪。有旨：呂祖儉朋比罔上，安置韶州。中書舍人鄧馹繳奏，祖儉罪不至貶。御筆：『祖儉意在無君，罪當誅，竄逐已爲寬恩。』會樓鑰進讀呂公著元祐初所上十事，因進曰：『如公著社稷臣，猶將十世宥之，前日大府寺丞呂祖儉以言事得罪者，其孫也。今投之嶺外，萬一即死，聖朝有殺言者之名，臣竊爲陛下惜之。』上問：『祖儉所言何事？』然後知前日之行，不出上意。侂胄謂人曰：『復有救祖儉者，當處以新州矣。』衆莫敢出口。有謂侂胄曰：『自趙丞相去，天下已切齒，今又投祖儉瘴鄉，不幸或死，則益怨〔二〕重，曷若少徙内地。』侂胄亦悟。祖儉至廬陵，將趨嶺，得旨改送吉州。遇赦，量移高安。二年卒，詔令歸葬。祖儉之謫也，朱熹與書曰：『熹以官則高於子約，以上之顧遇恩禮則深於子約，然坐視羣小之爲，不能一言以報效，乃令子約獨舒憤懣，觸羣小而蹈禍機，其愧歎深矣。』祖儉報書曰：『在朝行聞時事，如在水火中，不可一朝居。使處鄉閭，理亂不知，又何以多言爲哉？』在謫所，讀書窮理，賣藥以自給。每出，必草屨徒步，爲踰嶺之備。嘗言：『因世變有所摧折，失其素履者，固不足言矣；因世變而意氣有所加者，亦私心也。』所爲文有《大愚集》。

書問雜文

先生答呂子約書云：『學者之病，隨其氣質，千種萬態，何可勝窮？至於各能自知能〔三〕用力處，其致則一。唐虞三代盛時，邪說詖行不作，民生其間，漸於聖人之化，自無昏塞之氣，乖薄之質，其遷善遠罪之處，不謀同方。

〔一〕脫脫等撰：《宋史》卷四百五十五《呂祖儉傳》中爲『簷』字。
〔二〕脫脫等撰：《宋史》卷四百五十五《呂祖儉傳》中爲『怨益』二字。
〔三〕陸九淵著，鍾哲點校：《陸九淵集》卷五中爲『有』字。

雖然，自下升高，積小致〔一〕大，縱令不跌不止，猶當次第而進，便欲無過，夫豈易有？以夫子之天縱，猶曰：「加我數年，五十以學《易》，可以無大過矣。」「瞻之在前，忽然〔二〕在後。」顏子之粹而猶若是。如有所立卓爾之地，竭其才而未能進，此豈可遽言乎？然開端發足，不可不謹，養正涉邪，則當早辨。學之正而得所養，如木日茂，如泉日流，誰得而禦之？今之學者，氣不至甚塞，質不至甚薄，鄉善之志，號爲篤切，鞭勉已至，循省已熟，乃日困於茫然之地而無所至止，是豈非其志有所陷，學有所蔽而然耶？臨深履冰，此古人實處。浴沂之詠，曲肱陋巷之樂，與此不相悖違。豈今之學失其正，無所至止，謬生疑懼，浪爲艱難者所可同日道哉？二書皆言近實，似知其病，考其要歸，乃非實省。但循此轍，恐成坐玩歲月，終無近實時耳。愚見如此，若謂不然，後便幸有以見教。』

按：子約師事其兄，未嘗他有所師，而事先生及朱子，皆嘗問學。若先生此書，訓示切直，固以弟子畜之矣。《考亭淵源録》列之弟子，其實子約亦未嘗師考亭，而子約問學于先生爲尤宜。考《陳止齋集》中有《答丁子齋書》云：『聞子約見子静陸丈，不受其砭，又是意氣未除。子約之凝滯，非陸丈不能剖斷得下，其他空疎之人，又不可入其陶冶。楊敬仲尊禮子静如洙泗，此必有以得其心者，曾往扣其本末否。』止齋言如此，蓋子約學於其兄，則尊史記而務事功。問於朱子，則求經義而尋章句，皆子約所樂習而易于見長。惟先生此書，指爲志陷學蔽，而教以近實，蓋先生所謂刀鋸鼎鑊功夫，宜其未能即契。然子約見先生後，立朝剛正，卒以建言受謫，非有得於實學者不能。楊慈湖嘗作《奠吕子約辭》，稱其學雖畧異，大致則同。其辭云：『承議郎楊某謹遣致一

〔一〕陸九淵著，鍾哲點校：《陸九淵集》卷五中爲『之』字。
〔二〕《論語·子罕》第九中爲『焉』字，中華書局十三經注疏本。

奠之禮，於故友人呂兄子約寺丞，天地之間，聲同者相應，氣同者相求，心同者相知。夫人生而有耳目鼻口四肢者，必其皆同惻隱、同羞惡、同恭敬、同是非，而獨謂必心同而後相知，此有其故。人性自善，人心自同，惟氣禀異，所教習異，枝分派流，始有不可勝窮之同。哀哀子約，我心則同，問學雖畧異，大致則同。所同者何？其好善同，見義忘利同，學不以口而以心同，夫天下惟有斯義而已矣。是故子約誠意篤志，深知乎某之心。某敬子約，敬子約不以利奪其義之胸中。夫是以承訃望哭，如對清明之神，雅正之容，病質莫奔，緘哀寫衷，中間合離，如風轉篷，不復多述。惟哭其同，此同萬古無窮，此哀亦萬古無窮。』觀此可知其所得矣。

邵機宜叔誼

邵叔誼，名未詳，浙江人，官階所至無可考。王謙仲蘭帥江西時，叔誼在其幕中，主管機宜文字。先生與謙仲在勅局時，爲同官，故相往來，叔誼因從先生問學。嘗述先生語，頗失本旨，先生答云：『此非某之言，乃邵機宜之言』云云，誨語懇切。叔誼亦嘗問學於朱子，故先生與叔誼第二書未及之。《朱子集》中作邵叔義。

先生與邵叔誼第一書云：『前日竊聞嘗以夫子所論齊景公、伯夷、叔齊之説，定〔一〕命以袪俗惑，至今嘆服，不能弭忘。笑談之間，度越如此，輔之切磋，何可當也。充〔二〕其所見，推其所爲，勿怠勿畫，益著益察，日躋於純一之地，是所望於君子，夷、齊未足言也。此天之所以與〔三〕我者，非由外鑠我也。思則得之，得此者也；先立乎其大者，立此者也；積善者，積此者也；集義者，集此者也；知德者，知此者也；進德者，進此者也。同此

〔一〕陸九淵著，鍾哲點校：《陸九淵集》卷一中爲『斷』字。
〔二〕陸九淵著，鍾哲點校：《陸九淵集》卷一中爲『允』字。
〔三〕陸九淵著，鍾哲點校：《陸九淵集》卷一中爲『予』字。

之謂同德，異此之謂異端。心逸日休，心勞日拙，德僞之辨也。豈唯辯〔一〕諸其身，人之賢否，書之正僞，舉〔二〕不逃於此矣。自有諸己至於大而化之，其寬裕溫柔足以有容，發強剛毅足以有執，齊莊中正足以有敬，文理密察足以有別，增加馴積，水漸木升，固月異而歲不同。然由萌蘖之生而至於枝葉扶疏，由源泉混混而至於放乎四海，豈二物哉？《中庸》曰：「誠者，物之終始，不誠無物。」又曰：「其爲物不貳。」此之謂也。學問固無窮已，然端緒得失，則當早辯，是非向背，可以立決。顏子之好學，夫子實亟稱之，而未見其止，蓋惜之於既亡。其後曾子亦無疑於夫子之道，然且謂爲魯，在柴愚師辟之間，素所蓄積，又安敢望顏子哉？曾子〔三〕之於顏，顏之於夫子，固自有次第，然而江漢以濯之，秋陽以暴之，雖夫子不能逃於曾子矣。豈唯曾子哉？君子之道，夫婦之愚不肖，可以與知能行，唐周之時，康衢擊壤之民，中林施置之夫，亦帝堯、文王所不能逃也。故孟子曰：「人皆可以爲堯、舜。」病其自暴自棄，則爲之發四端，曰：「人之有是而自謂不能者，自賊者也；謂其君不能者，賊其君者也。」夫子曰：「一日克己復禮，天下歸仁焉。」此復之初也。鈞是人也，己私安有不可克者？顧不能自知其非，則不知自克耳。』

先生與邵叔誼第二書云：『教以向來爲學本末，又加詳於前日所聞，甚幸！但敘述愚言處則盡失其實，「便須認爲己物」一句尤害義理，誠如此，可謂罪人處矣。前來所說猶是竊盜，此舉遂爲強盜。爲強盜而不讓，豈可容於世哉？初一再見時，頗覺左右好隨，即爲數語述所聞，每乖其實。既得旬日〔四〕之欵，意必已悟前非，不謂又作

〔一〕陸九淵著，鍾哲點校：《陸九淵集》卷一中爲『辨』字。
〔二〕陸九淵著，鍾哲點校：《陸九淵集》卷一中有『將』字。
〔三〕陸九淵著，鍾哲點校：《陸九淵集》卷一中無『子』字。
〔四〕陸九淵著，鍾哲點校：《陸九淵集》卷十中有『浹洽』二字。

此等語，乃復甚於初時，此即病證之大者。失今不治，必爲痼疾，豈更可言爲學哉？此心苟得其正，聽言發言皆得其正。聽人之言而不得其正，乃其心之不正也。一人言之，衆人聽之，使衆人各述其所聽，則必不齊。非言者之異也，聽者之異也。來書之至，此間友朋觀之，皆駭而問曰：「何爲有此言？」因答之曰：「是非吾言也，邵機宜之言也。」某屢言「先立乎其大者」，又嘗申之曰：「誠能立乎其大者，必不相隨而爲此言矣。」屢言「仁以爲己任」，又嘗申之曰：「誠仁以爲己任，必不相隨而爲此言矣。」蓋後世學者之病，多好事無益之言，假令記憶言辭盡無差爽，猶無益而有害，況大乖其旨，盡失其實邪？向來造見，對語移時，初間頗覺左右之心不能無餒。既而發明此理，稍相切磋，殊覺小快。及再相見，接語之間，已覺非復前日矣。是後相從雖累日，衆中泛語，終不得獨相叩問。兹得來示，方知窒塞如初。此乃向來不得真實師友講貫傳授，類皆虚見空言，徒增繆妄。今能盡棄前非，務明正理，則此心之靈，此理之明，誰得而蔽之。某前書所以相勉者，可謂至矣，幸復熟而究切之也。得元晦書，其蔽殊未解，然其辭氣窘束，或恐可療也。某復書又加明暢，併録往，幸精觀之。』

楊漕使楫

楊楫，字通老，福建長谿人。初學於朱子，復問學於先生。其歸也，先生爲序以送之，云：『學所以開人之蔽而致其知，學而不知其方，則反以滋其蔽。諸子百家，往往以仁義道德爲説，然而卒爲異端而畔於皇極者，以其不能無蔽焉耳。長谿楊楫通老，忠實懇到，有志於學，相見雖未久，而其切磋於此甚力。於其歸，書以勉之。』

按：考亭《淵源録》云：『楫登淳熙五年進士，歷司農寺主簿。奏劄論進君子退小人，勿狥左右干請，以重中書之權飭執政之臣可否相濟，以任憂時之責奬廉静之操，絶奔競之風。遷國子博士，出知安慶府，除湖南路提點刑獄，移江南西路轉運判官。嘉定六年，卒於官，有《奏議》及《悦堂文集》行於世。人稱爲悦堂先生。』

陳蕃叟武

於《越國志》

陳武，字蕃叟，君舉之從弟也，從君舉入太學，與蔡幼學齊名。東萊以告芮祭酒，曰：『此皆永嘉新進，不可不收拾者也。』君舉訪東萊，東萊語以春秋一題，且言破意，就試，果出此題；君舉以語蕃叟，皆徑用之，遂中同榜。然君舉好坡公文，而蕃叟弗善也。其文自成一體，蕃叟後亦入黨籍。

按：《宋史》僞學之禁，爲首者趙、留、周、王四人外，自朱熹、徐誼而下，至呂祖泰，共五十五人。陳武列在三十二，居袁燮之次，而《宋史》無傳。《浙志》云云，不足傳信。試前授題，特吳越人近年陋習，宋時安得有此。蕃叟之文，與蔡文懿齊名，方且上薄坡公，豈不能自取科第，東萊暗中摸索，能識陸子，豈不能識君舉兄弟，何必先授題爲物色地。且乾道八年，尤文簡知貢舉，東萊特同考官，安能預定題目而出之哉？又按：君舉於陸子，在師友之間，觀陸子與君舉書，及君舉贈黄元吉詩可見。若蕃叟，則請業請益，而自儕於弟子之列者也。陸子與子宜書云：『端卿、蕃叟、成之、淳叟諸公，自相講切，皆自謂有益，某觀之，甚不謂然。』又云：『蕃叟相見，始恐懼而又不能翻然。』蓋切磋之者深矣。

《陸子學譜》卷之九

南昌萬承蒼訂
後學臨川李紱編
平越王士俊校

弟子四

劉少保伯正

《宋史》本傳

劉伯正，字直卿，饒州餘干人。父簡，爲丞相趙汝愚客，嘗書慶曆四諫奏議授伯正，而伯正以開禧元年舉進士。調太平主簿，通判枣陽軍，辟荆湖制置司機宜、兩浙轉運司主管公事。歷軍器、將作、太府三監主簿，樞密院編修官，兵部郎官，監察御史。有事於明堂，雷電忽至，執事者鮮不離次；伯正立殿下，佩笏儼然，殺色不動。帝遂以大任期之。遷左司諫，疏言：『兵籍寖廣，粮餉益艱，請豫備軍食。』又言銓選、財計、刑獄之積敝，『乞以願治之心而急董正治官之圖，以勤政之思而嚴察計吏之法』。又言：『所憂非一，而急務之當慮者有三：曰申飭邊備，區處流民，提防姦盜。』帝皆善其言。升右正言，及〔一〕華文閣待制知廣州，兼廣東經畧安撫使。召見，賜金帶鞍馬。改轉運使，以寶章閣直學士知太平州。召爲禮部侍郎兼中書舍人，遷吏部侍郎兼侍講、同修國史、實録院同修撰。兼給事中，權刑部尚書兼侍讀。淳祐四年，拜端明殿學士、簽書樞密院事，兼權參知政事。真拜參知政事。以監察御史孫起予言罷，授資政殿學士、提舉洞霄宫。監察御史蔡次傳言之，降一官，尋復舊官致仕。卒，贈正奉大夫，加少保。時論謂伯正立朝，以静重鎮浮，不求名譽，善藏其用云。

按：林公庭棍《江西通志》：『伯正名泌，豈其舊名而後以字行耶？人稱爲嘉泰進士。』今史稱開禧進士，科分亦殊，而陸子集中與徐子宜書，亦稱其字爲伯正，云『劉伯正嘗相聚否？聞其莊整，乃是有進。不及作書，煩爲致意』云云。林《志》敘伯正官階甚畧，止云『歷官郡縣臺省部院』，然與史傳所稱頗合，其並稱爲餘干人，則無異也。林《志》又稱其『以母老乞養，常爲母祈禱，甘露三降庭梅』云。

項龍圖安世

《宋史》本傳

項安世，字平父，其先括蒼人，後家江陵。淳熙二年進士，召試，除秘書正字。光宗以疾不過重華宫，安世上書言：『陛下仁足以覆天下，而不能施愛於庭闈之間；量足以容羣臣，而不能忍於父子之際。以一身寄於六軍、萬姓之上，有父子，然後有君臣。願陛下自入思慮，父子之情，終無可斷之理；愛敬之念，必有油然之時。聖心一回，何用擇日，早往則謂之省，暮往則謂之定。即日就駕，旋乾轉坤，在反掌間爾。』疏入，不報。安世遺

〔一〕脱脱等撰：《宋史》卷四百一十九《劉伯正傳》中爲『以』字。

宰相留正書，求去，尋遷校書郎。寧宗即位，詔求言。安世應詔言：『管夷吾治齊，諸葛亮治蜀，立國之本，不過曰量地以制賦，量賦以制用而已。陛下試披輿地圖，今郡縣之數，比祖宗時孰爲多少？比秦、漢、隋、唐時孰爲多少？陛下必自知其狹且少矣。試命版曹具一歲賦入之數，祖宗盛時，東南之賦入幾何？建炎、紹興以來，至乾道、淳熙，其所增〔一〕幾何？陛下試命内外羣臣有司具一歲之用，人主供奉、好賜之費幾何？御前工役、器械之費幾何？嬪嬙、宦寺廪給之費幾何？户部、四總領養兵之費幾何？州縣公使、迎送、請給之費幾何？陛下必自知其爲侈且濫矣！用不量賦，而至於侈且濫，内外上下之積，不得而不空，天地山川之藏，不得而不竭，非忍痛耐謗，一舉而更張之，未知其所以終也。今天下之費最重而當省者，兵也。能用土兵，則兵可省，能用屯田，則兵可省。其次莫如宫掖。兵以待敵國，常畏而不敢省，故省兵難。宫掖以私一身，常愛而不忍省，故省宫掖難。不敢省者，事在他人；不忍省者，在陛下。宫中之嬪嬙〔二〕、宦寺，陛下事也，宫中之器械、工役，陛下事也，陛下肯省則省之。宫中既省，則外廷之官吏，四方之州縣，從風而省，奔走不暇，簡樸成風，民志堅定，民生日厚，雖有水旱蟲蝗之災，可活也；國力日壯，雖有夷狄、盜賊之變，可爲也。復祖宗之業，雪人神之憤，惟吾所爲，無不可者。』時朱熹召至闕，未幾予祠，安世率館職上書留之，言：『御筆除熹宫祠，不經宰執，不由給、舍，徑使快行，直送熹家。竊揣聖意，必明知熹賢，不當使去，宰相見之，必執奏；給、舍見之，必繳駁，是以爲此駭異變常之舉也。夫人主患不知賢爾，明知其賢而明去之，是示天下以不復用賢也。人主患不聞公議爾，明知公議之不可而明犯之，是示天下以不復顧公議也。且朱熹本一庶官，在

〔一〕脱脱等撰：《宋史》卷三百九十七《項安世傳》中有『取』字。
〔二〕脱脱等撰：《宋史》卷三百九十七《項安世傳》中爲『嬙嬪』二字。

二千里外，陛下即位未數日，即加號召，畀以從官，俾侍經幄，天下皆以〔一〕初政之美。供職甫四十日，即以内批逐之，舉朝驚愕，不知所措。臣願陛下謹守紀綱，毋忽公議，復留朱熹，使輔聖學，則人主無失，公議尚存。』不報。俄爲言者劾去，通判重慶府，未拜，以僞黨罷。安世素善吳獵，二人坐學禁。久廢。開禧用兵，獵起帥荆渚，安世方丁内艱。起復，知鄂州。俄淮、漢師潰，薛叔似以怯懦爲侂胄所惡，安世因貽侂胄書，其末曰：『偶送客至江頭，飲竹光酒，半醉，書不成字。』侂胄大喜曰：『項平父乃爾閒暇。』遂除户部員外郎、湖廣總領。會叔似罷，金圍德安益急，諸將無所屬。安世不俟朝命，徑遣兵解圍。高悦等與金人力戰，馬雄獲萬户，周勝獲千户，安世第其功以聞。獵代叔似爲宣撫使，尋以宣諭使入蜀。朝命安世權宣撫使，又升太府卿。有宣撫幕官王度者，吳獵客也。獵與安世素相友，及安世招軍，名項家軍，多不逞，好擄掠，獵斬其爲首者，安世憾之，至是斬度於大别寺。獵聞於朝，安世坐免。後以直龍圖閣爲湖南轉運判官，未上，用臺章奪職而罷。嘉定元年，卒。所著《易玩辭》，他書多行於世。

書問

先生答項平甫書云：『《孟子》揠苗一段，大槩治助長之病，真能不忘，亦不必引用耘苗。凡此皆好論辭語之病，然此等不講明，終是爲心之累。一處不穩當，他時引起無限疑惑。凡此皆是英爽、能作文、好議論者，多有此病。若是朴拙之人，此病自少。所以剛毅、木訥、近仁，而曾子之魯，乃能傳夫子之道。凡人之病，患不能知，若真知之，病自去矣，亦不待費力驅除。真知之，却只説得「勿忘」兩字。所以要講論者，乃是明辨其未知處耳。』

〔一〕脱脱等撰：《宋史》卷三百九十七《項安世傳》中有『爲』字。

按：孝宗淳熙九年，先生任國子正，平甫奉親之官越中，多見先生高弟，又嘗受傅子淵警發，遂以書來問學。自謂『心師之久，不可不以尺紙布萬一』。明年，復以書來，謂『欲望尊慈特賜指教』，詳見先生《年譜》，然《譜》謂答書不傳。《集》中此書不知是何時所答。平甫信服先生，踰於朱子，嘗致書朱子推尊先生，朱子答之，有云：『所語陸國正語，三復爽然。』是以其言爲是也。又云：『子静專於尊德性，而已於道問學過多。』詳見《年譜》，然平甫始終信服先生之教。朱子病篤時答平甫書，有『相見無期，不得面講，使平甫尚不能無疑於當世諸儒之論，此爲恨恨』之語。蓋平甫雖兼師朱、陸，尤信陸學，故朱子云云也。

傅通守夢泉 傅聖謨仲昭齊賢克明附

祠堂記畧　包文肅公恢撰

先君子受學於陸象山先生，邑中同志者，時則有若傅公子淵、聖謨、仲昭、齊賢、克明諸前輩，而象山尤屬意者，必首屈子淵指。蓋公爲人，機警敏悟，疏通洞達，匪獨象山愛之，南軒、晦菴咸以爲老友。公嘗語人曰：『人生天地間，自有卓卓不可磨滅者在，果能於此涵養，於此擴充？良心善端，交暢横發，塞乎宇宙，貫乎古今。』其生平類如此。宰寧都，素憚難治，公至，一化以道，不踰年而丕變。潭帥周文忠公，稱其政有光前耀後之休，雖西漢循吏，未足比云。遷清江通守，紀綱方振，遽卒於官。後四十七年，其從子臨川縣尉涌，請於使者，上達殿陛。崇祀鄉賢，復建祠於族之玉虚觀側，俾子弟以時祀焉。公名夢泉，號若水，子淵其字也，登紹熙二年進士，所著有《石鼓文》，嘗講學曾潭之滸，學者稱『曾潭先生』。

按：子淵卒於官，部使者請于朝，祀于鄉賢祠。又建專祠，真文忠跋其行狀，謂：『縣大夫繪像祀于學宫，身後之榮如此，而陳建作《學蔀通辨》，誣爲失心以死，世有失心以死者，身後能如是乎？則陳建之自失其心焉耳。』

事蹟書問行狀跋

傅子雲録先生語云：『傅子淵請教，乞簡省一語。答曰：「艮其背，不獲其身，行其庭，不見其人。」後見其與陳君舉書中云：「是則全掩其非，非則全掩其是。」此是語病。中又云：「濶節而疏目，旨高而趣深。」〔一〕甚佳，濶節而疏目，子淵好處在此，病亦在此。又云：「子淵弘大，文範細密。子淵能兼文範之細密，文範能兼子淵之弘大，則非細也。」』嚴松云：『先生於門人，最屬意者惟傅子淵。』初子淵請教，先生有『艮背行庭，無我無物』之說，後子淵謂『某舊登南軒、晦菴之門，爲二說所礙，十年不可』。先生之說，及分教衡陽三年，乃始信。後聞先生臨終前數日，有自衡陽來，呈子淵與周益公論道五書，先生手不釋卷，嘆曰：『子淵擒龍打鳳底手段。』

先生答傅子淵書云：『三復來書，義利之辯，可謂明矣。夫子言：「君子喻於義，小人喻於利。」孟子謂：「欲知舜與跖之分，無他，利與善之間也。」讀書者多忽此，謂爲易曉，故躐等陵節，所談益高，而無補於實行。今子淵知致辯於此，可謂有其序矣。大端既明，趨向既定，則明善喻義，當使日進，德當日新，業當日富。《易》之學聚問辯，寬居仁行；《中庸》之博學、審問、謹〔二〕思、明辯、篤行，皆聖人之明訓，苟能遵之，當隨其分量，有所增益。凡此皆某之所願從事，而願與朋友共之者。是後新工，與見南軒所得，願悉以見警。書尾「善則速遷，過則速改」之語，固應如是，然善與過，恐非一旦所能盡知。賢如蘧伯玉，猶欲寡其過而未能。聖如夫子，猶曰「加我數年，五十以學《易》，可以無大過矣」。《論語》載夫子稱顏子好學，《易大傳》稱其有不善，未嘗

〔一〕陸九淵著，鍾哲點校：《陸九淵集》卷三十四中有『旨高而趣深』句。
〔二〕陸九淵著，鍾哲點校：《陸九淵集》卷六中爲『慎』字。

不知，知之未嘗復行。顏子有不善未嘗不知，知之未嘗復行，乃自其好學而能然。今子淵所謂遷善改過，雖無一旦盡知之心，然觀其辭意，亦微傷輕易矣。愚見如此，子淵以爲何如？』

又書云：『子淵判別得義利甚明白，從此加工，宜其日進，但不可他有眩惑耳。如來書集義之說，已似有少眩惑。蓋孟子所謂集義者，乃積善耳。《易》曰：「善不積，不足以成名。」荀卿積善成德之說，亦不悖理。若如近來腐儒所謂集義者，乃是邪說誣民，充塞仁義者也。諸非紙筆可盡，當遲面剖。』

又有書云：『日遲從者之來，想失賢郎，家事未易區處。建昌問學者雖多，亦多繆妄。近符生敘者，輒以書肆其無知之談。此輩庸妄無知，無足多怪，獨怪其敢爾恣肆無忌憚耳。吾嘗謂一種無知庸人，難於鐫鑿，往往累人，事楊朱則鈍置楊朱，事墨翟則鈍置墨翟，不明者往往歸咎其師，不知其爲師者亦誠冤也。此等固不足道，然義亦不當容其恣肆耳。吾子淵不得不任其責。』

又有書云：『比來㞐山，良有日新之證，惜不得與子淵共之。以朋友講習而說，有朋自遠方來而樂，不可以泛觀料想而解，當有事實。吾人不幸生於後世，不得親見聖人而師承之，故氣血向衰而後至此。雖然，朝聞道，夕死可矣。今能至此，其被聖人之澤豈不厚，而其爲幸豈不大哉？何時一來，快此傾倒。』

先生與劉漕使書云：『傅子淵在衡陽，士人歸之，太守亦甚禮之，但向來有一二同官不相樂，頗有違言，然子淵處之裕如也。』

真文忠公德秀作《建昌三傅行狀跋》云：『士有爵位窮於朝，而名不見齒於其鄉之父老；事業彰於世，而行不足以服其家之僮奴，蓋暫立者易能，素積者難揜故也。傅氏三君子，或仕幾達而不年，或方仕而遽已，或終其身未嘗仕，然其德譽藹於州閭，學問稱於師友。其歿也，縣大夫至繪像於學而祠之，此可以苟得乎哉？《記》曰：「微之顯誠之，不可揜詎。弗信夫。」』

按：西山所謂『仕幾達而不年』者，子淵也。蓋子淵令寧都，循卓之聲，聞於當軸甫遷別駕而遽卒也。

傅聖謨說：『一人啓事有云，見室而高下異，共天而寒署殊。』先生稱意思好。聖謨言文字體面大，不小家。先生云：『某只是見此好。』聖謨有許多說話。

先生答傅聖謨書云：『不假推尋擬度之說，殆病於向者推尋擬度之妄，已而知其非，遂安之，以爲道在於是。必謂不假推尋爲道，則仰而思之，夜以繼日，探賾、索隱、鉤深、致遠者，爲非道邪？必謂不假擬度爲道，則是擬之而後言，議之而後動，擬議以成其變化者，爲非道邪？謂即身是道，則是有身者皆爲有道邪？是殆未得夫道之正也。謂悠悠日復一日，不能堪任重道遠之寄，此非道也。貧窶不能不爲累，此非道也。學如不及，學而〔一〕不厭，憂之如何？如舜而已者，道當如是故也。簞食瓢飲不改其樂，肘見纓絶不以爲病者，道當如是故也。耕歷山，漁雷澤，陶河濱與夫耕莘、築巖、釣渭者，此所以餬其口也。夫子絶糧，曾子七日不火食，而匡坐絃歌，〔二〕聲若出金石，夫何累之有哉？子路結纓，曾子易簀，乃在垂死而從容若〔三〕此，貧孰與死而云爲累，無乃未得爲聞道者乎？以聖謨之英敏而不知此，無乃未之思乎？無乃向之所謂道者，反所以爲道之蔽而然乎？』

又書云：『得書喜聞所學之進，然前書所欲致區區者，終未蒙省録。聖謨誠能就前書所論者，有實省處，則今日之病，不待繁言而自解，吾道當自此而明矣。作文特吾人餘事，從事其間，而又鹵莽，是謂執事不敬。若如來書之意，則幾於陋矣。孔子讀《易》，韋編三絶；周公思兼三王以施四事；顔淵問爲邦，夫子告以四代之事；孟子闢楊、墨，自比於禹之抑洪水，此皆聖謨所宜以爲標的者。文字間又何足以汨没聖謨乎。』

〔一〕陸九淵著，鍾哲點校：《陸九淵集》卷六中爲『如』字。
〔二〕陸九淵著，鍾哲點校：《陸九淵集》卷六中有『歌』字。
〔三〕陸九淵著，鍾哲點校：《陸九淵集》卷六中爲『如』字。

又書云：『聖謨能知始志之非，正極可喜！緣患故而有其志，固宜未得其正。既就學問，豈可不知其非。大抵學者且當論志，不必遽論所到。所志之正不正，如二人居荆、楊，一人聞南海之富象犀，其志欲往；一人聞京華之美風教，其志欲往，則他日之問途啓行，窮日之力者，所鄉已分於此時矣。若其所到，則歲月有久近，工力有勤怠緩急，氣禀有厚薄、昏明、強柔、利鈍之殊，特未可遽論也。近來學者多有虛見虛說，冥迷渺茫，不肯就實。原其所以，皆是學無師授，聞見雜駁，而條貫統紀之不明，凡所傳習，秖成惑亂，此一節，又不與其志。來書意識之說，天地相似之間〔一〕，皆坐此也。讀書須是章句分斷〔二〕，方可尋其意旨。與天地相似之語，出於《繫辭》〔三〕，自「《易》與天地準」至「神無方而《易》無體」，是一大段。須明其章句，大約知此段本言何事，方可理會。觀今人之用其語者，皆是斷章取義，難以商確。試因聖謨從心所欲不踰矩之說，畧言聖人、賢人、衆人有當致疑之處。如至誠無息，而顔淵三月不違仁，其餘則日月至焉而已矣。不知日月至者，其所至之地與不違之地同乎不同？不違之地與無息之地同乎不同？誠者不思而得，不勉而中，從容中道，聖人也。若思誠者，但是未能不思不勉耳，豈皆不得、皆不中？但未能盡誠，未可以擅誠之名耳，豈是皆不誠？誠者，物之終始，不誠無物。凡此皆泛言誠，不專指聖人也。今之學者，豈皆不誠，不知思誠時所得所中者，與聖人同乎不同，若其果同，則是濫觴與溟渤皆水也，則大小、廣狹、淺深之辯〔四〕，亦自不害其爲同。第未知所謂同者，其果同乎？故嘗謂其不同處，古人分明說定等級差次，不可淆亂，亦不難曉，亦無可疑。獨其所謂同者，須是真實分

〔一〕陸九淵著，鍾哲點校：《陸九淵集》卷六中爲『問』字。
〔二〕陸九淵著，鍾哲點校：《陸九淵集》卷六中爲『章分句斷』句。
〔三〕陸九淵著，鍾哲點校：《陸九淵集》卷六中爲『易繫』二字。
〔四〕陸九淵著，鍾哲點校：《陸九淵集》卷六中爲『辨』字。

明見得是同乃可，不然，却當致疑而求明也。若如此理會，則已明白與未明白者，不應致疑與合致疑者，兩處不相淆雜，學問自得要領，不爲泛然無端之言所惑。已知者，則力行以終之；未知者，學問思辯〔一〕以求之；如此則誰得而禦之？聖謨非特其志之病，亦坐聞見之陋，條貫統紀之未明，故某前數書，多每處解釋，如授小兒。以聖謨之聰明，夫豈少此，蓋亦漸於陋習，膠於謬〔二〕說，不能不惑亂而至此也。若明知向來聞見之陋，從頭據實理會，則古人之訓，吾心之靈，當會通處多矣，今此之言，殆爲芻狗耳。發諸書畢後，寫此書，體倦，殊草率。試罷，能一來乎？』

傅仲昭嘗見廖懋卿，坐間假寐，因言其必未能自拔。先生聞之，因與廖幼卿書云：『此不爲深害，朋友間迫之太甚，罪之太切，則又反爲害矣。』蓋仲昭克治之嚴與先生誘教之善，可以互參矣。詳見先生與幼卿書。

先生與傅齊賢書云：『義理未嘗不廣大，能惟義理之歸，則尚何窠穴之私哉？心苟不蔽於物欲，則義理其固有也，亦何爲而茫然哉？蔽不真徹，則區區之意，殆虚設也。幸勉旃！毋久自屈。』

先生與傅克明書云：『見所與毛君書及《顔淵善言德行論》，知爲學不懈，大旨不畔，尤以爲慰。然學不親師友，則斯文未昭著處，誠難責於常才。獨〔三〕私意未能泯絶，當責大志。今時士人讀書，其志在於學場屋之文以取科第，安能有大志？其間好事者，因書册見前輩議論，起爲學之志者，亦豈能專純？不專心致志，則所謂鄉學者未免悠悠一出一入。私意是舉世所溺，平生所習豈容以悠悠一出一入之學而知之哉？必有大疑大懼，深思痛省，

〔一〕陸九淵著，鍾哲點校：《陸九淵集》卷六中爲『辨』字。
〔二〕陸九淵著，鍾哲點校：《陸九淵集》卷六中爲『繆』字。
〔三〕陸九淵著，鍾哲點校：《陸九淵集》卷十五中有『力』字。

決去世俗之習，如棄穢惡，如避讐寇〔一〕，則此心之靈自有其仁，自有其智，自有其勇，私意俗習，如見晛之雪，雖欲存之而不可得，此乃謂之知至，乃謂之先立乎其大者。何時合并，以究此懷。』

包少師揚兄約弟遜

事蹟書問

包揚，字顯道，以克名堂，人稱克堂先生，建昌南城縣人，以子恢貴，贈太子少師。兄約，字詳道；弟遜，字敏道，兄弟皆嘗學於先生，既而從朱文公游。揚嘗録文公論文之語爲《文説》一卷。其論學則篤信先生之言，録先生語爲一卷。嘗謂人不務躬行踐履，而專於講説誦習者，必至充塞仁義，朱文公深疾其説。嘗謂顯道輩，便是清虛寂滅陷溺其心；劉子澄輩，便是務求博雜，陷溺其心。周公思兼三王以施四事，其有不合者，仰而思之，夜以繼日，幸而得之，坐以待旦，聖賢之心，直是如此。蔡季通被罪，詹元善爲調護，朱文公初亦欲與經營，顯道因言禍福已定，徒爾勞擾。文公嘉之，且云：『顯道説得自好，未知當局如何？』

文公嘗謂：『詳道資禀篤實，誠所受重，所與顯道講論，竊恐却與去歲未相見時所見一般。蓋熟處難忘，所驟聞者，未能遽入，而復失之耳。』蓋詳道、顯道皆先事陸子，後乃兼問學于朱子，故朱子云爾。然包氏弟兄，固終身篤信先生之説，非失之也。顯道記先生語云：『予因隨衆畧説些子閑話，先生少頃曰：「顯道今知非否？」某答曰：「畧知。」先生曰：「須要深知，畧知不得。顯道每常愛説閑話。」』

又云：『詳道書好，文字亦好。純人專，不中不遠。』

〔一〕陸九淵著，鍾哲點校：《陸九淵集》卷六中爲『寇讎』二字。

嚴松録先生語云：『先生一夕步月，喟然而嘆。包敏道侍，問曰：「先生何嘆？」曰：「朱元晦泰山喬嶽，可惜學不見道，枉費精神，遂自擔擱，奈何？」包曰：「勢既如此，莫若各自著書，以待天下後世之自擇。」忽正色厲聲曰：「敏道！敏道！恁地没長進，乃作這般見解。且道天地間有箇朱元晦、陸子静，便添得些子？無了〔一〕，便減得些子？」』

先生與包詳道書云：『人生天地間，氣有清濁，心有智愚，行有賢不肖。必以二塗總之，則宜賢者心必智，氣必清；不肖者心必愚，氣必濁；而乃有大不然者。乖争、陵犯、污穢、淫邪〔二〕之行，常情之所羞所惡者，乃或縱情甘心而爲之，此所謂行之不肖者也。於此有所不敢爲，有所不忍爲，有所不肯爲，而每求其是者、正者、善者而爲之，雖未能必是、必正、必善，而其志則然，日履之間，蓋與向所謂不肖者背而馳也，是亦可謂行之賢者也。行之不肖，固爲愚矣。謂不肖者爲愚，則反是者亦可謂之智。然行之不肖者，則或耳目聰明，心思〔三〕慧巧，習技藝則易能，語理致則易曉，人情世態，多所通達；其習於書史者，雖使之論道術之邪正，語政治之得失，商人品之高下，决天下國家之成敗安危，亦能得其髣髴。彼固不能知其真，得其實，詣其精微，臻其底藴，而其揣摩傅會之巧，亦足以熒惑人之耳目，而欺未明者之心，玩之而有味，稽之而有證，非知言之人，殆未可謂不難辯也。至其行之賢者，則或智慮短淺，精神昏昧，重以聞見之狹陋，漸習之庸鄙，則其于慧巧者之所辯，渾然曾不能知。甚至於如荀卿所謂「門庭之間，猶可誣欺焉」。道術之邪正，政治之得失，人品之高下，天下國家之成敗安危，尚何所復望其判白黑於其間哉？利誘而害怵，刑驅而勢迫，雖使之

〔一〕陸九淵著，鍾哲點校：《陸九淵集》卷三十四中有『後』字。
〔二〕陸九淵著，鍾哲點校：《陸九淵集》卷六中爲『邪淫』二字。
〔三〕陸九淵著，鍾哲點校：《陸九淵集》卷六中爲『意』字。

如商邱開之赴水火，蓋未必不可也。理不可以泥言而求，而非言亦無以喻理；道不可以執說而取，而非說亦無以明道。理之衆多，則言不可以一方指；道之廣大，則說不可以一體觀。昔人著述之說，當世講習之言，雖以英傑明敏之資，盤旋厭飫於其間，尚患是非之莫辯，邪正之莫分。亂真之似，失實之名，一有所蔽，而天地爲之易位，差之毫釐，繆以千里。其於聖賢之言，一失其指，則倒行逆施，弊有不可勝言者。況於短淺之智慮，昏昧之精神，狹陋之聞見，庸鄙之漸習，一旦駭於荒唐繆悠之說，驚於詭譎怪誕之辭，則其顛頓狼狽之狀，可勝言哉？正使與之誦唐虞之書，詠商周之詩，殆亦未必不指汙沱爲滄海，謂邱垤爲嵩華，況又雜之以不正之言，亦安得而不狼狽哉？當其猖狂惶駭之時，蓋不必明者而後知其繆也。由是而言，則所謂清濁智愚者，殆不可以其行之賢不肖論也。觀詳道之素，亦可謂行之賢者也。然某之竊所憂者，蓋以其氣之不得爲清，而心之不得爲智，聞見之不博，而漸習之未洪，一有所駭，而莫克自定，止之者不一二，而驅之者八九。其所當論者，蓋在清濁智愚之間，而不在於道術之際也。不論其始之謬以求復其常，而悉精殫力於道術是非之際，此其所以愈騖而愈遠也。詳道始至此，其說蓋甚怪。然某觀詳道之質，本甚淳樸，非能自爲此怪說也。使生治古盛時，康衢擊壤之謠，中林肅肅之行，未必不優爲之也。一溺於流俗，再眩於怪說，狼狽可憐之狀，遂至於此。凡所以相告者，不過明怪說之妄，欲詳道之知其非而復其常也。所慮者，通疏曉了之人少，狂妄迷惑之人多，則其相與推激而至於風波、荆棘、陷穽之地者必衆。詳道氣之未清，心之未智，則殆將鼓舞倡和於其間，又安能知其非而自免於此耶？今詳道日履之間，所謂行之賢者，固未嘗自失；獨不幸悉心畢力以講術業，而不能自免於迷惑。今但能退而論於智愚清濁之間，則是惑庶幾乎自解矣。道術之是非邪正，徐而論之未晚也。當局者迷，旁觀者審。用心急者多不曉了，用心平者多曉了。英爽者用心一緊，亦且顛倒眩惑；況昏鈍者豈可緊用心耶？昆仲向學之志甚勤，所甚病者，是不合相推激得用心太緊耳。幾先嘗說諸公所謂退步，乃是進步耳。此公却胸襟曉了，儘不狂妄，其疇昔之所患，在於徇俗自安，不向進耳，使其聞正言而知懼知勉，却不至於繆戾也。』

又答詳道書云：『承諭爲學日益，良愜所望。鄉來清濁智愚之說，願無棄鄙言，時一閱之，或有所啓也。人之省過，不可激烈，激烈者必非深至，多是虛作一場節目，殊無長味，所謂非徒無益而又害之。久後看來，當亦自知其未始有異於初，徒自生枝節耳。若是平淡中寔省，則自然優游寬裕，體脉自活矣。』

又書云：『學問日進，甚善甚善！爲學固無窮也，然病之大端不可不講。常人之病多在於黠。逐利縱欲，不鄉理道，或附託以售其奸，或訕侮以逞其意，皆黠之病也。求諸癡者，固無是矣。然眩於所聽而不明乎擇，苟於所隨而不審於思，覬覦於非所可得，僭妄於非所能至，失常犯分，貽笑召侮，則癡之爲病，又可勝言哉？詳道之病，想已自知其大概，第未可自謂已知之矣。當於日用出言措意之間，精觀密考，使有日改月化之效，或庶幾其可瘳也。如自謂吾已知之矣，則是癡自若也。來書云「方獲自知之審」，若使某代言，必曰「僅能自知」。言心聲也，不可託之以立詞之不善，當知是本根之病。能於此有感，則自可觸類而長矣。』

又答書云：『爲學日進，尤以爲喜！詳道天資淳真，但不爲夸詐者所惑，亦自有過人處。文采縱不足，亦非大患，况學之不已，豈有不能者，獨恐無益友相助耳。秋試後能相過，當叩所得。某年來氣血殊憊，頗務養息，然亦不遂所志。五月來，教授兄一病，殊可畏，近乃向安，此數日尤加強，可喜！家間聚指之衆，尊幼中不能不時有疾病，令人動念耳。其貧窘又益甚。幸諸兄相聚，所講皆其所以處此者，故氣象和裕，人亦不知其如此耳。得諸公書，開益良多，第倦甚，作復不能宣究所懷。要之紙筆所傳，豈如面承也。』

又答書云：『垂諭新工，以是未能寬裕，所以費力處多。「優而柔之，使自求之，饜而飫之，使自趨之，若江海之浸，膏澤之潤」，此數語不可不熟味，於己於人，當皆〔一〕如此。若能若此，静處應事，讀書接人，皆當有益。優游寬容，却不是委靡廢放，此中至健至嚴，自不費力。恐詳道所謂〔二〕奮迅者，或不免助長之患。愚見如此，不識以爲何如？』

又與書云：『近嘗得李季遠書，盛陳別後爲學工夫，大抵以爲朝夕不懈涵泳，甚有日新之意。又以詳道力以「本無事」之説排之，渠又論不可無事之故。某復書云：「所示與詳道議論不合之處，皆是講學不明，人持所見以爲説，用相切磋，殆如兒戲。」今此得信，又有與敏道異同之論，要亦是兒戲耳。精勤不懈，有涵泳玩索之處，此亦是平常本分事，豈可必將無事之説排之？如讀書接事間，見有理會不得處，却加窮究理會，亦是本分事，亦豈可教他莫要窮究理會。若他持此説者，元〔三〕無著實，但是虚意駕説立議論，初無益於事實，亦須窮見其底藴，只就他虚意無實處理會，豈可以一説攻一説。如詳道來書，甚見己學不明，但執虚説之病。所與敏道書則〔四〕一截，敘述工夫處，却自分明，及至「豈有要尋方畧踐一行」之語，此病又見。如敏道所論，亦嘗至此間言之，某但與敏道説此皆是閑説話，皆緣不自就身己著實做工夫，所以一向好閑議論。閑議論實無益於己，亦豈解有明白處？須是自知此等説話是閑議論，方有就已向實工夫。涵養講究，却是本分事。』

又與書云：『宇宙間自有實理，所貴乎學者，爲能明此理耳。此理苟明，則自有實行，有實事。實行之人，所謂不言而信，與近時一種事脣吻、閑圖度者，天淵不侔，燕越異向。事脣吻、閑圖度之人，本於質之不美，識之

〔一〕陸九淵著，鍾哲點校：《陸九淵集》卷六中爲『皆當』二字，順序顛倒。
〔二〕陸九淵著，鍾哲點校：《陸九淵集》卷六中爲『爲』字。
〔三〕陸九淵著，鍾哲點校：《陸九淵集》卷六中爲『原』字。
〔四〕陸九淵著，鍾哲點校：《陸九淵集》卷六中爲『前』字。

不明，重以相習而成風，反不如隨世習者，其過惡易於整救。圖度不已，其失心愈甚。省後看來，真登龍斷之賤丈夫，實可慚恥！若能猛省勇改，則天之所以予我者，非由外鑠，不俟他求。能敬保謹養，學問、思辯而篤行之，誰得而禦？』

先生與包顯道書云：『得曹立之書云：「晦菴報渠云『包顯道猶有讀書親師友是充塞仁義之說』，註云：『乃楊丞在南豐親聞其語。』」故晦菴與某書，亦云：「包顯道尚持初說，深所未喻。」某答書云：「此公平時好立虛論，須相聚時稍減其性，近却不曾通書，不知今如何也？」來書云：「叩楊丞所學，只是躬行踐履，讀聖賢書，如此而已。」觀「如此而已」之辭，晦菴之所報〔一〕，殆不妄矣。不知既能躬行踐履，讀聖賢書，更〔二〕有甚不得處？今顯道之學，可謂奇怪矣。』

先生與包敏道書云：『昆仲爲學，不患無志，患在好進欲速，反以自病。聞說日來愈更收斂定帖，甚爲之喜！若能定帖，自能量力隨分，循循以進。儻是吾力之所不能及而強進焉，亦安能有進，徒取折傷困吝而已。』其第二書云：『小家兄疾嗽驟作，殊令人驚，今幸安愈。滋蘭朋友相聚，爲況不減疇昔。元明綜家務，時到槐堂，亦不甚得作文字，然氣宇超邁，殊不湮没，差強人意，但恐久不就學，則不能成其器耳。諸姪節前常作文，節後殊不及作，亦是事多。世昌教諸小子，又自有道理。諸子亦亹亹不厭，就中春弟伎倆尤進。制子四月間來滋蘭住得旬日，歸後又加進。初時與春弟棊，春弟頗不能及，今年乃反出春弟之下，近旬日棊甚進，春弟又少不逮矣，凡此只在其精神之盛衰耳。逢子常出讀書，亦頗識字。百七姪近歸，其文亦進，遇事愈有力，今已如館

〔一〕陸九淵著，鍾哲點校：《陸九淵集》卷六中爲『則立之所報』句。
〔二〕陸九淵著，鍾哲點校：《陸九淵集》卷六中爲『又』字

矣。試罷能一來否？聞諸公定帖可喜，但恐「來年尚有新條在，惱亂春風卒未休」。書詞亦尚虛驕，未甚穩實。《履》，德之基；《謙》，德之柄；《復》，德之本。得罪於《履》，得罪於《謙》，難以言《復》矣。』

又答敏道書云：『向嘗得敏道一書，書中雖無他説，然詞語多不平穩，未能不以爲憂。及得今書，開讀之，却覺全與舊時所得書不同。大抵昆仲之病，皆在鋭進之處。畢竟退讓安詳之人自然識羞處多。今爲學不長進，未爲大患，因其鋭進而至於狂妄不識羞，則爲惑深而爲累大，所謂非徒無益，而又害之者也。別有一種人，安詳遲鈍，則只消勉之使進，往往不至有狂妄之患。至如昆仲，則最貴退讓，若不知此，則病生難救。見詳道説，欲得回字，凌遽遣此。承秋涼有肯顧之意，儻不差遲，當得面叩也。』

又答書云：『敏道之歸，諸書悉未及復，幾來〔一〕督過。貴谿桂店桂氏一族甚盛，皆尊尚禮法。往年新闢書院，欲延賢師。其子弟德輝者，今夏處茅堂稍久，志向甚正。今其長上遣德輝詣仙里，屈顯道以主新書院，來此求書。應天山書堂已就，某來歲携二子滋蘭其上。渠家書院，密爾此山〔二〕，顯道肯來，亦可時時過從。聞其書院甚宏敞，景趣亦不惡，或有高弟，彼中亦儘可相處，得從所請，甚幸！敏道歸後，三家兄嘗語及，以爲向來澆薄乖戾之氣頓無，自非深懲痛省，何以至此，屢加歎賞。雖姪輩議論亦然。乃知在彼無惡，在此無斁，固然之理也。』

又答書云：『爲學無他謬巧，但要理明氣〔三〕精，動皆聽於義理，不任己私耳。此理誠明，踐履不替，則氣質不美者，無不變化。此乃至理，不言而信。詩曰：「奏假無言，時靡有爭。」此之謂也。來書所述未能臻此，平時氣

〔一〕陸九淵著，鍾哲點校：《陸九淵集》卷六中爲『未』字。
〔二〕陸九淵著，鍾哲點校：《陸九淵集》卷六中爲『應天』二字。
〔三〕陸九淵著，鍾哲點校：《陸九淵集》卷六中爲『義』字。

質復浮溢於紙筆間矣。幸益勉之！至望二賢兄，比來皆非復吳下阿蒙矣。』

又與書云：『私意與公理，利欲與道義，其勢不兩立。從其大體與從其小體，亦在人耳。勉旃，勉旃，毋多談。「潛雖伏矣，亦孔之昭」，不可揜也，不可誣也。二賢兄亦不及答書，意不殊此。大人之事，至公至正，至廣大，至平直。剖蠡管之見，蕩其私曲，則天自大，地自廣，日月自昭明，人之生也本直，豈不快哉！豈不樂哉！若諸公所可喜者，皆是專於向道，與溺私欲不同耳。固是各有病痛，須索商量。但比之足下則相懸耳。如幾先所謂「萬事隨緣」者，政所謂習氣使然也。吾人居廣居，立正位，行大道，得志與民由之，不得志獨行其道，豈肯作此等語也。不及答諸公書，幸以此示之。』

敏道祭先生文，畧云：『維吾先生，天稟絶異，洞萬古心，徹先聖秘。先立其大，須臾不離，日累月積，仁熟功熙。無偏無黨，不識不知，一順斯理，終日怡怡。雖和非惠，雖清非夷，豈尹之任，幾聖之時。』蓋其推崇如此。

顯道作先生贊云：『辭蔓蝕真，會當一正，剗百家僞，藥千古病。發人本心，全人性命，一洗佛老，的傳鄒〔一〕孟。』

《真西山集》中有跋包敏道講義一首，云：『紹定已丑之孟夏，盱江包君敏道，過予粵山之麓。縣尹宋侯聞其名，延致庠校，發揮孟氏要指，予亦陪末坐焉。是日，邑官洎學子會於堂上者，凡百數十人，聞君講說莫不聳動，歎未嘗有越。翼日，予復屈致家塾。君首以夫子之志學，孟子之尚志爲兒輩言之；次論人性之善，所以可爲堯、舜者，明白切至，聽者訢然忘倦。』蓋君早從朱、陸二先生游，得諸傳授者既甚的，而家庭伯仲自相師友，切劘講貫，壯老如一，故其所造益以超詣。今年七十有八矣，浩然之氣，畧不少衰，稠人廣坐，音吐清暢，隨問響

〔一〕陸九淵著，鍾哲點校：《陸九淵集》卷三十六中爲『孔』字。

答，往往破的。昔晦菴先生，嘗講於玉山縣學，發明四端之旨，幸惠學者至深。象山先生亦嘗講於廬山白鹿之書堂，分别義利，聞者或至流涕。某生晚不及拜二先生，而獲聞君之名論，亦足以識其師傳之所自矣。學長吳千兕等，將以君講孟義於學，俾書其後，不得辭。君名遜，敏道字也。

《陸子學譜》卷之十

南昌萬承蒼訂
後學臨川李紱編
陸川龐嶼校

弟子五

傅主簿子雲

《撫州府志》本傳

傅子雲，字季魯，金谿人，成童登象山門，以其少，使先從鄧文範，及登朝，留之槐堂。子雲尋赴太學，遭象山於道，共泛桐江，答問如響。象山精舍成，學者數百人，坐以齒，子雲在末座。間設一席於傍，俾子雲代講，或非之，象山曰：『季魯天下英才，毋妄議。』子雲學務明善知本，言行動中規矩。象山嘗執其手曰：『骨相寒薄，道雖明恐不得行。』及出守荆門，使居精舍，曰：『是山繫子是賴，其爲我率諸友日切磋之。』又謂諸生：『吾遠守小郡，不得與諸君掃清氛翳，幸有季魯在，願相與親近。』自是從游者日盛。晚奉大對，葛端獻公邲素加敬仰，期以首選，弗果。子雲曰：『場屋之得失窮達不與焉，終身之窮達，賢不肖不與焉。』人以爲名言。主甌寧簿，決訟必傳經義，人服其學。所著有《易傳》、《論語集傳》、《中庸大學解》、《孟子指義》、《離騷經解》。

郡守葉公夢得嘗師事子雲，以公配享三陸祠。子雲又有《文集》若干卷，行於世。

書問著作

先生嘗與傅季魯書云：『二十四日發敝廬，晚宿資國。二十五日觀半山瀑，由新蹊抵方丈，已亭午。山木益稠，蟬聲益清，白雲高屯，疊嶂畢露，踈雨迺灑，清風瀏瀏〔一〕，不知其爲夏也。何時來此共之。適欲國紀點對一事，或未能來，可先遣至。』

傅子雲祭先生〔二〕文，畧云：『道塞宇宙，而人至靈，不蔽於物，易知易行。維天憂民，篤生斯聖，乃徹厥蔽，俾安正性。周衰文弊，孟没學絶，功利横流，道術分裂。所見益鑿，所言益支，易知易行，誰其覺斯。千七百載，乃有先生。先生之德，濬哲粹英。道喪既久，無所取證，深研力索，俯仰參訂。或啓於家訓，或得於羣籍，或由省察之深，或資辯白之力，惟至當之不磨，卒會歸於有極。始信夫良知良能，降於上帝，可久可大，道實簡易。倘正僞之不辯〔三〕，而先後之舛施，則已私之是憑，豈天德之在兹？遠紹孟氏之旨，極陳異説之非。世之學者，標末是求，而吾先生，自源徂流。世論一切，如鞭之刑，而吾先生，允稽其情。世之於人，多察鮮容，而吾先生，善與人同。世之於善，迹似情非，而吾先生，情〔四〕實自持。世排異端，惟名是泥，而吾先生，即同辯異。世讀古書，立論紛然，而吾先生，先實後言。嗚呼先生，視古如反諸掌，視民如納諸溝，斯學斯志，曾不

〔一〕陸九淵著，鍾哲點校：《陸九淵集》卷十一中爲『然』字。
〔二〕陸九淵著，鍾哲點校：《陸九淵集》卷三十六中無『先生』二字。
〔三〕陸九淵著，鍾哲點校：《陸九淵集》卷三十六中爲『辨』字。
〔四〕陸九淵著，鍾哲點校：《陸九淵集》卷三十六中爲『誠』字。

一施，今則已矣。弧矢不去手，關河不忘懷，搜求忠勇，義欲一伸，曾不一遂，今則息矣。莫大於曆，夜觀星象，莫神於《易》，畫索蓍卦，考禮問樂，遠稽古制，曾不畢究，今則墜矣。間世之英，拔萃之議，作於斯世，亦如此而止矣。』

嘉定五年壬申，秋八月，張衎、季悅編先生〔一〕遺文成，〔二〕子雲爲之之〔三〕序，其〔四〕畧云：『先生生於孟子没千有七百餘年之後，當浮僞雜揉，諸子〔五〕淆亂之時，乃能獨信實理，而不奪於浮僞；精别古書，而不惑於近似；深窮力踐，天德著明，推以覺人，不加毫末。故一時趨隅以聽者，莫不油然悟良知良能、至明至近之實，灼然知自下升高積小以大之端，躍然興堯、舜可爲、不自棄自暴之志。回視曩之蔽於支離浮僞之説者，又不啻若夷猶於九軌之路，而灼見夫在荆棘泥淖者之爲陷溺也。蓋先生長於啓迪，使人蔽解疑亡，明所止於片言之下，有得於天而非偶然者。先生亦自以孟子既没，斯道之任在己，病浮僞之害正渝實，捄焚拯溺，如己隱憂，撲燄障流，厥功彌大。故民彛帝則之實，孔子、孟子之傳，賴以復闡於世』云云。

季魯所著書及文集外，有門人所録講學語一卷，吳文正公澄爲之序云：『陸先生之學，不在乎言語文字也。故朱之語録，累百餘卷，奚啻千萬億言，而陸之語録，僅僅一帙。其一帙者亦可無也。蓋先生平日教人，專於身心上切實用功，一時精神之感發，旨意之懇到，如良工斲輪大冶鑄金，巧妙莫可彷彿也，而可筆録乎？朱語諄詳，而所録多冗複；陸語峻潔，而所録或暗劣，此語録之病也，故曰可無也。陸門高第弟子傅季魯，人稱琴山先生。

〔一〕陸九淵著，鍾哲點校：《陸九淵集》卷三十六中無『先生』二字。

〔二〕陸九淵著，鍾哲點校：《陸九淵集》卷三十六中有『傳』字。

〔三〕此『之』字疑爲衍文。

〔四〕陸九淵著，鍾哲點校：《陸九淵集》卷三十六中無『其』字。

〔五〕陸九淵著，鍾哲點校：《陸九淵集》卷三十六中爲『朱紫』二字。

其元孫斯正，示余語録一編，所記三十五條。其間五條，已載陸先生語録，將欲鋟木以傳。余謂傳之不足以章世美，觀之不足以得家學。孟子曰「萬物皆備于我矣，反身而誠，樂莫大焉」。由傳以遡陸，由陸以遡孟，在此而已，安用語録爲哉？余雖有是言，而其鋟木之意不能已，遂爲之題其篇端。』

劉太傅〔一〕堯夫

《撫州府志》本傳

劉堯夫，字淳叟，金谿人，氣槩軒豁，文辭溫雅，從陸文達公游。每焚香静坐，曰：『欲與天地同其大。』象山笑曰：『天地自大，但勿拂之。』乾道己丑，補入太學，四試兩優，遂釋褐，時號走馬上舍。淳熙二年，登進士第，除國子正，遷太博。陛對極言時相之失，以爲天子有私，人則外廷有具位。外廷有具位，則公卿有他徑。又口奏：『治天下在明辯乎邪正是非之大者。』上褒其學問正當。退朝，目送之，曰：『監司須得如劉堯夫者。』劉光祖稱其：『調高才清，志大論壯，奏事上前，排斥權倖甚勇。』又稱其：『詩語新韻勝，皆古人所未道。』通判隆興府，卒於官。有《井齋藁集》若干卷。

書問事蹟

先生答劉淳叟書云：『承諭爲學無他疑，但却不如江下感發時，其他朋友亦無甚進。學固不欲速，欲速固學者大患，然改過遷善，亦不可遲回。向來與諸公講切處，正是爲學之門，進德之地。誠有志者，何忍復塗塞其門，榛蕪其地哉？平時所喜於淳叟者，徒以志向亹亹，有進無退，今反遲回若此，何耶？向時謬妄工夫，其勇往如

〔一〕光緒丁丑重刻本《陸子學譜》爲『傅』字。

彼，今云知過，乃反如此，則亦〔一〕悖於用勇矣！聞一善言，見一善行，若決江河，沛然莫之能禦，此舜所以爲舜。學如不及，猶恐失之，蓋夫子之明訓。亹亹以進，非淳叟之過也，其過顧在於進之非其道耳。誠知其過，頓棄勇改，則亹亹以進者，乃舜之莫能禦，夫子之所謂如不及，而又何病乎？今淳叟不然，而自曰知過，吾不信也。惟即改之，無待來年。夫道若大路，朋友相聚，不相與勉勵，策而進之，而自作艱難，自作節目，乃是未肯頓棄謬妄之習，爲遷延苟免之計。如今時寇盜已在囹圄，不肯分明伏罪，遷延歲月，僥覬降赦，苟得脱免之後，必復爲亂矣。宜勇改之，毋蹈此轍。』

先生又與劉淳叟書云：『淳叟之氣稟，固自有異於人者。往時朋舊相親，鮮不服其粹和醇美，以爲無疵。獨淳叟之心，往往有不敢自欺者，求他人之明，如淳叟之心不可欺，則亦鮮矣。至如晚寢早作，躬親細事，筋力日強，精神日敏，則自去冬以來其效甚著，縱有荒怠，勉之斯復。所不足者，恐不獨在是也。麟之姪近頗精進，論事盡有根據，致如說淳叟，輒欲以一言斷之，此亦是其病處，固嘗辟之矣。然在淳叟，不可不察。宏父德器言論，皆有餘味，誠有其仁，亦焉用佞？然光明所燭，波瀾所及，不已於學〔二〕，當有充長之驗。以大禹之聖，聞「在知人、在安民」之言，則吁而致其問。仁有所未洪〔三〕，智有所未足，勇有所未至，而欲斂然自安於「弑父與君亦不從也」之列，則亦偷矣。館學之官，非費宰比，能相勉以進，無苟自安，則吾道有望。道之異端，人之異志，古書之正僞，固不易辯〔四〕，然理之在天下，至不可誣也。有志於學者，亦豈得不任其責？如射者之於的，雖未能遽中，豈得而不志於是哉？閑先聖之道，闢邪說，放淫辭，於今當有任其責者。而多言是病，此

〔一〕陸九淵著，鍾哲點校：《陸九淵集》卷四中爲『抑』字。
〔二〕陸九淵著，鍾哲點校：《陸九淵集》卷四中有『者』字。
〔三〕陸九淵著，鍾哲點校：《陸九淵集》卷四中爲『宏』字。
〔四〕陸九淵著，鍾哲點校：《陸九淵集》卷四中爲『辨』字。

公孫洪〔一〕禁民挾弓弩之策也。』

按：淳熙乙巳，楊誠齋爲吏部郎中，時王季海爲丞相，一日，問誠齋『宰相以何爲先務？』答以莫先於薦士，因列薦朱子等六十人而堯夫與焉。薦語稱其『嘗冠釋褐，立朝敢言』云云。季海即首薦朱子提舉浙江常平。尋以劾唐仲友七疏不已，語併侵季海，始相違戾，餘人俱不及用焉。又按：當時因淳叟晚頗信禪學，因妄傳其爲僧，實無此事。《府志》本傳，稱其任隆興判，卒於官。未有官可以爲僧者。先生與朱子書云：『淳叟事，此中初傳，殊駭人聽，徐覈其實，乃知多小人傅會之辭。要之後生客氣如此，足見無學力』云云，疑指此事。然其晚年學禪，則實有之。先生與君舉書言：『淳叟前月初冒暑歸自臨江，病痢踰旬，竟不起，可哀可哀！此即年來避遠師友，倒行逆施，極可悼念！春夏之間，適有困折，某近抵城闉，見其卧病，方將俟其有瘳，大拯拔之，不謂遂成長往，念之尤用傷歎！淳叟、正己初向學時，自厲之意蔚然可觀，鄉里子弟因之以感動興起者甚衆。曾未半塗，各有異志。淳叟歸依佛乘，正己慕用才術，所託雖殊，其趣則一。此其〔二〕蔽，與前所謂以學自命者又大不侔〔三〕』云。淳叟子孫甚盛，在金谿者，散處數族，不下千家，五百餘年，甲科不絕。所爲《井齋藁集》，元明之際，尚流傳於世，今不復見。惟吴文正公澄作《金谿劉太博文集序》，尚存《草廬集》中，今録其稿於後云。

宋太學博士劉君之詩文，僅存若干篇，皆典雅溫潤，明白敷暢，讀之可見其爲正人，胸懷皎潔坦易，畧無塵滓嵚崎，蓋其天資超特人物偉然，自宜居當世之第一流。年十七而登陸子之門，二十四而入學，二十九而釋褐，

〔一〕陸九淵著，鍾哲點校：《陸九淵集》卷四中爲『弘』字。
〔二〕陸九淵著，鍾哲點校：《陸九淵集》卷九中有『爲』字。
〔三〕陸九淵著，鍾哲點校：《陸九淵集》卷九中有『矣』字。

四十四而遽終。予深惜其達之太早，不得久於親師，又惜其逝之太速，不得竟其務學，是以所就，但如是而已。其族曾孫立大，收拾遺文，及年譜、行狀等鋟之木，故爲之題辭，以表予之所敬慕，亦以致予之所惋惜焉耳！

朱少府桴弟泰卿

朱桴，字濟道，金谿人，嘗任湖陰尉，年長於先生，與弟泰卿字亨道，並師事先生，執弟子禮甚恭。先生語録第四卷云：『朱濟道説：「前尚勇決，無遲疑，做得事。後因見先生了，臨事即疑恐不是，做事不得。今日中只管悔過懲艾，皆無好處。」先生曰：「請尊兄即今自立，正坐拱手，收拾精神，自作主宰。萬物皆備于我，有何欠闕。當惻隱時自然惻隱，當羞惡時自然羞惡，當寬裕溫柔時自然寬裕溫柔，當發強剛毅時自然發強剛毅。」濟道言：「臨川從學之盛，亦可喜。」先生曰：「某豈不愛人人能自立，人人居天下之廣居，立天下之正位。立乎其大者，而小者弗能奪。然豈能保任得朝日許多人在此相處？一日新教授堂試，許多人皆往，只是被勢驅得如此。若如今去了科舉，用鄉里舉〔一〕選法，便不如此。如某却愛人試也好，不試也好，得也好，不得也好。今如何得人盡如此？某所以憂之，過於濟道。所憫小民被官吏苦者，以彼所病者在形，某之所憂人之所病者在心。」因言：「風俗驅人之甚，如人心不明，如何作得主宰。吾人正當障百川而東之。」又云：「某與濟道同事，濟道亦有不喜某處，以某見衆人説好，某説不好，衆人説不好，某解取之。」一日朱濟道力贊文王，先生曰：「文王不可輕贊，須是識得文王，方可稱贊。」濟道云：「文王聖人，誠非某所能識。」先生曰：「識得朱濟道，便是

〔一〕陸九淵著，鍾哲點校：《陸九淵集》卷三十五中爲『舉里』二字，順序顛倒。

文王。」又云：「濟道滯形〔一〕迹，不能識人，被人瞞。」濟道問：「智者術之原，是否？」曰：「不是，伏羲畫卦，文王重之，孔子繫之，因〔二〕天下之理，無一違者，聖人無不照燭，此智〔三〕，豈是術？」因說：「舊曾與一人處事，後皆效。」彼云：「察見淵魚不祥，如何？」曰：「我這裏制於未亂，保於未危，反禍爲福，而彼爲之者，不知如何爲不祥？」』

先生與朱濟道書云：『此理在宇宙間，未嘗有所隱遁，天地之所以爲天地者，順此理而無私焉耳。人與天、地並立而爲三極，安得自私而不順此理哉？孟子曰：「先立乎大者，則其小者不能奪也。」人惟不立乎大者故爲小者所奪，以叛乎此理，而與天地不相似。誠能立乎其大者，則區區時文之習，何足以汩没尊兄乎。賢郎志向極可嘉，向來供課想甚富，此非不足也，得勉之讀古書以涵養此志，幸甚！』

其第二書云：『向辱惠書，諸兄諸姪傳玩贊歎，不能去手。比之今此書辭，反如二人。甚愧前日簡忽，不能悉意盡誠以相推挽，遂使尊兄不能勇去餘習，尚此遲回。然詩却甚佳，詩意書辭，亦不相似。詩只兩句便說盡了，後兩句却成剩語，文理頗不相紹續。今欲易後兩句，兼易前二字，固不能出尊兄之意，但稍次其文耳。此理於人無間然，昏明何事異〔四〕天淵？自從斷却閑牽引，俯仰周旋只事天。尊兄平日只被閑牽引，所以不能自立。今既見得此理，便宜自立。此理既是大者，何必使他〔五〕明指大者？既見此理，此理無非，緣何〔六〕未知今是？此

〔一〕陸九淵著，鍾哲點校：《陸九淵集》卷三十五中有『泥』字。
〔二〕陸九淵著，鍾哲點校：《陸九淵集》卷三十五中無『因』字。
〔三〕陸九淵著，鍾哲點校：《陸九淵集》卷三十五中有『也』字。
〔四〕陸九淵著，鍾哲點校：《陸九淵集》卷十一中爲『與』字。
〔五〕陸九淵著，鍾哲點校：《陸九淵集》卷十一中有『人』字。
〔六〕陸九淵著，鍾哲點校：《陸九淵集》卷十一中爲『何緣』二字，順序顛倒。

理非可以私智揣度傅會。若能知私智之非，私智廢滅，此理自明。若任其私智，雖高才者亦惑，若不任私智，雖無才者亦明。顔子之學，本末甚明，尊兄未須泥此而求。但自理會，真能見得此理，後日徐徐取《論語》讀〔一〕，渙然冰釋矣。』

又書云：『示教日用工夫，甚善！尊兄氣質忠厚，得於天者加人數等。但向來累外處多，得日剥落之，以全吾天，則吾道幸甚。所謂「心誠求之，雖不中不遠矣」。平居不與事接時，切須鞭策得炯然，不可昧没對越上帝，則遇事時因〔二〕省力矣。』

鵞湖之會，朱亨道從行，嘗記朱、陸二先生所論，云：『元晦欲人先博覽而後反約，先生欲先發明其本心而後使之博覽，以此不合，先發明之説，未可誣也。元晦見詩有不平之色，似不能無我。』

胥必先訓

胥訓，字必先，先生吳夫人之第三妹僩也，見先生所爲吳公行狀。必先於先生爲僚僩，年齒小二十餘歲。先生爲吳公行狀，在淳熙十一年時，先生年已四十六歲，任承奉郎，充詳定司敕令所删定官矣。據行狀所敘，必先是時甫聘吳氏女子，尚未娶也。然淳熙八年，先生訪朱子於南康，必先已從行，見朱子所爲講義題跋，蓋從學在連姻之先矣。必先嘗與楊慈湖等侍先生遊西湖，在舟中與周元忠奕，慈湖爲詩，有『局外有碁輸與我』之句，見《慈湖遺書》。其餘官階事蹟無可考。

〔一〕 陸九淵著，鍾哲點校：《陸九淵集》卷十一中有『之』字。
〔二〕 陸九淵著，鍾哲點校：《陸九淵集》卷十一中爲『自』字。

先生與胥必先第一書云：『近得吳伯顒書云：「麟之姪言：必先治生甚進，而學植荒落。」豈信然耶？吾坐此三逕就荒，吾之三逕，如足下之六經也。近有朋友裹糧千〔一〕里而至者，皆勤勤不不〔二〕相捨。每念足下去我之決，何人性相反如此哉？吳察丁母憂，足下知之否？向者嘗道先丈〔三〕勉厲足下勤學之言，想亦復置度外，不復問矣。士別三日，刮目相觀，吾猶以故意待足下，則誠有罪，然足下果能勉於此乎？伯顒以親愛之情，於足下不能無所惜，故復爲此言，然在某亦可謂愚矣。古人舉一隅不以三隅反，則不復也者，果如是乎？繼自今，願足下與改是。』

其第三書〔四〕云：『得書甚有奮拔之意，良以爲慶。然譬諸田疇，荒穢之久，雖粗加墾闢，若畬耨不繼，則茅立塞之矣。用工深切至到，則通暢茂悅，當又與今不侔。願勉旃，毋忽。何以聚糧爲？肯來是幸。』

其第四書〔五〕云：『蒲稍綠耳，尚可想見，駑駘傷吻弊策，而不進於行，誠可厭也。馬之精神骨幹，得之於天，不可損益。今爲人而坐使古人「雖愚必明，雖柔必強」之言棄而不驗，豈不甚可痛哉！』

吳伯顒顒若弟仲詩厚若叔有誠若

吳伯顒，名顒若，先生妻弟也，與弟仲詩名厚若，叔有名誠若者，皆從學於先生。伯顒最長，猶少先生九歲。其家世見先生所爲吳公行狀，云：『公諱漸，字德進，姓吳氏，舊名興仁，字茂榮，以舊字行。其先自金陵徙家

〔一〕陸九淵著，鍾哲點校：《陸九淵集》卷七中爲『十』字。
〔二〕此『不』字疑爲衍文。
〔三〕陸九淵著，鍾哲點校：《陸九淵集》卷七中爲『文』字。
〔四〕陸九淵著，鍾哲點校：《陸九淵集》卷十四中爲第二書，如與卷七之書相加，則爲第三書。
〔五〕陸九淵著，鍾哲點校：《陸九淵集》卷十四中爲第三書，如與卷七之書相加，則爲第四書。

臨川，今幾百年矣。曾大父嗣宗。〔一〕父萬，右迪功郎致仕。兄弟三人，公居次。少隨伯氏從學於江公滙。江爲鄉先生，從遊多老成宿學，一時英異，如李公浩、曾公季貍皆在。公以童幼居其間，願殼恭隨〔二〕，得弟子〔三〕禮。有所未解，人樂告之。年十有五，喪母高氏。服除，致仕公使之治生。公雅好文學，重違致仕公意，服勤數歲。一日從容言其志，致仕公大悅之，更使從學。未幾，會新教官至，試補弟子員。郡之士大集，公居第一。自是每試輒居上游，人服其藝異。時同事汪公者，與爲執友。公每自挹損事之，如子弟。紹興癸酉，始與舉送，人謂公一第固可俯拾。明年省試不偶，公不以罪有司，曰：「吾殆業不精。」丙子再舉，壬午三舉，省試皆報罷，自是仕進之意衰矣。其後雖屢到省，皆以其子姪或門人與舉送，願公表率，親舊敦勉以行。公往來超然，殊不以得失介意。或以特奏名留之，公曰：「吾來此聊復爾耳，不能久也。」謝之竟歸。日率諸子讀書，以自娛樂，其聲洋洋，踵門者未及見，已爲之起。淳熙十年六月朔，以疾卒，享年六十，鄉閭莫不惋惜！公性孝，事親左右無違。見老者，雖賤必敬。慈祥愛物，力所及者，螻蟻蛙蚓之難，亦必免之。其恭謙〔四〕不競，人皆以爲不可及。至有不當其心，引義正色，堅勇亦不可奪。家甚貧，自奉甚薄，唯祭祀賓客，則致其豐鮮。公在郡庠，以行藝推爲前廊。居無何，輒逡巡辭去。乾道庚寅，許君及〔五〕蘇君總龜爲教官，尤留意學校。聞公學行信於鄉里，造廬敦請，至於再三，不得已就之。公雅爲許所知。許方欲盡去宿弊，事無巨細，皆以諉公。公爲區處條

〔一〕陸九淵著，鍾哲點校：《陸九淵集》卷二十七中有『大父景章』句。

〔二〕陸九淵著，鍾哲點校：《陸九淵集》卷二十七中爲『遜』字。

〔三〕陸九淵著，鍾哲點校：《陸九淵集》卷二十七中爲『子弟』二字，順序顛倒。

〔四〕陸九淵著，鍾哲點校：《陸九淵集》卷二十七中爲『謙恭』二字，順序顛倒。

〔五〕陸九淵著，鍾哲點校：《陸九淵集》卷二十七中有『之』字。

畫，如指〔一〕掌。許每歎曰：「於是見君後日之施設矣。」事有緒，即辭去。其後合郡之士屢請延公入學，教官郡守各致其禮，公皆固辭，不復去〔二〕矣。鄉里先達皆期公以有用，乃竟不三試而死，悲夫！〔三〕娶黄氏。子五人，顒若、厚若、誠若，皆世其業。厚嘗與丁酉舉送。女四人，長歸某，次甫笄而死，次許胥訓，次未〔四〕嫁。孫男女各一人，尚幼。卒之年，秋九月壬申，葬於金谿縣歸德鄉金石源祖塋之側。葬之日，送車塞塗，祖奠於道者，相望不絶，行過者莫不齎咨涕洟。某在童穉時爲公所知，後又妻以其女，知公之平生，可謂深且詳矣。如公之德，不可不表顯於後，謹覼書以告當世之君子。淳熙十一年，九月既望，壻承奉郎充詳定〔五〕司勑令删定官陸某狀』云。伯顒高才篤學，而淹滯不用於世，年止四十三。先生爲伯顒墓誌云：『臨川吴伯顒，余妻弟也，外舅五子，伯顒爲長。孝友謹飭，見於稚齒，婣族賓朋，每所歎賞。年十五，補入郡庠，歲選常多。許深甫、蘇待問爲教官時，學校最盛。伯顒居上游，所爲《生財有大道論》，深甫極賞之，謂後日當爲世用。初爲《詩》，後爲《書》，爲《三禮》，月試皆嘗冠其倫，然竟不薦名，人爲稱屈。家甚貧，外舅既下世，變故仍出，遂〔七〕益艱。伯顒處以義理，凛然不移，尤人所難。外姑之喪，將及大祥，以微疾卒。嗚呼痛哉！伯顒名顒若，世系先諱，具禮部侍郎尤延之所爲〔八〕外舅茂榮之碑。生於紹興戊辰閏八月丁巳，卒於紹熙庚戌十一月乙亥，以

〔一〕陸九淵著，鍾哲點校：《陸九淵集》卷二十七中有「諸」字。
〔二〕陸九淵著，鍾哲點校：《陸九淵集》卷二十七中爲「出」字。
〔三〕陸九淵著，鍾哲點校：《陸九淵集》卷二十七中有「公」字。
〔四〕陸九淵著，鍾哲點校：《陸九淵集》卷二十七中有「許」字。
〔五〕陸九淵著，鍾哲點校：《陸九淵集》卷二十七中有「一」字。
〔六〕陸九淵著，鍾哲點校：《陸九淵集》卷二十七中有「所」字。
〔七〕陸九淵著，鍾哲點校：《陸九淵集》卷二十八中爲「歲」字。
〔八〕陸九淵著，鍾哲點校：《陸九淵集》卷二十八中爲「具尤禮侍所爲」句。

十有二月壬寅，葬於金谿龍岡母塋之東。娶周氏，再娶亦其族。一女尚幼。既死，以族子爲嗣，名繼孫，生四歲矣。前葬五日，奉議郎新權發遣荆門軍，兼管内勸農營田事，陸某誌。』

先生嘗稱伯顒篤學，與之書云：『比得報字，喜聞日新之功。作事業固當隨分有程準，若著實下手處，未易泛言。只如八哥在此，朝夕有師友講切，反有倦志，不能前進〔一〕。然此在八哥，亦未易遽責，蓋此事論到着實處，極是苦澀，除是實有終身之大念。近到此間，却儘有堅實朋友與之切磋，皆輒望而〔二〕畏怯，不肯近前。每每尋軟弱浮泛之人與之閑話，以爲有益。及至被人指摘，即有垂頭闒耳之狀。近日雖稍鮮蘇，終是不能奮拔。近見其資庸腐，亦但涵養之耳。俟其更健，乃堪爐錘也。此於八哥，亦未足深訝。如四哥，但未曾到此間耳。遇着真實朋友，切磋之間，實有苦澀處，但是「良藥苦口利於病」，須是如此，方能有益，不可不知也。』

先生與仲詩書云：『鄉主文所言《質論》，偶七哥於故書中忽得之，其文信美，今録去。其人似多讀曾南豐、陳后山文，却是好時文秀才。觀此人之才，似亦有可用，終是氣格卑小。研覈事情處，却甚謹切，有可法者。若論財用〔三〕，似不甚知其實，然其說大綱亦好。謾録去曾南豐《論將》一〔四〕篇，以見它蹈襲分明處，亦可以見曾之議論，自然與他別處。大抵天下事，須是無場屋之累，無富貴之念，而實是平居要研覈天下治亂、古今得失底人，方說得來有筋力。五哥心志精神儘好，但不要被場屋、富貴之念羈絆，直截將他天下事如吾家事相似，就實論量，却隨他地步，自有可觀。他人文字議論，但謾作公案事實，我却自出精神與他批〔五〕判，不要與他牽

〔一〕陸九淵著，鍾哲點校：《陸九淵集》卷六中爲『進前』二字，順序顛倒。
〔二〕陸九淵著，鍾哲點校：《陸九淵集》卷六中爲『風』字。
〔三〕陸九淵著，鍾哲點校：《陸九淵集》卷六中有『處』字。
〔四〕陸九淵著，鍾哲點校：《陸九淵集》卷六中爲『二』字。
〔五〕陸九淵著，鍾哲點校：《陸九淵集》卷六中爲『披』字。

絆，我却會斡旋運轉〔一〕得他，方始是自己胸襟。途間除看文字外，不妨以天下事逐一自題評研覈，庶幾觀它人之文自有所發。所看之文，所討論之事，不在必用，若能曉得血脉，則爲可佳。若胸襟如此，縱不得已用人之說，亦自與只要用人之說者不同。若看文字時有合意，或緊要事節，不妨熟讀。讀得文字熟底，雖少亦勝鹵莽而多者。』

先生與吳叔有書云：『近來所學如何？嘗思初至此時，感發甚盛。但當時以信向之篤，心誠感通，如草木遇春而生，蓋有不自知其所以然者。有如唐虞三代之民，由而不知。然舊習深固，少緩爐錘，則所感密消，唯存虛氣，而實皆舊習矣。臨歸數日，頗知其首尾。知處雖大與舊不同，而純誠專一，乃反不及。是以乍昏乍明，未必能日新也。往事要不必論，直使〔二〕自即今奮拔乃是。即今奮拔，何復論前日也。然既已奮拔，則其智必明。其志苟明，則前日所爲亦能自知首尾。故寫此以爲驗爾，切不可強附會吾言。信至，但欵曲深思實者，有不合處，寫來力辯，乃見足下長進處。若但隨人言語轉，却是自家更無主人，何以爲學？觀至此，或已失了精彩，却須且放下此信，整冠肅容，自振迅精神，從實端的自省。須要清健明白，却再取此信視〔三〕之，有不合處，不可強合，須精思熟考，寫來辯之，乃善。』

先生因吳叔有舉蔡邕『無營』之說以問，先生特爲《說》以贈，云：『人生天地間，抱五常之性，爲庶類之最靈者。汩其靈則有罪，全其靈則適其分耳。誠全其靈，則爲人子盡子道，爲人臣盡臣道，豈曰無營乎哉？蔡邕之說，是殆飢甘食，渴甘飲，未得飲食之正也。孟子勉人以求在我者，誠能求在我者，則無營之說不足道矣。』

〔一〕陸九淵著，鍾哲點校：《陸九淵集》卷六中爲『用』字。
〔二〕陸九淵著，鍾哲點校：《陸九淵集》卷六中爲『便』字。
〔三〕陸九淵著，鍾哲點校：《陸九淵集》卷六中爲『觀』字。

張貢士商佐

張商佐，字輔之，金谿人，舉鄉貢進士，先生仲兄九敘之長壻也，學於先生，早卒。見先生所爲仲兄墓誌，及與朱子書。

先生嘗答輔之書云：『來書累累及己事，辭複而意切，讀之甚喜慰。苟如是，誰不欲相告者，况如某之直而多言者耶？今此子壽兄入邑，此事政可面論。第恐事罷不能復〔一〕留，至邑又有謁見應接之煩，雖相見，有不暇及此耳。故畧寓此言之。蒙諭鍼膏肓之説，且師友切磋之言，孰不欲各中其病，顧恐學未至，識未明，不能知人之病耳。又恐言或中病，而聽者不自以爲病，不能受耳。又子方求吾言，但當盡子受言之道，不當教我告子之方。使我告子而無其方，則其言不足求矣。子豈可教之使如何而告子耶？必欲教人告己，是何異教玉人雕琢玉哉？至引孔子答弟子問仁、問政、問孝之説，此尤非所宜言。孟子於孔子，特曰願學而已。吾於孔子弟子，方且師仰敬畏之不暇，如顏子、曾子，固不待論，平時讀書至子夏、子游、子張、蘧伯玉、南宫适諸賢言行，未嘗不惕然〔二〕愧畏欽服而師承之。而子遽可〔三〕孔子望我耶？且子既能究觀聖人答弟子之言，知其無不盡處，擴而充之，聖人亦只如此是已。已知教人之方，則吾當北面矣，尚何以鍼子膏肓耶？雖然，庸詎知此言之非鍼子膏肓耶〔四〕？寫至此欲止，恐子未能深悟，試更爲詳言之。學者大病，在於師心自用。師心自用，則不能克己，不能聽言，雖使羲、皇、唐、虞以來羣聖人之言畢聞於耳，畢熟於口，畢記於心，秪益其私，增其病耳。爲過益大，

〔一〕陸九淵著，鍾哲點校：《陸九淵集》卷三中『能復』二字顛倒爲『復能』二字。
〔二〕陸九淵著，鍾哲點校：《陸九淵集》卷三中爲『焉』字。
〔三〕陸九淵著，鍾哲點校：《陸九淵集》卷三中有『以』字。
〔四〕陸九淵著，鍾哲點校：《陸九淵集》卷三中爲『也』字。

去道愈遠，非徒無益，而又害之。來書謂備嘗險阻辛苦，而無操心危、慮患深之效，此亦非也。子之能特然自立，異於流俗，趣舍必求是，而施設不苟。人之所爲，有所不敢爲，人所不能爲，已或能爲之。人之所知，有所不敢知，人所不能知，已或能知之。凡此豈非操心危、慮患深之效歟？雖然，至於師心自用，學植不進，未必不由此也。古之所謂曲學詖行者，不必淫邪放僻，顯顯狼狽，如流俗人不肖子者也。蓋皆放古先聖賢言行，依仁義道德之意，如楊、墨、鄉原之類是也。此等不遇聖賢知道者，則皆自負其有道有德，人亦以爲有道有德，豈不甚可畏哉？曾子曰：「尊其所聞則高明，行其所知則光大。」尊所聞，行所知，要須本正。其本不正，而尊所行〔一〕，行所知，只成得箇檜版。自沉溺於曲學詖行，正道之所詆斥，累百世而不赦，豈不甚可畏哉？若與流俗人同過，其過尚小，檜版沉溺之過，其過甚大，真所謂膏肓之病也。來書舉程明道先生靜亦定、動亦定之語，此非子之所知也。定之於動靜，非有二也。來書自謂靜而定，亦恐未能果如是也，是處靜處動不同矣。子之意，豈不自謂靜時尚或能定，獨難於動而定耶？凡子之所謂定者，非果定也，豈有定於靜而不能定於動耶？至又謂近雖未能不動，而於動中之定頗庶幾焉，此正是檜版處。見子壽兄，可面扣之。若已悟得，亦不妨驗過。如意有未平，而子壽處或冗未暇言，無惜以片紙見問，切磋之益，政有所望，非所敢憚也。』

其第二書云：『前者〔二〕論子爲學之病，及得二十一日報帖，又知子尚未深曉。特然自立之節，較之流俗人，則爲賢者，在子之身，則爲深病。吾非不知子之踐履，尚未能不自愧，顧以爲踐履未至，此節已常在胸中，耿耿然爲拒善之藩籬，而不能以自知。況踐履既至，自無愧於心，其爲病可勝言哉？凡子之病，皆性之不純，理之不

〔一〕陸九淵著，鍾哲點校：《陸九淵集》卷三中爲『聞』字。
〔二〕陸九淵著，鍾哲點校：《陸九淵集》卷三中爲『嘗』字。

明，而外之勢，又有以增其病而無〔一〕藥之者。子之病，非獨子有之也，人皆有之。顧在流俗人而或有之，是則可喜，非可責也。至於知學者有此病，則其觀聖賢之訓，聽師友之言，必當惕焉愧悔改革，不如是，謂之不知學可也。子欲問大學之道，而不知此病，雖於特然自立處一向加功，將必不能至於無所愧。縱不自知，自謂無愧，識者觀之，正是一場大檐版〔二〕。吾之所望於子者，非以流俗人望子也。如以流俗人望子，則子流俗人賢者矣，勉而進之，誠流俗中大賢者矣。望之以聖賢之門，乃始爲一膏肓之病人也。此病去，自能改過遷善，服聖賢之訓，得師友之益，如動亦定、静亦定之説，亦不必苦心而自明也。見此書如未深省，但當以此書於讀書應事暇時常常提醒〔三〕，久當自知之。如疑欲辯，無惜詳列。』

黄郡守裳

《宋儒學案》本傳

黄裳，字元吉，浙江〔四〕寧德人。少有奇節，〔五〕應淳熙二年武舉，魁南宫。三歷郡守，俸入多以給親舊。任子恩，必先其兄之子而後己子。

按：先生論及門之士，首稱傅子淵，而以元吉與鄧文範爲次，己復曰：『浙中大有人在，是此三人中無浙人矣。』

〔一〕陸九淵著，鍾哲點校：《陸九淵集》卷三中有『以』字。
〔二〕陸九淵著，鍾哲點校：《陸九淵集》卷三中有『耳』字。
〔三〕陸九淵著，鍾哲點校：《陸九淵集》卷三中爲『省』字。
〔四〕黄宗羲著，陳金生、梁運華點校：《宋元學案》卷七十七《槐堂諸儒學案》中無『浙江』二字。
〔五〕黄宗羲著，陳金生、梁運華點校：《宋元學案》卷七十七《槐堂諸儒學案》中有『師事象山』句。

或謂先生仲兄九敘次壻黃叔豐，字元吉，則金谿人也。豈寧德黃裳，亦字元吉，而誤合爲一耶？或云黃裳乃福建寧德人，非浙江也。今姑從《學案》，而附識於此。

黃元吉別長沙陳君舉，有詩送行云：『荷君來意固非輕，曾未深交意便傾。說到七篇無欠少，學從三畫已分明。每嗟自昔傷標致，頗欲從今近老成。爲謝荊門三益友，何時尊酒話平生？』先生言初〔一〕聞子淵與君舉切磋，又起君舉之疑，得黃元吉，君舉方信子淵之學。嚴〔二〕松曰：『元吉之學，却在子淵之上。』先生曰：『元吉得老夫鍛煉之力。元吉從老夫十五年，前數年病在逐外，中間數年，換入一意見窠窟去，又數年，換入一安樂窠窟去，這一二年，老夫痛加鍛煉，似覺壁立無由近傍。元吉善學，不敢發問，遂誘致諸〔三〕生來授學，却教諸生致問，老夫一一爲之問駁〔四〕，元吉一旦從傍忽有所省。此元吉之善學。』君舉送元吉詩，今見《止齋集》。

元吉在荊州時録先生語，名曰《荊州日録》，内一條云：『元吉自謂智昧而心㹘。』先生曰：『病固在此，本是骨儿。學問不實，與朋友切磋不能中的，每發一論，無非泛說，内無益於己，外無益於人，此皆己之不實，不知要領所在。遇一精識，便被他胡言漢語壓倒，皆是不實。吾人可不自勉哉！』

先生與黃元吉書云：『道廣大，學之無窮，古人親師求友之心亦無有窮已。以夫子之聖，猶曰「學不厭」，況在常人，其求師友之心，豈可不汲汲也！然師友會聚，不可必得。有如未得會聚，則隨己智識，隨己力量，親書册，就事物，豈皆蒙然懵然，畧無毫髮開明處？曾子曰「尊其所聞則高明，行其所知則光大」，非欺人也。今元吉縱

〔一〕陸九淵著，鍾哲點校：《陸九淵集》卷三十四中『言初』二字爲『切』字。
〔二〕陸九淵著，鍾哲點校：《陸九淵集》卷三十四中無『嚴』字。
〔三〕陸九淵著，鍾哲點校：《陸九淵集》卷三十四中有『處後』二字。
〔四〕陸九淵著，鍾哲點校：《陸九淵集》卷三中爲『剥』字。

未有聞所未聞、見所未見處，且隨前日所已聞已知者，尊之行之，亦當隨分有日新處，莫未至全然爲冥行也。學者未得親師友時，要當隨分用力，隨分考察，使與汲汲求師友之心不相妨害，乃爲善也。此二者，一有偏勝，便入私小，即是不得其正，非徒無益而害之也。』

周廉夫清叟熊鑑附

周清叟，字廉夫，金谿人，先生仲兄九敘第五壻也，早從學於先生，嘗録先生語六十七條爲一卷，爲學甚力，用功亦切實。淳熙八年春二月，與同學之士熊鑑等六人，從先生訪朱子於南康，見朱子所作講義跋。廉夫嘗有書問居家之道，先生答之曰：『處家之道，古聖人格言具在，《易》之家人，《詩》之二《南》是也。今人縱能言，亦何以加也。若「情勝禮、恩勝義」之說，竊以爲未然。處家自有禮，自有義，禮義所在，豈可勝也？此言非但不知處家之道，亦不知禮義矣。商君說孝公以帝道、王道，與今人言禮義相似，其實是講貫得一項必不可行之說耳。帝道、王道之實，其果如是乎？要看其實王道，則孟子告齊宣、梁惠者是矣。後來只是齊宣、梁惠不能捨己私以從孟子耳，孟子之說安有不可行者哉？廉夫資禀隱約，却不甚英特，從事於學問之日又淺！今日之困固宜。平時固滯不通處，其在爐錘之門，雖或有未開豁，然禀受之偏，循習之久，豈能終廓然乎？非磨之以學問，其爲害未有已也。』熊鑑，字氏里居並無考。

廉夫所録先生語，多學問切要之言，如云：『有所忿懥，則不足以服人；有所恐懼，則不足以自立。』又云：『大綱提掇來，細細理會去。』又云：『學者不自着實理會，只管看人口頭言語，所以不能進。且如做一文字，須是反覆窮究去，不得又換思量，皆要窮到窮處，事事〔一〕分明。他日或問人，或聽〔二〕言，或觀一物，自有觸長之理。〔三〕』又云：『心官不可曠職。太陽當天，太陰五緯，猶自放光芒不得，那有魑魅魍魎來。』又言：『「皇極之君，斂時五福，錫厥庶民」。福如何錫得？只是此理充塞〔四〕宇宙。』又曰：『溺於俗見，則聽正言不入。』又云：『上達下達，即是喻義喻利。』又云：『天下若無着實師友，不是各執己見，便是恣情縱欲。』皆得爲學之要者也，至於録先生論曆法，論數學之語，亦他人所未及。

廉夫祭先生文，畧云：『天爲斯文，乃生先生。指學者之膏肓，示入聖之門庭，不繞繳而支離，誠坦然而可行。暴之以秋陽之白，濯之以江、漢之清，繼孟子之絶學，舍先生其誰能』云云。咸謂其推崇之至，亦得先生切要處，勝它人所造也。

路彦彬謙亨

路謙亨，以淳熙八年春二月，從先生訪朱子於南康，朱子作《鹿洞講義跋》，謂其徒六人從行，謙亨其一也。他無可考。或云即路彦彬也。彦彬於先生爲親戚，吾郡路姓甚稀，未知是金谿人否？今附先生答書一首於後。

先生答路彦彬書云：『得函教，又辱以盛製，文盛意勤，顧何以當。雖然，似有未相曉者，義不敢不宣達於左右。竊不自揆，區區之學，自謂孟子之後至是而始一明也。平日拳拳於左右者，豈徒以親戚之故哉？古人纓

〔一〕陸九淵著，鍾哲點校：《陸九淵集》卷三十五中『事事』二字爲『項項』二字。
〔二〕陸九淵著，鍾哲點校：《陸九淵集》卷三十五中有『人』字。
〔三〕陸九淵著，鍾哲點校：《陸九淵集》卷三十五中爲『自有觸長底道理』句。
〔四〕陸九淵著，鍾哲點校：《陸九淵集》卷三十五中有『乎』字。

絶附見，〔一〕累日不火食，歌聲若出金石，或者未能深信與？信之。而未濟登茲〔二〕，則茲當挾轅推轂以相從於康莊也。若金錢穀粟之惠遺，非某之任也。聚族之衆，終歲之計，未免於饑。歲日索公堂米，無毫髮補助，然〔三〕亦〔四〕有大於此者，未敢任此責也。得時行道，固吾人分内事，然與世俗羡慕富貴者，天淵不足喻也。來詩似未免俗意，尤非所望。非高明亦不敢直言如此。』

朱幹叔克家〔五〕益叔

朱克家，字幹叔，從學於先生，居象山精舍，志氣甚鋭。先生嘗有簡朱幹叔諸友詩云：『利名風浪日相催，青眼難於世上開。何事諸君冒艱險，杖藜來入白雲堆。』同時，有朱益叔者，亦學於先生。《文集》中有答朱益叔書云：『區區之學，不能自已，朋儕相課，亦謂月異而歲不同。每觀往年之文，其大端大旨，則久有定論，至今不易。若其支葉條目，疎漏舛錯，往往有之，必加删削，乃可傳也。向在朋友間，時見所傳鄙文，亦有全僞者，此尤不可不知也。開歲合并，當究其説。學絶道喪，私説詖論，充塞彌滿，朋友講貫，未能符合，其勢然也。〔六〕至當歸一，精義無二，「至於心獨無所同然乎？」此孟子之至言。但咏歌《伐木》之篇，緝熙其事，終必有無間然者矣。』又有朱益伯者，亦嘗從學，皆先生同縣人。包顯道録先生語云：『邑中講説，聞者莫〔七〕不

〔一〕陸九淵著，鍾哲點校：《陸九淵集》卷十中有『不以爲病』句。
〔二〕陸九淵著，鍾哲點校：《陸九淵集》卷十中爲『滋』字。
〔三〕陸九淵著，鍾哲點校：《陸九淵集》卷十中無『然』字。
〔四〕陸九淵著，鍾哲點校：《陸九淵集》卷十中有『以事』二字。
〔五〕本書正文中尚有其弟益伯。
〔六〕陸九淵著，鍾哲點校：《陸九淵集》卷十中有『然』字。
〔七〕陸九淵著，鍾哲點校：《陸九淵集》卷三十五中爲『無』字。

感發。獨朱益伯鶻突來問，答曰：「益伯過求，以利心聽，故所求在新奇元〔一〕妙。」

彭世昌興宗

彭興宗，金谿人，字世昌，首創應天山書院，以居先生即所謂象山精舍也。淳熙十四年丁未歲，世昌訪舊於貴谿應天山麓，張氏因登山遊覽，則陵高而谷邃，林茂而泉清，乃與諸張議結廬以迎先生講學其上。先生登而樂之，因山形如巨象，改名象山。世昌與周元忠等數十人，俱在山中結廬從學。先生與世昌書云：『堯、舜之盛，詢於芻蕘。夫子之聖，以子夏爲啓予，顏淵爲非助我。孔文子之所以爲文者，在於不恥下問。人之取善，豈有定方？善之所在，雖路人之言，臧獲之智，皆當取之。世昌相信之意甚篤，而鄙意每欲世昌降意與元忠講切。元忠之學，固未可謂便是，然其篤實躬行之日久，有非泛泛所能及者。其所長處，如某亦欲就而取決焉，在世昌未易全輕之也。與人商論，固不貴苟從，然亦須先虛心，乃能〔二〕聽其言；若其所言與吾有未安處，亦須平心思之；思之而未安，又須平心定氣與之辯論。辯論之間，雖貴伸己意，不可自屈，不可附會而亦須有惟恐我見未盡，而他須別有所長之心乃可。』世昌嘗訪朱子於建安，朱子以詩送其歸山，云：『象山聞說是君開，雲木參天響瀑雷。好去山頭且堅坐，等閒莫要下山來。』詩題稱丙辰正月三日。蓋是時趙忠定公已謫戍，韓侂胄攻僞學方急，故朱子勸其莫要下山，然朱子門人多畏禍詭避，而先生弟子，卓然不惑。是年，朱子以御史沈繼祖誣詆落職。又著僞學之籍，凡五十有九人，朱子首列，而先生門人徐誼即居其次，楊簡、袁燮，皆在黨籍，並毅然不

〔一〕陸九淵著，鍾哲點校：《陸九淵集》卷三十五中爲『玄』字。
〔二〕陸九淵著，鍾哲點校：《陸九淵集》卷四中爲『至』字。

爲浮說所動。世昌往訪朱子，亦不以禍患爲意者也。

吳僉判景立

吳景立，金谿人，世居沙岡地方，仕至藤州僉判，師陸子，友傅琴山。《虞文靖公集》有爲其元孫梅隱先生名辰子字君明者誌墓文，云：『吳氏五六世，皆得與賢士大夫遊。陸先生起於金谿吳氏之族，祖子孫所從遊者，多陸門之人』云。又李仲公先生作《吳公君明行述》，亦遡及僉判，稱其與琴山傅子雲爲友。

《陸子學譜》卷之十一

南昌萬承蒼訂
後學臨川李紱編
平越王士俊校

弟子六

曾景建極

《撫州府志》本傳

曾極，字景建，臨川人，父滂，字孟博，爲人質直剛烈。四方宗陸氏者，自孟博〔一〕與李德章，師復齋始孟博〔二〕，長象山五六歲，象山甚愛重之。景建早承家學，志氣豪放，〔三〕聲名四起。朱晦翁〔四〕得其書及詩大異之。書問往來，甚期之，〔五〕謂其文似老蘇父子。雁湖李公、南塘趙公，相與賡酬最多，嘗以詩語涉謗訕得罪，謫道

〔一〕《中國地方志集成·光緒撫州府志》卷五十九《人物·文苑》中爲『滂』字，江蘇古籍出版社一九九六年版。
〔二〕《中國地方志集成·光緒撫州府志》卷五十九《人物·文苑》中爲『滂』字。
〔三〕《中國地方志集成·光緒撫州府志》卷五十九《人物·文苑》中爲『象山甚愛重之，滂志氣豪放』句。
〔四〕《中國地方志集成·光緒撫州府志》卷五十九《人物·文苑》中爲『文公』二字。
〔五〕《中國地方志集成·光緒撫州府志》卷五十九《人物·文苑》中爲『往來書每語以爲己之實』句。

州。〔一〕解吏窘之〔二〕甚，司法羅必元曰：『曾景建作詩，傷時閔國爾，亦何罪？』乃釋其縛，使之善達，卒於謫所。李公〔三〕心傳爲上言：『曾極久斥，可念。』上曰：『非爲江湖集者〔四〕耶？』後〔五〕有旨歸葬。所爲詩文，有《春陵小雅》、《金陵百咏》。

按：景建晚嘗與朱子論學，朱子答書，見《大全》集中，然詞章之意多，其篤信道學，未能如其父也。其父首崇陸學，而志無特傳，故録景建傳。

林秘書夢英

《撫州府志》本傳

林夢英，字叔虎，一字子應，〔六〕大父自閩清徙臨川。夢英與象山年相若，篤信其學，遂師之。登淳熙二年進士〔七〕第，授祁陽簿，再調衡州法曹，所至整飭精明，爲部使者及郡守所知，一日間改官，五剡俱集。知武陵縣，〔八〕寬民戢姦，興學作人，士習丕變。太守延至郡庠，誨諸生曰：『今之士涉獵以爲博，組繪以爲工，淪胥陷溺，本心日喪，何學之』云。聞者感發。通判靖州，討平洞蠻。知武岡軍，未上，退居城西金石臺，建樓藏

〔一〕《中國地方志集成·光緒撫州府志》卷五十九《人物·文苑》中爲『謂其文似老蘇大蘇，嘗遊金陵，題行宮龍屏，忤時相史彌遠』句。
〔二〕《中國地方志集成·光緒撫州府志》卷五十九《人物·文苑》中爲『極』字。
〔三〕《中國地方志集成·光緒撫州府志》卷五十九《人物·文苑》中無『公』字。
〔四〕《中國地方志集成·光緒撫州府志》卷五十九《人物·文苑》中無『者』字。
〔五〕《中國地方志集成·光緒撫州府志》卷五十九《人物·文苑》中無『後』字。
〔六〕《中國地方志集成·光緒撫州府志》卷四十九《人物·宦業》中有『臨川人』句。
〔七〕《中國地方志集成·光緒撫州府志》卷四十九《人物·宦業》中無『進士』二字。
〔八〕《中國地方志集成·光緒撫州府志》卷四十九《人物·宦業》中爲『爲部使者及郡守所知，改知武陵縣』句。

書，徜徉其間。端明薛公〔一〕叔似，辟爲宣撫司參議官，在幕府，纔〔二〕六閲月隨司〔三〕罷歸。召除國子監丞，遷宗正丞，權工部郎，又除秘書丞權司封奉祠歸。年踰八十，人稱山房先生。〔四〕

叔虎爲武陵令，大修學宫，教士興學，以書求先生作修學宫記。先生荅其書云：『叔虎才美，試於一縣，真游刃有餘地矣。顧其志義文采，鬱未盡施行，且觀勝驤耳。學宫之壯，恨不得即一拭目。記文見委義當效力，第非倉卒所能成耳。去冬爲陳貴谿作《重修學記》，謾往其刻一觀。向爲仲權作《宜章學記》，莫曾見否？』〔五〕近觀仲權所向，亦有可念者。淳叟身後事亦粗辦，然極可憐。晚節與仲權、正己爲莫逆友，死者已矣，生者顧未知其所終，又可憐也。壽夭貧富貴賤，皆不足多爲學者道。古之聖賢，如關龍逢之誅，〔六〕比干之剖心，顔、冉〔七〕之夭疾，孔、孟之厄窮，至今煌煌在宇宙間，庸何傷哉？某去年春尾在山間，聞伯蕃姪訃以歸，親舊家庭，撫棺視窆之役，相尋以卒歲，今猶有姪婦之喪〔八〕。然更閲涉歷，此道益明，益不敢不勉。數年間，書問文記頗多，不能盡録。今小兒録《經德堂記》往，此文頗有補於吾道。《荆公祠堂〔九〕》刻併往，此是斷百餘年未了底

〔一〕《中國地方志集成·光緒撫州府志》卷四十九《人物·宦業》中無『公』字。
〔二〕《中國地方志集成·光緒撫州府志》卷四十九《人物·宦業》中爲『僅』字。
〔三〕《中國地方志集成·光緒撫州府志》卷四十九《人物·宦業》中無『隨司』二字。
〔四〕《中國地方志集成·光緒撫州府志》卷四十九《人物·宦業》中有『夢英爲武陵令，舊無縣學，縣旁有勝地，地有故築基，蓋往時有欲遷府學於是而不遂者，夢英出故基於蕪穢之中而創學焉，士民之有力者皆争出財以相其役。既成，規模宏麗，氣象雄偉，遂爲武陵壯觀，陸象山作記』句。
〔五〕陸九淵著，鍾哲點校：《陸九淵集》卷九中有『今竟未刻，豈其有不當仲權之意者耶』之句。
〔六〕陸九淵著，鍾哲點校：《陸九淵集》卷九中有『王子』二字。
〔七〕陸九淵著，鍾哲點校：《陸九淵集》卷九中爲『閔』字。
〔八〕陸九淵著，鍾哲點校：《陸九淵集》卷九中有『未葬』二字。
〔九〕陸九淵著，鍾哲點校：《陸九淵集》卷九中有『記』字。

大公案，聖人復起，不易吾言矣。刻中第六行内「義當與之戮力」字下，脱「若虚捐歲月是自棄也」九字，「好議論」字下羡「人」一字，若令人寫出，增損而讀之，乃無遺恨。當時錢伯同託弱翁書，弱翁臂痛不能書，伯同逼替，復送來某自書，恃有前本，碎紙寫去，偶有此脱羡，伯同恐是意欲增損，遂依後本刻，至今不滿。後當更書小本，敘此曲直，跋其後，置諸壁間也。與晦翁往復書，因得發明其平生學問之病，近得盡朋友之義，遠則破後學之疑，爲後世之益。若夫志卑識闇，居斯世爲斯世之徒，固不足以論此。長沙胡季隨，乃五峯之幼子，師事張南軒，又妻其女。南軒没後，又講學於晦翁之門，亦嘗至臨安相聚。此人操行甚謹愨，志學亦甚篤，但學不得其方，大困而不知反。去年亦有書來此，今録所答渠書併所復陳澧君舉書往。』先生《武陵學記》發明學與教之本，與原道同，今附於後。

彝倫在人，維天所命，良知之端，形於愛敬，擴而充之，聖哲之所以爲聖哲也。先知者，知此而已；先覺者，覺此而已。氣有所蒙，物有所蔽，勢有所遷，習有所移，往而不返，迷而不解，於是爲愚爲不肖，彝倫於是而斁，天命於是而悖，此君師之所以作，政事之所以立。是故先王之時，風教之流行，典行〔一〕之昭著，無非所以寵綏四方，左右斯民，使之若有常性，克安其道者也。是故鄉舉里選，月書季攷，三年而大比，以興賢能，蓋所以陶成髦俊，將與共斯政，共〔二〕斯事也。學校庠序之間，所以〔三〕切磋講明者，何以捨是而他求哉？所謂格物致知者，格此物致此知也，故能明明德於天下。《易》之窮理，窮此理也，故能盡性至命。《孟子》之盡心，盡此心也，故能知性知天。學者誠知所先後，則如木有根，如水有源，增加馴積，月異而歲不同，誰得而禦之？若

〔一〕陸九淵著，鍾哲點校：《陸九淵集》卷十九中爲『刑』字。
〔二〕陸九淵著，鍾哲點校：《陸九淵集》卷十九中爲『同』字。
〔三〕陸九淵著，鍾哲點校：《陸九淵集》卷十九中爲『謂』字。

迷其端緒，易物之本末，謬事之終始，雜施而不遜，是謂異端，是謂邪説，非以致明，秖以累明，非以去蔽，秖以爲蔽。後世之士，有志於古，不肯甘心流俗，然而苦心勞身，窮年卒歲，不爲之日休，而爲之日拙者，非學之罪也。學絶道喪，不遇先覺，迷其端緒，操末爲本，其所從事者，非古人之學也。古人之學，其時習必悦，其朋來必樂，其理易知，其事易從。不惑〔一〕於異説，不牽於私欲，造次於是，顛沛於是，則其久大可必。孟子曰：『源〔二〕泉混混，不舍晝夜，盈科而後進，放乎四海。』此古人之學也。武陵舊無縣學。縣旁有勝地，地有故築基，蓋往時有欲遷府學於是而不遂者。今縣宰林君夢英，出故基於蕪穢之中而創學焉，士民之有力者，皆爭出財以相其役。林君不恃〔三〕官府之威，凡學之百役，無異民家之爲者。既成，規模宏麗，氣象雄偉，遂爲武陵壯觀。先是倉臺薛公伯宣，助成講堂，今憲臺丁公逢、倉臺趙公不迂、郡侯蔣公行簡，皆助錢買田以養士。林君之創兹學，而上下翕然助成其美如此，則林君之政可知矣。余於是敬誦所聞以記之。紹興〔四〕二年，歲次辛亥，六月上澣，象山陸某記。

鄧節推約禮

《撫州府志》本傳

鄧約禮，字文範，本盱江人，端慤純正，橘園李侍郎浩以子妻之，遂家臨川，從象山先生學。登淳熙五年進士第。

〔一〕陸九淵著，鍾哲點校：《陸九淵集》卷十九中爲『貳』字。
〔二〕陸九淵著，鍾哲點校：《陸九淵集》卷十九中爲『原』字。
〔三〕陸九淵著，鍾哲點校：《陸九淵集》卷十九中爲『事』字。
〔四〕陸九淵著，鍾哲點校：《陸九淵集》卷十九中爲『熙』字。據本書卷三十六《年譜》載：『高宗紹興九年己未，二月乙亥，辰時，先生始生。』紹興二年，陸九淵尚未出生，因此，應爲『紹熙二年』。

嘗爲江州德化丞，兩攝邑，葺理凋弊，得民心。爲溫州教授，與葉水心定交。再調常德府節推，卒於官。公生平學問，根本於家庭，孝弟慈愛之風，達于鄉黨。嘗與人曰：『某得一官，但能少濟諸貧困兄弟耳。』號直齋，以次子泳貴，累贈中大夫。泳，嘉定十三年進士，仕至刑部侍郎、江淮制置副使。〔一〕

淳熙中，湯思謙提舉江西常平倉，嘗聽先生講論，欣然有志爲學，文範爲其屬。先生與文範書，云：『昨晚得倉臺書，謂別後稍棄舊而圖新，〔二〕然未有所得。殆似覓心了不可得者，此乃欲有所得之心耶？初信欲歸，此意極佳，但能不忘此意，更使深厚，則雖不歸猶歸也。古人學如不及，尊德樂道，親師求友之心，不啻飢渴，豈虛也哉？是必務實之士真知不足者然後能如此也。此與自任私智、好勝爭強、竊近似以爲外飾者，天淵不侔，燕、越異鄉，察之不可不精，辯〔三〕之不可不明。於此不精明，便是不識路頭，終汩没於形似而無所至止。「綿蠻黃鳥，止於邱隅」，於止，知其所止，可以人而不如鳥乎？「知止而後有定，定而後能靜，靜而後能安，安而後能慮，慮而後能得。」學不知止，而謂其能慮能得，吾不信也。人不自知其爲私意私說，而反致疑於知學之士者，亦其勢然也。人誠知止，即有定論，靜安慮得，乃必然之勢，非可強致之也。此集義所生與義襲而取之者之所由辯〔四〕，由仁義行與行仁義者之所由分；而曾子、子夏之勇，孟子、告子之不動心，所以背而馳者也。《書》

〔一〕《中國地方志集成·光緒撫州府志》卷五十七《人物·儒林》中爲『鄧約禮，字文範，號直齋，本盱江籍，後遷臨川，端慤純正，橘園李侍郎浩以子妻之。遂家臨川，從陸象山學。登淳熙五年第，嘗爲江州德化丞，兩攝邑，葺理凋弊，得民心。爲溫州教授，時葉適以忤韓侂冑貶歸，永嘉學者仰之，稱水心先生，約禮與定交，再調常德府節推，卒於官，約禮平生學問根本於家庭，孝弟慈愛之風達於鄉黨，嘗與人曰：「某得一官，但能少濟諸貧困兄弟耳。」以子貴，累贈中大夫。次子泳』。

〔二〕陸九淵著，鍾哲點校：《陸九淵集》卷一中有『了』字。

〔三〕陸九淵著，鍾哲點校：《陸九淵集》卷一中爲『辨』字。

〔四〕陸九淵著，鍾哲點校：《陸九淵集》卷一中爲『辨』字。

曰：「欽厥止。」不知所止，豈能欽厥止哉？又曰：「安汝止。」不欽厥止，豈能安汝止哉？汝初信問讀《易》之法，誠知所止，則其於往訓如歸吾家而入吾門矣。聞秋試一中，亦爲之喜。試中，試不中，有校定，無校定，本不足深計，所以〔一〕喜者，得失之心未去，未釋然耳。此心猶未釋然，則所謂棄舊者特棄其末，未棄其本也，宜其謂之稍棄。此乃害心之本，非本心也，是所以蔽其本心者也。愚不肖者之蔽在於物欲，賢者智者之蔽在於意見，高下汙潔雖不同，其爲蔽理溺心而不得其正，則一也。然蔽溺在汙下者往往易解，而患其安焉而不求解，自暴自棄者是也。蔽溺在高潔者，大抵自是而難解，諸子百家是也。今倉臺雖未免有高潔之蔽，然不自是，當不難解矣。復書已啓其端，幸即求見而究其說。萬一尚且遲回，春晚當爲一行也。』

其第二書云：『道喪之久，異端邪說，充塞天下，自非上知，誰能不惑？人之難得，亦其理然也。「鳥獸不可與同羣，吾非斯人之徒與而誰與？」當其扞格支離，只得精求方畧，庶幾或悟耳。』

文範在德化，甚有善政。先生與劉漕書云：『鄧文範爲丞，德化政聲甚美，嘗攝兩邑，皆整其弊壞，民之戴之，不愧於史册所書。』文範丞德化時，張元善體仁爲漕使，先生與張元善書云：『九江德化丞鄧約禮字文範，階爲文林，今冬當代。其家世建昌，乃臨川李侍郎德遠之壻。其居舊遭回禄未赴德化時，寓居李氏。今其妻兄官滿歸臨川，鄧丞欲及未代前一歸建昌營居舍，願丐使臺一檄。若蒙垂允，但付此間，旦晚即附往也。亦嘗託象先轉浼，諒必無阻。此公鄉里之秀，端慤純正，甚有宦業。比年攝兩邑，當事之難，拯其弊壞，更使爲佳地，民之戴之，不忍其去，無媿史册所書，異時〔二〕可備藥籠中物。韓昌黎《守戒》，以「在得人」卒章，要哉言乎。』

〔一〕陸九淵著，鍾哲點校：《陸九淵集》卷一中爲『可』字。
〔二〕陸九淵著，鍾哲點校：《陸九淵集》卷十六中爲『真』字。

晁道州百談

《撫州志》本傳〔一〕

晁百談，字元默，大中大夫詠之曾孫，家臨川，師象山先生，〔二〕明理學，尤深於《春秋》。登淳熙二年進士，〔三〕授〔四〕吉州教授，與周益公〔五〕爲文字交，主管官告院。時權臣開邊，百談輪對言：『内修不可忽，大舉不可輕，當進用正士以強本朝。』匄外，知南康軍，陛辭，又以除戎器飾〔六〕邊備爲言。至郡，適旱蝗後，首罷科率之令，發粟寬征，民無流徙。會奉祠，杖屨遊廬阜，所至賦詩，集爲《歸田雜著》。再起知道州，語人曰：『吾嘗慕元結爲〔七〕舂陵，當使萬物吐氣，但老矣，恐不得〔八〕踐斯言也。』入仕四十年，家無餘財，有《帶川集》二十卷。

按：元默與山堂先生换〔九〕之交尤篤，山堂之卒，元默爲作《行狀》，見陸放翁所作《山堂先生墓》。

〔一〕應爲《撫州府志》本傳。

〔二〕《中國地方志集成·光緒撫州府志》卷四十九《人物·宦業》中爲『晁百談，字元默，宜黄人，遷居臨川，大中大夫詠之曾孫，師陸象山』句。

〔三〕《中國地方志集成·光緒撫州府志》卷四十九《人物·宦業》中爲『淳熙二年第』句。

〔四〕《中國地方志集成·光緒撫州府志》卷四十九《人物·宦業》中爲『任』字。

〔五〕《中國地方志集成·光緒撫州府志》卷四十九《人物·宦業》中有『必大』二字。

〔六〕《中國地方志集成·光緒撫州府志》卷四十九《人物·宦業》中爲『飭』字。

〔七〕《中國地方志集成·光緒撫州府志》卷四十九《人物·宦業》中爲『治』字。

〔八〕《中國地方志集成·光緒撫州府志》卷四十九《人物·宦業》中無『得』字。

〔九〕按：『换』字應爲『焕』字。

徐澧州子石

《撫州府志》本傳

徐子石，字勁仲，臨川人，性簡易，力學，嘗聽〔一〕象山講集義義襲之説，忽有省發，與清敏公、范西堂、應鈴爲文字交。〔二〕登慶元五年進士〔三〕第，主閩縣簿。再調鄂州録事參軍，〔四〕講究邊防，著《外治論》十三篇。滿秩上之，授西外宗教，〔五〕校文建安，得邱君〔六〕大發。明年，魁南省，改秩知溧陽縣。通判光州，薦統制萬文勝可用，募人習射，捐俸以示激勸。逆全寇淮，〔七〕欲窺浮光，子石與郡守嚴備，賊不敢犯。知賀州，陛辭，極言制治保邦及邊防之要。上首肯。改除幹辦諸司審計。丐外，得澧州而卒，年六十五。子石生長貧困中，視貨利若將浼焉，所居室壁間，無非前輩訓誡之辭。所著有《西銘章句》、《雜著》，藏於家。弟元德，字静甫，以文學稱。寶慶二年進士，〔八〕爲浮梁令，號嗇菴，問學於兄，亦能守約云。葉冰〔九〕心適嘗薦士三十四人於執政，陸子與楊、袁、舒、沈諸弟子皆與，中有徐元德，疑即静甫也。〔一〇〕

〔一〕《中國地方志集成·光緒撫州府志》卷四十九《人物·宦業》中有『陸』字。

〔二〕《中國地方志集成·光緒撫州府志》卷四十九《人物·宦業》中爲『與范應鈴爲文字交』句。

〔三〕《中國地方志集成·光緒撫州府志》卷四十九《人物·宦業》中無『進士』二字。

〔四〕《中國地方志集成·光緒撫州府志》卷四十九《人物·宦業》中爲『再調鄂州録參』句。

〔五〕《中國地方志集成·光緒撫州府志》卷四十九《人物·宦業》中無『授西外宗教』句。

〔六〕《中國地方志集成·光緒撫州府志》卷四十九《人物·宦業》中無『君』字。

〔七〕《中國地方志集成·光緒撫州府志》卷四十九《人物·宦業》中爲『金人寇淮』句。

〔八〕《中國地方志集成·光緒撫州府志》卷四十九《人物·宦業》中爲『寶慶二年第』句。

〔九〕实爲『水』字，即葉適。

〔一〇〕《中國地方志集成·光緒撫州府志》卷四十九《人物·宦業》中無『問學於兄，亦能守約云。……疑即静甫也』。

俞撫幹廷〔一〕椿

《撫州府志》本傳

俞廷〔二〕椿，字壽翁，臨川人，乾道八年進士，授泉州南安簿，再調懷安，〔三〕兩易古田令。秩終，選充奉使金國禮物官，還，特旨差江西安撫司幹〔四〕。會大冶縣奸民盜鑄，因緣生變，帥及憲漕奏爲節制軍馬。庭椿廣布耳目，以所獲盜爲鄉〔五〕導，凡十八日〔六〕平之。復富民監，再除新淦令。庭椿倜儻有大志，而廉介自將，〔七〕自北地還，因紀次其道路所經山川人物，與夫言論事物之可備採用者爲《北轅録》，〔八〕錢象祖爲之序。又考《周禮》，以司空散在五官，先儒汨陳之，著《復古篇》行於世。

按：壽翁師事先生，兼問學於朱子。象山《集》中，止有答饒壽翁書，未知饒字即俞字之訛否？惟朱子有答俞壽翁書，言『太極之書，度所見不同論未易合，故久不報，又思理之所在，終不可以不辨。近方以書復之，其説甚詳，未知彼復以爲何如也。極不訓中，此義甚的，然自先儒失之久矣，未必今人之失』云云。蓋壽翁兼師二先生，而所見有不合者，故以書來問，而朱子答之如此。又云：『來喻有志，未免有見未徹。此見賢者自知之明，見子静曾扣之否？』蓋乂欲知其所得於先生者相合否也？與饒壽翁書四首，附於此後。

〔一〕《中國地方志集成·光緒撫州府志》卷四十九《人物·宦業》中爲『庭』字。
〔二〕《中國地方志集成·光緒撫州府志》卷四十九《人物·宦業》中爲『庭』字。
〔三〕《中國地方志集成·光緒撫州府志》卷五十七《人物·儒林》中爲『再調福州懷安丞』句。
〔四〕《中國地方志集成·光緒撫州府志》卷五十七《人物·儒林》中有『官』字。
〔五〕《中國地方志集成·光緒撫州府志》卷五十七《人物·儒林》中無『鄉』字。
〔六〕《中國地方志集成·光緒撫州府志》卷五十七《人物·儒林》中有『討』字。
〔七〕《中國地方志集成·光緒撫州府志》卷五十七《人物·儒林》中有『見者莫不喜其才，服其敏，愛其清』句。
〔八〕《中國地方志集成·光緒撫州府志》卷五十七《人物·儒林》中爲『與夫語言事蹟之可備採用者』句。

先生與饒壽翁書云：『是心有不得其正，想不知耳，知之斯正矣。爲人〔一〕由己而由人乎哉？「物有本末，事有終始，知所先後，則近道矣。是心誠得其正，斯知之矣。」「存乎人者，莫良於眸子，眸子不能掩其惡。胸中正，則眸子瞭焉，胸中不正，則眸子眊焉。」所謂不正者，不必有邪僻之念，凡有係累蒙蔽，使吾不能自昭自達者，皆不得其正也。比來諸姪見壽翁狀貌，深歎其塵俗昏弱，是乃心有不得其正之明驗也。宜深省痛鞭，無遲回以自取湮没。』

其第二書云：『一種恣情縱欲之人，血氣盛強，精力贍敏，淫朋醜徒，狎比成勢。其逞志快意之時，目睛有光，筋力越勁，步趨舉動，莫不便利，此時視之，豈有眊然之驗。及其見君子，聞正言，見正事，無淫朋之助，而孤立於正人之中，神褫氣奪，情有所格，勢有所禁，則眊然之説，時或有證。若夫徒言之人，不能自明自達，有所抑壓，有所蒙蔽，有所滯礙，至於顛躓而不能自起，昏弱而不能自奮，沉溺而不能自拔，困憊而不能自持，疑惑而不能自解，此時乃眊然之明驗也。此心之精明，湮没沉淪，一至於此，豈不甚可憐哉？』又曰：『行不失其居，居不違其道，是故經綸酬酢，變通不窮，無須臾或離其位也。此吾新得。試參之。』

其第三書云：『壽翁日對雲山，坐擁書史，造物者時鋪張瓊瑤以映照〔二〕，宜其胸襟明快，氣宇軒豁，翰墨餘事，嶽聳川增〔三〕。中〔四〕昨於兒姪處，竊覽詩什簡尺，鄙習塵言，時刺人眼，殊未厭所望。豈離羣索居，綱弛棟撓，市井羣兒之態，復得爲祟於吾象山之顛耶？幸深省痛鞭，毋貽雲臺羞也。』

〔一〕陸九淵著，鍾哲點校：《陸九淵集》卷十二中爲『仁』字。
〔二〕陸九淵著，鍾哲點校：《陸九淵集》卷十二中爲『照映』二字，順序顛倒。
〔三〕陸九淵著，鍾哲點校：《陸九淵集》卷十二中有『耳』字。
〔四〕陸九淵著，鍾哲點校：《陸九淵集》卷十二中無『中』字。

其第四書云：『德固、壽翁二友居山，想至〔一〕樂也。壽翁氣質自佳，而比來學力未知其進。此理未能昭徹，外累圍繞，殊無摧鋒陷陣〔二〕之功，而有蓄縮巽懦之態，昏昏默默，爲苟免之計，此亦安敢〔三〕自免哉？但其智不明，不能自免〔四〕耳。德固頗聞是非明白，幸爲我斷之。』

嚴主簿滋

《撫州府志》本傳

嚴滋，字泰伯，臨川人，端重明敏，從〔五〕象山學。象山曰：『始吾聞泰伯賢，今觀氣象，聽談論，可與適道。』舉進士不第，郡博士禮爲學正，新學舍核學計，知無不爲。素與周丞相必大善，州學之新，自作書屬丞相記之，事見《學記》。嘗著《十論》，〔六〕扣閽言事。晚主郴陽簿，調某縣丞，卒，〔七〕有《寄松窗〔八〕藁》、《守軒草録》、《東征雜著》藏於家。

書問事蹟

先生論嚴泰伯云：『只是一個好勝，見一好事做近前，便做得亦不是，事好，心却不好。』

〔一〕陸九淵著，鍾哲點校：《陸九淵集》卷十二中有『可』字。
〔二〕陸九淵著，鍾哲點校：《陸九淵集》卷十二中爲『陳』字。
〔三〕陸九淵著，鍾哲點校：《陸九淵集》卷十二中爲『能』字。
〔四〕陸九淵著，鍾哲點校：《陸九淵集》卷十二中爲『勉』字。
〔五〕《中國地方志集成·光緒撫州府志》卷五十九《人物·文苑》中有『陸』字。
〔六〕《中國地方志集成·光緒撫州府志》卷五十九《人物·文苑》中爲『州學之新，必大記之，嘗著《十論》』句。
〔七〕《中國地方志集成·光緒撫州府志》卷五十九《人物·文苑》中爲『晚主郴陽簿而卒』句。
〔八〕《中國地方志集成·光緒撫州府志》卷五十九《人物·文苑》中爲『窗松』二字。

先生與嚴泰伯書云：『學之不講久矣。吾人相與扶持於熟爛之餘，何敢以戲論參之。古人謂戒謹乎其所不睹，恐懼乎其所不聞，十目所視，十手所指，庸敢有戲論乎？勉思而謹之，是願是望！』

其第三書〔一〕云：『宋無悔來，得書，知彼時消息，甚慰。答君玉書極佳，足見新功，度今又當日進。文範必數得往還，此公明白可喜，未易得也。〔二〕今歲科舉，相從者既多，恐難離城。某初有入城之意，今亦以山上朋友之多，不欲久曠，遂止其行。未得相見，千萬爲此道勉旃！』

其第三書云：『道理無奇特，乃人〔三〕所固有，天下所共由，豈難知哉？但習俗〔四〕繆見，不能痛省勇改，則爲隔礙耳。古人所謂一慚之不忍，忍終身慚乎？此乃實事，非戲論也。』又云：『古人不求名聲，不較勝負，不恃才智，不矜功能，通身純是道義。』又云：『平日議論，平日行業，皆同兒戲，不足復置胸臆。天降之衷，在我久矣，特達自立，誰得而禦之〔五〕？勉自奮拔，不必他求。來早得暇見過，以觀新功。』

先生以紹熙二年壬子歲卒，久未賜謚。嘉定八年乙亥歲，嚴滋等列狀請於本州云：『故荆門知軍、監丞陸公，以身任道，爲世儒宗。一時名流，踵門問道，常不下百千〔六〕輩。今其遺文流布海內，人無智愚，珍藏而傳誦之。蓋其爲學者大公以滅私，昭信以息僞，揭諸當世曰：「學問之要，得其本心而已。」學者與聞師訓，向者視聖賢

〔一〕陸九淵著，鍾哲點校：《陸九淵集》卷十四中爲『第二書』。
〔二〕此處有節略，詳見陸九淵著，鍾哲點校《陸九淵集》卷十四。
〔三〕陸九淵著，鍾哲點校：《陸九淵集》卷十四中有『心』字。
〔四〕陸九淵著，鍾哲點校：《陸九淵集》卷十四中爲『俗習』二字。
〔五〕陸九淵著，鍾哲點校：《陸九淵集》卷十四中無『之』字。
〔六〕陸九淵著，鍾哲點校：《陸九淵集》卷三十六中爲『千百』二字。

若千萬里之隔，今乃〔一〕知與我同本，培之溉之，皆足以敷榮茂遂，如指迷途，如藥久病，先生之功宏矣。縣庠郡學，所至立祠，雖足以致門人弟子之私敬，而謚號未加，識者歉焉〔二〕。本州備録申聞，乞指揮施行。』明年，下所司議謚。十年丁丑歲，奉旨賜謚文安。蓋始於滋所請云。

游知丞元

《撫州府志》本傳

游元，字淳夫，〔三〕直秘閣經之曾孫，爲人〔四〕外和易而中介特，讀書必玩味，欲知古人用心處，尤深於《易》。一日，讀《坎》卦《有契》，幾忘寢食。服膺象山之學，議論平實，爲文健贍。舉進士晚。〔五〕恩授安化簿，就〔六〕攝邑事，以理學〔七〕訓導邑士。議減臬司鐵課以利民。邑鄰谿洞，凡訟關風化，必懇惻開諭，皆愧服。再調贛縣丞，會長子鑾主南嶽祠，往就養，卒。〔八〕

〔一〕《中國地方志集成·光緒撫州府志》卷五十九《人物·文苑》中爲『乃今』二字。陸九淵著，鍾哲點校：《陸九淵集》卷三十六亦同爲『乃今』二字。
〔二〕《中國地方志集成·光緒撫州府志》卷五十九《人物·文苑》中無『云』字。陸九淵著，鍾哲點校：《陸九淵集》卷三十六中有『云』字。
〔三〕《中國地方志集成·光緒撫州府志》卷五十六《人物·理學》中有『臨川人』句。
〔四〕《中國地方志集成·光緒撫州府志》卷五十六《人物·理學》中無『爲人』二字。
〔五〕《中國地方志集成·光緒撫州府志》卷五十六《人物·理學》中有『以』字。
〔六〕《中國地方志集成·光緒撫州府志》卷五十六《人物·理學》中無『就』字。
〔七〕《中國地方志集成·光緒撫州府志》卷五十六《人物·理學》中爲『以禮義』三字。
〔八〕《中國地方志集成·光緒撫州府志》卷五十六《人物·理學》中爲『因就養焉，進士東升其裔也』句。

嚴松年松

嚴松，字松年，臨川人，師事梭山先生，又事先生於象山。録先生語爲一卷，言一日先生與學者説及智聖始終條理一章，忽問松云：『智、聖是如何？』松曰：『知此之謂智，盡此之謂聖。』先生曰：『智、聖有優劣否？』松曰：『無優劣。』先生曰：『好，〔一〕然孟子云：其至爾力也，其中非力，如此説似歸重於智。』松曰：『其至爾力也，其中非爾力也，巧也，行文自當如此。孟子不成道其至爾力也，其中爾巧也。』先生曰：『是。』松又曰：『智、聖雖無優劣，却有先後，畢竟致知在先，力行在後，故曰始終。』先生曰：『是。』

松問先生，今之學者爲誰？先生屈指數之，以傅子淵居其首，鄧文範居次，傅季魯、黄元吉又次之。且云：『浙間煞有人，有得之深者，有得之淺者，有一見而得之者，有久而後得之者。廣中陳去華省發偉特，惜乎此人亡矣！』

先生嘗言：『重華論：「莊子不及老子者三，孟子不及孔子者〔二〕三，其一，不合以人比禽獸。」〔三〕』松對〔四〕曰：『孟子言：「人之所以異於禽獸者幾希」，惟恐其〔五〕人於禽獸也〔六〕。「是禽獸也」，爲其無君父也。「則其違禽獸不遠〔七〕」，爲其夜氣不足以存也。晦翁但在氣象上理會，此其所以錙銖，聖人之言，往往皆不可得而同也。』先生曰：『使堯、舜、禹、湯、文、武、周公、孔子，七八聖人，合堂同席而居，其氣象豈能盡同？我這裏也説

〔一〕陸九淵著，鍾哲點校：《陸九淵集》卷三十四中有『無優劣』句。
〔二〕陸九淵著，鍾哲點校：《陸九淵集》卷三十四中無『者』字。
〔三〕陸九淵著，鍾哲點校：《陸九淵集》卷三十四中有『晦翁亦有此論』句。
〔四〕陸九淵著，鍾哲點校：《陸九淵集》卷三十四中無『對』字。
〔五〕陸九淵著，鍾哲點校：《陸九淵集》卷三十四中無『其』字，而有『人之』二字。
〔六〕陸九淵著，鍾哲點校：《陸九淵集》卷三十四中無『也』字。
〔七〕陸九淵著，鍾哲點校：《陸九淵集》卷三十四中有『矣』字。

氣象，但不是就外面說，〔一〕陰陽一大氣，乾坤一大象。』因說：『孟子之言，如「孟施舍之守氣，不如曾子之守約〔二〕」，此兩句却贅了。』

鄒奉議斌

《撫州府志》本傳

鄒斌，字儁父，臨川人，博記敏識，初授學於李德章〔三〕，又得鄧著作〔四〕名世《春秋》學。一日，見象山，問平日何學，以求放心對〔五〕，一語契合。嘉定四年省試，同經士多未省鄆讙龜陰田所由失。〔六〕斌曰：『陽虎居鄆，入於讙以叛，遄以之奔齊，經不書，諱之也。』衆皆服。是年〔七〕擢丙科，成進士，授德安府司户。黄勉齋〔八〕守漢陽，書來扣所學，答曰：『人能識得孟子第一義，然後可以死。』見象山而不辱其門。制使趙公〔九〕委經理三關形勝，構〔一〇〕置有方。初，開禧丙寅，虜犯應城，進士陸桂迎降之，邑免於屠，宣司補官，事覺，斌以《春

〔一〕陸九淵著，鍾哲點校：《陸九淵集》卷三十四中有『乃曰』二字。
〔二〕陸九淵著，鍾哲點校：《陸九淵集》卷三十四中有『也』字。
〔三〕《中國地方志集成·光緒撫州府志》卷四十九《人物·宦業》中爲『李纓』二字。
〔四〕《中國地方志集成·光緒撫州府志》卷四十九《人物·宦業》中無『著作』二字。
〔五〕《中國地方志集成·光緒撫州府志》卷四十九《人物·宦業》中無『對』字。
〔六〕黄宗羲著，陳金生、梁運華點校：《宋元學案》卷七十七《槐堂諸儒學案》中爲『嘗應省試，士多未省汶陽田所由失』句。
〔七〕《中國地方志集成·光緒撫州府志》卷四十九《人物·宦業》中無『是年』二字。
〔八〕《中國地方志集成·光緒撫州府志》卷四十九《人物·宦業》中有『幹』字。
〔九〕《中國地方志集成·光緒撫州府志》卷四十九《人物·宦業》中爲『文』字。
〔一〇〕《中國地方志集成·光緒撫州府志》卷四十九《人物·宦業》中爲『措』字。

秋》誅心之法定其罪。〔一〕至決魚湖訟，平反漢陽獄，皆當人心。趙公以動氣正論薦留幕府，辭曰：『制置性剛，某亦性剛，恐不能容。』漕使吴公柔勝，又檄入幕，命二子淵、潛師之。南塘趙公汝談時爲庾使，尤莫逆，丞來陽武岡，有冤獄，〔二〕辭連州縣官，臺部符憲司委斌勘鞫，咸服其辜，人稱神明。暇日以所聞象山言論，賦三十絶句章爲註釋。秩滿歸，無意仕進。蒙齋袁公〔三〕甫作象山書院，來聘斌掌教，〔四〕以老病辭。端平更化，南塘趙公露薦，有旨堂審，不赴堂。除岳祠，以奉議郎致仕。所居扁曰『南堂』。叢書萬卷，文氣至老不衰。生平任真坦率，卒年八十四，有《南〔五〕藁》。

鵞湖之會，俊父從先生行，嘗録先生語云：『朱、吕二公話及九卦之序，先生因亹亹言之。大畧謂：「《復》是本心復處，如何列在第三卦，而先之以《履》與《謙》？蓋《履》之爲卦，上天下澤，人生斯世，須先辯〔六〕得俯仰乎天地而有此一身，以達於所履。其所履有得有失，又繫於謙與不謙之分。謙則精神渾收聚於内，不謙則精神渾流散於外。惟能辯〔七〕得吾一身所以在天地間舉措〔八〕動作之由，而斂藏其精神，使之在内而不在外，則此心斯可得而復矣。次之以常固，又次之以損益，又次之以困。蓋本心既復，謹始克終，曾不少廢，以得其常，

〔一〕《中國地方志集成・光緒撫州府志》卷四十九《人物・宦業》中無『初開禧丙寅……事覺斌以春秋誅心之法定其罪』句。
〔二〕《中國地方志集成・光緒撫州府志》卷四十九《人物・宦業》中無『趙公以動氣正論薦留幕府……丞來陽武岡有冤獄』句。
〔三〕《中國地方志集成・光緒撫州府志》卷四十九《人物・宦業》中無『公』字。
〔四〕《中國地方志集成・光緒撫州府志》卷四十九《人物・宦業》中以下爲『不就，以奉議郎致仕，卒，年八十四，有《南堂稾》』句。
〔五〕《中國地方志集成・光緒撫州府志》卷四十九《人物・宦業》中有『堂』字。
〔六〕陸九淵著，鍾哲點校：《陸九淵集》卷三十六中爲『辨』字。
〔七〕陸九淵著，鍾哲點校：《陸九淵集》卷三十六中爲『辨』字。
〔八〕陸九淵著，鍾哲點校：《陸九淵集》卷三十六中爲『錯』字。

而至於堅固。私欲日以消磨而爲損，天理日以澄瑩而爲益，雖涉危蹈[一]險，所遭多至於囷[二]，而此心卓然不動。然後於道有得，左右逢其原，如鑿井取泉，處處皆足。蓋至於此，則順理而行，無纖毫透漏，如巽風之散，無往不入，雖密房奥室，有一縫一罅，即能入之矣。」二公大加歎[三]服。』

黄勉齋令臨川，俊甫嘗與論學，比勉齋改令新淦，寄書箴其不足，勉齋復書云：『幹壬申之夏，偶獲邂逅，甚慰！夙昔鄉仰之懷，第以行役匆匆，不及欵語而别。每思賢德再見亡從，徒切悁仰，忽辱台翰縷縷，尤紉眷予之意。所謂截斷衆流一句，乃是吾人立身第一義，此處拖泥帶水，則其他千言萬語，皆是空談，但世之不墮在此坑穽中者，能幾人哉？吾輩但有自勉而已。幹老矣，無以餬其口，尚此竊禄荒陋之邦，無可與語，安得瞻望誨色，慰此拳拳耶？便中更幸數賜教藥，世道益衰，人物可歎，區區鄙懷。更望益勉所學，益勵所守，外此亦未有可言者』云云。觀此則勉齋之傾服于俊甫亦至矣，蓋不惟朱、陸二先生，晚年所見相同。其高第弟子，則亦無有不同也。

孟運判涣

《撫州府志》本傳

孟涣，字濟父。其先太子中舍，名日新者，居澶淵，後人徙臨川。涣資高曠，幼師臨汀楊方，長師象山先生[四]，

〔一〕陸九淵著，鍾哲點校：《陸九淵集》卷三十六中爲『陷』字。
〔二〕陸九淵著，鍾哲點校：《陸九淵集》卷三十六中爲『困』字。
〔三〕陸九淵著，鍾哲點校：《陸九淵集》卷三十六中無『加歎』二字。
〔四〕《中國地方志集成·光緒撫州府志》卷四十九《人物·宦業》中無『先生』二字。

又得文法於莆陽劉夙兄弟。以恩補官，再中淳熙二年進士，授徽州教授，淮西總所幹官，知華容縣，通判瑞州，知荊門軍。〔一〕奏罷〔二〕馬梁、歷〔三〕、新店三稅務，削二稅浮征，〔四〕蠲無名茶租，人皆德之。再知饒州，除倉部員外郎，不赴。除廣東提舉，遷運判，條奏利民五事，皆見施行。官未滿，乞納祿奉祠。卒。渙素孝友，執喪三年，雖有疾，不飲酒食肉，田廬遜諸弟。外舅芮尚書家無嗣，族人分其貲，留以待渙，渙曰：『此芮氏物，他族奚與？』居官未嘗飾厨傳，以公清方正見稱。

饒長者延年

《撫州府志》本傳

饒延年，字伯永，號止翁，崇仁彭原人。家臨川，遂爲臨川人。〔五〕魁岸倜儻，遊復齋、象山之門。象山稱其開豁有力量，以經學著稱〔六〕，併旁究〔七〕天文、地理、醫卜、方書。真西山、何月湖皆歎服之。篤信自守，隱居不仕，輕財好義。值歲歉，穀價翔湧，延年以錢米和糴，指天自誓，穀價定於此矣。〔八〕捧斗槩量，以米中錢數爲

〔一〕《中國地方志集成·光緒撫州府志》卷四十九《人物·宦業》中爲『再中淳熙二年進士，歷知荊門軍』句。
〔二〕《中國地方志集成·光緒撫州府志》卷四十九《人物·宦業》中爲『削』字。
〔三〕《中國地方志集成·光緒撫州府志》卷四十九《人物·宦業》中有『口』字。
〔四〕《中國地方志集成·光緒撫州府志》卷四十九《人物·宦業》中無『削二稅浮征』句。
〔五〕《中國地方志集成·光緒撫州府志》卷六十九《人物·隱逸》之一中爲『號止翁，臨川人，崇仁籍』句。
〔六〕《中國地方志集成·光緒撫州府志》卷六十九《人物·隱逸》之一中無『稱』字。
〔七〕《中國地方志集成·光緒撫州府志》卷六十九《人物·隱逸》之一中有『諸釋典及』等字。
〔八〕《中國地方志集成·光緒撫州府志》卷六十九《人物·隱逸》之一中爲『穀價翔湧，公以錢米雜和，嘿禱於天，乃』句。

準。時斗米百錢，而公所得纔〔一〕六十五，遂爲定價，鄉人德之。郡守傅公欲薦於朝，固辭。紹定三年，值〔二〕寇亂，一葦〔三〕趨金陵。甫兩月，得微疾，屏藥静怡。〔四〕一夕，明燭焚香，端〔五〕坐而逝，年八十有一。訃至郡守，爲位於天寧寺祭之。其〔六〕秋寇靖，子孫〔七〕扶柩歸葬。魏了翁題其石曰：『有宋長者饒止翁〔八〕墓。』〔九〕孫應子、應龍，俱登進士，各有傳。

吴進士元子

吴元子，字子嗣，臨川人，登慶元二年丙辰科進士。父炳若，淳熙十一年甲辰科進士也。子嗣科名世家，少年高自位置，因居喪欲復古禮，以書問禮於先生，往復再三。先生責其所居近在百里之内，不亟求見長者，而徒數以書來。子嗣遂至象山，築室受業焉。或疑第六書有『仙郡』云云，恐非撫州，然云『近在百里之内』，必非外郡。當時建昌分郡未久，士大夫遷徙無定，如李侍郎浩、鄧節推約禮，並以南城人入籍臨川，然則郡固未可憑也。

〔一〕《中國地方志集成·光緒撫州府志》卷六十九《人物·隱逸》之一中爲『僅』字。
〔二〕《中國地方志集成·光緒撫州府志》卷六十九《人物·隱逸》之一中無『值』字。
〔三〕《中國地方志集成·光緒撫州府志》卷六十九《人物·隱逸》之一中無『一葦』二字。
〔四〕《中國地方志集成·光緒撫州府志》卷六十九《人物·隱逸》之一中爲『屏藥恬怡』句。
〔五〕《中國地方志集成·光緒撫州府志》卷六十九《人物·隱逸》之一中爲『趺』字。
〔六〕《中國地方志集成·光緒撫州府志》卷六十九《人物·隱逸》之一中無『訃至郡守，爲位於天寧寺祭之。其』句。
〔七〕《中國地方志集成·光緒撫州府志》卷六十九《人物·隱逸》之一中無『孫』字。
〔八〕《中國地方志集成·光緒撫州府志》卷六十九《人物·隱逸》之一中有『之』字。
〔九〕《中國地方志集成·光緒撫州府志》卷六十九《人物·隱逸》之一中後爲『孫應子，紹定壬辰進士；應龍，端平乙未進士』句。

書問

先生答吳子嗣書云：『喪禮與其哀不足而禮有餘也，不若禮不足而哀有餘也，此聖人之格言。非天子不議禮，禮亦未可輕議〔一〕。欲去其不經鄙俗之甚者而畧於近〔二〕古，則有先文正公《書儀》在，何必他求。』

其第二書云：『不以前所覆書爲罪，又下問之，不肯苟狥流俗，孜孜禮法，以求依據，吾子之志善矣。然事有輕重本末，當知所先後。禮文墮闕，其來久矣。滕文公所問，孟子所答，皆其大端。儀節之末，去其鄙俗不經者可也。來書謂定之僕手，此尤未宜。吾子在衰絰之中，不得已，次序以授執事者可也，安可謂之定。栢人者，乃巫覡所爲，不經甚矣，吾家未嘗用也。祝稱卜築〔三〕虞，子與夫異辭，觀二孤之過，可以類見。喪祭當論所主，不可言同也。儀中除此三節，諸皆無害。』

其第三書云：『往歲蒙致書，見問以喪禮。如生年少，能不狥流俗，求古制。又其文用字造語，皆慕奇異，不肯碌碌。以爲窮鄉下邑乃有後生能如此，亦不易得。故生之書辭不合律度者雖多，皆不暇責，獨答所以問之要務，誘掖之，庶幾其進。既而聞生詭異其服，爲巫覡事，深用駭怛！亦頗悔初不知生，而遽〔四〕對答，有失言之罪。兹奉書乃有悔過自訟之辭，人誰無過，過而不改，是爲過矣，過而能改，善莫大焉。今生誠能幡然自新，何幸如之？雖然，生家相距百里而近，乃有不亟於求見長者，而徒數以書來，則改過之言，亦未敢深信。然吾今猶云云若此者，望於生厚矣，生其謹思之。』

〔一〕陸九淵著，鍾哲點校：《陸九淵集》卷十一中有『也』字。

〔二〕陸九淵著，鍾哲點校：《陸九淵集》卷十一中『於近』二字顛倒爲『近於』。

〔三〕陸九淵著，鍾哲點校：《陸九淵集》卷十一中爲『葬』字。

〔四〕陸九淵著，鍾哲點校：《陸九淵集》卷十一中有『相』字。

其第四書云：『文字之及，條理粲然，弗畔於道，尤以爲慶！第當勉致其實，毋倚於文辭。不言而信，存乎德行。有德者必有言，誠有其實，必有其文。實者，本也。文者，末也。今人之習，所重者〔一〕在末，豈惟喪本，終將併其末而失之矣。陳教授舊亦曾畧相從，惟其無本，故其學日謬。書末所糾三條，屬意精切。但前所取數語亦皆非是。學無端緒，雖依放聖賢而爲言，要其旨歸，實已悖戾，龐雜膚淺，何足爲據。若所謂「致其譽聞，不泯泯碌碌」者，尤不可不辯。人有實德，則「知疾没世而名不稱」者，非疾無名，疾無德〔二〕；「令聞廣譽施於身」者，實德之發，固如是也；「庶幾夙夜，以永終譽」者，欲其德之常久而不已也。彼未嘗深致自克之功，私意自爲主宰，方懵于知德，則斯言殆適以附益其好名求勝之習耳。此尤不可不辯。』

其第五書云：『前書「致其聞譽」之説，乃後世學者大病。不能深知此病，力改敝習，則古人實學未易言也。吾友更當深於此處觀省，使舉動云爲，判然與曩者異轍，則吾道有望矣。復前書時，亦欲相勉未須與陳教授往復，後偶忘之，至今不滿。近歸自象山，諸事冗擾，文字亦不曾將歸。旦晚亦須便登山，倘能一來，諸當面盡。』

其第六書云：『録示仙郡首篇策問大旨，竊所未諭。新君即位，曾未期月，而遽云〔三〕「責成無效」，何課效之速如此哉？以夫子之聖，不過曰三年有成；唐虞之朝，雖三載考績，必三考而後黜陟幽明，羽山之殛，蓋在九載之後。伯禹作司空，猶八年於外，兖州之賦，作十有三載乃同。古今難易，縱有不同，亦安有於半年之間而遽責其成效之理哉？又古所謂責成者，謂人君委任之道，當專一不疑貳，而後其臣得以展布四體以任君之事，悉其心力，盡其才智，而無不以之怨。人主高拱於上，不參以己意，不間以小人，不維制之以區區之绳約，使其臣

〔一〕陸九淵著，鍾哲點校：《陸九淵集》卷十一中無「者」字。
〔二〕陸九淵著，鍾哲點校：《陸九淵集》卷十一中有「也」字。
〔三〕陸九淵著，鍾哲點校：《陸九淵集》卷十一中爲「曰」字。

無掣肘之患，然後可以責其成功。故既已任之，則不苛察其所爲，但責其成耳。此古人用「責成」二字之本旨也。今泛課功效，而用此二字，則用字亦未愜當。且古所〔一〕賞罰者，亦非爲欲人趨事赴功而設也。「天命有德，五服五章哉；天討有罪，五刑五用哉。」其賞罰皆天理，所以納斯民於大中，躋斯世於大和者也。此與後世功利之習燕越異鄉矣。何時登山，當究其說。明日欲登雲臺，瞰鬼谷，究南山之所自來，却扁舟浮梅潭沿醽口以歸，度旬日而後可反山房也。』

其第七書云：『承已登山結茅，深用嘉歎。近得周元忠書，謂幹伯、伯珍諸人，有意遣輿夫相迎，且問期日，吾答以霽日麗景，晴雲絢文，即吾就道時也。是日正春分，明日即大開徹，輿夫至今未來，豈〔二〕俟后土之乾，又寤陰雨故耶？昨日風光〔三〕頗還舊觀，乃今祁雲漫天，寒飈先雨，又復凄然似秋矣。遐想雲臺領袖諸峰，儲英育秀，以相料理，老子於此興復不淺。行止久速，在天與人而已。若此雨未止，能冒之一來，尤見嗜學。』

其第八書云：『此理充塞宇宙，天地鬼神，且不能違異，況於人乎？誠知此理，當無彼己之私。善之在人，猶在己也。故「人之有善，若己有之」，「人之彥聖，其心好之，不啻若自其口出」，「胥訓告，胥保惠，胥教誨」，此人之情也，理之所當然也，亦何嫌何疑？「誠者，非自成己而已也，所以成物也。成己，仁也，成物，智也。性之德也，合内外之道也」，顧恐未能成己耳。若「私淑」二字則出於《孟子》，當深明其旨，不當輕用於此。此用字之疵，不足以達理，而能爲理之累。《五代史》政須點對，來本極佳。草廬在二池之間，欲名以「濯纓」，須來此，當爲書之。』

〔一〕陸九淵著，鍾哲點校：《陸九淵集》卷十一中有『謂』字。
〔二〕陸九淵著，鍾哲點校：《陸九淵集》卷十一中有『其』字。
〔三〕陸九淵著，鍾哲點校：《陸九淵集》卷十一中爲『光風』二字，順序顛倒。

章從軒節夫

《撫州府志》

章節夫，字仲制，一作仲至，〔一〕臨川人。少穎悟，從象山先生默契繩尺。象山語之曰：『硬豎脊梁要做到了。』節夫佩服師訓，博通諸經，深造自得。嘗取象山、晦翁辭異旨同處，集而疏之，名曰《修和管見》。晚年所〔二〕守益固，從學者衆。卒年七十九，自號從軒，著書數萬言。子子先，登嘉定九年進士〔三〕第，仕止吉水令。

先生居象山講學，仲制在山中，嘗云：『先生講論，終日不倦，夜亦不困，若法令者之爲也。動是三鼓，學者連日應酬，勞而早起，精神愈覺炯然。問曰：「先生何以能然？」先生曰：「家有壬癸神，能供千斛水。」』

按：壬癸二語，陳建安謂出於佛書。余嘗盡閱全藏經律論，並無此語。竊意壬癸水神蓋謂精神如水有本，則不竭耳。

張文學孝直

《撫州府志》

張孝直，字英甫，臨川人。性孝友，恬於利欲，受學象山之門〔四〕，所見者確，所據者實，有《易》、《詩》、《書》、《語》、《孟》、《中庸》口義五十餘篇，心所未安，雖伊洛諸儒議論，亦不苟同。領袖郡學，誘掖後進，

〔一〕《中國地方志集成·光緒撫州府志》卷五十六《人物·理學》中無『一作仲至』句。
〔二〕《中國地方志集成·光緒撫州府志》卷五十六《人物·理學》中無『所』字。
〔三〕《中國地方志集成·光緒撫州府志》卷五十六《人物·理學》中無『進士』二字。
〔四〕《中國地方志集成·光緒撫州府志》卷五十六《人物·理學》中無『之門』二字。

士論翕然歸重，與章從軒、蔡介軒講論，終日忘倦，多所發明。卒年七十七，所著又有《要言》、《渾象》、《原意》、《雜詩》等藏於家。

董心齋德修

《撫州府志》

董德修，字仲修，樂安人。三赴漕試不第，隱居力學，曰：『吾族自顯庸矣，何必仕？』嘗游象山之門，終日靜坐，潛心理窟。從之遊者，多德成名立，咸尊之曰『心齋先生』。〔一〕

李監院肅父浩子復

《撫州府志》本傳

李肅，字仲欽，其先世自南城徙臨川。父浩，字德遠，登紹興十三年乙科，授饒州司户，進光禄寺丞。輪對陳無逸之戒，〔二〕又言宿衛大將楊存中恩寵太盛。秦檜死，高宗親政，朝士猶務緘默，浩與王十朋、馮方、查籥、胡憲，相繼直言，太學之士，作五賢詩以美之。自是不能安其身，請祠歸。孝宗即位，召爲太常丞。〔三〕張浚督師

〔一〕《中國地方志集成·光緒撫州府志》卷六十九《人物·隱逸》之一中爲『董德修，字仲修，樂安人，嘗從陸象山先生學，靜觀自得。有勸之仕者，曰：「吾自有做不了處，何暇及仕！」從遊者多德成名立，稱之曰「心齋先生」』。

〔二〕《中國地方志集成·光緒撫州府志》卷四十七《人物·名臣》中爲『李浩，字德遠，其先世自南城徙臨川，紹興十二年進士，授饒州司户，久之，爲刑工部架閣，敕令所删定官，遷太常簿光禄丞，輪對首以無逸爲明戒』句。

〔三〕《中國地方志集成·光緒撫州府志》卷四十七《人物·名臣》中有『時』字。

江淮，爲宰相所沮，浩援仁宗用范、韓〔一〕、章得象故事，乞諭朝廷協濟。〔二〕除吏部郎，兼恭王府直講。浙東水災，詔求言，浩語及近密宰執臺諫百執事無所避。丐外，知台州，軍士謀爲亂，露刃堂下，浩指揮部分，一語而定。除直秘閣，未幾，復召爲郎。初，台州有豪民鄭憲，藉權〔三〕人爲奸利，繫獄而死，籍其家，至是權貴人教之訟冤。劉珙奏李浩疾惡太過，爲豪民所誣，章留中，上親批其後曰：『所斷允當。』遷司農少卿，嘗劾大〔四〕理寺所讞賤糴事〔五〕爲欺罔。後大〔六〕理寺讞他獄，上曰：『棘寺宜〔七〕得剛正如李浩者爲之〔八〕。』除大理卿，爲接伴使，朝廷議遣泛使，浩言其不可，力求去。以〔九〕直寶謨閣，知静〔一〇〕江府，兼〔一一〕廣西經略安撫。時有論擇帥者，上曰：『如廣西朕已得李浩。』朝廷令市象於交趾，浩力争而罷。召還，入對論士大夫風俗，其八曰陛下責實效而誕謾得以自售，上問其人，以實對，翌日，謂宰相曰：『李浩直諒。』擢權吏部侍郎，政府不悦，嗾言者論之，旋予祠。明年，除秘閣修撰帥夔部以疾卒，年六十一，諸司奏浩盡瘁其職以死，詔特贈集英殿修撰。浩天資質直，涵養渾厚，不以利害動其心。少力學爲文辭，及壯，益沉潛義理，與陸氏兄弟講學象山，每

〔一〕《中國地方志集成·光緒撫州府志》卷四十七《人物·名臣》中爲『韓范』二字。

〔二〕《中國地方志集成·光緒撫州府志》卷四十七《人物·名臣》中爲『乞諭朝臣同心協濟』句。

〔三〕《中國地方志集成·光緒撫州府志》卷四十七《人物·名臣》中有『貴』字。

〔四〕《中國地方志集成·光緒撫州府志》卷四十七《人物·名臣》中無『大』字。

〔五〕《中國地方志集成·光緒撫州府志》卷四十七《人物·名臣》中有『貴』字。

〔六〕《中國地方志集成·光緒撫州府志》卷四十七《人物·名臣》中無『大』字。

〔七〕《中國地方志集成·光緒撫州府志》卷四十七《人物·名臣》中爲『當』字。

〔八〕《中國地方志集成·光緒撫州府志》卷四十七《人物·名臣》中無『爲之』二字。

〔九〕《中國地方志集成·光緒撫州府志》卷四十七《人物·名臣》中無『以』字。

〔一〇〕《中國地方志集成·光緒撫州府志》卷四十七《人物·名臣》中爲『靖』字。

〔一一〕《中國地方志集成·光緒撫州府志》卷四十七《人物·名臣》中無『兼』字。

以古人稱之。立朝慨然以時事爲己任，忠憤激烈，言切時弊，以此見忌，不至大用。平居未嘗假人以辭色，不知者以爲傲，或講於上，上謂斯人無他，在朕前亦如此，非爲傲者。小人憚之，誘以利祿，正色不回，謀害之者，無所不至，獨賴上察其衷，始終全之。爲郡尤潔己，自海右〔一〕歸，不載南海一物，其風裁素高，人不敢干以私。其葬也，南軒張敬夫，以古遺直銘其墓。肅幼嗜學，嘗讀史至〔二〕『晏子御者氣揚揚』，曰：『以富貴驕人，雖妻子亦笑之。』父嘉其識，試〔三〕鎖廳省别頭皆第一。〔四〕淳熙八年〔五〕進士第〔六〕，授潭州司户，攝理掾獄，〔七〕輒平反，再調江西運司帳司。秩滿，例有送還錢，却不受，當路因舉廉吏，肅笑曰：『此足爲廉耶？』監文思院中門，兩易衡州教授。〔八〕士多嚮慕，齋舍無所容，則闢武侯祠以居之。其所講明恪守陸子之教，以辨義利爲先。〔九〕卒年六十二。〔一〇〕肅〔一一〕子復字信仲，嘉定元年，隨其父學於先生〔一二〕，其家在府城，而追隨請益尤爲親切。

〔一〕《中國地方志集成·光緒撫州府志》卷四十七《人物·名臣》中爲『南』字。

〔二〕《中國地方志集成·光緒撫州府志》卷五十七《人物·儒林》中無『至』字，而卷四十七中則有『至』字。

〔三〕《中國地方志集成·光緒撫州府志》卷四十七《人物·名臣》中無『試』字。

〔四〕《中國地方志集成·光緒撫州府志》卷五十七《人物·儒林》中無『試鎖廳省别頭皆第一』句，而卷四十七中則有此句。

〔五〕《中國地方志集成·光緒撫州府志》卷五十七《人物·儒林》中有『登』字，卷四十七亦有此字。

〔六〕《中國地方志集成·光緒撫州府志》卷五十七《人物·儒林》中無『第』字，卷四十七亦無此字。

〔七〕《中國地方志集成·光緒撫州府志》卷四十七《人物·名臣》中有『有疑』二字。

〔八〕《中國地方志集成·光緒撫州府志》卷五十七《人物·儒林》中爲『監文思院，改衡州教授』句，卷四十七則與本文同。

〔九〕《中國地方志集成·光緒撫州府志》卷四十七《人物·名臣》中爲『則闢武侯祠以居之，其講學以辨義利爲先』句。

〔一〇〕《中國地方志集成·光緒撫州府志》卷四十七《人物·名臣》中此後爲『孫復，嘉定元年進士，入祀鄉賢祠』句。

〔一一〕《中國地方志集成·光緒撫州府志》卷五十七《人物·儒林》中無『肅』字。

〔一二〕《中國地方志集成·光緒撫州府志》卷五十七《人物·儒林》中爲『象山』二字，而不是『先生』二字。

先生嘗與信仲書云：『兩遣府中書，皆不及拜丈丈書，但託邵機宜、趙通判道意，至今歉然！前者蒙丈丈教以病中所得，聽之灑然。今兹書中不及寓區區之意，有一説煩吾友侍下達之。大抵爲學，不必追尋舊見。此心此理昭然宇宙之間，誠〔一〕得其端緒，所謂一日克己復禮，天下歸仁焉，又非疇昔意見所可比擬。此真吾所固有，非有〔二〕外鑠，正不必以舊見爲固有也。千萬以此紙禀之。所與邵機宜書，本末備矣，幸復熟之。』

按：德遠侍郎爲先生前輩，與先生諸兄交好，而尤敬服先生，故命子若孫俱來從學。此書中所云『丈丈』，似指侍郎言，然稱爲『吾友侍下，又教以此心此理』云云，自是指其父仲欽，非謂侍郎。信仲父子從學，由於侍郎，故併録侍郎傳也。《宋史·李浩傳》尤詳，以不及敘交陸氏事，故用《府志傳》，參以陸子書焉。又按：葉水心作《鄭景元墓誌》云：『女嫁蔡幼學、李復。』鄭公宿學爲陳止齋師而信仲爲之壻。蔡文懿名臣，而信仲爲其僚壻，則信仲所造，非尋常者矣。

趙主簿端頤

《撫州府志》本傳

趙端頤，字養正，翼祖屬籍直下，家臨川，〔三〕幼孤貧，處之裕如，聞陸伯微得象山家學，因相與講貫，參以伊洛

〔一〕陸九淵著，鍾哲點校：《陸九淵集》卷十三中有『能』字。
〔二〕陸九淵著，鍾哲點校：《陸九淵集》卷十三中爲『由』字。
〔三〕《中國地方志集成·光緒撫州府志》卷四十九《人物·宦業》中爲『字養正，宗室系屬，家臨川』句。

諸書，反求諸己，行顧其言，無虛矯無庢異。〔一〕嘉定七年，登〔二〕進士，授懷安簿，歷建寧簿，以廉謹〔三〕稱。嘗入江西帥幕，議〔四〕不合浩然肥遯。端平初，召赴都堂審察，力辭。家居優游，扁所居曰『常菴』。與鄒南堂、游新堂、章從軒，往來切磋，〔五〕四公性行不同，而趨向則一。蓋南堂之學博，新堂之行純，從軒之辭辨，常菴之論粹，皆一鄉之望也。

〔一〕《中國地方志集成·光緒撫州府志》卷四十九《人物·宦業》中有『登』字。
〔二〕《中國地方志集成·光緒撫州府志》卷四十九《人物·宦業》中無『登』字。
〔三〕《中國地方志集成·光緒撫州府志》卷四十九《人物·宦業》中爲『勤』字。
〔四〕《中國地方志集成·光緒撫州府志》卷四十九《人物·宦業》中爲『義』字。
〔五〕《中國地方志集成·光緒撫州府志》卷四十九《人物·宦業》以下爲『與鄒斌、游元、章節夫，往來切磋』句。

《陸子學譜》卷之十二

南昌萬承蒼訂
後學臨川李紱編
陸川龐嶼校

弟子七

趙進士師雍弟師蔵

趙師雍，《宋史》未立傳。黄氏宗羲《宋儒學案》云：『師雍，字然道，黄巖人，淳熙十四年進士。與弟師蔵字詠道，問學於朱陸二先生。師雍言：「諸公傷於著書，而其心反有所蔽。」此是暗指朱氏，則其歸心於陸也明矣。』

按：二趙事陸子最久，信陸子之道亦最篤，書問往復，不一而足。陸子期以遠到，嘗贈序以勉其兄弟云：『書契既造，文字日多，六經既作，傳註日繁，其勢然也。苟得其實，本末始終，較然甚明。知所先後，則是非邪正，知所擇矣。雖多且繁，非以爲病，秪以爲益。不得其實而蔽於其末，則非以爲益，秪以爲病。二昆其謹所以致其實哉。』然道兄弟恪守此訓，以支離爲病，故有著書心蔽之説。陸子既没，然道與朱子書，謂恨不及見兩先生論辨有所底止。朱子復書詆斥，乃有『千金敝帚』〔一〕之喻，亦已過矣。趙氏與包氏、諸葛氏兄弟及項平甫等，並兼事兩先生，特其意皆偏信陸子耳，非專事朱子，後乃別事陸子也。且其書止云『不及見兩先生議論有所底止』，語亦平常，非如胡紘之攻道學，傅伯壽之附侂胄也。而莆田宋端儀作《考亭淵源録》，乃直以然道與胡、傅並列叛徒，豈不謬哉？分門別户，黨同而伐異，此僞學之禍所由以烈也，不然，同時講學張、呂、陸三君子，不聞有攻之者，何獨仇於朱子。横逆之來，君子必自反矣。

書問

先生與然道書云：『某驚蟄前乘晴登山，尋復積雨，二十四日少霽，始得一訪風練飛雪之狀，方念不得與賢昆仲共之。是晚來書適至，喜可知也！去非從善，勇決如此，沛然之壯，在胸中矣，又何以觀瀑爲哉？狂聖之相去遠矣，而罔念、克念之端頃刻而分，人心之危，豈不甚可畏哉？有虞之朝，克艱之説，從逆之戒，伯禹進之；警戒無虞之説，逸樂怠荒之戒，伯益又進之；明明穆穆，聚精會神，其切磋琢磨之功如此。若已汩於利欲，蔽於異端，逞志遂非，往而不返〔二〕，雖復雞鳴而起，夜分乃寐，其爲害益深，而去道愈遠矣，奚足以言此哉？今然道方耻利欲之習，知異端之非，願益致擴充之功，則吾道幸甚！』

其第二書云：『兹閲來書，知此志不替有加。夫道一而已，相去千里，相後千歲者，猶若合符節，況其近者乎？然古人所以汲汲於師友，博學、審問、謹思、明辯之者，深懼此道不明耳。於其大端大旨，知其邪正是非，形有相近而實有相遠，則知精微之處亦猶是也。夫子十五而志學，則既得其端緒矣，然必三十而立，四十而不惑，

〔一〕黄宗羲著，陳金生、梁運華點校：《宋元學案》卷七十七《槐堂諸儒學案》中爲『敝帚千金』句。
〔二〕陸九淵著，鍾哲點校：《陸九淵集》卷十二中爲『反』字。

五十而後曰知天命，及其老也，猶曰我學不厭。今學者誠知端緒，則亹亹翼翼，自致日新之效者，其能自已乎？秋涼過我當究是言。時事第可永歎，良難言也！』

其第四書云：『吾心苟無所陷溺，無所蒙蔽，則舒慘之變，當如四序之推遷，自適其宜。《記》〔一〕所謂「亡於禮者之禮也，其動也中」，蓋近之矣。夫子所謂「克己復禮爲仁」，誠能無毫髮己私之累，則自復於禮矣。禮者理也，此理豈不在我？使此志不替，則日明日著，如川日增，如木日茂矣。必求外鑠，則是自湮其源，自伐其根也。侍旁千萬致意，適旅應酬之冗，不及拜書。』

先生與詠道書云：『至當歸一，精義無二。誠得精當，則若網在綱，有條而不紊。故自本諸身，徵諸庶民，至於百世俟聖人而不惑者，誠精當之不容貳也。令兄謂諸公傷於著書，而其心反有所蔽，此理甚不精，此言甚不當矣。彼學不至道，其心不能無蔽，故其言支離。彼惟不自知其學不至道，不自以爲蔽，故敢於著書耳。豈可言由其著書而反有所蔽！當言其心有蔽，故其言亦蔽，則可也。故親師友於當世，固當論其學，求師往聖，尚友方册，亦當論其學。』

其第三書云：『奉此月十日書，方知有叔氏之戚，撫紙驚嘆，怛焉痛心，不能已已。向見此令弟，氣質淳美，志向專篤，聽言之次，殊無凝滯，深用慰喜！胡爲遽有斯疾，竟棄斯世，哀哉！有如賢伯仲情義之篤，信不易堪也。天命既如此，亦無可奈何！況在慶侍之側，只得寬釋以安庭闈之心，此即理也。秋試失利，亦蘭菊有時耳。詠道之才，一第豈足爲道，此尤不足置懷。學力不究此等，真正畫春冰耳。「迨天之未陰雨，徹彼桑土，綢繆牖户，今此下民，或敢侮予？」「事豫則立，不豫則廢。」故《書》曰：「致治於未亂，保邦於未危。」古人所以造

〔一〕陸九淵著，鍾哲點校：《陸九淵集》卷十二中有『之』字。

次必於是，顛沛必於是，無有師保，如臨父母，戰戰兢兢，如臨深淵，如履薄冰。若平居一有緩懈，一有凝滯，則精神立見凌奪，事至物來，固宜有困敗之憂。雖然，到此若能深省痛鞭，何困之有？夫子曰：「仁遠乎哉？我欲仁，斯仁至矣。」又曰：「爲仁由己，而由人乎哉？」孟子曰：「人病不求耳。」又曰：「亦爲之而已矣。」於此用力，而又不能使聖賢之言如符契，則是平日之言皆妄言，平日之意皆妄意矣。果如是，故不可自欺，却當力加省察，必使不待傅會，而沛然，有以信聖賢爲先得我心之所同然，而後可也。』

其第四書云：『塞宇宙一理耳，學者之所以學，欲明此理耳。此理之大，豈有限量？程明道所謂有憾於天地，則大於天地者矣，謂此理也。三極皆同此理，而天爲尊。故曰「惟天爲大，惟堯則之」。五典乃天敘，五禮乃天秩，五服所彰乃天命，五刑所用乃天討。今學者能盡心知性，則是知天，存心養性，則是事天。人乃天之所生，性乃天之所命。自理而言，而曰大於天地，猶之可也。自人而言，則豈可言大於天地？乾坤同一理也，孔子於乾曰「大哉乾元」，於坤則曰「至哉坤元」。堯、舜同一理也，孔子於堯曰「大哉，堯之爲君」，於舜則曰「君哉舜也」。此乃尊卑自然之序，如子不可同父之席，弟不可先兄而行，非人私意可差排杜撰也。』

按：朱子答然道書，謂『足下求官得官，今所從官又去親庭不遠』云云，是已嘗居官，特所授何職？莫可考耳。又陸子與詠道第三書云『知有叔氏之戚，此令弟氣質淳美，志向專篤，聽言之次，殊無凝滯』。是亦嘗從學於先生者也，惜亡其名與字。考朱子孫壻趙師夏，字致道，《考亭淵源録》稱爲詠道弟。豈即其人耶？抑又別一弟耶？

胡季隨大時

胡大時，字季隨，號盤谷，五峰先生宏之季子也。初，張南軒先生從學於五峰，季隨復從南軒受學，南軒以女妻之。南軒弟子多在湖南，然以吳德夫獵及季隨爲最著。朱子訪南軒於潭州，季隨嘗問學焉。最後謁先生，深服其教，陸子與季隨第一書，謂『丙午之夏，吾〔一〕山解舍，相從越月』是也。朱子疑其背己，與之書云：『得元善書，聞與子靜相見甚欵，不知其說如何？大抵欲速好徑，是今日學者大病，向來所講，近覺亦未免此。』云云。語雖若自引咎，實指先生之教，而先生之所以爲學，與所以教人者，必先於知所先後，故與季隨第一書，以致知明善爲先，未嘗欲速而好徑也。嚴松録先生語云：『先生言胡季隨從晦翁學，自言晦翁使讀《孟子》。他日，問季隨如何解「至於心獨無所同然乎」一句。季隨以所見解，晦翁以爲非，且謂季隨讀書鹵莽不思。後季隨思之既苦，因以致疾。晦翁乃告之曰：「然。讀之如『雍之言然』之然，對上同聽、同美、同嗜說。」先生因笑曰：「只是如此，何不早說與他。」』〔二〕觀此段，則知朱子之所以教學者多困以章句，宜季隨見先生而甚欵也。先生與季隨第一書，見講明條。今録先生與季隨第二書云：『《王文公祠堂記》，乃是斷百餘年未了底大公案，自謂聖人復起，不易吾言。餘子未嘗學問，妄肆指議，此無足〔三〕怪。同志之士，猶或未能盡察，此良可慨歎！足下獨謂使荊公復生，亦將無以自解，精識如此，吾道之幸！傅、項、黃三士，人品固自〔四〕不同，其爲學亦不相似。若望其致知明善，雖子淵亦不能無離索之患。元吉今在此，雖稍若知過，要未特達。學者之難得，所從未〔五〕久〔六〕。道不遠人，人自遠之耳。人心不能無蒙蔽，蒙蔽之未撤，則日以陷溺。諸子百家往往以聖賢自期，

〔一〕陸九淵著，鍾哲點校：《陸九淵集》卷一中爲『吳』字。
〔二〕此前一段與《陸九淵集》略有差别，見陸九淵著，鍾哲點校：《陸九淵集》卷三十四。
〔三〕陸九淵著，鍾哲點校：《陸九淵集》卷一中有『多』字。
〔四〕陸九淵著，鍾哲點校：《陸九淵集》卷一中爲『有』字。
〔五〕陸九淵著，鍾哲點校：《陸九淵集》卷一中爲『來』字。
〔六〕陸九淵著，鍾哲點校：《陸九淵集》卷一中有『矣』字。

仁義道德自命，然其所以卒畔於皇極而不能自拔者，蓋蒙蔽而不能〔一〕覺，陷溺而不自知耳。顏子之賢，夫子所屢嘆，氣質之美，固遠人絶甚〔二〕。子貢非能知顏子者，然亦自知其非儔偶。《論語》所載顏淵「喟然之歎」，當在「問仁」之前；「爲邦」之問，當在「問仁」之後；「請事斯語」之語〔三〕之時，乃其知之始至，善之始明時也。以顏子之賢，雖其知之未至，善之未明，亦必不至有聲色貨利之累，忿狠縱肆之失，夫子答其「問仁」，乃有「克己復禮」之説。所謂己私者，非必如常人所見之過惡而後爲己私也。己之未克，雖自命以仁義道德，自期可以〔四〕至聖賢之地者，皆其私也。顏子之所以異乎衆人者，爲其不安乎此，極鑽仰之力，而不能自已，故卒能踐「克己復禮」之言，而知遂以至，善遂以明也。若子貢之明達，固居游、夏之右，見禮知政、聞樂知德之識，絶凡民遠矣。從夫子遊如彼其久，尊信夫子之道如彼其至，夫子既殁〔五〕，其傳乃不在子貢，顧在曾子。私見之錮人，難於自知如此。曾子得之以魯，子貢失之以達，天德己見消長之驗，莫著於此矣。學問之初，切磋之次，必有自疑之兆；及其至也，必有自克之實，此古人物格、知至之功也。己實未能自克而不以自疑，方憑之以決是非，定可否，縱其標末如子貢之屢中，適重夫子之憂耳，况又未能也。物則所在，非達天德，未易輕言也。所惡於智者，爲其鑿也。〔六〕若禹之行水也，則無惡於智矣。禹之行水也，行其所無事也，如智者亦行其所無事，則智亦大矣。宰我、子貢、有若，智足以知聖人。三子之智，蓋其英爽足以有所精别，異乎陳子禽、

〔一〕陸九淵著，鍾哲點校：《陸九淵集》卷一中爲「自」字。
〔二〕陸九淵著，鍾哲點校：《陸九淵集》卷一中爲「絶人甚遠」幾字。
〔三〕陸九淵著，鍾哲點校：《陸九淵集》卷一中無「之語」二字。
〔四〕陸九淵著，鍾哲點校：《陸九淵集》卷一中爲「以可」二字，順序顛倒。
〔五〕陸九淵著，鍾哲點校：《陸九淵集》卷一中爲「没」字。
〔六〕陸九淵著，鍾哲點校：《陸九淵集》卷一中有「如智者」三字。

叔孫武叔之流耳。若責之以大智，望之以真知聖人，非其任也。顏子「請事斯語」之後，真知聖人矣。曾子雖未及顏子，若其真知聖人，則與顏子同。學未知止，則其知必不能至；知之未至，聖賢地位，未易輕言也。何時合并，以究此理。』

按：季隨聞先生之教，深信而篤好之，朱子雖有甚欵之疑，而季隨信之彌篤。先生亦嘉之，遂爲婚姻，以次女妻季隨子焉。盱江宋黄應龍《壁林集》，有陸氏孺人墓誌銘云：『孺人姓陸氏，名某，撫之金谿青田人，象山先生文安公之次女。生六歲，公授以《閨範》、《孝經》。丁文安公憂，受母吴氏及長兄薦堂先生伯微之教，通《論語》、《孟子》大義，擇配以適南岳胡文定公之曾孫，明公之孫，盤谷先生季隨之子。是時稱名閥，詩禮者莫加焉。盤谷去世，孺人事皇姑黄夫人，肅恭怡順極至，蓋三十年無毫髮怠，訓子若孫，弗墜家學。既而夫若子相繼捐館，孺人皓首孀居，處性飭身，齊家御下，種種有矩度。生於淳熙丁未二月七日，卒於寶祐乙卯二月四日，以是年冬葬於衡陽樟木原。胡氏祖稱塋兆所邇。孫二，集、敉。女孫一人，適衡陽王偉。其孫以予嘗從文安門人學，來請銘。某又嘗陪湖南憲使宋自牧至衡山。時樞使陳柳齋帥潭，來祭岳。山長陳子春挾貴氣，借胡氏家藏朱、呂、張、陳諸儒先往復書尺，及五峰諸公手澤，癡且久。孺人曰：「家有少田宅可留，此先公所寶，將以遺後人，不可失。」命介聞於帥，柳齋怫然，立索之歸。其孫以岳教名聞於朝，罷斥之。聞者義公此舉，而韙孺人年高而志屹立，知所重輕也。爲之銘，曰：「懿範則文安之女，夫子則明公之孫，儷羨名德之門，千秋萬歲，阜可塿此石不朽，嗚呼！是爲有宋江西陸文安先生季女之墓。谷可陵，此石有銘。」』

郭醇仁震

郭震，成都人，自蜀中來學於先生。先生嘗教以學先知本，因以本名齋，求先生記之。先生爲之文云：『唐虞之朝，禹治水，臯陶明刑，稷降播種，契敷五教，益作虞，垂作工，伯夷典禮，夔典樂，龍〔一〕納言，各貢〔二〕其職，各敦其功，以成雍熙之治。夫豈常〔三〕試爲之者哉？蓋其所以自信，與人〔四〕所以信之者，皆在其疇昔之所學。後世之爲士者，鹵莽泛濫，口耳之間，無不涉獵，其實未嘗有一事之知其至者。人才之不足爲天下用，固無足怪！雖然，是又未可以泛責於天下。天之生斯民也，以先知覺後知，先覺覺後覺，要當有任其責者。《大學》曰：「物有本末，事有終始，知所先後，則近道矣。」「源〔五〕泉混混，不舍晝夜，盈科而後進，放乎四海，有本者如是。」孟子之言，乃知所先後之驗。成都郭震醇仁，以「本」名齋，求言於余。余嘉其志，告以所聞，後日當有以觀其驗。』

石應之宗〔六〕昭兄斗文

《宋儒學案》云：『石宗昭，字應之，浙江〔七〕新昌人。與兄斗文，字天民〔八〕，同問學於朱、呂、陸三氏之門。初爲象山所喜，復惑〔九〕於異說，而祭東萊之文以爲「石火電光，是區區者之不足恃」，象山見之，駭其迷繆，尋

〔一〕陸九淵著，鍾哲點校：《陸九淵集》卷十九中有『作』字。
〔二〕陸九淵著，鍾哲點校：《陸九淵集》卷十九中爲『共』字。
〔三〕陸九淵著，鍾哲點校：《陸九淵集》卷十九中爲『嘗』字。
〔四〕陸九淵著，鍾哲點校：《陸九淵集》卷十九中有『之』字。
〔五〕陸九淵著，鍾哲點校：《陸九淵集》卷十九中爲『原』字。
〔六〕黄宗羲著，陳金生、梁運華點校：《宋元學案》卷七十七《槐堂諸儒學案》中爲『宗』字。
〔七〕黄宗羲著，陳金生、梁運華點校：《宋元學案》卷七十七《槐堂諸儒學案》中無『浙江』二字。
〔八〕黄宗羲著，陳金生、梁運華點校：《宋元學案》卷七十七《槐堂諸儒學案》中無『字天民』三字。
〔九〕黄宗羲著，陳金生、梁運華點校：《宋元學案》卷七十七《槐堂諸儒學案》中爲『感』字。

應之異時書問一束封之，題曰「石應之公案」。已而會於臨安，以公案示之，應之欲持去，象山曰：「不可。觀足下神思，今不能辨此。此書非吾相對剖決，亦長物耳！」應之以進士第初〔一〕授無爲軍學〔二〕教授，後〔三〕積官至侍從。象山與〔四〕高宗商書〔五〕曰：「觀應之容貌言論，與曩者判若二人，使人不忍視之，〔六〕今遂居臺閣，益令人憐之耳。」』

先生與孫季和書云：『山徑之蹊間，介然用之而成路。爲問不用，則茅塞之矣。往年石應之駸駸有成路之興，復迷於異說，至今茅塞，每爲悼歎！〔七〕季和向時所得，尚未能及應之。臨安再相聚時，已無初相聚時氣象。是後書問與傳聞言論行事，皆不能滿人意，謂之茅塞，不爲過也。』又先生與高應朝書云：『成之到此，講切曲折，却具應之書中。』然先生集中並無與應之書，則知先生之文，佚者多矣！

朱子答周叔謹書云：『應之甚恨未得相見，其爲學規模次第如何？近來，呂、陸門人互相排斥，應之蓋嘗學於兩家，不知其於此看得果如何？因語扣之，因書喻及之爲幸也！』

石天民，應之兄也，名斗文，與應之同師事先生，官階事蹟無可考。先生與徐子宜書云：『天民重困猶昔，皆聞見駁雜之弊，近嘗苦口與言，稍能自反，應之亦復荒唐。今此相聚相欸，志向却篤，知非甚明，有可喜者，亦

〔一〕黄宗羲著，陳金生、梁運華點校：《宋元學案》卷七十七《槐堂諸儒學案》中無『初』字。
〔二〕黄宗羲著，陳金生、梁運華點校：《宋元學案》卷七十七《槐堂諸儒學案》中無『學』字。
〔三〕黄宗羲著，陳金生、梁運華點校：《宋元學案》卷七十七《槐堂諸儒學案》中無『後』字。
〔四〕黄宗羲著，陳金生、梁運華點校：《宋元學案》卷七十七《槐堂諸儒學案》中爲『謂』字。
〔五〕黄宗羲著，陳金生、梁運華點校：《宋元學案》卷七十七《槐堂諸儒學案》中無『書』字。
〔六〕黄宗羲著，陳金生、梁運華點校：《宋元學案》卷七十七《槐堂諸儒學案》中無『使人不忍視之』句。
〔七〕陸九淵著，鍾哲點校：《陸九淵集》卷十五中有『知及之，仁不能守之，雖得之，必失之』句。

可爲天民慶也。』

高教授宗商

高宗商，字應朝，浙江人。乾道八年壬辰歲，先生成進士，由富陽歸家，楊敬仲首師事先生，由是宗商與石應之、孫季和等並來學，拯相尊信。應朝嘗任邕川教授。朱子與詹元善書云：『高教授能留意學校甚善，渠從子静學，有意爲已，必能開導其人也。』其官階所至無可考。

先生答高應朝書云：『比得書，知爲學日〔一〕進，甚喜！爲學不當無日新，《易》贊《乾坤》之簡易，曰：「易知易從，有親有功，可久可大。」然則學無二事，無二道，根本苟立，保養不替，自然日新。所謂可久可大者，不出簡易而已。應朝既自知資質偏駁，不廢磨礲，亦復何憂，亦復誰禦。然當知染習未盡，大體實不得謂〔二〕無傷也。未及作子約書，寫至此，思子約書中有「宜於静未宜於動」之説，此甚不可，動静豈有二心？既未宜於動，則所謂宜於静者，亦未宜也。先作應之書不及此。成之到此，講切曲折，却具應之書中。大抵學者各倚其資質聞見，病狀雖復多端，要爲戕賊其本心，則一而已。作書多不能詳，要之詳亦未必有益。苟有根本，自能不懈怠不倦，與同志切磋，亦何患不進學。如顔子，猶曰「未見其止」，惟益勉之。』

其第二書云：『前月併收兩書，備知近況，慰浣良劇。山房比年况味，想盡得之帥漕書中矣。春尾以猶子之訃出山房，至今未得復登。此乃梭山之子，文行皆高，家庭所賴。年未及壯，無疾而逝，所以傷之者，又不止骨肉

〔一〕陸九淵著，鍾哲點校：《陸九淵集》卷五中爲『進』字。
〔二〕陸九淵著，鍾哲點校：《陸九淵集》卷五中爲『爲』字。

之情也。聚族既廣，患故如此類多。今日方除一姪女之服。所幸諸兄皆能安之以命，不至過傷也。此理日明，鄉里友朋〔一〕，寖有能共此者。每思應朝、應之，未嘗不興懷。應之一跌不復，中間見其祭呂郎中文，迷繆之甚。〔二〕閱應朝二書、《葺齋記》，亦甚念足下有茅塞之患。帥漕處皆有吾文一編，此乃韓將領親張氏、朱氏所録，聞亦有一編在韓將領處，想必從韓處見之矣。第帥、漕處本，却經山間友朋點對，無錯誤，可從帥處借本點對，却精觀熟考，當有所發也。』

高郡守商老

高商老，浙江括蒼人，師事陸子最篤，登進士第，授承議郎。以紹熙五年任常州宜興縣知縣，修學宮，建社倉，時陸子已没，並請朱子爲之記。開禧三年，知撫州軍事。秋九月，刻先生文集於郡庠，自爲之跋云：『洙泗之教，憤悱啓發；鄒、魯之書，因衡作喻。此學久矣無傳，獨象山先生得之千載之下，最爲要切。是以聽其言者類多感發。《書》曰：「惟文王之敬忌。」先生之書，如黄鐘大〔三〕呂，發達九地，直〔四〕啓洙、泗、鄒、魯之秘，其可以不傳耶？商老嘗從先生遊，頗自奮勵，今老矣，學不加進。爲州鄭鄉〔五〕，愧於簿領之外，效如捕風，因

〔一〕陸九淵著，鍾哲點校：《陸九淵集》卷十四中爲『朋友』二字。

〔二〕陸九淵著，鍾哲點校：《陸九淵集》卷十四中有『急於舊書問中尋得其向時書數紙封之，題曰「石應之公案」，擬相聚時，發此以啓之。後在臨安廨舍中相會，見其事役匆匆，神志不定，不欲出示，卻語及之。渠力索觀，略出示之。渠欲持去，吾曰：「不可。觀足下神思，今不能辦此。此書非吾親自與汝剖決，亦長物耳。」觀其容貌言論，與曩者判然如二人，使人不忍視之。今遂居臺閣，益令人憐之耳』句。

〔三〕陸九淵著，鍾哲點校：《陸九淵集》卷三十六中爲『太』字。

〔四〕陸九淵著，鍾哲點校：《陸九淵集》卷三十六中爲『真』字。

〔五〕陸九淵著，鍾哲點校：《陸九淵集》卷三十六中爲『卿』字。

刻之郡庠，以幸後學。倘有志之士，伏讀其書，如見其人，知敬其所當敬，而不忌其所不必忌，其爲有補於風化，較然不誣也。然而默識心通，豈欺我哉？』

朱子爲商老作常州宜興縣社倉記云：『始予居建之崇安，嘗以民饑，請於郡守徐公嘉，得米六百斛以貸，而因以爲社倉，今幾三十年矣。其積至五千斛，而歲斂散之，里中遂無凶年，中間蒙恩召對，輒以上聞，詔施行之，而諸道莫有應者。獨閩帥趙公汝愚，使者宋公若水，爲能廣其法於數縣，然亦不能遠也。紹熙五年春，常州宜興縣大夫高君商老，實始爲之於其縣善拳、開寶諸鄉，凡爲倉者十一，合之爲米二千五百有餘斛，擇邑人之賢者承議郎趙君善石、周君林，承直郎周君世德以下二十有餘人，以典司之，而以書來屬予記。予心許之而未及爲也。會是歲浙西水旱，常州民饑尤劇，浮殍滿道，顧宜興獨下熟，而貸之所及者，尤有賴焉。明年春，高君將受代以去，乃復與趙、周諸君皆以書來趣予文，且言去歲之冬，民負米以輸者，襁屬争先，視貸藉無龠合之不入。予於是益喜高君之惠，將得以久，又喜其民之信愛其上而不忍欺也，則爲之記其所以然者，抑又慮其久而不能無敝於其間也，則又因而告之曰：「有治人，無治法，此雖老生之常談，然其實不可易之至論也。夫先王之世，使民三年耕者必有一年之蓄，故積之三十年必有十年之蓄，而民不病於凶饑，此可爲萬世之良法矣。其次則漢之所謂常平者，今固行之，其法亦未嘗不善也。然考之於古，則三登泰平之世，蓋不常有，而驗之於今，則常平者獨其法令簿書筦鑰之僅存耳，是何也？蓋無人以守之，則法爲徒法而不能以自行也，而况於所謂社倉者，聚可食之物於鄉井荒閑之處，而主之不以任職之吏，馭之不以流徙之刑，苟非常得聰明仁愛之令如高君，又得忠信明察之士如今日之數公者，相與並心一力，以謹其出納而杜其姦欺，則其法之難守，不待已日而見之矣。此又予所身試者，故並書之以告後之君子」云。慶元元年庚午既望具位朱熹記。』

朱子又爲商老作常州宜興學記云：『紹熙五年十二月，宜興縣新修學成。明年，知縣事承議郎括蒼高君商老以書來請記。而其學之師生迪功郎孫庭詢、貢士邵機等數十人，又疏其事以來告，曰：「吾邑之學，久廢不治。自今明府之來，即有意焉。而縣貧，不能遽給其費，乃稍葺其所甚敝，亟補其所甚缺，且籍閒田五千畝以豐其廩，斥長橋僦金歲入七十餘萬以附益之，爲置師弟子員，課試如法，而又日往遊焉，躬爲講論，開之以道德性命之指，博之以詩書禮樂之文，使其知士之所以學，蓋有卓然科舉文字之外者。於是縣人學子知所鄉慕，至於里居士大夫之賢者，亦携子弟來聽席下，無不更相告語，更相勉勵，而自恨其聞之之晚也。退而相與出捐金齎，以佐其役。合公私之力，得錢幾七百萬，而學之内外煥然一新。堂涂門廡，靡不嚴備，象設禮器，皆應圖法。蓋高君之於是學，非獨〔一〕經理興築之緒爲可書，而其所以教者，則非今世之爲吏者所能及，而邑之人材風俗實有賴焉，幸夫子之悉書之，以告來者於無窮，則諸生之望也。」予〔二〕頃得高君於會稽而知其賢，今乃聞其政教之施於人者，又有成效如此，固已樂爲之書矣。而况邑之父兄子弟，能率高君之教而有所興起，皆知從事於古人爲己之學，而不汲汲乎誇多鬬靡之習以追時好而取世資，則又予之所深歎而尤樂取以告人者也，乃爲悉記其語，使後之君子有考焉。抑高君之於此邑，嘗新其社稷之位，而並作風雨雷師於其側，以嚴祀事。穿故瀆、疏積水以防旱潦，作社倉、儲羨粟以備凶荒。其所以事神治民〔三〕，類能行其所學，而皆出於至誠懇惻之意，是以言出而人信從之，蓋不待至於誦説之間，然後以言教也，嗚呼賢哉！慶元元年春三月庚申，朝請郎、提舉南京鴻慶宫、新安朱熹記。』

〔一〕吳長庚主编：《朱陸學術考辨五種·朱子晚年全論》第五五六頁有『其』字，江西高校出版社二〇〇〇年版。
〔二〕吳長庚主编：《朱陸學術考辨五種·朱子晚年全論》第五五六頁爲『子』字。
〔三〕吳長庚主编：《朱陸學術考辨五種·朱子晚年全論》第五五七頁有『者』字。

詹宗丞阜民

事蹟書問

詹阜民，字子南，浙江遂安人，累官宗正寺丞兼駕部郎中知徽州府。阜民以淳熙十年侍學於陸子，最爲篤信，嘗録先生語云：『阜民癸卯十二月初見先生，不能盡記所言。大旨云：「〔一〕欲爲學，當先識義利公私之辨。今所學果爲何事？人生天地間，爲人自當盡人道。學者所以爲學，學爲人而已，非有爲也。」又云：「某方侍坐，先生遽起，某亦起。先生曰：還用安排否？」一日，先〔二〕舉「公都子問鈞是人也」一章云：「人有五官，官有其職，某因〔三〕是便收此心，然惟有照物而已。」他日侍坐無所問，先生〔四〕曰：「學者能常閉目亦佳。」某因此無事則安坐瞑目，用力操存，夜以繼日。如此者半月，一日下樓，忽覺此心已復澄瑩中立。竊異之，遂見先生。先生目逆〔五〕視之曰：「此理已顯也。」某問先生：「何以知之？」曰：「占之眸子而已。」因謂某：「道果在邇乎？」某曰：「然。昔者嘗以南軒張先生所類洙泗言仁〔六〕考察之，終不知仁，今始解矣。」先生曰：「是即智也，勇也。」某因言而通，對曰：「不惟知勇，萬善皆是物也。」先生曰：「然，更當爲說存養一節。」又記云：乙巳十二月，再入都見先生。坐定，曰：「子何以束縛如此？」因自吟曰：「翼乎如鴻毛遇順風，沛乎若巨魚縱大壑，豈不快哉？」既而以所記管窺諸語請益。一二日，再造，先生曰：「夜來與朋友同看來，却不

〔一〕陸九淵著，鍾哲點校：《陸九淵集》卷三十五中有『凡』字。
〔二〕陸九淵著，鍾哲點校：《陸九淵集》卷三十五中有『生』字。
〔三〕陸九淵著，鍾哲點校：《陸九淵集》卷三十五中有『思』字。
〔四〕陸九淵著，鍾哲點校：《陸九淵集》卷三十五中有『謂』字。
〔五〕陸九淵著，鍾哲點校：《陸九淵集》卷三十五中有『而』字。
〔六〕陸九淵著，鍾哲點校：《陸九淵集》卷三十五中有『書』字。

是無根據説得出來。自此幸勿輟録，他日亦可自驗。」又〔一〕嘗問：「先生之學亦有所受乎？」曰：「因讀《孟子》而自得之。」』

先生與詹子南書云：『廖倅處送至四月二十四日書，發讀，甚慰馳慕〔二〕。用力不懈，無他疑惑，甚善甚善！此心至靈，此理至明，要亦何疑之有？然又以無疑爲疑，是未能無疑也。事理有未明，則不容不疑，思索之，問辨之，則疑有時而釋矣。疑亦豈足願哉？今既曰無疑矣，乃以無疑爲疑，何哉？願速更之，毋滋其惑。』

先生與詹子南第二書云：『去臘面對，頗得盡所懷，天語甚詳，反復之間，不敢不自盡，至於遇合，所不敢必，是有天命，非人所能與也。何時能一來，至望。紙筆之間，終不若面言之審且盡也。吾友天資淳静，若不惑於多歧，不蔽於浮説，則其進孰禦焉？此心之靈，此理之明，豈外鑠哉？明其本末，知所先後，雖由於學。及其明也，乃理之固有，何加損於其間哉？』

其第三書云：『學植〔三〕日進，甚慰馳念。養大體之説，就《孟子》上看，則是因陳辭指實而説，自無病。讀者得其事實，亦不泥其辭説。今子南未免有立説之病。大抵立説，則自不能無病。子南是辯「制乎外」一語，當時爲此語者，固未特達，若事實上特達，端的言語自不同。古人言以義制事，以禮制心，亦用制字，其言多少特達，全無議論辭説蹊徑。蓋古人皆實學，後人未免有議論辭説之累。當其蔽時，多不自覺，及其蔽解，回視前日之經營安排，乃知其爲陷溺耳。』

〔一〕陸九淵著，鍾哲點校：《陸九淵集》卷三十五中爲『某』字。
〔二〕陸九淵著，鍾哲點校：《陸九淵集》卷十中爲『繫』字。
〔三〕陸九淵著，鍾哲點校：《陸九淵集》卷七中爲『殖』字。

王宗丞遇

事蹟

王遇，字子正，一字子合，潭州龍谿人，乾道五年進士，歷教授臨江軍，既而由贑倅召爲太學博士，除諸王宮教授，出知常州，遂爲浙東常平使者，除大宗正丞，遷右曹郎中。嘉定四年卒，年七十。初事朱子，兼問學於陸子，一日，來問學〔一〕之道何先？曰：『親師友，去己之不美也。人資質有美惡，得師友琢磨，知己之不美而改之。』子合曰：『是，請益。』不答。先生曰：『子合要我〔二〕說性善性惡，伊洛釋老〔三〕等話，不副其求，故曰是而已。吾欲其理會此說，所以不答。』見包揚顯道所録先生語録。按子合與文達公爲同年進士，又屢仕於江西，故問學於陸子云。

許教授中應

事蹟

許中應，里居官階莫可考。陸子知荆門軍時，中應爲鄂州教授師事陸子，信道甚篤。陸子之卒，喪過鄂州，中應爲文以祭，推本心之原，排支離之失，其畧云：『是理流行，宇宙之彌，卑不間於樵牧，皆可得而與知。自條理之科不續，一何名世之稀？蓋所以見吾夫子者，未至如曾參之皜皜，而詖淫邪遁，不能如孟子之無疑。則皆未免隨揣摩之形似，困聞見之支離，雖勉強以力行，徒爾增附益之私。公以間氣而自得師，燭乎大，天淵之無

〔一〕陸九淵著，鍾哲點校：《陸九淵集》卷三十五中有『問』字。
〔二〕陸九淵著，鍾哲點校：《陸九淵集》卷三十五中爲『某』字。
〔三〕陸九淵著，鍾哲點校：《陸九淵集》卷三十五中有『此』字。

際；洞乎微，芒芴之無遺。混混乎由源而達委，鼎鼎乎自幹而敷枝。故言動無一之不實，而表裏不至乎相違。豈非合彼己於一源，貫幽顯而同歸者乎？若乃察此理之公，共謂先覺者爲後覺之資，彼絕物者不仁，雖狂鄙皆在於扶持。開晃耀於蒙昧，出荆棘於平夷。的然顛末之無舛，二三子亦有立於斯時。即所應之有證，尚安得以佛老之空談而病之哉？』其生平學術議論，恪守師說，薛象先、蔡季通等，皆推許之，而不知者疑其脫畧載籍。其實陸子之所以教，與中應之所以學，皆非專求於心，而不讀書也。陸子嘗謂束書不觀，游談無根，所以教人讀書之法甚備。而中應在鄂州，亦建閣藏書，名以稽古，則其師弟子之讀書可知已。建閣時陸子已卒，遂因季通求朱子記之。朱子惑於人言，猶以『脫畧載籍』疑中應。答季通書云：『長沙之行，幾日可歸。閣記不敢辭，但恐病中意思昏瞶，未必能及許教未替前了得耳。向見薛象先盛稱其人，今讀其書乃知講於陸氏之學者。近年此說流行，後生好資質者，皆爲所擔閣壞了』云云。其後爲記，亦用此意。詆爲己之學，謂無事外求爲非其實，中應現在作藏書之閣，名以稽古，乃反以爲不讀書，則當面屈枉人矣。且閣記所謂挾册讀書，誇多鬬靡以爲利祿之計者，雖朱子亦不取也。此時陸子初卒，無極争辨之憤未平，故語意猶多牴牾。明年紹熙四年，爲福州州學經史閣記，則全合於陸子之教，謂古之學者無他，明德新民，求各止於至善而已。夫其所明之德，所止之善，豈有待於外求哉？又曰：『聖學不傳，世之爲士者，不知學之有本，而惟書之讀，則其所以求於書者，不越乎記誦、訓詁、文詞之間，以釣聲名、干利祿而已。是以天下之書愈多而理愈昧，學者之事愈勤而心愈放，辭章愈麗議論愈高，而德業事功愈無以逮乎古人，非書之罪也。讀者不知學之有本，而無以爲之地也，既爲此記。』又與林德久書云：『近覺向來所論於本原上甚久工夫，間爲福州學官作一說，發此意即此記也。』朱子自五十二歲，聞陸子鹿洞講義，即追悔從前所學，溺於章句之非，詳見於劉子澄書，深懲痛省，不一而足。至五十六歲，因無極之辯，又復忿争，見之筆墨，痛詆陸子。至爲福州經史閣記，則陸子已没，氣平心定，然後知本原上甚欠工夫，而記誦訓詁之不足以爲學也。自此以後，見之筆墨可考者，一以尊德性求放心爲主，終身無復異詞，所謂朱子晚年合於陸子，豈非灼然而不容誣也哉！明有陳建者一無知識，妄爲《學蔀通辨》之書。載朱子與季倫論許中應書及稽古閣記，以證朱陸晚年未嘗相同，不知其後之水乳交融也。故因敘述中應求記事而辨之如此，俾後之學者，得以考焉。

按：葉水心作趙壽卿善悉墓誌云：『善悉除江西運判，薦許中應、李肅皆善士。時所謂僞學，畏不敢舉者也。』由是觀之，則許、李二子皆著僞學之籍矣。

楊漕使方

事蹟

楊方，字子直，福建長汀人，清修篤孝，行己拔俗。隆興初，舉進士，調信州弋陽尉。還，取道崇安，請教朱子，數月而歸。趙忠定汝愚帥蜀，辟主管機宜文字，汝愚薦於朝，授宗正寺簿。請外，通判吉州，知建昌軍。謁陸子問學，一日，李敏求呈所記語録，子直與朱季繹、程敦蒙先在坐，先生問子直學問何所據？云：『信聖人之言。』先生曰〔一〕：『且如一部《禮記》，凡「子曰」皆聖人言也。子直將盡信乎？抑其間有揀擇乎〔二〕？』子直無語。先生曰〔三〕：『若使其都信，如何都信得？若使其揀擇，却非信聖人之言也。人謂某不教人讀書，如敏求前日來問某下手處，某教他讀《旅獒》、《太甲》、《告子》「牛山之木」以下，何嘗不讀書來？只是比他

〔一〕陸九淵著，鍾哲點校：《陸九淵集》卷三十五中爲『云』字。
〔二〕陸九淵著，鍾哲點校：《陸九淵集》卷三十五中無『乎』字。
〔三〕陸九淵著，鍾哲點校：《陸九淵集》卷三十五中爲『云』字。

人讀得别些子耳〔一〕。』子直聞言信服。又頗聞陸子駮持敬之説，因以書往問朱子。答云：『持敬之説，不必多言，但熟味整齊、嚴肅、嚴威、儼恪數語而加功焉。』又疑學者病在言語多而無心得，朱子又答書云：『學者墮在語言，心實無得，固爲大病。然工夫草草，所以若存若亡，近因病後，不敢極力讀書，閒中却覺有進步處。大抵孟子所論「求其放心是要訣」耳。』〔二〕蓋子直既聞陸子之教，有得於心，故疑朱子之教，而朱子晚年所見，與陸子同，故亦直以求放心爲要訣，而應之如響也。子直後召爲樞密院編纂官。首乞朝重華宫，辭甚懇切。寧宗嗣位，除秘書郎，出知吉州。僞學禁興，坐汝愚黨罷。居贛州，閉門讀書。學禁弛，起家知撫州，至官五閲月，乞祠以歸。嘉定初，召爲侍右郎，進考功郎，剛正不合時宜去官。越二年，除廣西漕使，發摘奸貪，官吏畏服，循，曆所部，深入瘴鄉，卒於象州，老稚聞之，無不隕涕。所著有《寒泉語録》，人稱爲澹軒先生。

陳晉卿綰

陳綰，字晉卿，福建福唐人，官階事蹟無可考，惟先生集中有贈陳晉卿序云：『君子所不可及者，其唯人之所不見乎？古人所以大過人者無他焉，善推其所爲而已。人所不見，此心昭然。善推所爲，充是心而已。紹熙辛亥立秋後二日，臨川陸某子静，爲福唐陳綰晉卿書』云云。詳味序語，則亦及門受業者也。

〔一〕陸九淵著，鍾哲點校：《陸九淵集》卷三十五中無『耳』字。
〔二〕此段略有删節，見吴長庚主編：《朱陸學術考辨五種·朱子晚年全論》，第三六四頁。

孫簽判應時

事蹟書問

孫應時，字季和，號燭湖，浙江會稽郡餘姚縣人。乾道八年，陸子初成進士，由行都歸江西，道經浙江郡縣，舟車所至，賢士景從，季和其一也。淳熙八年，朱子提舉浙東鹽茶，季和方爲制司幹官，與議荒政，多所裨益。朱子列薦浙江賢有司，則季和與楊敬仲皆與焉。慶元三年，爲常熟令，大興教化。五年，立吳公言偃祠，時陸子已没，乃請朱子爲之記，稱『孫君能舉千載之闕遺，稽古崇德，以勵其學者，武城絃歌之意，於是乎在。故熹喜其事而樂爲之書』云。仕至邵武軍通判。

《宋儒學案》云：『季和舉進士，初授黄巖尉，滿任，士民欲置田宅留之居，不受。邱崈帥蜀，辟之入幕。季和言吳曦必反，宜預備。改知常熟縣。以前令積逋貶秩，尋判邵武軍而卒。季和問學〔一〕朱、陸之間，而所師者則陸也。』

季和師事陸子，最爲篤信，初侍學浙中，又辭親赴江西從學。先生嘗答季和書云：『兹以書至，發讀，知已遡江而西，既喜聞動静之詳，又恨不得一見。男子生而以桑弧蓬矢射天地四方，示有四方之志，此見〔二〕其父母教之望之第一義也。令尊大〔三〕人，既許其行，又有二令兄在侍下，豈得便爲〔四〕失養。顔子之家，一簞食，一瓢飲，

〔一〕黄宗羲著，陳金生、梁運華點校：《宋元學案》卷七十七《槐堂諸儒學案》中有『於』字。
〔二〕陸九淵著，鍾哲點校：《陸九淵集》卷十五中無『見』字。
〔三〕陸九淵著，鍾哲點校：《陸九淵集》卷十五中爲『夫』字。
〔四〕陸九淵著，鍾哲點校：《陸九淵集》卷十五中爲『謂』字。

人不堪其憂〔一〕，而其子亦〔二〕從其師周遊天下，履宋、衛、陳、蔡之厄而不以爲悔，此豈俚俗之人、拘曲之士，所能知其義哉？孟子曰：「仁、人心也；義、人路也。舍其路而弗由，放其心而不知求，哀哉！」又曰：「今有無名之指，屈而不信，非疾痛害事也，如有能信之者，則不遠秦、楚之路，爲指之不若人也。指不若人，則知惡之；心不若人，則不知惡，此之謂不知類也。」誠使此心無所放失，無所陷溺，全天之所與而無傷焉，則千萬里之遠，無異於〔三〕膝下。不然，雖日用三牲之養，猶爲不孝也。學不至道，而日以規規小智穿鑿傅會，如蛆蠹、如蝨賊以自飽〔四〕適，由君子觀之，政可憐悼耳！〔五〕苟以其私偷譽斯世，固不難也，但非先哲所望於後學，其所賞，不足以當所惜之萬一耳。幸謹思而勉行之。是間爲況，要非紙筆所能宣達，季和能着鞭，則自相孚矣。總卿之疑，不必論可矣。』

按：季和有《燭湖先生集》十卷，見明内閣書目，《永樂大典》多采用之，中有祭象山陸先生文，云：『嗚呼！先生之姿，英亮卓越。先生之志，奮迅堅決。先生之學，簡易昭晰。先生之論，敷暢條達。先生用心，真實惻怛。先生教人，感動激切。先生德行，平生高潔。先生文章，嚴健超絶。嗚呼！斯所謂名世之才，振古之傑，信乎！天實付之，以斯道之重，宜若開之以格君之烈，名鼎成於天下，進益孚於朝列，一造膝以極論。喟皇心其有發，騫將行兮或尼。澗不見兮采葛，優游兮山林，詠歌兮風月。獨私淑兮其徒，脱塵埃兮玉雪。出緒餘兮一邦，楚之人兮大悦。忽巷哭以過喪，竟何爲乎造物。嗚呼哀哉！昔道統之承承，百聖儼其合節。昉洙泗之無師，

〔一〕陸九淵著，鍾哲點校：《陸九淵集》卷十五中有『之地』二字。
〔二〕陸九淵著，鍾哲點校：《陸九淵集》卷十五中爲『乃』字。
〔三〕陸九淵著，鍾哲點校：《陸九淵集》卷十五中有『親』字。
〔四〕陸九淵著，鍾哲點校：《陸九淵集》卷十五中無『飽』字。
〔五〕此處有删節，參見陸九淵著，鍾哲點校：《陸九淵集》卷十五。

已參差而異說。矧千載之墜緒，新左提而右挈。膏衆車而並駕，羌實難兮一轍。迺先生之仁勇，每力争於毫髮。般紛紛其奚怪，淺或疑於相軋。加數年其可冀，會皇極以昭揭。愴此事之今已，渺方來而孰察。憶趨隅於逆旅，心專專兮蘊結。踊中旦而不寐，實冥蒙之一豁。曰深恨其自兹，戒斧斤之斬伐。邈東西以有年，耿微衷兮如渴。日行役以過楚，期欲往而道輟。曾報書之幾何？痛終天之永訣。寫此哀其已晚，望眼眩而心折。尚不辱於師門，儻歆誠兮一歠。』

按：季和之後最昌，明忠烈公燧，其後也。死宸濠之難，爲一代名臣。自燧以下，諸子塾塾，孫鑛鑨，曾孫如游，並至公卿。所謂四世五尚書者，蓋季和之積厚矣。

胡達材拱弟撙

胡拱，字達材，浙江餘姚人，尚書沂之子，有文名，由門廕監回易庫，早卒。初乾道八年，陸子道過浙江，達材來從學。復齋先生與學者書云：『子静入浙，則有楊簡敬仲、石崇昭應之、諸葛誠之、胡拱達材、高宗商應朝、孫應時季和從之遊，其餘不能悉數，皆亹亹嚮學，尊信吾道，甚可喜也。』《宋儒學案》稱象山先生言其『資質甚美，天常亦厚，但前此講學，馳騖於外，未知自反』。嘗答達材書云：『承示以所進所疑，深見嗜學之誠。但達材所進，乃害心之大者。所謂若有神明在上在左右，乃是妄見。此見不息，善何由明。宜其事物之擾，即不相續；酬酢之繁，即不相似。若本心之善，豈有動静語默之間哉？今達材資質美處，乃不自知，所謂「日用而不知」也。如前所云，乃害此心者。心害苟除，其善自著，不勞推測。纔有推測，即是心害，與聲色、臭味、利害、得喪等耳。孟子所謂斧斤伐之，牛羊牧之者也。夫道若大〔一〕路然，豈難知哉？道不遠人，人〔二〕自遠之耳。若的實自息妄見，良心善性，乃達材固有，何須他人模寫，但養之不害可也。作此不暇詳稽，然說得多亦徒說，要達材自省耳。』

胡撙，字崇禮，拱弟，同兄學於陸子，而尊信尤篤。浙江士子爲陸學者多宗之。葉水心作胡崇禮墓誌銘，云：『崇禮，胡氏，名撙，會稽餘姚人，自承務郎監臨安府樓店務，西京中嶽廟，兩浙轉運使，浙西茶鹽司幹官。慶元元年五月某日，卒於吳，年四十九。二年十二月某日，葬翁湖山。夫人周氏；二子，衛、衎；二女，長嫁歙縣主簿石孝淳。崇禮本末單厚，終始信實，啓發穎鋭而守以凝固，激厲勇敢而行以和順，俗所溺惰戲鄙詐未嘗留色，衆所競儇巧黠慧未嘗接心。父，禮部尚書沂，乾道名臣，衣冠推其表則。兄，監回易庫拱，淳熙名士，朋友載其言行。崇禮步趨顧省，無一事不以父兄爲法；夢想跂及，無一念不以家門爲重。先世故書，緹囊珍篋，重封之，屏几遺字，籠玩往復或移日，尚書階不及謚。崇禮頓首麗正門請曰：「先臣幸以詹事侍陛下東宮。」光宗惻然，特賜謚。既定章簡，又曰：「此非所以謚臣父也。」卒易獻簡乃已。回易不幸棄盛年，崇禮悲哀思慕，自罷官乞岳祠，曰：「不得是，無以葬吾兄。」餘姚之胡，崗連壟接者八世矣。族人貧富相通，親疎相卹，墮枝脫葉，亦使自存。越人言松檟壽欝能無毀傷者，或羨胡氏，蓋崇禮營護其間也。在運司覈諸縣板帳，一日條無名重賦白於長，請盡除之。長憚其直，遜爲謝曰「當議而行」，不敢迕也。甲寅乙卯歲，浙西先旱後水，湖、常州死無虛室，縣梁河堤，積屍千數，崇禮泣愬於朝。適會所知爲丞相，急轉米長興、安吉山谷中，緣門糜飲之，

〔一〕本書卷四中爲『太』字。
〔二〕本書卷四中無『人』字。

民賴以少蘇。既而崇禮良苦被疾，遂不起。此皆其親戚所記，鄉里所傳，而余識崇禮，且見且聞不忘者也。初朱元晦、呂伯恭以道學教閩浙士。有陸子静後出，號稱徑要簡捷。諸生或立語，以感動悟入，以故越人爲其學尤衆。兩併笠，夜續燈，聚崇禮之家，皆澄坐内觀。周氏賢明，身治鮭菜，供飯羹，歷歲閲閨無改其度。士既成名，無不向重崇禮，謂宜世用，然竟不遇不壽死。死後十五日，周氏死。又八日，幼女亦死。衛、衍尚少，浮柩縱横而歸，吴越人皆咨嗟痛惜，以爲天之於吉人善士，何其不少假易至此，而崇禮執義秉德，既虚爲善之報而死，亡摧折之慘反加甚耶？然其後未久，衛，登進士第，登朝，今爲朝奉郎，通判明州。衍，後其兄授通直郎知黄巖縣。贈崇禮官五品，周氏安人。胡氏其復起，起必崇禮子孫，而天之於吉人善士，其終不虚其應，特有久近淺深而已。嘉定六年冬，衛偶來永嘉，見余言舊事，相對歎息。余觀衛懇懇於學術衰廢之餘，補綴張設，若欲繼其先者，嗚呼！是胡氏義理德性之傳，而崇禮之靈所以相之也，影響遲速，何足計哉！銘曰「生而知方，學而蹈道。職當成身，豈限常報。淺耕先獲，深種後收。静而自至，福焉待求？露楸亭亭，雲塚羃羃。崇禮之銘，千以尚德」云。』

潘倉使友文

事蹟書問

潘友文，字文叔，浙江金華人，左司潘畤德鄘之從子也，從學於陸子，在淳熙末年，嘉定間，歷任至提舉福建常平茶鹽公事，則陸子已不及見矣。文叔兼事朱子，嘗以書問學，有『不敢向外馳求，不作空言解會』之語，遵陸子教也。

先生答潘文叔書云：『得書，知爲學有進，甚慰！但所謂怠墮急迫兩偏，此人之通患。若得平穩之地，不以動静而變。若動静不能如一，是未得平穩也。涵泳之久，馳擾暫殺，所謂饑者甘食，渴者甘飲，本心若未發明，終然無益。若自謂已得静中工夫，又別作動中工夫，恐只是增擾擾耳。何適而非此心，心正則静亦正，動亦正，心不正則雖静亦不正矣。若動静異心，是有二心也。此事非有真實朋友不可。』

其第二書云：『文叔慈祥懇惻，一意師慕善人，服行善事，友朋間所共推重，與一輩依憑假託以濟其驕矜者，不可同年而語矣。然恐懼憂驚，每每過分，亦由講之未明，未聞君子之大道，與《虞書》所謂「儆戒無虞」，《周書》所謂「克自抑畏」，《中庸》所謂「戒慎乎其所不覩，恐懼乎其所不聞」〔一〕，亦不可同年而語也。蓋所謂儆戒、抑畏、戒謹〔二〕、思〔三〕懼者，粹然一出於正，與曲肱陋巷之樂、舞雩詠歸之志不相悖違。若凋零窮蹙，弗協於極，名雖爲善，未得其正，未離其私耳。不志於學，雖高才美質，博物洽聞，終亦累於其私，况下才乎？尹師魯氣質固自不凡，其所質〔四〕立，可謂表表。然如文叔所舉答韓資政書辭，蓋不免乎其私者〔五〕。觀於海者難爲水，游於聖人之門者難爲言，文叔第未得遊聖人之門耳。今日風俗已積壞，人才已積衰，公儲民力皆已積耗，惟新之政，亦良難哉！某方此治登山，倥偬占復，莫究所懷。何時合并，以遂傾倒。』

〔一〕陸九淵著，鍾哲點校：《陸九淵集》卷十三中有『者』字。
〔二〕陸九淵著，鍾哲點校：《陸九淵集》卷十三中爲『慎』字。
〔三〕陸九淵著，鍾哲點校：《陸九淵集》卷十三中爲『恐』字。
〔四〕陸九淵著，鍾哲點校：《陸九淵集》卷十三中爲『植』字。
〔五〕陸九淵著，鍾哲點校：《陸九淵集》卷十三中有『也』字。

《陸子學譜》卷之十三

南昌萬承蒼訂
後學臨川李紱編
平越王士俊校

弟子八

李成州修己 子義山

《西江志》本傳

李修己，字思永，豐城人。父，希說，以學教授鄉里。修己登乾道進士，參興國軍事。時陸文達公九齡分教是州，盡告以躬所操履。謂當息其已學，求所未學，遂與爲師友。既又事朱文公，益講伊洛之學，議論森嚴，臨事敏決。兩令寧鄉、衡陽，皆劇邑，有政聲，當路交薦，將召，以嘗哭故相趙汝愚入黨禁。通判成都府，繼知成州，竟不得召用。韓侂胄當國，聞其才名，諷使攀附，修己笑而不答。有《文集》十卷。子義山，字伯高，早傳父學，中嘉定進士，授大宗正，兼金部。輪對以心法論政事，言爲善不可有疑心，去惡不可有悔心，並陳進善不能無疑者三，去惡不能無悔者三。繇是罷，出知吉州，後以湖南提舉攝帥漕。楚俗尚鬼，有妖覡譚法祖，假禍福惑人。義山曰：『此張角、孫恩之漸也。』斬法祖，燬其祠。歷階至中正大夫，所著有《後林遺稿》、《思過録》。參用省府志。

按：思永始師陸文達公，既又事朱文公，其從事陸子，則無可攷。然其入門之功，則固本於陸氏之傳者也。虞文靖公作《鶴山書院記》，稱其曾祖利州府君，與華父先生講學，同時會講者僅十有三人，而思永與焉。則其淵源之所及，亦已遠矣。

王進士允文

《西江志》本傳

王允文，字文伯，豐城人，乾道進士。有聲，從陸子學，精詣力踐，諸公争館致之。彭龜年薦於楊萬里，示以近作《虞棄公碑》，有『諒彼高宗』之語，允文引詩『凉彼武王』以證其誤。萬里謝曰：『一字之師也。』龜年論韓侂胄死謫所。嘉定更化，允文袖諫章謁樓内翰鑰，且以劄述本末，鑰具疏繳進，龜年始被卹典，士論稱之。有《樓碧類藁》。

陳廣文剛

陳剛，字正己，建昌之歐江人，早事先生，與劉淳叟同學，志氣甚鋭。先生謂淳叟、正己，自厲之意，蔚然可觀。鄉里子弟，因以感動興起。尋往金華問學於吕伯恭，復有志於事功。先生頗不然之。嘗與君舉書，謂正己半塗異志，慕用才術。蓋君舉亦專務爲事功之學者，故規之也。末又云：『正己比來相與禮貌，然視其朋游，觀其文辭，驗其瞻視容色，以考其指歸，未之有改，此尤可念也。』先生既没，嘗以書與朱子論學，《大全》集中有答書二首，並在朱子晚年。第一書，首言往歲得吕東萊書，盛稱賢者之爲人，以爲十數年來朋友中未始有。末又云：『近來浙中怪論鑫起，令人憂歎。不知伯恭若不死，見此以爲何如？』蓋亦不喜其慕用才術，與先生之言正相合也。第二書云：『示喻縷縷，皆聖賢大業，熹何足以知之。』又云：『未得面論，徒增耿耿。』是未嘗相見也。正己官階所至無可考，惟見朱子與劉德修書，曾稱以廣文，今姑仍之。

書問

先生與陳正己書云：『開歲得報書，切承體中尚未脱然，比日不審調護如何？亦已平復否？足下不獨體病，亦有心病。足下之體病，亦心病有以重之。足下近日謂所學與曩者異，直去逕入薊耳。向在都下，見足下行步瞻視，若忘若遺，夜卧多寐語，肢體屈伸不常，皆由足下才氣邁往而學失其道，凡所經營馳騖者，皆適以病其心耳。古之學者以養心，今之學者以病心。古之學者以成事，今之學者以敗事。足下嘗言：「事外無道，道外無事。」足下今日智慮，非知此者，特習聞其説，附會其私意耳。如此讀書，殆將食蟛蜞矣。前言往行所當博識，古今興亡治亂、是非得失，亦所當廣覽而詳究之。顧其心苟病，則於此等事業，奚啻聾者之想鐘鼓，盲者之測日月，耗氣勞體，喪其本心，非徒無益，所傷實多。他日敗人事，如房琯之車戰，荆公之均輸者，可勝既乎？向言排遣，排遣亦安能有濟？足下固大丈夫，今責足下以大丈夫事。足下之過，非一節一事之小過，乃平日害心之大過。天地之閉，日月之蝕，其他尚復何言？足下性本孝弟，惟病此過，故遷徙展轉，所存無復真純。此董生所謂以善爲之，而不知其義者也。能頓棄勇改，無復回翔戀戀於故意舊習，則本心之善，乃始著明。營營馳騖之私，憂思抑鬱之意，當冰釋霧晴矣。喜進參苓等藥，補助氣血，俟體力强健，乃博觀前言往行，詳考古今興亡治亂、是非得失，苟不懈怠，自當循循以進，不至左見背馳矣。某後日即東上，輒布此少見。切磋之誠，養心成事之效，是所望於足下！』

萬正淳人傑

萬人傑，字正淳，興國軍大冶縣人。文達公子壽爲興國軍教授時，即來受學。旋師事先生。躬行實踐，所造甚優。朱子守南康時，正淳偕曹立之同往問學焉，極爲朱子所許可，與人書屢稱之。立之未久遽没，而正淳往復頗多。朱子與吳茂實書云：『陸子壽兄弟近日議論與前大不同，却方要理會講學，其徒有曹立之、萬正淳者來相見，氣象皆盡儘好，却是先於情性持守上用功〔一〕。此意自好，但不合自主張太過，又要得省發覺悟，故流於怪異耳。若去其所短，集其所長，自不害爲入德之門也。然其徒亦多有主先入不肯捨棄者。萬、曹二君，却無此病〔二〕』云云。夫見得是，安得不主張？既覺其善，又難於自屈，勝心之爲害如此。據朱子作立之墓表，謂守南康始來謁，則知正淳亦以是時往謁也。

曹立之建弟挺之廷

曹立之，名建，餘干人，與弟廷俱學於先生。立之卒，朱子爲之墓表云：『淳熙乙未歲，予送呂伯恭至信之鵝湖，而江西陸子壽及弟子静與劉子澄諸人，皆來相與講其所聞，甚樂。子壽昆弟於學者少所稱許，間獨爲予道餘干曹立之之爲人，且曰：「立之多得君所爲書，甚欲一見君與張敬夫也。」後五年，予守南康，立之果來，目其貌，耳其言，知其嘗從事於爲己之學，而信子壽昆弟之不予欺也。欲留之〔三〕與居，而立之有宿諾，不果。及予受代以去，而所請白鹿洞書院賜額，有旨施行如章。郡守吳郡錢侯子言，以予之惓惓於是也，亟以書來，問孰可爲

〔一〕李紱著，段景蓮點校：《朱子晚年全論》卷二中爲『力』字，中華書局二〇〇〇年版。
〔二〕李紱著，段景蓮點校：《朱子晚年全論》卷二中有『也』字。
〔三〕李紱著，段景蓮點校：《朱子晚年全論》卷八中無『之』字。

師者，予因以立之告，子言聞之欣然。具書禮授使者，走餘干，踵立之之門以請，而立之病不能行矣。十年二月辛亥，竟不起，年方三十有七。子静以書來相弔，具道立之將死，其言炯然在道，不少異於平日，相與深歎息〔一〕之。嗚呼！吾道之衰久矣。比年以來，敬夫、子壽、伯恭皆以盛年相繼淪謝，而後進之可冀以嗣事於方來者，亦多夭殁，今又失吾立之，然則子静與予之相弔也，豈徒以遊好之私情也哉！立之名建，其先自金陵來徙家〔二〕，至立之八世矣。立之父諱天明，始爲儒。立之幼穎悟，日誦數千言。少長，〔三〕刻厲學古今文，皆可觀。一日，得河南程氏書讀之，始知聖賢之學，爲有在也。則慨然盡棄其所爲者，而大覃思於諸經，歷訪當世儒先，有能明其道者，將〔四〕學焉。聞張敬夫講道湖、湘，欲往見之，不能致。有告以沙隨程氏學古行〔五〕者，即往從之，得其指歸。既又聞陸氏兄弟獨以心之所得者爲學，其説有非文字言語之所及者，則又往受其學，久而若有得焉。子壽蓋深許之，而立之未敢以自足也。則又寓書以講於張氏，敬夫發其〔六〕書，亦喜曰：「是真可與共學矣！」然敬夫尋没，立之竟不得見。後至南康，乃盡得其遺文，以考其爲學始終之致，於是喟然歎曰：「吾平生於學，無所聞而不究其歸者，而今而後，乃有定論而不疑矣。」自是窮理益精，反躬益切，而於朋友講習之際，亦必以其所得者告之。蓋其書有曰：「學必貴於知道，而道非一聞可悟，一超可入也。循下學之則，加窮

〔一〕李紱著，段景蓮點校：《朱子晚年全論》卷八中爲「惜」字。

〔二〕李紱著，段景蓮點校：《朱子晚年全論》卷八中無「家」字。

〔三〕李紱著，段景蓮點校：《朱子晚年全論》卷八中有「知自」二字。

〔四〕李紱著，段景蓮點校：《朱子晚年全論》卷八中有「就」字。

〔五〕李紱著，段景蓮點校：《朱子晚年全論》卷八中有「高」字。

〔六〕李紱著，段景蓮點校：《朱子晚年全論》卷八中無「其」字。

理之工，由淺而深，由近而遠，則庶乎其可矣。今必先期於一悟，而遂至〔一〕弃百事以趨之，則吾恐未悟之間，狼狽已甚，又况忽下趨高，未有幸而得之者耶！」此其晚歲用力之標的程度也。今歲元日，知病之不可爲矣，猶書其牖曰：「未死之前，不可自棄。」遷善改過，自是愈篤。死之日，起正衣冠，危坐如平日，語其弟廷曰：「吾雖甚病，而學益進，此心瑩潔，無復纖翳。如是而死，庶〔二〕可以言命矣。」語訖，就枕未安而没。嗚呼！立之雖不幸蚤死，不卒其志，然所以自樹立者至此，亦豈他人所及哉？立之事親孝，菽水之養，驩如也。愛其弟甚至，與相切磋，如嚴師友。姊嫁而卒，撫其孤以有成。與人交，敬而忠。苟心所未安，雖師説不曲從，必反復以歸於是而後已，其於予規正尤切也。視人有急難，周之必盡其力，雖貧病不計。榜其齋曰「無妄」。杜門終日，里巷有不識其面者。日用間自省，小有過差，即書之册。〔三〕討論經學有得，亦悉記之。及爲他文甚衆，病中欲舉而焚之，廷弗忍。既没，而視諸篋，則已亡其半矣。乃哀自論定以來所作，得十餘卷。其他猶多可傳者，顧以立之遺意，弗敢出也。立之嘗娶婦，不悦於姑，教之不從而去，故卒無子。至是，廷以母命，立宗人之子愿爲後，而葬立之萬春鄉栗田原先塋之右，且以立之遺文數篇，及其友成志〔四〕郎趙君伯域之狀，不遠數百里來請銘。予於立之相得雖晚，而知之深，望之厚，哀其死而數爲出涕焉。〔五〕其〔六〕可以無從乎？然〔七〕立之已葬，

〔一〕李紱著，段景蓮點校：《朱子晚年全論》卷八中有『於』字。
〔二〕李紱著，段景蓮點校：《朱子晚年全論》卷八中有『其』字。
〔三〕李紱著，段景蓮點校：《朱子晚年全論》卷八中有『其』字。
〔四〕李紱著，段景蓮點校：《朱子晚年全論》卷八中爲『忠』字。
〔五〕李紱著，段景蓮點校：《朱子晚年全論》卷八中爲『哀其死而屢出涕焉』句。
〔六〕李紱著，段景蓮點校：《朱子晚年全論》卷八中爲『豈』字。
〔七〕李紱著，段景蓮點校：《朱子晚年全論》卷八中無『然』字。

不及識於壙中，乃書其事，使以表於墓上。又系之曰：「胡子有言：『[一]欲博，不欲雜；欲約，不欲陋。』信哉！」如立之者，博而不雜，約而不陋，使天假之年，以盡其力，則斯之傳其[二]庶幾乎！嗚呼！今短命而死矣！豈不可哀[三]哉！是歲五月乙酉，新安朱熹述。』

按：朱、陸異同之釁，立之墓表，亦其一事，然皆門人之見[四]，兩先生未嘗異也。朱子與先生書，謂立之墓表，包顯道不以爲然，而先生[五]答書，[六]以爲亦[七]好。蓋顯道疑『先期一悟』等語，爲譏陸學[八]而棄百事以趨之。則先生[九]之教，並不如是。先生[一〇]自謂在人情、事勢、物理上做工夫，故亦喜其語也。其[一一]『先期一悟』等語，朱子晚年[一二]蓋屢言之。如《跋徐來叔歸師堂詩》所云『發其端倪』，答建陽士人問學，謂『須先見那

〔一〕李紱著，段景蓮點校：《朱子晚年全論》卷八中有『學』字。

〔二〕李紱著，段景蓮點校：《朱子晚年全論》卷八中無『斯之傳其』幾字。

〔三〕李紱著，段景蓮點校：《朱子晚年全論》卷八中有『也』字。

〔四〕李紱著，段景蓮點校：《朱子晚年全論》卷八中有『耳』字。

〔五〕李紱著，段景蓮點校：《朱子晚年全論》卷八中爲『陸子』字，不是『先生』二字。

〔六〕李紱著，段景蓮點校：《朱子晚年全論》卷八中有『直』字。

〔七〕李紱著，段景蓮點校：《朱子晚年全論》卷八中無『亦』字。

〔八〕李紱著，段景蓮點校：《朱子晚年全論》卷八中爲『子』字。

〔九〕李紱著，段景蓮點校：《朱子晚年全論》卷八中爲『陸子』字，不是『先生』二字。

〔一〇〕李紱著，段景蓮點校：《朱子晚年全論》卷八中爲『陸子』字，不是『先生』二字。

〔一一〕李紱著，段景蓮點校：《朱子晚年全論》卷八中爲『且』字。

〔一二〕李紱著，段景蓮點校：《朱子晚年全論》卷八中爲『歲』字。

物事，方能時習』，皆是此意。〔一〕而〔二〕此時猶未知之〔三〕耳。此表作於淳熙十年，朱子年五十四歲。是時未辯『無極』，意亦平和〔四〕。故與諸葛誠之書謂『釁何由起』，而深怪門人之競辯〔五〕者，所謂聞流言而不信也。然竊意立之爲人，過於狷急，聞人言議先生爲禪學，不能細心辨別，遂舍師而他求，妻教之不從，即遣之去，皆於道有所未安。先生之學，聞風興起，讀其遺書者，猶知其非禪。立之親炙而不能知，可謂智乎？君子之道，造端夫婦，刑于寡妻，然後至兄弟而御家邦。妻未有不可化者，孔氏三世出妻，及曾子出妻皆漢儒雜記，多誣而不實，未可爲據，吾於立之深不取也。若先生不怪其背師，而歎惜其死，以書相弔，則誠道大德弘，非後學所能及已。

遺事書問

先生語録云：『曹立之天資甚高，因讀書用心之過成疾，其後疾與學相爲消長。初來見某時，亦是有許多閑言語，某與之蕩滌，則胸中快活明白，病亦隨減。迨一聞人言語，又復昏蔽。所以昏蔽者，緣與〔六〕相聚日淺。然其人能自知，每昏蔽則復相過，某又與之蕩滌，其心下又復明白。與講解，隨聽即解。某問：「比或有疑否？」立之云：「無疑。每嘗〔七〕自讀書，亦見得〔八〕這般田地，只是不能無疑，往往自變其説。」某云：「讀書不可曉

〔一〕李紱著，段景蓮點校：《朱子晚年全論》卷八中有『蓋陸子所謂「發明本心」，實本孟子』句。
〔二〕李紱著，段景蓮點校：《朱子晚年全論》卷八中有『朱子』二字。
〔三〕李紱著，段景蓮點校：《朱子晚年全論》卷八中爲『之知』二字，順序顛倒。
〔四〕李紱著，段景蓮點校：《朱子晚年全論》卷八中爲『和平』二字，順序顛倒。
〔五〕李紱著，段景蓮點校：《朱子晚年全論》卷八中爲『辨』字。
〔六〕陸九淵著，鍾哲點校：《陸九淵集》卷三十五中有『某』字。
〔七〕陸九淵著，鍾哲點校：《陸九淵集》卷三十五中爲『常』字。
〔八〕陸九淵著，鍾哲點校：《陸九淵集》卷三十五中有『到』字。

處，何須苦思力索？如立之天資，思之至，固有一箇安排處。但恐心下昏蔽，不得其正，不若且放下，時復涵泳，似不去理會而理會。所謂優而柔之，使自求之，厭而飫之，使自趣〔一〕之，若江河之浸，膏澤之潤，渙然冰釋，怡然理順，然後爲得也。」如此相聚一兩旬而歸，其病頓減。其後因秋試，聞人閑言語，又復昏惑。又適有告之以某乃釋氏之學，渠平生惡釋老如仇讐，於是盡叛某之説，却湊合得元晦説話。後不相見，以至於死。』又云：『曹立之嘗致〔二〕書於先生曰：「願先生且將孝弟忠信教〔三〕人。」先生云：「立之之謬如此，孝弟忠信如何説且將。」』蓋亦聞朱子之論而致疑先生之學之後。其初固不如此也。先生荅曹立之書云：『某駑劣之資，禍患之中，筋力氣血甚覺衰憊，非復向時之比。然更嘗之多，愈覺欲速助長之病，故講授處又差省力〔四〕。所諭〔五〕趙學古〔六〕甚有直氣，然於理致則不爲甚明。正使立之之言盡當於理，亦未可必彼人之聽從。但據今立之之學，則正宜有以自反，未遽可以責彼之難曉也。承欲某詳指其非，非惟不暇，亦恐不在此。蒙問致知知止、正心誠意、知至至之、知終終之之次序，深切慨歎！不知立之許多時在幹當甚事？觀如此問文字，一似夢中起來相似。立之尚如此，又何怪得趙學古也。知至至之、知終終之一段，程先生説得多少分明，立之不應不曉文義，恐是用意過當，翻有如此疑惑。隱室之説，已是當時病語，然亦無難曉者，只是説每事上便有知與不知者，有知得到底者，有知不到底者。縱令知得到底，亦須是奉以周旋，弗敢失墜，乃始能卒終其事。其意亦初無深奥，然

〔一〕陸九淵著，鍾哲點校：《陸九淵集》卷三十五中爲『趨』字。
〔二〕陸九淵著，鍾哲點校：《陸九淵集》卷三十四中無『嘗致』二字，而是爲『有』字。
〔三〕陸九淵著，鍾哲點校：《陸九淵集》卷三十四中爲『誨』字。
〔四〕陸九淵著，鍾哲點校：《陸九淵集》卷三中有『耳』字。
〔五〕陸九淵著，鍾哲點校：《陸九淵集》卷三中爲『謂』字。
〔六〕陸九淵著，鍾哲點校：《陸九淵集》卷三中有『書』字。

用此解《易》則不可。蓋《易》言知至、知終是總説，不是説每事。蒙問謾及之，不必滯泥。大抵讀古人書，若自滯泥，則坦然之理，翻成窒礙疑惑。若滯泥既解，還觀向之窒礙疑惑者，却自昭然坦然。當是時，但恐不能力行以終之耳。』

其第二書云：『得書，乃知周丞處書未達。其間大槩論立之果於自是其説，而不能盡人之説。所述敏道、正甫之言，以示二公，皆謂立之殊失其辭旨。某往在都下，與四方朋友講辯，當其失辭處，必徐謂之曰：「恐老兄未能自達其意」，必使審思而善其辭。彼或未能自申，則代爲之〔一〕説。必使其人本旨明白，言足以盡其意，然後與之論是非。是非本在理，當求諸〔二〕理，不當求諸其辭。辭失而非其意，尤不當據，况又非其辭而可據乎？若各以言語占道理，其敘述他人處，必如法吏之文致，則〔三〕是必欲其説之勝，非所以求至當也。大抵人之所見所學，固必自以爲是；與異己者辯〔四〕，固當各伸其説；相與講求其至當〔五〕，期歸乎一是之地，〔六〕不可苟合強同。然至其未能盡他人之説，而果於自是，則其勢必歸於欲己説之勝，無復能求其至當矣。公孫丑「管仲、晏子之功可復許乎」之問，其見至陋，孟子斥之之辭，亦甚峻切，然丑不但已，難之至再至三，故孟子之意愈白，而丑之惑亦解。景丑、尹士、充虞之問亦然。問辯如此，雖甚堅而不可屈，益爲明理者之願。無他，惟各獻其

〔一〕陸九淵著，鍾哲點校：《陸九淵集》卷三中爲『之爲』二字，順序顛倒。
〔二〕陸九淵著，鍾哲點校：《陸九淵集》卷三中有『其』字。
〔三〕陸九淵著，鍾哲點校：《陸九淵集》卷三中有『只成』二字。
〔四〕陸九淵著，鍾哲點校：《陸九淵集》卷三中爲『辨』字。
〔五〕陸九淵著，鍾哲點校：《陸九淵集》卷三中無『當』字。
〔六〕陸九淵著，鍾哲點校：《陸九淵集》卷三中有『固』字。

所疑，以盡人之説，非以自是之意必之於其先也。至如〔一〕夫子對陽貨，則遜辭以適其意，而不〔二〕辯；答子路「何必讀書」之説，則厲辭以斥其過，而不容其辯。又如孟子排告子、夷之、陳相之説，亦皆先有自必之意，此則聖賢洞照彼己，所見甚明，已臻其至，而不復有可改易者也。若此，則不可與學者請益決疑，講道求是之時，同年而語矣。恐立之所見，已如聖賢之臻其至，不復可以改易，方將解他人之惑以明其道，則又不可以前説議立之矣。然區區之見，以爲立之今日所到，去聖賢尚遠，未可遽尸此任，想立之亦未遽如此，但失此〔三〕講究，墮常人之通患爾。由前之説，乃今日講辯者之通患也。然遂此而不改，則是人各是其所是，而非其所非，至當一是之地，不可復〔四〕至矣。立之鄉與趙學古往復書，病正坐此。聲色臭味，富貴利達，流俗之所汩没者在此。立之自少有志度越此等，非出於勉強。道之不明不行，佛、老之徒徧天下，其説皆足以動人，士大夫鮮不溺焉。立之儒雅自將，未嘗一入其樊。懈怠縱弛，人之通患。知之非艱，行之惟艱，靡不有初，鮮克有終，人所同戒。立之志力堅固，踐行有常，苟有所知，自許不畔。人之質性有賢善〔五〕，多病於庸。立之自少開爽，文義洽通。凡有血氣，皆有争心，苟有所長，必自介恃。當其蔽時，雖甚不足道者，猶將挾以傲人，豈可望其「以能問於不能，以多問於寡」也？立之平日所積，不爲不多，然聞有談道義者，必屈己納交，降心叩問，原其設心，本以審是求理，非直爲名而已也。凡此皆立之之實，非有所譽。若立之者，可謂士矣。然求之中行狂狷，則當立於狷者之列。固有所強矣，而不免於弱；固有所明矣，而不免於闇。弱病固不能免，而所大患者，尤在於不明。

〔一〕陸九淵著，鍾哲點校：《陸九淵集》卷三中爲『於』字。
〔二〕陸九淵著，鍾哲點校：《陸九淵集》卷三中有『與之』二字。
〔三〕陸九淵著，鍾哲點校：《陸九淵集》卷三中爲『於』字。
〔四〕陸九淵著，鍾哲點校：《陸九淵集》卷三中爲『復可』二字，順序顛倒。
〔五〕陸九淵著，鍾哲點校：《陸九淵集》卷三中有『者』字。

必欲天下之理無所不明，必至夫子耳順之年而後可言。然「學而不厭」，「發憤忘食」，「回非助我」，「啓予者商」，則雖夫子之聖，亦非有天下之理皆已盡明，而無〔一〕有可明之理。今謂立之不明者，非固責其不能盡明天下之理，蓋謂其有不自知之處也。人各有能有不能，有明有不明，若能爲能，不能爲不能，明爲明，不明爲不明，乃所謂明矣。「狂者進取，狷者有所不爲。」立之疇昔乃狷者之體，至其皇皇於求善，汲汲於取益，而不敢自安自棄，固有不終於〔二〕狷之勢。比來言論果決，不復有不自安之意，自信篤確，不復有求善取益之實，如得崑崙之竹，協以鳳鳴，校以秬黍，方將同律度量衡以齊一天下，則與前所謂狷者之體大不侔矣。誠使立之之學果至此地，固不可泛議其超躐也。陳后山有曰：「醉酒者亂，操刀者割，則有以使之也。」某雖淺陋，然留意學問之日久，更嘗頗多，若所以使立之至此者，頗能知其本末。今立之但能以「有言逆於汝心必求諸道」之法試思之，當亦有自知者矣。以爲有序，其實失序；以爲有證，其實無證；以爲廣大，其實小狹；以爲公平，其實偏側；將爲通儒，乃爲拘儒；將爲正學，乃爲曲學。以是主張吾道，恐非吾道之幸。姑隨所見，其號不侈，小心退遜，以聽他日之進，則小可大，狹可廣，拘可通，曲可直，便不至失序，便不至無證。苟能自省，雖材質下於立之者，可免此病。苟不自省，雖才質高於立之者，亦或有此病。子夏，孔門之高弟，百世之師表，其才質豈易得哉？當時夫子告之曰：「汝爲君子儒，無爲小人儒。」夫所謂小人者，豈險賊不正之謂哉？果險賊不正，則又安得謂之儒？雖曰儒矣，然而有所謂小人儒。「言必信，行必果，硜硜然，小人哉！」雖曰小人哉，然不可不謂之士。尹士所疑於孟子者，非險賊不正之謂也，然聞孟子之言，則曰「士誠小人也」。今智識未能及尹士，

〔一〕陸九淵著，鍾哲點校：《陸九淵集》卷三中有『復』字。
〔二〕陸九淵著，鍾哲點校：《陸九淵集》卷三中無『於』字。

而其號則侈於孟子，立之能於此自省，則庶乎能免於不明之患矣。承欲雜説，謾録近一二書併論學一段去。論學一段，雖是舊所説，然恐立之不及見，亦欲立之更留心考之。横渠先生云：「見識長得一格，看得又别。」此語誠是。』

先生與曹挺之書云：『挺之氣質勁直，本無他病，初謂肯篤志學問，自應日進。來書氣象甚覺齟齬，至有一貫多學之辯，此似無謂。大抵學者且當大綱思省。平時雖號爲士人，雖讀聖賢書，其實何曾篤志於聖賢事業，往往從俗浮沉，與時俯仰，徇情縱欲，汩没而不能以自振。日月逾邁，而有泯然與草木俱腐之耻，到此能有愧懼大決之志，乃求涵養磨礪之方。若有事役未得讀書，未得親師，亦可隨處自家用力檢點，見善則遷，有過則改，〔一〕所讀書亦可隨意自擇，亦可商量程度，無不有益者。看挺之殊未曾如此著實作工夫，何遽論到一貫多學之處。此等議論，可且放下，且本分隨自己日用中猛省，自知愧怍，自知下手處矣。既著實作工夫，後來遇師友，却有日用中著實事可商量，不至爲此等虚論也。』

利進士元吉

利元吉，字文伯，建昌南城縣人，師事先生，紹熙元年庚戌科進士。慶元元年，與同縣人鄧文範約禮，彙國初以來建昌軍進士，刻石題名，寘諸郡學。時先生没已三年矣，元吉乃與文範共爲書屬朱子爲之記，書言：『今日教人取士之法，誠有異於古者，然其所以取之之意，則亦固有在也。顧士之由此而幸得之者，乃或不能刮磨奮勵以自見於斯世，則亦不必論其教法之是非，而吾之所以負其見取之意者，已不勝言矣。故今吾徒相率爲此，

〔一〕陸九淵著，鍾哲點校：《陸九淵集》卷三中有『所謂心誠求之，不中不遠。若事役有暇，便可親書册』句。

非敢以爲夸，乃欲以爲鑒。邦人士子，咸願得子之一言，冠其顛以發之，庶乎嗣而書者，相與讀之而知所警也。』朱子作記，言：『三復其書，〔一〕爲之喟然。』又言：『二君子蓋嘗有所受學，而得其所貴於己者〔二〕。』所受學，指先生也。元吉官階學業所至别無可攷，惟見於魏鶴山所作《陸持之墓誌》，謂『盱江利文伯，文安高弟也』。佐邑金谿伯微將師事之，則其所造亦高矣。

倪濟甫巨川

倪巨川，字濟甫，里居官階莫考，然從學於象山精舍，自是同鄉近地人。濟甫與饒壽翁交好，壽翁則先生羣從親黨也。先生嘗與濟甫書云：『聞不就程試，决計登山，甚爲之喜！壽翁寄示《中秋分韻》，尤用嘉歎！天宇澄澈徹，月華晶瑩，頻年未有如此夕者。老子於此，興復不淺。是夕月午，啓門相半，東望兹山，亦念不負此月者，在諸賢爾。自昭明德，何必是夕，造次顛沛，莫不當然。涵〔三〕養計當日新。山翁在此，濟甫之來，不當遲遲也。』山翁，先生自謂，時在象山精舍也。

曾宅之祖道

曾祖道，字宅之，一字擇之，廬陵人，初從劉子澄遊，既乃師事先生。紹熙三年，先生卒。又五年，爲慶元三年，始往見朱子，時朱子年六十八矣。朱子曰：『甚荷遠來？然不是時節。黨事方起，能無所畏乎？忽然被他來理

〔一〕李紱著，段景蓮點校：《朱子晚年全論》卷八中有『而』字。
〔二〕李紱著，段景蓮點校：《朱子晚年全論》卷八中有『矣』字。
〔三〕陸九淵著，鍾哲點校：《陸九淵集》卷十中有『泳存』二字。

會，礙公進取，如何？』曰：『此是自家身上事，進取何足議？』朱子問：『見衡州如何？』曰：『衡州開明大體，使人知所向慕，却無下手處。』朱子言：『向來見廬陵諸公問目，大槩寬緩，不是斬釘截鐵，只做一場說話。熹以前與朋友往來，亦只如此。後來欽夫說道，凡肯向此者，只如此放過了，不特使人泛然來行一遭。便道我曾從某人處講論，一向胡說，反爲人取笑。今後須要成就得一二人，不妨是吾輩事業，自後相過者，這裏直是不放過也。』祖道言頃年亦嘗見陸象山先生。朱子曰：『這却好商量，公且道象山如何？』曰：『象山與祖道言，目能視，耳能聽，鼻能知香臭，口能知味，心能思，手足能運動。如何更要甚存誠持敬，硬要將一物去治一物，須要如此做甚？詠歸舞雩，自是吾夫子家風。祖道言「是則是有此理，恐非初學者所到地位」。象山曰：「吾子有之，而必欲外鑠以爲本，可惜也。纏繞舊習，如落陷阱，卒除不得。」』朱子曰『陸子静若信人點化，是多少明快』云云。按：此見《朱子語類》記録之言，又經數轉，自多失其本旨。先生嘗以存名其齋，極取存誠之說，何嘗謂不必存誠，惟謂持敬持字爲未安耳。目能視之說亦訛舛，其論見傅子雲所録，言：『先生居山，多告學者云：「汝耳自聰，汝目自明，事父自能孝，事兄自能弟，本無少缺，不必他求，在乎自立而已。」』並非如祖道所述也。蓋耳自聰，目自明，就本體言，所謂形色天性，萬物皆備於我也。自立就用功言，所謂先立乎其大者也。先生之言，悉本孟子，所謂在我全無杜撰者也。及門之士，多能恪守而不遷於異說，惟曹立之與曾宅之輩，中無所得，故見異而遷耳。然楊慈湖、傅子淵、包顯道等，以議論過高而累其師說。立之、宅之等，又以識見過卑而失其師說。宜朱子聞而疑之以爲近禪，而不知其師說固不如是也。先生與宅之第一書，已有述某之言多失其實之語，則其告朱子也，無怪其所述之失旨矣。今録二書於後。

先生與曾宅之書云：『曩蒙訪逮，切磋未究，足下以親庭之命不能留，臨別有來歲相過之約，日望書劍至止，竟墮渺茫，何耶？某自去年春尾在山間，聞猶子櫄之訃以歸，内外撫棺視窆之役，相尋以卒歲。近者始得復至山房。山間泉石頗多，適值瀑流方壯，噴玉湧雪，處處争奇。經年之别，不容不徧撫勞之。旁郡朋友，往往輳集應酬，殊不少暇，頗復勞勩。既而霖霪不解，遂以感疾。山間不便醫藥，扶病出山。半山遇盛价致書。越數日抵家，病又增劇。比日少甦，始得發視，氣力倦憊，又未能作復。稽留盛价，皇恐！示諭與章太博問答，其義甚正。其前述某之說，又自援據反覆，此則是足下病處。所述某之言，亦失其實。記録人言語極難，非心通意解，往往多不得其實。前輩多戒門人無妄録其言語〔一〕，爲其不能通解，乃自以己意聽之，必失其實也。相去之遠，不得面言，不若將平時書問與所作文字講習稽攷，差有據依。若據此爲辯，則有案底，不至大訛舛也。且如「存誠」、「持敬」二語自不同，豈可合說？「存誠」字於古有考，「持敬」字乃後來杜撰。《易》曰：「閑邪存其誠。」孟子曰：「存其心。」某舊亦嘗以「存」名齋。孟子曰：「庶民去之，君子存之。」又曰：「其爲人也寡欲，雖有不存焉者寡矣；其爲人也多欲，雖有存焉者寡矣。」只「存」一字，自可使人明得此理。此理本天所以與我，非由外鑠。明得此理，即是主宰。真能爲主，則外物不能移，邪說不能惑。所病於吾友者，正謂此理不明，内無所主；一向縈絆於浮論虚說，終日只依藉外說以爲主，天之所以〔二〕與我者反爲客。主客倒置，迷而不反，惑而不解。坦然明白之理，可使婦人、童子聽之而喻；勤學之士，反爲〔三〕迷惑，自爲支離之說，以自縈纏，窮年卒歲，靡所底麗，豈不重可憐哉？使生在治古盛時，蒙被先聖王之澤，必無此病。惟其生於後世，學絕道喪，異端邪說充塞彌滿，遂使有志之士罹此患害，乃與世間凡庸恣情縱欲之人均其陷溺，此豈非以學術殺天下哉？後世言《易》者，以爲《易》道至幽至深，學者皆不敢輕言。然聖人贊《易》則曰：「《乾》以易知，

〔一〕陸九淵著，鍾哲點校：《陸九淵集》卷一中爲「語言」二字，順序顛倒。
〔二〕陸九淵著，鍾哲點校：《陸九淵集》卷一中無「以」字。
〔三〕陸九淵著，鍾哲點校：《陸九淵集》卷一中有「之」字。

《坤》以簡能。易則易知，簡則易從。易知則有親，易從則有功。有親則可久，有功則可大。可久則賢人之德，可大則賢人之業。易簡而天下之理得矣。」孟子曰：「夫道若大路然，豈難知哉？」夫子曰：「仁遠乎哉？我欲仁，斯仁至矣。」又曰：「一日克己復禮，天下歸仁焉。」又曰：「未之思也，夫何遠之有？」孟子曰：「道在邇而求諸遠，事在易而求諸難。」又曰：「堯、舜之道，孝悌而已矣。徐行後長者謂之弟，疾行先長者謂之不弟，夫徐行者，豈人所不能哉？不爲耳。」又曰：「人能充無欲害人之心，而仁不可勝用也；人能充無穿窬之心，而義不可勝用也。」又曰：「人之有是四端而自謂不能者，自賊者也；謂其君不能者，賊其君者也。」又曰：「吾身不能居仁由義，謂之自棄。」古聖賢之言，大抵若合符節。蓋心，一心也，理，一理也，至當歸一，精義無二，此心此理，實不容有二。故夫子曰：「吾道一以貫之。」孟子曰：「夫道一而已矣。」又曰：「道二，仁與不仁而已矣。」如是則爲仁，反是則爲不仁。仁即此心也，此理也。求則得之，得此理也；〔一〕敬其兄者，此理也；見孺子將入井而有怵惕惻隱之心者，此理也；可羞之事則羞之，可惡之事則惡之者，此理也；是知其爲是，非知其爲非，此理也；宜辭而辭，宜遜而遜者，此理也；敬此理也，義亦此理也；內此理也，外亦此理也。故曰：「直方大，不習無不利。」孟子曰：「所不慮而知者，其良知也；所不學而能者，其良能也。此天之所與我者，我固有之，非由外鑠我也。」故曰：「萬物皆備於我矣，反身而誠，樂莫大焉。」此吾之本心也，所謂安宅、正路者，此也；所謂廣居、正位、大道者，此也。』

先生答曾宅之第二書云：『十日朋舊書問至多，向所惠書，卒難尋檢，其時復書亦無草稿，今皆不能記憶。來書

〔一〕陸九淵著，鍾哲點校：《陸九淵集》卷一中有『先知者，知此理也；先覺者，覺此理也；愛其親者，此理也』句。

謂某嘗有文義溺志之戒。某平時與舊朋〔一〕講貫，不敢泛爲之說，大抵有所據而後言。若誠有是，是必據來書而言之耳。亦畧記得曾有一卷，粘紙數幅，寫前輩議論十數段，於後註所見與所疑，又各空其後，以俟某之說，此豈非吾友所示耶？記得當時看畢，甚喜其有志於學，亦甚惜其學未知方。亦嘗以示一二朋友，因謂之曰：「此人氣質志向，固不碌碌，但未得親師友，胸中雜然，殊未明本末先後之序。今千里寓書，紙筆之間，豈能遽解其惑。且當示以讀書之法，使之無徒耗其精神，後日相見，當有可言耳。」亦畧記回書大意，謂讀古書，且當於文義分明處誦習觀省，毋忽其爲易曉，毋恃其爲已曉，則久久當有實得實益。至於可疑者，且當優游厭飫以俟之，不可強探力索。後日於文義易曉處有進，則所謂疑惑難曉者往往涣然而自解。却不記得有溺志之辭。此後枉問，得備録前後書辭見示，庶有據依也。近見所在友朋，多有好理會，文義反不通者，蓋不知學當有師。天之生斯民也，以先知覺後知，以先覺覺後覺，此其理也。誠得其師，則傳授之間自有本末先後，不使學者叢然雜然，費其日〔二〕力，耗其精神，而無〔三〕至止也。此說要非相見不能究，秋涼能一來乎？先兄平日無甚著述，惟有往來論學之書，中間編次未就，後日垂訪，當共讀之也。」

李伯敏敏求

李伯敏，字敏求，一字好古，師事先生最久，自録先生語爲一卷。嘗有詩云：『紛紛枝葉謾推尋，到底根株只此心。莫笑無絃陶靖節，箇中三歎有遺音。』先生首肯之。呈所編《語録》，先生云：『編得也是，但言微有

〔一〕陸九淵著，鍾哲點校：《陸九淵集》卷十中爲『朋舊』二字，順序顛倒。
〔二〕陸九淵著，鍾哲點校：《陸九淵集》卷十中爲『日』字。
〔三〕陸九淵著，鍾哲點校：《陸九淵集》卷十中有『所』字。

病，不可以示人，自存之可也。兼一時說話，有不必録者，蓋急於曉人，或未能一一無病。』問伯敏云：『作文如何？』伯敏云：『近日讀得《原道》等書，猶未成誦，但茫然無入處。』先生云：『《左傳》深於韓、柳，未易入，且讀蘇文可也。此外別有進否？吾友之志要如何？』伯敏云：『所望成人，目今未嘗敢廢防閑。』先生云：『如何樣防閑？』伯敏云：『爲其所當爲。』先生云：『雖聖人不過如是，但吾友近來精神都死，却無向來亹亹之意，不是懈怠，便是被異說壞了。夫人學問，當有日新之功，死却便不是。邵堯夫詩云：「當鍛鍊時分勁挺，到磨礲處發光輝。」磨礱鍛鍊，方得此理明，如川之增，如木之茂，自然日進無已。今吾友死守定，如何會爲所當爲？博學、審問、謹〔一〕思、明辯〔二〕、篤行，博學在先，力行在後。吾友學未博，焉知所行者是當爲？是不當爲？防閑，古人亦有之，但他底防閑與吾友別。吾友是硬把捉。告子硬把捉，直到不動心處，豈非難事？只是依舊不是。某平日與兄說話，從天而下，從肝肺中流出，是自家有底物事，何嘗硬把捉？吾兄中間亦云有快活時，如今何故如此？』伯敏云：『固有適意時，亦知自家固有根本，元不待把捉，只是不能久。防閑稍寬，便爲物欲所害。』先生云：『此則罪在不常久上。却如何硬把捉？種種費力，便是有時得意，亦是偶然。』伯敏云：『却常思量不把捉，無下手處。』先生云：『何不早問？只此一事，是當爲不當爲。當爲底一件大事不肯做，更說甚的〔三〕？某平日與老兄說底話，想都忘了。』伯敏云：『先生常語以求放心、立志，皆歷歷可記。』先生云：『如今正是放其心而不知求也，若果能立，如何到這〔四〕田地。』伯敏云：『如何立？』先

〔一〕陸九淵著，鍾哲點校：《陸九淵集》卷三十五中爲『慎』字。
〔二〕陸九淵著，鍾哲點校：《陸九淵集》卷三十五中爲『辨』字。
〔三〕陸九淵著，鍾哲點校：《陸九淵集》卷三十五中爲『底』字。
〔四〕陸九淵著，鍾哲點校：《陸九淵集》卷三十五中有『般』字。

生云：『立是你立，却問我如何立？若立得住，何須把捉。吾友分明是先曾知此理來，後更異端壞了。異端非佛老之謂。異乎此理，如季繹之徒，便是異端。孔門惟顔、曾傳道，他未有聞。蓋顔、曾從裏面出來，他人外面入去。今所傳者，乃子夏、子張之徒，外入之學。曾子所傳，至孟子不復傳矣。吾友却不理會根本，只理會文字。實大聲宏，若根本壯，怕不會做文字？今吾友文字自文字，學問自學問，若此不已，豈止兩段？將百碎。』問：『近日日用常行，覺精健否？胸中快活否？』伯敏云：『近日別事不管，只理會我亦有適意時。』先生云：『此便是學問根源也。若能無懈怠，暗室屋漏亦如此，造次必於是，顛沛必於是，何患不成。故云「君子以自昭明德」。古之欲明明德於天下者，在致其知，致知在格物。古之學者爲己，所以自昭其明德。己之德已明，然後推其明以及天下。鼓鐘於宮，聲聞於外；鶴鳴於九皋，聲聞於天，在我者既盡，亦自不能掩。今之學者，只用心於枝葉，不求實處。孟子云：「盡其心者知其性，知其性則知天矣。」心只是一箇心，某之心，吾友之心，上而千百載聖賢之心，下而千百載復有一聖賢，其心亦只是〔一〕如此。心之體甚大，若能盡我之心，便與天同。爲學只是理會此「誠者自成也，而道自道也」，何嘗滕〔二〕口說？』伯敏云：『如何是盡心？性、才、心、情，如何分別？』先生云：『如吾友此言，又是枝葉。雖然，此非吾友之過，蓋舉世之弊。今之學者讀書，只是解字，更不求血脉。且如情、性、心、才，都只是一般物事，言偶不同耳。』伯敏云：『莫是同出而異名否？』先生曰：『不須說得，說着便不是，將來只是滕〔三〕口說，爲人不爲己。若理會得自家實處，他日自明。若必欲說時，則在天者爲性，在人者爲心。此蓋隨吾友而言，其實不須如此。只是要盡去爲心之累者，如吾友

〔一〕陸九淵著，鍾哲點校：《陸九淵集》卷三十五中無「是」字。
〔二〕陸九淵著，鍾哲點校：《陸九淵集》卷三十五中爲「騰」字。
〔三〕陸九淵著，鍾哲點校：《陸九淵集》卷三十五中爲「騰」字。

適意時，即今便是。「牛山之木」一段，血脉只在仁義上。「以爲未嘗有才焉」，「此豈山之性也哉」？「此豈人之情也哉」？是偶然説及，初不須分別。所以令吾友讀此者，蓋欲吾友知斧斤之害其材，有以警戒其心。「日夜之所息」，息者，歇也，又曰生息。蓋人之良心，爲斧斤所害，夜間方得休〔一〕息。若夜間得息時，則平旦好惡，與常人甚相遠。惟旦晝所爲，梏亡不止，到後來夜間亦不〔二〕得息。夢寐顛倒，思慮紛亂，以致淪爲禽獸。人見其如此，以爲未嘗有才焉，此豈人之情也哉？只與理會實處，就心上理會。俗諺云：「癡人面前不得説夢。」又曰：「獅子咬人，狂狗逐塊。」以土打獅子，便徑來咬人，若打狗，狗狂，只去理會土。聖賢急於教人，故以情、以性、以心、以才説與人，如何泥得？若老兄與別人説，定是説如何樣是心，如何樣是性、情與才。如此分明説得好，剗地不干我事，須是血脉骨髓理會實處始得。當吾友適意時，別事不理會時，便是「浩然」。「養而無害，則塞乎天地之間」。「是集義所生者，非義襲而取之也」。蓋孟子當時與告子説。告子之意：「不得於言，勿求於心。」是外面硬把捉的。要之亦是孔門別派，將來也會成，只是終不自然。孟子出於子思，則是涵養成就〔四〕，故曰「是集義所生者」，集義只是積善。「行有不慊於心則餒矣」，若行事不當於心，如何得浩然？此言皆所以闢告子。』又問養勇異同，先生云：『此只是比並。北宮用心在外，正如告子「不得於言勿求於心」；施捨〔五〕在内，正如孟子「行有不慊於心則餒矣」。而施舍又似曾子，北宮又似子夏。謂之似者，蓋用心内外相

『此尤當求血脉，只是〔三〕理會「我善養吾浩然之氣」。當吾友適意時，別事不理會時，便是「浩然」。』又問養氣一段，先生云：

〔一〕陸九淵著，鍾哲點校：《陸九淵集》卷三十五中爲『歇』字。
〔二〕陸九淵著，鍾哲點校：《陸九淵集》卷三十五中有『能』字。
〔三〕陸九淵著，鍾哲點校：《陸九淵集》卷三十五中爲『要』字。
〔四〕陸九淵著，鍾哲點校：《陸九淵集》卷三十五中有『者』字。
〔五〕陸九淵著，鍾哲點校：《陸九淵集》卷三十五中有『用心』二字。

似，非真可及也。孟子之言，大抵皆因當時之人處己太卑，而視聖人太高。不惟處己太卑，而亦以此處人，如「是何足與言仁義也」之語可見。不知天之予我者，其初未嘗不同。如「未嘗有才焉」之類，皆以謂才乃聖賢所有，我之所〔一〕不敢承當着。故孟子說此乃人人都有，自爲斧斤所害，所以淪胥爲禽獸。若能涵養此心，便是聖賢。讀《孟子》須當理會他所以立言之意，血脉不明，沉溺章句何益？』伯敏又嘗以書問學於朱子，朱子集中有答李好古書云：『向來見陸删定所聞如何？若以爲然，當用其言專心致志，庶幾可以有得，不當復引他〔二〕以分其志。若有所疑，亦當且就此處商量，不當遽舍所受而遠求也。東問西聽，以致惶惑，徒資口耳，空長枝葉，而無益於學〔三〕之實。不願賢者爲之，是以有問而未敢對也。』好古得書，遂終身守先生之教，不復名他師云，伯敏官階里居並未詳。

毛剛伯必強

毛必強，字剛伯，結屋象山，從先生問學，深得先生教人之意，又能推究先生與朱子所以啓異同之争者，皆由兩家門人傳説之譌，而非實有所異也。先生年譜記剛伯之説，至爲詳明允當，其言云：『先生之講學也，先欲復本心以爲主宰，既得其本心，從此涵養，便日充月明。讀書考古，不過欲明此理，盡此心耳。其教人爲學，端緒在此，故聞者感動。當時先生與晦翁門徒俱盛，亦各往來問學。晦菴門人乍見先生，教門不同，不與解説無益之文義，無定本可説，卒然莫知所適從。無何辭去，歸語師友，往往又失其本旨，遂起晦翁之

〔一〕陸九淵著，鍾哲點校：《陸九淵集》卷三十五中有『無』字。
〔二〕李紱著，段景蓮點校：《朱子晚年全論》卷七中有『説』字。
〔三〕李紱著，段景蓮點校：《朱子晚年全論》卷七中有『問』字。

疑，良可慨歎！或問：「先生之學自何處入？」先生曰：「不過切己自反，改過遷善。」又曰：「吾之學問與諸處異者，只是在我，全無杜撰，雖千言萬語，只是覺得他底，在我不曾添一些子。」〔一〕又曰：「吾之與人言，多就血脉上感動他，故人之聽之者易。」』剛伯里居官階亦無可考。然觀其所論，造詣甚深，亦高第弟子也。

朱忠甫元瑜

朱元瑜，字忠甫，臨川人，初名伯虎。淳熙十四年丁未春，先生至郡城，訪湯倉使思謙，忠甫始從學。

先生有朱氏子更名字說云：『淳熙丁未，暮春之初，予抵城闉，後生學子來從予〔二〕游者，日〔三〕益衆。余與之悼時俗之通病，啓人心之固有，莫不惕然以懲，躍然以興。前輩長者往往辱臨教之，舉無異辭。余於是益信此心此理充塞宇宙，誰能間之？一日朱伯虎進而請曰：「《虞書》有朱虎。伯虎幼未知學，蓋不知其名之不可。得侍函〔四〕丈，乃始自覺，背若負芒。願賜更之。」余於是名以元瑜，字以忠甫。取諸瑕不掩瑜，瑜不掩瑕，忠也。夫玉之瑕終瑕，瑜終瑜，人則不然，學則瑕者瑜，不學則瑜者瑕。天之所以予我者，固皆瑜也，惟不思而蔽於物，而後瑜者瑕。今子既覺之，則瑕者瑜也〔五〕。故曰「元瑜」。能覺而更，是謂不揜，不揜之謂忠。氣稟之所蒙，習尚之所梏，豈遽能盡免於瑕哉？繼是而不替其忠，則信乎其爲元瑜也。故曰「忠甫」。余始名字之，未及

〔一〕陸九淵著，鍾哲點校：《陸九淵集》卷三十六中有『且』字。
〔二〕陸九淵著，鍾哲點校：《陸九淵集》卷二十中爲『余』字。
〔三〕陸九淵著，鍾哲點校：《陸九淵集》卷二十中有『以』字。
〔四〕陸九淵著，鍾哲點校：《陸九淵集》卷二十中爲『亟』字。
〔五〕陸九淵著，鍾哲點校：《陸九淵集》卷二十中爲『矣』字。

告之以其說。余留踰月，而後東還〔一〕吾廬，朱子又箧書旅於吾廬之傍，以求講益。秋七月溯，歸覲其親，始書以遺之。』

張季悅衎

張衎，字季悅，官階里居未詳。或曰南城人，事先生最久。性質剛毅，排斥異端，疾惡如仇。先生嘗勸其開導異己者，不必嫉之，而季悅防衛不少假，蓋門牆之禦侮也。先生既没，首收集遺文刻之，在三之誼甚篤。今附先生答書二首於後。

先生答季悅第一書云：『盛僕淩雲致書，發緘快讀，辭旨煥然，深見進學之驗，何慰如之？比來三日乃濟登滋。雨意未怠，而登車輒霽，獨垂至而值雨。至此踰四日矣，白雲繾綣，日相周旋，猶未即安。雲臺僅一再見，南山亦時至於玉田中，縹緲呈露數峯，風練諸瀑，淙淙自振，猶未及一顧之也。應、朱二公書，未及即治，更三四日，可遣盛僕來取。盛親賢德如此，此所樂爲二公言者。傳來之文，誠如雅諭，宜不逃所見。觀其首尾，皆竊用山翁平日言辭，獨其旨趣乖違繆陋，覽之，深有假寇兵、資盜糧之愧。然六藝聖人作也，小人猶假之以文姦言。天下無小人異類則已，誠未能絶去小人異類，何言而不可假也。惟此道之明，善人之衆，彼無所施，則自熄絶矣。城狐社鼠，託夜以神其姦，使遇正人，自無所施。惑之者，必其心之素邪，所謂物各從其類也。雖然，彼其心之本然，豈其然哉？惟其陷溺而不能以自還，故至於此。要當開其改過之門，懇

〔一〕陸九淵著，鍾哲點校：《陸九淵集》卷二十中爲『還』字。

惻而開導之。凡陷溺之未深，而自以其聲氣相求應者，尤當懇惻而開導之。發明剖析，使是非邪正，判然〔一〕無所疑，則小人異類、妖狐孽鼠無所逃其形，而陷溺之未深者，安知不幡然回心而鄉道哉？昔大禹既平水土，貢金九牧，鑄鼎象物，百物而爲之備，使民知神姦，以入山林川澤，魑魅魍魎，莫能逢之。古人所貴於博學、審問、謹〔二〕思、明辯者，政欲究知人情物理，使之通達而無所蒙蔽窒礙，小人異類無所竄其姦，於其言論施設，如見肺肝，則彼亦安得而不熄絶乎？季悅所到，其於大槩，可謂明矣。政當益盡精微，使蒙蔽者有所賴，是所望也。』

其第二書云：『承諭新功，但覺健羨。第流俗凡鄙之習，謬妄之説，正〔三〕可哀憐傷悼，當有開導扶掖、摧陷廓清之功，乃爲進學之驗。若視之如讐方敵國，苟以不爲所搖，爲吾效驗，恐未可也。』

宋秀才復

宋復，字無悔，臨川人。先生與嚴泰伯書云：『宋無悔來，得書，知彼時消息，甚慰。』又云：『宋秀才志向可喜，而氣息〔四〕中多病。今雖小愈，要未必能一成平復。針藥蓋已備嘗，亦在其自曉了耳。若善自思者，亦有何難，但恐繆習深重，每每反用以滋其繆耳。真不徇名慕外，好誇求勝，道實不難知也。君子之道，淡而不厭，簡而文，溫而理，又何必大聲色也。但人不知非，則不能安乎此耳。』

〔一〕陸九淵著，鍾哲點校：《陸九淵集》卷十二中無『然』字。
〔二〕陸九淵著，鍾哲點校：《陸九淵集》卷十二中爲『慎』字。
〔三〕陸九淵著，鍾哲點校：《陸九淵集》卷十二中爲『止』字。
〔四〕陸九淵著，鍾哲點校：《陸九淵集》卷十四中爲『習』字。

吳文正公澄作《臨川逸士于君汝玉妻張氏墓誌》云：『張氏，文安陸子門人宋先生復之外孫也。』文正以先生稱無悔，則無悔德業所就，見稱於鄉閭也，亦重矣。

鄧文苑遠

鄧遠，字文苑，南城人。文範之羣從，壯年志於遠遊，求先生一言往中都，蓋未忘利達之見也。先生贈以言曰：『義理所在，人心同然，縱有蒙蔽移奪，豈能終泯，患人之不能反求深思耳。此心苟存，則修身、齊家、治國、平天下一也；處貧賤、富貴、死生、禍福亦一也。故君子素其位而行，不願乎其外。唐虞之時，黎民於變，比屋可封之人，此心存也。周道之行，人皆有士君子之行，《兔罝》「可以干城」，「可以好仇」，「可以腹心」者，此心存也。自戰國以降，權謀功利之說盛行者，先王之澤竭，此心放失陷溺而然也。當今聖明天子在上，所願上而王公大人，下而奔走服役之人，皆不失其本心，以信大義，成大業，則吾人可以灌畦耕田，爲唐虞、成周之民，不亦樂乎？又何必挈挈而東哉？』文苑因受業於門，不復爲漫遊云。

張誠子明之

張明之，字誠子，信州貴谿人，世居龍虎山。高祖嗣宗，賜號虛白先生。父琬，字禹錫，應舉不利。宣和間，應募破方臘，補進義副尉。建炎初，自京師從馮獬等詣濟南府。扈從至南京，轉校尉。從使金，轉承信郎，所志不就，歸休教子，鄉俗一新。誠子其第四子也，從學於先生。先生嘗有答書云：『泰之出所惠書〔一〕字，

〔一〕 陸九淵著，鍾哲點校：《陸九淵集》卷十二中無『書』字。

知書劍已東，躊躇仙巖之下而不得進，亦爲子不滿。傳聞鑠院如許之亟，殆未必然，第從容以進，當無不及也。友朋自仙鄉來者，斷斷不可光禄動何耶？吾嘗謂是非之決，於其明，不於其暗，衆寡非所決也。夫子有栖栖倀倀之疑，而鄉原無所往而不爲原人，楊朱、墨翟之言，至盈天下。誠内省不疚，無惡於志，則亦何必鄉人皆稱原人也？然誠子氣質之偏，云爲之〔一〕，多在於迫切糾急。以此爲學，安能壞積私之植，以底蕩蕩平平之？地狷忿潛爲厲階，雖加鞭勉，益傷宇宙之和矣。』先生嘗爲誠子誌其父墓，文見集中。誠子母周氏，先生表姊也。

毛元善

毛元善，建昌南城人，名未詳，或云名文炳，即紹熙元年庚戌科中進士者也。元善工爲文，試不售，以文謁於先生，言將遊學以成名，先生爲序以訓之。元善大悟，止不遊，終身受業，蓋與鄧文苑同一轍者也。先生嘗作《送毛元善序》云：『無常產而有常心者，惟士爲能。古之時，士無科舉之累，朝夕所講，皆吾身吾心之事而達之天下者也。夫是以不喪其常心。後世弊於科舉，所鄉日陋，疾其驅於利欲之塗，吾身吾心之事漫不復講，曠安宅而弗居，舍正路而弗由，於是有常心者不可以責士。非豪傑特立，雖其質之僅美者，蓋往往波蕩於流俗，而不知其所歸，斯可哀也！南城毛君，惠然訪余，余未之前識也。贄余以文。余視其貌，溫然儒人也；觀其文，則從事於場屋者也；問其聚族，則有父兄在；問其貲產，則有負郭之田；問其室廬，則不至繩甕之陋；視其衣裳冠履，則皆楚楚鮮明，非所謂纓絶肘見者也；詰其所以來之志，則悼科舉之不偶，耻甘旨之不充，將變其業

〔一〕陸九淵著，鍾哲點校：《陸九淵集》卷十二中有『過』字。

以遊於四方者也。且決去就於余。余觀毛君雖朴直淳厚，而辭旨趨向，大槩龐雜，豈所謂質之僅美，而波蕩於流俗，而不知其所歸者耶？於是申前之說，與之言義命之歸，固窮之道。毛君色動情變，矍然謝余曰：「乃今廓然如發蒙〔一〕從此歸矣。」余固美其質，又甚賢其改過之敏，因勉之曰：「君歸矣！古人事親，貧則啜菽飲水盡其歡。君父兄皆儒冠，貲業又足以自養，歸而共講先王之道，以全復其常心，居廣居，由正路，此其所得，視疾其驅於利欲之途者何如耶？」毛君甚然余言，於其行，遂書以贈。』

符舜功敘

符敘，字舜功，建昌人，師事先生甚久，始見時頗好爲高論。先生答書箴之云：『静惟來辱之意，非鄙人之所敢當。下問之及，時薦其愚，非能有崇論宏議驚世駭俗之說。得之朋舊，以足下望之太高，待之太過，初間未以爲然。及曾得廣人至，連收兩書，禮意勤厚，非所宜得。見喻進修之工，始信傳者之不妄，揆之愚心，恐成過當。詳細已嘗道於幾先，相會幸詢之。』

其第二書云：『某自初與舜功相見，即進性格太緊之説。此在愚見，頗爲不苟。蓋事無大小，道無淺深，皆不可強探力索。人患無志，而世乃有有志不如無志者，往往皆強探力索之病也。若無此病，譬如行千里，自一步積之，苟不已，無不至，但患不行耳。子淵大槩甚正，然甚欲得渠一相聚。書問所言，要不能盡心曲也。見喻新工，足見嗜學。吾嘗謂楊子雲、韓退之雖未知道，而識度非常人所及，其言時有所到而不可易者。〔二〕楊子雲

〔一〕陸九淵著，鍾哲點校：《陸九淵集》卷二十中有『請』字。
〔二〕『見喻新工，足見嗜學。……其言時有所到而不可易者』，陸九淵著，鍾哲點校《陸九淵集》卷四中爲第三書。

謂：「務學不如務求師。師者，人心〔一〕之模範也，模不模，範不範，爲不少矣。」韓退之謂：「古之學〔二〕必有師，師者所以傳道授業解惑也，人非生而知之，孰能無惑？惑而不求師，其爲惑也，終不解矣。」近世諸儒，皆不及此，然後知二公之識不易及也。吾亦謂論學不如論師，待〔三〕師而不能虛心委己，則又不可以罪師。乘便遽甚，遺此不他及。』

符復仲初

符初，字復仲，似是舜功羣從兄弟，同事先生。故《集》中答二符簡相連。又俱往問學於朱子，朱子《集》中答書亦相連也。先生答復仲書云：『蒙示進學不替，尤以爲喜！常俗汩没於貧富、貴賤、利害、得喪、聲色、嗜欲之間，喪失其良心，不顧義理，極爲可哀。今學者但能專意一志於道理，事事要覩是，不肯徇情縱欲。識見雖未通明，行事雖未中節，亦不失爲善人正士之徒。更得師友講磨，何患不進？未親師友，亦只得隨分自理會，但得不陷於邪惡，亦自可貴。若妄意強說道理，又無益也。』

復仲以書問學於朱子。朱子答云：『見陸丈回書，其言明當，且就此持守，自見功效。不須多疑多問，却轉迷惑也。』

〔一〕陸九淵著，鍾哲點校：《陸九淵集》卷四中無『心』字。
〔二〕陸九淵著，鍾哲點校：《陸九淵集》卷四中有『者』字。
〔三〕陸九淵著，鍾哲點校：《陸九淵集》卷四中爲『侍』字。

黃達材柟弟康年椿彥文棐

黃柟，字達材，建昌南豐人。父文晟，博學高隱，長先生二歲，而問學於先生，若事嚴父師，書問往復，終身不倦。故達材與弟椿字康年、棐字彥文者，並師事先生。其父之卒，三子者乞先生文誌其墓。今先生《集》中有所爲《黃公墓誌銘》云：『南豐黃世成，少事場屋，再舉不第，即棄去，益繙經史百家言，究窮其道理。結廬石仙巖，有終焉之意。其兄世永，甫冠登科，所志穎脱以出。暇日憩石僊，與世成劇論時事，歎美其才，勉之使出，堅不可奪。世永益奇之，名其廬曰壺隱。其父南雄府君，官至正郎，澤及世成，世成推〔一〕與弟；澤再及之〔二〕，又推以與次弟；有季弟澤不及，則推己田與之。或惡其背馳，議之曰「是非人情」，曰「矯」，曰「好名」，世成處之泰然，議者浸以熄。久之，遠近咸服，不稱姓字，但曰壺隱。在童稚時，嘗爲橫浦張公賞識。及長，結交皆一時名流。雖絶意仕進，其於國之治忽，民之休戚，未嘗不關其心。故舊居職任事者，每賴以有聞。江西之捄荒，湖廣之弭盜，往往出其策。比年移書左司楊廷秀、諫議謝昌國，其言尤剴切深至。二公還書，推重嘉歎，然卒不能有所施行。余不識世成，而得其爲人至詳：粹然其容，懇然其中，剸煩若易，處大若細，其施不匱，其守不渝。爲文操筆立成，藻思贍蔚，統紀不紊，有苦心極力所不到者。得諸儒言論，必沉涵細繹，頗復論著訂其真僞，然不自以爲是也。比十數年，辱余以書無曠時，若所嚴事。學絶道喪，片善寸長，必自介恃，世成之所可挾者衆矣，乃自視欿然，汲汲於求道，過人亦遠矣。今甚〔三〕亡也，其子來請銘。以世成之賢，雖不吾屬，猶將彰之，況請之勤邪？世成諱文晟。曾祖履中，康州司理參軍，妣葉氏。祖俯，左迪功郎，處州

〔一〕陸九淵著，鍾哲點校：《陸九淵集》卷二十八中有『以』字。
〔二〕陸九淵著，鍾哲點校：《陸九淵集》卷二十八中無『之』字。
〔三〕陸九淵著，鍾哲點校：《陸九淵集》卷二十八中爲『其』字。

司理參軍，贈左朝請大夫，妣太宜人呂氏、曾氏。父越，左朝奉大夫，知南雄州，妣宜人曾氏。娶曾氏。子男五人：長曰楫，先四年卒，次曰柟，曰槐，曰椿，曰桀；女三人：長適湛覺，次適曾林宗，幼在室。孫男二人：燾、勳。女一人。世成生於紹興丁巳二月己亥，卒於淳熙丁未十二月壬辰，享年五十有一。將以戊申十一月己酉，葬於石僊巖之金鵝谷。銘曰：「匪屋之潤於其身，匪爵之尊於其仁，無其責而有其言，非其位而及其民。孰曰余咎？孰曰余咎？嗚呼壺隱，豈其隱淪？誰尚顯之，在其後人。象山陸某誌。」』

壺隱服膺先生之教，心悟力行，嘗得李延平授朱子講說，喜其所見相合，抄而藏之，後達材以示朱子。今朱子《集》中有《跋黃壺隱所藏師說》：『盱江黃柟達材，以其先君子壺隱居士手抄此册見示，乃熹昔年所受。師手書居前，記録在後，伏讀愀然，如復得侍坐左右而聞其緒言也。頗恨慵惰，不能拳拳服膺，以報萬一，而荒淺昧陋，趣録之際，又不能無失其深微之意。三復以還，不勝悚愧，然觀壺隱好學自強，樂善不倦，乃至於此。熹雖不及識面，而於此亦足以窺其所存矣，因竊記其後而歸之。達材昆弟，其亦寶藏敬守，精究而勉學焉，以無忘前人之訓。慶元庚申二月八日，新安朱熹謹書。』

先生嘗與黃康年書云：『此道充塞宇宙，天地順此而動，故日月不過，而四時不忒；聖人順此而動，故刑罰清而民服。古人所以造次必於是，顛沛必於是也。斯須不順，是謂不敬。雖然，己私之累人，非大勇不能克。一日克己復禮，天下歸仁焉，豈直推排而已哉？縱使失於警戒，舊習乘之，當其思之、覺之、復之之時，亦必大勇而後能得其正也。願益勉之！』

先生答黃彥文書云：『寵示盛製詞典句老，動有稽據，非近時後生所及，深用降歎！下問求益之意，如川方至，此尤不可及。然有如耆德所進，當在文字之表，則所謂真訣在其中矣。恨行役匆匆，未得從容以究其說，尚冀快誦屈子「覽冀州兮有餘，横四海兮焉窮」之句，以厲益壯之志，當刮目以俟。』

按：先生嘉許彥文如此，又厚相期望，則彥文材質亦非凡近者矣。或謂『耆德益壯』云云，恐别是一老成人，非黄棐也。

吴雲錦紹古

吴紹古，饒州安仁縣石痕里人。雲錦山名，其所居宅在山下，因以爲號。紹古早學於先生，嘗從先生遨遊浙江，既歸作書室。先生名其堂曰『經德』，又爲作《經德堂記》。其言曰：『堂名取諸孟子「經德不回，非以干禄也」。經也者，常也；德也者，人之得於天者也；不回者，是德之固不回撓也。無是則無以爲人。爲人臣而無是，則無以事其君；爲人子而無是，則無以事其父。禹之疏鑿，稷之播種，契之敷教，皋陶之明刑，益驅禽獸，垂器用，伯夷典禮，后夔典樂，龍出納帝言，尹自耕莘相成湯，説由築巖佐武丁，太公以磻谿釣漁爲文武師，皆是德也。關龍逢誅死；王子比干剖心；箕子爲囚奴；孔子削跡伐木，窮於陳蔡，毁於叔孫，貽譏於微生畝、楚狂接輿、晨門、耦耕、負蕢、植杖之流；孟子見沮於臧倉，受嗤於優髡，見疑於尹士充虞者，同是德也。武王纘太王、王季、文王之緒，以有天下；周公成文、武之業，追王太王、王季，宗祀文王於明堂，盡繼述之善，爲天下達孝；曾子受經於仲尼，以孝聞天下而名後世，皆是德也。舜小杖則受，大杖則走，妻帝二女，不待瞽瞍之命，繕廩而焚，捍笠以下，浚井而掩，鑿旁以出；太伯虞仲將致位乎季歷，斷髪文身，逃之荆蠻；太子申生使人辭於狐突，再拜稽首而死，同是德也。治古盛時，黎民於變，比屋可封，漢上游女，如彼喬木，中林武夫，可爲腹心，所欲有甚於生，所惡有甚於死，證驗之著，在於塗巷，況士大夫乎？逮德下衰，此心不競，豪傑不興，皇極不建，賢智迷於會歸，庶民無所歸命，學者文煩，訟者辭勝，文公實私，賓義主利，陵夷不救，横流不隄。天常民彝所不可泯絶者，如漢獻在許，聽命於蝛操而已。舊章先典，格言至訓，櫝存珠亡，轉爲藻續，邪釋繆解，正漫真渝，又轉而給寇兵、充盜糧矣。疽潰蛆肆，賊民猖獗，狷狂之士方不勝憤悶，矛義介節，出嬰其鋒，猶或憑天藉聖，因其不遂泯絶者，足爲且吾以聳觀聽，然如孤豚之咋虎者常十八九。總其實，火不啻一車薪，而水未必盈杯也。信乎！終亦必亡而已矣。夫子生於周季，當極文之弊，王者之迹熄，書訖詩亡，亦已久矣。載贄之輿方羊海、岱、江、淮、河、濟之間，莫能用者。歸而講道洙泗，賢顔氏之樂，大林放之問，嘆曾點之志，稱重南宫适、禹、稷躬稼之言，眷眷於柴、參之愚魯，而終不能使予、賜、偃、商、由、求之徒進於知德，先入之難拔，積習之錮人，乃至於此。夫子既没，百家並興，儒名者皆曰自孔氏。顔淵之死，無疑於夫子之道者，僅有曾子，自子夏、子游、子張，猶欲强之以事有若，他何言哉？章甫其冠，逢掖其衣，以《詩》、《書》、《禮》、《樂》之辭爲口實者，其果真爲自孔氏者乎？老聃、蒙莊之徒，恣睢其間，摹寫其短，以靳病周、孔，躪籍詩禮，其勢然也。戰國、嬴秦，無足復道。漢高帝鋤項籍，其要領在爲義帝發喪一事，天常民彝莫大於此。新城三老，蓋深於老氏者也，彼知取天下之大計在此耳，豈有「匹夫匹婦，不與被堯、舜之澤，若己推而納諸溝中」之心哉？莊子譏田常盜仁義以竊國，乃不知其學自有盜仁義以竊天下之計也。雖然，君子反經而已矣。經正則庶民興，庶民興斯無邪慝矣。雲錦吴生紹古，〔一〕來從余游，求名其讀書之堂，余既名而書之，且爲其説，使歸而求之。孟子曰：「古之人修其天爵，而人爵從之。今之人修其天爵以要人爵，既得人爵而棄其天爵，則惑之甚者也。」後世發策決科而高第可以文藝取，積資累攷，而大官可以歲月致，則又有不必修其天爵者矣。生其早辯而謹思之。紹熙元年五月望日，象山翁記。』

雲錦子孫，世守陸子之教，學行高於鄉閭。李仲公先生《集》中有《跋石痕吴氏經德堂詩卷後》云：『吴子踵

〔一〕陸九淵著，鍾哲點校：《陸九淵集》卷十九中有『遠』字。

吾門而來，曰先大父嘗從陸先生浙歸，而作經德堂，日讀書堂上，先生用嘉乃志，遂記之，邦之前聞人咸咏歌之，凡若干卷。小子大懼泯墜，賴與子姻親也。朋友之義，盍有以語我。余曰：「嗟乎！吾何以語子哉？」雖然，吾於子有感矣。吾不幸生最后，不逮識而大父，然予髫亂時，嘗逮識而父叔容，雖未解事，亦意其爲賢者也。今而又清抗刻厲於學，且而諸子亦皆淳篤，趨向不污，信爾前人之教行於家，衍者厥惟深且遠矣。鄉之先輩，亦有以詩書立門户，教其子孫，俾克光紹，及其死也，曾不移時，裂其筐篚，粥其編籍，或流而藝焉，或背而胥焉，或落而皂隸奔走焉，殆有甚乎此者。吾不忍悉數也，或已身而遂斬，或一傳而遂斬，至於再則亦鮮聞矣。豈有好修而未艾，若爾祖之子之孫之曾孫者乎？夫人情孰不欲斥土宇，殖貨利，以貽厥後，而爾祖則獨以此。而爾後人，又兢兢業業，惟恐弗克負荷，亦獨以此，真可謂得所輕重取舍矣。嗚呼！其流風餘澤，又豈止乎如此而已哉？或者曰：「此天也，非人之所能爲也。」余曰：「不然。」子之談乎天者，舉一而廢百也。吾嘗謂天人相與之際，其間不能以髪。人其不天乎，天其不人乎。故《中庸》曰「栽者培之，傾者覆之」。今於爾吳氏之子之孫尤信。』

《陸子學譜》卷之十四

南昌萬承蒼訂
後學臨川李紱編
陸川龐嶼校

弟子九

邵中孚

邵中孚，里居官階俱無考，師事先生甚篤，嘗以書自述所學。先生答書勉之，云：『承〔一〕示進學證驗，此乃吾友天資朴茂，立志堅篤，故能如此，可喜可慶。居天下之廣居，立天下之正位，行天下之大道，乃吾分内事耳。若不親師友，汩没於流俗，驅而納諸罟獲陷井之中，而莫之知辟，豈不可憐哉？孟子曰：「苟得其養，無物不長，苟失其養，無物不消。」今吾友既得其本心矣，繼此能養之而無害，則誰得而禦之。如木有根，苟有培浸而無傷戕，則枝葉當日益暢茂。如水有源，苟有疏浚而無壅窒，則波流當日益充積。所謂「源泉混混，不舍晝夜，

〔一〕陸九淵著，鍾哲點校：《陸九淵集》卷七中爲『所』字。

盈科〔一〕而後進，放乎四海」，有本者如是。何時〔二〕相見，諸當面盡未聞，千萬勉旃，以卒賢業。』

按：先生答中孚此書，尚有後一半，已見第三卷。

張行己

張行己，官階里居亦無考，或云即象山之山主也，師事先生，結屋於象山之上。先生題其所居之堂曰『明德』。見先生五十歲《年譜》。

劉敬夫劉定夫

劉敬夫，名思忠，建昌南豐人，淳熙八年進士，仕至瑞州通判，與弟定夫並師事先生，亦俱往問學於朱子。先生五十歲《年譜》，云：『南豐劉敬夫學《周禮》，見晦菴，晦菴令其精細考索。復〔三〕見先生，問：「見朱先生何得？」敬夫述所教。先生曰：「不可作聰明，亂舊章。如鄭康成注書，枘鑿最多。讀經只如此讀去，便自心解。注不可盡〔四〕信，或是緯語，或是莽制。傅季魯保社中議此甚明，可一往見之。」於是敬夫〔五〕往問於季魯』云。定夫亦嘗與朱子論學，不甚相合。先生《答朱子書》云：『劉定夫氣稟倔〔六〕強恣睢，朋儕鮮比。比來退然，方

〔一〕陸九淵著，鍾哲點校：《陸九淵集》卷七中爲『料』字。
〔二〕陸九淵著，鍾哲點校：《陸九淵集》卷七中有『得』字。
〔三〕陸九淵著，鍾哲點校：《陸九淵集》卷三十六中爲『後』字。
〔四〕陸九淵著，鍾哲點校：《陸九淵集》卷七中有『得』字。
〔五〕陸九淵著，鍾哲點校：《陸九淵集》卷三十六中無『敬夫』二字。
〔六〕陸九淵著，鍾哲點校：《陸九淵集》卷十三中爲『屈』字。

知自訟。大抵學者病痛，須得其實，徒以臆想，稱引先訓，文致其罪，斯人必不心服。縱其不能辯白，勢力不相當，強勉誣服，亦何益之有？豈惟〔一〕無益，亦以害之，則有之矣。』先生《答胡無相書》云：『定夫約早晚登山。』蓋定夫師事先生，亦結屋於象山也。性好爲詩，積成卷軸，先生甚許可之。嘗題其詩軸云：『人生不更涉，何由知險艱。觀君一巨軸，奚啻百廬山。』一日，先生感歎時俗汩没，未有能自達者，因歌定夫所爲。象山詩云：『三日觀山山愈妍，錦囊妝拾不勝編。萬山擾擾何爲者，惟有雲臺山巋然。』

先生嘗有語云：『事有難易。定夫初來，恐難說話，後來却聽得入，覺得顯道昆仲說話難。』

先生又〔二〕說定夫舊習未易消，若一處消了，百處盡可消。顯道〔三〕謂晦翁逐事爲他消不得。先生曰：『不可將此相比，他是添。』

張少石

張鎮，字少石，建昌南城人，淳熙八年進士。十四年，從先生講學，結屋於象山之上。先生題其所居齋名曰『珮玉』，以其下澗水清琤可聽也。又題其所居小室曰『封菴』。

張伯強

張伯強，里居官階無可考，或云亦象山山主行己之羣從也。淳熙十四年，結屋於象山之上，從先生問學。象山精

〔一〕陸九淵著，鍾哲點校：《陸九淵集》卷十三中爲『其』字。
〔二〕陸九淵著，鍾哲點校：《陸九淵集》卷三十五中爲『因』字。
〔三〕陸九淵著，鍾哲點校：《陸九淵集》卷三十五中爲『予』字，而不是『顯道』二字。

舍正廳事曰養正堂，左爲居仁齋，右爲由義齋，伯強讀書其中。又自爲退休之室，在林壑幽處，與行己同居。先生題其額曰『儲雲』。

周伯熊

周伯熊，南城人，字伯熊，以字行中，紹熙元年庚戌科進士。先生《年譜》云：『乾道八年，先生成進士。七月，至家。問道者日盛。周伯熊來學，先生問：「學何經？」對曰：「讀《禮記》。」「曾用功於九容乎？」曰：「未也。」「且用功於此。」後往問學於晦菴，晦菴曰：「仙里近陸先生，曾見之否？」曰：「亦嘗請教。」具述所言。晦菴曰：「公來問某，某亦不過如此說。」』

周孚先

周孚先，里居官階無考，止見於先生五十歲《年譜》。蓋結屋於象山之上而從學者也。先生題其所居曰『志道』云。

桂德輝昭然

桂昭然，字德輝，信州貴谿人，師事先生最蚤。乾道八年，先生既成進士，歸家需次，德輝即來從學。先生與包顯〔一〕道書云：『貴谿桂店〔二〕，一族甚盛，〔三〕其子弟有〔四〕德輝者，今夏來處茅屋』云。

按：德輝，後登慶元五年進士，其歷官所至未詳。桂店，即今之鷹潭，距貴谿縣四十里。桂氏之族，至今猶稱盛，衣冠文學，相望不絕。

周元忠良

周良，字元忠，建昌南城人，嘉定七年進士，早從先生問學，所至必侍行。嘗在臨安，與楊敬仲簡、胥必先訓，同侍先生遊西湖。元忠與必先奕棋，敬仲爲長句二章以紀其事，詩今見《慈湖遺書》。又與羅春伯點厚善，嘗應其招，暫辭函丈，以書來問學，言疑者滿腹，皆未得吐。先生答書云：『元忠在此雖稍久，殊覺未亨通。初以春伯處相喚，繼以許尉事，皆不得不應者。又〔五〕相聚時，亦無汲汲如不及之意，雖云有不自安處，終未痛切。疑而後釋，屯而後解，屯疑之極，必有汲汲皇皇，不敢頃刻自安之意，乃能解釋。向來元忠心志專誠，故與言者必有感動；行檢嚴整，故與處者必有繩約。年來此功寖不如舊。元忠本謂欲改其固滯介執之意，反損前日之善，而固滯介執之實，則未之有改，但換易形模，元忠自不知耳。學之不進，明之不足，暗於大端，自是己見而不聞君子之大道，固其宜也。所喻滿腹之疑皆未得吐，若自是之意消，而而〔六〕不自安之意長，則自能盡吐其

〔一〕陸九淵著，鍾哲點校：《陸九淵集》卷六中爲『敏』字。
〔二〕陸九淵著，鍾哲點校：《陸九淵集》卷六中有『桂氏』二字。
〔三〕此處有節刪，參閱陸九淵著，鍾哲點校：《陸九淵集》卷六。
〔四〕陸九淵著，鍾哲點校：《陸九淵集》卷六中無『有』字。
〔五〕陸九淵著，鍾哲點校：《陸九淵集》卷七中爲『及』字。
〔六〕陸九淵著，鍾哲點校：《陸九淵集》卷七中衹有一個『而』字，疑是衍文。

疑。及屯亨疑釋，則所謂滿腹者其實不多，但當其不明時，自膠固迷泥，故多事耳。相見不能決白，乃以紙筆達之，此亦自顛倒。然事又不可概論，或恐因此省悟，未可知也。』元忠得書，旋歸就學。淳熙十四年，先生既得貴谿之應天山精舍，改山名象山，授徒其間，四方聞風而至，嘗不下數百人，元忠亦結廬其上。先生嘗以事歸金谿未至，元忠作書請先生登山，併請示期。先生答之云：『積雨，遐想風練飛雪之壯，甚願與諸公繙經其間，以俟玉芝之茂。倘有意於此，何以期爲。霽日媚景，晴雲絢文，此吾命駕時也。今日平分一春，羲和會〔一〕少出幽險，緩轡天衢，照臨吾徒，成此盛集』云。

黄日新

黄日新，里居官階未詳，或云金谿人。先生與書云與『同舉送』，則先生鄉舉同年也。先生無意應舉，紹興三十二年壬午歲，以李侍郎浩勸駕，始以《周禮》應試，舉第四人。十月，丁母憂，未赴禮部試。又十年，至乾道七年辛卯歲，復以《易經》與鄉舉。明年，成進士。日新與先生同舉，未知是壬午，抑係辛卯也。先生與書，規勸甚至，必可與進道者。今附先生與日新書於後，云：『執别彌年，比復得一見。目足下之貌，耳足下之言，知足下之學，甚稱其所以爲名，欣喜踴躍，不以今日之同舉送而以其同心志也。善惡邪正，君子小人之各以氣類相從蓋如此。雖然，此有大可畏者：以夫子之聖，孟子之賢，猶不免叔孫、臧倉之毁。僕與足下，蓋所謂志乎善與正，而君子之徒者也。繩之以聖賢之事，固有不勝其任者，然聖賢之所與也，亦聖賢之所責也。若志夫邪惡之小人，則固與我薰蕕矣。盗憎主人，犬吠希見，僕與足下之所與，殆憎吠之招也。吁！可畏哉！彼狃于

〔一〕陸九淵著，鍾哲點校：《陸九淵集》卷十中有『當』字。

習俗，蔽於聞見，以陷於惡而失其〔一〕本心者，不可遽謂之小人。聞善而慕，知過而懼，皆君子之徒也。若乃親善人，聞善言，見善行，而狼狽自若，無所忌憚，慧黠姦慝，常有毀傷善類之心，此所謂志夫邪惡之小人，而聖人所用發蒙之道，以說其桎梏者也。其甚者，亦獨能使之革面而已。喜憎吠者，蓋此流也。天將降大任於是人，必先苦其心志，行拂亂其所爲，所以動心忍性，增益其所不能。足下其識之，僕之言將若左契。安其身而後動，易其心而後語，定其交而後求，行有不得者反求諸其身，此僕之所聞所知而未能者，願與足下共講而共由之。』

劉伯協恭弟伯文〔二〕

劉恭，字伯協，建昌南城人，紹熙元年庚戌科進士。嘗仕爲浙江瑞安宰，歷官階至中順大夫。早從先生爲學，淳熙十六年己酉歲，侍先生遊翠雲寺，寺在金谿雲林山，蓋三十六峰最勝處也。先生題寺壁紀同遊之勝，言『劉伯協戒予朝餐』。又云『伯協誇翠雲泉石不減廬阜』云。先生嘗作書與江西帥及倉漕諸使，極言郡邑官吏貪殘之害。伯協以書規勸，謂其人家世貴盛，不必逢其怒，且居是邦非其大夫，恐於名分未安。先生以書答之，云：『人家之興替，在義理不在富貴。假令貴爲公相，富等崇、愷，而人無義理，正爲家替。若簞食瓢飲，肘見纓絶，而人有義理，正爲家興。吾人爲身謀，爲子孫謀，爲親戚謀，皆當如此，然後爲忠；其自謀者，或不然，亦是不忠於吾身矣。某向來區區之志，素有不在利害間之語，正爲此耳。來示所謂輕犯名分之語，甚未當理。名分之說，自先儒尚未能窮究，某素欲著論以明之。流及近時，爲弊益甚。至有郡守貪黷庸

〔一〕陸九淵著，鍾哲點校：《陸九淵集》卷三中爲『於』字。
〔二〕本書目録中尚有『劉伯固』，但正文中實無『劉伯固』之内容。

繆，爲厲民之事，縣令以義理争之，郡守輒以犯名分劾令，朝廷肉食者不能明辯其事，令竟以罪去，此何理也！理之所在，匹夫不可犯也。犯理之人，雖窮富極貴，世莫能難，當受《春秋》之誅矣。當此道不明不行之時，羣小席勢以從事，亦何嘗不假借道理以爲説，顧不知彼之所言道理者，皆非道理也。倘不以斯言爲罪，敢傾倒以畢其説。』伯協得書，謂先生言固是，然道大何所不容。先生又答書云：『某之説，正吾人大趨向，大旨歸，所當先辨者。此之不辯，而規規然以聲音笑貌爲道，真放飯流歠而問無齒決，養其一指而失其肩背，孟子所謂不知務、不知類也。』

伯協爲瑞安宰時，與陳君舉、徐子宜、蔡行之等交好。嘗載酒遊趙氏園亭，與君舉、叔静、道甫、子宜、行之同集，小雨新霽。君舉有詩，云：『上巳所餘春有幾，不堪春雨付春愁。君能載酒知誰似，我欲看花不自由。倚岸小舟謀未定，隔林斜日故相投。莓苔踏徧篝燈去，妝拾殘紅插滿頭。』君舉又有奉陪王德修登觀潮閣，兼呈邑宰劉伯協詩，云：『觀潮閣在東溟上，有客來登自華陽。不道雪山通老柏，却看朝日上扶桑。勝遊氣合南三郡（原注云荆揚益也劉江西人），妙畫家傳晉二王。後會不知誰與繼，爾江吾海永相望。』二詩今見《止齋集》中。

劉伯文，名與官階俱未詳，或云伯協羣從兄弟，同學於先生者也。先生三十四歲《年譜》，記朱濟道云：『到陸宅，先生所以誨人者，〔一〕大概是令人求放心，〔二〕不復以言語文字爲意。〔三〕陳正己、劉伯文皆不爲文字』云云。然則伯文蓋從學於陸子之家者也。

〔一〕陸九淵著，鍾哲點校：《陸九淵集》卷三十六中有『深切著明』句。

〔二〕陸九淵著，鍾哲點校：《陸九淵集》卷三十六中有『其有志於學者，數人相與講切，無非此事』句。

〔三〕陸九淵著，鍾哲點校：《陸九淵集》卷三十六中有『其有意作文者，令收拾精神，涵養德性，根本既正，不患不能作文』句。

黄循中〔一〕李舜輔附

黄循中，里居官階未詳，或云臨川人，即紹熙元年進士名若訥者也。先生《集》有與循中書，云：『某山居講習，粗適素懷。荆門之命，固出廟朝不忘之意，然雅未有爲吏之興。幸尚遲次，可徐決去就耳。人之不可以不學，猶魚之不可以無水，而世至視若贅疣，豈不甚可歎哉？穹壤間，竊取富貴者何限，惟庸人鄙夫羨之耳。識者視之，方深憐甚憫，傷其賦人之形，而不〔二〕盡人之道，至與蟻蟲同其飽適好惡，虚生浪死。其在高位者，適足以播惡遺臭貽君子監戒而已。此固循中所宜深曉。第居今之世，不得不申言之，諒亦不厭於此也。』循中嘗與朱子門人江德功論學，述所論質之先生。先生答書云：『江德功質本庸闇，加以所學之繆〔三〕，豈復有可論者。所惜吾友爲其所引，辯於其不足辯也〔四〕。古書有明理之言，有教人用工之言，如《中庸》首章惟「戒謹〔五〕不睹，恐懼不聞」，及「謹〔六〕其獨」，是用工處，次章惟「致中和」，是用工處，他辭皆明理之言。推此可類見。與晦翁往復書録往，伯珍舜輔，會次幸示之。』

按：舜輔，姓李，莫知其里居官階，蓋先生門人多至數千人，固不能盡傳也。

陶贊仲

陶贊仲，里居官階未詳，或云南城人，即慶元五年進士陶述；或云嘉泰二年進士陶述堯也，嘗從學於先生，踐履

〔一〕本書目録中無『李舜輔』。
〔二〕陸九淵著，鍾哲點校：《陸九淵集》卷十二中有『求』字。
〔三〕陸九淵著，鍾哲點校：《陸九淵集》卷十二中爲『謬』字。
〔四〕陸九淵著，鍾哲點校：《陸九淵集》卷十二中爲『耳』字。
〔五〕陸九淵著，鍾哲點校：《陸九淵集》卷十二中爲『慎』字。
〔六〕陸九淵著，鍾哲點校：《陸九淵集》卷十二中爲『慎』字。

篤實。先生既之荊門，贊仲聞晦翁因無極之辨，與先生牴牾，以書請問其故。先生答書，言太極圖說，其學出於老氏，並示以辯論之由。贊仲因索先生三書及晦翁來書，先生又以書答之。贊仲好象數之學，先生以爲非身心所急，故書中併及焉。今附先生答贊仲二書於後。

先生與贊仲第一書云：『某承乏將十閱月，未有善狀。冬春久晴，種不入土。春季嘗一致禱於山川之神，其應如響，山谿漲溢，田畝充然〔一〕。自是又無大雨，地土〔二〕以積乾易涸，今既踰月，又以旱告矣，勢甚可畏。昨日復致禱，詣〔三〕之時，雨亦隨下，然竟不能成澤。今早復叩之，亦以疎雨見應，未蒙霈然之賜。幸醞釀未解，猶有可望。不然，定當投劾，以謝斯民也。《太極圖說》乃梭山兄辯其非是，大抵言無極而太極是老氏之學，與《周子通書》不類。《通書》言太極不言無極，《易大傳》亦只言太極不言無極。若於太極之〔四〕上加無極二字，乃是蔽於老氏之學。又其《圖說》本見於朱子發附録。朱子發明言陳希夷太極圖傳在周茂叔，遂以傳二程，則其來歷爲老氏之學明矣。《周子通書》與二程言論，絶不見無極二字，以此知三公蓋已皆知無極之說爲非矣。梭山曾與晦翁面言，繼又以書言之，晦翁大不謂然。某素是梭山之說。以梭山謂晦翁好勝，不肯與辯。某以爲人之所見偶有未通處，其說固以己爲是，以他人爲非〔五〕，且〔六〕當與之辯白，未可便以好勝絶之，遂尾其說，以與晦翁辯白，有兩書甚詳，曾見之否？以晦翁之高明，猶不能無蔽，道聽塗說之人，亦何足與言此哉？仁義忠

〔一〕陸九淵著，鍾哲點校：《陸九淵集》卷十五中爲『足』字。
〔二〕陸九淵著，鍾哲點校：《陸九淵集》卷十五中爲『上』字。
〔三〕陸九淵著，鍾哲點校：《陸九淵集》卷十五中有『壇』字。
〔四〕陸九淵著，鍾哲點校：《陸九淵集》卷十五中無『之』字。
〔五〕陸九淵著，鍾哲點校：《陸九淵集》卷十五中有『耳』字。
〔六〕陸九淵著，鍾哲點校：《陸九淵集》卷十五中無『且』字。

信，樂善不倦，此夫婦之愚不肖，可以與知能行。聖賢之〔一〕所以爲聖賢，亦不過充此而已。學者之事當以此爲根本。若夫天文、地理、象數之精微，非有絶識，加以積學，未易言也。某欲作一揲蓍說，稍發易數之大端，以排異說，曉後學。坐事奪，未克成就。早晚就章〔二〕，當奉納一本。何時合并，以究此懷。德成而上，藝成而下，行成而先，事成而後。《論語》曰：「入則孝，出則弟，謹而信，汎愛衆，而親仁。」曰：「言忠信，行篤敬。」孟子曰：「仁義禮智根於心，其生色也，睟然見於面，盎於背，施於四體，四體不言而喻。」曰仁義禮智〔三〕，樂善不倦，此等皆德行事，爲尊爲貴，爲上爲先。樂師辨乎聲詩，祝史辨乎宗廟之禮，與凡射、御、書、數等事，皆藝也，爲卑爲賤，爲下爲後。古人右能左賢，自有定序。夫子曰：「君子多乎哉，不多也。」曾子曰：「籩豆之事，則有司存。」凡所謂藝者，其發明開創皆出於古之聖人。故曰百工之事，皆聖人作也。然聖人初不尚此，其能之也，每以教人，不以加人。若德行中庸，固無加人之理。世衰道微，德行淺薄，小人之有精力者，始以其藝加人，珍其事，秘其說，以增其價，真所謂市道。故風俗日以不美，流傳之久，藝之實益不精，而眩鬻之風，反更張大。學〔四〕不辨本末，不知高下，未有不爲此輩所眩者。吾觀近時談數學者，陋日益甚，妄日益熾。未嘗涉其門户，得其師傅，安能辨其是非？但以前尊卑、貴賤、上下、先後之義推之，則自知所決擇，譎妄之情〔五〕，大概亦可見矣。作書畢，恐贇仲不能不惑於妄人庸夫之說，故復書此，以助決擇。」

〔一〕陸九淵著，鍾哲點校：《陸九淵集》卷十五中無『之』字。
〔二〕陸九淵著，鍾哲點校：《陸九淵集》卷十五中爲『草』字。
〔三〕陸九淵著，鍾哲點校：《陸九淵集》卷十五中爲『忠信』二字。
〔四〕陸九淵著，鍾哲點校：《陸九淵集》卷十五中有『者』字。
〔五〕陸九淵著，鍾哲點校：《陸九淵集》卷十五中有『狀』字。

其第二書云：『《荆公祠堂記》與元晦三書併往，可精〔一〕熟讀，此數文皆明道之文，非止一時辯論之文也。元晦書偶無本在此，要亦不必看，若看亦無理會處。吾文條析甚明，所舉晦翁書辭皆寫其全文，不增損一字。看晦翁書，但見糊塗，没理會。觀吾書，坦然明白。吾所明之理，乃天下之正理、實理、常理、公理，所謂「本諸身，證諸庶民，考諸三王而不謬，建諸天地而不悖，質諸鬼神而無疑，百世以俟聖人而不惑者也」。學者正要窮此理，明此理。今之言窮理者，皆凡庸之人，不遇真實師友，妄以異端邪説，更相欺誑，非獨欺人誑人，亦自欺自誑，謂之謬〔二〕妄，謂之蒙闇，何理之明，何理之窮哉？贊仲爲人質實，學雖未至，且守質朴，隨分檢省，雖未必盡是，却儘勝誑妄之人。』餘見第二卷。

許昌朝

許昌朝，名未詳，里居官階無可考。惟先生翠雲題壁稱：淳熙己酉長至後二日，寓許昌朝家，明日之遊，昌朝與焉。

按：翠雲寺在雲林山，昌朝家其地，則金谿人也。先生嘗云：『許昌朝集朱、呂《學規》，在金谿教學，一册，月令人一觀，固好，然亦未是。某平時未嘗立學規，但〔三〕就本上理會，有本自然有末。若全去末上理會，非惟無益。今既於本上有所知，可略略地順風吹火，隨時建立，但莫去起爐作竈。』

按：先生門人有許中應，又有許昌朝，並嘗爲教授。中應已見前。或云昌朝，即臨川開禧元年進士名之選者，曾任南雄教授，時金谿多由臨川籍中式，如先生與文達公中進士。《江西通志·選舉表》，並注曰臨川人，蓋亦以

〔一〕陸九淵著，鍾哲點校：《陸九淵集》卷十五中有『觀』字。
〔二〕陸九淵著，鍾哲點校：《陸九淵集》卷十五中爲『繆』字。
〔三〕陸九淵著，鍾哲點校：《陸九淵集》卷三十五中有『常』字。

臨川籍中式者也。

劉進士造

劉造，字深父，建昌南城人，慶元二年進士，或云係天台劉深父，嘗爲候官尹，著《杯水論》。而真西山爲之題跋者，未知孰是。先生《答深父書》，已節録於第二卷《讀書》條下，其餘補録於此，云：『來書示以方册所疑，足見爲學不苟簡。然其理皆甚明白，本無可疑。若於此未能通曉，則是進學工夫不甚純一，未免滯於言語爾。今欲一一爲深父解釋，又恐只成言語議論，無益於深父之身之心，非徒無益，未必不反害之也。大抵爲學，但當孜孜進德修業，使此心於日用間戕賊日少，光潤日著，則聖賢垂訓，〔一〕渙然冰釋，怡然理順，有不加思而得之者矣。〔二〕若固滯於言語之間，欲以失己滯物之智，強探而力索之，非吾之所敢知也。某銓曹再黜，來歲又未免一來。深父勉之，謹無以言語議論妨進修之路，使此心之良，無斧斤之伐，牛羊之牧，而有雨露之霑滋，雷風之鼓舞，日以暢茂條達，則來示數章，不求解於他人矣。』

豐宅之

豐有俊，字宅之，慶元府人，清敏公稷之裔，從學於先生甚久。先生曾答宅之書云：『比年山居，頗有泉石之趣，

〔一〕陸九淵著，鍾哲點校：《陸九淵集》卷三中有『向以爲盤根錯節未可遽解者，將』句。

〔二〕此處有諸多節略句，參閲陸九淵著，鍾哲點校：《陸九淵集》卷三《與劉深父》。

朋友〔一〕之樂，〔二〕恨不得與吾宅之共此。承需鄙文，乏筆吏，不能多録，謾往數篇，亦足以知山野况味。』又云：『使人到山間，〔三〕值持之疾作，老夫亦苦頭痛。登山未久，〔四〕應酬殊役役，作復，莫究所懷。』《行營雜録》載：宅之偶過酒樓，見小娼，類故人女，詰之果然，因白臨安尹玉宣子佐，共出資，厚嫁之。亦有得於躬行實踐者也。

諸葛誠之兄受之

諸葛誠之，名千能，浙江會稽人。乾道八年，先生成進士，歸家，道經富陽，誠之與孫應時、石應之等，俱來從學焉。

先生與誠之書云：『誠之嗜學甚篤，又有筋力，朋友間尤所賴者。訊後曾與淳叟欵曲否？既見其過，義不宜嘿〔五〕。承諭：「唯知頓身於規矩準繩中，而痛鋤狂妄之根。」誠使心不狂妄，而身中規矩準繩，不亦善乎？縱未能如此，但狂妄日減，日就規矩準繩，日以純熟，亦爲難得。以誠之之勤篤，從事於規矩準繩中，此亦其所長也。但不知所謂狂妄之根者，果何如？將何如而鋤之？不知下手鋤時，便鋤得去也無？若鋤得去，自後却遂無此矣，爲復此根非若草木之根，一鋤去後便無，雖鋤得去，又復生耶？爲復雖鋤之而不能盡去之耶？又不知此狂妄之根，與常人同，不與常人同？是素來有此，是後來起得？若後來起得，却是因何而起？凡此皆當辯明。

〔一〕陸九淵著，鍾哲點校：《陸九淵集》卷十一中爲『來』字。
〔二〕陸九淵著，鍾哲點校：《陸九淵集》卷十一中有『每』字。
〔三〕陸九淵著，鍾哲點校：《陸九淵集》卷十一中有『又』字。
〔四〕陸九淵著，鍾哲點校：《陸九淵集》卷十一中有『友朋踵至』句。
〔五〕陸九淵著，鍾哲點校：《陸九淵集》卷四中爲『默』字。

又誠之所愧惕者，爲復只是狂妄未息，未中規矩準繩而愧惕，爲復別有未足處〔一〕愧惕，爲復二者兼之？此一節亦須明白。古人不自滿假，克自抑畏，戒謹〔二〕不覩，恐懼不聞，戰戰兢兢，如臨深淵，如履薄冰，取善求益，如恐不及者，乃其踐履之常也。誠若此者，非如桎梏陷阱然也。《中庸》言「恐懼乎其所不聞」，而《大學》言「有所恐懼則不得其正」，此其辯也。講學固無窮，然須頭項分明，方可講辯。若自交加糊塗，則須理會得交加糊塗處分明，方可講辯。如楊朱、墨翟、老、莊、申、韓，其道雖不正，其說自分明。若是自分明，雖不是，亦可商榷理會。大抵講學，有同道中鞭策切磨者，有道不同而相與辯明者。如孟子與楊、墨、告子辯，此是道不同而與之辯明者也。如舜、禹、益、皋陶相與都俞吁咈，夫子與顔淵、仲弓、閔子騫相與問答，是同道中發明浸灌，鞭策切磨者也。如子夏、子游之論門人小子，子張、子夏之言交道，雖同師夫子，各有所得，亦是有不同處。當時子夏、子游、子張各知其有不同，乃有商量處，縱未能會通，亦各自分明。若更要理會盡不糊塗，承合并之期不遠，且欲得誠之自理會〔三〕頭項分明，庶幾相見有可理會也。』

先生答誠之第二書，云：『承喻學術更不費力，永無懈怠，自然常不離道，若至「從心所欲不踰矩」之地矣。此理固無阻，顧恐公未有此力量爾。中人之質，戕賊之餘，以講磨之力，暫息斧斤，浸灌於聖賢之訓，本心非外鑠，當時豈不和平安泰，更無艱難。繼續之不善，防閑之不嚴，昏氣惡習，乘懈而熾，喪其本心，覺之而來復，豈得遂無艱屯？一意自勉，更無他疑，則屯自解矣。此頻復所以雖厲而無咎，仁者所以先難而後獲也。繼續之善，防閑之嚴，中人之質，亦恐未能免昏氣惡習之間作。然辨之於早，絶之於微，則易爲力耳。鄉見誠之未夜

〔一〕陸九淵著，鍾哲點校：《陸九淵集》卷四中有『後』字。
〔二〕陸九淵著，鍾哲點校：《陸九淵集》卷四中爲『慎』字。
〔三〕陸九淵著，鍾哲點校：《陸九淵集》卷四中有『得』字。

而睡，非有疾病，非委頓不能支持，但氣昏體倦，欲睡而遂縱之耳。誠之不能於此時少加勉強，誅而勿縱，而欲別求道術，別起疑惑，不亦左乎？鄭子產曰：「君子有四時：朝以聽政，晝以訪問，夕以修令，夜以安身。所以節宣其氣，而勿使壅閉湫底以露其體，茲心不爽，而昏亂百度。」此語〔一〕不可以易之也。此一節無疑，方能課怠與敬，辨義與利，本心之善，乃始明著，而不習無不利矣。』

其第三書云：『承喻爲學與曩時異。觀書辭，誠有用功〔二〕處，但如此〔三〕懊惜，亦甚害事。臨淵羨魚，不如退而結網。懈怠流浪，患不覺耳，覺即改之，何暇懊惜？大丈夫精神豈可自埋沒如此。於此遲疑，不便著鞭，宜其在己未得平泰，於事有不燭照〔四〕。子細觀察，有何滯礙？「爲仁由己」。「有能一日用其力於仁，我未見其〔五〕力不足者。」聖人豈欺後世？誠之於此不決然獨進，豈不忍去其鄙吝之私〔六〕邪？飯疏食飲水，曲肱而枕之，樂亦在其中矣；在陋巷，簞食瓢飲，不改其樂者，亦人耳。誠之欲自棄邪？所示書稿三通：西美、深甫，書辭甚暢，至子宜書，則窘束有病，此乃楊子嘉所謂屈於勝己者，而伸於不己若者也。』

誠之篤信先生之學，亦嘗與朱子往來。淳熙十一年，朱子作《曹立之墓表》，論立之疑求心之學，辭氣抑揚，頗偏重於讀書講論。包顯道等見之，深不以爲然。其實先生並非一於求心而不務講學者。故朱子以書來問，而先生答以亦好，未嘗駁議，而誠之恐彼此學徒競辯，或啓門户之釁，致書朱子，勸其不可相激。朱子答書云：『示

〔一〕陸九淵著，鍾哲點校：《陸九淵集》卷四中有『殆』字。
〔二〕陸九淵著，鍾哲點校：《陸九淵集》卷四中爲『工』字。
〔三〕陸九淵著，鍾哲點校：《陸九淵集》卷四中無『此』字。
〔四〕陸九淵著，鍾哲點校：《陸九淵集》卷四中爲『照燭』二字，順序顛倒。
〔五〕陸九淵著，鍾哲點校：《陸九淵集》卷四中無『其』字。《論語·裏仁》篇中亦無『其』字。
〔六〕陸九淵著，鍾哲點校：《陸九淵集》卷四中爲『習』字。

喻「競辯〔一〕之端」，三復惘然。愚意比來深欲勸同志者，兼取兩家之長，不可輕相詆訾。就有未合，亦且置勿論，而姑勉力於吾之所急。不謂乃以曹立〔二〕之故，反有所激，如來喻之云也。不敏之故，深以自咎。〔三〕子静平日所以自任，正欲身率學者一於天理，而不以一毫人欲雜於其間，恐决不至如賢者之所疑也。義理，天下之公，而人之所見，有不〔四〕能盡同者，正當虚心平氣，相與熟講，而徐究之以歸於是，乃是吾黨之責。而向來講論之際，見諸賢往往皆有立我自是之意，厲色忿詞，如對仇敵，無復少長〔五〕之序〔六〕，禮遜之容。〔七〕至今懷〔八〕不滿』云。

諸葛受之，誠之之兄也。兄弟皆師先生。受之信道之篤，進學之勇，頗不及其弟。先生嘗答書以勉之，云：『某自承父師之訓，平日與朋友切磋，輙未嘗少避爲善之任。非敢奮一旦之決，信不遜之意，徒爲無顧忌大言。誠以疇昔親炙師友之次，實〔九〕切自反，灼見善非外鑠，徒以交物有蔽，淪胥以亡，大發愧耻。自此鞭策駑蹇，不敢自弃。今契丈之賢，乃復猶豫於此，無乃反己未切，省己未深，見善未明，以不能自奮也。倘一旦幡然沛然，

〔一〕吴長庚主編：《朱陸學術考辨五種·朱子年譜》中爲『辨』字。李紱著，段景蓮點校：《朱子晚年全論》卷四中爲『辨』字。
〔二〕吴長庚主編：《朱陸學術考辨五種·朱子年譜》中爲『表』字。李紱著，段景蓮點校：《朱子晚年全論》卷四中爲『表』字。
〔三〕吴長庚主編：《朱陸學術考辨五種·朱子年譜》中有『然吾人所學，吃緊著力處，止在天理、人欲二者相去之間耳。如今所論，則彼之因激而起者，於二者之間，果何處也』句。
〔四〕吴長庚主編：《朱陸學術考辨五種·朱子年譜》中爲『未』字。李紱著，段景蓮點校：《朱子晚年全論》卷四中爲『未』字。
〔五〕吴長庚主編：《朱陸學術考辨五種·朱子年譜》中爲『長少』二字，順序顛倒。李紱著，段景蓮點校：《朱子晚年全論》卷四中爲『長少』二字。
〔六〕吴長庚主編：《朱陸學術考辨五種·朱子年譜》中爲『節』字。李紱著，段景蓮點校：《朱子晚年全論》卷四中爲『節』字。
〔七〕此處有節略，見吴長庚主編：《朱陸學術考辨五種·朱子年譜》淳熙十二年《答諸葛誠之書》。
〔八〕吴長庚主編：《朱陸學術考辨五種·朱子年譜》中爲『常』字。《朱子晚年全論》卷四中爲『常』字。
〔九〕陸九淵著，鍾哲點校：《陸九淵集》卷三中有『深』字。

誰得而禦。孟子曰：「自謂不能者，自賊者也。」幸勿〔一〕久自屈抑。愚見如此，若有未安，幸詳見教。』

邱元壽

邱元壽，福建邵武人，名未詳，年齒甚長，聞先生講學，負笈來從，執禮甚恭。嚴松録先生語中一段云：『邵武邱元壽聽話累日，自言少時獨喜看伊川語録。先生曰：「一見足下，知留意學問，且從事伊川學者。既好古如此，居鄉與誰遊處？」元壽對以賦性冷淡，與人寡合。先生云：「莫有令嗣延師否？」元壽對以延師亦不相契，止是託之二子耳。先生云：「既是如此，平生懷抱欲説底話，分付與誰？」元壽對以無分付處，有時按視田園，老農老圃，雖不識字，喜其真情，四時之間，與之相忘，酬酢居多耳。先生顧學者笑曰：「以邵武許多士人，而不能有以契元壽之心，契心者乃出於農圃之人，如此，是士大夫儒者，視農圃間人不能無愧矣。」先生因言：「世間一種恣情縱欲之人，雖大狼狽，其過易於拯救，却是好人劃地難理會。」松云：「如邱丈之賢，先生還有力及之否？」先生云：「元壽甚佳，但恐其不大耳。『人皆可以爲堯、舜』，『堯、舜與人同耳』，但恐不能爲堯、舜之大也。」元壽連日聽教，方自慶快，且云：「天下之樂，無以加於此。」至是忽局蹴變色而答曰：「荷先生教愛之篤，但某自度無此力量，〔二〕不敢僭易。」先生云：「元壽道無此力量，錯説了。元壽平日之力量，乃堯、舜之力量，元壽自不知耳。」元壽默然愈惑。退，松別之，元壽自述：「自聽教於先生甚樂，今胸中忽如有物梗之者，姑抄先生文集，歸而求之，再來承教。」』

〔一〕　陸九淵著，鍾哲點校：《陸九淵集》卷三中爲『無』字。
〔二〕　陸九淵著，鍾哲點校：《陸九淵集》卷三十四中有『誠』字。

曾敬之

曾敬之，名未詳，里居官階亦無可考，師事先生，好作文。先生嘗以書戒之云：『爲學日進爲慰！讀書作文，亦是吾人事。但讀書本不爲作文，作文其末也。有其本必有其末，未聞有本盛而末不茂者。若本末倒置，則所謂文亦可知矣。適出，書不時復。』

徐仲誠

徐仲誠，名未詳，里居官階亦無考，疑亦金谿人，早事先生於槐堂，又及事梭山先生，則非遠方學者矣。先生語録記：『徐仲誠請教，先生〔一〕使思《孟子》「萬物皆備於我〔二〕，反身而誠，樂莫大焉」一章，仲誠處槐堂一月，一日，問之云：「仲誠思得《孟子》如何？」仲誠答云〔三〕：「如鏡中觀花。」答云：「見得仲誠也〔四〕如此。」顧左右曰：「仲誠真善自述者。」因説與云：「此事不在他求，只在仲誠身上。」既又微笑而言曰：「已是分明説了也。」少間，仲誠因問《中庸》以何爲要語。答曰：「我與汝説内，汝只管説外。」良久曰：「句句是要語。」梭山曰：「博學之，審問之，謹〔五〕思之，明辯之，篤行之，此是要語。」答曰：「未知學，博學〔六〕什麼？審問

〔一〕陸九淵著，鍾哲點校：《陸九淵集》卷三十四中無『先生』二字。
〔二〕陸九淵著，鍾哲點校：《陸九淵集》卷三十四中有『矣』字。《孟子·盡心上》中有『矣』字。
〔三〕陸九淵著，鍾哲點校：《陸九淵集》卷三十四中爲『曰』字。
〔四〕陸九淵著，鍾哲點校：《陸九淵集》卷三十四中有『是』字。
〔五〕陸九淵著，鍾哲點校：《陸九淵集》卷三十四中爲『慎』字。
〔六〕陸九淵著，鍾哲點校：《陸九淵集》卷三十四中有『個』字。

個什麼？明辯〔一〕個什麼？篤行個什麼？」』

曾友文

曾友文，名未詳，少聰穎，應試不售，以相人術遊於士大夫家。先生愛其才，勉令爲學，贈以言曰：『德成而上，藝成而下。生占辭論理，稱道經史，未見牴牾，乃獨業相人之〔二〕藝。藝雖精，下矣！生書又能自悼疇昔之顛頓，稱引孟子「無以小害大，無以賤害貴」之言，年又尚少，則舍其舊而新是圖，此其時也。生其勉之。』友文感先生之言，發憤爲學，卒爲善士云。

繆文子

繆文子，名未詳，里居官階無考，惟見李敏求録先生語云：『繆文子資質亦費力，慕外尤殢，每見他退去，一似不能脱羅網者。天之所以予我者，至大、至剛、至直、至平、至公。如此私小做甚底人？須是放教此心，公平正直。無偏無黨，王道蕩蕩；無黨無偏，王道平平；無反無側，王道正直。某今日作包顯道書云：「古人之學，不求聲名，不較勝負，不恃才智，不矜功能。今人之學，正坐反此耳。」』又云：『人須是閑時大綱思量：宇宙之間，如此廣濶，吾身立於其中，須大做一個人。文子云：「某嘗思量我是一個人，豈可不爲人？却爲草木禽獸。」先生云：「如此，便又細了，只要大綱思。且如『天命之謂性』，天之所以命我者，不殊乎天，須是放教

〔一〕陸九淵著，鍾哲點校：《陸九淵集》卷三十四中爲『辨』字。
〔二〕陸九淵著，鍾哲點校：《陸九淵集》卷二十中有『術』字。

規模廣大。若尋常思量得，臨事〔一〕自省力，不到得被陷溺了。」文子云：「某始初來見先生，若發蒙然。再見先生，覺得〔二〕心下〔三〕快活，凡事亦自持，只恐到昏時自理會不得。」先生云：「見得明時，何持之有？人之於耳，要聽即聽，不要聽則否。於目亦然。何獨於心而不由我乎？」』

張次房

張次房，臨川人，初師事文達公。嘗居官，有列於朝。棄官歸，問學於先生，莫詳其名。惟見嚴松年録先生語有云：『臨川張次房，于曆子賦《歸去來辭》，棄官而去〔四〕。杜門經歲，來見先生。先生云：「近聞諸公以王謙仲故，推輓次房一出，是否？」次房曰〔五〕：「極荷諸公此意，愧無以當之。」先生云〔六〕：「何荷之云？君子之愛人也以德，細人之愛人也以姑息。凡諸公欲相推輓者，姑息之愛也。次房初歸時，一二年間，正氣甚盛，後來寖弱，先生教授極力推輓，是後正氣復振，比年又寖衰。次房莫未至無飯喫否？若今諸公此舉，事勢恐亦難行，反自取辱耳。某今有一官，不能脱去得，今又令去荆門，某只得去，若竄去南海，某便着去。次房幸而無官了，而今更要出來做甚麼？」次房云：「恨聞言之晚，不能早謝絶之也。」』

按：語録所記，先生有荆門之命。是時，王謙仲已由江西帥入爲樞密使，位已尊矣。而在朝諸公以謙仲故，欲輓

〔一〕陸九淵著，鍾哲點校：《陸九淵集》卷三十五中有「時」字。
〔二〕陸九淵著，鍾哲點校：《陸九淵集》卷三十五中無「得」字。
〔三〕陸九淵著，鍾哲點校：《陸九淵集》卷三十五中爲「不」字。
〔四〕陸九淵著，鍾哲點校：《陸九淵集》卷三十四中爲「歸」字。
〔五〕陸九淵著，鍾哲點校：《陸九淵集》卷三十四中爲「云」字。
〔六〕陸九淵著，鍾哲點校：《陸九淵集》卷三十四中爲「曰」字。

次房，是次房與謙仲交好，而其官亦不卑矣。又云恨聞言晚，不能謝絶，是以諸公推輓而復出也，然不可考矣。

曾充之

曾充之，未詳其名貫。惟包顯道録先生語云：『曾充之來問學，先生曰：「公且説爲誰打關節來。」只此是學。又無事尚解忘，今當機對境，乃不能明』云云。先生知其隱事，則亦近地之學者也。

鄭學古

鄭學古，名貫亦未詳。惟李敏求録先生語云：『先生因論補試得失，先生云：「今之人易爲利害所動，只爲利害之心重。且如應舉，視得失爲分定者能幾人？往往得之則喜，失之則悲。惟曹立之、萬正淳、鄭學古，庶幾可不爲利害所動。故學者須當有所立，免得臨時爲利害所動。」』

劉季蒙

劉季蒙，名貫未詳。先生贈序自署『壬子月日，蒙泉守陸某』，則先生守荆門時來問學者也。其造詣不可知，觀先生序言：『明德在我，何必他求？方士禪伯，真爲大祟。無世俗之陷溺，無二祟之迷惑，所謂無偏無黨，王道蕩蕩，浩然宇宙之間，其樂孰可量〔一〕』云云。豈其人天資高明，已造此境，抑初知向往，猶徘徊於岐路耶？

〔一〕陸九淵著，鍾哲點校：《陸九淵集》卷二十中有『也』字。

周康叔

周康叔，名未詳，或云先生同里人也。包顯道録先生語云：『周康叔來問學，先生曰：「公且説扶渡子訟事來。」』蓋先生教人，務求躬行，不專講論，故於來問學者，並直指其心害之病，令惕然求其本心，庶知所愧，厲而卓然有以自立也。

程敦蒙

程敦蒙，名未詳，里貫亦無考。惟見先生語録。蓋與朱季繹、楊子直同侍學於先生者也。

江泰之

江泰之，名未詳，里貫亦無考，或曰金谿人，或曰貴谿人。先生語録載：『泰之問：「某每懲忿窒慾，求其放心，然能暫而不能久。請教。」答曰：「但懲忿窒慾，未是學問事。便懲忿〔一〕窒慾〔二〕得全無後，也未是學。學〔三〕須是明理，須是知學，然後説得懲窒。知學後懲窒，與常人懲窒不同。常人懲窒，只是就事就末。」』

郭邦逸兄邦瑞

郭邦逸，名未詳，里貫亦無考。先生《年譜》，載先生答邦逸書，在紹熙元年先生居象山方丈時，而書中謂『偶有

〔一〕陸九淵著，鍾哲點校：《陸九淵集》卷三十五中無『忿』字。
〔二〕陸九淵著，鍾哲點校：《陸九淵集》卷三十五中無『慾』字。
〔三〕陸九淵著，鍾哲點校：《陸九淵集》卷三十五中有『者』字。

姪婦之喪，不得占復』。又謂『山間朋友雲集，不可久孤其望』。是先生暫還家，而邦逸以書來問學於家者。書中云『垂示晦翁問答』，是嘗問學於朱子，心有所疑，而轉問於先生也。朱子《續集》載答郭邦逸書無論學語，不知其所言云何？今録先生答邦逸書，云：『專价〔一〕奉書，細視緘題，如揖盛德。亟發讀之，慰浣良劇！教以大對一本，尤深降歎！鑿鑿精實，非泛泛場屋之文也。君子義以爲質，得義則重，失義則輕，由義爲榮，背義爲辱。輕重榮辱，惟義與否，科甲名位，何加損於我，豈足言哉？吾人所學固如此。然世俗之所謂榮辱輕重者，則異於是。薰染其間，小有不辯〔二〕，則此義爲不精矣。當使日著日察，炯然不可渾亂也〔三〕，則善矣。垂示晦翁問答，良所未喻。聖人與我同類，此心此理誰能異之。孟子曰「人皆可以爲堯、舜」。又曰「至於心，獨無所同然乎？」又曰「人之有是四端，而自謂不能者，自賊者也；謂其君不能者，賊其君者也」。今謂人不能，非賊其人乎？居仁由義，大人之事備矣。吾身不能居仁由義，則謂之自棄。聖人於此理，不勉而中，不思而得。賢如顔子，猶未至於不思不勉，曰「三月不違」，則猶有時而違也。曰「有不善未嘗不知，知〔四〕未嘗復行」，則言其不遠而復也。然則雖未至於不思不勉，而思勉之工益微矣。氣禀益下，其工益勞，此聖人、賢人、衆人之辯也。《語》云〔五〕：「顔子三月不違仁，其餘則日月至焉而已矣。」日月至，三月不違，與至誠無息則有間矣。若其所至、所不違、所無息〔六〕，豈容有二理哉？古人惟見得此理，故曰「予何人也，舜何人也，有爲者亦若是」。

〔一〕陸九淵著，鍾哲點校：《陸九淵集》卷十三中爲『介』字。
〔二〕陸九淵著，鍾哲點校：《陸九淵集》卷十三中爲『辨』字。
〔三〕陸九淵著，鍾哲點校：《陸九淵集》卷十三中無『也』字。
〔四〕陸九淵著，鍾哲點校：《陸九淵集》卷十三中有『之』字。
〔五〕陸九淵著，鍾哲點校：《陸九淵集》卷十三中爲『曰』字。
〔六〕陸九淵著，鍾哲點校：《陸九淵集》卷十三中有『者』字。

「道也者，不可須臾離也，可離非道也。是故君子戒謹〔一〕乎其所不覩，恐懼乎其所不聞」。學者必已聞道，然後知其不可須臾離，知其不可須臾離，然後能戒謹〔二〕不覩，恐懼不聞。元晦好理會文義，「是故」二字，也不曾理會得，不知指何爲聖賢地位，又如何爲留意。此等語皆是胸襟不明，故撰得如此意見，非唯自惑，亦且惑人。盛价至此，偶有姪婦之喪，又賤體中暑，連日不得占復。山間朋友雲集，亦不可久孤其望，勢當一往。又縣宰終滿，與之爲別。諸事紛擾，亟取紙作復，遽甚，不能倫理。近有復元晦書，録往一觀，及有史評一首，又有書二本，宜章學、王文公祠二記併録呈。得暇精觀之，亦可以〔三〕見統紀也。』

郭邦瑞，邦逸之兄，名亦未詳。先生與書謂新天子陞黜殊乖物望，欲其糾劾處華要者，蓋在光宗紹熙初年，而朱子續集，有答郭邦瑞書，謂抗疏觸邪，遂去言職，是邦瑞因先生之言而徑上疏也。今録先生與邦瑞書於後，云：『前此辱令弟邦逸遺人臨存，復書中托拜意。近亦嘗得家問否？今爲况如何？新天子登極，海内屬目，而風憲之地，陞黜殊乖物望，非細故也。山林之人，但以草野與議言之耳。未知修門〔四〕之内，其議論又何如也？良心正性，人所均有，不失其心，不乖其性，誰非正人。縱有乖失，思而復之，何遠之有？不然，是自昧其心，自誤其身耳。及處華要而不知改，是又將誤國矣。有能明目張膽而糾正之者乎？有能惻怛豈弟以感悟之者乎？區區周嫠之心，猶不能無望於左右。別後遷除，未足爲門下言也。姪孫濬，處太學，家書戒令求見。此子近亦少進於學，幸與進，以子弟視之可也。』又攷紹熙三年，監察御史郭德麟，以察事左遷，德麟二字，與邦瑞叶，

〔一〕陸九淵著，鍾哲點校：《陸九淵集》卷十三中爲『慎』字。
〔二〕陸九淵著，鍾哲點校：《陸九淵集》卷十三中爲『慎』字。
〔三〕陸九淵著，鍾哲點校：《陸九淵集》卷十三中無『以』字。
〔四〕陸九淵著，鍾哲點校：《陸九淵集》卷十三中爲『身』字。

疑即其人也。又攷朱子答邦瑞書，稱其清名直節，足爲里閭光寵，意邦瑞非新安即建安人矣。

朱季繹

朱季繹，名未詳。先生與包顯道書云，朱繹之歸，不及作書。繹之恐是季繹名，則亦南城人也，與李伯敏同從學於先生，故屢見於伯敏所録語中。先生以其好主張己見，又好辯異端，偏於講論。先生嘗謂季繹即是異端，欲救其失也。朱子與門人書，亦舉先生此言。謂朱季繹亦其所指爲異端者，不知何如？蓋先生所謂異端，不專指二氏。先生嘗謂人同此心，心同此理。又云同此之謂同德，異此之謂異端。季繹多立意見，好多辯論，故以異目之，非謂其有他也。伯敏所記，稱朱季繹云：『如敬肆義利之說，乃學者持己處事所不可無者。』先生云：『不曾行得，說這般閑言〔一〕語則甚？如此不已，恐將來客勝主，以辭爲勝。然使至此，非學者之過，乃師承之過也。』朱云：『近日異端邪說害道，使人不知本。』先生云：『如何？』朱云：『如禪家之學，人皆以爲不可無者，又以謂形而上者所以害道，使人不知本。』先生云：『吾友且道甚底是本？又害了吾友甚底來？自不知己之害，又烏以〔二〕知人之害也〔三〕？包顯道常云：「人皆謂禪是人不可無者」，今吾友又云「害道」，兩箇却好縛作一束。今之所謂〔四〕害道者，却是這閑言語。』

〔一〕陸九淵著，鍾哲點校：《陸九淵集》卷三十五中有『長』字。
〔二〕陸九淵著，鍾哲點校：《陸九淵集》卷三十五中無『以』字。
〔三〕陸九淵著，鍾哲點校：《陸九淵集》卷三十五中無『也』字。
〔四〕陸九淵著，鍾哲點校：《陸九淵集》卷三十五中爲『以』字。

伯敏又記先生語，謂先生嘗謂敏求云：『人〔一〕要知我之所〔二〕有者。』伯敏云：『非僻未嘗敢爲。』先生云：『不過是硬制在這裏，其間有不可制者，如此將來亦費力，所以要得知天之予我者。看吾友似可進，緣未曾被人閑言語所惑，從頭理會，故易入。蓋先入者爲主，如一器皿，虚則能受物，若垢汙先入，後雖欲加以好水亦費力。如季繹之學駁雜，自主張學問，却無奈何。』一日，伯敏問云：『以今年校之去年，殊無寸進。』先生云：『如何要長進？若當爲者有時而不能爲，不當爲者有時乎爲之，這箇却是不長進。不恁地理會，泛然求長進，不過欲以己先人，此是勝心。』伯敏云：『無箇下手處。』先生云：『古之欲明明德於天下者，先治其國；欲治其國者，先齊其家；欲齊其家者，先修其身；欲修其身者，先正其心；欲正其心者，先誠其意；欲誠其意者，先致其知；致知在格物。格物是下手處。』伯敏云：『如何樣格物？』先生云：『研究物理。』伯敏云：『天下萬物不勝其繁，如何盡研究得？』先生云：『萬物皆備於我，只要明理。然理不解自明，須是隆師親友。』伯敏云：『此間賴有季繹，時相勉勵。』先生云：『季繹與顯道一般，所至皆勉勵人，但無根者多，其意似欲私立門户，其學爲外不爲己。世之人所以攻道學者，亦未可全責他。蓋自家驕其聲色，立門户與之爲敵，嘵嘵滕〔三〕口實，有所未孚，自然起人不平之心。某平日未嘗爲流俗所攻，攻者却是讀語録精義者。程士南最攻道學，人或語之以某，程云：「道學如陸某，無可攻者。」又如〔四〕諸公，義均骨肉，蓋某初無勝心，日用常行，自有使他一箇敬信處。』

〔一〕陸九淵著，鍾哲點校：《陸九淵集》卷三十五中爲『且』字。
〔二〕陸九淵著，鍾哲點校：《陸九淵集》卷三十五中有『固』字。
〔三〕陸九淵著，鍾哲點校：《陸九淵集》卷三十五中爲『騰』字。
〔四〕陸九淵著，鍾哲點校：《陸九淵集》卷三十五中有『學中』二字。

羅進士獻

羅獻，字章夫，建昌南豐人，登慶元二年丙辰科進士，早歲師事先生，比登第時，先生卒已四年，不及見矣，其歷官未詳。先生勉其進學，嘗與之書云：『著是去非，改過遷善，此經語也。非不去，安能著是？過不改，安能遷善？不知其非，安能去非？不知其過，安能改過？自謂知非而不能去非，是不知非也；自謂知過而不能改過，是不知過也。真知非則無不能去，真知過則無不能改。人之患，在不知其非不知其過而已。所貴乎學者，在致其知，改其過也〔一〕。』

〔一〕陸九淵著，鍾哲點校：《陸九淵集》卷十四中無『也』字。

《陸子學譜》卷之十五

南昌萬承蒼訂
後學臨川李紱編
平越王士俊校

弟子十

吳顯仲

吳顯仲，名未詳，里居官階亦無考。然先生答顯仲書謂『包顯道歸，遺此爲復』，則必建昌南城人也。其第一書云『屬承訪逮』，蓋負笈及門者。先生語録中一段云：『顯仲問：「某何故多昏？」先生曰：「人氣禀清濁不同，只自完養，不逐物，即隨時〔一〕清明，纔一逐物，便昏眩了。顯仲好懸斷，都是妄意。人心有病，須是剥落。剥落得一番，即一番清明，後隨起來，又剥落，又清明，須是剥落得〔二〕盡方是。」』因語顯仲云：『風恬浪静中，滋味深長。人資性長短雖不同，然同進一步，則皆失，同退一步，則皆得。』問傅季魯：『如何而通？如何而塞？』因曰：『某明時直是明，只是懈怠時即塞。若長鞭策，不懈怠，豈解有塞？然某纔遇塞時，即不少

〔一〕陸九淵著，鍾哲點校：《陸九淵集》卷三十五中無『時』字。
〔二〕陸九淵著，鍾哲點校：《陸九淵集》卷三十五中有『淨』字。

安，即求出。若更藉朋友切磋求出，亦鈍甚矣，所以淹没人。只用〔一〕說閑話之類，亦能淹人。某適被顯仲說閑話，某亦隨流，不長進亦甚。然通時說事亦通，塞時皆塞。』

先生與吳顯仲書云：『屬承訪逮，深見嗜學之誠，顧荒謬無以塞盛意。爲別未幾，已有思詠，便風得書，承比辰進修多福爲慰！顯仲質朴甚可嘉。爲學固不可迫切，亦當有窮究處，乃有長進。若能隨分窮究，廢弛豈所患也。又所依得賢主人，不患無浸潤之益也。凌遽占復，莫既所懷，惟勉學自愛。』

其第二書云：『得書讀之，其辭與鄉時書辭不相類，儘平常妥帖，無甚病痛，但恐亦是偶然耳。若果如此，自能隨時學問，不患無益，縱無甚益，亦不至有〔二〕謬戾也。况朝夕得親炙黄丈，又得與濟先相處，不可謂乏師友也。包顯道歸，遣此爲復，莫究所欲言，惟勉學自愛。』

顯仲頗留意文藝，而嘗以不能工爲念。先生答書云：『得書，承比來履用佳適，進學不替，爲慰！來書見喻所學，仍見敏道說，頗以藝能不如人爲憂，此甚非也。當書《論語》「弟子入則孝出則弟」一章，併「子夏賢賢易色」一章於几案間，朝夕觀省，以改前過。讀書作文之事，自可隨時隨力作去，才力所不及者，甚不足憂，甚不足耻。必以才力所不可強者爲憂爲耻，乃是喜夸好勝，失其本心，真所謂不依本分也。』

馮傳之

馮傳之，名未詳。或云即楊慈湖妹壻名象先者，未知是否？其官階無可考，而先生答書，有『已遂改秩，自此進

〔一〕陸九淵著，鍾哲點校：《陸九淵集》卷三十五中爲『朋友』二字。

〔二〕陸九淵著，鍾哲點校：《陸九淵集》卷二中有『甚』字。

用』之語，則亦非徒一命也。傳之敬服先生，論人物不必相識，但據其言論即知其心，見先生答王順伯書，又先生與薛象先書，論舊同官，傳之與焉，則與先生在敕局時相問學者也。其書謂『傳之氣質恢傑，吾甚愛之，恨向來相聚日淺，不能養〔一〕其大端，若只如此，恐不濟事〔二〕』云云。蓋期望之意甚切。又嘗答傳之書言：『春末在郡城閲邸報，竊知已遂改秩，自此進用，吾道之幸，敢不贊喜！吾人仕進，自有大義，所貴乎學者，以明此義耳。不學者固不足道。號爲學者而又牽於俗論私説，則是義猶未明，私猶未徹耳。來教謂不可爲外面擾動，是矣。若眄眄然顧流俗之議論，則安在其爲知道明義也。計利害，計毁譽，二者之爲私均也。大哉！聖人之道。洋洋乎發育萬物，峻極于天，優優大哉。天之所以爲天者，是道也。故曰「唯天爲大」。天降衷于人，人受中以生，是道固在人矣。孟子曰：「從其大體」，從此者也。又曰：「養其大體」，養此者也。又曰：「養而無害」，無害乎此者也。又曰：「先立乎其大者」，立乎此者也。居之謂之廣居，立之謂之正位，行之謂之大道。非居廣居，立正位，行大道，則何以爲大丈夫？傳之氣質，恢乎似道，顧恐不志其大，而臨深爲高，加少爲多耳。願益勉旃，無苟自畫，則吾道幸甚！』先生又嘗與劉志甫書，亦勸其勉勵傳之。蓋拳拳於傳之也。

鄭文肅湜

鄭湜，字溥之，閩縣人，列僞學禁中。《福州府志》云乾道進士。慶元初，以起居直學士草趙汝愚罷相制，有扶危定傾任忠竭簿語。韓侂胄大怒，出知本州，後召入爲刑部侍郎。卒，謚文肅。

〔一〕陸九淵著，鍾哲點校：《陸九淵集》卷十三中爲『發』字。

〔二〕陸九淵著，鍾哲點校：《陸九淵集》卷十三中爲『恐終不甚濟事也』句。

先生答鄭溥之書云：『趙仲聲歸，奉書，慰浣之劇！竊知晉丞大府，此亦未足以處賢者，今當復有清切之除矣，屏居者未之聞耳。往年山間粗成次第，便有西山之遊，相繼有事役，殘歲遂不得一登。比來朋友復相會集。〔一〕月朔，除一小功報復〔二〕，即登山爲久駐之計。去冬與邵機宜一書，頗究爲學本末，今往一觀。遊仙巖題新興寺壁數語，頗足以見居山之適。臘月得元晦復論《太極圖說》書，尋以一書復之，今併往。此老才氣英特，平生志向不没於利欲，當今誠難其輩。第其講學之差，蔽而不解，甚可念也。士論方伸，誠得此老大進此學，豈不可慶？誠者非自成己而已也，所以成物也。此心之靈苟無壅蔽昧没，則痛癢無不知者。國之治忽，民之休戚，彝倫之敘斁，士大夫學問之是非，心術之邪正，接於耳目而冥於其心，則此心之靈必有壅蔽昧没者矣。在物者，亦在己之驗也。何往而不可以致吾反求之功，此所願與同志日切磋而不舍者。文藻特溥之餘事，比來議論節操，凜凜近古。願加不息之誠，日致充長之功，則吾道幸甚！道之行不行固有天命，吾人之學安得而不自致哉。某向嘗妄論，賢者封事不逮奏篇，蓋愚意以爲但當因天變疏陳缺失，以助主上修省之實，不必曲推事驗，如後世言災異者。嘗見元祐三年呂益柔廷對，有曰：「昔之言災異者多矣，如劉向、董仲舒、李尋、京房、翼奉之徒，皆通乎陰陽之理，而陳於當時者非一事矣。然君子無取焉者，爲其著事應之說也。孔子書災異於《春秋》，以爲後王戒。而君子有取焉者，爲其不著事應故也。夫旁引物情，曲指事類，不能無偶然而合者。然一有不合，人君將忽焉而不懼。孔子於《春秋》，著災異，不著事實〔三〕者，實欲人君無所不謹，以答天戒而已。」其言雖未精

〔一〕陸九淵著，鍾哲點校：《陸九淵集》卷十三中有『後』字。
〔二〕陸九淵著，鍾哲點校：《陸九淵集》卷十三中爲『服』字。
〔三〕陸九淵著，鍾哲點校：《陸九淵集》卷十三中爲『應』字。

盡，大概可謂得矣。如乍警乍縱，不能純一之言，可謂切當。至於〔一〕雲將族而復散，雨將下而復止，爲天意象類而然，則愚以爲不必如此言也。又如證以仁祖露立事，亦恐於本指未相應，更願精思之。格君心之非，引之於當道，安得不用其極。此責難所以爲恭，而不以舜之所以事堯事君者，所以爲不敬其君也。思慮審精，每及一事，既舉綱領，又詳其條目，使立可施行，此溥之所長也。然其本末偏重，實未一貫。故原根處雖若精純，〔二〕終篇讀之，却覺渾亂，無統臨運率之勢。萬物並育而不相害，道並行而不相悖，小德川流，大德敦化，必舉綱〔三〕領挈，然後能及此也。行百里者半九十，願着鞭焉。』

先生卒於荆門，《年譜》載江淮總領鄭湜祭文，止存其畧。後見任希夷伯起所爲《斯菴集》，有《代江淮總領鄭湜祭陸荆門文》，云：『嗚呼！道晦難明，學絶誰續，人而有志，命何不淑。伊昔中州，有來二陸，奮跡江介，翔鷺振鵠。家庭之行，世想其風，賢關之美，翕然景從。聲實方盛，長公云亡，君益自振，熠然有光。聖去千載，所傳者書，君獨深造，忘其緒餘。謂心至靈，可通百聖，外〔四〕物雖繁，在我能鏡。欲世知師，欲人知味，未之能行，慨其將廢。若夫素懷，尤具經濟，武事兵書，抵掌論議。英明通達，事物無細，自以無前，曾未用世。豈不登朝，惟監之貳，一麾荆門，僅爾小試。增城浚湟，爲國遠慮，所懷何長？所事未既。顧念疇曩，晤言朝夕，分處江湖，歲年屢易。忽聞訃音，悲懷慘愴，王事方縻，莫芻莫往。緬言象山，無復湮滅，白雲英英，瞻望永訣』云云。蓋伯起是時爲溥之幕職，故代爲此文也。伯起從學朱子，其後入參政府，依違史氏，相業無可

〔一〕陸九淵著，鍾哲點校：《陸九淵集》卷十三中爲『以』字。
〔二〕陸九淵著，鍾哲點校：《陸九淵集》卷十三中爲『故言根原處雖若精純』句。
〔三〕陸九淵著，鍾哲點校：《陸九淵集》卷十三中爲『綱舉』二字，順序顛倒。
〔四〕陸九淵著，鍾哲點校：《陸九淵集》卷三十六中爲『謂』字。

稱。然當陸子歿時，正其師與陸子辯無極忿争之餘。其爲此文，乃推崇陸子如此其至，雖代作之文，意本主人。溥之之得於陸子者固深，而伯起亦可謂知足以及之矣。

趙景昭

趙景昭，名貫未詳。其兄景明，名熠，先從學於呂伯恭，尋來爲撫州守。景昭與先生爲同年進士，在臨安與先生相欵，亦有意於學者，以省兄至撫，遂來問學。鵝湖之會，景昭從行，與聞講論，深相信服。景昭官階所至無可考。其除授大理司直也，先生嘗以書勉之云：『新除極爲贊喜！邦之司直，非兄其誰與〔一〕歸。刑官古人所重，臯陶尸陳謨論道之任，而舜命作士。今司直之名猶在大理，又適爲賢者進用之階，殊令人增慕古之懷。今日法制，〔二〕未容人遽實其名〔三〕。然珠藏淵媚，兄〔四〕必有以處之矣。』

張季忠

張季忠，名貫未詳，從事先生，勇往力學，爲同輩所推服。先生嘗與季忠書云：『聞元忠説，友朋間唯季忠篤志不懈，甚爲之喜。人苟有志於學，自應隨分有所長益，所可患者，有助長之病耳。雖古聖賢，尚不能無過，所貴能改耳。《易》稱顔子之賢曰：「有不善未嘗不知，知之未嘗復行也。」由是觀之，則顔子亦不能無不善

〔一〕陸九淵著，鍾哲點校：《陸九淵集》卷十一中無『與』字。
〔二〕陸九淵著，鍾哲點校：《陸九淵集》卷十一中有『有』字。
〔三〕陸九淵著，鍾哲點校：《陸九淵集》卷十一中有『耳』字。
〔四〕陸九淵著，鍾哲點校：《陸九淵集》卷十一中有『其』字。

處。今人便欲言行無一不善，恐無是理。往往只是好勝，每事要強人，要人檢點〔一〕不得，不知此意已與古人背馳矣。若無此意，但寬平隨分去，縱有過，亦須易覺易改。便未覺未改，其過亦須輕。故助長之病甚於忘。季忠之意，忘〔二〕病自少，所患有助長之病，雖未加益，亦自平穩，況必不能不有益耶？』按：『雖未加益』之上似有脫句。

葛少良

葛少良，金谿人，未詳其字。其兄名逢時字才美者，能文章，有聲庠序，與文達公同年成進士。其父名賡，字德載，有德量，而材武過人，屢破山賊，有功於鄉黨，以子貴封宣義郎。致政，知敬禮先生，故少良與第四兄宗允並師事先生，見先生所爲其父葛致政公墓誌。

劉志甫

劉志甫，名貫無考。先生答書，言其與王順伯相繼入冊府，則文學侍從之列也。先生書辭勉勵甚切，期以成物，欲其切磋馮傳之，則所造高矣。今録先生答書於後。

『趙仲聲還，得書，讀之渙然，深用慰懌！順伯與足下相繼入冊府，亦前時所無，求外想亦未容遽也。誠者，非自成己而已也，所以成物也。成己，仁也；成物，知也。性之德也，合内外之道也。交遊間氣質不至扞格者，當

〔一〕陸九淵著，鍾哲點校：《陸九淵集》卷七中『檢點』二字顛倒爲『點檢』。

〔二〕陸九淵著，鍾哲點校：《陸九淵集》卷七中爲『志』字。

日有麗澤之益，此其爲進德之驗甚著。馮傳之氣稟恢然，當今難得，所當共愛惜之。向來相聚，失於懶散，不曾與之啓其大端。去歲嘗有一書勉之，近得其書，殊覺其邈然不相入，深爲惋惜！志甫尚能致力於此乎？今録向來書稾去，若致力切磋，庶有其端也。近與春伯一書，痛箴其陋習膏肓，能索觀之爲佳。道之行不行，固天也、命也，至於講明，則不可謂命也。知言者，亦何必俟其效之著而知其所到哉？此心本靈，此理本明，至其氣稟所蒙，習尚所梏，俗論邪説所蔽，〔一〕非加剖剥磨切，則靈且明者曾無驗矣。』

顔子堅

顔子堅，名貫未考，往來問學於朱、陸二先生。一日，棄儒服爲僧，先生絶之。嘗與詹子南書云：『顔子堅既已去髮，〔二〕非吾人矣。此人質性本亦虚妄，故卒至於此。』按：子堅自棄，本不足録，而後之妄人，如陳建輩，輒借子堅以詆先生，不知先生固已絶之，且子堅亦嘗問學於朱子，其答子堅書現存《大全集》中，豈亦足累朱子耶？故存其人而辯之如此。子堅既爲僧，猶以書來講學，先生答之云：『向在八石時，嘗〔三〕納區區之忠。既而子堅〔四〕用節級〔五〕諸人推轂，遂變儒服，端以〔六〕爲迂拙之言，必蒙見棄。屬者屢蒙見過，每於鄙言，謂有所啓，追念疇昔，爲之慨然。乃知高明終當遠到，豈遽不能明衆人所同知之過哉？』蓋先生辭婉而責之深，終望

〔一〕陸九淵著，鍾哲點校：《陸九淵集》卷十中有『則』字。
〔二〕陸九淵著，鍾哲點校：《陸九淵集》卷十中爲『顔子堅既已髮胡服』句。
〔三〕陸九淵著，鍾哲點校：《陸九淵集》卷七中爲『當』字。
〔四〕陸九淵著，鍾哲點校：《陸九淵集》卷七中有『曾』字。
〔五〕陸九淵著，鍾哲點校：《陸九淵集》卷七中爲『父』字。
〔六〕陸九淵著，鍾哲點校：《陸九淵集》卷七中無『以』字。

其改過而反歸於正也。

李季遠

李季遠，名貫未詳，止見於先生答包詳道書云：『近〔一〕得李季遠書，盛陳别後爲學工夫，大抵以爲朝夕不懈涵泳，甚有日新之意。又以詳道〔二〕以「本無事」之説排之，渠又論不可無事之故。某復書云：「所示與詳道議論不合之處，皆是講學不明，人持所見以爲説，用相切磋，殆如兒戲。」今此得信，又有與敏道異同之論，要亦是兒戲耳。精勤不懈，有涵泳玩索之處，此亦是平常本分事，豈可必將無事之説排之？如讀書接事間，見有理會不得處，却加窮究理會，亦是本分事，亦豈可教他莫要窮究理會。若他持此説者元無着實，但是虚意駕説立議論，初無益於事實，亦須窮見其底藴，只就他虚意無實處理會，豈可以一説攻一説。如詳道來書，甚見己學不明，但就〔三〕虚説之病。』按：先生此書，季遠與詳道講論往復，則季遠亦南城人，與包氏兄弟同來侍學者也。

廖幼卿 兄懋卿

廖幼卿，名未詳，與兄懋卿並師事先生，其里居官階無考。然觀先生答幼卿書，謂懋卿與傅仲昭相聚，疑二廖亦南城人也。今附先生答幼卿書於後。

『適聞傅仲昭語及懋卿坐間假寐，仲昭以爲此必未能自拔，此殆不然。仲昭未知此理。非但仲昭未知此理，料幼

〔一〕陸九淵著，鍾哲點校：《陸九淵集》卷六中有『嘗』字。
〔二〕陸九淵著，鍾哲點校：《陸九淵集》卷六中有『力』字。
〔三〕陸九淵著，鍾哲點校：《陸九淵集》卷六中爲『執』字。

卿亦未知此理。人未知學，其精神心術之運皆與此道背馳。一旦聞正言而知非，則向來蹊徑爲之杜絶。若勇於惟新，固當精神筋力皆勝其舊。然如此者難得，但得不安其舊，雖未有日新，亦勝頑然不知與主張舊習者遠矣。今懋卿雖未有日新之功，若其困睡，則是已知舊見舊習之非，不復就其上主張運用，故如此耳。此不足〔一〕爲深害，但少俟之，徐觀其幡然，則大善矣。朋友間不深知此理，迫之太甚，罪之太切，則又反爲害矣。』

李伯誠

李伯誠，名貫未詳，或云慶元人也，與楊、袁、沈、舒四君子同事先生。《慈湖遺書》有代李伯誠祭先生文云：『某於象山先生文安公，受罔極之恩，片言頓覺，如脱桎梏，清明光大，到於今日用云爲變化。夫人之喪，承訃後時，今既襄奉，既禫祥矣。兹敢敬致三牲之禮于文安公暨夫人几筵之前。日月遷流，斯覺未嘗流。死生雖異，斯覺未嘗異。言辭有極，斯覺無極。欲報之德，昊天罔極。』觀此文之辭，雖出慈湖代作，然伯誠受教亦已深，而所造亦已高矣。或又謂伯誠，即先生集中所與書之省幹也。

張進士宏

張宏，字元度，臨川人。先生晚年，始來從學，中嘉定十一年進士。《慈湖遺書》有贈元度序文云：『臨川張元度，以鄉舉至禮部，持陸先生書，踵門就見，其辭氣已知其誠確可敬。及復見，益知其篤志己學，蓋夜則收拾精神使之於静。某曰元度所以有本自成全，何暇更求？視聽言動，不學而能。惻隱羞惡，恭敬是非。隨感輒應，不

〔一〕陸九淵著，鍾哲點校：《陸九淵集》卷十四中無『足』字。

待詔告。清明在躬，廣大無際。精神四發，不疾而速。不行而至，收之拾之，乃成造意。休之静之，猶是放心。學問之道無他，求其放心而已矣。吾心本無妄，舍無妄而更求，乃成有妄。故曰無妄之往何之矣？元度猶自以爲未能無過。某曰有過惡即改。元度精神何罪而收拾之？元度既以爲然矣。告别，復求書數語以歸。某索之胸中，實無説足以稱塞來意，辭之不獲，乃敘其畧。而又告之曰，元度好賢樂善，孜孜如不及。某堅謂元度自賢自善，何所更疑，而猶待他人爲。淳熙丁未正月二十二日，書於寶山官舍。』

按：此時蓋元度初舉於鄉，如京師應省試也。

陳去華

陳去華，未詳其名，廣東廣州人，師事先生，天姿甚高，而年不永，先生深惜之，嘗論及門之士必稱去華。嚴松年録先生語云：『廣東〔一〕一學者陳去華，省發偉特。某因問：「吾與點也一段，尋常如何理會？」屢問之，去華終以爲理會不得。一日，又問之，去華又謂理會未得。某云：「且以去華所見言之，莫〔二〕未至全然曉不得」去華遂謂據某所見，三子只是事上著到，曾點〔三〕在這裏着到。某詰之曰：「向道理會不得，今又却理會得。」去華頓有省，自敘聽話一月，前十日聽得所言皆同，後十日所言大異，又後十日與前所言皆同，因有十詩。别後謂人曰：「某方是一學者在。待歸後，率南方之士，師北方之學。」蓋廣中蒙欽夫之教，故以此爲北方耳。』

〔一〕陸九淵著，鍾哲點校：《陸九淵集》卷三十四中爲『中』字。
〔二〕陸九淵著，鍾哲點校：《陸九淵集》卷三十四中有『也』字。
〔三〕陸九淵著，鍾哲點校：《陸九淵集》卷三十四中有『卻』字。

劉德固

劉德固，名貫未詳，與胥必先同事先生，則必金谿人也。

先生與胥必先第二書云：『劉德固須尚留山間。前此未得〔一〕渠同讀書，但說得《比卦》稍詳。書亦政不必遽爾多讀，讀書最以精熟爲貴。煩喻德固，且熟讀《比卦》爲佳。德固前此於文義間多未通曉。近所以開發之者非在文義，每爲德固解說，必令文義暢明〔二〕，欲不勞其思索，不起其疑惑，便〔三〕末不害本，文不妨實。常令文義輕而事實重，於事實則不可須臾離，於文義則曉不曉不足爲輕重〔四〕，此吾解說文義之妙旨，必先亦不可不知也。然此亦豈可強爲之哉？非明實理，有實事實行之人，往往乾没於文義間，爲蛆虫識見以自喜而已。安能任重道遠，自立於聖賢之門墻哉？』

馮元質

馮元質，名貫亦未詳，止見先生《語録》中。蓋與朱季繹、楊子万同時來問學者也。

陳師淵

陳師淵，名貫亦未詳，惟見先生《翠雲題壁》所謂『陳師淵作飯供者也』。

〔一〕陸九淵著，鍾哲點校：《陸九淵集》卷三十四中有『與』字。
〔二〕陸九淵著，鍾哲點校：《陸九淵集》卷十四中『暢明』二字順序顛倒。
〔三〕陸九淵著，鍾哲點校：《陸九淵集》卷三十四中爲『使』字。
〔四〕陸九淵著，鍾哲點校：《陸九淵集》卷十四中『輕重』二字順序顛倒。

按：翠雲寺在雲林山。是日，許昌朝、胡無相、劉伯協等，從先生同遊者甚衆，而師淵獨具飯，自非地主不能，然則師淵亦金谿人也。

倪伯珍

倪伯珍，名貫未詳，蓋結廬象山之上而師事先生，蓋亦同郡或信州人耳。先生與吴子嗣書，云：『近得周元忠書，謂幹伯、伯珍諸人，有意遣輿夫相迎。』時伯珍等俱在象山也。先生題伯珍所居曰『愈高』，蓋其所結之廬在象山最高處耳！先生與黄循中書謂：『與晦翁往來〔一〕書録往，伯珍、舜輔，會次幸示之。』蓋諸人皆結廬山中者也。

祝才叔

祝才叔，名貫未詳，或曰臨川南櫟人，結廬象山之上，從先生問學。先生題其所居曰『規齋』，才叔因以爲號。凡先生爲諸弟子題象山結廬齋額，並見淳熙十四年，先生四十九歲《年譜》。

李德章纓

李纓，字德章，臨川人。初從學於文達公復齋先生，旋與文達公同中乾道五年己丑科進士，後乃兼事先生。《西江志·曾極傳》云：『遠近學者宗陸氏之學，自極之父滂與李德章師復齋始。二人與先生兄弟年輩相等，而能屈己以從，首崇師道，爲里閭率先。』蓋皆有識之士，卓然不囿於流俗者也。

〔一〕陸九淵著，鍾哲點校：《陸九淵集》卷十二中爲『復』字。

吳君玉

吳君玉，名貫未詳。或云臨川人，即淳熙十年甲辰科進士吳琮；或云名鎰，即葉水心所薦於執政三十四人之一也。君玉至槐堂從學，乃先生三十四歲成進士後初歸家講學時。君玉天姿高明。嚴松年記先生語云：『先生言：「吳君玉自負明敏，至槐堂處五日，每舉書句爲問。隨其所問，解釋其疑，然後從其所曉，敷廣其說，每每如此。其人再三稱歎云：『天下皆說先生是禪學，某獨〔一〕見得先生是聖學。』然退省其私，又却都無事〔二〕。」又云：「此人明敏，只是不得久與之切磋。」』

趙子新

趙子新，名貫未詳，少年從學，先生甚稱之。嚴松年録先生語云：『先生嘗稱歎趙子新美質，謂：「人莫不有夸示己能之心，子新爲人稱揚，反生羞愧；人莫不有好進之心，子新恬淡，雖推之不前；人皆惡人言己之短，子新惟恐人不以其失爲告。羣居終日，默默〔三〕端坐，陰有以律夫氣習之澆薄者多矣，可謂人中之一瑞，但不能進學，爲〔四〕可憂耳！」或云：「年亦未壯。」答云：「莫道未也，二十歲來。」一日，子新至，語之曰：「莫堆堆地，須發揚。車前不能令人軒，車後不能令人輊，何不發揚？」』

〔一〕陸九淵著，鍾哲點校：《陸九淵集》卷三十四中爲『獨某』二字，順序顛倒。
〔二〕陸九淵著，鍾哲點校：《陸九淵集》卷三十四中有『了』字。
〔三〕陸九淵著，鍾哲點校：《陸九淵集》卷三十四中爲『然』字。
〔四〕陸九淵著，鍾哲點校：《陸九淵集》卷三十四中無此『爲』字。

童伯虞

童伯虞，名貫未詳，或曰南城人，蓋音注柳文名宗説者之族人也。幼事文達公，後事先生。時先生秋試，未爲考官所取，則從學之年，在乾道元年乙酉歲之前。先生答書年譜，亦載於乙酉，蓋從學較他門人爲最早矣。書中稱其『趨向不凡，爲環所居數百里間所不多有』。又謂『處其館，幾半載』。則非同郡人，即建昌人矣。今附先生答伯虞書於後，云：『某秋試，幸不爲考官所取，得與諸兄諸姪切磨於聖賢之道，以滓昔非，日有所警，易荆棘陷穽以康莊之衢，反羈旅乞食而居之於安宅，有足自慰者。足下往年心期於予兄子壽，今年又與僕相處，趨向固不凡。近環吾居數百里間，前此蓋不多若足下者。然僕處足下之館幾半載，而不能回足下眷眷聲利之心，此誠僕淺陋之罪。曾子曰：「視其庭可以搏鼠，烏能與我歌乎？」仲尼、顔子之所樂，宗廟之美，百官之富，金革百萬之衆在其中，此豈可以二用其心而期與富貴利達兼得之者哉？《記》曰：「富潤屋，德潤身。」孟子曰：「趙孟之所貴，趙孟能賤之。」又曰：「仁義忠信，樂善不倦，此天爵也；公卿大夫，此人爵也。」孟子之時，求人爵者，尚必修其天爵，後世之人[一]求人爵，蓋無所事於天爵矣。捨此而從事於彼，何啻養一指而失其肩背。況又求之有道，得之有命，非人力所可必致者，而反營營汲汲於其間？以得喪爲欣慼，[二]亦甚矣，子思曰：「人皆曰予智[三]，驅而納諸罟擭陷穽之中，而莫之知避也。」來書謂「無我笑」，此僕之所惘惜，非所笑也。足下雖不言，僕固知之深矣。向僕既不能舉，聞足下領試亦不中，甚欲即書一紙爲足下言之，因循不遂。比來此念尤切，方此圖之，竟爲來書所先，輒布此爲復。』

[一] 陸九淵著，鍾哲點校：《陸九淵集》卷三中無『人』字。
[二] 陸九淵著，鍾哲點校：《陸九淵集》卷三中有『惑』字。
[三] 陸九淵著，鍾哲點校：《陸九淵集》卷三中爲『知』字。

喬德占

喬德占，名貫未詳，惟先生荅書鞭策甚嚴，蓋亦有志於學而未能實用其力者也。今附先生與德占書於後，云：『某侍〔一〕下粗遣，無足道者。披讀來示，情文焕然。如昔者之見，德占未之有改，不唯不改，抑似有益甚者。教以爲學日知其難，過失日覺其多，朝夕恐懼。非不鄙無似，以爲可語，安肯及此。愚見所及，〔二〕不敢自外於左右。所謂知難、覺過者，蓋未知其難、未覺其過而恐懼者，非所以爲恐懼也。誠能知過、知難〔三〕、知恐懼，則雖無此言，千里之外，尺〔四〕書之間，當必有其驗矣。「潛雖伏矣，亦孔之昭」，誠之不可掩固如此。此過不除，學者大患。不然，則如所云者，適足以增其驕、益其疾〔五〕而已矣。將有窮年卒歲，愈騖愈遠而不自知者，甚可懼也。』

按：先生三歲失母，二十四歲丁父憂，三十九歲丁繼母憂。此書侍下粗遣，則德占從學，亦在先生早年。

胡無相

胡無相，臨川人，生而聰慧，名妙明。《撫州府志》云：『少時，遇一僧，教其面壁静坐，遂有穎悟能文，自號無相，名公卿多與之交。』象山先生講《易》。一日，無相亦來聽講。先生問理會得否？對曰：『三書未分露消息，六爻纔動錯商量。』意譏當時章句訓詁者穿鑿也。先生頗許之，自是來侍學。嘗偕劉伯協、許昌朝等，侍先

〔一〕陸九淵著，鍾哲點校：《陸九淵集》卷三中爲『時』字。
〔二〕陸九淵著，鍾哲點校：《陸九淵集》卷三中有『用』字。
〔三〕陸九淵著，鍾哲點校：《陸九淵集》卷三中爲『知難、知過』，順序顛倒。
〔四〕陸九淵著，鍾哲點校：《陸九淵集》卷三中爲『人』字。
〔五〕陸九淵著，鍾哲點校：《陸九淵集》卷三中有『焉』字。

生遊雲林山之翠雲寺，無相爲茶供，見先生題翠雲寺壁。晚年結菴常清觀，翛然自得，常以書寄先生，憫俗學溺意見。先生答之云：『惠書憂憫俗學，傷悼邪見，深中時病。惟是推許過盛，非所敢承。劉定夫得數日〔一〕之欵。張誠子迫試期不及一見，但得訊云：「回日見過。」定夫亦約早晚登山。山間朋友近多讀《尚書》。上古道義素明，有倡斯和，無感不通，只是家常茶飯。今人既惑於利禄，又蔽於邪説，見説此理，翻成特地，豈不可憐哉？』

按：無相早年雖從僧人爲禪學，實未嘗爲僧，不過如朱子問禪於妙喜耳。《撫州府志》遂列之方外，而稱之以僧，誤矣。如果爲僧，則陸子書記豈不一語及之哉？如顔子堅，則斥爲非復吾人，何獨畧於無相？竊意遇僧面壁，亦不過因其名字之異而傅會之，未必實有是事也。

董元錫

董元錫，名貫未詳，從學於先生，又師事文達公，疑亦金谿人也。初元錫以書問學，謂知己難得，又謂疾小人如仇。先生答書云：『元錫舊常有向學之意，而中自畫，每切念之，無由奉達，今因此輒致區區，幸少垂聽。往訓中言小人者甚多，不可一概觀。小人字雖同，而其所指乃有相去天淵者。《論語》所謂：「女爲君子儒，無爲小人儒。」又曰：「言必信，行必果，硜硜然，小人哉！」又如尹士既聞孟子之言則曰：「士誠小人也。」此等則是學不至道，而囿於私見，不能終從其大體，故謂之小人。《易》曰：「小人不耻不仁，不畏不義，〔二〕見利

〔一〕陸九淵著，鍾哲點校：《陸九淵集》卷十中爲『目』字。
〔二〕陸九淵著，鍾哲點校：《陸九淵集》卷十中有『不』字。《十三經注疏·周易正義》中有『不』字，中華書局一九八三年版。

不勸，不威不懲。」此則氣質乖戾，姦險凶惡之小人也。治世盛時，若不格面從化，則刑戮之所不貸。此兩者，善惡雅俗、汙潔之辨如雲泥矣。元錫平時喜事好修，何至爲由後之小人哉？若由前之小人，則恐非元錫之所能及。今流俗不學之人，而其質不至於不耻不仁，不畏不義，又不得陶冶於先聖王之教，方憑其私意自以爲善，此則是俗人，不得謂之士，不得謂之儒，此輩必不能如尹士自知之明也。然俗人中，氣質又有厚薄、輕重、大小。平時所惜於元錫者，爲其氣質偶不得其厚重者，故不能自拔於市井之習，又輒憑之以妄議人之長短，所見日陋。如來書所謂讐，即陋見也。知己之說亦陋。然吾能化陋以爲廣大，請借元錫知己之說而言之，元錫誠欲求知己，當今之世，捨我其誰哉？但恐元錫怕逢知己耳。元錫誠能不安其舊，惟新是圖，則本心可以立復，舊習可以立熄，居仁由義，大人之事備矣，誰得而禦之。』

先生語録又有一條云：『初教董元錫〔一〕自立，收拾精神，不得閑說話，漸漸好，後被教授講〔二〕解《論語》，却反壞了。』蓋元錫未忘俗見，久好議論人長短，故教以不得說閒話則漸好，而教以講論則反壞也。

倪九成

倪九成，名貫未詳。惟先生集中有答九成書，勉勵甚至。又責其精神意向無復向時從遊之意，則從學非一日矣。

今附録答九成書於後。

『春間承訪，恨不及欵。其時見九成精神意向，皆已汩没，追念向時從遊之意，無復髣髴矣。遂獻愚衷，或冀自

〔一〕陸九淵著，鍾哲點校：《陸九淵集》卷三十五中爲『息』字。
〔二〕陸九淵著，鍾哲點校：《陸九淵集》卷三十五中爲『教』字。

此幡然，爲益不細。來書乃有「但説病狀，未説病源」之疑。此乃俗見膠固，俗習深重，雖聞正言，未肯頓舍，自以曲折之意爲曲折之説，亦其勢然也。譬如小兒懶讀書，多説懶方，未肯便入書院耳。要知病源，即此是也。以九成之質直，誠能深思俗見俗習之可惡，能埋没人靈，蒙蔽正理。思之既明，幡然而改，奮然而興，如出陷穽，如決羅網〔一〕，如去荆棘，而舞蹈乎康莊，翱翔乎青冥，豈不快哉？豈不偉哉？尚誰得而禦之哉？誠能於此自決，則名方乃在九成肘後，良劑乃在九成囊中，反而求之，沛然甚足，尚何事觀我朶頤云哉？』人靈，似當作性靈。

李叔潤

李叔潤，名貫未詳，止見於先生與徐子宜書，云：『李叔潤，與之言惡俗交戕之處，泫然流涕，感激良深，自此亦可以爲學，第恨相處不久耳。』子宜書中，又及端卿、端木等，皆問學於先生者，亦無可考。

薛公辨

薛公辨，名貫未詳。《文集·目録》作蔡公辨，未知孰是。《集》中有先生與公辨書，云：『所録諸書，已逐一點對。末後復趙然道書，甚多脱誤，可子細將〔二〕録本添改，庶可讀也。書，字畫甚無法度，如「傅」字須向上着一點，不着點，便成「傳」字。古刻「傳」字，「專」中不着「厶」字，但以不着點與傅字爲别。所録書，其

〔一〕陸九淵著，鍾哲點校：《陸九淵集》卷十二中爲『網羅』二字，順序顛倒。
〔二〕陸九淵著，鍾哲點校：《陸九淵集》卷十四中有『所』字。

前尚稍可看，向後數篇甚刺人眼。結字既不端正，畫之長短，皆顛倒失宜。向來蓋嘗說及此等處，何爲都不省記？來書辭語病痛極多，讀之甚不滿人意。用助字不當律令，尤爲缺典。老夫平時最檢點後生言辭書尺文字，要令入規矩。如吾兒持之，甚懶讀書，絶不曾作文，然觀其不得已書尺與爲場屋之文，其助字未嘗有病。造語亦勁健，不至冗長，此亦是稍聞老夫平日語故能然。且今觀吾子之文，乃如未嘗登吾門者，即此便可自省。安詳沉静，心神自應日靈，輕浮馳騖則自難省覺。心靈則事事有長進，不自省覺，即所謂動皆乖繆，適足以貽羞取誚而已。』

按：書中之言，則公辨爲先生抄録所爲文字，蓋弟子之親切者，而字畫之未善，必細爲指示。亦大程子作字甚敬之意，而推原於心靈有無省覺，固非僅欲字好也。

吴文學恂

吴恂，金谿人。宋濳谿濂作《東吴先生吴公墓志銘》，云：『吴氏，初自延陵而分。五季末，有諱嗣者，自廣信遷撫之金谿。其諸孫宋含光尉邦基，生恂，從象山陸文安公傳道德性命之學』云云。則恂之所造甚高，惜其行業無可考也。其六世孫東吴先生儀，有大名，見第十九卷。

李將使雲

李雲，興國人，將家子也，有勇力，先生奇而教之，後獲用太尉畢再遇帳下。其家祠事先生，或問何爲？曰：『雲少時嘗欲率五百人，打劫起事。一日，往見先生，蒙誨，翻然而改。不然，此身不得爲人矣。』見先生四十六歲《年譜》。

《陸子學譜》卷之十六

南昌萬承蒼訂
後學臨川李紱編
陸川龐嶼校

門人上

歐陽子謂受業者爲弟子，受業於弟子者爲門人，後世誤渾爲一，孔氏門人見於《論語》者可考也。孟子論見知不獨在親炙，凡去聖人之世未遠者皆得與焉。蓋世之相近，源流親切，則亦與弟子無少殊耳。陸子再傳之士，名人甚衆，而發明陸學，若包文肅、袁正肅二公，尤宏偉，統緒所在，不可没也。今録門人爲二卷。

包文肅公恢

《宋史》本傳

包恢，字宏父，建昌人。自其父楊、世父約、叔父遜從朱熹、陸九淵學。恢少爲諸父門人講《大學》，其言高明，諸父驚焉。嘉定十三年，舉進士。調金谿主簿。邵武守王遂辟光澤主簿，平寇亂。建寧守袁甫薦爲府學教授，監虎翼軍，募土豪討唐石之寇。授掌故，改沿海制置司幹官。會歲饑，盜起金壇、溧陽之間，恢部諸將爲討〔一〕誅夷之。沿江制置使陳韡辟爲機宜，復有平冠功，改知吉州永豐縣，未行，差發運幹官。福建安撫使陳塏檄平寇，遷武學諭、宗正寺主簿，添差通判台州。徐鹿卿討溫寇，辟兼提點刑獄司主管文字，議收捕。改通判臨安府，遷宗正〔二〕主簿、知台州。有妖僧居山中，號『活佛』，男女爭事之，因爲姦利，豪貴風靡，恢誅其僧。進左司郎官，未行，改湖北提點刑獄，未行，移福建兼知建寧。閩俗以九月祠『五王』生日，靡金帛，傾市奉之。恢曰：『彼非犬豕，安得一日而五子同生，非不祥者乎而尊畏之若是。』衆感悟，爲之衰止。兼轉運判官，以侍御史周坦論罷。光州布衣陳景夏上書云：『包恢剛正不屈之臣，言者污衊之耳。』又四年，起爲廣東轉運判官，權經畧使，遷侍右郎官，尋爲大理寺〔三〕少卿，即日除直顯文閣、浙西提點刑獄。是時海寇爲亂，恢單車就道，調許、澉浦分屯建砦，一旦集諸軍討平之。嘉興吏因和糴受賕百萬，恢被旨慮囚，曰：『吾用此消殄氣。』乃滅死，斷其手。進直龍圖閣、權發運，升秘閣修撰，知隆興府兼江西轉運。沉妖妓於水，化爲狐，人皆神之。有母愬子者，年月後〔四〕作『疏』字，恢疑之，呼其子至，泣不言。及得其情，母孀居，與僧通，惡其子諫，以不孝坐之，狀則僧人〔五〕爲之也。因責子侍養，跬步不離，僧無由至。母乃託夫諱日，入寺作佛事，以籠盛衣帛，因納僧於內以歸。恢知之，使人要之，置籠公庫，逾旬，吏報籠中臭達於外，恢命沉於江，語其子曰：『爲汝除此害矣。』又姑死〔六〕假子婦棺以斂，家貧不能償，婦愬於恢，恢怒，買一棺，給其婦卧棺中以試，

〔一〕脫脫等撰：《宋史》卷四百二十一《包恢傳》中爲『十』字。
〔二〕脫脫等撰：《宋史》卷四百二十一《包恢傳》中有『寺』字。
〔三〕脫脫等撰：《宋史》卷四百二十一《包恢傳》中無『寺』字。
〔四〕脫脫等撰：《宋史》卷四百二十一《包恢傳》中有『狀』字。
〔五〕脫脫等撰：《宋史》卷四百二十一《包恢傳》中無『人』字。
〔六〕脫脫等撰：《宋史》卷四百二十一《包恢傳》中有『者』字。

就掩而葬之。改湖南轉運使，罷。景定初，拜大理卿、樞密都承旨兼侍講，權禮部侍郎，尋爲中書舍人。林希逸奏恢守法奉公，其心如水。權刑部侍郎，進華文閣直學士、知平江府兼發運。豪有奪民包舉田寄公租誣上者，恢上疏，指爲以小民祈天永命之一事，帝覽惻然，罪任事者，即歸民田。詔〔一〕赴闕，辭，改知紹興，又辭。度宗即位，召爲刑部尚書，進端明殿學士，僉書樞密院事，封南城縣侯。郊祀禮成，還，以資政殿學士致仕。恢歷任〔二〕所至，破豪猾，去姦吏，治蠱獄，課盆鹽，理銀欠，政聲赫然。嘗因輪對曰：『此臣心惻隱所以深切爲陛下告者，陛下惻隱之心如天地日月，其閉而食之者曰近習、曰外戚耳。』參知政事董槐見而歎之曰：『吾等有慚色矣。』他日講官因稱恢疏剴切，願容納。理宗欣然曰：『其言甚直，朕何嘗怒直言！』經筵奏對，誠實懇惻，至身心之要，未嘗不從容諄至。度宗至比恢爲程顥、程頤。恢侍其父疾，滌濯掃除之役，不命僮僕。年八十有七，臨終，舉〔三〕懷慎臥簀窮約事戒諸子斂以深衣，作書别親戚而後卒，有光隕其地。遺表聞，帝輟朝，贈少保，謚文肅，贈〔四〕銀絹五百。

遺文

淳熙〔五〕六年丙午，春正月二日，奉旨旌表先生門閭。八年〔六〕戊申，夏五月朔，包文肅公作《旌表門閭記》。其畧

〔一〕脱脱等撰：《宋史》卷四百二十一《包恢傳》中爲『召』字。
〔二〕脱脱等撰：《宋史》卷四百二十一《包恢傳》中爲『仕』字。
〔三〕脱脱等撰：《宋史》卷四百二十一《包恢傳》中爲『仕』字。
〔四〕脱脱等撰：《宋史》卷四百二十一《包恢傳》中爲『賻』字。
〔五〕按：此應爲淳祐，而不應爲淳熙。
〔六〕按：此應爲淳祐八年。

云：『門閭之高，不惟此〔一〕人，此古今所尤難者。惟陸氏五世而有文達、文安二大儒，以人品之高，道術之明，特起東南，上續道統，實以師表四海，非僅以師表一家。《大學》致知、誠意、正心、修身、齊家、治國、平天下之全體大用，具在於〔二〕是矣。陸氏所以名家，由二先生之名世也。』

淳祐十年庚戌，夏五月，撫州守葉夢得命金谿宰立〔三〕更剏先生〔四〕祠堂，增葺書院。九月，建梭山、復齋、象山三先生祠堂於郡學之東，以袁燮和叔、傅子雲季魯侑。十一年辛亥，春三月望日，包文肅公撰《三陸先生祠堂記》，發明先生之學，最爲明晰，可以盡破俗學之疑。今録其文於後，云：『以正學名天下，而有三先生焉，萃在一郡一家，若臨川陸氏昆弟者，可謂絶無而僅有歟。梭山寬和凝重，復齋深沉周謹，象山光明俊偉，此其資也，固皆近道矣。若其學之淺深，則自有能辨之者。梭山篤信聖經，見之言行，推之家法，具有典刑。雖服先儒之訓，而於理有不可於心者，決不苟狥。惜其終於獨善，而不及見諸行事之著明〔五〕。復齋少有大志，浩博無涯涘，觀書無滯礙，繙閲百家，晝夜不倦。自爲士時已有稱其得子思、孟子之旨者。其後入太學，一時知名士咸師尊之，則其學可知矣。又惜其在家在鄉，僅可見者，輔成家道之修整，備禦湖寇之侵軼〔六〕，紀綱肅而橐弊〔七〕悉革，誠意孚而人心興起，卓然〔八〕爲海内儒宗，繫天下之望，而恨未得施其一二耳。若夫象山先生之

〔一〕陸九淵著，鍾哲點校：《陸九淵集》卷三十六中爲『其』字。
〔二〕陸九淵著，鍾哲點校：《陸九淵集》卷三十六中無『於』字。
〔三〕陸九淵著，鍾哲點校：《陸九淵集》卷三十六中爲『王』字。
〔四〕陸九淵著，鍾哲點校：《陸九淵集》卷三十六中無『先生』二字。
〔五〕陸九淵著，鍾哲點校：《陸九淵集》卷三十六中有『爾』字。
〔六〕陸九淵著，鍾哲點校：《陸九淵集》卷三十六中爲『軌』字。
〔七〕陸九淵著，鍾哲點校：《陸九淵集》卷三十六中有『之』字。
〔八〕陸九淵著，鍾哲點校：《陸九淵集》卷三十六中爲『然而』二字。

言論風旨，發揮施設，則有多於二兄者。蓋自其幼時已如成人，淵乎似道，有定能静，實自天出，不待勉强。故其知若生知，其行若安行，粹然純如也。蓋學之正而非他，以其實而非虚也。故先生嘗曰：「宇宙間自有實理。此理苟明，則自有實行、有實事。實行之人，所謂不言而信。」又自謂：「平生學問惟有一實，〔一〕則萬虚皆碎。」嗚呼！彼世之以虚識見、虚議論，習成風化，而未嘗一反〔二〕就實，以課日進月〔三〕新之功者，觀此亦嘗有所警而悟其非乎？夫道不虚行，若大路然，苟得實地而實履之，則起自足下之近可達千里之遠。故自仁之實推而至於樂之實，自有樂生惡可已之妙。其實可欲者善也，實有諸己者信也，自〔四〕善信而充實有光輝焉，則其實將益美而大，是誠之者人之道也。由大而化則爲聖，而入於不可知之之神，是誠者天之道也。此乃孟子之實學，可漸進而馴至者。然而無有乎爾，則亦久矣。先生嘗論學者之知至，必其智識能超出千五百年間名世之士，而自以未嘗少避爲善之任者，非敢奮一旦之决，信不敏之意，而徒爲無忌憚大言也。蓋以其初實因深切自反，灼見善非外鑠，徒以交物有蔽，淪胥以亡，自此不敢自棄，是其深造自得，實自孟子。故曰「孟子之後至是始一明」。其誰曰不然。四方聞其風來學者輻輳。先生明於知人，凡所剖决必洞見其肺肝，所箴砭必的中其膏肓，各〔五〕有感動，覺其良心而知其正性者爲多。然則其學真可質鬼神而無疑，俟聖人而不惑者矣。昭昭如是，豈其間有所疑惑焉殆若不可曉者，是又烏得不因以致其辯歟？且道義之門，自開闢以來一也。豈容私〔六〕門户乎？故

〔一〕陸九淵著，鍾哲點校：《陸九淵集》卷三十六中有『一實』二字。
〔二〕陸九淵著，鍾哲點校：《陸九淵集》卷三十六中有『己』字。
〔三〕陸九淵著，鍾哲點校：《陸九淵集》卷三十六中爲『日』字。
〔四〕陸九淵著，鍾哲點校：《陸九淵集》卷三十六中爲『由』字。
〔五〕陸九淵著，鍾哲點校：《陸九淵集》卷三十六中無『各』字。
〔六〕陸九淵著，鍾哲點校：《陸九淵集》卷三十六中有『立』字。

其說曰「宇宙即是吾心，吾心即是宇宙」。曰「學者惟理是從，理乃天下之公理，心乃天下之同心，顏、曾傳夫子之道，不私夫子之門户，夫子亦無私門户與人爲私商也」。曰「此理在宇宙間，未嘗有所隱遁。天地所以爲天地者，順此理而已。人與天、地並立爲三極，安得自私而不順此理哉？」是先生之學，乃宇宙之達道明矣。而或者乃斥以別爲一門，何耶？釋氏之說自開闢以來無有也，豈非横出異端乎？故其說曰「取釋氏之聖賢，而繩以《春秋》之法，童子知其不免」。曰「今若徒自形迹詞語間辨之，乃彼所謂職業，要其爲不守正道，無復有毫髮之近是者矣」。曰「方士禪伯，真爲太崇。無復〔一〕迷惑，則無偏無黨，王道蕩蕩，其樂可量哉？」是先生之學，非釋氏之邪教〔二〕亦明矣。而或者指以爲禪學，又何耶？其窮理也，則曰「積日累月，考究磨練」。嘗終日不食，而欲究天地之窮際，終夜不寢，而灼見極樞之不動，由積候以考歷數，因笛聲以知律呂。復齋嘗問其用功之處，則對以在人情、物理、事勢之間。嘗曰：「吾今一日所明之理凡七十餘條。」曰：「天下之理無窮，以吾之所歷經者言之，真所謂伐南山之竹，不足以受〔三〕辭，然其會歸，總在於此。」則與徒研究〔四〕於方册文字之中者不同，何不知者反謂其不以窮理爲學哉？其讀書也，則曰「古人爲學，即是讀書」。而以何必讀書然後爲學之反說爲證，以束書不觀遊談無根之虚〔五〕爲病。平昔精勤，人所不知，惟伯兄每夜必見其觀覽檢閲之不

〔一〕陸九淵著，鍾哲點校：《陸九淵集》卷三十六中爲「此」字。
〔二〕陸九淵著，鍾哲點校：《陸九淵集》卷三十六中爲「說」字。
〔三〕陸九淵著，鍾哲點校：《陸九淵集》卷三十六中有「我」字。
〔四〕陸九淵著，鍾哲點校：《陸九淵集》卷三十六中爲「窮」字。
〔五〕陸九淵著，鍾哲點校：《陸九淵集》卷三十六中有「說」字。

輟，常〔一〕明燭至四更而不寐。欲沉涵熟復而切己致思，欲平淡玩味而冰釋理順，〔二〕則與徒乾沒於訓詁章句之末者大異。何不知者反妄議其不以讀書爲教哉？抑或謂其惟務超悟，而不加涵養，不求精進也。曾不知其言〔三〕有曰：「惟精惟一，涵養須如是，學之正而得所養，如木日茂，泉日達，孰得而禦之？」又〔四〕曰：「雖如顔子，未見其止。易知易從者，實有親有功，可久可大，豈若守株坐井然者。」則如彼或者之所謂者誤矣。又或謂其惟尚捷徑，而若無次第，若太高也。曾不知其言〔五〕有曰：「學有本末先後，其進有序，不容躐等。吾所發明端緒，乃第一步，所謂升高自下也。」曰：「天所與我，至平至直，此道本日用常行，近乃張大虛聲。當無尚虛見，無貪高務遠。」至有一二問學者，惟指其嘗主持何人詞訟，開通何人賄賂，以折之曰：「即此是實學。」如或者之所謂者又誤〔六〕。獨所大恨者，道明而未盛行爾。故上而致君之志，僅畧見於奏對。惟其直欲進於唐虞，復乎三代，超越乎漢唐，此乃朱文公稱其規模宏大，源流深遠，非腐儒鄙生之所能窺測，而語意圓活，渾〔七〕浩流轉，見其所深造而所養厚也。下而澤民之意，亦粗見於荆門。惟其以正人心爲本，而能使治化孚洽，人相保愛，至於無訟，笞箠不施，雖如吏卒，亦勉以義，此〔八〕識者知其有出於刑政號令之表，而周文忠以爲荆門之政，可驗躬行之效者也。然其所用者有限，而其所未用者無窮。先生以道之廣大悉備，悠久不息，而人之得於道者有多

〔一〕陸九淵著，鍾哲點校：《陸九淵集》卷三十六中爲「嘗」字。
〔二〕陸九淵著，鍾哲點校：《陸九淵集》卷三十六中有「此」字。
〔三〕陸九淵著，鍾哲點校：《陸九淵集》卷三十六中無此「言」字。
〔四〕陸九淵著，鍾哲點校：《陸九淵集》卷三十六中無「又」字。
〔五〕陸九淵著，鍾哲點校：《陸九淵集》卷三十六中無此「言」字。
〔六〕陸九淵著，鍾哲點校：《陸九淵集》卷三十六中有「矣」字。
〔七〕陸九淵著，鍾哲點校：《陸九淵集》卷三十六中爲「混」字。
〔八〕陸九淵著，鍾哲點校：《陸九淵集》卷三十六中有「乃」字。

寡久暫之殊，是極其所志，非多且久未已也。故自志學而至從心，常言之志所期也。嗚呼！假之以年，聖域固其優入，而過化存神，上下天地同流之功用，非曰小補者，亦其〔一〕優爲也。孰謂其年僅踰中身而止知命哉？溯其旨，與梭山未同者，自不嫌於如二三子之不同而有同。若復齋，則初已是其說於鵝湖之會，終又指言其學之明於易簀之時，則亦無間然矣。逮論其文，則嘗語學者以窮理，理〔二〕實則文皆實，又以凡文之不進者，由學之不進。先生之文，即理與學也，故精明透徹，且多發明〔三〕前人之所未發，炳蔚如也。梭山諱九韶，字子美。復齋諱九齡，字子壽，謚文達。象山諱九淵，字子静，謚文安。郡學舊有祠，未稱也。今郡守國之秘書葉公夢得，下車之初，士友請易而新之。公即慨然曰：「果非所以嚴事也。」乃命郡博士趙輿輈相與謀之，旋得隙地於學之西，遂肇造祠廟三間，翼以兩廡，前爲一堂，外爲四直舍，又外爲書樓，下列四齋，横開方地，地外有竹，竹間結亭，内外畢備，祠貌甚設，皆前所未有也，庶幾嚴事之禮歟？左侑以袁公燮，以其爲先生之學，而嘗司庾於是邦，且教行於一道。次侑以傅公子雲，以其爲先生之所與，而嘗掌正於是學，且師表於後進。葉公得傅公之傳，而自象山者也。祠實經始於淳祐庚戌之季秋，至仲冬而落成云。』

按：包文肅公詩文雄偉，有集行世，書法亦工。《吳文正公澄集》中有《題宏齋包公翼齋歐陽公遺墨》後云：『玉谿翁嘗登盱江宏齋先生、廬陵巽齋先生之門。予於二先生，皆聞北風而不及識。今見翁所藏六詩一書，如見其人焉。得包之卓偉，則於道可以進；得歐陽之醇厚，則於非有所不爲。觀者因是踴躍奮迅以參前修可也，豈可但珍其遺墨而已哉？』玉谿翁名未詳，既云登宏齋之門，則亦本陸子之淵源矣。文肅諸父，雖兼遊於朱、陸之

〔一〕陸九淵著，鍾哲點校：《陸九淵集》卷三十六中有『所』字。
〔二〕陸九淵著，鍾哲點校：《陸九淵集》卷三十六中無『理』字。
〔三〕陸九淵著，鍾哲點校：《陸九淵集》卷三十六中無『明』字。

門，其心悅而誠服，則陸子也。至文肅則全爲陸子之學，而直斥疑陸子者爲虚見識、虚議論，習成風化而未嘗一反已就實以課，日進月新之功。蓋陸子再傳弟子，惟包文肅、袁正肅二公，尤爲能大昌陸子之學，故門人中首列二公焉。

袁正肅公甫兄肅

《宋史》本傳

袁甫字廣微，寶文閣直學士燮之子。嘉定七年進士第一。僉書建康軍節度判官廳公事，授秘書省正字。入對，論『君天下不可一日無懼心。今之可懼者，大端有五：端良者斥，諂諛者用，杜忠臣敢諫之門，可懼也；兵戈既興，餽餉不繼，根本一虚，則有蕭墻之憂，可懼也；陛下深居高拱，羣臣奉行簿書，獨運密謀之意勝，而虚心咨訪之意微，天下迫切之情無由上聞，可懼也；外患未弭，内患方深，而熙熙然無異平時，自謂雅量足以鎮浮，不知宴安實爲鴆毒，可懼也；陛下恭儉有餘，剛斷不足，庸夫憸人，苟求富貴，而未聞大明黜陟，軍帥交結，州郡賄賂，皆自貴近化之，可懼也。其他〔一〕禍幾亂萌，不可悉數，將何以荅天譴、召和氣哉？』次乞嚴守帥之選，併大軍之權，興屯田之利。遷校書郎，轉對，言『邊事之病，不在外而在内。偷安之根不去，規摹終不立；壅蔽之根不去，血脉終不通；忌嫉之根不去，將帥終不可擇；欺誕之根不去，兵財終不可治。祖宗之御天下，政事雖委中書，然必擇風采著聞者爲臺諫，敢於論駁者爲給、舍，所以戢官邪、肅朝綱也。今日誠體是意以行之，豈復有偷安壅蔽者哉？』出通判湖州，考常平斂原以增積貯，核隱產，增附嬰兒局。遷秘書郎，尋

〔一〕脱脱等撰：《宋史》卷四百五《袁甫傳》中爲『它』字。

遷著作佐郎、知徽州。治先教化，崇學校，訪便民事上之：請蠲減婺源綢絹萬七千餘匹，茶租折帛錢萬五千餘貫，月樁錢六千餘貫；請照咸平、紹興、乾道寬恤指揮，受納徽絹定每匹十兩；請下轉運、常平兩司，豫蓄常平義倉備荒，興修陂塘，刱築百梁。丁父憂，服除，知衢州。立句講，務以理義淑士心，歲撥助養士千緡。西安、龍游、常山三邑，積窘預借，爲代輸三萬五千緡，蠲放四萬七千緡。郡有義莊，買良田二百畝益之。移提舉江東常平。適歲旱，亟發庫庾之積，凡州縣窠名隸倉司者，無新舊皆住催，爲錢六萬二〔一〕千緡，米十有三萬七千、麥五千八百石，遣官分行賑濟，飢者予粟，病者予藥，尺籍之單弱者，市民之失業者，皆曲軫之。又告於朝曰：『江東或水而旱，或旱而水，重以雨雪連月，道殣相望，至有舉家枕籍而死者。此去麥熟尚賒，事勢益急。』詔給度牒百道助費。時江、閩盜〔二〕迫饒、信，慮民情易動，分榜諭安之。檄諸郡，關制司，聞於朝，爲保境捍禦〔三〕之圖，寇迄不犯。遂提點本路刑獄兼提舉，移司番陽。霜殺桑，春夏雨久湖溢，諸郡被水，連請於朝，給度牒二百道賑恤之。盜起常山，調他州兵千人屯廣信以爲備。郡城大火，上封事言：『上下不交，以言爲諱，天意人心，實同一機，災變之作，端由於此。願下哀痛之詔，以回天意。』詔求直言，復上疏言：『災起於〔四〕都邑，天意蓋欲陛下因其所可見，察其所不可見，行至公無私之心，全保護大臣之體，率屬羣工，大明黜陟，與天下更始。』行部問民疾苦，薦循良，劾姦貪，決滯獄。所至詣學宮講說，刱書院貴谿之南，祠先儒陸九淵。歲大旱，請於朝，得度牒、緡錢、綾紙以助賑恤。疫癘大作，刱藥院療之。前後持節江東五年，所活殆

〔一〕脱脱等撰：《宋史》卷四百五《袁甫傳》中爲『一』字。
〔二〕脱脱等撰：《宋史》卷四百五《袁甫傳》中爲『寇』字。
〔三〕脱脱等撰：《宋史》卷四百五《袁甫傳》中爲『患』字。
〔四〕脱脱等撰：《宋史》卷四百五《袁甫傳》中無『於』字。

不可數計。轉將作監，領事如故。繼力辭常平事。彗星見，詔求直言，上疏言：『皇天所以震怒者，由愁苦之民衆；人民所以愁苦者，由貪冒之風熾。願一變上下交征之習，爲大公至正之歸。』帝親政，以直徽〔一〕閣知建寧府，明年，兼福建轉運判官。閩鹽隸漕司，例運兩綱供費，後增至十有二，吏卒並緣爲姦，且抑州縣變賣，公私苦之，甫奏復舊例。丁米錢久爲泉、漳、興化民患，會知漳州趙以夫請以廢寺租爲民代輸，甫並捐三郡歲解本司錢二萬七千貫助之。郡屯左翼軍，本備峒寇，招捕司移之江西，甫檄使還營。俄寇作唐石，即調之以行，而賊悉平。遷秘書少監。入見，帝曰：『卿久勞於外，篤意愛民，每覽所陳，備見懇惻。』甫奏《無逸》之義，言知農夫稼穡之〔二〕艱難，自然逸欲之念不起。乞力守更化以來求賢如不及之初意。遷起居舍人兼崇政殿說書。於經筵奏：『剛之一字，最切於陛下。陛下徒有慕漢宣勵精爲治之名，而乃墮元帝、文宗柔弱不振之失。元帝、文宗果斷，不用於斥邪佞，反用於逐賢人，此二君不識剛德之真。所謂真剛者，當爲之事必行，不當爲者則斷在勿行。』又乞『專意經訓，養育精神，務令充實，上與天一，下合人心』。帝意欲全功臣之世，詔〔三〕今中外臣僚奏事，毋得捃摭，以奏：『是消天下讜言之氣，其謂陛下何？』兼中書舍人，奏繳不擿苛小，謂：『監司、郡守非其人，則一道一州之蠹也。』時相鄭清之以國用不足，履畝使輸券。甫奏：『避貴虐賤，有力者頑未應令，而追呼迫促，破家蕩產，悲痛無聊者，大抵皆中下之户。』嘗講罷，帝問近事，甫奏：『惟履畝事，人心最不悅。』又嘗讀《資治通鑑》，至漢高〔四〕入關辭秦民斗酒，因奏：『今日無以予人，反横科之，其心喜乎，怒乎？

〔一〕脱脱等撰：《宋史》卷四百五《袁甫傳》中有『猷』字。
〔二〕脱脱等撰：《宋史》卷四百五《袁甫傳》中無『之』字。
〔三〕脱脱等撰：《宋史》卷四百五《袁甫傳》中有『自』字。
〔四〕脱脱等撰：《宋史》卷四百五《袁甫傳》中有『祖』字。

本朝立國以仁，陛下以爲此舉仁乎，否乎？』帝爲惻然。時朝廷以邊事爲憂，史嵩之帥西江〔一〕，力主和議。甫奏曰：『臣與嵩之居同里，未嘗相知，而嵩之父彌忠，則與臣有故。嵩之易於主和，彌忠每戒其輕易。今朝廷甘心用父子異心之人，臣謂不特嵩之之易於主和，抑朝廷亦未免易於用人也。』疏入，不報。遂乞歸，不允。授起居郎兼中書舍人。未幾，擢嵩之刑部尚書，復奏疏云：『臣與嵩之本無仇怨，但國事所係，誼難緘默。』嵩之誥命，終不與書行，迺出甫知江州。王遂抗疏力争，帝曰：『本以授其兄袁肅，報行誤耳。』令遂勉甫無他〔二〕志。翌〔三〕日，迺與肅江州。而殿中侍御史徐清叟，復論甫守富沙日贓六十萬，湯巾等又入〔四〕争之，清叟亦悔。未幾，改知婺州，不拜。嘉熙元年，遷中書舍人。入見，陳心源之説，帝問邊事，甫奏：『當以上流爲急，議和恐誤事。』時清叟與甫並召，而清叟未至。甫奏：『臺諫風聞言事，初亦何心。今人物眇然，有如清叟，宜在朝廷，辭避實惟臣故，乞趣其赴闕。』又奏備邊四事，曰：固江陵，堰瓦梁，與流民復業。嵩之移京湖沿江制置使、知鄂州，甫奏曰：『嵩之輕脱難信。去年嵩之在淮西，王檝由淮西而來，北軍踵之。今又併湖南付之，臣恐其復以誤淮西者誤湖南。』疏留中不行。翌日，權吏部侍郎。引疾至八疏，賜告一月，遂歸。從臣復合奏留之，尋命兼修玉牒宫兼國子祭酒，皆辭不拜。改知嘉興府，知婺州，皆辭不拜。遷兵部侍郎，入見，奏：『江潮暴湧，旱魃爲虐，褚弊蝕其心腹，大敵剥其四肢，危亡之禍，近在旦夕，乞秉一德，塞邪徑。』兼給事中。岳珂以知兵財召，甫奏珂總餉二十年，焚林竭澤，珂竟從外補。遷吏部侍郎兼國子祭酒，日召諸生，叩其問學理

〔一〕脱脱等撰：《宋史》卷四百五《袁甫傳》中爲『江西』二字。
〔二〕脱脱等撰：《宋史》卷四百五《袁甫傳》中爲『它』字。
〔三〕脱脱等撰：《宋史》卷四百五《袁甫傳》中爲『翼』字。
〔四〕脱脱等撰：《宋史》卷四百五《袁甫傳》中無『入』字。

義講習之益。時邊遽日至，甫條十事，至爲詳明。權兵部尚書，暫兼吏部尚書，卒，贈通奉大夫，謚正肅。有《孝説》、《孟子解》、《後省封駁》、《信安志》、《江東荒政録》、《防拓録》、《樂事録》及《文集》行世。甫少服父訓，謂學者當師聖人，以自得爲貴。又從楊簡問學，自謂『吾觀草木之發生，聽禽鳥之和鳴，與心相契，〔一〕其樂無涯』云。

遺文事蹟

紹定四年辛卯，夏六月，正肅任江東提刑，奏建象山書院於貴谿之徐巖，祀先生，侑以楊敬仲、袁和叔。初，先生本欲剏書院於山間，拜命守荆門，不果。至是正肅奏建書院，以山間不近通道，乃命洪季陽相地，得徐巖，近邑而境勝，坐巳向亥。傅季魯聞而譏之曰：『書院爲講古習禮之地〔二〕，而先聖先師北面，學者南面而拜之，非禮也。宜擇南面之地。』季陽悚然，然已申聞，不復更卜。是日，祝文云：『先生之精神，其在金谿之故廬，優游而容與耶？其在象山之精舍，言言而語語耶？抑周流於上下四方，與天地游，與四時序耶？甫將指江東，聿興正學，山之旁近，爰咨爰度，得勝景於徐巖，離象山而非邈，山峰環峙兮高可仰，大谿横陳兮清可濯，殆天造而地設，匪人謀之攸作，是可宅先生之精神，無在無不在也。先生之道，精一匪二，揭本心以示人，此學門之大致。嗣先聖之遺響，警一世之聾聵，平易切近，明白光粹，至今讀其遺書，人人識我良貴。由仁義行，與行仁義者，昭昭乎易判也。集義所生與義襲而取之者，截截乎不可亂也。宇宙〔三〕事，己分内事，渾渾乎一

〔一〕 脱脱：《宋史》卷四百五《袁甫傳》中爲『與我心契』句。
〔二〕 陸九淵著，鍾哲點校：《陸九淵集》卷三十六中爲『所』字。
〔三〕 陸九淵著，鍾哲點校：《陸九淵集》卷三十六中有『内』字。

貫也。議論一途，朴實一途，極天下之能言者，斯言不可贊也。嗚呼！先生之學如此，先生之精神如此，然則在金谿之故廬者如此，在象山精舍者如此，周流乎上下四方者亦如此，孰謂徐巖而獨非〔一〕此耶？工役俶興，禮宜虔告，先生精神，淵淵浩浩。』又作《上梁文》云：『盡其心，知其性，見先生存養之皆天；在則人，亡則書，豈後學講明之無地』云云。是冬書院落成，買田養士。冬十月己未，正肅刊先生《文集》，自爲序。其畧云：『象山先生《文集》，先君子嘗刊於江右。甫將指江左，新建象山書院，復摹舊本，以惠後學。先生發明本心，上接古聖，下垂萬世，偉矣哉！此心神明，無體無方，是〔二〕用平夷，莫非大道。是謂精一，是謂彝倫，是謂乾健坤順，是謂日月星辰、風雨霜露、山川草木之變化，是謂鬼神之情狀。先生嘗言千百世之上有聖人出焉，此心同也，此理同也。〔三〕學者之心，即先生之心。甫藐焉晚出，景慕先生，戰兢自勉，寡過未能。先生之道大矣，奚容〔四〕贊述，姑誦所聞，附於卷末。』

十一月朔，正肅遣池州屬官韓祥至書院祭告先聖。告文云：『仰惟先聖之道，昭揭萬世。後學昏蒙，不知吾心即道。有宋知荆門軍陸某，獨能奮乎百世之下，指示道心，明白的切。闡教象山，學者師尊之。而歲久祠圮，有司弗葺。被命玆來，惕然大懼。遂卜地於貴谿之徐巖，鼎建書院，招延山長。俾承學之士，相與嚴事先聖，朝夕兢惕，道心融明，所以懋昭象山之教，而上繼先聖之統緒也。甫職守攸縻，弗遑〔五〕躬詣祠下，心以告矣。』

〔一〕陸九淵著，鍾哲點校：《陸九淵集》卷三十六中有『如』字。
〔二〕陸九淵著，鍾哲點校：《陸九淵集》卷三十六中爲『日』字。
〔三〕陸九淵著，鍾哲點校：《陸九淵集》卷三十六中有『千百世之下有聖人出焉，此心同也，此理同也』句。
〔四〕陸九淵著，鍾哲點校：《陸九淵集》卷三十六中爲『庸』字。
〔五〕陸九淵著，鍾哲點校：《陸九淵集》卷三十六中爲『皇』字。

紹定五年壬辰，春三月，袁甫至書院釋菜。告文云：『先生之學，得諸孟子，我之本心，光〔一〕明如此。未識本心，如雲翳日，既識本心，元無一物。先生立言，本末具備，不墮一偏，萬世無弊。書院肇建，躬致一奠，可聞非聞，可見非見。』禮畢，乃講書，貴賤咸集，溢塞堂廡以聽。講畢，續説曰：『象山先生家學有原。一門少長，協力同心，所以敬養所〔二〕親者，既已恪供子職，而伯叔之間，自爲師友。梭山復齋，皆爲一時聞人，而象山〔三〕又傑出其中。陋三代以下人物，而奮然必以古聖人爲師。發明本心，嗣續遺響，以大警後學之聾聵，天下以爲真孟子復出也。言儒釋之異趨，謂釋氏爲私，吾儒爲公，釋氏出世，吾儒經世，故於綱常所關尤爲之反覆致意。洎班朝列，直道而行，不阿世好，格心事業，斯世深望焉。而娟嫉者沮之，雖一斥不復，浩如也。』乃禮慈湖門人錢時爲堂長主教，遠近學者，聞風雲集，至無齋以容之。則又修書院之外左方廢寺之法堂以處之云〔四〕。

紹定六年癸巳，春清明日，正肅作《象山書院記》。其畧云：『寧宗皇帝更化之末〔五〕，興崇正學，尊禮老臣。慨念先朝碩儒，咸賜嘉謚，風厲四方。謂象山先生發明本心之學，有大功於世教，易名文安，庸示褒美。於時慈湖楊先生，我先人絜齋先生，有位於朝，直道不阿，交進讜論，寧考動容，天下學士想聞風采。推考學問淵源所自，而象山先生之道益大光明。甫承學小子，將指江東，築室百楹，既壯且安。士遐邇咸集。齋曰志道、明德、居仁、由義，精舍曰儲雲、佩玉，又皆象山先生之心畫也。』

〔一〕陸九淵著，鍾哲點校：《陸九淵集》卷三十六中爲『先』字。
〔二〕陸九淵著，鍾哲點校：《陸九淵集》卷三十六中爲『其』字。
〔三〕陸九淵著，鍾哲點校：《陸九淵集》卷三十六中爲『先生』二字。
〔四〕陸九淵著，鍾哲點校：《陸九淵集》卷三十六中爲『也』字。
〔五〕陸九淵著，鍾哲點校：《陸九淵集》卷三十六中有『年』字。

正肅提刑江東，既建象山書院，又創鄱江書堂。自爲記云：『或問予曰：「子剏象山書院於貴谿，興白鹿書院於廬阜，而又建鄱江書院何也？」余曰：「子豈知余哉！」余自爲童子，拱立侍旁，每見師友過從考德問業熟矣。曾未十數年，次第凋零，及余兄弟遊宦四方同志者，亦往往間見。未數十年，又皆寥落如晨星之相望。每爲之慨然。將指江東兩書院，蓋士友所宗之地，振而起之，責實在余。故凡士之賴處象山若白鹿者，各隨其行輩，與其望實，或畀領袖之職，或在置講之筵。衿佩咸集，彬彬可觀矣。而余之所深慮者，已成之才，雖易於振拔，而後來之秀，未保其嗣續。況士友之紛至，非聽其話言，參諸履行，則未可得其爲士之實。於是選通經學古之士，帥生徒而課之，余暇日亦數加考察，俟其有立也。乃分兩書院而肄業焉。此鄱江書院之所以建也。諸老先生遠矣，師友道喪，士習日駁，慕超詣者，無深實詳縝之功，騖辯博者，乏通貫融明之趣。转相依倣，諸老先生之本旨愈晦不明。方且徇偏見、立異同，幾有專門名家之弊，其原皆起於論說多而事實寡，然則羣居書堂，相與切磨，亦求其所以爲人者如何爾？在家庭則孝友，處鄉黨則信睦，涖官則堅公廉之操，立朝則標正直之風。果若是，奚必問其自白鹿乎？自象山乎？不然，飽讀舊書，習熟遺訓，而孝友信睦，公廉正直，一有愧怍，自白鹿則白鹿之羞也，自象山則象山之玷也，可不懼哉！書堂凡四齋，曰達原、止善、存誠、養正。而講道之堂則名曰得。得者何？《井卦》曰：「無喪無得，往來井井。」井之義大矣哉。雖汲而未嘗汲也，故愈汲愈新，雖養而未嘗養也，故愈用愈有。尚無有得，寧復有喪？本無可喪，於何求得。孝友也，信睦也，公廉正直也。行所當行，止所當止，至平至常，萬古一日。何喪焉，何得焉。然則得云者，得其無喪無得者而已。放勳之所謂使自得之者得乎此，《中庸》之所謂「無入不自得者得乎此」，《孟子》之所謂「深造自得者得乎此？」以此而學爲人，尚何論說之勝而事實之微乎？尚何徇偏見立異同而有專門名家之弊乎？嗚呼！鄱江書堂之學子，而果不失諸老先生之本旨也，即所以教白鹿、象山之學子，皆不失諸老先生之本旨也。《伐木》之詩曰：「神之聽之，終和且平。」學者服膺斯言，吾見道德一而源脉長矣。勉之！紹定六年孟夏，鄞川袁甫記並書。』

正肅自題《正獻公文集》云：『渾然天成者，有道有德之言也。道德不足，言辭雖工，所謂天者已不全矣，君子奚尚焉。我先君子之屬辭也，吐自胸中，若不雕鐫，而明潔如星河，粹潤如金玉，真所謂渾然天成者乎。先君子自言，兒時讀書，一再過即成誦，精神純固，無寒暑晝夜之隔。及壯，寢多不寐，凡所著述，皋成枕上。至暮年甚博，停畜日富，然未嘗襲人畦逕，尤不喜用難字。每誦先聖之言曰：「辭達而已矣。」立朝抗疏，懇惻忠愛，至其指事力陳，畧無回撓。入侍經幄，講讀從容，每援古誼以証時務，啓沃良多。開明本心，一言一字，的切昭明，聞者感動。其他論著，多有補於世教，凡矜夸粉飾峭刻奇險之語，一無有焉，非全於天而能若是乎？嗚呼！先君子往矣。遺編猶在，不肖孤尚不能窺其彷彿，又安能擬諸形容，惟是散落人間，兄弟相與裒輯，尚多闕畧。姑取其已彙次者，刻梓以惠後學。俾知有道有德之言，渾然天成。蓋若此，不肖孤尚未即死，庶幾旦旦熟復以自警云。紹定初元八月既望，男朝奉郎權知衢州軍州兼管内勸農事甫拜手書。』

真文忠公德秀作《紹定江東荒政録序》云：『紹定中，鄖山袁侯自衢守爲江東常平使者，既又直寶章閣，提點本道獄刑，兼常平事。又以將作監召，未行，進直煥章閣，因任嶺庾事如初，侯之在江左於是五年矣。始至，歲大旱。明年秋，霜，蝗食稼。又明年，復旱。居數年間，屬州縣無一歲不告飢。侯無一日不講荒政訖事。侯之幕府有纂其事而屬余以序者。余歎曰：「此可以觀天心矣。」先儒有言，天於菑變之將作，必豫出其人以擬之，若侯者，其天之所擬耶？蓋天之爲心，仁而已矣，然氣數之運，參差不齊。又或生於人事之感召，則不幸而有乖殄焉，雖非天心之所欲，而有不能免者。於是屬諸其人使救之，以濟造化之所不及，庶乎歲雖凶而不至甚害民，雖飢且瘠而不至盡委溝壑，此天心之所以爲至仁，而人心之仁所以與天爲一也。夫連一道八九州，旱而霜，霜而澇，澇而又旱，天變頻仍，可謂極矣。使無仁人以任其患，則生靈之命，必將糜滅就盡，而天心之仁，不忍至是也，故以是屬之侯焉。而侯於荒政，貇貇然，惓惓然，寢爲之不寐，饋爲之不飽，其所區畫千條萬端，要不出於誠之一念，其爲民請命於朝者以此。其論官僚、勉里居、勸豪右者亦以此。文檄之所形，詩歌之所諷，丁寧惻怛，吐出肺肝，聞者樂爲之盡力。侯嘗自謂「一點赤誠對起蒼昊者」。信乎其然，此其所以能全一道之命，而副天心之所屬歟！方民之告病也，盜作於閩，未幾又作於衢，其距境皆不百里，侯不惟飽其民，且飽其師，凡防扞之計無不至，於是境内之人無隨和，而疆外之寇不得入，侯之有功於斯人又大矣。雖然侯之所爲亦不失其本心而已，本心者，何仁是也？夫天之與人以此心，未有不仁，而世之人往往流爲不仁者，違天而自賊者也。以侯之所爲，然後爲不失天之所與，則其安視斯人之飢且死而不爲之動，其得爲人乎？侯之荒政在江左者，其仁著於一時，而此録之傳，使讀之者人人悟其本心而耻不侯若，則百世之仁也，故序而不辭。侯名甫，字廣微。』

按：正肅公所著書有《孝說》、《孟子解》、《信安志》、《防拓録》等書，而《江東荒政》特其一耳。然公之有得於家學，上承陸子，而發爲實心實政者，於此亦可見其端。而陸子之教，所謂言皆實言，行皆實行，隨處可驗。又世俗無識之士，妄謂朱陸異而不同，有若仇敵，故特録真文忠公序文以明其妄。文忠得朱子之學於詹元善，自南宋以來，號爲能昌明朱子之學者，無若真文忠。其爲袁正獻公行狀，既推崇不遺餘力，而願師其德學，爲正肅此序，亦稱其爲天之所屬，而推原其學於本心，不惟不相詆，而論學亦無不同。後之爲朱陸異同之說者，其造詣未能逮文忠公之百一，而矢口狂論，豈非小人而無忌憚者乎？試讀文忠此文及正獻公行狀，亦可以惕然而知所愧悔矣。文忠又嘗爲《正肅像贊》云：『傳絜齋心，得慈湖髓，方寸之明照萬里，是爲鄮山子袁子。』蓋正肅上承家學，又兼師慈湖也。正肅兄肅字晉齋，真文忠公同年進士也，師事舒文靖於新安，仕蹟甚著。弟商字可齋，亦知名於時。

馮興宗、周之德二人亦慈湖門人，籍貫官階無可考，惟見於袁正肅公跋《慈湖遺書》云：『先生之言多矣，門人馮興宗、周之德取訓詁之要，聚爲一編。屬甫刻梓，以惠後學，或者病所取太少。』甫語之曰：『先生豈多言哉！先生居處無一惰容，接人無一長語，作字無一草筆，立朝大節正直光明，臨政子民真如父母，皆是先生純純皜皜之妙。先生嘗侍象山先生，發本心之問，舉扇訟是非以答，忽省此心之清明，忽省此心之無始末，忽省此心之無所不通。後守永嘉，謁先聖，謂自幼而學，壯而始覺，覺此心湛然，虛明無體，廣大無際，日用云爲，無非變化。嗚呼！先生之學，師先聖師象山先生，吐於言辭，的的真實，一編已多矣，奚其少？』

陳少宰塤子少司寇蒙

《宋史》本傳

陳塤字和仲，慶元府鄞人。大父叔平與同郡樓鑰友善，死，鑰哭之。塤纔四歲，出揖如成人。鑰指盤中銀杏使屬對，塤應聲曰：『金桃。』問何所據？對以杜詩『鸚鵡啄金桃』。鑰竦然曰：『亡友不死矣。』長受《周官》於劉著，頃刻數千百言輒就。試江東轉運使司第一，試禮部復爲第一。嘉定十年，登進士第，調黃州教授。喪父毀瘠，考古禮制時祭、儀制、祭器行之。忽歎曰：『俗學不足學。』乃師事楊簡，攻苦食淡，晝夜不怠。免喪，史彌遠當國，謂之曰：『省元魁數千人，狀元魁百人，而恩數踰等，盍令省元初授堂除教授，當自君始。』塤謝曰：『廟堂之議甚盛，舉自塤始，得無嫌乎？』徑部注處州教授以去，士論高之。理帝即位，詔求言，塤上封事云〔一〕：『上有憂危之心，下有安泰之象，世道之所由隆；上有安泰之心，下有憂危之象，世道之所由汙。故

〔一〕脫脫等撰：《宋史》卷四百二十三《陳塤傳》中爲『曰』字。

爲天下而憂，則樂隨之；以天下爲樂，則憂隨之。有天下者，在乎善審憂樂之機而已。今日之敝，莫大於人心之不合，紀綱之不振，風俗之不淳，國敝人偷而不可救。願陛下養之以正，勵之以實，蒞之以明，斷之以武。』而塤直聲始著於天下。與郡守高似孫不合，去之〔一〕，歸奉其母。召爲太學録，踰年始至。轉對，言：『天道無親，民心難保。日月逾邁，事會莫留。始之鋭，久則怠。始之明，久則昏。垂拱仰成，盛心也，不可因以負有爲之志；遵養時晦，至德也，不可因以失乘時之機。』上嘉納之。遷太學博士，主宗正寺簿。都城火，塤步往玉牒所，盡藏玉牒於石室。詔還官，不受。應詔言應上天非常之怒者，當有非常之舉動，歷陳致災之由。又有吴潛、汪泰亨上彌遠書，乞正馮榯、王虎不盡力救火之罪，及行知臨安府林介、兩浙轉運使趙汝惲之罰。人皆壯之。遷太常博士，獨爲袁燮議謚，餘皆閣筆，因歎曰：『幽、厲雖百世不改。謚有美惡，豈諛墓比哉？』會朱端常子乞謚，塤曰：『端常居臺諫則逐善類，爲藩牧則務刻剥，宜得惡謚，以戒後來。』乃謚曰『榮愿』。議出，宰相而下皆肅然改容。考功郎陳耆覆議，合宦者陳洵益欲改，塤終不答。李全在楚州有異志，塤以書告彌遠：『痛加警悔，以答〔二〕羣心。早正典刑，以肅權綱。大明黜陟，以防〔三〕政體。』不納。未幾，賈貴妃入内，塤又言：『乞去君側之蠱媚，以正主德；從天下之公論，以新庶政。』彌遠召塤問之曰：『吾甥殆好名耶？』塤曰：『好名，孟子所不取也。夫求士於三代之上，惟恐其好名；求士於三代之下，惟恐其不好名耳。』力匄去，添差通判嘉興府。彌遠卒，召爲樞密編修官。入對，首言：『天下之安危在宰相。南渡以來，屢失機會。秦檜死，

〔一〕脱脱等撰：《宋史》卷四百二十三《陳塤傳》中無『之』字。
〔二〕脱脱等撰：《宋史》卷四百二十三《陳塤傳》中爲『回』字。
〔三〕脱脱等撰：《宋史》卷四百二十三《陳塤傳》中爲『飭』字。

所任不過万俟卨、沈該耳。侂胄死，所任史彌遠耳。此今日所當〔一〕也。』次言：『內廷當嚴宦者〔二〕之禁，外廷當嚴臺諫之選。』於是洵益陰中之，監察御史王定劾塤，出知常州，改衢州。寇卜日發漈坑，遵江山〔三〕而東。塤獲諜者，即遣人致牛酒，諭之曰：『汝不爲良民而爲劫盜，不事耒耜而弄甲兵，今享汝牛酒，冀汝改業，否則殺無赦。』於是自首者日以百數，獻器械者重酬之，遂以潰散。改提點都大坑冶，徙福建轉運判官。侍御史蔣峴常與論《中庸》，不合，又劾之。主管崇道觀。踰年，遷浙西提點刑獄。歲旱，盜起，捕斬之，盜懼，徙去。安吉州俞垓與丞相李宗勉連姻，恃勢黷貨，塤〔四〕按臨之。弓手戴福以獲潘丙功爲副尉，宗勉倚之爲腹心，盜橫貪害，塤至，福聞風而去。貽書宗勉曰：『塤治福，所以報丞相也。傳聞實走丞相，賢輔弼不宜有此。』宗勉答書曰：『福〔五〕惡貫盈，非君不能治。宗勉雖不才，不敢庇姦凶。惟君留意。』及獲福豫章，衆皆欲殺之，塤曰：『若是，則刑濫矣。』乃加墨狗於市，囚之圜土。以吏部侍郎召，及爲國子司業，諸生咸相慶，以爲得師。未幾，兼玉牒檢討、國史編修、實録修撰，乃辭兼史館。歷陳境土之蹙，民生之艱，國計之匱，『既無經理圖回之素，惟有感動轉移之策，必有爲之本者，本者何？復此心之妙耳』。又言：『履泰安而逸樂者，有習安致危之理。因艱危而兢懼者，有慮危圖安之機。明用舍以振紀綱，躬節儉以汰冗濫，屏姦妄以勵將士，抑貴近以寬糴糶，結鄉社以防竊發，黜增刱以培根本。今任用混殽，薰蕕同器，遂使賢者耻與同羣。』諫議大夫金淵見之怒。塤乞補外，不許，又辭免和糴轉官賞，亦不許。知溫州，未上，以言罷。塤家居時，自娛於泉石，四方學者踵至。輕

〔一〕脫脫等撰：《宋史》卷四百二十三《陳塤傳》中有『謹』字。
〔二〕脫脫等撰：《宋史》卷四百二十三《陳塤傳》中爲『官』字。
〔三〕脫脫等撰：《宋史》卷四百二十三《陳塤傳》中有『縣』字。
〔四〕脫脫等撰：《宋史》卷四百二十三《陳塤傳》中有『親』字。
〔五〕脫脫等撰：《宋史》卷四百二十三《陳塤傳》中有『罪』字。

財急義，明白洞達，一言之出，終身可復。忽卧疾，戒其子抽架上書占之，得《呂祖謙文集》，其墓誌曰：『祖謙生於丁巳歲，没於辛丑歲。』塤曰：『異哉！我生於慶元丁巳，今歲在辛丑，於是一甲矣。吾死矣夫！』子蒙，年十八，上書萬言論國事。吳子良奇之，妻以女。爲太府寺主簿。入對，極言賈似道爲相時國政闕失，文多不録。爲淮東總領，似道誣以貪汙，貶建昌軍簿，録其家，惟青氊耳。德祐初，禮部侍郎李珏乞放便，以刑部侍郎召，不赴，卒。

序跋文畧

理宗紹定五年，秋閏九月八日，賜象山書院額。以尚書〔一〕劄壽諸石，時和仲爲浙帥。跋劄後云：『象山文安先生，明本心之旨，啓千古之秘，開警羣迷，迓續道統，如日月之昭揭，太嶽之表鎮也。於是四方儒彦從者如雲，其尤碩大光明者，則有慈湖文元楊先生，絜齋正獻袁先生。淵澄峻發，木鐸鏗鍧，于以昌我宋文明之治』云云。

嘉熙元年丁酉，秋七月〔二〕，和仲爲泉使，刻先生《語録》，自爲序。其畧云：『孟子歿千五百餘年，宋有象山文安陸先生，挺然而生〔三〕，卓然而立，昭然而知，毅然而行。指本心之清明，斯道之簡易，以啓羣心，詔後學。其教不務繁而本末備，其辭不務多而倫〔四〕要明，洗章句之塵，破意見之窟。使聞者渙如躍如，知心之即道，而

〔一〕陸九淵著，鍾哲點校：《陸九淵集》卷三十六中有『省』字。
〔二〕陸九淵著，鍾哲點校：《陸九淵集》卷三十六中有『既望』二字。
〔三〕陸九淵著，鍾哲點校：《陸九淵集》卷三十六中爲『興』字。
〔四〕陸九淵著，鍾哲點校：《陸九淵集》卷三十六中爲『論』字。

不疑其所行。茲非晦冥之日月，崖險之津塗，邱〔一〕阜之嵩華歟？塤生晚，不逮事先生，而登慈湖之門，固嘗服膺遺文矣。蒙恩司道治，由書院瞻謁祠像，〔二〕如獲執經升堂。見同門所録訓語，編未入梓，咸以爲請。再拜三復，乃授工鋟勒焉。或謂塤曰：「近世儒生闡說，其徒競出紀録，後來者搜拾摹傳，雖汗牛充棟，且未厭止也。子之所得，不甚鮮約乎？」塤語之曰：「先生之道，如青天白日，何庸語？先生之語，如震雷驚霆，何庸録？録而刊，猶以爲贅也。而今而後，有誦斯録，能於數千言之中見一言焉，又於其中見無言焉，則先生之道明矣。敢拱以俟來者。」』和仲，一號習菴。黃文潔震論云：『近世慈湖先生楊文元公，教學者專指心之精神是謂聖，或者亦不無疑焉。然此語於傳，謂吾夫子所以教子思也，使之推數究理，周其所察，則精神云者正其心之用，與世之攝，置此心於無用者，正相南北，與程子所謂存心愛物者，正自符契。故慈湖爲郡，教化興行。習菴學於慈湖，愛人利物之政，至今盪人耳目，要其行事則可以推其所以言心者矣。』

袁正肅甫題習菴觀聚堂云：『習菴築室，扁曰觀聚。堂前何有？萬象可觀。山如郭郭，烟雲春吐。草木沃若，春光媚嫵。修篁漫山，不知隆暑。何況秋空？呼日入户。朔風吹雪，松聲如怒。上天下地，四方曰宇。物生其間，何可勝數？我於是觀，樂哉斯土。隨意作室，不華不窳。買山旋添，稍葺園圃。得趣幽閒，不入城府。良朋偶來，傾倒肺腑。不及時事，惟談鄒魯。朋去何爲？《周易》一部。消息盈虛，窮今亘古。觀乃自觀，寂無一語。』又題其尊明亭云：『非德不尊，非道不明。爰取斯義，以明吾亭。亭在山巔，氣象巍然。山從何來？蜿蜿蜒蜒。我坐亭上，極目一望。羣峰畢朝，尊無與抗。我撫亭下，萬狀難寫。一一分明，入我醆斝。有時携笻，偕二三

〔一〕陸九淵著，鍾哲點校：《陸九淵集》卷三十六中爲『丘』字。
〔二〕陸九淵著，鍾哲點校：《陸九淵集》卷三十六中爲『蒙恩司治，道由書院』句。

朋。莫知我心，獨撫孤松。』

錢秘閣時子柏從子允文

《宋儒學案》本傳

錢時，字子是，淳安人。幼奇偉不凡〔一〕，讀書不爲世儒之習。以《易》冠漕司，既而絶意科舉，究明〔二〕理學。江東提刑袁〔三〕甫建〔四〕象山書院，招主講席，學者興起，大抵發明人心，指摘痛快〔五〕，聞者皆有得焉，〔六〕政事亦〔七〕多所裨益。〔八〕丞相喬行簡薦之，授秘閣校勘。詔守臣以其所著書來上。未幾，出佐浙東倉幕。召入史館檢閱。以江東帥屬歸。所著書有《周易釋傳》、《尚書演義》、《學詩四書管見》、《春秋大旨》、《兩漢筆記》、《蜀阜集》、《冠昏記》、《百行冠冕集》。人稱爲融堂先生。

按：《宋史》本傳與此傳畧同。此傳脱二語，今增入。

慈湖爲錢子是誌其妣徐氏墓云：『某於淳安錢子名時字〔九〕子是至契。子是已覺，惟尚有微礙。某剗其礙，遂清

〔一〕脱脱等撰：《宋史》卷四百七《錢時傳》中爲『羣』字。
〔二〕黄宗羲著，陳金生、梁運華點校：《宋元學案》卷七十四《慈湖學案》中爲『竟』字。
〔三〕黄宗羲著，陳金生、梁運華點校：《宋元學案》卷七十四《慈湖學案》中有『蒙齋』二字。
〔四〕脱脱等撰：《宋史》卷四百七《錢時傳》中爲『作』字。
〔五〕黄宗羲著，陳金生、梁運華點校：《宋元學案》卷七十四《慈湖學案》中爲『決』字。
〔六〕脱脱等撰：《宋史》卷四百七《錢時傳》中無『大抵發明人心，指摘痛快，聞者皆有得焉』句。
〔七〕脱脱等撰：《宋史》卷四百七《錢時傳》中無『亦』字。
〔八〕黄宗羲著，陳金生、梁運華點校：《宋元學案》卷七十四《慈湖學案》中無『政事亦多所裨益』句。
〔九〕北京圖書館編：《北京圖書館藏珍本年譜叢刊》（第三十二册）《慈湖先生年譜卷一》中無『子名時字』幾字。

明無間，無内外，無終始，無作輟，日月光照，精神澄靜。某深所敬愛，後遣蒙子柏奉書至，〔一〕並其妣徐氏家傳，紀其孝敬，燭疑如見。族人事有難決，就問一言而定，闔閭不嚴而治。歲大歉，數日杵米給鄰里。有生子貧不舉者，急諭止之，給以酒米。其救活餓死不可殫紀，棺梧野殀捐地數畝爲蒿里。其夫號筠坡翁，字晦仲，吳越文穆王九世孫，夫婦德同行合。子是起敬，誌銘其墓。〔二〕某與子是亦嘗爲至契，銘其親墓。今思孔子書，嗚呼！有吳延陵季子之墓，異乎後世繁辭。某已戒子孫，我死後，毋爲誌銘。子是欲其孝妣之善譽垂於不朽。子是之子柏，字誠甫，亦近於嘉。』

慈湖贈錢誠甫帖云：『誠甫遠訪從容，近日問答亦詳，將歸侍，復求言。孔子曰：「天有四時，春秋冬夏，風雨霜露，無非教也。地載神氣，神氣風霆，風霆，流形，庶物怒〔三〕生，無非教也。」誠甫領斯教矣，毋或昏。』

《象山學案》云：『錢允文，號竹間，淳安人，錢時之從子也。登咸淳九年進士第，知武岡縣，受學於時。』

羅寶章必元〔四〕

《宋史》列傳

羅必元，字亨父，隆興進賢人。嘉定十年進士。調咸寧尉，撫州司法參軍，崇仁丞，復攝司法。郡士曾極題金陵行宫龍屏，迕丞相史彌遠，謫道州，解吏窘極甚。必元釋其縛，使之善達。真德秀入參大政，必元移書曰：『老

〔一〕北京圖書館編：《北京圖書館藏珍本年譜叢刊》（第三十二册）《慈湖先生年譜卷一》中爲『子是先已覺，簡剗其礙，遂清明無間，後遣其塚子櫃奉書至』句。

〔二〕北京圖書館編：《北京圖書館藏珍本年譜叢刊》（第三十二册）《慈湖先生年譜卷一》中爲『並其妣氏家傳請志銘其墓』句。

〔三〕《十三經注疏·禮記正義》卷五十一中爲『露』字。

〔四〕光緒丁丑重刻本《陸子學譜》爲『必先』字。

醫嘗云，傷寒壞證，惟獨參湯可救之，然其活者十無二三。先生其今之獨參湯乎？』調福州觀察推官。有勢家李遇奪民荔支園，必元直之；遇爲言官，以私憾罷之。知餘干縣。趙福王府驕横，前後宰貳，多爲擠陷，至是以汝愚墓占四周民山，亦爲直之，言於州曰：『區區小官，罷去何害？』人益壯其風力。淳祐中，通判贛州。賈似道總領京湖，尅剥至甚。必元上疏，以爲蠹國脉、傷民命，似道銜之。改知汀州，爲御史丁大全按去，後起幹行在糧料院。錢塘有海鰍爲患，漂民居，詔方士治之，都人鼓扇成風。必元上疏力止之。帝召見曰：『見卿《梅花詩》，足知卿志。』度宗即位，以直寶章閣兼宗〔一〕博士致仕。卒，年九十一。必元嘗從危稹、包遜學，最爲有淵源，見理甚明，風節甚高，〔二〕今鄉人猶尊慕之云。

按：羅亨父師事包敏道，其調護曾景建之戍，毅然釋其繫而遣之，尤爲同鄉所重。蓋實有得於陸子之教，故能臨事卓然，毫不惑於利害也。

鄧侍郎泳

《撫州府志》本傳

鄧泳，字德載〔三〕。父約禮，從學於象山先生。〔四〕泳早承家學〔五〕，登嘉定十三年進士〔六〕。授分寧簿，居荆湖制

〔一〕脱脱等撰：《宋史》卷四百一十五《羅必元傳》中有『學』字。
〔二〕脱脱等撰：《宋史》卷四百一十五《羅必元傳》中有『至』字。
〔三〕《中國地方志集成·光緒撫州府志》卷四十九《人物·宦業》中有『臨川人』句。
〔四〕《中國地方志集成·光緒撫州府志》卷四十九《人物·宦業》中有『父約禮，號直齋，象山弟子，登第爲常德府推官』等句。
〔五〕《中國地方志集成·光緒撫州府志》卷四十九《人物·宦業》中無『早承家學』幾字。
〔六〕《中國地方志集成·光緒撫州府志》卷四十九《人物·宦業》中無『進士』二字，有『第』字。

置〔一〕司幕下，再調江陵録參改新建令，〔二〕上都堂稟議。除太社令，淮西制〔三〕機幕，兼沿江制司參議，加軍器監簿。措置江防，及齊安告急，往見孟珙，勉以力疾出戰。洎奏功，珙曰：『鄧制參第一。』除太常丞，知鄂州，兼沿江制置副使。屢遷右文殿修撰，同修國史。遷刑部侍郎，會天〔四〕變求言。泳奏愛惜根本，愛惜人才，愛惜日力，切中時務。仕終通議大夫，自號巽坡，居官所至，以廉見稱。晚歲坐累遷謫，〔五〕卒年六十九。泳爲橘園李侍郎浩之甥，〔六〕入史館，遷刑部，宦籍皆相踐云。

饒秘監應子從弟安撫應龍

《撫州府志》本傳

饒應子，字定夫，延年長孫也。〔七〕延年師陸子，教子孫世守其學。應子紹定五年進士，歷岳州教授，監封樁上庫，改知新建，辟知定城縣。寶祐五年，除太學録，陞博士。開慶元年，進國子博士，遷秘書郎，兼國子編修。

〔一〕《中國地方志集成·光緒撫州府志》卷四十九《人物·宦業》中無『置』字。

〔二〕《中國地方志集成·光緒撫州府志》卷四十九《人物·宦業》中有『泳』字。

〔三〕《中國地方志集成·光緒撫州府志》卷四十九《人物·宦業》中有『司』字。

〔四〕《中國地方志集成·光緒撫州府志》卷四十九《人物·宦業》中無『天』字。

〔五〕《中國地方志集成·光緒撫州府志》卷四十九《人物·宦業》中無『居官所至，以廉見稱，晚歲坐累遷謫』句。

〔六〕《中國地方志集成·光緒撫州府志》卷四十九《人物·宦業》中爲『泳橘園李浩甥也』句。

〔七〕《中國地方志集成·光緒撫州府志》卷四十九《人物·宦業》中爲『饒應子，字定夫，臨川人崇仁籍，延年長孫』句。

九月，權兼〔一〕察御史，兼崇政殿說書。時江西、湖北、湖南〔二〕皆受兵，詔淮西〔三〕赴援。應子行次江上，手疏淮不可弛備，宜留兵牽制。上從之，或請移蹕，朝堂聚議。應子奮筆曰：『誰爲此謀？宜斬。』又言：『洪天錫有犯無隱，監學小臣徐庚金輩叩閽去國，宜旌異之。』累疏丁大全、董宋臣等罪。景定初，遷大理少卿，改秘〔四〕少監。未幾，以何夢熊〔五〕論罷去國。年五十有七，所著有《南麓集》三十卷。〔六〕

饒應龍，字翔夫，〔七〕延年孫，應子從弟，與應子並承家學，〔八〕端平二年進士。初主餘干簿，馬裕齋、趙節齋交薦於朝，〔九〕改知德化縣。丁大全當國，欲處以要官，拒不出。〔一〇〕理宗擢用不附丁者，除監察御史。首條陳敬天、愛民、用人、聽言四事及戒貢羨餘。明日，果有帥臣獻方物者，上怒却之。〔一一〕在臺端風力甚勁，或勸其婉言。公曰：『言官其可婉耶！』竟以不合罷歸。未幾，提刑江東，改浙西。〔一二〕披閱案牘，或終夜不寐。遷直顯謨閣，知紹興府，兼浙東安撫，糴萬年倉以惠飢民。年六十，卒於官。所著有《詩文類編》六十卷，《史討》三十卷，

〔一〕《中國地方志集成·光緒撫州府志》卷四十九《人物·宦業》中爲『監』字。
〔二〕《中國地方志集成·光緒撫州府志》卷四十九《人物·宦業》中爲『湖南北』三字。
〔三〕《中國地方志集成·光緒撫州府志》卷四十九《人物·宦業》中爲『兵』字。
〔四〕《中國地方志集成·光緒撫州府志》卷四十九《人物·宦業》中有『書』字。
〔五〕《中國地方志集成·光緒撫州府志》卷四十九《人物·宦業》中爲『然』字。
〔六〕《中國地方志集成·光緒撫州府志》卷四十九《人物·宦業》中有『入祀崇仁鄉賢祠』句。
〔七〕《中國地方志集成·光緒撫州府志》卷四十九《人物·宦業》中有『臨川人崇仁籍』句。
〔八〕《中國地方志集成·光緒撫州府志》卷四十九《人物·宦業》中無『與應子並承家學』句。
〔九〕《中國地方志集成·光緒撫州府志》卷四十九《人物·宦業》中無『馬裕齋、趙節齋交薦於朝』句。
〔一〇〕《中國地方志集成·光緒撫州府志》卷四十九《人物·宦業》中有『後』字。
〔一一〕《中國地方志集成·光緒撫州府志》卷四十九《人物·宦業》中無『明日，果有帥臣獻方物者，上怒卻之』句。
〔一二〕《中國地方志集成·光緒撫州府志》卷四十九《人物·宦業》中有『首重人命』句。

《盡心録》三十卷，《奏稿》三卷，行於世。〔一〕

羅運判愚

《撫州府志》本傳

羅愚，字季能，文恭點子，〔二〕以遺澤補官，除籍田令。補外得興國軍。陛辭，陳三說，以講正學、親忠賢爲本根〔三〕；以尊道揆、重言責爲綱領；以奬忠正、顯静退、褒介潔、示節儉、省浮冗爲規模。上嘉納，以清勤褒之。至郡，值歲飢，賑恤有方。遷湖南憲使〔四〕，創雄楚軍以弭寇。改廣西運判，除鹽法害民者。作清勤堂，高定子爲箴，表端平聖訓也。自號北林，卒年五十七。愚恪守家學，行誼純固，政術循良，〔五〕生平召除之命十有五，而辭者十有一，出處裕如。真西山、魏了翁亟稱之。蓋陸子之餘波所及也。〔六〕

趙郡王希錧

《宋史》本傳

趙希錧，字君錫，舊名希喆，登慶元二年進士第，改賜今名。少扶父喪歸，道遇寇，左右駭散，希錧拊棺慟哭不

〔一〕《中國地方志集成·光緒撫州府志》卷四十九《人物·宦業》中有『入祀崇仁鄉賢祠』句。
〔二〕《中國地方志集成·光緒撫州府志》卷四十九《人物·宦業》中爲『羅愚，字季能，崇仁人，點子』句。
〔三〕《中國地方志集成·光緒撫州府志》卷四十九《人物·宦業》中爲『根本』二字。
〔四〕《中國地方志集成·光緒撫州府志》卷四十九《人物·宦業》中無『使』字。
〔五〕《中國地方志集成·光緒撫州府志》卷四十九《人物·宦業》中無『愚恪守家學，行誼純固，政術循良』句。
〔六〕《中國地方志集成·光緒撫州府志》卷四十九《人物·宦業》中無『蓋陸子之餘波所及也』句。

懾，寇義而去。學於陳傅良、徐誼，既舉進士，調汀州司户。峒寇李元礪方起，行〔一〕人震懼。郡會僚佐議守城，希錧下坐，無一語。守異之曰：『不言，得毋〔二〕有所見乎？』希錧曰：『守城非策〔三〕，距城三十里有關曰古城，若悉精鋭以扼其衝，賊不足慮矣。』守以付希錧，人爲危之。希錧至關，審形明間，申令謹侯，分畫粗定，賊已遣諜窺關。希錧得諜，詰之，縱其去，舉火相示，〔四〕而羸師以誤之。夜半，賊數百，銜枚突至，希錧嚴兵以待。賊且至，始命矢石俱下，賊無一免，餘黨聞風而遁。希錧引還，老稚羅拜相屬，希錧由他道以避之。事聞，詔升州推官，治疑獄，决滯訟，攝下邑，弭亂卒。去之日，軍民遮道泣送者數十里。調主管夔州路轉運司帳司，疏大寧鹽井利病，使者上諸朝，民便之。改知玉山縣，未行。召對，希錧首言民力困於貪吏，軍力困於債帥，國家之力則外困於歸附之卒，内困於浮冗之費；次論西〔五〕蜀銓科舉之弊；次論大寧鹽井本末。寧宗嘉納之。授大理寺丞，遷大宗正丞，權工部郎官。宗姓多貧，而始生有訓名，爲人後有過禮，吏受賕亡藝，莫自陳，希錧白其長推行之。會朝議，燕邸近屬赴朝參者少，命希錧易班，希錧力辭，弗克。特換授吉州刺史、提舉佑神觀。未幾，廷臣言宗姓换班人常〔六〕舉進士，請視朝士，聽輪對。於是，希錧次對時首論：『今日多事之際，而未有辦事之人。朝紳，清選也，以緘默爲清重，以刻薄爲舉職，以無所可否爲識體。閫寄，重任也，以大言爲有志，以使過爲知恩。臣非敢厚誣天下以爲無人，患在選擇未得其道、器使未當其才爾。』授成州團練

〔一〕脱脱等撰：《宋史》卷四百一十三《趙希錧傳》中爲『汀』字。
〔二〕脱脱等撰：《宋史》卷四百一十三《趙希錧傳》中爲『無』字。
〔三〕脱脱等撰：《宋史》卷四百一十三《趙希錧傳》中有『也』字。
〔四〕脱脱等撰：《宋史》卷四百一十三《趙希錧傳》中爲『縱其舉火相示』句。
〔五〕脱脱等撰：《宋史》卷四百一十三《趙希錧傳》中爲『四』字。
〔六〕脱脱等撰：《宋史》卷四百一十三《趙希錧傳》中爲『嘗』字。

使，賜金帶，令服紫〔一〕。以寶璽推恩，進和州防禦使。理宗即位，進潭州觀察使，以公族近邸，恩特加厚。又進安德軍承宣使。希錧引對，言：『初政急務，莫先於明道，總治統，收人心。』上爲動容。越明年，論祠祭不蠲，禁衛不肅。慈明宫上壽，升節度，封信安郡公。卒，遺奏聞，上震悼，輟視朝，賜含歛，贈以金幣。希錧風資凝重，胸抱魁壘，揚人之善，不記人之過，急人之難，不忘人之恩。居官，祁寒盛暑未嘗謁告，衣食取裁足而已。追封信安郡王。

按：信安學於徐文忠公誼，其授受緒言莫考，然觀史傳，稱其告理宗以『初政急務，莫先明道』，則其平素用功於道學亦匪淺矣。

趙忠憲公與籌從弟與明

《宋史》本傳

趙與籌字德淵，太祖十世孫。居湖州。嘉定十三年進士。歷官差主管官告院，遷將作監主簿，差知嘉興府，遷知大宗正，兼權樞密院檢詳諸房文字，尋爲都官郎官，加直寶章閣、兩浙轉運判官。進焕章閣、知慶元府，主管沿海制置司公事，拜司農少卿，仍兼知慶元府兼沿海制置副使。遷浙西提點刑獄，授中書門下省檢正諸〔二〕公事，拜司農卿〔三〕知臨安府，主管浙西安撫司公事，權刑部侍郎兼詳定勅令官，權兵部侍郎，遷户部侍郎，權户部尚書，時暫兼吏部尚書，尋爲真，兼户部尚書，時暫兼浙西提舉常平，加端明殿學士、提領户部財用，皆依

〔一〕脱脱等撰：《宋史》卷四百一十三《趙希錧傳》中爲『繫』字。
〔二〕脱脱等撰：《宋史》卷四百二十三《趙與籌傳》中有『房』字。
〔三〕脱脱等撰：《宋史》卷四百二十三《趙與籌傳》中有『兼』字。

舊，兼知臨安府。與執政恩澤，加資政殿大學士。以觀文殿學士知紹興府、浙東安撫使；知平江府兼淮、浙發運使，時暫兼權浙西提點刑獄；授沿江制置使，知建康府、江東安撫使、馬兵〔一〕軍都總管兼行宮留守，節制和州、無爲軍、安慶府三郡屯田使；時暫兼權揚州、兩淮安撫制置使，改兼知揚州，尋兼知鎮江府，兼淮東總領，提舉洞霄宮；復爲淮、浙發運使，差知平江府，特轉兩官致仕。景定元年八月，卒，特贈少師。與籌所至急於財利，幾於聚斂之臣矣。

按：《寧波府志·與籌本傳》，稱『其初居青田，慕楊文元公簡倡道學於慈谿，不遠千里，因從弟與眀詣門受業，得其心學，至歷官司農少卿。時兼知慶元府沿海制置副使，因度縣地之湖北，創立慈湖書院，以崇祀文元公。又申聞其事於朝，設立書院山長，諸生誦法之盛，與宋相終。又自青田徙居慈谿。其心悅誠服，倡明師學，不亞於錢融堂時、陳和仲塤矣。又稱其於嘉熙中，知平江府，郡中飢，分場設粥，以寓公方萬里，董其事，全活數萬人。行飲射禮於學宮，廣絃誦以嚴教養，學宮子弟爲立生祠。其惠政感人如此，而《宋史》目以聚斂，其信然耶？聚斂必有其實，《傳》中並未指出其若何聚斂？豈以吳丞相潛疏言沈炎爲與籌腹心爪牙甘爲搏擊』云云。故滋物議耶？是時元兵渡江，國事已危，軍需旁午，與籌身爲宗臣，催科嚴切，以濟時艱，容或有之。且潛亦爲炎論罷，則相惡之言，未可爲據。又稱其卒，謚忠憲，史傳亦不載，惟見於本紀而已。其先居青田，後徙慈谿，子孫現家其地。府志必無舛錯，而史傳止稱其居湖州，則亦誤矣。《宋史》成於元之中葉，時方崇尚朱子，排詆陸子之學，以吳文正、虞文靖二公之賢，時論猶以陸學爲疑，使不得安於胄監，則已往之爲陸學者，橫遭誣衊，固其所也。故存《宋史》本傳，以備忠憲官階，而復參以《寧波府》本傳而論之如此。至於吳丞相

〔一〕脫脫等撰：《宋史》卷四百二十三《趙與籌傳》中爲『步』字。

潛與兄參政淵，並學於鄒奉議斌。蓋亦陸子門人而疏論忠憲甚厲，亦如東坡目伊川爲奸，意見偶不相合則不能不異，而各成其爲君子不相妨，亦正不必強同也。

慈湖書雲萍録趙德淵親書後云：『與論謂數年前極有性氣，及爲僉判，全不見有性氣。永嘉徐良甫與德淵至稔熟，言其喜怒不形於色，同徐良甫從少保賓所從容幾日。德淵忽於早食前驚曰：「異哉！」良甫問狀，於是知其有覺。某後見德淵。德淵曰：「與籌今於日用應酬，都無一事，只未知歸宿之地。」某曰：「不必更求歸宿之地。」孔子曰「心之精神，是謂聖人，皆有是心」。心未嘗不聖，何必更求歸宿？求歸宿乃起意，反害道，孔子每每戒學者毋意。後再見德淵，果平平不動乎意。』

吳參政淵

《宋史》本傳

吳淵字道父，秘閣修撰柔勝之第三子也。幼端重寡言，苦志力學。五歲喪母，哭泣哀慕如成人。嘉定七年舉進士，調建德縣主簿，丞相史彌遠館留之，語竟日，大悅，謂淵曰：『君，國器也，今開化新置尉，即日可上，欲以此處君。』淵對曰：『甫得一官，何敢躁進，况家有嚴君，所當禀命。』彌遠爲之改容，不復強。至官，就辟令。江東九郡之冤，訟於諸使者，皆乞送淵。改差江東制置使司幹辦公事。丁父憂，詔以前職起復，力辭，弗許，再辭，且貽書政府，曰：『人道莫大於事親，事親莫大於送死，苟冒哀求榮，則平生大節已掃地矣，他日何以事君？』時丞相史嵩之方起復，或曰：『得毋碍時宰乎？』淵弗顧，詔從之。服除，差浙東提舉茶鹽司幹辦公事，尋改鎮江府節制司、沿江制置使司幹辦公事。皆不就。知武陵縣，改楊〔一〕子縣兼淮東轉司幹辦公事，添差通判真州。入爲將作監丞，遷樞密院編修官兼刑部郎官，再遷秘書丞仍兼刑部郎官。以直煥章閣知平江府兼節制許浦水軍，提點浙西刑獄。會衢、嚴盜起，警報至，調遣將士招捕之，殲其渠魁，散其支黨，以功爲樞密院檢詳諸房文字兼國史編修官、實録院檢討官兼左司。進右文殿修撰、樞密副都承旨兼右司兼檢正。適政府欲用兵中原，以據關守河爲說，淵力陳其不可，大約謂『國家力决不能取，縱取之，决不能守』，丞相鄭清之不樂而罷。出知江州，改江、淮、荆、浙、福建、廣南都大提點坑冶，都司袁商令御史王定劾淵，罷。侍御史洪咨夔不直之，劾定左遷。未幾，邊師果如淵言，清之致書引咎巽謝。差知鎮江府，定防江軍之擾，兼淮東總領，以功遷太府少卿，復以總領兼知鎮江，加集英殿修撰、知鎮江兼總領。進權工部侍郎，職任如舊。權兵部侍郎，權户部侍郎，再爲總領兼知鎮江。時淵造闕下入對，歷陳九事，甫下殿，御史唐璘擊之，璘蓋淵所薦者也。遂仍前職，提舉太平興國宮。久之，加寶章待制，再起知鎮江兼總領。未幾，以户部侍郎兼知鎮江府，召赴行在。以寶章閣直學士知太平州，尋兼江東轉運使。時兩淮民流徙入境者四十餘萬，淵亟加慰撫而賙濟之，使之什伍，令土著人無相犯。旁郡流民焚劫無虚日，獨太平境内肅然無敢譁者。以功加華文閣直學士、沿海制置使知慶元府，不赴；以工部尚書、沿海制置副使知江州，亦不赴。升華文閣學士、知隆興府、江西安撫使兼轉運副使。會歲大祲，講行荒政，全活者七十八萬九千餘人。徙知潭州、湖南安撫使，不赴，加敷文閣學士，仍知隆興府，安撫、轉運副使如故。改知鎮江府兼都大提舉浙西沿海諸州軍、許浦、澉浦等處兵船，歲亦大祲，因淵全活者六十五萬八千餘人。左正言三疏劾淵，奪職。尋復職，提舉太平興國宮。未幾，改鴻慶宮。丁母憂，服除，進

〔一〕脱脱等撰：《宋史》卷四百一十六《吴淵傳》中爲『揚』字。

龍圖閣學士、江西安撫使兼知江州，尋爲沿江制置副使兼提舉南康軍兵甲公事、節制蘄黄州、安慶府屯田使。湖南峒寇蔓入江右之境，破數縣，袁、洪大震，淵命將調兵，生擒其渠魁，亂遂平。遷兵部尚書、知平江府兼浙西、兩淮發運使。尋兼知平江府，歲亦大祲，因淵全活者四十二萬三千五百餘人。兼浙西提點刑獄、知太平州兼提領兩淮茶鹽所，以功進端明殿學士、沿江制置使、江東安撫使兼知建康府、兼行宫留守、節制和州無爲軍安慶府兼三郡屯田使。朝廷付淵以光、豐、蘄、黄之事，凡刱司空山、燕家山、金剛臺三大砦，嵯峨山、鷹山、什子山等二十二小砦，團丁壯置軍，分立隊伍，星聯棋布，脉絡貫通，無事則耕，有警則禦。詔以淵興利除害，所列二十有五事，究心軍民，拜資政殿大學士，職任如舊，與執政恩例，封金陵侯，復賜『錦繡堂』、『忠勤樓』大字。進爵爲公，徙知福州、福建安撫使。改知平江府兼發運使。御史劉元龍劾淵，帝寢其奏，改知寧國府。累具辭免，且匄祠，以本官提舉洞霄宫。起知潭州、湖南安撫使，不赴。改知太平兼提領江淮茶鹽所，荆湖制置大使、知江陵府兼夔路策應大使，兼京湖屯田大使，帶行京湖安撫制置大使。拜觀文殿學士，職任如舊，兼總領湖廣、江西、京西財賦，湖北、京西軍馬錢糧。淵調兵二萬，往援川、蜀，其後力戰於白河、沮河、玉泉。寶祐五年正月朔，以功拜參知政事。越七日，卒，贈少師，賻銀絹以五百計。淵有材畧，迄濟事功，所至興學養士，然政尚嚴酷，好興羅織之獄，籍入豪横，故時有『蜈蚣』之謠。其弟潛亦數諫止之。所著《易解》及《退菴文集》、《奏議》。

吴丞相潛

《宋史》本傳

吴潛字毅夫，宣州寧國人。秘閣修撰柔勝之季子。嘉定十年進士第一，授承事郎、簽鎮東軍節度判官。改簽廣德軍判官。丁父憂，服除，授秘書省正字，遷校書郎，添差通判嘉興府，權發遣嘉興府事。轉朝散郎、尚書金部員外郎。紹定四年，遷尚右郎官。都城大火，潛上疏論致災之由：『願陛下齋戒修省，恐懼對越，菲衣惡食，必使國人信之，毋徒減膳而已。疎損聲色，必使天下孚之，毋徒徹樂而已。閹官之竊弄威福者勿親，女寵之根萌禍患者勿昵。以暗室屋漏爲尊嚴之區，而必敬必戒，以恒舞酣歌爲亂亡之宅，而不淫不佚。使皇天后土知陛下有畏之之心，使三軍百姓知陛下有憂之之心。然後，明詔二三大臣，和衷竭慮，力改絃轍，收召賢哲，選用忠良。貪殘者屏，回袤者斥，懷姦黨賊者誅，賈怨誤國者黜。毋並進君子、小人以爲包荒，毋兼容袤說、正論以爲皇極，以培國家一綫之脉，以救生民一旦之命。庶幾天意可回，天灾可息，弭灾爲祥，易亂爲治。』又言：『重地要區，當豫畜人才以備患。論大順之理，貫通天人，當以此爲致治之本。』又貽書丞相史彌遠論事：一曰格君心，二曰節奉給，三曰賑恤都民，四曰用老成廉潔之人，五曰用良將以禦外患，六曰革吏弊以新治道。授直寶章閣、浙東提舉常平，辭不赴。改吏部員外郎兼國史編修、實録檢討，遷太府少卿、淮西總領。又告執政，論用兵復河南不可輕易，以爲：『金人既滅，與北爲鄰，法當以和爲形，以守爲實，以戰爲應。自荆、襄首納空城，合兵攻蔡，兵事一開，調度寖廣，百姓狼狽，死者枕籍，使生靈腦肝〔一〕塗地，得城不過荆榛之區，獲俘不過曖昧之骨，而吾之内地荼毒如此，邊臣誤國之罪，不待言矣。聞有進恢復之畫者，其算可謂俊傑，然取之若易，守之實難。征行之具，何所取資，民窮不堪，激而爲變，内郡率爲盜賊矣。今日之事，豈容輕議。』自後，興師入洛，潰敗失亡不貲，潛之言率驗。遷大府卿兼權沿江制置、知建康府、江東安撫留守。上疏論保蜀

〔一〕脱脱等撰：《宋史》卷四百一十八《吳潛傳》中爲『肝腦』二字。

之方，護襄之策，防江之算，備海之宜，進取有甚難者三事。端平元年，詔求直言，潛所陳九事：一曰顧天命以新立國之意，二曰植國本以廣傳家之慶，三曰篤人倫以爲綱常之宗主，四曰正學術以還斯文之氣脉，五曰廣畜人才以待乏絶，六曰實恤民力以致寬舒，七曰邊事當竪前轍以圖新功，八曰楮幣當權新制以解後憂，九曰盜賊當探禍端而圖善〔一〕策。以直論忤時相罷，奉千秋鴻禧祠，改秘閣修撰、權江西轉運副使兼知隆興府，主管江西安撫司。擢太常少卿，奏造斛斗，輸諸郡租，寬恤人户，培植根本，凡十五事。進右文殿修撰、集英殿修撰、樞密都承旨、督府參謀官兼知太平州，五辭不允。又言和戰成敗大計，宜急救襄陽等事。貽書執政，論京西既失，當招收京淮丁壯爲精兵，以保江西。權工部侍郎、知江州，辭不赴。請養宗子以係國本，以鎮人心。改權兵部侍郎兼檢正。論士大夫私意之敝，以爲：『襄、漢潰决，興、沔破亡，兩淮俶擾，三川陷没。欲望陛下念大業將傾，士習已壞，以静專察羣情，以剛明消衆慝，警於有位，各勵至公。毋以術數相高，而以事功相勉；毋以陰謀相訐，而以識見相先。協謀並智，戮力一心，則危者尚可安，而衰證尚可起也。』又請分路取士，以收淮、襄之人物。試工部侍郎、知慶元府兼沿海制置使，改知平江府，條具財計凋弊本末，以寬郡民，與轉運使王埜争論利害。授寶謨閣待制，提舉太平興國宫，改玉隆萬壽宫。試户部侍郎、淮東總領兼知鎮江府。言邊儲防禦等十有五事。改寶謨閣直學士，兼浙西都大提點坑冶，權兵部尚書、浙西制置使。申論防拓江海，團結措置等事。進工部尚書，改吏部尚書兼知臨安府，乃論艱屯蹇困之時，非反身修德，無以求亨通之理。乞遴選近族以係人望，而俟太子之生。帝嘉納。兼侍讀經筵，以臺臣徐榮叟論列，授寶謨閣學士、知紹興府、浙東安撫

〔一〕脱脱等撰：《宋史》卷四百一十八《吴潛傳》中爲『長』字。

使，辭，提舉南京鴻慶宫。遂請致仕，授華文閣學士知建寧府，辭。丁母憂，服除，轉中大夫、試兵部尚書兼侍讀，轉翰林學士、知制誥兼侍讀，改端明殿學士、簽書樞密院事，進封金陵郡侯。以亢旱乞罷，免，改資政殿學士、提舉洞霄宫，改知福州兼本路安撫使。徙知紹興府、浙東安撫使。召同知樞密院兼參知政事。入對，言：『國家之不能無敝，猶人之不能無病。今日之病，不但倉、扁望之而驚，庸醫亦望而驚矣。願陛下篤任元老，以爲醫師，博采衆益，以爲醫工。使臣輩得以效牛溲馬勃之助，以不辱陛下知人之明。』淳祐十一年，入爲參知政事，拜右丞相兼樞密使。明年，以水灾乞解機政，以觀文殿大學士提舉洞霄宫。又四年，授沿海制置大使，判慶元府。至官，條具軍民久遠之計，告於政府，奏皆行之。又積錢百四十七萬三千八百有奇，代民輸帛，前後所蠲五百四十九萬一千七百有奇。以久任丐祠，且累章乞歸田里，進封崇國公，判寧國府。還家，以醴〔一〕觀使兼侍讀召，入對，論畏天命，結民心，進賢才，通下情。帝嘉納。拜特進、左丞相，進封慶國公。奏：『乞令在朝之臣，各陳所見，以決處置之宜。』改封許國公。大元兵渡江攻鄂州，別將由大理下交阯，破廣西、湖南諸郡。潛奏：『今鄂渚被兵，湖南擾動，推原禍根，良由近年姦臣憸士設爲虚議，迷國誤軍，其禍一二年而愈酷。附和逢迎，媕阿諂媚，積至於大不靖。臣年將七十，捐軀致命，所不敢辭。所深痛者，臣交任之日，上流之兵已踰黄、漢，廣右之兵已蹈柳、賓〔二〕，謂臣壞天下之事，亦可哀矣〔三〕。』又論國家安危治亂之原：『蓋由〔四〕近年公道晦蝕，私意横流，仁賢空虚，名節喪敗，忠嘉絶響，諛佞成風，天怒而陛下不知，人怨而陛下不

〔一〕脱脱等撰：《宋史》卷四百一十八《吴潛傳》中有『泉』字。
〔二〕脱脱等撰：《宋史》卷四百一十八《吴潛傳》中爲『賓、柳』二字。
〔三〕脱脱等撰：《宋史》卷四百一十八《吴潛傳》中爲『已』字。
〔四〕脱脱等撰：《宋史》卷四百一十八《吴潛傳》中爲『自』字。

察，稔成兵戈之禍，積爲宗社之憂。章鑑、高鑄，嘗與丁大全同官，傾心附麗，躐躋要途。蕭泰來等羣小嗂沓，國事日非，浸淫至於今日。陛下稍垂日月之明，毋使小人翕聚，以貽善類之禍。沈參實、趙與籌之腹心爪牙，而任臺臣，甘爲之搏擊。姦黨盤據，血脉貫穿，以欺陛下。致危亂者，皆此〔一〕小人爲之。』又乞令大全致仕，參等與祠，高鑄羈管州軍。不報。屬將立度宗爲太子，潛密奏云：『臣無彌遠之材，忠王無陛下之福。』帝怒，潛卒以參論劾落職。命下，中書舍人洪芹繳還詞頭，不報，謫建昌軍，尋徙潮州，責授化州團練使、循州安置。潛預知死日，語人曰：『吾將逝矣，夜必雷風大作。』已而果然，四鼓開霽，撰遺表，作詩頌，端坐而逝。時景定三年五月也。循人聞之，咨嗟悲慟。德祐元年，追復元官，仍兼〔二〕執政恩數。明年，以太府卿柳岳請贈謚，特贈少師。

按：二吳之父，名在僞學之籍，與文元袁正獻同列。又延鄒奉議斌教其二子，故參政與丞相實心實學，發爲功業，照耀一時。參政力辭，起復。丞相論反身修德，皆有得於講學而合於奉議所稱象山第一義者也。

《寧波志·名宦傳》有《宋史》所未備者，云：潛出入朝省，不常。初，以試工部侍郎知慶元府兼沿海制置使，後復以觀文殿大學士沿海制置大使判慶元府。首先加惠庠序，篤意教養。以學供日繁，庖饍不足，乃於常餼外，日增給錢一百二十貫，分齋造食，官給權量。俾齋隸各以時值取於市，復撥没官田産歸之學，以廣樂育。嘗出所輯《孔孟格言》，及所製《存悔齋箴》，徧惠來學。凡學計不續，支移那給，有請必俞。諸生感之，肖像祠於石室。郡城不飭，有憑城而樓觀者，巡徼之途遂塞。潛乃芟吏荆蓁，闕者補，圮者塡，低

〔一〕 脱脱等撰：《宋史》卷四百一十八《吳潛傳》中有『等』字。
〔二〕 脱脱等撰：《宋史》卷四百一十八《吳潛傳》中爲『還』字。

薄者祟。益刱巡鋪，寘卒以羅。鼎建燕和、永豐、朝京三門。而甬水靈橋東渡，悉繕治之。先是，制置使司歲調明、溫、台三郡民船，防定海戍，淮東、京口船在籍者，率多損失。每按籍科調，吏並緣爲姦，民甚苦之。潛立爲義船法，令三郡部縣，各選鄉之有材力者，以主團結。如一郡歲調三舟，而有舟者五六十家，則衆六舟，半以應命，半以自食其利。有餘貲，俾蓄以備來歲用。凡丈尺有册，鄉路有文，調用有時，著爲成式。其船專留江滸，不時輸蓄可遊巡禦。船户各欲保護鄉井，競出大舟以聽調發。且日於三江合兵民船閲之，環海肅然。設永平寨於夜飛山，統以偏校，餉以生券，給以軍艦，使漁户有籍而行旅無虞。設向頭寨，外防倭魔，内蔽京師。又立烽燧，分爲三路，皆發軔於招寶山，一達大洋壁下山；一達向頭寨；一達本府看教亭。從亭密傳一牌，竟達轅帳，而沿江沿海，號火疾馳，觀者悚懾。故理宗諭之曰：『已書再考，郡綱振飭，海道肅清，非虚語也。』潛尤究心水利，於郡城平橋立水則，刊平字於石，視字之出没爲啓閉。遇淫潦，輒委官啓閘泄水，民免墊溺。他山洪水灣隄崩河决，即其地爲三壩，西七鄉無復旱暵之憂。䝉管山河，導西江二百餘里之水，滙於茅針碶，鄞、慈、定，皆沾其利。已又碶鄞之楝木碶、永豐碶，開慶堰、鄭郎堰、北津堰、西渡，築江東道頭，以濟浮梁所不及，堰慈谿之雙河，使越人不得以鄰爲壑堰。黄家閘支浦又爲黄泥埭，爲新堰，爲新壩，造高橋。凡諸邑淤河淺港，悉浚治之。重修驛路，至今有相公衢、吴公塘之頌。置永豐倉，準常平之法。建惠院一百五間，合六廂之鰥寡孤獨痦聾跛躃者三百人廩之。開惠民藥局，歲以春夏施其劑餌。三年之間，兩暘常愆期。潛無時不禱，有禱輒應，屢致豐稔，麥有三穗之瑞，民甚德之。嘗自爲詩曰：『數莖半黑半白髮，一片此潛憂先天下。』剛直敢言，其奏疏及與宰相論辯，忠憤激烈，皆人所不敢聞者。先以忤時相，罷奉祠，既而賈似道銜之不已，安置循州，乃除其私人劉宗申知循州，屬以黄祖之事，百計殺之。潛預知死日，循人咨嗟悲慟。

徐都曹愿

《寧波府志》本傳

徐愿，字恭先，昌國人，遊太學，一時文辭，爲倫輩所重，登開禧元年進士第。居官以廉，涖事以勤。後除福建提舉，適黄勇寇發，衆皆縮頭退避，願獨晏然無懼色，且爲婉言撫喻，寇乃列拜於前。事平，入爲右司兼都曹。人謂愿嘗受業於絜齋，故其政事、文學有自來矣。

《陸子學譜》卷之十七

南昌萬承蒼訂
後學臨川李紱編
平越王士俊校

門人下

袁太師韶

《宋史》本傳

袁韶，字彥淳，慶元府人。淳熙十三[一]年進士。嘉泰中，爲吴江丞。蘇師旦恃韓侂胄威福，撓役法，提舉常平黄榮，檄韶覈田以定役。師旦密諭意，言：『吴江多姻黨，倘相容，當薦爲京朝官。』韶不聽。是歲，更定户籍，承徭賦，皆師旦黨，師旦諷言者將論去韶[二]。榮亟以是事白於朝，且薦之。未幾，師旦改韶知桐廬縣[三]。桐廬多宗室，持縣事無有善去者。韶始至，絶私謁，莫敢撓。錢塘岸歲爲潮齧，率取石桐廬，韶言：『廟子山有

[一] 脱脱等撰：《宋史》卷四百一十五《袁韶傳》中爲『淳熙十四』。
[二] 脱脱等撰：《宋史》卷四百一十五《袁韶傳》中無『韶』字。
[三] 脱脱等撰：《宋史》卷四百一十五《袁韶傳》中爲『未幾，師旦敗。改知桐廬縣』句。

石，不必旁取鄰郡。』遂得〔一〕免。嘉定四年，召爲太常寺主簿，父老旗鼓蔽江以餞，至於富陽，泣謝曰：『吾曹不復輸石矣。』後爲右司郎官、接伴金使。使者索歲幣，語慢甚，韶曰：『昔兩國誓約，止令輸燕，不聞在汴。』使者語塞。十三年，爲臨安府尹，幾十年，理訟精簡，道不拾遺，里巷爭呼爲『佛子』，平反冤獄甚多。紹定元年，拜參知政事。胡夢昱論濟王事，當遠竄，韶獨以夢昱無罪，不肯署文書。李全叛，揚州告急，飛檄載道，都城有爭〔二〕逃避者。乃拜韶浙西制置使，仍治臨安鎮遏之。丞相史彌遠懲韓侂胄用兵事，不欲聲討。韶與范楷言於彌遠曰：『揚失守則京口不可保，淮將如卞整、崔福皆可用。』適福至，韶夜與同見彌遠，言福實可用。彌遠從之，遂討全。韶以言事罷。〔三〕端平初，奉祠，卒年七十有七，贈少傅。後以郊恩累贈太師、越國公。韶之父爲郡小吏，給事通判廳，勤謹無失，歲滿當代，不聽去。後通判至，復留用之，因致豐饒。夫妻俱近五十，無子，其妻資遣之往臨安置妾。既得妾，察之有憂色，且以蔴束髮，外以綵飾之。問之，泣曰：『妾故趙知府女也，家四川，父歿家貧，故鬻妾以爲歸葬計耳。』即送還之。其母泣曰：『計女聘財猶未足以給歸費，且用破矣，將何以酬汝？』徐曰：『賤吏不敢辱娘子，聘財盡以相奉。』且聞其家尚不給，盡以囊中資與之，遂獨歸。妻迎問之曰：『妾安在？』告以其故，且曰：『吾思之，無子命也。我與汝周旋久，若有子，汝豈不育，必待他婦人乃育哉？』妻亦喜曰：『汝〔四〕設心如此，行當有子矣。』明年生韶。

太師在袁正獻公弟子之列，其授受議論，雖無可考，然今甬上尚有師弟秘省坊，爲正肅及太師作也。蓋自淳熙以

〔一〕脫脫等撰：《宋史》卷四百一十五《袁韶傳》中有『求』字。
〔二〕脫脫等撰：《宋史》卷四百一十五《袁韶傳》中爲『爭有』二字。
〔三〕脫脫等撰：《宋史》卷四百一十五《袁韶傳》中爲『韶卒以言罷』句。
〔四〕脫脫等撰：《宋史》卷四百一十五《袁韶傳》中爲『君』字。

後，慶元一路，悉宗陸子之學。名公卿良士，莫非楊、袁、舒、沈四君子之弟子，而太師又正獻公族子也，其淵源尤爲親切者矣。太師曾孫桷，字伯長，仕元爲學士，以文名一代。自號清容居士，有《集》行於世，蓋亦能繩祖武者也。

楊叔謹恪

楊恪，字叔謹，文元公簡之長子也，《宋史》未有傳，官階所至未詳。惟錢融堂時所爲文元公行狀，稱『恪任承務郎沿海制置司，准備差遣，克承家學，勉進未艾』云。按：叔謹與袁正肅公甫、真文忠公德秀等，比德相友，進學甚優，文元公之教，爲之不墜。少時嘗請文元公書訓語，公書舊作授之，云：『吾鄉日有數語曰，吾兩目散日月之光，四體動天地之和，步步欲風生雲起，句句若龍吟鳳鳴，其間周旋中規，折旋中矩，珠璣咳唾蘭清芬，此豈人力所能爲哉？天機妙用，道體變通，我猶不得而自知，人又安得而詰我？其啓發之者如此。』文元公生平不作草書，惡其不莊敬。叔謹亦專學楷書。一日，過庭，請書訓語。文元公即書法爲訓以授之，云：『世謂王逸少書爲天下第一，吾謂逸少書俗字爾。』異日，嘗以白象山先生。先生驚曰：『何故？』予起對曰：『鄉間有一富户爲桃枝細器，寸盈二十篾，緣以小黑漆，誠極精巧。』里人或識之，曰：『是某家器物也。』故士大夫恥效之。今逸少之書何以異此？孔門安得如許暇逸用力於字畫也。先生笑而無語。予又曰：『逸少如傾國之色，麗則麗矣，而少莊敬中正之容，君子所不道，故吾字畫，惟方正古朴和平近於隸。』蓋今之楷，即隸之訛。隸者篆之變，篆極善，隸庶幾，楷猶庶幾。至於草去古遠矣。孔門之所惡，今世通行之書，不用篆隸，故予爲楷而似隸，庶幾乎三代莊敬中正之遺風不遂泯絶也。歐陽正矣和矣而不古，病在於不方而媚。虞、柳病與歐同，而又弱，顧方正、敬莊、古質，善矣，所少者和爾。蔡與歐、虞、柳同，凡是去取，非吾一人之獨見，乃萬古默同之心。其自晉以來，學王之徒，具中心之隱，當亦默同。此默同之心即道心，顧知之者鮮，女既知之矣，其敬之戒之，毋荒墜。時慶元二年中冬之十三日。後叔謹通籍得差遣，將之官。文元公書訓語送之，曰：『堯、舜、禹皆聖人，猶相告以執中。』又曰：『惟精惟一。』又曰：『安女止，而況於後學乎？女既於道有覺，又嗜欲淡薄，不以死生爲畏，甚不易得。臯陶猶曰「兢兢業業」。女切宜克艱以守中庸，此守非思慮言語可及，可惜可惜！敬之敬之！兢業不兢業，即禍福榮辱之樞機』云。蓋叔謹造詣高，而文元公期望之遠如此。

趙冢宰彥悈

《宋儒學案》傳畧

趙彥悈，字元道，餘姚人。累官吏部尚書兼給事中，以文華殿〔一〕直學士知平江府卒。彥悈嘗辨象山先生非禪。又題《己易》曰：『聖人之《易》，不離先生之〔二〕書，不離斯人篤好而〔三〕刊之心，不離刊者之手，不離觀者之目，不離誦者之口，不離聽者之耳，又不離、不刊、不觀、不誦、不聽者之耳目手口。斯旨也，元道〔四〕實有覺於事親從兄、喜怒哀樂、兢兢業業、日用之間』云。

紹定三年，夏四月，彥悈任江東提刑，重修象山精舍。自爲記云：『道在篤行，不在空言，道在反求，不在外騖。彥悈壯歲從慈湖遊，慈湖實師象山陸先生。嘗聞或謂陸先生云「胡不註六經？」先生云：「六經當註我，我何

〔一〕黃宗羲著，陳金生、梁運華點校：《宋元學案》卷七十四《慈湖學案》中爲『閣』字。
〔二〕黃宗羲著，陳金生、梁運華點校：《宋元學案》卷七十四《慈湖學案》中爲『此』字。
〔三〕黃宗羲著，陳金生、梁運華點校：《宋元學案》卷七十四《慈湖學案》中爲『欲』字。
〔四〕黃宗羲著，陳金生、梁運華點校：《宋元學案》卷七十四《慈湖學案》中爲『先生』二字。

註六經？」又觀先生與學子帖，有「反思自得反而求之」之訓，有朴實一途之說。人見其直易，或疑以禪學，是未之思也。誠意、正心，以至治國、平天下，原於致知二字，禪矣乎？象山蓋學者講肄之地，先生没，山空屋傾，將遂湮没。載新以存先生之故蹟，使人因先生之故蹟，思先生之學，思先生之教，孜孜日思，乃至不勉不思，從容中道，是謂大成。若夫山林之峻秀，景物之幽深，棟宇之多寡，廢興之源流，非學者志，不暇盡記之耳。』

葉秘書夢得

葉夢得，信州貴谿人，學於傅琴山先生，登理宗嘉泰二年壬戌科傅行簡榜進士，官階所至未詳。惟象山先生《年譜》，稱其以淳熙十年庚戌，任撫州守，更創三陸先生祠堂，距成進士時四十八年，則其年亦已老矣。包文肅公爲記，謂今郡守國之秘書葉公，則嘗爲秘書丞監者，故以秘書稱之也。先是，復齋、象山二先生祠與槐堂異處。淳祐十年，夢得爲撫州守，乃命王宰以七月六日鼎創新祠於槐堂之前，翼以四齋，環以門廡，自是規制悉出於郡。夢得自爲之記。其略云：『山川炳靈，儒英並出，美適鐘於一門，教可垂於百世。若金谿三陸先生之祠於學宮者，其風化之所係歟。三先生學問宏深，智識超卓，以斯道而任諸身，以先知而覺乎世〔一〕。其生也，海宇仰而宗之；其没也，都〔二〕邑尸而祝之。朝廷又從而褒之，非偶然也。』夢得在撫多惠政，嘗修千金陂。教授趙與輈記云：『嘗讀杜君卿《通典》，建昭中邵信臣爲南陽太守，於縣南造鉗盧陂，累石爲隄，傍開六石門以節水

〔一〕　陸九淵著，鍾哲點校：《陸九淵集》卷三十六中爲『後』字。
〔二〕　陸九淵著，鍾哲點校：《陸九淵集》卷三十六中爲『郡』字。

勢，用廣溉灌，歲歲增至三萬頃，人得其利。後杜詩爲太守，復修其業，時歌之曰「前有邵父，後有杜母」，循吏之流風善政，民到於今稱之。惟撫爲郡，以二水合流，號曰「臨汝」。攷之國志，臨川水在縣西南五十里，源出定山，以今地勢觀之，合宜黃、崇仁諸水，由郡而西，趨豫章，赴彭蠡，此臨水也。汝水源出南城爲盱，自盱入石門爲汝，由郡東文昌堰，遶北城至西津，與臨水合。郡城之山，發跡軍峰，重崗複嶂，嵬峨岌嶪，北行二百里至此爲二水所束止焉。回環繚繞，如玉帶圍腰，金石臺屹峙於外，故里讖有「臺分堰合」之語。川融山結，鍾奇孕秀，人物瑰瑋，生聚繁庶，江右之巨鎮也。汝之上流，距城七八里，舊有支港決而他出。又越二十餘里，方合於正流，相爲消長。若支盛則正壅，褰裳可涉，越旬日不雨，則絶流，地脈枯燥，風氣渙散。自唐已有千金陂，遏支而行正，然陂常潰決。紹興間，郡有富民王其姓者，極力築堤以捍，歲久復毁。嘉熙間，太守計院趙公師郗，嘗屬寓公符簿遂者，經營上流，順地勢之直，别鑿小渠，引水以至擬峴臺下，事未及竟。傍無障闕，復成絶潰，後之來者，顧瞻永歎，欲作而復輟者屢矣。今郡守秘書葉公夢得，涖事之明年，燕凝作嘯，廼酌輿言，欲回其瀾，鳩工飭材，浚廣舊渠，築陂絶江以灌。其内陂三百丈，渠廣二十丈。財用之幣餘而不侵經費，工取之傭雇而不科夫丁。一竹一木，厚酬其直，民樂爲市。咄嗟而辦，源深流長，舳艫相接，氣聚風宜，漸復舊觀。是役也，肇於淳祐辛亥十月二十日，訖於十一月二十八日，見者咸唶其成之易也。三衢徐三錫實董其事，頗有心計之助焉。或有倡爲浮議者曰：「盱城歲餫，連檣巨艦，順流而來，渠恐難受。」殊不知綱發必俟春夏，積雨巨漲，然後鼓而下，此邦亦然。若只常流，雖無此陂，亦罔水行舟也，此一不足慮。或者又曰：「谿潰而東，多歷年所，率爲筒車以資灌溉，陂而絶之，人失此利。」殊不知束薪囊沙，豈能涸流，今西港述陂、新陂，綿亘倍此，而下流自若，此二不足慮。又曰：「艖茗之舟，必夾私販，若經岸下，必慮有檢柅，多爲謗議。」殊不知前此郡務亦布津欄，其越稅者，未嘗無禁，豈以陂而苛征，此三不足慮。又曰：「東門長橋民不病，若水復古道，或至衝嚙。」殊不知橋數十眼，受水甚寬。前此固聞屋裂於風矣，未聞址圮於水也，此四不足慮。所可慮者，閲歲滋久，竹折木腐，葺之勞費莫繼耳。以今計之，錢僅一千緡，米僅二百石。若歲加葺，多則十之三四，少則十之一二，然以一郡之力爲之，那輟亦直易事，特在後之賢侯加之意爾。罔俾前邵後杜之歌，專美於南陽也。郡侯俾與輈識顛，刻諸堅珉，故不敢以膚淺辭。姑勉述其槩，併得以剖或者之疑云。淳祐十一年季冬望日，修職郎撫州州學教授浚儀趙與輈記。』

鄒知丞近仁

鄒近仁，字魯卿，饒州德興人，學於慈湖，仕未達遽歿。慈湖爲墓銘云：『某爲樂平，首得鄒夢遇。某字之曰元祥。元祥自有覺，某從而滌其滓。元祥之叔祖居德興，名近仁，字魯卿，又來訪道。某與語，從容。翼日，又與語，良久忽覺。厥後數欵語，益信其果覺。嘉定二年春，至行都。又從容累日，歸，未幾而疾作。仲夏癸卯，忽盥手振衣而坐，召子曾曰：「吾心甚明，無事可言，汝輩修身學道，則爲孝矣。」言訖而瞑。元祥以訃來。予哭於寢門之内。曾不憚修途至通名。予意魯卿之子，已而問之，果然。予哭。曾哭而拜，予答拜。唁問既久，留終日，知曾因元祥而又覺。曾請銘其父。墓在龍田山之阿。魯卿祖諱聖從，嘉州文學。父諱孟，登進士科，初尉建德，後隆興録參。魯卿質直，不事文飾，以孝聞，惡衣菲食，窮居而樂和而敬，或干以非義，則介焉弗受。告以有過，則斂衽謝服，所當爲雖強禦弗畏。以特恩爲静江法曹，再調龍陽丞。娶董氏，長子嶧，次曾。銘曰：「孔子没，月至日至者久歿，誰其嗣之？孟入聖域，濂谿、明道似之，象山陸子則有之，魯卿嗣之。」』

按：林氏《江西通志》作名魯卿，字季友，號歸軒，所著有《歸軒集》。

宋修叔林

宋林，字修叔，浙江金華人，師事陸伯微，見慈湖所爲宋母墓銘，云：『宋母者，嚴陵王氏，秘丞庭堅之曾孫。吾友宋修叔之母，節行一世，罕儷四方，士友尊而稱之曰宋母。某事象山陸先生，於今幾四十年矣，近四五年始識修叔。修叔澹然修潔，承事陸先生冢子伯微，亦言其澹然修潔。修叔遽丁其母憂，既葬，持其所自記母王氏之行實，再拜，又再拜而請銘於某。某觀其四歲喪母，哀事繼母杜宜人，以孝聞，宜人愛同己出，及禮如成人。歸金華郴守，宋子華之子沆，字叔子，三十而寡。長子甡，纔十有二。次林，即修叔，生五歲而有一月，而朋始生。甡年十有五六，較藝郡庠，數居前列。比王氏誨之，曰：「女父無恙時，講道於家，未嘗強以語人，而就問者衆。每使學者熟問《論語》學而時習一章，所學果何學？所習果何習？是弗之思詎可效舉子習小技角勝負，止於科第而已耶？」一日，具冠帔請於舅，乞擇大儒，俾就學。時呂太史祖謙名動一時，遣之從遊，大見稱許。後甡登紹熙龍飛進士科，以及禄養。甡字茂叔，不幸早死。呂子約哭之爲慟云。修叔官階無可考，後居江西隆興。開禧三年冬，母疾終。明年，嘉定改元，冬十有二月，葬隆興之新建縣桃花鄉白鷺嶺』云。

孫進士誼

孫誼，字子方，浙江慈谿人，楊文元公之壻也，學於公，既成進士而歿。文元公以文奠之，曰：『舅某茲致祖奠於故孫甥子方，吾甥始以夢中而覺，夢中已拱，達旦猶拱，自是心明，達於日用。舅剗餘礙喜甥之覺，妻甥以長女，每每講切，謂甥用力於仁，庶幾乎仁，何壽之促？雖有懷中玉，力未續續，妻與子遽而哭。舅拘官，聞訃望哭，既歸哭柩，日月遄速，今且奠甥，老不可慟哭。哀哉哀哉！哀哉哀哉！』

傅正夫侹

傅侹，字正夫，江西南城人，傅通守夢泉之族子也，學於楊文元公，爲高第弟子。嘗輯公議論經籍及訓誨弟子之言爲《慈湖訓語》。今與魯汲古所録《誨語》並見《慈湖家記》，中多篤論，如云：『《論語》乃有子之徒所記，首篇首記有子之言，又不止於一二章。有子尚爲曾子所不可，而况其徒乎？其所記亦有難盡信者。子以四教，文行忠信，此記者之辭耳。孔子曰「行有餘力，則以學文」。而記者冠文於首，見識又不逮有子矣。』文元之卒，正夫不遠千里，以行述訪真西山於粤山之麓，請爲墓誌。西山題行述後，以未能深悉先生之道，不敢爲誌而請爲墓表。又言行述者正夫所纂，蓋有得於先生之道者也。正夫藏文元公所書《孔壁孝經》，爲公平生得意之筆，西山亦爲之題跋云。

黄璧林應龍李子愿恭伯柏純父劉林應之附見

黄應龍，南城縣人，師事傅琴山先生，學行甚高，著述亦富。登淳祐元年辛丑科徐儼孫榜進士第，歷仕官階未詳，學者稱爲璧林先生。明天啓間，禮部主事梁維樞兼管内閣典籍，因編輯内閣書目中有《黄璧林先生文集》十四卷，注謂宋嘉熙間黄應龍著。黄爲傅琴山弟子云。

璧林嘗爲《陸子年譜》跋，謂：『文安陸夫子没，門人高弟日遠，而年譜猶缺。友人李子愿恭伯，始裒彙歷年，相與討繹稍備，然未敢定。浮湘至衡，得劉君應之，嘗從傅曾潭學者柏純父游。聞象山語，恨莫得詳見，是欣然悦，亟請傳於來世。愚謂時多尚談説，而文安教人，務在樸實自求，故希專門者，或且隨聲是非盍徐待其定，應之對曰：「人心大同若此，及覩是編，可百世，俟聖人而不惑。」遂躂其論，反復參訂，質諸先覺遺老以成其美志。豪傑之士，聞而興者，殆將有考於斯文。應之名林，其先代陽朔人，今居南嶽，趣尚古雅，併識其後。

寶祐四年丙辰孟冬朔，後學南城黄應龍拜手敬跋。』

葉貢士祐之

《宋儒學案》本傳

葉祐之，字元吉，吴縣人。弱冠鄉貢，有志於學，凡先儒所是者，依而行，所〔一〕訶者必戒，如是者十有七年，終未相應。得慈湖子《絶四碑〔二〕》讀之，知此心明白廣大，異乎先儒繳繞回曲之説，自是讀書行己，不敢起意。寐中聞更鼓聲而覺，全身流汗，失聲歎曰：『此非鼓聲也。』如還故鄉，終夜不寐。夙興，見天地萬象萬變，明暗虚實，皆此一聲，皆本體光明變化，而目前常若有一物。〔三〕慈湖至吴，元吉〔四〕摳衣求教，一聞慈湖言，其物泯然不見。慈湖之詩曰：『元吉三更非鼓聲，慈湖一夜聽鵓鳴。是同是異難聲説，何慮何思自混成。爐炭幾番來煖熱，天牕一點吐圓明。起來又覩無窮景，冰鑑〔五〕澄光萬里清。』

元吉父母俱賢。慈湖誌其妣張氏墓，云：『張氏諱景昭，故將作監丞允恭之女，孝敬明悟，嘗親書史，事親有孝友之稱，歸司農寺簿。諱大顯，字仲謨，有異質，嘗親薛士龍、鄭景望，官居守正民悦。湖海羣寇，仲謨每有韜畧，用事者雖不行其策，而與論謂善。孺人以夫家司計者，倜儻廣費。孺人長慮，亟出玩服，治田太湖上。厥後祖業果告罄，而孺人所治之田，遂爲祭祀伏臘之需。二女擇配甚嚴，或以爲太過，曰不然。是家故嘗有了

〔一〕黄宗羲著，陳金生、梁運華點校：《宋元學案》卷七十四《慈湖學案》中爲『而』字。
〔二〕黄宗羲著，陳金生、梁運華點校：《宋元學案》卷七十四《慈湖學案》中爲『記』字。
〔三〕『失聲歎曰：「此非鼓聲也。」……而目前常若有一物』部分與黄宗羲著，陳金生、梁運華點校：《宋元學案》卷七十四《慈湖學案》中略有不同。
〔四〕黄宗羲著，陳金生、梁運華點校：《宋元學案》卷七十四《慈湖學案》中爲『先生』二字。
〔五〕黄宗羲著，陳金生、梁運華點校：《宋元學案》卷七十四《慈湖學案》中爲『水檻』二字。

齋陳公爲壻，不可使俗子壞其素風。士之有學願靖者，今諸子與之遊，而遠其張皇虛矯者，雖或以科第進，每以爲戒。故元吉曰：「祐之由是不敢苟專試業。」閉門不妄交。某至吳，元吉來訪，報禮甚恭。元吉弱冠與貢，孺人不以爲喜，聞聲而大警悟。孺人雖喜而未至於甚，及元吉見某後，歸道某言，且謂若不見先生，止於半途，於是喜甚。某訪元吉，孺人已疾病，命二女聽於屏間，盡記某之言以告。孺人舉手曰：「幸甚！吾兒得此於先生也，吾死無憾矣。」垂絶，神氣清明，無一語之差』云。

曾定遠熠

《宋儒學案》本傳

曾熠，字定遠，廬陵人。得慈湖《己易》、《閒居解》二書刊之。謂《西銘》之意，認天地爲一家，而〔一〕《己易》一書，悟天地爲一己，其流行發見，精粗畢〔二〕備，厥功益大。然定遠〔三〕之意，欲學者於良知良能苗裔之發見，體察而用力。慈湖以爲，才言體察，是未信此心之即道也。定遠〔四〕復問曰：『平常正直之心，雖人所固有，然汩没斲喪、燻燻〔五〕利欲之塗，須體察於膠擾之中，而後能不失。今懼其起意也，不敢體察，坐聽是心之所發，則天理與人欲並行，何以洞識乎？』慈湖答曰：『定遠猶未覺未信也。《易》曰：「百姓日用而不知。」日用豈

〔一〕黄宗羲著，陳金生、梁運華點校：《宋元學案》卷七十四《慈湖學案》中無『而』字。
〔二〕黄宗羲著，陳金生、梁運華點校：《宋元學案》卷七十四《慈湖學案》中爲『必』字。
〔三〕黄宗羲著，陳金生、梁運華點校：《宋元學案》卷七十四《慈湖學案》中爲『先生』二字。
〔四〕黄宗羲著，陳金生、梁運華點校：《宋元學案》卷七十四《慈湖學案》中爲『先生』二字。
〔五〕黄宗羲著，陳金生、梁運華點校：《宋元學案》卷七十四《慈湖學案》中爲『憧憧』二字。

無膠擾？膠擾乃變化，即天地之風雨晦冥也。君子見善則遷，有過則改，改邪〔一〕足矣。故孔子曰：「改而止。」改而不止，是謂正其心，反成起意耳。』定遠〔二〕乃喟然曰：『今而後知此心虚明，萬理萬化盡在其中。君子所以用力於仁，學而不厭者，必有事焉，初非臆意〔三〕料想之謂也。』

曾定遠初刻慈湖《己易》時，趙冢宰元道方以承事知吉水縣丞事，因題定遠所刻《己易》云：『先生挈古聖所指詔學者，遂成此書，知有此書者衆，好者鮮。彦檝事先生舊矣，負丞吉水，邑士曾定遠篤信好學，久藏此書。一日，携示彦檝，曰：「先生推明心量之大，使人讀之，萬善備具，思與朋友共將刊諸版。」俾彦檝書於後，噫！定遠其有得於先生之言乎？』餘見《彦檝本傳》。

定遠自記《己易》云：『先生《己易》，宰樂平時，嘗加改訂，熠得其本。因謁知丞趙公是正之，鋟木以貽同志。或者猶謂先生復有所改，近趙公爲轉致諸先生之前，而先生不復加損，則此爲定本矣。夫六經論語之書，言天下之義備矣。迨孟氏興而復出性善養氣之説。自孟氏没，更秦歷漢，以至於今，前聖之意，隱然而未發者，乃有横渠之《西銘》，雖然《西銘》之意，認天地爲一家，而《己易》一書，悟天地爲一己。其流行發見，精華畢備，厥功益大。學者誠能沉潛而反復之，於其一理渾然之中，知其萬理森然，莫不具在。反諸吾身，覺其機之動而體驗推放之，雖訓造聖賢之域可也。嘉定戊辰十月甲子，廬陵曾熠謹書。』趙冢宰元道又題《孔子閒居解》云：『曾定遠既刊先生《己易》，又刊所解《孔子閒居》。《閒居》真聖人之言。伊洛諸賢未嘗及之，道之不明也我知之矣。不肖者不及，賢者又過之。《中庸》，庸，常也。弃日用平常而起乎意説，吾不知之矣。嘉定元年十

〔一〕黄宗羲著，陳金生、梁運華點校：《宋元學案》卷七十四《慈湖學案》中爲『即』字。
〔二〕黄宗羲著，陳金生、梁運華點校：《宋元學案》卷七十四《慈湖學案》中爲『先生』二字。
〔三〕黄宗羲著，陳金生、梁運華點校：《宋元學案》卷七十四《慈湖學案》中爲『度』字。

月六日彦惐敬書。』

定遠自題所刻《孔子閒居解》云：『熠頃侍教於知丞趙公，嘗言楊先生昔著《孔子閒居解》，熠請之而未獲。近乃寄示，誠足以開後學，因鋟木以傳之。夫孔子之言，見於六經、《論》、《孟》者，人所尊信。惟雜出傳記者，雖戴聖所傳，人猶未之盡信。惟《大學》、《中庸》，先儒所推尊，故學者講誦。至若《孔子閒居》，昔賢未嘗留意。今先生首發明而誨解之，得非謂五至三無，皆人良知良能，苗裔發見於心端，誠可體察而用力者歟。彼坐談高遠而不隱諸内心者，可以自省矣。嘉靖戊辰十一月甲子，學生廬陵曾熠謹書。』

張渭叔渭弟清叔汾

張渭，字渭叔，初事呂寺丞祖儉，後與弟汾並師事慈湖。渭早卒，慈湖銘其墓云：『越之新昌張渭，字渭叔。某之爲國子博士，以言事罷歸也。韓侂胄方用事，時論誣善類曰僞學，舉子文字由是大變，不敢爲理義之言。如某見謂僞學之尤者，而渭叔不遠數百里與其兄弟皆至，願摳衣焉。從容數月，未嘗一語及舉子事業。某於是信其人，與之語無他説，大旨惟本孔子之言曰「心之精神是謂聖」。孟子曰「仁人心也」。人心即道，故舜曰「道心」。日用平常之心即道，故聖人曰「中庸」。庸，常也。於平常而起意，始差，始放逸。』渭叔領會無疑。今其季汾清叔曰：『渭叔蓋頓有覺焉。』後移書曩所師寺丞呂先生。先生甚喜，善其有覺。賀先君有子，先生諱祖儉，渭叔弱冠有俊譽，富户欲妻之。渭叔笑不顧，以爲論財夷虜之道。後知玉牒趙共甫賢，遂聘其兄之子。雖甚窶安焉，親故洪雨若之親喪未舉，告渭叔，命其室人傾囊周之，衆人咸以爲難。篤於好善，勇於改過，朋友之所共敬。得年僅三十七而不禄，實嘉定元年二月望日。哀哉！越三月而趙氏產男，名堅老，將以庚午五月戊戌葬於其鄉之董墺。渭叔之父諱汝弼，某已嘗銘其墓。今又銘渭叔墓銘，曰：『人心虛明，變化云爲。不可度思，渭叔覺斯。』

孫明仲

《宋儒學案》本傳

孫明仲，富春人。慈湖爲富陽簿，明仲〔一〕從學。聞『執事敬』一言，日夜從事，至右手運用，左手猶拱，其專如此。如此者閱兩旬，忽大喜，喜止，又驟悲，悲止，而泰然和平矣，自是發言頓異曩〔二〕時，召爲里正，公移方急，而曰出入阡陌，奔走應辦，憂勞辛〔三〕苦則甚矣，而心〔四〕實未嘗微動也。紹熙三年卒。

王子庸

《宋儒學案》本傳

王子庸，錢塘人。慈湖爲浙西撫屬，子庸問學，自謂有疑。慈湖告以『不假更求，本無可疑』。子庸曰：『非不知之，而疑自若也。』積十八九年，淑景揚輝，耀然如脫，從此不復疑矣。再見請益，〔五〕慈湖曰：『習氣之未易消釋也。如此猶有未盡者，意也，先聖之所止絶也。止絶此意者，又意也，又先聖之所止絶也。即意即疑，〔六〕

〔一〕黃宗羲著，陳金生、梁運華點校：《宋元學案》卷七十四《慈湖學案》中爲『先生』二字。
〔二〕黃宗羲著，陳金生、梁運華點校：《宋元學案》卷七十四《慈湖學案》中無『如此者閱兩旬……自是發言頓異曩』句。
〔三〕黃宗羲著，陳金生、梁運華點校：《宋元學案》卷七十四《慈湖學案》中爲『申』字。
〔四〕黃宗羲著，陳金生、梁運華點校：《宋元學案》卷七十四《慈湖學案》中無『心』字。
〔五〕黃宗羲著，陳金生、梁運華點校：《宋元學案》卷七十四《慈湖學案》中有『慈湖曰：「云何？」先生曰：「意猶有所未盡」』句。
〔六〕黃宗羲著，陳金生、梁運華點校：《宋元學案》卷七十四《慈湖學案》中爲『即疑即意』句。

何思何慮，縱心盡意，匪動匪止，孝於親，友於兄弟，信於友，恂恂於鄉里，自先聖曰：「吾無知也。」而某亦安得所知以告子庸也？』

黃氏宗羲曰：『慈湖所傳，皆以明悟爲主，故其言曰：「此一二十〔一〕以來，覺者踰百人矣，古未之見，吾道其亨乎？」然考之自錢融堂、陳和仲以外，未必皆爲豪傑之士也，而況於聖賢乎。〔二〕夫所謂覺者，識得本體之謂也。象山以是爲始功，而慈湖以是爲究竟，此慈湖之失其傳也。』《四明志》云：『舒氏門人有李元白者，字三江，慶元奉化人，仕爲國子博士。初從蔡文懿，又傳廣平詩學，歸教其子以稱、以制、以益。從子伯誨、伯森，皆舉世科。門人黃應春、杜夢觀、安劉、王良，其傑然者。廣平在新安與慈湖書，言學中諸生，自得羅子有、鄧夢真、汪行簡、戴泳，皆起發可進。今皆不可考矣。又袁絜齋門人，有朱元龍者，先事呂東萊，後事絜齋。又有胡謙字牧之，弟誼字正之，奉化人，並師事絜齋，兄弟文學，皆爲鄉黨表式。謙別號東齋，著《易說》、《易林》。誼別號觀省佚翁，著《觀省雜書》三十卷，《尚書釋疑》十卷。沈氏門人有竺大年字耕道，亦奉化人，性行嚴重，長於說禮，家法整肅，鄉人皆化之，爲端憲公高第弟子，所著有《禮記訂義》等書，楊琪銘其墓。按：竺氏先世服田，大年之父竺頎，始遣其子從師。他日，喜而語舒廣平曰：「諸子自得師，粗厲之習，變而爲儒雅；暴慢之氣，轉而爲溫厚，非曩日比矣。」蓋頎之意亦淺鮮矣，而豈知追原學脉者，乃及大年哉？然則人亦何必羨夫貴仕也。又有呂人龍者，淳安人，受學於錢時，爲世所稱。有洪楊祖者，淳安人，袁甫之門人也。舒津，字通叟者，奉化人，文靖公從孫。讀書績學，期至古人，登景定三年進士第，遷太學博士。知平江，

〔一〕黃宗羲著，陳金生、梁運華點校：《宋元學案》卷七十四《慈湖學案》中有『年』字。
〔二〕黃宗羲著，陳金生、梁運華點校：《宋元學案》卷七十四《慈湖學案》中有『史所載趙與籌以聚斂稱，而慈湖謂其已覺，何也』句。

莅事勤敏，雅志澹如。嘗博采傳記，著《續蒙求尚書解》、《春秋集註》、《十七史綱目》。從弟滸字平叟，清苦獨立，景定元年入太學，講明正學，雖寒暑弗懈，著《易釋》二十卷，《繫辭釋》三卷，《讀史隨筆》五卷，《心書》六卷，一門經學，人謂得文靖公之傳。又有李洧係字甫山者，寧海人，師事舒津，登宋甲戌進士第，受迪功郎，黄州司户參軍，未上而宋亡。大德六年，爲杭州儒學教授，以黄巖州判致仕。人稱爲霽峯先生。當時楊、袁、舒、沈之學，東浙學者家傳而户誦也。今姑録其可考者，附門人之後焉。』

又有史守之者，字子仁。《史氏家傳》云：『丞相浩之孫，以祖蔭官朝奉大夫，主管紹興府千秋鴻禧觀，賜緋，退居月湖之松島。時彌遠方貴盛，而守之心非其叔父所爲，著《异聞録》以寓規諫。彌遠每有所爲，必曰十二郎莫知否？寧宗御書「碧沚」二字賜之。』又《清河書畫舫》云：『守之築别墅于甬東，名鴻禧府，延慈湖絜齋講學其中。嘉定間起倅嘉禾，不就。所著有《世學》二十四卷，濳虚解心易。子孛卿字景伯，尚郡主，知嵊縣，有仁聲。』又有孫枝，字吉甫者，鄞人。成化《寧波府志》云：『枝父兄受業于沈端憲公之父越州簽書判官銖，故枝少即從端憲遊，嘗問學于朱子，著《尚書解》十三篇。袁正憲公見而嘆曰：「初謂子善爲文，不意造理乃爾。」嘉定間，與長子起予同登袁甫榜進士。枝卓邁有智畧，自秦隴荆襄，達于淮海，凡邊事軍謀，無不練達。淮帥延至幕下，枝以禄不逮親，辭不就。起予累官太常少卿，有清廉聲。次子願質，紹定五年進士，累官工部侍郎。』又有黄應春字元英，號西軒者，奉化人。成化《寧波府志》云：『應春受業于李元白，嘉熙二年進士，遊臨安，四方之士翕然宗之。内翰應繇、左史黄自然，以其所著詩説繳進，送監看詳。除國子録，累官朝散郎，知處州，廣平門人以應春爲最云。』又有王文貫，字貫道者，鄞人。《寧波府志》云：『文貫，中寶慶二年進士，嘗從舒文靖公遊，得其詩學之傳。時甬東以詩著者，余太學端臣以慶源輔氏爲宗，文貫亦受業焉。教授真州，除宗學諭。弟宗道，嘉定元年進士，于詩亦有論著。』

朱擇善 薛玉成

朱擇善，名未詳，湖州烏程人，丞相勝非之孫也，師袁正獻公。擇善嘗往訪真文忠公德秀於閩。德秀送以序，云：『自余歸西山之草廬，掩關謝客，足不越中賓門之域者，將期年於兹矣。居一日，烏程朱君來謁，以書先焉。余視之，辭義卓然，意氣甚偉。亟延入與語，問其族出與素所師友，則丞相忠靖公之孫，且嘗遊於絜齋袁先生之門者也。酒數行，作而言曰：「僕之始學也，聞誠意正心之說，以爲直易，易耳，今從事於此，固已有年。而一臨利害之境，則自私之念，崢嶸乎其中，有不可遏者，夫然後知其爲匪易也。君將何以教我？使免於是邪？」予曰：「昔人不云乎君以爲難，則易將至矣。惟吾子前日之易也，是以一念之忽而去道遠焉？今而難之，是子進德之機也。雖然，予嘗聞之君子蓋學問之道有三，曰省察也，克治也，存養也，是三者不容有一闕也。夫學之治心者，猶其治疾然。省察焉者，視脉而知疾也；克治焉者，用藥以去病也；而存養者，則又調虞愛護以杜未形之疾者也。今吾子於私意之萌，能察而知之，其亦可謂善學者矣。然知私意之爲害，而未能勇以去之，是知疾之所由生而憚於藥之治者也。昔者顔子問仁於夫子，夫子以克己告之。克云者，戰勝攻取之謂，而非悠悠玩愒之可言也。吾子誠欲絶其私意之萌，盍亦感勵奮發，如去蟊賊，如殄寇讐，毋徒恃其知而已也。《書》曰：『若藥弗瞑眩，厥疾弗瘳。』夫瞑眩所以愈疾，疾愈矣，然後和平之劑施焉，此存養之功所以必繼於克治之後也。然則亦有其要乎？曰敬爲要。敬何所自始？曰自戒懼謹獨始。子歸取聖賢之書而熟復之，當有以知予言之非謬也。然余之於學，亦所謂知之而弗能允蹈者也。斯言也，豈獨以勵吾子？蓋因以自勵云。」』又有薛玉成者，名未詳，永嘉人也，嘗學於楊文元公，著述甚富。子璩字叔容，能繼其學，著述亦富。淳熙間，臺省交薦，賜出身，史館劉克莊、謝子強上其所著書，入元不仕。林霽山景熙作《二薛先生文集序》，云：『永嘉自許少伊右丞、周恭叔太博、劉元丞給事，受業程門爲最先一輩，而義理之學始於此矣。生而晚者雖不及成德達材之列，而亦竊聞私淑之教，見知聞知成功一也。薛氏世學蓋三百年，最後玉成公學於慈湖楊敬仲，刊華據實，猶程門緒餘。僞學禁興，隻手衛道，著伊洛源流各爲譜傳，書成而化更，生人之類，不爲鬼蜮禽獸，吾道力也。又以弓冶授其子叔容公，志弘力毅，負荷千年。念聖遠言湮，爲《孔子集語》二十卷；念國内外治疎，爲《采薇天保末議》二卷；念伊、傅、周、召之業不復見，隨世蹇淺，不能登其主於三代，爲《宅揆成鑑》二十二卷。薦紳剡進，上經一覽，藏之秘府，以詔厥來。會兵興，君亮區區收拾於烟埃零落之餘，兩世遺文，其僅存者泰山毫芒而已。水心嘗曰：「爲學而不接統緒，雖博無益也。爲文而不聞世教，雖工無益也。」二先生之學之文，豈徒博而工哉？統緒之的，教化之要，於此乎在？君亮早自矜飭，懼不克紹以貽斯文羞，況當升降絕續之會，世方仇學而欲壽其世。學者力益難，心益苦，君亮勉之。立言垂世，仁也；繼志述事，孝也。仁且孝，聚於薛氏祖子孫三世，嘻，公亦重可敬夫。』

曹叔達夙

曹夙，字叔達，餘干人。慈湖令樂平時，叔達往謁，見於縣庠，聞其提唱，晝夜思之，至忘寢食，凡十有四五日而忽覺。與樂平舒益裕甫齊名，慈湖深契之，未仕而没。慈湖以文奠之，曰：『哀哉痛哉！叔達叔達，哀哉哀哉！叔達篤志於道，晝忘食，夜忘寢，踰浹旬而忽覺。二千年來，覺者甚無幾，比覺者雖滋衆，而每思念吾黨之士，叔達未嘗不在懷想中。比裕甫遠來，即訪動静，裕甫莫之知。適通史使君書，崇儒重道。某備言裕甫、叔達之洞達。使君報緘曰，叔達物故矣。哀哉痛哉！哀哉痛哉！老不能慟望哭敬遺斯奠，哀哉哀哉！』

鄒貢士夢遇

鄒夢遇，樂平人，以詞賦舉鄉貢進士。慈湖來爲令，師事之，未得第而卒。慈湖題其墓碣，云：『饒之樂平鄒夢遇，字元祥。四明楊某之宰樂平也，夢遇與鄉貢，自是相與從容。後某以職事至蘭若，夢遇見次，言近覺。某叩之，知其覺矣，而猶不無阻，隨通之，自是益澄明。後又得夢遇之叔祖近仁字魯卿，與之語厥明，再語而頓覺末得。比邑餘干之曹夙字叔達。叔達留縣庠，晝忘食，夜忘寢，旬有四五日而忽覺。嗚呼盛哉！自孔子殁〔一〕，學者率〔二〕陷溺於文詞論議，喪其〔三〕本靈而事口說〔四〕，寥寥二千載，其自知自信者有幾？〔五〕若三子者，可謂自知自信。孔子曰「心之精神，是謂聖人，皆有是心」。百姓日用而不知，三子知之。魯卿之子曾，字伯傳，比年亦覺，嗚呼盛矣！元祥事親至孝，篤愛諸弟。嘗語人曰：「事親從兄之際，不思不勉，無非實地變化云爲，弛張闔闢，宇宙在吾手。」又曰：「渾然之中，品節條理，燦然以列。」又曰：「人皆以兀坐端默爲静，吾獨以步趨應酬爲静；人皆以步趨應酬爲動，吾獨以兀坐端默爲動。」其舅謂元祥色溫言約，神定氣和，喜愠不形，動容周旋，莊肅閑泰。其處事，一於義理不可奪，別後進德，厥效乃爾，久欲來見。嘉定四年春，赴禮闈罷，而疾作不可來。歸啓平，孟夏三日，命二子扶坐艮齋。自謂氣雖微，而神則嘉。時齋明喜甚，哦曰：「嘉木扶疎兮鳥鳴關關，暑風舒徐兮庭中閒閒，起視天宇兮浩乎虛澄。」還中堂，與家人茗飲罷，就寢而殁。訃至永嘉，哭於燕堂，遣奠。臘月其子自得使弟自厚來。某對哭，自厚再拜。葬有日，請誌其墓。銘之曰：「人心至

〔一〕黄宗羲著，陳金生、梁運華點校：《宋元學案》卷七十四《慈湖學案》中爲『没』字。
〔二〕黄宗羲著，陳金生、梁運華點校：《宋元學案》卷七十四《慈湖學案》中無『率』字。
〔三〕黄宗羲著，陳金生、梁運華點校：《宋元學案》卷七十四《慈湖學案》中無『其』字。
〔四〕黄宗羲著，陳金生、梁運華點校：《宋元學案》卷七十四《慈湖學案》中爲『意見』二字。
〔五〕黄宗羲著，陳金生、梁運華點校：《宋元學案》卷七十四《慈湖學案》中爲『自知自信者少』句。

靈，自通自明，元祥無能有所增，唯不動乎意，不昏其本靈。」』

樂平自元祥從邑宰楊公遊，其叔祖魯卿繼之。自是邑之學者，靡然向化，並爲陸子之學先後覺悟者甚衆，其尤著名。見林氏《江西通志》者，有舒益字裕甫、洪簡字子斐，以蔭補官知茶陵縣。曹正字性之，官永明尉，學有自得，寂静弗忘，酬應非擾。方溥字成太，誠確正直。吴墳字仲和、馬樸字季文，以經學薦授廣昌主簿。子燮字敬叔，猶子應之字定翁，王琦字表文，以文薦補學博。余元發字永之，以詞賦薦。王晉老字子康，以蔭入仕，篤志於道。皆楊公弟子云。

鍾國録宏

《西江人物志》

鍾宏，字子虚，樂平人，從邑宰楊簡游，大見器重，登嘉定進士。主建德簿，再任貴谿丞，著惠政，同門袁甫表諸朝，稱其學有淵源，實得故閣學楊簡之傳。由兩浙漕屬入爲太學録，供職甫一月，謁告省親。累擢，皆不起。

桂待制萬榮

《寧波府舊志》本傳

桂萬榮，字夢協，慈谿人，楊文元公弟子，慶元二年進士。授餘干尉，邑多豪右，一裁以剛介，御民以慈。秩滿，民爲乞留。子弟獲其訓迪者，耻爲不善。嘉定戊辰，調建康推官。時相史彌遠欲招致之，萬榮固辭。尋，差主管户部架閣。明年，除太學，輪對奏絶虜、選將二事，一以義斷。除武學博士，尋，除宗學横經。上方嚮用，力求補外，通判平江。時守朱在政嚴刻，以鹽課拘繫甚衆。萬榮具書告在，不從，於是挾行牀與所拘人同寢，在媿，即委縱遣。陞守南康，御悍軍，省浮費，察奸吏，民幸其利。三疏丐祠。進直秘閣，遷尚書郎，特奏二劄，上嘉之。因請老，除寶章閣待制，奉祠崇禧宮。嘗築室東山之麓，號石坡書院，讀書其中。取古人資於折獄者，爲棠陰比事，行於世。從子錫孫，紹定五年進士，精於《春秋》。累官監察御史，兼崇政殿説書，紹其家學。慈湖書有《遺桂夢協》一則，云：『夢協謂心之精神是謂聖，此聖人之言，何敢不信？但學者所造有淺深。某謂道無淺深，先聖曰「改而止」。謂改過即止，無庸他求，精神虚明，安有過失？意動過生要道在不動乎意爾。』

陳文定公宗禮

《宋史》本傳

陳宗禮，字立之。少貧力學，袁甫爲江東提點刑獄，宗禮往問學焉。淳祐四年舉進士。調邵武軍判官，入爲國子正，遷太學博士、國子監丞，轉秘書省著作佐郎。入對，言火不循軌。帝以星變爲憂，宗禮曰：『上天示戒，在陛下修德布政以回天意。』又曰：『天下方事於利欲之中，士大夫奔競趨利，惟至公可以遏之。』兼考功郎〔一〕，兼國史實録院校勘，兼景獻府教授，升著作郎，遷尚左郎官兼右司。時丁大全擅國柄，以言爲諱。宗禮歎曰：『此可一日居乎！』陛對，言：『願爲宗社大計，毋但爲倉廩府庫之小計；願得天下四海之心，毋但得左右便嬖戚畹之心；願寄腹心於忠良，毋但寄耳目於卑近；願四通八達以來正人，毋但旁蹊曲逕類引

〔一〕脱脱等撰：《宋史》卷四百二十一《陳宗禮傳》中有『官』字。

貪濁。』拜太常少卿，以直寶謨閣、廣東提點刑獄進直焕章閣，遷秘書監。以監察御史虞慮言追兩官，送永州居住。景定四年，拜侍御史，直龍圖閣、淮西轉運判官，遷刑部尚書。以起居舍人曹孝慶言罷。度宗即位，兼侍講，拜殿中侍御史。疏言：『恭儉之德自上躬始，清白之規自宫禁始，左右之言利者必斥，蹊隧之私獻者必誅。』以《詩》進講，因奏：『帝王舉動，無微不顯，古人所以貴於慎獨也。』權禮部侍郎兼給事中。進讀《孝宗聖訓》，因奏：『安危治亂，常起於一念慮之間，念慮少差，禍亂隨見。天下之亂未有不起於微而成於著。』又言：『不以私意害公法，通國之福〔一〕。』帝曰：『孝宗家法，惟賞善罰惡爲尤謹。』宗禮言：『有功不賞，有罪不罰，雖堯、舜不能治天下，信不可不謹也。』遷禮部侍郎，尋權禮部尚書，乞奉祠，帝曰：『豈朕不足與有爲也〔二〕耶？』以華文閣直學士知隆興府，再辭，依舊職與待次差遣。逾年，依舊職廣東經畧安撫使兼知廣州，加端明殿學士、簽書樞密院事，尋兼權參知政事。疏奏：『國所以立，曰天命人心。因其警而加敬畏，天命未有不可回也；因其未墜而加綏定，人心未嘗不可回也。』卒官，遺表上，贈開府儀同三司、盱江郡侯，謚文定。所著有《寄懷斐藁》、《曲轅散木集》、《兩朝奏議》、《經筵講義》、《經史明辨》、《經史管見》、《人物論》。

按：文定公，江西建昌之南豐人。《宋史》本傳，失載籍貫，今補入。文定公入對，每以謹念慮之微，嚴義利之辨爲主。蓋陸子之教，至文定而一光。當時盡用其言，則宋祚猶可少延，而惜乎慍于羣小，進退無恒也。

〔一〕脱脱等撰：《宋史》卷四百二十一《陳宗禮傳》中爲『乃國家之福』句。
〔二〕脱脱等撰：《宋史》卷四百二十一《陳宗禮傳》中無『也』字。

文樞密及翁

文及翁，字未詳。《宋史》未立傳，惟《四明舊志》稱爲德祐時，累官簽書樞密院事。平生讀書，以求心名其齋。篤好慈湖之學，于其片言隻字收拾殆盡。咸淳間，制置使劉黻請於朝，即楊文元公宅爲慈湖書院。在慈谿縣東北五十步，屬及翁爲之記。其畧曰：『慈湖先生昔在大學，肄業循理齋，足不踰閑者累年。一日，冠帶揖謝同舍郎曰某悟道，宴坐返觀，忽然見天地萬物萬理澄然一片，向者所見萬象森羅。謂是一理貫通，疑象與理未融一，澄然一片，更無象與理之分，不必言象，不必言理，亦不必言萬，亦不必言一，自是一片，此是先生知至之始事也。又觀象山陸文安公發本心之問，舉扇訟是非以對，忽省此心之清明，忽省此心之無始末，忽省此心之無所不通。守永嘉日，謁先聖。又謂自幼而學，長而始覺。此心澄然，虛明無體，廣大無際，日用云爲，無非變化，此先生知終之終事也。先生忠信篤敬，發言必由忠信而有証。其註《孝經》，述《易》，解《春秋》，纂先聖大訓。條治務最急者六，次急者八，遺文訓語，皆先生精神流動。先生家于四明之慈湖，詠春諸詩，有浴沂詠歸，灑然出塵意，花香竹影，山色水光，鶯吟鶴舞，皆道妙之形著。今玉牒侍讀文昌劉公，嘗執筆于太史氏，爲先生作傳。及開閫府于四明，奏請于朝，乞爲先生賞延于世，即先生舊宅創書院于慈湖之濱，規模軒豁，衿佩鏘鳴。相其役者，縣宰王君愉、提管陳君允平。噫！俗流失學士大夫童習白，紛譊不知心爲何物？驅血氣而角功名，決性命而饕富貴，喪精神以失虛靈者，揔揔也。藏山之卷九千，插架之軸三萬，手不停披，口不絶吟，亦祇以釣聲譽，梯利禄，膏唇吻，飾簡牘而已矣。出入口耳之學，各是其是，反以心學爲非，至有疵先生之學爲禪學者，何異衆人皆醉，反執獨醒者以爲狂，此先生之所以太息復太息也。書院有規，廩稍有籍，春秋之法，常事不書，敢書其大者，以驗同志。咸淳九年良月吉日記。』

按：文昌劉公，制置使劉黻也。作書院，見《宋史》黻本傳。《寧波府志》云：『書院歲久頽圮，嘉靖間，其裔孫楊淡修葺之。淡于書院之西數十步，又作小樓三楹，制甚朴陋，扁曰「鳩居樓」。前爲圃八九畝，而獲常數十畝之殖，歲有餘饗焉。淡蓋自食其力，無求于人者，故勤而勞，約而不困，儉而能施，樂而有常，其滿林桑菽，有五柳之餘風，故人皆稱爲不詩酒之陶元亮』云。

馬莊敏公光祖

《宋史》本傳

馬光祖，字華父，婺州金華人。寶慶二年進士，調新喻主簿，已有能名。從真德秀學。改知餘干縣，差知高郵軍，遷軍器監主簿，差充督視行府參議官。奉雲臺祠。差知處州，監登聞鼓院，進太府寺丞兼莊文府教授、右曹郎官。出知處州，乞降僧道牒振濟，詔從之。加直秘閣、浙東提舉常平。移浙西提點刑獄，時暫兼權浙西提舉常平。起復軍器監、總領淮東軍馬錢糧兼知鎮江。進直徽猷閣、江西轉運副使兼知隆興府。以右正言劉漢弼言罷。後九年，起直徽猷閣、知太平州、提領江西茶鹽所。進直寶文閣，遷太府少卿，仍知太平州、提領江、淮茶鹽所。遷司農卿、淮西總領兼權江東轉運使。拜户部尚書兼知臨安府、浙西安撫使。帝諭丞相謝方叔趣入覲，乞嚴下海米禁，歷陳京師艱食、和糴增價、海道致寇三害。加寶章閣直學士、沿江制置使、江東安撫使、知建康府兼行宫留守兼節制和州無爲軍安慶府三郡屯田使，加煥章閣，尋加寶章閣學士。始至官，即以常例公用器皿錢二十萬緡支犒軍民，減租税，養鰥寡孤疾無告之人，招兵置砦，維〔一〕錢助諸軍昏嫁。屬縣税折收絲綿絹帛，

〔一〕脱脱等撰：《宋史》卷四百一十六《馬光祖傳》中爲『給』字。

倚門〔一〕除免以數萬計。興學校，禮賢才，辟召僚屬，皆極一時之選。拜端明殿學士、荆湖制置、知江陵府，去而建康之民思之不已。帝聞，命以資政殿學士、沿江制置大使、江東安撫使再知建康，士女相慶。光祖益思寬養民力，興廢起壞，知無不爲，蠲除前政，逋負錢百餘萬緡，魚利税課悉罷減予民，修建明道、南軒書院及上元縣學。撙節費用，建平糴倉，貯米十五萬石，又爲庫貯糴本二百餘萬緡，補其折閲，發糴常減於市價，以利小民。修飭武備，防拓要害，邊賴以安。其爲政寬猛適宜，事存大體。公田法行，光祖移書賈似道，言公田法非便，乞不以及江東，必欲行之，罷光祖乃可。進大學士兼淮西總領。召赴行在，遷提領户部財用兼知臨安府、浙西安撫使。會歲饑，榮王府積粟不發廪，光祖謁王，辭以故，明日往，亦如之，又明日又往，卧客次，〔二〕不得已見焉。光祖厲聲曰：『天下孰不知大王子爲儲君，大王不於此時收人心乎？』王以無粟辭；光祖探懷中文書曰：『某莊某倉若干。』王無以辭，得粟活民甚多。進同知樞密院事，尋差知福州、福建安撫使，以侍御史陳堯道言罷，以前職提舉洞霄宫。再以沿江制置、江東安撫使知建康，郡民爲建祠六所。乞致仕，不許。咸淳三年，拜參知政事。五年，大〔三〕知樞密院事兼〔四〕知政事，以監察御史曾淵子言罷。給事中廬鉞復繳奏新命，以金紫光禄大夫致仕，卒，謚莊敏。光祖之在外，練兵豐財；朝廷以之爲京尹，則剸治浩穰，風績凛然。三至建康，終始一紀，威惠並行，百廢無不修舉云。

按：莊敏從學於袁正肅，得正肅經濟之實學，所至有政聲。是時真文忠與正肅二公繼朱、陸二先生之後，並稱理

〔一〕脱脱等撰：《宋史》卷四百一十六《馬光祖傳》中爲『閭』字。
〔二〕脱脱等撰：《宋史》卷四百一十六《馬光祖傳》中有『王』字。
〔三〕脱脱等撰：《宋史》卷四百一十六《馬光祖傳》中爲『拜』字。
〔四〕脱脱等撰：《宋史》卷四百一十六《馬光祖傳》中有『參』字。

學名臣，故莊敏兼師文忠。至元修《宋史》，凡兼事朱、陸二先生者，止稱朱不稱陸，其再傳弟子亦然。蓋當時以朱註取士，天下人止知有朱，並諱言陸，而莊敏此傳，亦止稱師真文忠也。莊敏，號裕齋，其總領淮東兵馬錢糧時，刻《正肅文集》於饟院，見正肅子從所爲文集題跋。今附於後。

正肅公有《蒙齋集》，子從題其後，云：『先君子正肅公《文集》四十卷，門人裕齋馬公，刊于淮東饟所矣。片言隻字，散落尚多，友朋相與彙集，得十六卷，爲《續集》。其奏議駁疏爲前本所未出者，今併刻之，家傳國史附焉。追惟先德，九原不可作。名節在朝廷，政教在郡國，道學在士夫。不肖孤何足以知之，姑識歲月於卷末云。咸淳甲戌十月，男朝奉郎知永州軍州兼管內勸農營田事節制軍馬借紫從拜于敬書。』

《陸子學譜》卷之十八

南昌萬承蒼訂
後學臨川李紱編
陸川龐嶼校

私淑上

孟子謂君子之澤五世而斬，而自以爲私淑孔子。則凡紹述儒先之學，未踰五世者，皆得以私淑名之矣。宋元更化之際，儒學廢缺，趙江漢復被俘，始以朱子之書教於北方，竇、許師焉。朝廷因以其書取士，利禄之誘，士争趨之，於是陸子之學稍衰。然陳静明先生，獨以陸學教於江東。吳文正公一代大儒，始宗朱學，晚亦悔而從陸。其及門弟子，名人甚衆，道德勳名，甲於海内。佗若鄭師山、趙東山諸君子，亦推崇陸學甚力，則心理之同，不容昧也。今考其年時，未遠於五世者，録爲私淑二卷，俾學者知陸子之教久而益光云。

吳文正公澄孫參政當

《元史》本傳

吳澄，字幼清，撫州崇仁人。高祖曄，初居咸口里，當華蓋、臨川二山間，望氣者徐覺言其地當出異人。澄生前一夕，鄉父老見異氣降其家，鄰媪復夢有物蜿蜒降其舍旁池中，旦以告於人，而澄生。三歲，穎悟日發，教之古詩，隨口成誦。五歲，日受千餘言，夜讀書至旦。母憂其過勤，節膏火，不多與，澄候母寢，燃火復誦習。九歲，從羣子弟試鄉校，每中前列。既長，於經、傳皆〔一〕通之，知用力聖賢之學，嘗舉進士不中。至元十三年，民初附，盜賊所在蜂起。樂安鄭松，招澄居布水谷，乃著《孝經章句》，校定《易》、《詩》、《書》、《春秋》、《儀禮》及大、小《戴記》。侍御史程鉅夫，奉詔求賢江南，起澄至京師。未幾，以母老辭歸。鉅夫請置澄所著書於國子監，以資學者，朝廷命有司即其家録上。元貞初，游龍興，按察司經歷郝文迎至郡學，日聽講論，録其問答，凡數千言。行省掾元明善，以文學自負，嘗問澄《易》、《詩》、《書》、《春秋》奥義，歎曰：『與吴先生言，如探淵海。』遂執子弟禮，終其身。左丞董士選延之於家，親執饋食，曰：『吴先生天下士也。』既入朝，薦澄有道，擢應奉翰林文字。有司敦勸，久之乃至，而代者已到官，澄即日南歸。未幾，除江西儒學副提舉，居三月，以疾去官。至大元年，召爲國子監丞。先是，許文正公衡爲祭酒，始以《朱子小學》等書授弟子，久之，漸失其舊。澄至，旦燃燭堂上，諸生以次受業，日昃，退燕居之室，執經問難者，接踵而至。澄各因其材質，反覆訓誘之，每至夜分，雖寒暑不易也。皇慶元年，升司業，用程純公《學校奏疏》、胡文定公《六學教法》、朱文公《學校貢舉私議》，約之爲教法四條：一曰經學，二曰行實，三曰文藝，四曰治事，未及行。又嘗爲學者言：『朱子於道問學之功居多，而陸子静以尊德性爲主。問學不本於德性，則其敝必偏於言語訓釋之末，故學必以德性爲本，庶幾得之。』議者遂以澄爲陸氏之學，非許氏尊信朱子本意，然亦莫知朱、陸之爲何如也。澄一夕謝去，諸生有不謁告而從之南者。俄拜集賢直學士，特授奉議大夫，俾乘驛至京師，次真州，疾作，

〔一〕宋濂等撰：《元史》卷一百七十一《吴澄傳》中有『習』字，中華書局一九七六年版。

不果行。英宗即位，超遷翰林學士，進階大中大夫。先是，有旨集善書者，粉黄金爲泥，寫浮屠《藏經》。帝在上都，使左丞速速，詔澄爲序，澄曰：『主上寫經，爲民祈福，甚盛舉也。若用以追薦，臣所未知。蓋福田利益，雖人所樂聞，而輪迴之事，彼習其學者，猶或不言。不過謂爲善之人，死則上通高明，其極品則與日月齊光；爲惡之人，死則下淪污穢，其極下則與沙蟲同類。其徒遂爲薦拔之説，以惑世人。今列聖之神，上同日月，何庸薦拔！且國初以來，凡寫經追薦，不知幾舉。若未効，是無佛法矣；若已効，是誣其祖矣。撰爲文辭，不可以示後世，請俟駕還奏之。』會帝崩而止。泰定元年，初開經筵，首命澄與平章政事張珪、國子祭酒鄧文原爲講官。在至治末，詔作太廟，議者習見同堂異室之制，乃作十三室。未及遷奉，而國有大故，有司疑於昭穆之次，命集議之。澄議曰：『世祖混一天下，悉攷古制而行之。古者，天子七廟，廟各有〔一〕宮，太祖居中，左三廟爲昭，右三廟爲穆，昭穆神主，各以次遞遷，其廟之宮，頗如今之中書六部。夫省部之設，亦倣金、宋，豈以宗廟敘次，而不攷古乎！』有司急於行事，竟如舊次云。時澄已有去志，會修《英宗實録》，命總其事，居數月，實録成，未上，即移疾不出。中書左丞許師敬奉旨賜宴國史院，仍致朝廷勉留之意，宴罷，即出城登舟去。中書聞之，遣官驛追，不及而還，言於帝曰：『吳澄，國之名儒，朝之舊德，今請老而歸，不忍重勞之，宜有所褒異。』詔加資善大夫，仍以金織文綺二及鈔五千貫賜之。澄身若不勝衣，正坐拱手，氣融神邁，答問亹亹，使人焕若冰釋。弱冠時，嘗著説曰：『道之大原出於天，神聖繼之，堯、舜而上，道之元也；堯、舜而下，其亨也；洙、泗、鄒、魯，其利也；濂、洛、關、閩，其貞也。分而言之，上古則羲、黄其元，堯、舜其亨，禹、湯其利，文、武、周公其貞乎！中古之統：仲尼其元，顔、曾其亨乎，子思其利，孟子其貞乎！近古

〔一〕宋濂等撰：《元史》卷一百七十一《吳澄傳》中爲『爲』字。

之統：周子其元，程、張其亨也，朱子其利也，孰爲今日之貞乎？未之有也。然則，可以終無所歸哉！』其早以斯文自任如此。故出登朝署，退歸於家，與郡邑之所經由，士大夫皆迎請執業，而四方之士不憚數千里，躡履負笈來學山中者，常不下千數百人。少暇，即著書，至將終，猶不置也。於《易》、《春秋》、《禮記》，各有纂言，力〔一〕破傳註穿鑿，以發其藴，條歸紀敘，精明簡潔，卓然成一家言。作《學基》、《學統》二篇，使人知學之本，與爲學之序，尤有得於邵子之學。校定《皇極經世書》，又校正《老子》、《莊子》、《太元〔二〕經》、《樂律》及《八陣圖》、郭璞《葬書》。初，澄所居草屋數間，程鉅夫題曰草廬，故學者稱之爲草廬先生。天歷三年，朝〔三〕以澄耆老，特命次子京爲撫州教授，以便奉養。明年六月，得疾，有大星墜其舍東北，澄卒，年八十五。贈江西行省左丞、上護軍，追封臨川郡公，謚文正。長子文，終同知柳州路總管府事；京，終翰林國史院典籍官。孫當，自有傳。

按：《元史》撰於明初，總其事者，爲宋文憲、王忠文二公，其論議本於金華四先生，故吴文正公此傳，引用公元、亨、利、貞之説，意在於尊朱。其實此恃弱冠之説，不足以定文正公之學。必如晚年所作《尊德性道問學齋記》，乃足窺公所學之歸宿確在於陸子，而鑽研文義之學，則皆公所深悔，謂爲墮此窠臼垂四十年而始覺其非者也。

〔一〕宋濂等撰：《元史》卷一百七十一《吴澄傳》中爲『盡』字。

〔二〕宋濂等撰：《元史》卷一百七十一《吴澄傳》中爲『玄』字。

〔三〕宋濂等撰：《元史》卷一百七十一《吴澄傳》中有『廷』字。

《元史》吳當本傳

吳當字伯尚，澄之孫也。當幼承祖訓，以穎悟篤實稱。長精通經史百家言，侍其祖至京，補國子生。久之，澄既捐館，四方學子從澄遊者，悉就當卒業焉。至正五年，以父文蔭，授萬億四庫照磨，未上，用薦者改國子助教。勤講解，嚴肄習，諸生皆樂從之。會詔修遼、金、宋三史，當預編纂。書成，除翰林修撰。七年，遷國子博士。明年，陞監丞。十年，陞司業。明年，遷翰林待制。又明年，改禮部員外郎。十三年，擢監察御史，尋復爲國子司業。明年，遷禮部郎中。又明年，除翰林直學士。時江南兵起且五年，大臣有薦當世居江西，習知江西民俗，且其才可任政事者，特詔授江西肅政廉訪使，偕江西行〔一〕參政火你赤、兵部尚書黄昭，招捕江西諸郡，便宜行事。當以朝廷兵力不給，既受命至江南，即召募民兵，由浰入閩。至江西境建昌界，招安新城孫塔，擒殄李三。道路既通，乃進攻南豐，渠凶鄭天瑞遁，鄭原自刎死。十六年，調檢校章迪率本部兵，與黄昭夾攻撫州，剿殺首寇胡志學，進兵復崇仁、宜黄。於是建、撫兩郡悉定。是時，參知政事朵歹總兵蘇〔二〕、建，積年無功。因忌當屢捷，功在己上，又以爲南人不宜總兵，則構爲飛語，謂當與黄昭皆與寇通。有旨解二人兵權〔三〕，除當撫州路總管，昭臨江路總管，並供億平章火你赤軍。火你赤殺當從事官范淳及章迪，將士皆憤怒不平，當諭之曰：『上命不可違也。』而火你赤又上章言：『二人者，難任牧民。』尋有旨當與昭皆罷總管，除名。十八年，火你赤自瑞州還龍興，當、昭皆隨〔四〕不敢去。先是，當與昭平賊功狀，自廣東由海〔五〕未達京師，而朵歹、火

〔一〕宋濂等撰：《元史》卷一百八十七《吳當傳》中有『省』字。
〔二〕宋濂等撰：《元史》卷一百八十七《吳當傳》中爲『撫』字。
〔三〕宋濂等撰：《元史》卷一百八十七《吳當傳》中爲『柄』字。
〔四〕宋濂等撰：《元史》卷一百八十七《吳當傳》中有『軍』字。
〔五〕宋濂等撰：《元史》卷一百八十七《吳當傳》中有『道』字。

你赤等公牘乃先至，故朝廷責當、昭，皆左遷。及得當、昭功狀，乃始知其誣，詔拜當中奉大夫、江西行省參知政事，昭湖廣行省參知政事。命未下，而陳友諒已陷江西諸郡。火你赤棄城遁，當乃戴黄冠，着道士服，杜門不出，日以著書爲事。友諒遣人辟之，當卧床不食，以死自誓，乃舁床載之舟，送江州，拘留一年，終不爲屈。遂隱居廬陵吉水之谷坪。逾年，以疾卒，年六十五。所著書，有《周禮纂言》及《學〔一〕藁》。

文正公論學文字附

文正公嘗作《尊德性道問學齋記》云：『天之所以生人，人之所以爲人，以此德性也。然自孟氏以來，聖傳不嗣，學士靡宗，誰復知此哉。漢唐千餘年間，儒者各矜所長，奮迅馳騖，而自不知其缺。董、韓二子依稀數語近之，而原本竟昧昧也，則亦漢唐之儒而已矣。宋初如胡如孫，首明聖經以立師教，一時號爲有體有用之學，卓行異材之士，多出其門，不爲無補於人心世道。然稽其所極，度越董、韓者無幾，是何也？於所謂德性未嘗知所以用其力也。達夫周、程、張、邵興，始能上通孟氏而爲一。程氏四傳而至朱，文義之精密，句談而字議，又孟氏以來所未有者，而其學徒往往滯於此而溺其心。夫既以世儒記誦詞章爲俗學矣，而其爲學亦未離乎言語文字之末，甚至專守一藝而不復旁通它書，掇拾腐説而不能自遣一辭，反俾記誦之徒嗤其陋，詞章之徒訊其拙。此則嘉定以後，朱門末學之弊而未有能救之者也。夫所貴乎聖人之學，以能全天之所以與我爾。天之與我，德性是也。是爲仁義禮智之根株，是爲形質血氣之主宰，舍此而他求所學，果何學哉？假而行如司馬文正公，才如諸葛忠武侯，亦不免爲習不著行不察，亦不過爲資器之超於人，而謂有得於聖學則未也。况止於訓詁之精，講

〔一〕宋濂等撰：《元史》卷一百八十七《吳當傳》中有『言』字。

說之密，如北谿之陳，雙峯之饒，則與彼記誦詞章之俗學，相去何能以寸哉？漢唐之儒無責焉？聖學大明於宋代，而踵其後者如此，可歎已。清江皮公字其子曰：「昭德」，其師名其讀書之齋曰「學」。從吾遊，請以尊德性道問學更其扁名，合父師所命而一之。噫！父所命，天所命也，學者學此而已。抑子之學詞章則云至矣，記誦則云當矣。雖然，德性無預也，姑置是，澄也鑽研於文義，毫分縷析，每猶以陳爲未精饒、爲未密也。墮此科臼之中，垂四十年而始覺其非。因子之請，惕然於歲月之已逝。今之語子，其敢以昔之自誤者而誤子也哉！自今以往，一日之内，子而亥；一月之内，朔而晦；一歲之内，春而冬，常見吾德性之昭昭，如天之運轉，如日月之往來，不使有須臾之間斷。則於尊之之道，殆庶幾乎？於此有未能，則問於人，學於己，而必欲其至，若其用力之方，非言之可喻，亦味於《中庸》首篇、《訂頑》終篇而自悟可也。夫如是，齊於賢，躋於聖，如種之有獲，可必其然也，願與子偕之。若夫爲是標榜，務以新美其名而不務允蹈其實，是乃近代假託欺誑之儒，所以誤天下、誤國家而自誤其身，使異己之人，得以藉口而斥之爲僞學者，其弊又浮於末學之外，而子不爲是也。』

又嘗爲象山先生語録序云：『青田陸先生之學，非可以言傳，而學之者非可以言求也。盱江舊有先生《語録》一袠〔一〕，所録不無深淺之異。此編〔二〕之首，乃其高第弟子傅季魯、嚴松年之所録〔三〕。澄肅讀之，先生之道如青天白日，先生之語如震雷驚霆，雖百數十年之後，有如親見親聞也。楊敬仲門人陳塤，嘗鋟〔四〕板貴谿象山

〔一〕陸九淵著，鍾哲點校：《陸九淵集》中爲『帙』字。
〔二〕陸九淵著，鍾哲點校：《陸九淵集》中爲『篇』字。
〔三〕陸九淵著，鍾哲點校：《陸九淵集》中有『者』字。
〔四〕陸九淵著，鍾哲點校：《陸九淵集》中爲『録』字。

書院，至治癸亥〔一〕，金谿學者洪琳重刻於家〔二〕，樂順攜至〔三〕，請識其成。嗚〔四〕呼！道在天地間，今古如一，人人〔五〕同得，智愚賢〔六〕不肖無豐〔七〕嗇焉。能反之於身，則知天之與我者，〔八〕我固有之，不待外求也，擴而充之，不待增益也。先生之教人蓋以是，豈不至簡至易而切實哉！〔九〕不求諸我之身，而求諸人之言，此先生之所深憫也。今日之〔一〇〕口談先生、心慕先生者比比也，果有一人能知先生之學者乎？果有一人能爲先生之學者乎？嗚呼！〔一一〕居之相近若是其甚也，世之相去若是其未遠也，可不自愧自惕，而自奮與？勿徒以先生之學付〔一二〕之於其〔一三〕言也。』

又嘗爲《仙城本心樓記》云：『龍虎山形勢之奇秀，莫可與儷，自宜爲神君仙子之所棲止。其後岡名象山，金谿陸先生亦嘗構室而講道焉，至今使人尊慕而不忘。上清道士劉立中致和，生長儒家，寄跡老氏法，好尚迥與衆異，得地於龍虎山之仙城，築宮以祠老子。若仙巖，若臺山，若琵琶，左右前後，森列環合，一覽在目，而象

〔一〕陸九淵著，鍾哲點校：《陸九淵集》中爲『丑』字。實際上應爲『癸亥』，即一三二三年，《陸九淵集》中誤。

〔二〕陸九淵著，鍾哲點校：《陸九淵集》中爲『金谿學者洪琳重刻《文集》于青田書院』句。

〔三〕陸九淵著，鍾哲點校：《陸九淵集》中有『京師』二字。

〔四〕陸九淵著，鍾哲點校：《陸九淵集》中爲『於』字。

〔五〕陸九淵著，鍾哲點校：《陸九淵集》中爲『之』字。

〔六〕陸九淵著，鍾哲點校：《陸九淵集》中爲『賢智愚』句。

〔七〕陸九淵著，鍾哲點校：《陸九淵集》中爲『壹』字。

〔八〕陸九淵著，鍾哲點校：《陸九淵集》中爲『則天之所以與我者』句，略有差別。

〔九〕陸九淵著，鍾哲點校：《陸九淵集》中爲『豈不至簡易、切實哉』句，略有差別。

〔一〇〕陸九淵著，鍾哲點校：《陸九淵集》中無『日之』二字。

〔一一〕陸九淵著，鍾哲點校：《陸九淵集》中爲『於乎』二字。

〔一二〕陸九淵著，鍾哲點校：《陸九淵集》中爲『傳』字。

〔一三〕陸九淵著，鍾哲點校：《陸九淵集》中無『其』字。

山直其東乃相西偏作樓三間以面之。樓藏書數百卷，扁之曰「本心」，焚香讀書其間，儼然如瞻文安在前也。致和來京師語其事，且請記。予歎曰：「致和之見，固及此乎？」夫人之生也，以天地之氣凝聚而有形，以天地之理付畀之而有性，心也者，形之主宰，性之郛郭也，此一心也。自堯、舜、禹、湯、文、武、周公傳之以至於孔子，其道同，道之爲道具於心，豈有外心而求道者哉？而孔子教人，未嘗直言心體，蓋日用事物，莫非此心之用，於其用處各當其理，而心之體在是矣。操舍存亡惟心之謂，孔子之言也。其言不見於《論語》之所記，而得之於《孟子》之傳。則知孔子教人，非不言心也，一時學者未可與言，而言有所未及爾。孟子傳孔子之道，而患學之失其本心也，於是始明指本心以教人，其言曰：「仁人心也，放其心而不知求，哀哉！」又曰：「學問之道無他，求其放心而已矣。」又曰：「耳目之官不思，而蔽於物，心之官則思，先立乎其大者，而其小者不能奪也。」嗚呼！至矣！此陸子之學所從出也。夫孟子言心而謂之本心者，以爲萬里之所根，猶草木之有本，而苗莖枝葉皆由是以生也。今人談陸子之學，往往曰以本心爲學，而問其所以，則莫知陸子之所以爲學者何如，是本心二字，徒習聞其名，而未究竟其實也。夫陸子之學，非可以言傳也，況可以名扁求哉？然此心也，人人所同有，反求諸身，即此而是，以心而學，非特陸子爲然，堯、舜、禹、湯、文、武、周公、孔子、顏、曾、思、孟，以逮周、邵、張、程諸子，蓋莫不然，故獨指陸子之學爲本心之學者，非知聖人之道者也。應接酬酢，千變萬化，無一而非本心之發見，於此而見天理之當然，是之謂不失其本心，非專離去事物，寂然不動，以固守其心而已也。致和朝於斯夕於斯，身在一樓之中，心在一身之中，一日豁然有悟，超然有得，此心即陸子之心也，此道即聖人之道也。夫如是，則龍虎山之奇秀，又但以老子之宮而名天下哉？』

又嘗作《送陳洪範序》云：『金谿陳洪範，家在石門，繇其家而臨川，臨川而崇仁，崇仁而樂安之南。走三百餘里，即子之所止而見焉。問所以來之意，則出一巨袠，有諸君子贈言。予觀之，嘆曰：「古人所務者內，所圖者實，今乃務外而圖虚，何也？子之年方壯，質甚美，宜及時而勉學，以成身，以悦親，苟如是，朋友稱之，黨里敬之，長老喜之，子弟效之，推其餘，又可以如世俗之人之取爵禄，顧不此之爲，而爲今之行，子計左矣。且子之鄉，陸子之鄉也，陸子何如人哉？亦當頗聞其遺風乎？夫朱子之教人，必先之讀書講學；陸子之教人也，必使之真知實踐，讀書講學者，固以爲真知實踐之地。真知實踐，亦必自讀書講學而入，二師之爲教一也。而二家庸劣之門人，各立標榜，互相詆訾，至於今學者猶惑，嗚呼甚矣！道之無傳，而人之易惑難曉也。爲子之計，當以朱子所訓釋之四書，朝暮晝夜，不懈不輟，玩繹其文，探索其義，文義既通，反求諸我，書之所言，我之所固有，實用其力，明之於心，誠之於身，非但讀誦講説其文辭義理而已。此朱子之所以教，亦陸子之所教也。然則其義安在？外貌必莊，中心必一，不如是，不可以讀書講學，又豈能真知實踐也哉？子亟歸而求之，舍是，予無以贈子矣。他日再來，予將觀子之進與否。」』

又嘗爲《王學心説》云：『夫學亦多術矣。詞章記誦，華學也，非實學也；政事功業，外學矣，非内學也。知必真知，行必力行，實矣内矣。然知其所知，孰統會之？行其所行，孰主宰之？無所統會，非其要也；無所主宰，非其至也。孰爲要，孰爲至，心是已。天之所以與我，人之所以爲人者在是，不是之求，而他求焉，所學何學哉？聖門之教，各因其人，各隨其事，雖不言心，無非心也。孟子始直指而言先立乎其大者，噫！其要矣乎？其至矣乎？邵子曰：「心爲太極。」周子曰：「純心至矣。」張子曰：「心清時，視明聽聰，四體不待羈束，而自然恭謹。」程子曰：「聖賢千言萬語，只是欲人將已放之心約之使入身來。」此皆得孟子之正傳者也。臨川黄令君字其學者王敏求曰學心，故爲誦子之所聞。』

以下吴氏弟子門人

虞文靖公集兄采

《元史》本傳

虞集字伯生，宋丞相允文五世孫也。曾祖剛簡，爲利州路提刑，有治績。嘗與臨邛魏了翁，成都范仲黻、李心傳輩，講學蜀東門外，得程、朱氏微旨，著《易詩書論語說》，以發明其義，蜀人師尊之。祖玨，知連州，亦以文學知名。父汲，黄岡尉。宋亡，僑居臨川崇仁，與吳澄爲友，澄稱其文清而醇。嘗再至京師，贖族人被俘者十餘口以歸，由是家益貧。晚稍起家，教授於諸生中，得宇朮魯翀、歐陽元〔一〕而稱許之，以翰林院編修官致仕。娶楊氏，國子祭酒文仲女。咸淳間，文仲守衡，以汲從，未有子，爲禱於南岳。集之將生，文仲晨起，衣冠坐而假寐，夢一道士至前，牙兵啓曰：『南岳真人來見。』既覺，聞甥館得男，心頗異之。集三歲即知讀書，歲乙亥，汲挈家趨嶺外，干戈中無書册可携，楊氏口授《論語》、《孟子》、《左氏傳》、歐蘇文，聞輒成誦。比還長沙，就外傅，始得刻本，則已盡讀諸經，通其大義矣。文仲世以《春秋》名家，而族弟參知政事棟，明於性理之學，楊氏在室，即盡通其說，故集與弟槃，皆受業家庭，出則以契家子從吳澄遊，授受具有源委。左丞董士選自江西除南行臺中丞，延集家塾。大德初，始至京師。以大臣薦，授大都路儒學教授，雖以訓迪爲職，而益自充廣，不少暇逸〔二〕。除國子助教，即以師道自任，諸生時其退，每挾策趨門下卒業，他館生多相率詣集請益。丁内艱，服除，再爲助教，除博士。監祭殿上，有劉生者，被酒失禮俎豆間，集言諸監，請削其籍。大臣有爲劉生謝者，集持不可，曰：『國學，禮義之所出也，此而不治，何以爲教！』仁宗在東宫，傳旨諭集，勿

〔一〕 宋濂等撰：《元史》卷一百八十一《虞集傳》中爲『玄』字。
〔二〕 宋濂等撰：《元史》卷一百八十一《虞集傳》中爲『佚』字。

竟其事，集以劉生失禮狀上之，移詹事院，竟黜劉生，仁宗更以集爲賢。大成殿新賜登歌樂，其師世居江南，樂生皆河北田里之人，性情〔一〕不相能，集親教之，然後成曲。復請設司樂一人掌之，以俟考正。仁宗即位，責成監學，拜臺臣爲祭酒，除吳澄司業，皆欲有所更張，以副帝意，集力贊其說。有爲異論以沮之者，澄投檄去，集亦以病免。未幾，除太常博士，丞相拜住方爲其院使，間從集問禮器祭儀〔二〕甚悉，集爲言先王制作，以及古今因革治亂之由，拜住歎息，益信儒者有用。朝廷方以科舉取士，説者謂治平可力致，集獨以謂當治其源。遷集賢修撰，因會議學校，乃上議曰：『師道立則善人多，學校者，士之所受教，以至於成德達材者也。今天下學官，猥以資格授，彊加之諸生之上，而名之曰師爾，有司弗信之，生徒弗信之，於學校無益也。如此而望師道之立，可乎？下州小邑之士，無所見聞，父兄所以導其子弟，初無必爲學問之實意，師友之遊從，亦莫辨其邪正，然則所謂賢材者，非自天降地出，安有可望之理哉！爲今之計，莫若使守令求經明行修成德者，身師尊之，至誠懇惻以求之，其德化之及，庶乎有所觀感也。其次則求夫操履近正，而不爲詭異駭俗者，確守先儒經義師說，而不敢妄爲奇論者，衆所敬服，而非鄉愿之徒者，延致之日，諷誦其書，使學者習之，入耳著心，以正其本，則他日亦當有所發也。其次則取鄉貢至京師罷歸者，其議論文藝，猶足以聳動其人，非若泛泛莫知根柢者矣。』六年，除翰林待制，兼國史院編修官，仁宗嘗對左右歎曰：『儒者皆用矣，惟虞伯生未顯擢爾。』會晏駕，不及用。英宗即位，拜住爲相，頗超用賢俊，時集以憂還江南，拜住不知也。乃言於上，遣使求之於蜀，不見；求之江西，又不見；集中〔三〕省墓吳中，使至，受命趨朝，則拜住不及見矣。泰定初，考試禮部，言於同

〔一〕宋濂等撰：《元史》卷一百八十一《虞集傳》中爲『情性』二字。
〔二〕宋濂等撰：《元史》卷一百八十一《虞集傳》中爲『義』字。
〔三〕宋濂等撰：《元史》卷一百八十一《虞集傳》中爲『方』字。

列曰：『國家科目之法，諸經傳注各有所主者，將以一道德、同風俗，非欲使學者專門擅業，如近代五經學究之固陋也。聖經深遠，非一人之見可盡，試藝之文，惟〔一〕其高者取之，不必先有主意，若先定主意，則求賢之心狹，而差自此始矣。』後再爲考官，率持是說，故所取每稱得人。泰定初，除國子司業，遷秘書少監。天子幸上都，以講臣多高年，命集與集賢侍讀學士王結，執經以從。自是歲嘗在行，經筵之制，取經史中切於心德治道者，用國語、漢文兩進讀，潤譯之際，患夫陳聖學者，未易於盡其要，指時務者猶〔二〕難於極其情，每選一時精於其學者爲之，猶數日乃成一篇，集爲反覆古今名物之辨以通之，然後得以無忤，其辭之所達，萬不及一，則未嘗不退而竊歎焉。拜翰林直學士，俄兼國子祭酒，嘗因講罷，論京師恃東南運糧爲實，竭民力以航不測，非所以寬遠人而因地利也。與同列進曰：『京師之東，瀕海數千里，北極遼海，南濱青、齊，萑葦之場也，海潮日至，淤爲沃壤，用浙人之法，築隄捍水爲田，聽富民欲得官者，合其衆分授以地，官定其畔以爲限，能以萬夫耕者，授以萬夫之田，爲萬夫之長，千夫、百夫亦如之，察其惰者而易之。一年，勿征也；二年，勿征也；三年，視其成，以地之高下，定額於朝廷，以次漸征之；五年，有積蓄，命以官，就所儲給以禄；十年，佩之符印，得以傳子孫，如軍官之法。則東面民兵數萬，可以近衛京師，外禦島夷；遠寬東南海運，以紓疲民；遂富民得官之志，而獲其用；江海游食盜賊之類，皆有所歸。』議定於中，說者以爲一有此制，則執事者必以賄成，而不可爲矣。事〔三〕寢。其後海口萬户之設，大畧宗之。文宗在潛邸，已知集名，既即位，命集仍兼經筵。嘗以先世墳墓在吳、越者，歲久湮没，乞一郡自便，帝曰：『爾材何不堪，顧今未可去耳。』除奎章閣侍

〔一〕宋濂等撰：《元史》卷一百八十一《虞集傳》中爲『推』字。
〔二〕宋濂等撰：《元史》卷一百八十一《虞集傳》中爲『尤』字。
〔三〕宋濂等撰：《元史》卷一百八十一《虞集傳》中有『遂』字。

書學士。時關中大飢，民枕籍而死，有方數百里無孑遺者，帝問集何以捄關中，對曰：『承平日久，人情宴安，有志之士，急於近效，則怨讟興焉。不幸大菑之餘，正君子爲治作新之機也，若遣一二有仁術、知民事者，稍寬其禁令，使得有所爲，隨郡縣擇可用之人，因舊民所在，定城郭，修閭里，治溝洫，限畎畝，薄征斂，招其傷殘老弱，〔一〕以其力治之，則遠去而來歸者漸至，春耕秋斂，皆有所助，一二歲間，勿征勿傜，封域既正，友望相濟，四面而至者，均齊方一，截然有法，則三代之民，將見出於空虛之野矣。』帝稱善。因進曰：『幸假臣一郡，試以此法行之，三五年間，必有以報朝廷者。』左右有曰：『虞伯生欲以此去爾。』遂罷其議。有敕諸兼職不過三，免國子祭酒。時宗藩暌隔，功臣汰侈，政教未立，帝將策士於廷，集被命爲讀卷官，乃擬制策以進，首以『勸親親，體羣臣，同一風俗，協和萬邦』爲問，帝不用。集以入侍燕問，無益時政，且媢嫉者多，乃與大學士忽都魯都兒迷失等進曰：『陛下出獨見，建奎章閣，覽書籍，置學士員，以備顧問。臣等備員，殊無補報，竊恐有累聖德，乞容臣等辭職。』帝曰：『昔我祖宗，睿智聰明，其於致理之道，生而知之，朕早歲跋涉艱阻，視我祖宗，既乏生知之明，於國家治體，豈能周知？故立奎章閣，置學士員，以祖宗明訓、古昔治亂得失，日陳於前，卿等其悉所學，以輔朕志。若軍國機務，自有省院臺任之，非卿等責也。其勿復辭。』有旨采輯本朝典故，倣唐、宋《會要》，修《經世大典》，命集與中書平章政事趙世延，同任總裁。集言：『禮部尚書馬祖常，多聞舊章，國子司業楊宗瑞，素有曆象地理記問度數之學，可共領典；翰林修撰謝端、應奉蘇天爵、太常李好問〔二〕、國子助教陳旅、前詹事院照磨宋褧、通事舍人王士點，俱有聞見〔三〕，可助撰録。庶幾是書早成。』帝以

〔一〕宋濂等撰：《元史》卷一百八十一《虞集傳》中有『漸』字。
〔二〕宋濂等撰：《元史》卷一百八十一《虞集傳》中爲『文』字。
〔三〕宋濂等撰：《元史》卷一百八十一《虞集傳》中爲『見聞』二字。

嘗命修遼、金、宋三史，未見成績，《大典》令閣學士專率其屬爲之。既而以累朝故事有未備者，請以翰林國史院修祖宗實録時百司所具事蹟參訂。翰林院臣言於帝曰：『實録，法不得傳於外，則事蹟亦不當示人。』又請以國書《脱卜赤顔》增修太祖以來事蹟，承旨塔失海牙曰：『《脱卜赤顔》非可令外人傳者。』遂皆已。俄世延歸，集專領其事，再閱歲，書乃成，凡八百帙。既上進，以目疾丐解職，不允，乃舉治書侍御史馬祖常自代，不報。御史中丞趙世安乘間爲集請曰：『虞伯生久居京師，甚貧，又病目，幸假一外任，便醫。』帝怒曰：『一虞伯生，汝輩不容耶！』帝方嚮用文學，以集宏〔一〕才博識，無施不宜，一時大典册，咸出其手，故重聽其去。集每承詔有所述作，必以帝王之道、治忽之故，從容諷切，冀有感悟，承顧問及古今政治得失，尤委曲盡言，或隨事規諫，出不語人，諫或不入，歸家悒悒不樂。家人見其然，不敢問其故也。時世家子孫以才名進用者衆，患其知遇日隆，每思有以間之。既不效，則相與摘集文辭，指爲譏訕，賴天子察知有自，故不能中傷，然集遇其人，未嘗少變。一日，命集草制封乳母夫爲營都王，使貴近阿營、巙巙傳旨。二人者，素忌集，繆言制封營國公，集具藁，俄丞相自榻前來索制詞甚急，集以藁進，丞相愕然問故，集知爲所紿，即請易藁以進，終不自言，二人者愧之。其雅量類如此。論〔二〕人材，必先器識，心所未善，不爲牢籠以沽譽；評議文章，不折之於至當不止，其詭於經者，文雖善，不與也。雖以此二者忤物速謗，終不爲動。光人龔伯璲，以才俊爲馬祖常所喜，祖常爲御史中丞，伯璲游其間〔三〕，祖常亟稱之，欲集爲薦引，集不可，曰：『是子雖小有才，然非遠器，亦終不

〔一〕宋濂等撰：《元史》卷一百八十一《虞集傳》中爲『弘』字。
〔二〕宋濂等撰：《元史》卷一百八十一《虞集傳》中有『薦』字。
〔三〕宋濂等撰：《元史》卷一百八十一《虞集傳》中爲『門』字。

得令終。』祖常猶未以爲然。一日，邀集過〔一〕其家，設宴，酒半，出薦牘求集署，集固拒之，祖常不樂而罷。文宗崩，集在告，欲謀南還，弗果。幼君崩，大臣將立妥歡帖穆爾太子，用至大故事，召諸老臣赴上都議政，集在召列。祖常使人告之曰：『御史有言。』乃謝病歸臨川。初，文宗在上都，將立其子阿剌忒納答剌爲皇太子，乃以妥歡帖穆爾太子乳母夫言，明宗在日，素謂太子非其子，黜之江南，驛召翰林學士承旨阿璘帖木兒、奎章閣大學士忽都魯篤彌實書其事於《脫卜赤顔》，又詔集使書詔，播告中外。時省臺諸臣，皆文宗素所信用、同功一體之人，御史亦不敢斥言其事，意在諷集速去而已。伯璲後以用事敗，殺其身，世乃服集知人。元統二年，遣使賜上尊酒、金織文錦二，召還禁林，疾作不能行，屢有勅，即家撰文，褒錫勳舊、侍臣。有以舊詔爲言者，帝不懌曰：『此我家事，豈由彼書生耶！』至正八年五月己未，以病卒，年七十有七。官自將仕郎，十二轉爲通奉大夫。贈江西行中書省參知政事、護軍，封仁壽郡公。集孝友，方二親以故家令德，中遭亂亡，僑寓下邑，左右承順無違。弟槃，早卒，教育其孤，無異己子。兄采，以筦庫輸賦京師，虧數千緡，盡力營貨代償之，無難色。撫庶弟，嫁孤妹，具有恩意。山林之士知古學者，必折節下之，接後進，雖少且賤，如敵己。當權門赫奕，未嘗有所附麗，集議中書，正言讜論，多見容受，屢以片言解疑誤，出人於濱死，亦不以爲德。張珪、趙世延尤敬禮之，有所疑必咨焉。家素貧，歸老後食指益衆，登門之士相望於道，好事争起邸舍以待之。然碑板之文，未嘗苟作。南昌富民有伍真父者，貲產甲一方，娶諸王女爲妻，充本位下郡總管。既卒，其子屬豐城士甘慤求集文銘父墓，奉中統鈔五百錠準禮物，集不許，慤愧歎而去。其束修羔雁之入，還以爲賓客費，雖空乏

〔一〕宋濂等撰：《元史》卷一百八十一《虞集傳》中爲『過』字。

弗恤也。集雖學〔一〕博洽，而究〔二〕本原，研精探微，心解神契，其經緯彌綸之妙，一寓諸文，藹然慶曆、乾淳風烈。嘗以江左先賢甚衆，其人皆未易知，其學皆未易言，後生晚進知者鮮矣，欲取太原元好問《中州集》遺意，别爲《南州集》以表章之，以病目而止。平生爲文萬篇，藁存者十二三。早歲與弟槃同闢書舍爲二室，左室書陶淵明詩於壁，題曰陶菴，右室書邵堯夫詩，題曰邵菴，故世稱邵菴先生。子四人，安民，以蔭歷官知吉州路安福州。游其門見稱許者，莆田陳旅，旅亦有文行世。國學諸生，若蘇天爵、王守誠輩，終身不名他師，皆當世稱名卿者。

虞采，字孟受，文靖公兄也，弱冠與文靖同師事吳文正公澄，文正公爲之字辭云：『著雍困敦，相月六蓂。虞氏二子，丱突而成。既加元服，乃敬其名。字采曰受，字集曰生。采也維孟，集也維伯。爰加爾字，用勖爾德。孰采孰受，忠信於禮。孰集孰生，道義於氣。禮喻夫采，受者其本。如繪之初，質以素粉。義在夫集，生者其效。如芸之熟，苗以長茂。予告汝采，自誠而明。行有餘力，一貫粗精。予告汝集，自明而誠。及其成功，四體充盈。念念一實，表裡無僞。言動威儀，浸浸可備。事事一是，俯仰無怍。盛大周流，進退罔覺。集匪詞華，采匪辯博。希聖希賢，承爾家學。相門有嗣，禮義有傳。是究是圖，毋忝爾先。』蓋文正公所以期望二子者遠矣。孟受仕爲某縣丞，以運糧艘赴京師，至江淮間，風壞艘，坐累，卒於京。文靖公經紀其後，竭產救之，乃得竣。孟受二子，曰豐、曰登，並有學行。吳文正公亦爲之字説以訓之。字豐曰與京，字登曰與齋。

〔一〕宋濂等撰：《元史》卷一百八十一《虞集傳》中爲『學雖』二字。
〔二〕宋濂等撰：《元史》卷一百八十一《虞集傳》中有『極』字。

虞別駕槃

《元史》本傳

虞槃字仲常，延祐五年第進士，授吉安永豐丞。丁父憂。除湘鄉州判官，頗稱辯古。有富民殺人，使隸己者坐之，上下皆阿從，槃獨不署，殺人者卒不免死，而坐者得以不冤。有巫至其州，稱神降，告其人曰：『某方火。』即火。又曰：『明日某方火。』民以火告者，槃皆赴捄，至達晝夜，告者數十，寢食盡廢，縣長吏以下，皆迎巫至家，厚禮之。又曰：『將有大水，且兵至。』州大家皆盡室逃，槃得劫火卒一人，訊之，盡得巫黨所爲，坐捕盜司，召巫至，鞠之，無敢施鞭箠者，槃謂卒曰：『此將爲大亂，安有神乎！』急治之，盡得黨與數十人，羅絡内外，果將爲變者，同僚皆不敢出視，曰：『君自爲之。』槃乃斷巫，並其黨如法，一時吏民，始服儒者爲政若此。秩滿，除嘉魚縣尹，槃已卒。槃幼時，嘗讀柳子厚《非國語》，以爲《國語》誠可非，而柳子之説亦非也，著《非非國語》，時人已歎其有識。《詩》、《書》、《春秋》皆有論著，而《春秋》乃其家學，故尤善。讀吳澄所解諸經義，輒得其旨趣所在，澄亟稱之。兄集，接方外士，必扣擊其説，嘗以爲聖人之教不明，爲學者無所底止，苟於吾道異端疑似之間不能深知，而欲窺究夫性命之原、死生之故，其不折而歸之者寡矣。槃不然，聞諸僧在坐，輒不入，竟去，其爲人方正有如此，雖集亦嚴憚之。然不幸年不及艾而卒。

按：仲常早歲聞吳文正公道德之懿，明本心，辨義利，自號曰貞白，故歷官所至，皭然不滓，有《貞白文藁》若干卷行於世。其名與文靖公相亞，以先卒故，稍不逮。然皇慶二年，叔常赴選，吳文正公作序送之，以比蘇子由。其序文云：『文者士之一技耳，然其高下與世運相爲盛衰，其能之者非天之所與不可得，其關係亦重矣哉！東漢至於中唐六百餘年，日以衰敝，韓、柳二氏者出，而文始華。季唐至於中宋二百餘年，又日以衰敝，歐陽、王、曾三氏者出，而文始復。噫！何其難也。同時眉山乃有三蘇氏者，萃於一家，噫！何其盛也。三蘇氏以來，且二百年矣，眉之別爲陵，陵之虞，先世以文士立武功，致位宰相。數世之後，有孫子及寓江之南，其文清以醇，有子曰集，曰槃，一家能文者三。而二子表表乎疇衆之上，幾若眉之三蘇然，噫！又何其盛也。子及再爲大郡教官，倦遊而家居。伯子集，國子助教，遷國子博士，久處京師。其文也，人固見之；其名也，人固聞之矣。叔子槃由書院長赴吏部選。其文也，或未之見；其名也，或未之聞也。子由之文如子瞻而名可與兄齊者也。昔二蘇之齊名也，歐陽公實奬拔之。今在朝豈無歐陽公其人與？槃此行也，必受知焉。兄既顯名於前，弟復顯名於今。虞之兄弟，有名於子及，猶蘇之兄弟，無忝於明允也。』蓋其期望而稱道之者如此，而惜乎其不永年耳。虞氏兄弟可謂有光於文正公之學矣。

又按：仲常與兄文靖公並以文名世，而《貞白藁》不傳。今止録文靖公文二首於後。其《送李擴序》云：『國學之置，肇自許文正公。文正以篤實之資，得朱子數書於南北未通之日，讀而領會，起敬起畏，及被遇世祖皇帝，純乎儒者之道，諸公所不及也。世祖皇帝，聖明天縱，深知儒術之大，思有以變化其人而用之。以爲學成於下，而後進於上，或疏遠未即自達，莫若先取侍御貴近之特異者，使受教焉，則效用立見，故文正自中書罷政爲之師。是時風氣渾厚，人材樸茂，文正故表章朱子《小學》一書以先之，勤之以灑掃應對以折之，外嚴之以出入游息而養其中，掇忠孝之大綱以立其本，發禮法之微權以通其用，於是數十年彬彬然。號稱名卿材大夫皆其門人矣。嗚呼！使國人知有聖賢之學而朱子之書得行於斯世者，文正之功甚大也。文正没，國子監始立官府刻印章如典，故其爲之者大抵踵襲文正之成跡而已。然余嘗觀其遺書，文正之於聖賢之道，五經之學，蓋所志甚重遠焉。其門人之得於文正者，猶未足以盡文正之心也。子夏曰「君子之道，孰先傳焉？孰後倦焉？」程子曰「聖賢教人有序，非是先教以小者近者，而不教之大者遠者也」。夫天下之理無窮，而學亦無窮也。今日如此，明日又如此。止而不進非學也，天下之理無由而可窮也。故使文正復生於今日，必有以發理義道德之藴，而大啓夫人心之精微，天理之極致，未必止如前日之法也。而後之隨聲附影者，謂修詞申義爲玩物，而從事於文章，謂辯疑答問爲躐等。而姑困其師長，謂無猷爲爲涵養德性，謂深中厚貌爲變化氣質，是皆假美言以深護其短，外以聾瞽天下之耳目，内以蠱晦學者之心思。此上負國家，下負天下之大者也。而謂文正之學果出於此乎？近者吳先生之來爲監官也，是聖世休明而人材之多美也。慨然思有以作新其人，而學者翕然歸之。大小如一，於是先生之爲教也，辨傳註之得失，而達羣經之會同，通儒先之户牖，以極先聖之閫奧，推鬼神之用，以窮物理之變，察天人之際，以知經綸之本，禮樂制造之具，刑政因革之文，考據援引，博極古今，各得其當。而非夸多以穿鑿，靈明通變不滯於物，未嘗析事以爲二，使學者得有所據依。以爲日用常行之地，得有所標指以爲歸宿造詣之極。噫！近世以來，未能或之先也。惜夫在官未久，而竟以病歸，嗚呼！文正與先生學之所至，非所敢知所敢言也。然而皆聖賢之道，則一也。時與位不同，而立教有先後者，勢當然也。至若用世之久速，及人之淺深，至效之遠近小大，天也，非人之所能爲也。僕之爲學官與先生先後而至，學者天資通塞不齊，聞先生之説言，或畧解，或不能盡解，或暫解，而旋失之，或解而推去漸遠，退而論集於僕，僕皆得因其材而達先生之説焉。先生雖歸，祭酒劉公以端重正大臨其上，監丞齊君舉條約以身先之，故僕得以致其力焉。未幾二公有他除，近臣以先生薦於上，而議者曰：「吳幼清陸氏之學也，非朱子之學也。不合於許氏之學，不得爲國子師，是將率天下而爲陸子静矣。」遂罷其事，嗚呼！陸子豈易言哉！彼又安知朱陸之所以然，直妄言以欺世拒人耳。是時僕亦孤立不可留，未數月，移病自免去。鄧文原善之，以司業召至，會科詔行善之請改學法，其言曰：「今皇上責成成均至切也，而因循度日，不惟疲庸者無所勸，而英俊者摧敗無以見成效。」議不合，亦投劾去。於是紛然言吳先生不可，鄧司業去而投劾爲矯激，而僕之謗尤甚。悲哉！歸德李擴事吳先生最久，先生之書皆得授而讀之。先生又嘗使來受古文，故於僕尤親近。去年以國子生學，今年有司用科舉法，依條試之。中選，將命以官，問來謁曰：「比得官，猶歲月間，且歸故鄉治田畝，益得溢其舊學，請一言以自警。」會僕將歸江南，故畧敘所見以授之。使時觀之，亦足有所感而興起矣。』

又嘗爲《思學齋記》云：『予始識臨江杜伯原於京師也，見其博識多聞，心愛重之。間從之遊，問焉，沛乎其應之無窮也。而其天文、地理、律曆、卜祝、神仙、浮屠之說，往往得之世外之士，至於因人情時物之變，論議政治之術，可指諸掌。時大臣有得其才而薦用之者，薦上，未命而大臣者卒。事報聞，原甫漠如，壹不介意，方就客舍，取《詩》、《書》、《易》、《春秋》，悉去其傳註而繕書之，慨然有直求聖賢之遺於本書之意。未幾，去，隱武夷山中，其友詹景仁氏力資之，益得肆志於所願學，而予不及從之矣。延祐庚申，予居憂在臨川，原甫使人來告，曰：「我著書以求皇極經世之旨，子其來共講焉。」且曰：「我以思學名齋居，舊矣，子爲我記之。」明年，去免喪省墓吳中，將溯浙踰嶠以成其約，會有召命，不果。又四年，景仁來京師，每以思學之記爲說。予曰：「原甫高邁絕俗，又能閒居山林，無世事之奪，其所就殆必過人遠矣。予何足以言，予苟言之，人之所知耳，所不知固不可言也。」他日，受說於原甫，而執筆焉，尚未晚也。景仁曰「不可」。必有以復於原甫者，乃試誦所聞焉。古之所謂學者，無他學也，心學而已耳。心之本體，蓋足以同天地之量，而致用之功，又足以繼成天地之不能者焉，舍是弗學而外求焉，則亦非聖賢之學矣。然而其要也，不出於仁、義、禮、智之固有，其見諸物雖極萬變，亦未有出乎父子、夫婦、君臣、長幼、朋友之外者也。故曰：「聖人者，人倫之至而已。」聖人至而我未至，故必學焉。求其所以至，則必思焉，且何以知聖人哉？於其言行而已矣。言其言也，行其行也，然而反諸心而有未盡，行諸己而有弗得，是以有思，固非茫然無所主而妄馳者也。彼其由之而弗之察，違之而不覺，反憧憧往來於客氣之感，何其多哉？乃有爲之說者，反欲絕去倫理，措心如牆壁以待，夫忽然之悟於一觸之覺，不亦殆乎？今求諸此而不得者，乃欲從事於彼以庶幾萬一焉，反以絕學自勝，果爲善思者乎？

噫！學固原於思，而善思者必有所受矣。今夫有事於思者，如火之始然，而烟鬱之；泉之始達，而泥汩之；草木始生，土石必軋之，逮其發也，蓋亦已艱矣。故非高明之資，未易遽徹也，而況思非其道者乎。然而嘗聞之明睿所照者，非若考索之所至，夫至於明睿，則無所事乎思矣。無思者幾乎聖人矣，其始乃在於完養而涵泳焉，時至而化，有非在我者，豈不盛哉？請以是質諸原甫或有取則，因以爲記。』

按：文靖公《道園學古録》，文章爲有元第一人，比於唐之有韓，宋之有歐，蓋豪傑之士，獨爲一代宗主者也。其文無體不備，獨録此二篇者，讀《送李擴序》，則知朱、陸二派之所以分，分而未始不合也。讀《思學齋記》，則知陸子之學卑不溺於訓詁，高不墮於空虛，足與吳文正公《尊德性道問學齋記》互相發明，而文靖公所見之明，所據之實，與所造之廣大而精微，所以卓然爲一代斯文之宗者，亦於是而可知矣。

元文敏公明善

《元史》本傳

元明善，字復初，大名清河人。其先蓋拓跋魏之裔，居清河者，至明善四世矣。明善資穎悟絶出，讀書，過目輒記，諸經皆有師法，而尤深於《春秋》。弱冠，游吳中，已名能文章。浙東使者薦爲安豐、建寧〔一〕兩學正。辟椽行樞密院。時董士選僉院事，待之若賓友，不敢以曹屬御之。及董士選陞江西左丞，又辟爲省椽。會贛州賊劉貴反，明善從士選將兵討之，擒賊三百人，明善議緩詿誤，得全活者百三十人。一日，將佐白：『宜多戮俘獲，及尸一切死者以張軍聲。』明善固争，以爲王者之師，恭行天罰，小醜陸梁，戮其渠魁可爾，民何辜

〔一〕宋濂等撰：《元史》卷一百八十一《元明善傳》中爲『康』字。

焉。既又得賊所書贛、吉民丁十萬於籍者，有司喜，欲滋蔓爲利，明善請火其籍以滅跡，二郡遂安。陞椽南行臺。未幾，授樞密院照磨。轉中書左曹椽，椽曹無留事。始，明善在江西時，朱瑄爲其省參政，明善有馬，駿而瘠，瑄假爲從騎，久益壯，瑄愛之，致米三十斛酬其直。後瑄敗，江浙行省籍其家，得金穀之簿，書『米三十斛送元復初』，不言以酬馬直，明善坐免；久之，有〔一〕辨白其事者，乃復椽省曹。仁宗居東宫，首擢爲太子文學。及即位，改翰林待制。與修成宗、順宗實録，陞翰林直學士。詔節《尚書》經文，譯其關政要者以進。明善舉宋忠臣子集賢直學士文陞同譯潤，許之。書成，每奏一篇，帝必稱善，曰：『二帝三王之道，非卿莫聞也。』興聖太后既受尊號，廷臣請因肆赦，明善曰：『數赦，非善人之福，宥過可也。』奉旨出賑山東、河南飢，時彭城、下邳諸州連數十驛，民餓馬斃，而官無文書賑貸，明善以鈔萬二千錠分給之，曰：『擅命獲罪，所不辭也。』還，修《武宗實録》，又陞翰林侍講學士，預議科舉、服色等事。延祐二年，始會試天下進士，明善首充考試官，及廷試，又爲讀卷官，所取士後多爲名臣。改禮部尚書，正孔氏宗法，以宣聖五十五世孫思晦襲封衍聖公，事上，制可之。擢參議中書省事，旋復入翰林爲侍讀，歲中拜湖廣行省參知政事。又召入集賢爲侍讀，議廣廟制，陞翰林學士，修《仁宗實録》。英宗親祼大室，禮官進祝册，請署御名，命明善代署者三，眷遇之隆，當時莫並焉。至治二年，卒於位。泰定間，贈資善大夫、河南行省左丞，追封清河郡公，謚曰文敏。明善早以文章自豪，出入秦、漢間，晚益精詣，有《文集》行世。初在江西、金陵，每與虞集劇論，以相切劘。明善言：『集治諸經，惟朱子所定者爾，自漢以來，先儒所嘗盡心者，考之殊未博。』集亦言：『凡爲文辭，得所欲言而止，必如明善云「若雷霆之震驚，鬼神之靈變」然後可，非性情之正

〔一〕宋濂等撰：《元史》卷一百八十一《元明善傳》中有『爲』字。

也。』二人初相得甚驩，至京師，乃復不能相下。董士選之自中臺行省江浙也，二人者俱送出都〔一〕外，士選曰：『伯生以教導爲職，當早還，復初宜更送我。』集還，明善送至二十里外，士選下馬入邸舍中，爲席，出橐中肴，酌酒同飲，乃舉酒屬明善曰：『士選以功臣子，出入臺省，無補國家，惟求得佳士數人，爲朝廷用之，如復初與伯生，他日必皆光顯，然恐不免爲人構間。復初，中原人也，仕必當道；伯生南人，將爲復初摧折。今爲〔二〕飲此酒，慎勿如是。』明善受巵酒，跪而酹之。起立，言曰：『誠如公言，無論他日，今隙已開矣。請公再賜二〔三〕巵，明善終身不敢忘公言！』乃再飲而别。真人吴全節，與明善文〔四〕尤密，嘗求明善作文。既成，明善謂全節曰：『伯生見吾文，必有譏彈，吾所欲知。成季爲我治具，招伯生來觀之，若已入石，則無及矣。』明日，集至，明善出其文，問何如？集曰：『公能從集言，去百有餘字，則可傳矣。』明善即泚筆屬集，凡删百二十字，而文益精當。明善大喜，乃驩好如初。集每見明經之士，亦以明善之言告之。明善一子晦，蔭受峽州路同知，早卒。

按：復初受學，見《吴文正公本傳》，集中往復問答甚多。

〔一〕宋濂等撰：《元史》卷一百八十一《元明善傳》中有『門』字。
〔二〕宋濂等撰：《元史》卷一百八十一《元明善傳》中有『我』字。
〔三〕宋濂等撰：《元史》卷一百八十一《元明善傳》中爲『一』字。
〔四〕宋濂等撰：《元史》卷一百八十一《元明善傳》中爲『交』字。

董忠宣公士選

《元史》本傳

士選，字舜卿，文炳次子也。幼從文炳居兵間，晝治武事，夜讀書不輟。文炳總師與宋兵戰金山，士選戰甚力，大敗之，追至海而還。及降張瑄等，丞相伯顏臨陣觀之，壯其驍勇，遣使問之，始知爲文炳子。奏功，佩金符，爲管軍總管。戰數有功。宋降，從文炳入宋宫，取宋主降表及收其文書圖籍，静重識大體，秋毫無所取，軍中稱之。宋平，班師，詔置侍衛親軍諸衛，以士選爲前衛指揮使，號令明正，得士大夫心。未幾，以其職讓其弟士秀。帝嘉其意，命士秀將前衛，而以士選同僉行樞密院事於湖廣，久之召還。宗王乃顔叛，帝親征，召士選至行在〔一〕，與李勞山同將漢人諸軍以禦之。乃顔飛矢及乘輿前，士選等出步卒横擊之，其衆敗走。緩急進退有禮，帝甚善之。桑哥事敗，帝求直士用之，以易其弊，於是召士選論議政事，以中書左丞與平章政事徹理，往鎮浙西，聽辟舉僚屬。至部，察病民事，悉以帝意除之，民大悦。有聚歛之臣爲奸利，事發，得罪且死，詐言所遣舶商海外未至，請留以待之，士選曰：『海商至則捕録之，不至則無如之何，不係斯人之存亡也。苟此人幸存，則無以謝天下。』遂竟其罪。浙多湖泊，廣蓄泄以藝水旱，率爲豪民占以種藝，水無所居積，故數有水旱，士選與徹里力開復之。成宗即位，僉行樞密院於建康。未幾，拜江西行省左丞。贛州盜劉六十僞立名號，聚衆至萬餘。朝廷遣兵討之，主將觀望退縮，不肯戰，守吏又因以擾良民，賊勢益盛。士選請自往，衆欣然託之。即日就道，不求益兵，但率掾史李霆鎮、元明善二人，持文書以去，衆莫測其所爲。至贛境，捕官吏害民者治之，民相告語曰：『不知有官法如此。』進至興國縣，去賊巢不百里，命擇將校分兵守地待命。察知激亂之

〔一〕宋濂等撰：《元史》卷一百五十六《董士選傳》中有『所』字。

人，悉寘於法，復誅奸民之爲囊橐者。於是民爭出請自效，不數日遂擒賊魁，散餘衆歸農。軍中獲賊所爲文書，旁近郡縣富人姓名具在。霆鎮、明善請焚之，民心益安。遣使以事平報於朝。中書平章政事不忽木召其使謂之曰：『董公上功簿耶？』使者曰：『某且行，左丞授之言曰：「朝廷若以軍功爲問，但言鎮撫無狀，得免罪幸甚，何功之可言！」』因出其書，但請黜贓吏數人而已，不言破賊事。廷議深歎其知體而不知〔一〕伐。拜江南行御史臺中丞，廉威素著，不嚴而肅，凜然有大臣風。入僉樞密院事，俄拜御史中丞。前中丞崔彧久任風紀，善斡旋以就事功。既卒，不忽木以平章軍國重事繼之，方正持大體，天下望之，而已多病，遂以屬之士選。風采明俊，中外竦然。時丞相完澤用劉深言，出師征八百媳婦國，遠冒烟瘴，及至未戰，士卒死者十已七八。驅民轉粟餉軍，谿谷之間不容舟車，必負擔以達。一夫致粟八斗，率數人佐之，凡數十日乃至。由是民死者亦數十萬，中外騷然。而完澤說帝：『江南之地盡世祖所取，陛下不興此役，則無功可見於後世。』帝入其言，用兵意甚堅，故無敢諫者。士選率同列言之，奏事殿中畢，同列皆起，士選乃獨言：『今劉深出師，以有用之民而取無用之地。就令當取，亦必遣吏諭之，諭之不從，然後聚糧選兵，視時而動。豈得輕用一人妄言，而致百萬生靈於死地？』帝色變，士選猶明辨不已〔二〕，侍從皆爲之戰慄，帝曰：『事已成，卿勿復言。』士選曰：『以言受罪，臣之所當。他日以不言罪臣，臣死何益！』帝麾之起，左右擁之以出。未數月，帝聞師敗績，慨然曰：『董二哥之言驗矣，吾愧之。』因賜上尊以旌直言，始爲罷兵，誅劉深等。世祖嘗呼文炳曰董大哥，故帝以二哥呼士選。久之，出爲江浙行省右丞，遷汴梁行省平章政事，又遷陝西。士選平生以忠義自許，尤號廉介，自門

〔一〕宋濂等撰：《元史》卷一百五十六《董士選傳》中無『知』字。
〔二〕宋濂等撰：《元史》卷一百五十六《董士選傳》中爲『止』字。

生部曲，無敢持一毫獻者。治家甚嚴，而孝弟尤篤。時言世家有禮法者，必歸之董氏。其禮敬賢士尤至。在江西，以屬椽元明善爲賓友，既又得吴澄而師之，延虞汲於家塾以教其子。諸老儒及西蜀遺士，皆以書院之禄起之，使以所學教授。遷南行臺，又招汲子集與俱，後又得范椁等數人，皆以文學大顯於時。故世稱求賢薦士，亦必以董氏爲首。晚年好讀《易》，澹然終其身。每一之官，必賣先業田廬爲行貲，故老而益貧，子孫不異布衣之士，仕者往往稱廉吏云。子守忠，雲南行省參知政事；守懿，侍正府判官；守思，知威州。

按：董公身後恤典甚盛，贈趙國公，謚忠宣，史俱未入傳，疏漏甚矣。其詳並見吴文正公所爲神道碑文。又按：董忠宣爲元勳世胄，生長富貴家，而所至蕭然如寒素，讀書修身，老而益厲，其得力於吴文正公之教深矣。至於崇書院、禮名儒、全虞元二子之交，其有助於吴文正門牆之功甚大。蓋儒臣之賢，有元公卿未之或先也。

李忠文公黼

《元史》本傳

李黼字子威，潁人也。工部尚書守中之子，守中性卞急，遇諸子極嚴，每一飲酒，輒半月醉不解，黼百計承順，求寧親心，終不可得，跪而自訟，往往達旦，無幾微厭怠之意。初補國學生。泰定四年，遂以明經魁多士，授翰林修撰。明年，代祠西嶽，省臣謂黼曰：『敕使每後我，今可易邪？』黼曰：『王人雖微，《春秋》序於諸侯之上，尊君也，奈何後乎！』省臣不敢對。改河南行省檢校官，遷禮部主事，拜監察御史。首言：『禴祠烝嘗，古今大祭，今太廟唯二祭，而日享佛祠、神御，非禮也，宜據經行之。成均，教化之基，不當隸集賢，宜屬省臣兼領。諸侯王歲賜有定額，分封易代之際，陳請恩例，世系戚疏，無成書可考，宜倣先代，修正玉牒。』皆不報。轉江西行省郎中，入爲國子監丞，遷宣文閣監書博士，兼經筵官。數與勸講，每以聖賢心法爲帝言之。俄中書命黼巡視河渠，黼上言曰：『蔡河源出京西，宋以轉輸之故，平地作堤，今河底填淤高出地面，秋霖一至，横潰爲災，宜按故迹修浚。他日東河或有不測之阻，江、淮運物，當由此分道達京，萬世之利也。』亦不報。升秘書太監，拜禮部侍郎。奉旨詳定中外所上封事。已而廷議内外官通調，授黼江州路總管。至正十一年夏五月，盜起河南，北據徐、蔡，〔一〕陷蘄、黄，焚掠數千里，造船北岸，鋭意南攻。九江居下流，實江東、西襟喉之地，黼治城壕，修器械，募丁壯，分守要害，且上攻守之策於江西行省，請兵屯江北，以扼賊衝，庶幾大江之險，賊不得共之，不報。黼歎曰：『吾不知死所矣。』乃獨椎牛饗士，激忠義以作士氣，數日之間，紀綱粗立。十二年正月己未，賊渡江，陷武昌，威順王及省臣相繼遁，舳艫蔽江而下，江西大震。賊乘勝破瑞昌，右丞孛羅帖木兒方軍於江，聞之，遁。黼雖孤立，辭氣愈奮厲。時黄梅縣主簿也孫帖木兒，願出擊賊，黼大喜，向天瀝酒與之誓。言始脱口，賊遊兵已至境，急檄諸鄉落聚木石於險塞處，遏賊歸路。倉卒無號，乃墨士卒面統之〔二〕，黼身先士卒，大呼陷陣，也孫帖木兒繼進，賊大敗，逐北六十里。鄉丁依險阻，乘高下木石，横屍蔽路，殺獲二萬餘。黼還，謂左右曰：『賊不利於陸，必由水道以舟薄我，苟失備禦，吾屬無噍類矣。』乃以長木數千，冒鐵椎於杪，暗植沿岸水中，逆刺賊舟，謂之七星椿。會西南風急，賊舟數千，果揚帆順流，鼓譟而至，舟遇椿不得動，進退無措，黼帥將士奮擊，發火翎箭射之，焚溺死者無算，餘舟散走。行省上黼功，請拜江西行省參政、行江州、南康等路軍民都總管，便宜行事。已而賊勢更熾，西自荆湖，東際淮甸，守臣往往棄城遁，

〔一〕 宋濂等撰：《元史》卷一百九十四《李黼傳》中有『南』字。
〔二〕 宋濂等撰：《元史》卷一百九十四《李黼傳》中有『出戰』二字。

黼守孤城，提孱旅，斬馘扶傷，無日不戰，中外援絶。二月甲申，賊將薄城，分省平章政事禿堅不花，自北門遁，黼引兵登陴布戰具，賊已至甘棠湖，焚西門，乃張弩箭射之，賊趨趄未敢進，轉攻東門，黼救東門，賊已入，與之巷戰，知力不敵，揮劍叱賊曰：『殺我！毋殺百姓！』賊自巷背來，刺黼墮馬，黼與從子秉昭俱罵賊而死。郡民聞黼死，哭聲震天，相率具棺，葬於東門外。黼死踰月，參政之命始下，年五十五。黼兄冕居穎，亦死於賊。秉昭，冕季子也。事聞，贈黼攄忠秉義效節功臣、資德大夫、淮南江北等處行中書省左丞、上護軍，追封隴西郡公，謚忠文。詔立廟江州，賜額曰崇烈。官其子秉方集賢待制。

按：李忠文公，以大臣子入國學，與其兄藻，同師吳文正公，而於公之孫參政當友善。《文正公集》中有《送國學李黼泗州省親序》，今附於後。

潁川李黼之父，曩者仕於朝，靳便養出守泗州。黼偕其兄藻爲國學弟子員，留京師，違定省，越三載。泰定甲子冬，謁告往泗州寧其父母，且奉其祖父母封贈之命以歸，亦可以悅親榮親矣。僉謂黼研經鋭學不倦，其成科名受官職也，可日月幾，親之悅親之榮，將有倍於今者焉。斯其爲孝也歟？噫！此世俗之孝也。若君子之孝，則不止是。韓子曰：『事親先其質，後其文，盡其心，不夸於外，質者行也。』韓子文士爾，而其識能及此，况不以文士自足者乎？夫子論孝，始事親，終立身，立身之要，慎其行也。可法可傳之謂立，行道於今，揚名於後世，使世世贊歎歆慕，稱爲某人之子，是顯其父母於無窮也，豈止一科名、一官職而已哉？黼之往也，自監學之師以下，俱有贈言，同人二三子請予言序其首，噫！黼誠才子也，其研於經也，奚所志，其鋭於學也，奚所事，予未悉知也，而吾之孫當，劇言其穎出乎輩流，予其可不以遠者大者期之夫。

趙編修弘毅

《元史》本傳

趙弘毅，字仁卿，真定晉州人。少好學，家貧無書，傭於巨室，晝則爲役，夜則借書讀之，或閔其志，但使總其事而不役焉。嘗受經於臨川吳澄，始辟翰林書寫，再轉爲國史院編修官，調大樂署令。大明兵入京城，弘毅嘆息曰：『忠臣不事〔一〕二君，烈女不事〔二〕二夫，此古語也。我今力不能救社稷，但有一死報國耳。』乃與妻解氏，皆自縊。其子恭，中書管勾，與妻子訣曰：『今乘輿北奔，我父子食禄，不能效尺寸〔三〕，吾父母已死，尚何敢愛死乎！』或止之曰：『我曹官卑，何自苦如此。』恭叱曰：『爾非我徒也。古者，忠義人各盡自心，豈問職之崇卑乎！』遂公服北向再拜，亦縊死。恭女官奴，年十七，見恭死，方大泣，適鄰嫗數輩來，相率出避，曰：『我未適人，避將何之。』不聽，嫗欲力挽之，女曰：『人生在世，便百歲亦須一死。』乃潛入中堂，解衣帶自經。

黃待制哻

《撫州府志》本傳參用《元史》本傳

黃哻，字殷士，金谿人。弱冠謁吳文正公於郡庠〔四〕。文正方類編《小戴禮》，哻撰列諸〔五〕箋疏得失上之，文正稱

〔一〕宋濂等撰：《元史》卷一百九十六《趙弘毅傳》中無『事』字。
〔二〕宋濂等撰：《元史》卷一百九十六《趙弘毅傳》中無『事』字。
〔三〕宋濂等撰：《元史》卷一百九十六《趙弘毅傳》中有『力』字。
〔四〕《中國地方志集成·光緒撫州府志》卷六十一《人物志·忠義》中有『生』字。
〔五〕《中國地方志集成·光緒撫州府志》卷六十一《人物志·忠義》中有『家』字。

嘆。又學文於虞、揭，莫不器之。〔一〕至正十七年，北遊燕，金華黄〔二〕溍於人慎許可，獨推奬㫚，且與之通譜。丞相太平薦授淮南行省照磨，未行，除國子助教，遣太常博士，轉國子博士，升監丞，擢翰林院〔三〕待制，兼國史院編修官。〔四〕權倖秉政，天下大勢已去。〔五〕㫚累疏大計，皆不報。每彈指長嘆，同列或以從宜適變爲問，㫚曰：『此言何以至於我哉？我之不能爲公存，猶公之不能爲我亡也。』二十八年，京城破，㫚召從人張午曰：『吾義不可辱國，汝幸收吾骨南還。』即解衣投居賢坊井。午倉皇縋井負之以升，言曰：『今南兵不殺，猶賓禮儒臣，他日，幸致富貴。今縱自盡〔六〕忠，未聞小官而死社稷。』㫚曰：『齊太史兄弟皆死小官，彼何人哉？』午使人環守，會南將令朝官俱〔七〕輸告身，㫚紿午曰：『爾言良是，可取吾告身來，第羞見同朝人，必乘醉乃〔八〕往。』午大喜，持錢沽酒，守者稍倦。㫚解冠裳履舄列文寘井上，復投而死。年六十一，邑人陳介與午葬之西山。㫚初娶桂，早卒，或勸㫚娶，㫚曰：『共姜伯姬區區婦人，尚守節義，吾弟幸生男，即先祀不絶〔九〕。』乃不復娶。有詩文集若干卷。

〔一〕《中國地方志集成·光緒撫州府志》卷六十一《人物志·忠義》中爲『又學文於虞集揭傒斯稱重焉』句。
〔二〕《中國地方志集成·光緒撫州府志》卷六十一《人物志·忠義》中爲『王』字。
〔三〕宋濂等撰：《元史》卷一百九十六《黄㫚傳》中無『院』字。
〔四〕《中國地方志集成·光緒撫州府志》卷六十一《人物志·忠義》中有『時』字。
〔五〕《中國地方志集成·光緒撫州府志》卷六十一《人物志·忠義》中無『天下大勢已去』句。
〔六〕《中國地方志集成·光緒撫州府志》卷六十一《人物志·忠義》中有『其』字。
〔七〕《中國地方志集成·光緒撫州府志》卷六十一《人物志·忠義》中無『俱』字。
〔八〕《中國地方志集成·光緒撫州府志》卷六十一《人物志·忠義》中爲『可』字。
〔九〕《中國地方志集成·光緒撫州府志》卷六十一《人物志·忠義》中有『矣』字。

李學正長翁

李長翁，名貫未詳。師事吳文正公，經明行修，屢任教職，文正公亟稱之。嘗自輯所作詩文名曰《小草》。文正公爲之序，云：『袁路儒學正李長翁者，昔年從予學，其資穎然特異，教諭石城、金谿二邑，綽有聲譽。觀其文不苟作，讀語儷語皆工，得如斯人百輩，布滿州縣學宮，文事其興乎，雖然，又有進乎此者，譬之木然，文猶枝柯葩華也，修行以培其本，明經以美其實，文乎文乎！非但末枝虚言而已。』

皮簽判溍

皮溍，字昭德，清江人，以父南雄總管蔭補邵陽丞，考滿歸田。二十餘年，朝命三召，始起，判平江路。少受業於吳草廬先生之門，其行也草廬作序送之，稱其博覽、記工、談論爲儒羣之騏驥，吏治之鸞鳳。又云：『書學李秘監，詩學黄太史，皆升其堂。』蓋昭德亦草廬弟子之知名者也。又皮氏從學於草廬先生者甚多，同時有皮野，字季賢，亦清江人，草廬先生爲作詩序。

袁進士明善

袁明善，字誠夫，臨川人。父公壽，鄉稱善士。明善登進士第，師事吳文正公。晚年教授於虞文靖公邵菴之門，自號樓山。所著有《征賦定考》，援引經傳，言井田水利之法甚備，經世之書也，邵菴爲之序。又有文集藏於家，初南北之士，游文正公門者前後無慮千百人，明善最久，公每期之。明善嘗與邵菴言昔與先生論及門之士。先生悵然曰：『聞吾郡多俊秀，宜有可望者。』後其子京，爲本路學教授，迎先生至郡，學者無不得見焉。進而教之，靡問晨夕，雖偶疾少間，未嘗輟其問答。久之，部使者請先生觀新譙樓成。先生賦詩一章，懷王丞相陸子静以示學者。遂登車歸，悼道之無傳也。虞文靖公嘗爲誠夫父袁仁仲甫墓誌銘云：『袁君公壽，字仁仲，其先南豐人，遷臨川之樓撫山，居八世，兄弟多至六十餘人。曾大父恭，其一也。大父世賢，父士琮，母楊氏。君以故宋寶祐甲寅之歲，娶吴氏，鄉貢進士黨之女。子四人，長曰明善，其次三人，擇善、主善、繼善與女一人。皆早卒，獨明善有子曰啓，女二。君以大元至大四年十一月二十九日卒。葬其里之官莊故宅基之後。地近鄰人之圃，明善懼他時耕鋤之及也，卜至元丁丑六月甲申，改葬於陂原紀家坑先塋之後，坐丁向癸吉。時集老病家居，延明善於家塾，使子弟執經而學焉，是以求集書其事於石，以志今墓云。』君之父有惠於鄉里，鄉人以爲長者至子孫不忘。君八歲喪母，二十歲喪父。值宋之亡，寇起旁近，而官軍又狎至，不能安而去之。鄰屋卒焚蕩，衆善君父子，故其室獨全。五年寇平，廼歸。又有暴客卒來犯，衆爲擊殺之，吏按其事，持爲患害，家以是益貧。君不以動心，爲害甚力，自經史、醫藥、辨方、卜日之書，靡不精究。置書册滿座，有隙暇未嘗廢讀。鄉之子弟以束脩求誨，每盡心焉。其爲教尤以『己所不欲勿施於人』之語爲切要，懇懇爲諸生言之。又好施與，宗族親戚之家，有數喪不能葬君爲葬，猶念念圖畢具襄事。其爲人大槩如此云。故翰林學士臨川吴公澄之言曰：『爲人子者，思有以顯其親，與其求虚文於人，孰若修實學於己，真孝子之事也。予文不腆，不足以塞明善之志，然而四方之士，及吴公之門者多矣。若明善者，從公生時，晝有所受，夜必知思。及其歿也，日記其遺言緒論，擴先賢之所未發者，筆録而傳之，篤信而修之，充其所至，庶幾吴公之所謂孝子顯親者乎。銘曰：「深藏之，土厚温，天光發新子有聞。」蓋指樓山也。』

康山長震

《西江志》本傳

康震，字宗武，泰和人，嘗從吳草廬、劉深齋學。湖廣左丞吳當，薦爲慶陽州書院山長。秩滿，當遷，以親老歸。作莊山書院，招延學者館教之。元季監州與定議爲守備計，城得完。未幾，熊天瑞入寇，匿山中不食而死。有《思治集》藏於家。

楊徵君準

《西江志》本傳

楊準，字公平，泰和人，履行修潔，嘗從學吳文正公澄，文章高古，甚爲虞道園、歐陽圭齋所推許，危太僕尤敬服之。時修宋、遼、金三史，歐陽諸公薦之不就，號玉華居士。

王西齋梁

《撫州府志》本傳

王梁，字良甫，樂安人。父科，字子純，宋末貢補國學，國亡隱居不仕。草廬嘗曰：『耆儒宿學如吾子純者，寥寥若晨星。』遣梁師事草廬先生，賦詩送之。有『人以書觀書，書與己爲二。我以心觀書，我心萬卷備之』語。築汪陂溉田千頃，鄉賴無旱。梁力學爲草廬所器，邑長燮理溥化、郡守楊友直，皆加禮敬。有《西齋稿》藏於家。

黎教授仲基

《撫州府志》本傳

黎仲基，名載以，字行，臨川人。家世治喪不用僧〔一〕道。仲基性端重，不苟簡，嘗謁〔二〕草廬於郡學。他日復以〔三〕請益，先生喜曰：『期年所接無如君氣資文章皆善者。』乃書其後曰：『爲文不若進學，進學不必文工，君能以爲文之功進學，此望即不觖矣。』自是數受教，天曆二年，郡以明經博學薦。至正初，湖廣〔四〕左丞章伯顏，徵爲朔陽、臨桂二縣〔五〕教諭，改龍谿書院山長。太平路儒學教授。蘄黄盜起，嘗以奇策佐伯顏取勝江上，太平不守，〔六〕歸築室於瓜園。邑人熊鼎，南城胡子昂，宜黄樂夔，皆在講下〔七〕。僞守鄧克銘修邑學，無一人至者，招仲基，稱疾不起。復召其徒，恐被禍，乃分百五十人與之。克銘大喜。廩餼有加，遣使致餽不受。〔八〕洪武初再薦不起，卒，有《瓜園集》十卷，《語録》八卷。

黄徵君極

黄極，字建可，樂安人，師事草廬先生。元統中，南臺薦，以不求聞達，不起。所著有《西齋集》。子寶，字仲

〔一〕《中國地方志集成·光緒撫州府志》卷五十七《人物志·儒林》中爲『釋』字。
〔二〕《中國地方志集成·光緒撫州府志》卷五十七《人物志·儒林》中有『吳』字。
〔三〕《中國地方志集成·光緒撫州府志》卷五十七《人物志·儒林》中有『文』字。
〔四〕《中國地方志集成·光緒撫州府志》卷五十七《人物志·儒林》中無『湖廣』二字。
〔五〕《中國地方志集成·光緒撫州府志》卷五十七《人物志·儒林》中有『學』字。
〔六〕《中國地方志集成·光緒撫州府志》卷五十七《人物志·儒林》中無『太平不守』句。
〔七〕《中國地方志集成·光緒撫州府志》卷五十七《人物志·儒林》中爲『皆受其學』句。
〔八〕《中國地方志集成·光緒撫州府志》卷五十七《人物志·儒林》中無『僞守鄧克銘修邑學……遣使致餽不受』句。

瑶，淹洽經史，與何淑、張潔、王翊，稱樂安四傑。

黄博士伯遠

黄伯遠，金谿人，少從草廬先生學，登進士，除國子博士。元亡，歸隱故山。王忠文公英，嘗作《六賢詠》，謂『葛元喆、劉傑、朱夏、陳介、黄啤，及伯遠也』。

吴教授皋

吴皋，字舜皋，臨川人。宋履齋丞相六世孫，早師吴澄，得爲學之要，文章森嚴有法，教授臨川，遂占籍焉。號平齋，有《吾吾齋類稿》。從子均仲，擢春坊中允，所著有《新增復古編》。

丁大使儼

丁儼，字主敬，新建人。游吴草廬澄門，草廬禮之，爲製主敬字説，范梈嘗拊其背曰：『有美君子，如金如玉，吾不及也。』母病侍湯藥，不解帶者兩月，及喪，哀毁幾絶。時吏督鹽直，榜笞無虚日，乃傾貲以代輸。撫鄒氏孤子侖，爲娶婦而教誨之。手編《金閨彛訓》八卷，及著《小谿集》四卷、《寓興》十卷。授龍興酒大使，值兵變未任，卒於家。

包忠文希魯次子宏弟子傅箕王槐友人焦位

包希魯，字魯伯，進賢人。穎異絶倫，嘗受《今文尚書》於吴草廬。動履端嚴，爲後進楷法。其教人先德行後文藝，士習爲之一新。及殁，門人私謚曰忠文先生。所著有《四書凡例》、《易九卦衍義》、《詩小序辨》、《説文解字補義》及《原教》、《説儒》等篇。門人傅箕、王槐最著。箕字拱辰，進士，任延平路録事，轉本縣尹，政尚廉平，人咸慕之。洪武間，召不起。槐字景符，得希魯奥旨，居上林以道自處，弟子受業者皆循蹈正學，卒年九十四。同時有焦位字致中者，亦進賢人，同希魯游草廬先生門，授《書經》，以純孝聞。元末兵亂，痛父母死於非命，誓不飲酒食肉，結廬墓側。明洪武初，辟池州教授。希魯次子名宏，字用夫，傳其父之學。洪武初，舉文學，陳情乞養。再以文學首舉，辭，不獲。至京師，上問陰陽鬼神，對稱旨。奉使山西察苛政，至洪洞縣官舍，疾革大書於壁曰：『學傳乎道統，心貫乎一德，功被乎天下，言利乎後世，此聖賢之學，君子之事也。』書畢，正衣冠端坐而逝。有《訥居文集》、《六書補義》各若干卷。

柳雲卿從龍

柳從龍，字雲卿，九江人，志行卓然，年既長，始學於吴草廬先生。家闤闠之中，築精舍曰『静虚』。草廬爲《静虚精舍記》云：『心學之妙，自周子、程子發其秘，學者始有所悟，以致其存存之功。周子云「無欲故静」。程子云「有主則虚」。此二言者萬世心學之綱要也。不爲外物所動之謂静，不爲外物所實之謂虚，静者其本，虚者其效也。江州柳從龍雲卿，家闤闠之中，厭喧囂之聒，擇幽曠之地，爲藏息之廬，晨省之暇，燕休其間，飽玩聖賢之書，而扁曰静虚，將俾外物不能波其止水之停，窒其靈府之空也。卓然斯志，雲卿年長矣，而學於予，予故爲之陳其槩。周子言静，而程子言敬。敬者心主於一，而無所適也。夫主於一而無所適，則未接物之前，寂然不動，非静乎？既接物之後，應而不藏，非虚乎？静虚二言，敬之一字足以該之。學静虚者，亦曰敬以存其心而已，所存之心何心哉？仁、義、禮、智之心也，非如異教之枯木死灰者。仁、義、禮、智四者統於一，一者仁也。仁者天地生生之心也，而人得之以爲心，故愛人利物之心，滿腔皆是，而傷人害物之心，一毫無之。由父母兄弟而宗族姻戚朋友鄉黨，欲人人各得其所溫然，如九州四海而爲春。視人之所願成全之，視人之所患救護之，蓋同生天地之間，皆吾之同氣同體也。或傷害於彼而便益於我，且不爲，況無便益於我而傷害於彼者，其肯爲哉？周子所謂窗前之草與己之意思一同。程子所謂静後見天地萬物，自然皆有春意者即此也。能存此心，則妄念不起，惡事不留，此心廓然豁然，與天地同其静虛，聖學之極也。然豈易至哉？期學而至之，惟當主敬以存吾心之仁，此其大槩也。其悉則有周子、程子之書在，雲卿躍然翻然於此用其力，再見之日，其必有以異於今矣。』

李伯宗本

李本，字伯宗，榮孫，從學於草廬，草廬没，就學者皆依李氏。本與弟棟講明濂洛之學，所居有環翠亭、君子堂，虞邵菴皆爲之記。棟父李淵，嘗三封股，療母疾，輒愈，郡人以孝稱之。

虞文靖公有《送李伯宗序》云：『昔者臨川吴公之講學，無間於出處，學者之及其門，南北常數千人。既老，就養郡庠，語其門人曰：「吾鄉庶有才俊之士乎？」郡之子弟無不得見焉。李本伯宗得見公時，年將三十，未一年而公没。集之歸至斯郡也，已不復見公，庶及閒暇有所質問焉，則無已，此伯宗之見予而深歎之也。某聞之，孔子之道，曾子、子思傳之，著爲成書，蓋憂其失傳，而使學者有所考，而學之不差也。周子、程子得不傳之緒於千五百年之後，而道學大明，論者猶病其門人或不能無少出入也。士習之陋，俗學之靡，無以與乎此。才智之過，不能篤信而安行，而公遠矣。如之何哉？吾黨之士，蓋亦畧思，予蓋聞吾伯宗之爲學也，取《論語》、《孟子》、《大學》、《中庸》集註章句，句句而誦之，字字而索之，不敢有問也。其於《易》、《詩》、

《書》、《春秋》、《禮記》，取先儒訓義以通之，循環誦讀，率數月一周。其後專取《程氏遺書》，晝誦夜惟，旁及諸儒之文字言語，參攷密究，如是者又數年矣，不敢以處家之難，應事之雜，而少廢焉。懼夫獨學之寡聞也，求諸十室之近焉，推之百里之遠焉，猶懼夫輔己之未足也。今玆又將游行於四方，以觀夫都邑之大，而取友焉。韓子之言曰「業精於勤，荒於嬉」。若伯宗者，其無荒於嬉也哉！某又聞之，孔子言堯授舜以中，舜亦以命禹。又曰「殷因於夏禮，周因於殷禮，百世可知也」。然則聖人之道一而已矣。曰治曰教，推之天下，均齊方一，無有異者，此内聖外王之所以不可及者也。末俗紛綸，人自爲說，邦自爲政，可勝歎哉！雖然，則必有豪傑生乎其間矣，賢者智者之過，愚不肖之不及，是皆未折衷於聖人者也。試以伯宗之鄉而論之，王丞相、陸先生皆百千萬人之一人，千百世而一見者也。文公高峻明潔，前無古人。當宋盛時，何其多君子矣？自公視之，其爲學之精，治世之要，畧無足以當其心者。公之心以爲使是君爲堯舜之君，使是民爲堯舜之民，其自信亦不可誣也，惟其自信之及而不知其道合於聖人否也？是以一時諸公之言，不足少有所移意。而明道先生從之爲三司條例，未嘗與之爭，亦未嘗委曲而從之也，而公心服其言，無不從者。使明道久與公處，其所謂高明精潔者，智足以知之，潛融默化以入於聖人之域，則公之所立，必有大過人者，豈有後世之禍哉？是故程子之不得久與處者，豈直介甫之不幸，天下之不幸也。是故可以使公心服而無疑者，其惟程伯子乎？烏乎殆哉！乃若陸先生之學，前代諸儒蓋未之有也，朱氏之起，與之相望，扶植斯文者豈不重且遠哉？然而入德之門，容或不同，教人之方，容有小異，其皆聖人之徒也。呂伯恭氏，將欲一道德同風俗，使學者無疑也，是以有鵞湖之會焉，雖其言卒不合，而遂散去，而倡和辭氣之間，因二賢之差殊，而精攷神會焉，於聖人之精微遂可推見。其於發明聖道以幸惠學者，非他郡之所有也。臨川之鄉先生有如此者，伯宗講之習矣。今天下之言二公之治之教不無間然，予故於伯宗之行而及之，使欲知二公者之有攷也，嗚呼！安得起吳公於地下，而質予之斯言哉！至正二年壬午三月朔序。』

包仲邳淮

包淮，字仲邳，江西南城人，師事吳文正公，嘗名其讀書之齋曰『淝川書塾』。吳文正爲之序云：『淝川書塾，盱江包淮仲邳所以名其讀書之塾也。包氏自贈太子少師克堂公早遊朱、陸二先生之門，而資政殿學士文肅公，掇儒科，登政府，文學政事，爲一世師表。淮文肅之曾孫，少師之元孫，克承其祖武，亦可謂聞人志遠矣。昔周子家春陵，而稱汝南，朱子家建安而稱新安，皆不忘其初也。蓋與太公封於齊，而不忘周者同意，是意也，豈世俗小生所能知哉？仲邳年少才俊，博古而通今，由文肅上遡孝肅，文學政事之美，固已不待他求，又充其所到，而朱而周，則包氏世世有人，將有光於其先，仲邳勉之哉！』

徐山長基

徐基，字士崇，清江人，得之裔，早有才名，草廬先生示以爲學之方，有士崇字說，見先生集中。元統間用薦爲書院山長，所著有《玲瓏窗吟卷》。

黃教諭崀

黃崀，字子中，萬載人，受學於臨川吳文正公，以子妻之。至正丁卯，舉於鄉，授龍泉縣學教諭。公嘗題其書堂曰『大本』，虞文靖公爲之記曰：『宜春黃崀，字子中，早嘗從臨川吳公遊，往來者數年，歸而題其讀書修學之舍曰「大本堂」。其後得壻公門，有卒業之意，而公去世已五年矣。公之遺書緒言經手定者可皆考信，而其門人子孫嘗所親聞者，又可問而辨之，以自致其學，顧來求予爲之記。而不知予之不足以知此也。噫！使及公之存，因斯堂也得一言以惠幸後學，豈不善哉？嗟何及矣？而使予執筆焉，其何以言之哉？昔者朱子受學於延平先生，先生嘗以其從豫章得之者而語之曰：「但於静中看喜怒哀樂，未發時氣象爲何如？」竊嘗由是思之。所謂未發者，豈非吾不睹不聞之時乎？所謂静者，豈非戒慎恐懼之未至無所倚著之時乎？若夫氣象之說，亦云危坐澄心而天理自見云耳，豈必有摸擬想像者哉？其師友問答之言，傳諸學者，宜無可疑者。嗟夫，人之受命於天，與血氣俱禀而生，其爲性本静也。知識生而情欲作，接于物而動者，紛至叠起，互爲應感，反覆相因於無窮，雖夢寐休佚之頃，其憧憬者未嘗少止而定也。是以一往而不復，倒行逆施，謬迷顛沛，以終其身，而莫知返其本原者多矣。彼爲佛老，亦或知此以爲憂，乃爲絶物壁立以自勝，或爲專一内守以自固，其堅苦百倍則有之，雖稊稗之有秋，然欲其立人極以贊化育，則與聖賢之學，爲大不侔矣。今夫天道之行也，必有斂肅以啓發生之機，人之爲學，何可無所涵養，以爲動而泛應之地乎？苟自始及終，無一息之静，則隱微之間動機之發，亦何以察其辨而致其力，况於風靡瀾倒潰宥衝突而後從而制之。將何及乎？吾是以深感夫延平之言，而竊以爲大本之立，庶由乎是？而區區言語文字之求，宜未有切於此者矣。吾聞子中之居是堂也，以高潔自克，好静坐，故以所聞告之以爲之記。』

朱徵君夏

《撫州府志》本傳

朱夏，字元會，一字好謙，金谿人，早遊草廬先生門，數舉進士不第，益杜門究心經史，爲文不及於古不止，草廬閱其文而稱道之。濟南張起巖在江南行臺，辟憲司掾，京兆賀惟一在相位，欲薦入史館，皆未就，知者往往惜其才而不及用也。至正中，鄉寇起，竟罹其禍，所著有《鳴陽集》。

王伯達章

王章，字伯達，臨川人，學於吳文正公，公有王伯達《字說》，見文集中，一時名流，皆相友善。將游于京師，李仲公爲序送之，云：『余嘗過臨川，王子伯達於河圖山中，伯達賦詩以相好。予老退，愧不能和也。他日，伯達過予，謂將爲京師遊，時春雨初歇，草木明茂，予與伯達登覽乎山水之間，徘徊於壠邱之上，頌當世之設施，論古人之製作，相顧以樂。信而後別。伯達蓋吳先生之門人也，其始冠，先生字之而又爲之說。其聞見也固博，其講貫也固詳。而是行也，蜀郡虞公序之，虞公賢縉紳也；南豐羅子序之，而羅子亦東南知名之士也。其文章譬之於車，或推之，或輓之，名之彰而身之顯也無日矣。於是乎書。』

戈伯敬直弟宜

戈直，臨川人，初字以敬，師事吳文正公。公爲改字伯敬，作《字說》訓之曰：『敬以直內，夫子傳《易》之言。程子謂夫子言敬以直內，不言以敬直內。』弟宜，字叔義，亦師事文正公。公爲《字說》云：『義與利對，或分毫有計利之心，斯忘義矣。』兩《字說》皆合於陸子駁持敬辨義利之旨。伯敬嘗著《貞觀政要集論》，每條歷舉古人論議而斷以己意，皆卓然可觀。第一條論君道，謂三代以上之治身心與家國天下爲一，尤爲有見於陸子之學也。

張伯固恒吳先生弟子見《文集》者附

張恒，河南人，早師事吳文正公，篤志經學。公字以伯固爲《字說》以勉之。嘗問《孝經》大義，往復甚切。公集中有《答張恒問孝說》一篇。其事蹟及官階所至並無考。河南覃懷有姜道源名河，亦同伯固師事公。又有撫州余深道名淵、黄玉成名珏，臨川彭永年名訓，清江曹伯通名貫，廬陵易以清名原，崇仁陳思敬名幼德，盱江吳玉成名琢，畢崇遠名光祖並從學于先生。先生並爲《字說》貽之以勉其學。又有新安吳希顔字季淵，師事先生，學成名立，任紹興路和靖書院山長，先生爲序送之。又有臨川饒熙，宜黄樂順、譚蒙三人，並師事先生，與元復初友善，先生並嘗爲序以送其行。又有臨江黄良孫，任袁州學正，立雪崖書院，昌明先生之學，先生爲之記。鄱陽陳仲江名浣者，從先生學，其歸也，先生爲序送之。又有南陽張帥善，豫章舒慶遠，河間廉克，浙東潘漢章，並學於先生，集中並有送行序。有河間張岳者，見送舒慶遠序中。同郡有乙卯進士李路，戊午進士李岳者，皆先生弟子，見先生所跋曾翰改名說。番陽李亨者，仲公先生之族，學於先生，嘗跋其家集。燕人史師魯者，先生志其母墓云：『師魯恪願，從余學，其母節婦也。』樂安有夏友蘭，字幼安者，敏慧，與邑尉明安達兒同師先生。幼安早卒，先生誌其墓。又有崇仁陳世字伯高者，尤以早慧稱，在門牆甚知名，年十九即歿，先生誌其墓尤深惜之。當時先生南北所至，聚講者輒數百人，着弟子籍者以千計。今惟姓名見先生文集者，附記於此，餘無考矣。

鮑省元恂

《明史》列傳

鮑恂，字仲孚，崇德人。受《易》於臨川吳澄，好古力行，著《大易傳義》，學者稱之。元泰定、元統間，省試第一人。至正中，薦授溫州路學正。學士張翥、御史劉彥博，薦入翰林，不就。洪武四年，初以科舉取士，召恂同宋濂爲考試官。十五年，禮部主事劉庸，薦恂及安吉全詮、高郵張長年、登州張紳，皆明經老成，達治體，可備顧問。帝遣使辟召。恂、詮、長年先至。恂年八十餘，長年、詮亦皆踰七十矣。帝見之，甚喜，賜坐顧問。翌日，並命爲文華殿大學士。恂等固辭，帝曰：『特煩輔導太子耳！免卿等早朝，從容晏語，庶不負平生所學，何辭爲？』皆言老且病，辭益力，遂放還。〔一〕

按：崇德，今嘉興府石門縣。仲孚恪守吳文正公之訓，以力行爲學。而當時方崇尚章句訓詁之學，故雖以大學士位之，猶力辭而不受也。

東吳先生儀

吳儀，字明善，金谿人，自其五世祖郁師事陸子，傳之子孫，世守其學，科第蟬聯，名德相望，儀師虞文靖公，名益著。宋文憲濂爲東吳先生吳公墓誌銘云：『惟吳氏自延陵而分，圖譜之局廢，不能詳其爵里世次。五季末，有諱嗣者，自廣信遷撫之金谿，其諸孫宋含光尉邦基生郁，從象山陸文安公傳道德性命之學。郁生福州教授行世，行世生太學進士益，益生鄉貢進士饒、漕貢進士可。景定甲子進士名揚，兄弟並以文鳴。可生泰連，泰連生儼、儀。儀字明善，世稱爲東吳先生，自幼以繼承家學爲事，雞初號，輒起秉火，挾册而讀之。時建昌江公存禮、謝公升孫皆前進士，先生負笈從之游，繼登鄉先達虞文靖公集之門，於是博極羣書，其學絕出於四方。先是，元至正甲申，先生伯兄儼，與其子裕，同舉進士。裕連三薦，始擢辛卯進士第，名第二，冠南士之

〔一〕張廷玉等撰：《明史》卷一百三十七《鮑恂傳》，關於鮑省元恂傳，與《陸子學譜》一書所載略有差異，不知採用何本。中華書局一九七四年版。

首。及至丙申，先生暨再。從弟立鋮，又薦於鄉。立饒之孫盛，名揚之孫也，鄉人榮之。指先生之居相語曰：「是家在前朝以明經詞賦知名者，先後相望，今復如斯，書詩之澤，厥有後哉！」會海内兵起，先生遂無意北上，下帷講授，遐邇學徒争奔走其門。先生隨其資器，孳孳訓迪，必使優柔厭飫而後已。几所敷繹，皆五經奥義，不拘泥於箋記，而大旨自暢。晚尤竱心於《春秋》。且謂聖人之經一，而諸家異傳，大道榛塞，職此之由。乃著三書，曰《禅傳》、曰《類編》、曰《五倫辨》，辭義嚴密，多先儒所未言。嘗撫卷歎曰：「此書吾積學之所致，後世有揚子雲，其將好之。」然於文辭尤豐贍有力，下筆之頃，思如湧泉，開闢抑揚，不愆矩度，論者謂如晴巒出雲。氣勢突兀，不假雕琢，天然成章。先生則曰：「作文不原於聖經，不關於世教，雖工無益也。」先生涵養既深，造詣益殊，其於律己之功，莊懿而端嚴，隆寒極暑，必正衣冠而坐，家人聞其聲欬，輒肅容而立不敢妄動，性篤於孝友，事二親唯恐違其意。季弟偉早夭，其室周氏方少，子衷僅五歲，先生經營其家，撫衷至成人，周氏得以遂其節。先生爲人剛直，自將巽懦者不侮，强禦者不畏，或以非理來撓，必峻言折之。其人悻悻見於色，弗少顧，稍知感悔，即遇之如初。有寸善，播揚唯恐不聞。壬辰之夏，縣燬於寇。所在惡少年，持白挺相挻爲亂，先生椎牛釃酒，集里中耆倪，諭以禍福，皆稽首聽命。他鄉爲亂者，皆罹草薙禽獮之慘或無孑遺，獨先生之鄉獲免。及入國朝，撫州侯君元善聞先生名，欲聘起之，先生以疾力辭。洪武庚戌，江西鄉闈試多士，府判官王觳夢州城中迎狀元，既而，先生之子伯宗，實在首選。明年辛亥，對策大廷，復以第一人賜進士及第，召見奉天殿，授承直郎禮部員外郎。或者以夢之前徵爲先生世科之符，而先生已歿，不及見矣。先生之歿，在辛亥二月二十八日，上距所生大德丁未之廣，得年六十有五。配何氏，生丈夫子三人，長即伯宗，初名祏，今以字行。次褕，次祈，皆以經術教授州里。女三人，曾雅、周禮、黄顯其壻也。孫一人某，女三人，尚幼。初，伯宗會試南宫，予嘗奉敕與考試事，伯宗因來謁，以先生文集序爲請，予未暇爲，而先生訃音至矣，伯宗乃泣拜求撰墓文。將還，以其年某月日葬里之毬場山，且勒文懸綷之碑。予聞世之右族，重珪疊組者有之矣，索其家學相承數世而弗墜，十百之中或一二見焉，况夫科名尤造物之所靳。今先生之門，何奕葉聯輝至於如是也。此無他，山厚則木繁，海深則川聚，其亦理勢之必然耶！自時厥後，繼繼繩繩，予知未有艾也。雖然先生之學，則又在乎科目之外，經不可不窮也，德不可不修也，業不可不廣也，欲法先生者，法此足矣。』銘不録。

趙徵君汸

《江南儒林録》本傳

趙汸，字子常，休寧人，生有異質，自孩抱時，聞讀書輒能成誦，及就外傅，讀朱子四書，疑難不一，師告以初學毋過求，意輒不釋，夜歸，取《性理大全》諸儒語録，繙閲五鼓始休，由是有悟，遂勵志聖賢之學，不事舉子業。及長，徧詣師儒請質，不問遠邇，恒鬻産爲束修資，所親或非之，弗顧也。聞九江黄楚望氏杜門著述，往拜之。問年，曰：『已未。』楚望曰：『吾刊六經補註之歲也。』或曰：『書刊矣，恐無讀者。』予曰：『讀者未生耳，豈知吾子適生若歲耶？然春秋託始之歲亦已未也。斯文緣契，意在斯乎。』先生因問窮經之要，曰：『致思。』問致思之道，曰：『例舉一事而湛思以得之。』蓋楚望氏之學在窮經，以積思自悟爲主，故其教引而不發，使之自思。先生一再登門，乃得授六經疑義千餘條以歸，又數年往留二歲，得口授六十四卦義與學《春秋》之要。先生退而致思，寤寐不忘，有所悟則喟然曰：『黄先生豈欺我哉？』其專篤如此。楚望氏常授以求《春秋》書法曰：『楚殺其大夫得臣。』此書法也，當求之二百四十二年之内。姜氏如齊師，此書法也，當求之二百四十二年之外。既又爲易置其語曰：『楚殺其大夫得臣。』此書法也，當求之二百四十二年之外。夫人姜氏如齊師，此書法也，當求之二百四十二年之内。先生受其説退而思之，久乃悟其意，則二百四十二年之外者，魯史書法。二百四十二年之内者，聖人書法也。楚望氏各以二義貫《春秋》之旨，以爲單傳密付盡在於斯矣。

過嚴陵，請益於夏氏大之。夏因出其家傳先天易書示之曰：『此羲易二大象也。』先生受之而别。如杭謁黄文獻公於官署，閲所進書大異之，待以殊禮。又數謁太史虞邵菴氏於臨川。虞殊敬異之，館於家一歲，歸居東山精舍，益致力於學，久之有真得。元末兵起，結茅於星谿之間閬山，潛心著述，雖顛沛流離，而進修之功不少懈。壬寅春，始歸東山。明太祖初起，嘗統兵過其家，物色之。屢被徵辟，繼以議禮召，皆以疾辭。洪武二年，起山林隱逸，共修《元史》，先生在召中。事竣，不願仕，請還，上允之。未幾，疾復作，卒於家，年五十二，學者稱東山先生，有《東山集》。嘗言左杜主史，釋經而不知筆削本旨；公穀知求筆削之旨，而不考魯史舊章，俱不能無弊。爰離經析義，分爲八類，辨而釋之，名曰《春秋屬辭》，以著聖人筆削之旨。作《春秋集傳》十五卷，以明聖人經世之志。著《左氏傳補注》十卷，《師説》三卷，以爲學者求端用力之階。於《易》著《序卦圖説》，經文開端，乾坤屯三卦解。别著《葬書問答》一卷，行於世。先生之學，以精思爲入門，以自悟爲歸宿，蓋新安自朱子後，儒學稱極盛。然其末流，或以辯析文義纂輯羣言，即爲朱子之學，先生獨超然有見於聖賢之授受，不徒在推究文義間。而當時鄉先達從事著述，所以羽翼程朱教者，具有成書。先生槩謂於學者之要，未有當也。

東山之學發端於黄楚望，而成就於虞文靖公，其親詣臨川而謁虞公也，以書上虞公云：『聖賢之道大矣，學者可不知其要乎？嘗聞之，吾之至尊至貴，舉天下之物，不足以加之者，此心是也。吾之至親至切，舉天下之學，不足以先之者，求放心之謂也。然非真有所見，無以爲日用常行之地；非真有所得，無以爲造詣歸宿之極，所謂爲學之要者，庶幾在此。汸之所以日夜憂懼，以求聞乎先覺之訓，而未之有得者也。然汸之幼也，聞江南有吳先生焉，行修道立，爲世表儀，及觀閣下所爲行狀，而知先生爲學之方矣。伏惟閣下察汸有志，以其所得於先生者而賜教焉。俾於入德之門，不致迷其趨，而天之所以與我至尊至貴，可以反身而有得，則閣下之賜大矣。汸早歲學於鄉，求程、朱緒餘，誦習經訓，辨釋其文義之外，無所致力焉。誠恐終身不克知至，畢世不能意誠，古昔聖賢師弟子之授受，如斯而已乎？竊嘗思之，以求途轍之正，至於道南之歎，而有感焉。蓋其屬之龜山者，必有所在，而豫章延平所以授之朱子，亦非有他道也。不然，羅、李二公無事業以見於時，無文采以垂於後，其所學者何學？所事者何事？而吾朱子所謂潛思力行，任重詣極者，亦將何所指乎？』東山之言如此，蓋有見於文正公晚年之學，實有以上接陸子之傳，而未敢以自信，因欲決其然疑於虞公也，其指切南宋末流講學之弊，尤爲至當不易。東山造詣，固已高矣。

東山作象山先生贊云：『儒者曰其學似禪，佛者曰我法無是，超然獨契，本心以俟，聖人百世。』又一首云：『大道之廓，如日行天。正氣之雄，如雷出泉。洞徹羣疑，劃棄糟粕，即簡易功成聖賢學。』

《陸子學譜》卷之十九

南昌萬承蒼訂
後學臨川李紱編
平越王士俊校

私淑下

陳静明先生苑

陳苑，字立大，江西信州上饒縣人，資稟穎異，不屑爲富貴利達之求，生於宋理宗景定二年丙辰。自少時卓然講求聖學，深信陸子之書。宋亡元興，遂絶意仕進。時許文正諸公，方崇朱子之學，既設科取士，非朱氏之説者不用。先生守所學不變，閉户潛修，躬行實踐，德益充，望益重，於是有志之士，争來問學。弟子李存、祝蕃、舒衍、吴謙最著。而先生以静明名其書齋，學者因稱爲静明先生。其殁也，祝蕃遠狀其行甚詳，今蕃集不傳。惟李存所爲墓誌銘，見《俟菴集》中，其辭云：『甚哉！學之不明也。』宋淳熙間，陸文安公出，大發古聖賢之旨。時流繼覺甚盛，而近世溺於訓詁詞章科目雜藝尤甚，無肯道其學者。上饒陳先生，幼業儒，不隨世碌碌，嘗遇異人授金丹術，既得陸氏書讀之，喜曰：『此豈不足以致吾知耶？又豈不足以力吾之行也，而他求也？』於是盡求其書。及其門人如楊敬仲、傅子淵、袁廣微、錢子是、陳和仲、周可象所著《易》、《書》、《詩》、《春秋》、《禮》、《孝經》、《論語》等書讀之，益喜、益知、益行。或病其違世所尚，先生曰：『理則然爾。』甚者譏非之、毁短之、明排之。又甚者求欲中之。先生曰：『死不悔。』從之遊者往往有省，由是人始知陸氏學。至順庚午十有二月既望，以疾卒，得年七十有五。先生諱苑，字立大。曾祖友諒，祖元度。父一震，配鄭氏。子男一，曰善。女三，壻周良弼、段新、項謙。孫男三，曰穎、東、辰。辰爲從子開先後。明年三月丁酉，殯邑東郭。又明年九月己酉，墓瑜山。先生剛方正大，於人情物理，靡不通練，强禦無所畏，奸慝無所逃，浮沉里巷之間。而毅然以倡明古道爲己任，患難困苦，終其身而拳拳於學術異同之辨，無十金之産，一命之貴，而有憂天下後世之心，嗚呼！若先生者，非所謂弘毅之君子也歟！其論著其他言行，其所以啓迪學者之方。門人祝蕃述之備已。存雖不敏，亦受業於先生之門，謹摭其大者志諸墓，爲之銘曰：『學久荒，今則萌，困弗亨，後有成，由先生。』

靜明先生於陸子弟子門人之書，無不搜求講貫，嘗取錢子是《百行冠冕詩》編緝之以示諸生，而李仲公爲之序，云：『自采詩之政廢，而詩之美刺以徵。晉漢以來，非無作者，往往有以分其情性之正，而終不能粹然一出於古。融堂錢子，生於宋之叔世，取昔之孝者、忠者而贊之以詩，而心以爲是二者，百行之首也。』遂題其詩曰：『百行冠冕詩，錢子有道之士，行於家者，固不待論，而不及用於時，使其陳力而就列，則其所贊，即其所行者也。』是故郭巨之埋兒，則有以惜其所蔽；叔治之泣杖，則有以明其同。然秀實之揮笏，威豪之嘔血，雖出於憤烈，而謂義乃有所未安。知本之雍順，子華之叩頭，雖陷於盜賊，而見理亦有所不可泯。孔褒之争死，則貶其未知倫理之輕重；王導之勸謝，則斥其位居元老而柔邪？是皆所以引人反求諸己者。嗚呼！此豈徒模寫物態流連光景爾哉？上饒陳先生獨愛而編之，日與諸生誦詠之。先生雖布衣，而慨然以天下人心風俗爲己任，嗚呼！先生之心，即錢子之心也。臨川危素又板行之。聞者見者，皆從而歆助之。之人也，之心也，又豈異於先生者耶？僕有以知是詩之必將家傳而人誦之也。使家傳而人誦之，夫豈不可以少增天地之和？而近之言詩者，或雜興而亂，恐其於此未必不如嚼蠟，然則如天常民彝何？李存上先生書，頗於先生之學有所發明，今附其畧於後，云：『學生番易李存，謹再拜，獻書静明尊先生座上。人心積衰，風俗大壞；父詐其子，夫欺其妻。藻飾筆舌者，謂之多才，紐鍵術數者謂之適用，分章釋句者謂之至教，密文深察者謂之至治，嗚呼！尚志之士，欲堯舜吾君、堯舜吾民者，亦烏得無情哉？且獸焉而不失其良能者。馬之乘牛之服，犬守而貓捕也，至偶有失其性，而不乘、不服、不守、不捕者，則皆知弃之弗畜之矣，然亦千萬中無一二者。人而失其所以爲人，舉安之而弗悟，其非則是曾獸之弗若也，不亦重可悲乎？《傳》曰：「君子之道，本諸身，徵諸庶民。」考諸三王而不謬，建諸天地而不悖，質諸鬼神而無疑，百世以俟聖人而不惑者，亦豈容私之哉？存雖不才，亦豈苟私於先生者哉？使道而可私也，則未必謂之道矣。雖然，昔孔子大聖也，孟子大賢也，所遇之時，去成周之澤未甚遠也，猶且毁短於人，窮乏奔走，雖門徒或謂之迂，至昆弟不喻其意，而况於今兹者乎？敬惟陸子本心之學，先紹於千有五百餘年之後，非天地無以喻其大，非日月無以喻其明，非鬼神無以喻其變，而存何足以贊述之。夫豈規規然於繩飾訓註之末，以增人昏蝕牢人陷穽者耶？今先生又特立於波瀾顛倒之餘，扶植於俗尚壞爛之中，人之所爲不爲，人所不爲爲之。人之所非不苟，非人□□□□□□□□而教人也。譬諸草木，春以萌之，夏以榮之，秋以愁之，冬以歸之，無小無大，而無所不亨者也。存雖願學多見，其不知量也，然孟子有言，吾身不能居仁由義，謂之自棄，使存此身而自棄焉，則將何以逭其責於天地之間哉？《詩》曰：「哀哀父母，生我劬勞。」言父母生之而劬勞者也，豈弟君子遐不作人□□□，作而成之者也。天高地下，敢二心焉。惟先生終惠之，□□□嚴，下情無任，皇恐之至，有謹再拜。』

黄氏宗羲曰：『陸氏之學，流於浙東，而江右反衰矣。至於有元許衡、趙復，以朱氏學倡於北方，故士人但知有朱氏耳，然實非能知朱氏也，不過以科目爲資，不得不從事焉。則無肯道陸學者，亦復何怪？陳靜明乃能獨於殘編斷簡之中興起，斯人豈非豪傑之士哉？』

陳先生之教行於家，賢者頗多，是時方以朱子說取士，俱不應舉。從子輔，字德輔。孫彦清，尤能世其學，李仲公嘗爲彦清兄弟名字說，云：『上饒陳先生之孫三人，長穎彦清、次東彦方、幼□彦良。他日，穎將遠游，請發明其義，余曰穎天下之水之至清者，古今人稱爲清穎云，故字以清。東者四方之首，而萬生之始也。於時爲春，於人爲仁，故字以方。辰者日月之所會，大而國家，細而閭庶，凡有所事，孰不擇其辰之良，故字以良。雖然兄弟之身，一人之身也，天下之理，一本而非二，是以君子之能修其身，在於清明其心焉耳，勿擾擾以自賊，勿憧憧其失則，故曰清明在躬。志氣如神，是則所謂仁也，苟仁則吾之變化云爲，無所往而不善矣。吾見名問其字則三，推其義則一也。矧彦清粹美而嗜學，彦方敦厚而有容，而彦良於日用之間，亦知所自擇，皆將不孤其名字』云。仲公又有贈陳彦清遠游序，云：『士之欲不汩汩乎生者，必當出而游也，户庭之間，没没以朝夕，閭巷之途，忽忽乎而少老焉。上饒陳穎彦清，請將游乎四方，其郡人祝君蕃遠爲之序，余取而讀之，亦何渢渢乎強人意也。彦清，靜明先生之冢孫也。余獲師事先生，先生之至誠有以深感人，先生之強力有以過乎人。余蓋下邑之鄙習者耳。非先生，其終小人乎？先生没，今十年於此矣，見彦清如見先生焉，顧當以先生語余者語彦清。今則苟非千里而近，則將萬里而遙矣。惟彦清思其先祖，思其執友，儼乎其在上，恪乎其在側，勉勉乎其弗自己也，楚楚乎其等也，抑而非靡也，廣而非肆也，順而無所隨也，夫如是，縱未得於其外，亦將無失於其内者矣。時之求才，人之取友，舍是而謂有他道者，吾則未之聞也。』初，靜明先生弟子，自江東四先生而外，推覃懷閔仲魯爲寖著。先生從子輔，師事仲公，復往問學於仲魯，仲公有送陳德輔之金陵從閔先生序，云：『夫理有所未知，苟非上智，其誰能免，不然，犯霜露，趨險阻，躬樵爨，甘虀鹽，古之人亦胡爲乎然哉？

蓋其信之也不篤，則其求之也不勤，求之也不勤，則其得之也不實。疇昔之歲，覃懷閔君來游吾大江之東，而上饒陳氏最先客之。其爲教也，凡進退揖讓之間，奔走使令之際，苟有差忒，毋或假借；其講説經史，條貫悉備，若網之有綱，若穡之有秋；與之處，鄙倍之氣將洒洒而自消。既而移家襲慶，而陪講於郡庠，吾不見且十年矣。至順癸酉六月某日，陳氏之子輔，不遠二千里往求焉，以卒其業。夫師之賢而善教者，固未易得，而子弟之勤且勇，不足於己能，不難於未聞，不膠膠於故常之習，不屑屑於橐橐之費，爲尤未易得。吾用是有以知輔之此行也，此將有所成矣，況金陵爲公卿大夫之林，苟有餘力，更能求其仁者、賢者而善事之。則輔進也，又將有不止於吾所期焉而已。』

陳先生弟子門人

李徵君存

李存，字明遠，行二，故又字仲公，饒州安仁縣人。生有異禀，工文章，年甫壯，名已聞於四方。其友舒衍，勸其爲學，始師事陳静明先生。學成望益尊，屢聘不起，《元史》稱爲江東大儒，事詳弟子臨川危素所撰墓銘，其詞云：『至正十四年七月，番易〔一〕李先生仲公甫卒於撫之臨川縣大山寓舍。明年冬，素使至京口始聞喪，哭於清忠亭。又明年春，元教于宗師有興爲位以祭，授事狀，曰子宜銘。顧方縻於事役，未遑論著，後十年，其孤卓謀奉喪還葬，致廣信夏章之狀來請銘。嗚呼！素尚忍銘先生之墓也耶？先生諱存，字明遠，仲公其所更字也。李氏其先汴人也，八世祖居饒之安仁縣。六世祖三居士，積善無兢。曾大父昌，宋贈朝奉郎。大父槱，鄉貢進

〔一〕應爲『陽』字。

士。父萬頃，由進士制置司參議官。之極從大父也。先生生至元十八年四月，生四歲，而母吳歿，幼穎敏莊重如成人，弱冠徧求奇書及陰陽、名、法、神仙、浮圖、百家言，爲古文章。事親稱孝，父多疾，因通醫術，有疾者，雖甚窶，必奔走視之，未始聞報。兄申伯死，撫其孤嫁娶之逾己子，其後三以所析產來鬻，三還其券，並讓屋室器物。鄔氏妹早寡，資其衣食幾三十年，育其孤至成長。故蚤有州里之譽，里中友舒氏衍它日謂曰：「疇昔慕子之多才藝，今遊於陳先生，立大獲聞聖賢之學，子之所能舉未也。何爲哉？未之遽信。久則又謂相者謂子不年，苟無聞以死，良可閔惜。」乃大感悟悔，遂偕造陳氏，陳氏曰：「無多言，心虛而口實耳。」未有所契，復造焉，曰：「無多言，心恒虛而口恒實耳。」夙夜省察，始信力行之難，於是惟日孜孜究明本心。焚自所著書内外十一篇，曰：「無使誤天下後世。」同門執友四五人相與切劘，期以大明正學，時人多訾笑之，毅然不爲之動。科舉制下，一試不偶，即爲隱居計。來學者衆，邑令禮爲經師，訪以民事。郡守堂試諸生，聘爲主文。三以高蹈邱園薦，王文獻公爲南臺中丞，烏古孫右丞爲監察御史，交章論薦。秘書著作郎李君孝光，舉以自代，相國京兆公將上聞，處以翰苑，會去國，不果，葺書室曰「竹莊」，題曰「俟菴」。恒語學者曰：「聖賢之立言垂訓，以先覺覺後覺，此豈口耳句讀之事。正學不明，人心日入於偷，甚可思也。微陳子，某其終爲小人之歸。」或請學文，先生曰：「唐虞所有之言，三代可以不言；三代所有之言，漢唐可以不言。未有六經，此理無隱，前古聖賢，直形容之而已。惡能有所增損，昧於理道而聲光是炫。尚得謂之文哉。」虞文靖公歸老臨川，著文集序，和竹莊之詠。致羨山林之日多，道德之造厚。先生顏古神清，衣冠整肅，不妄言笑，憂世之意見諸眉睞，謙恭而和易，與物無競，雖武夫悍卒，樵童牧豎，皆望而起敬云。俄兵興，門人何琛迎養於臨川，居二年而卒。年七十四，葬榮禄鄉竹莊。娶趙氏，宋宗室金紫光禄大夫與樘之孫。子男三人，卓、章、多多。今存者卓。女二人，壻曰某。孫男一人，樞。曾孫一人，復觀。素少以文一編，見先生雲錦山，書其後曰：「子言言如古人，苟求之前乎開闢而未嘗古也，後乎開闢而未嘗今也？」嘗問思曰：「睿心之官則思，何思也？」先生曰：「思其本，無俟於思者爾。」素不敏，始稍窺所得而歸事焉。及遠遊，數貽書數戒，不敢忘也。銘曰：「世道交喪，正學晦冥。屹屹江東，師友勃興。於惟先生，高蹈林壑。才可濟時，甘於寂寞。言論風旨，淵粹高明。昭昭終古，雖死猶生。歸葬故邱，蒙銘千穴。式尊所聞，敢告來哲。」』

仲公先生初上陳先生書已見前，第二書云：『存不才，獲師事先生，稍聞緒論，庶以開平生之蔽者，真可謂不虛生矣。存之慶幸，孰有過於此哉！而俗中且斷斷然訕訊未已。俗中之斷斷然訕訊未已者，唯知較乎窮達利鈍，求乎形迹表襮而已。亦惡知夫義之所在，有不可易者，理之所在，有不可二者哉？學也者，一聽於義理，而無所自用其私焉耳，《易》曰：「天且弗違，而況於人乎。況於鬼神乎？」雖然存之不逮于古人亦遠矣。其始聞先生之言也，有疑心焉，有慚心焉，烏乎！吾心之靈本無限礙，本無翳滓，本無拘繫，本無流浪，其有不然者，己私賊之也，非天之所予者然也。夫何疑之有哉？後覺者必有待於先覺而覺焉，後知者必有待于先知而知焉，知之爲知之，不知爲不知，又何畏之有哉？他日祝次生謂存曰：「子能舍其邪而適於正，於天地鬼神何慚，于古往聖賢何慚？於祖先父母何慚？於子孫後裔何慚？於吾君吾民何慚？於後世學者何慚？」存敬誦何敢忘焉，至其有可疑、可畏、可慚者。古之人，其食飲起居，耳目鼻口，皆與我不異也。而古之人乃如此，而我則又如此，何耶？是故袞冕車馬，有不足爲其貴也；金玉玩好，有不足爲其富也；啜粥□跣，有不足爲其賤且貧也。鼎鉞不足爲其威也，死絕不足爲其變也，夫豈強爲之哉？理則然耳。理之根夫人心者，亦何嘗一日泯絕而非學，則不能以自明而學之不絕如綫者，賴遺經存焉耳。而經之義蕪於訓詁，近世尤盛。幼而誦習其說，比得純菴周先生《論語解》，始知有簡易之學，然卒不得其要領者十餘年。今而從師親友，方稍有自得之實，無所可疑，無不可信，屢欲卒請，而師友不能不慮其決擇之未明，信向之未篤，他日或害道、或媚世，累斯文有不細者。然存自研諸心，决擇已明，信向已篤，而至教之重，何敢失墜，亦何敢道聽而塗説，戴天履地有死無二心者。謹厭書以聞，惟先生終惠之教之。』

先生嘗與友人書，論學術之弊，極爲明透，今附録於左：『古今天下有志於學問者，孰不以孔、孟爲標的；有志於事業者，孰不以伊、周爲程度。孔、孟之學問，固所以爲伊、周之事業者，然孔門之學，則拳拳在於求仁，孟子願學，則亦不過求放心而已矣，心苟不放斯仁也矣。古之人有若伊尹者，則毅然以堯舜其君、堯舜其民爲己任，故其克享天心者，在於一德也。又有若周公者，則亦恩兼三王，以施四事，故天嘗動威以彰其功，此豈小智小才所能然哉！要其旨歸，大槩不失其本心之仁耳。今者朝廷興科舉以取士，此政吾黨彈冠相慶之秋，而爲蠱之初六幹父之蠱之義，聖君賢相之心，豈不以爲吏道之弊瀆而斁政思。四海九洲之大，涵煦養育之久，宜必有真儒。學孔孟之學、志伊周之志者而用之，庶幾見於躬行而有以振起斯民也，爲之儒者，亦豈可不感吾君相之盛心，而以伊、周、孔、孟自矜式哉！伊、周之業，孔、孟之學，可行於古而不可行於今。則自爲申、韓可也，自爲黄、老可也。義不當含糊假借其名，以徒爲進取之資，若曰言其言而不必心其心，則是心與言自爲二矣，亦豈慥慥乎，君子言行相顧之義哉？亦豈不孤朝廷所以抑刀筆吏，而以高科顯仕相待之道哉？《易》曰：「言行，君子之樞機也。」言行所以動天地也，不然，則吏固有吏之弊，而儒亦有儒之僞者矣。若以孔、孟之學，專在於言語之間，則何以有？予欲無言之説，專在於文字之際，則何以有行有餘力？則以學文之言？當時孔子爲見正學不明，人心昏蔽，無所歸命，異端塞塗，邪説蜂起，而已又不得其位以行其志，删《詩》、定《書》、繫《周易》、作《春秋》，垂之萬世，皆所以明乎人心，及其衰也，而後始不復夢周公。而孟子亦欲正人心以承三聖，取好辯之譏，彼聖賢之用心，亦豈不可悲矣夫？烏乎！使此心苟得其正，則所謂《書》者，此心之行事；《詩》者，此心之詠歌；《易》者，此心之變化；《春秋》者，此心之是非；《禮》者，此心之周旋中節，至若孝友、睦姻、任恤，皆此心之推也。是故古之學者，先其本而後其末，既得其本則於其末也，若目之有綱，衣之有領，振而舉之而已耳。故大學之道，由其明德而後有新民之功；《中庸》一書，由其率性而後有致中和，天地位萬物育之效，學問之實效將所以臨民涖政者也。讀其書者書此事，績其文者文此事也。初不相悖，謂之一以貫之，謂之舉斯心而加諸彼，但不過有先後次序。且今若不務其本而徒事其末，吾恐非有志者。平日所以自許自期之意，亦恐非伊、周、孔、孟，及當今聖君賢相之所以望於後世天下者也，況今吏弊民瘼，何可勝言？詐僞多端，奸詭百出，殉私而不殉公，知利而不知義，雖使伊、周、孔、孟復生於斯世，亦必精求方畧可也。吾黨之間，若但疲精神于文藝之末，縱使幸而獲選，弱者爲羣逐隊，拱手署紙尾，持禄保位而已。強者爲驕爲亢，爲奮螳螂之臂以當車轍，而不足以立事功，其高爲納履，爲掛冠而已耳。若然者，將以求榮，反以取辱，將以行志，反以喪志。其故在於學非其所用，用非其所學也，可不懼哉？其必曰「當其未任也」。始從事乎言語文字以取之，既得之也，然後從事于實行，殊不知言之非艱，行之惟艱，亦非古人幼學壯行之義矣。且其未得之也，則汲汲然患所以得之，既得之，斯慼慼然患所以失之者有矣。苟患失之，無所不至其得之之道，既不能粹然一出於正，則其失之之心，又安能恬然泰然而不以爲患者哉？烏乎！其表直者其影直，其源清者其流清，此必然之理也。又設使幸而得之，猶云可也，不幸而終身不得之，豈不虛負光陰，虛負平生精力矣哉！是故有本有末者，是爲明體適用，若有源之水，而波瀾混混，若有根之木，枝葉扶疎，他日爲有司所取，爲朝廷所用，宜也。設或命不足以得之，亦不失爲天爵之貴，事理短長，又豈不較，然甚明矣哉？雖然本末倒置，先後舛逆，此非一人之過，而亦非一朝一夕之故也。但卓然有志於古而不肯自甘於流俗者，恐或未能以自安耳。試請於清晨静夜而思之，今日自立之志，果有以合於當時伊、周、孔、孟之志否乎？今日自勵之業，果有以不悖於當時伊、周、孔、孟之業否乎？此心之靈，有不可得而自欺者，自心既不可欺，則上而吾君，下而吾民，豈可欺哉？先聖賢之既往，後聖賢之方來，又豈可欺哉？只此不敢自欺之處，即伊、周事業，孔、孟學問之根源也。然世亦有有其力量，有其材美，得之於資禀之厚，行之於轇轕之間，恢恢乎有餘力者，但其所見所聞者少，而不自知其言之過也。古之人有言曰「言之者無罪，聞之者足以戒」。愚非敢自謂能從事於伊、周、孔、孟者也，聞之師友，實深信之，而不敢不爲吾黨有志者告耳。』

祝經歷蕃

静明先生門人裒著者李仲公，而裒先受業，又率舒衍等往師事者爲祝蕃遠。明時沿元舊科舉，止用朱子一家之説，其修《元史》也，凡爲陸子之學者必排之，故静明先生，與江東四先生，皆不爲立傳，仲公先生裒著，亦止於張仲舉傳稱爲江東大儒，而吳、舒二先生行實皆不傳。祝蕃遠有仲公所爲墓誌銘頗詳，其文云：『公諱蕃，字蕃遠，姓祝氏，上世有諱亳者，自衢來今信之玉山縣，因家焉。其後又徙貴谿縣西昂里。曾大父諱宗周。大父諱汝煥。父諱起嚴，宋某年間鄉貢進士。公幼而警敏，縣人有陳先生某者，獨得陸文安公本心之學，蕃遠從之遊，稍長頗不羈，他日忽感悔，復求從先生，痛自刻厲，久而有省，大喜大信曰：「《論語》曰，吾無隱乎爾。《記》曰，風霆流形，庶物露生，無非教也。」自是斯須不廢内觀，因購求陸氏師友遺書，特鈔廣傳，思以大明此道。朋友知慕鄉者，輒明目張膽爲言，親之猶同根，援之與共進，得一善躍然如出諸己，氣質之偏慝，攻辨之不遺餘力，故一時登先生之門者，皆推先焉。其事師之禮尤謹，苟宜費而乏，雖質粥田宅，無所靳也。久之郡縣以茂才異等薦之行省，授某州高節書院山長。歲適大比，以《易經》中鄉舉，會試不利，文安公舊講學象山，祠宇久廢，言之郡縣，率同志復峙祠其上。秋仲丁，遠近與舍菜者，不下百十人。文安之後，僅有文美者，甚貧，五十而鰥，求而資之娶。未幾，改授饒州南谿書院山長，學者輻輳。調集慶路儒學，南臺都事秦公某，聽其講誦明暢，即命子受學。滿，陞饒州路儒學正教授。遺書幣致旁郡知名之士，訓導各齋。又未幾，前信守買住公平章湖廣行省辟爲掾史，參政蘇公天爵，一見甚器重之。海北憲使卜咱兒以賊敗，徙奴兒干，厚賄求近，不可。播州宣慰楊公某率酋長請驛以朝，或難其非述職之常，且故事上下皆有贄公却不受，曰：「非所以懷遠人也。」遂白平章給驛馬，既而授將仕郎、潯州路總管府經歷。先是屬司報傜賊數百人入境，同知保童勒迎敵，及境，賊已去他界。平民一人被掠，脫身走，卒遇官軍，竄草中，保童執而賊之，曰我本他郡農，與兄弟來耕某氏田，居近郊，非盜也。榜掠死獄中，保童因僞辭連繫其兄弟親戚七人，以絶言者。公至，疑不署牘。聞帥府移南容州推問，保童賄不就辯，四人又死獄中。適朝廷遣使巡行天下，尚書拔實西歷廣東西，聞其冤，命更擇廉明，由是静江路同知伯顔不花，慶遠府安撫司知事李剛，會梧州推問事白，曹吏二人伏罪，未死三人者拘於外。保童復不就辯，且教曹吏家人訴帥府。復移藤州，會赦皆免，公竟死藤州客舍，時至正丁亥十月也。生至元丙戌，春秋六十有二。夫人徐氏，先二年卒，子二人，長文中，次文剛。文中扶櫬踰五嶺以歸，至豫章病死舟中。文剛以明年十有一月甲辰，葬公饒橋。公嘗與故司業鄧公文原辨格物數千言，及平生所爲雜詩文若干卷。其才思如河流，其論率激切無所回忌，四方多傳誦前事。文剛來乞銘，顧雖與公爲同門，駑下不逮遠甚。而切偲之義甚深也，敢辭，因起敬言曰：「公質直而氣剛，信道而明義，或謂潯之辯，藤之死殆不善爲身謀。」應之曰：「非而遂之，蕃遠不爲也，居其位坐視無辜死。蕃遠肯爲之乎？前乎吾事揆而不與，則偷勢有不可，故而去之。」益偷則蔓且緩若何？曰：「其心必謂是非之公，不可一日不明于天下，無乃用其細。」曰：「蠻夷之俗竷而忿睚眦輒殺傷，二十年間，嘯聚而逆命者，往往而有，多由吏于其土貪者魚肉之，忍者草莽之，刑罰不中，使其無所措手足。今蕃遠之爲，小人則笑，君子則愧，正一事，或可安邊鄙數千里。然用不盡其才，死不在牖下，羈窮瘴毒，志亦可悲也夫，是爲銘。」』

李仲公有贈祝蕃遠序，云：『大學之道不明於世久，縣士大夫靡然以文藝相許與，至有能自持而不流得之於予一者，則又謭謭踽踽焉，何斯文之未幸也？上饒陳先生立大，潛心於聖人微言而履踐之，未嘗一泥於訓詁，蓋二十餘年，而人莫知之也。雖其弟子祝蕃輩，亦皆卓出於類，存欣然慕之，將以明年往造其門。上承先生之教，下取蕃輩之助，既而聞有司舉蕃茂才異等，宜中其科牒而致之行省，去且有日，存私心甚惜，久則大喜。何者？江浙之士號多秀敏，而又共際於四海統一之時，光深弘厚之氣有入於其心，修省變化之言，易以相感，夫然則是蕃棄一存於近而得存於遠者，有不可以算也，是則無所於惜而有大可喜者，中科與否未論也。』

吳尊光謙

吳謙，字尊光，饒州安仁人，陸子曾孫女所出也，其官階事實未詳。然早事陳靜明先生，傳外氏之學，與祝、李、舒三君子齊名。仲公與書，稱其簞瓢陋巷優爲之，又望其賜顧以請警策，則尊光所造亦深矣。今附仲公所爲尊光母孺人墓誌，畧見其世出，云：『孺人諱某，姓陸氏，世爲撫州金谿縣青田里人，宋文安公象山先生九淵，其四世祖，笄而歸饒州安仁縣松唐里吳君中立斯賢。二子，長謙，次恒。女一人，壻同郡臨川夏柄。孫三人，通、迪、遵。至順五年癸酉三月丙子，無疾而終，得壽七十有五。謙以元統三年乙亥某月日葬里中山。謂其友李某曰：謙之母性靜而和，寡言辭，平居堂奧間，若無人者，容止甚安，坐立必整。先君子年若干，棄二孤，家甚貧，母勤儉以掌之，不爲憂，但常曰，吾爲汝家婦時，惟恐得罪舅姑，若輩宜自立，毋爲爾先人及外氏羞。謙因得從師百里之外，歲時一歸省，囊裝蕭然，未嘗一語及也。素少疾，雖老，顧輔間潔無唾涕。丙寅之歲，恒復卒，謙則無所事，得朝夕養，而吾母亦不爲人世留矣。吾子有同門之好，賜一言以刻諸幽，則吾母之美，將不隨以死乎？某悲其言不敢辭，銘曰：「生有德，血氣治。既高年，不病死。埋斯阡，宜孫子。」』

仲公有復吳尊光二書，其一云：『渴教甚矣中，昨承菊節相過之約，不勝其喜。花外小車，日跂望之，何以杳然，方此疑慕，忽承手畢，敬審初寒，履用勝裕，用以自慰。吾曹隨時守分，簞瓢陋巷，自有其例，吾兄優爲之。區區之見，自覺益親切，但汩没於應酬耳，甚不逮。聚辨潤疎如許，深自恐缺，記文愚見所到具別楮，謬語徒汙玉楮，拜領厚餉，皇汗而已。紙尾所喻，謹在下懷，不可以爲定擬，有機即合可也，匆匆修復不宣。』又一首云：『尚敏來，復辱教翰，敬審春氣向和，履用曼福慰浣以之。清潯無音耗，但聞李載翁之子在廣西，有家書云本官以帥府委出各郡催糧，審如是，則官況已安逸矣。區區新年，感頭弦之證，畏出且飲，日前畧過碣石即歸矣。車從旦晚過洪都，千萬賜顧，以請警策不宣。』

舒元易衍

舒衍，字元易，亦饒州安仁人，官階事蹟無考。因祝蕃遠之言，往師陳静明先生，篤志力行，深信陸子之學。同時李仲公存，以高才博學名於江東，衍素畏服之。既有見於陸學，始知文藝非所重力，勸存往從静明先生，至再至三，存始從衍往謁，盡得静明之學，陸子之道賴以復傳。然則元易於陳氏弟子中，蓋所謂疏附而奔奏者也。詳見仲公上静明先生第一書。今節抄其畧云：『存生三十有三年矣，雖於古經史傳記，稍涉其間，而未知其所以遺夫人者果何爲哉？徒竊取糟粕以修飾其淺陋妄誕之言而謂之儒，又嘗慕韓退之謂無所不通，乃爲大儒，由是慨然於天文、地理、醫藥、卜筮、道家、法家、浮屠諸名家之書，皆將致心焉，然後持而耀諸當世，而垂諸無窮，意當世之士，如存者亦豈多哉？侈然而談，囂然而居，取譏於鄉里，召怒於朋友，而弗之省也。戊申之秋，舒衍謂存曰：「吾疇昔是子之學，近以祝蕃之言，得從上饒陳先生游，而後知子之學所事末屑也，子之蔽亦甚矣。徒焦心竭神何爲哉？若不改圖，則將誤惑其身。不惟誤惑其身，必將誤惑於天下後世之久。」存心竊笑之。他日復言如是，復笑之。至於三於四於五，屢數十不已。雖疑焉，然朝諸而夕忘，□□□□□夜宿擁寢衣言曰：「相人者謂子不年，苟無聞焉，以死傷哉！至道所在，人固未易信也，然辟之涉，吾嘗先之矣。」遂大疑，早夜以思，至感立，然終恥下于人，徘徊而躊躇。壬子之夏，始期衍登先生之門，亟請一言，以自後先生孫之又孫。明日祝蕃適來，始相識蕃，與衍反復而及丁寧之研磨之。其時甚不樂，以爲往古聖賢，答問告教之際，豈嘗如此哉？徒以欲遂所請，跪起揖拜，慚且忿焉。先生雖語之，弗領也。秋復來，先生語之加詳焉，始稍知所致力而信且喜也。明年遂以大喜以大信，嗚呼！心誠求之，雖不中不遠矣，而存也細夫薄習也，亦何幸與於茲焉，而信有笑其愚者，有譏其怪者，有慮其繆自貶損將露棄於常所推從者，有疑其論爲拘迂而不任茲世之務者，嗚呼！此豈人之過耶？勢則然爾。』餘見前。

黃氏宗羲曰：『祝蕃、李存、舒衍、吳謙，志同而行合，人號江東四先生，皆出於陳氏，金谿之道爲之一光。是故學術之在今古，患其未醇，不患其不傳，苟醇矣，雖昏蝕壞爛之久，一人提唱，皦然便如青天白日，所謂此心此理之同也。』

閔仲魯

閔仲魯，名未詳，河北覃懷人，來遊信州，因師事靜明先生，氣質剛孜，踐履篤實。學成往遊金陵，幕帥聘主郡學，諄切講解，四方聞風而至者甚衆。仲魯切指身心，人人省悟興起，雖貴者不問，直指過失，無所假借，人亦屈服而尊信之。因置田宅，僑寓其地焉。

李仲公有與閔仲魯書云：『肅拜，具記仲魯擇善，尊畏友兄，久不奉書，良深馳仰，歲裏得元易數字云：「尊兄有書，例蒙齒及，何以克當？每有秦淮來者，多言尊兄買田築室納婦，生意藹如也，何緣元易書中有，又有不足之嘆，吾曹年事若此，凡百皆前定安之而已，且區區雖有三子，薄少祖業，析而爲三，各私其私，老來應酬，衮衮以過，日甚無謂也，去春僵仆傷手，今已一年，猶酸軟不用，餘無足爲知己道耳。」最是西昂大非，前彌遠、來遠、蕃遠，内人及長媳皆相繼變故。蕃遠又困於烟瘴。久無消息，殊可念不肖有夢之懷之。二詩因録去過目，想同此情爾，記得去年曾奉拙字，尊兄郡庠既無職責，而又有子弟可以應門，具一舟，溯流而來，顧省生死一番，亦一好事，不審雅意然否，未間千萬自愛，不宣。』

曾子翬振宋〔一〕

曾振宋，字子翬，本撫州臨川人，曾文定公鞏之後。其祖還饒州安仁縣，遂爲安仁人。師事静明先生，講求陸子之學，躬行甚力，尤精於《易》。其爲人詳李仲公所爲行狀，今附于後。

子翬，姓曾氏。曾本禹後，夏少康之子曲烈封于鄫，春秋時爲莒所並。太子巫仕于魯，因去邑爲姓。閲其家譜，有上官先生伯閏，集賢待制吴君養浩爲之跋。其先蓋居建昌七世，爲少師南豐先生鞏。鞏生綰，綰生意，皆朝散郎。意生迪。迪嘗遊撫州臨川白玕鎮，鎮中查氏，喜而壻之。宋建炎間，兵寇四起，迪遂徙依查氏。迪生富，富生大昇，大昇生全，全自白玕遷饒之安仁黄渡。全生克俊，二子，長貫道，次振宋，子翬其字也。子翬幼而端慤，好讀書，未冠時，父析其業畀之，以觀其才。子翬應門總務，有條而不紊。未幾，父疾，子翬祈於神，請以身代。疾少愈，越二年卒，子翬哀毁如禮。子翬善植生事，母謝氏甚歡，家日以饒樂，延師教子若姪。里中之秀若舒君元易、吴君光大，皆當致之賓席。時上饒有陳先生立大倡明陸子本心之學，舒與吴皆嚴事，子翬亦慕而往，一見大喜，納弟子禮。自此言行加謹，與人處未當諧謔，而亦和易不遷。門有貿易之肆，嘗携僕取

〔一〕本書目録中爲『宗』字。

貨于市。歸至中途，僕告偶以誤多得貨，即詬而還之。或有貿貨而去者，偶遺其貨於道，子翬聞之，復與之貨而不取直。又嘗有輸租者，租已入囷，其人已去，子翬會其數有羸，呼而還之。嘗學《易》，楷書正經一卷，囊佩之，或休息於道，或待舟於津，必出而誦。夜則孤燈危坐，揭卦畫於前，而觀象玩辭焉。一日，忽告同志者曰：『余於《易》頗有得，應事接物，一本於此。』又曰：『孟子云「萬物皆備於我」，余久疑乎是，今已煥然矣。萬物即我，我即萬物，夫何疑？』其爲里役也，則戒子姪奴僕，毋叫囂以立威，毋刻削以斂怨。延祐間，有司經理田糧，子翬適長于鄉，勤勞晝夜，介然自守。嘗有持金以餉者，子翬曰：『國家重事寧私耶？』既而，自有感其公正而以書來謝者，子翬曰：『奉公而行，何謝之有？』爲卻不受，同役及胥吏輩皆嘆服之。母蒯氏卒，子翬爲不飲酒茹葷三年。他日，忽得痞疾，但不食而泄，初若無所甚苦，候疾者皆應答如平時，但拱手而寢。越數日，與其兄訣，妻子進藥，則曰：『吾疾不可起也，何藥之有？然所以飲之者，不欲咈若輩意耳！』時舒君元易來問之，子翬曰：『吾心澹然，無異平昔時也。』明日，日且昃，命取水來盥已，須臾而逝。時延祐癸亥九月望日也。子翬生於至元丙子閏三月庚申，享年四十有八。娶張氏，子二人，長曰昺，次曰昪。一日，昺來，再拜，請曰：『先人之柩蓋塋於禮湖祖壟之右，將以己巳九月壬申藏於里之白茅。惟執事知我先人，願有述其平生。』將藉以乞銘於祝先生蕃遠者。余曰：『若思有以揚其前人之美，是亦孝之推也，苟辭非所以與人爲善之義，然古今天地之間，有道德於身，有功烈於時人之所紀之者，百世自不能忘也。此不待論，亦有有名位足以顯人，有貨賄足以惠於人，有文字足以黼黻人，身没之後，亦宜得人之述，而若翁則無是有也。使若翁生存往古時，其所爲亦衆人之所爲，而亦何表異之有？然於斯世，又必待有名位、有貨賄、有文學者而後得以不朽，於民俗果何勸焉？且稽之古史，一言一行之善，在所必録，若翁賈而不貪，故其於財也未嘗大裕，役而不私，若可以仕也，而未嘗小試能達理於物我，不爲無見，不動心于垂死，近於有守此數者，士大夫亦或病焉。而若翁能之，而獨言以往，其必不以爲甚過者。』

張學士翥

《元史》本傳

張翥，字仲舉，晉寧人。其父爲吏，從征江南，調饒州安仁縣典史，又爲杭州鈔庫副使。翥少時，負其才儁，豪放不羈，好蹴踘，喜音樂，不以家業屑其意，其父以爲憂。翥一旦翻然改曰：『大人勿憂，今請易業矣。』乃謝客，閉門讀書，晝夜不暫輟，因受業於李存先生。存家安仁，江東大儒也，其學傳於九淵陸氏，翥從之遊，道德性命之說，多所研究。未幾，留杭，又從仇遠先生學。遠於詩最高，翥學之，盡得其音律之奥，於是翥遂以詩文知名一時。已而薄游維揚，居久之，學者及門甚衆。至元末，同郡傅巖起居中書，薦翥隱逸。至正初，召爲國子助教，分教上都生。尋退居淮東，會朝廷修遼、金、宋三史，起爲翰林國史院編修官。史成，歷應奉、修撰，遷太常博士，陞禮儀院判官，又遷翰林，歷直學士、侍講學士，乃以侍讀兼祭酒。翥勤於誘掖後進，絶去崖岸，不徒以師道自尊，用是學者樂親炙之。有以經義請問者，必歷舉衆説，爲之折衷，論辨之際，雜以談笑，無不厭其所得而後已。嘗奉旨詣中書，集議時政，衆論蜂起，翥獨默然。丞相搠思監曰：『張先生平日好論事，今一語不出，何耶？』翥對曰：『諸人之議，皆是也。但事勢有緩急，施行有先後，在丞相所決耳。』搠思監善之。明日，除集賢學士，俄以翰林學士承旨致仕，階榮禄大夫。孛羅帖木兒之入京〔一〕也，命翥草詔，削奪擴廓帖木兒官爵，且發兵討之，翥毅然不從，左右或勸之，翥曰：『吾臂可斷，筆不能操也。』天子知其意，不可奪，乃命他學士爲之。孛羅帖木兒雖知之，亦不以爲怨也。及孛羅帖木兒既誅，詔乃以翥爲河南行省平章政事，仍翰林學士承旨致仕，給全俸終其身。二十八年三月卒，年八十二。翥長於詩，其近體、長短句尤工。

〔一〕宋濂等撰：《元史》卷一百八十六《張翥傳》有『師』字。

文不如詩，而每以文自負。常語人曰：『吾於文已化矣，蓋吾未嘗構思，特任意屬筆而已。』它日，翰林學士沙剌班示以所爲文，請易置數字，苦思者移時，終不能〔一〕就。沙剌班曰：『先生於文，豈猶未化耶，何思之苦也？』翥因相視大笑。蓋翥平日善諧謔，出談吐語，輒令人失笑，一座盡傾，入其室，謁然春風中也。所爲詩文甚多。無丈夫子。及死，國遂亡，以故其遺藁不傳。其傳者，有律詩、樂府，僅二〔二〕卷。翥嘗集兵興以來死節死事之人爲書，曰《忠義録》，識者韙之。

仲舉師事李仲公先生，傳陸子之學，尊信甚至，每有行有爲，千里必告焉。仲舉於書無所不窺，其經學則本於仲公先生。仲公集中嘗有送張仲舉明春秋經歸試太原序，云：『國家以科舉取士，士之選必由於其鄉。』延祐七年春，張仲舉將由錢塘歸，就試太原，不遠千有餘里，以書來徵余言。仲舉明於《春秋》者也，《春秋》聖人是非非非之經也。故曰：『知我者其唯《春秋》乎，罪我者其唯《春秋》乎？』然昔之傳是經者，固或溺於意說，後之號爲通是經者，亦多托諸空言，經之不明，其來尚矣。吾嘗謂使真知《春秋》者，一日而出乎科舉，得爲政於一州一邑，而推是是非非之義以是非其民，則吾見《春秋》之義，明於一州一邑者也。又使得序而進立乎朝廷之上，而推是是非非之義於吾君吾相之前，則吾見《春秋》之義，明於朝廷之上者也。亦豈非夫子作經之意哉？亦豈非吾君吾相求明經者之心哉？亦豈非吾民之望哉？亦豈不大可爲科舉慶哉？苟其志不於此乎在而汲汲焉於窮達利鈍之際，則其於《春秋》是非之義爲何如耶？仲舉諒直君子也，其必審於斯義，而非托諸空言者也。吾意其鄉之好事者，必相與樂推先焉。而有司之明者，亦將無所失也。蓋江東四先

〔一〕宋濂等撰：《元史》卷一百八十六《張翥傳》無『能』字。

〔二〕宋濂等撰：《元史》卷一百八十六《張翥傳》爲『三』字。

生之學，一遵陸子之教，以躬行爲主，故其論《春秋》也如此，其於世俗之人，所以明經以取青紫者，迥乎其不同也。

危學士素

危素，字太樸，金谿人，家於雲林山白馬鄉，陸子之故里也。故其集曰『雲林』。早師事吳文正公，未幾，公卒。聞安仁李仲公先生，傳陸子之學於上饒，陳靜明先生因往卒業，久之，充然有得，超然於仕進之外，未嘗應舉，年四十餘，始用薦起入經筵爲翰林官。是時，虞、歐陽、范、揭諸公，並以年老歸休，或已物故。太樸雄才博學，獨步一時，文章典雅，訓詞深厚，凡有大著作，並出其手，十數年間，遂躋通顯。是時，國政日非，元祚將終，遇事盡言無隱，宰相戒其多言不恤也。比平章以私憾殺右丞，抗疏争之，不得，遂去，隱房山，居四年矣。強起之，任翰林，僅一日，而明兵入燕京，即赴井自沉，寺僧以國史挽止之。明太祖徵至南京，《元史》之修也，實録不亡，實由太樸，所以踐不死之實。又請葬宋穆陵顱骨出亦匪徒出也。歲餘被謫。後人頗用訾議，然議之者亦幸生無事之時耳，不知身當政亂時，能如太樸之盡言否？其遇變也，能自沉否？毋輕議昔人也。《明史》有特傳頗詳。而宋學士濂所爲墓碑銘，尤爲明備，傾倒甚至，學士年輩相近，見聞可信。今全録於左，俾覽者得考焉，其文云：『嗚呼！翰林侍講學士中順大夫知制誥同修國史危公，享年七十，以洪武五年春正月二十三日卒於和州含山縣之寓舍。其年二月十五日權厝於含山，某年月日始還葬金谿白馬鄉高橋之原。其子於深思公之功行世系不昭白於天下，晝夜兢惕，自爲狀二萬言，來謁新墓之銘。濂守官少暇，未克論譔。春正月，蒙恩致政東歸，私念公相知特深，在前朝時，欲引薦入史館，及今待罪禁林，實與公爲同僚，相得甚驩，於是評隲羣行而勒文於碑，其文曰：「公諱素，字太樸，姓危氏。危本姬姓，周武王庶子某生而手中有文曰危，因賜姓危氏，封於新，其後居光州。晉永嘉中，建州刺史京，遷建昌之南城，唐黄巢之亂，全諷與其弟仔倡赤手起兵，擒巢黨柳彦章於象牙潭，擢撫州刺史，累官金紫光禄大夫，檢校太傅，封南庭郡王。南庭之後，復還撫之金谿白馬鄉。譜圖亡，竟逸其名。南庭十五世孫，宋景定三年進士，通直郎知臨安府仁和縣。事元，累贈中奉大夫浙江等處行中書省參知政事護軍，追封汝南郡公。炎震，公之曾大父也，累贈資善大夫、河南等處行中書省左丞上護軍，追封臨川郡公。龍友公之大父也，累贈榮禄大夫、江西等處行中書省平章政事柱國，追封豫國公。永吉，公之父也。曾祖妣王氏、彭氏，祖妣劉氏皆封郡夫人。郡之名如其夫。母鄧氏、黄氏，並封豫國夫人。」公自至正元年用大臣交薦入經筵爲檢討，公年已四十一矣。五年，改承事郎國子助教。七年，除應奉翰林文字同知制誥兼國史院編修官，未上，轉宣文閣授經郎兼經筵譯文官，階文林郎。明年，復入翰林爲應奉。十一年，遷儒林郎太常博士。十三年，轉奉訓大夫國子監丞，擢兵部員外郎。十五年，陞奉議大夫禮部郎中，拜朝散大夫監察御史，遷工部侍郎。明年，轉朝請大夫大司農丞。又明年，陞中奉大夫司農少卿，復入禮部爲尚書。十八年，參議中書省事兼經筵官。次年，進通奉大夫御史臺治書侍御史。二十年，拜通奉大夫中書參知政事同知經筵事，提調四方獻言詳定使司。後四年，階陞資政大夫，俄除翰林學士承旨榮禄大夫知制誥兼修國史。孛羅帖木兒入相，出爲嶺北等處行中書省左丞。明年，棄官居房山。二十八年閏七月，元順帝北奔，淮王帖木兒不花監國承制，復起爲翰林學士承旨，上章控辭。已而，元亡，迨入國朝召至南京。洪武二年，授以今官。三年，兼弘文館學士。是年冬，監察御史王著等劾公亡國之臣不宜用，坐免，詔出居和州，閲再歲而卒。公生四歲，其大父即使公讀書。大父本黄氏子，來繼於危，知公能亢危氏宗，督厲之尤切。年十五，即通五經大旨，據座爲人師，與同郡葛君將，曾君堅，黄君哻，葛君元哲，更相策警，窮日夜不休。復徒走臨川吴文正公澄、清江范文白公梈之門，質而正之。二公爲折行輩與之爲禮，吴公至恨相見之晚。凡所著書，多與公參訂之。虞文靖公集、孫先生轍，名德俱尊，其遇之一如吳公。由是公之名震動江右間。出游金陵，或以其文示南臺中丞張文穆公起巖。張公以狀元爲顯官，少所稱許，獨推服公，曰：「危君爲狀元，庶幾相當，老夫有愧色矣。」張公入朝，遂挾公以行。達官貴人，慕公聲華，争欲出其門下，更相論薦，惟恐失之。公之檢討經筵也，經筵一月，進講者三，講文皆屬公手。公嘗敷繹民惟邦本之言以進，典領臣惡其峭直難之。公曰：「經筵之職，所以格君心，反不以民之疾苦告邪？縱加罪，罪在操觚者，素請當之。」卒以進講。順帝大悦，詔賜經筵官酒，公不飲，復賜馬湩一革囊，金織文幣人一端，皆有副。已而，有詔下中書發錢粟千萬，賑河南永平，民萬口咸曰「活我者經筵官也」。公復移書執政，請修宋、遼、金三史，乘傳行宋兩都，訪摭闕遺。書成，公之力居多。順帝知公學問淵深，特命註《爾雅》，較君臣政要，公悉心力爲之，不數月而成，及進，賜金若干。公辭曰：「臣職也，何勞而受賜？」不敢奉詔，尋，有宫人之賜，公復辭曰：「臣有糟糠之妻，在大江之南，無所用之。」亦不受。其助教成均也，六館生擇所疑羣揖難公，公片言折之，悦而去。分監上京，輟餐錢建監門葺齋舍，勒開國以來分教師之名於石。尚書王某致政居蔚構暖泉書院，請額於朝，他監官以地無先賢故事不從，公聽其立師以訓士子，順帝以公善筆劄，詔書釋氏書，公辭曰：「臣官胄監，以教化民彝爲職，外教之典，不宜書。」無已，遷他官乃可耳，遂止。其授經宮學也，受業生皆貴戚大臣子，横肆不率度。公創條置帳歷，日書其勤情，月會而賞罰之。皆畏服不敢犯，其復應奉翰林也。會修后妃功臣傳，事多亡逸無據，公買餳餅饋宦幸戚里，歷歷叩之，復參覆得實，乃始筆之，卒爲全史。其在太常也，請親祀南郊，築北郊以斥合祭之非，謹謚法，嚴祀典，以袪謬妄。時翰林承旨張公翥爲博士，禮文有闕者同補正之，人稱爲雙璧，共爲國子監丞也。捐束脩鋟小學書及《夏小正》經傳考於梓，以惠學者。其居兵部也，奉詔墾田於雄、霸二州相地受畧，薙除荆棘，闢田幾千萬畝，使民有道，民德之。其陞禮部也，與許文正公衡之孫克學，俱贊皇太子受玉册故事，皇太子謁廟用牲醴百官以朝服賀於東宮，公謂克學曰「儻有違禮，人惟責吾二人，盍正之」，遂徹牲醴而以便服賀。其擢御史也，知無不言。御史觀音保等四人以諫死，英宗朝，公請録其後官之。四川行省平章政事囊加反，天暦初，舉兵欲翊戴明宗，燕帖木兒、伯顔等構殺之，公力爲雪其寃。容城民魏敬益買田千畝，後見鬻田二十家，不能自生，以田券還之，公請旌其門以敦廉讓。其在工部也，順帝欲以掌古書譯釋氏三藏經，下部刊行，公以無益諫罷之。執政居第，與燒飯橋近，有司希其意，欲鑿石易橋，公諍止之。降香祀嶽瀆故用金十兩爲香函，吏利金以銅半雜之，或造銅函易金，公廉其狀，皆執論誅之。淮南兵亂，公奉旨廉問其故，會維揚、京口歲饑，民欲相食，公便宜諭守臣發楮幣數萬錠賑之，所全活者甚衆，上淮西宣慰司佘闕捍賊功狀，請陞其官秩，復請立宋徐節孝先生書院於淮安。其官大司農也，分治京南保定之境，幾無牘土，時海輸不至，軍國多仰焉。新城民聽後妻讒殺其子，公憤之，職既不可治，乃爲文祭其子，民悔愧，後妻逃去，人搖手相誡，不用婦言。其長禮部也，時亂將亟，公憂之，每陳得失無隱，丞相賀惟一曰「君向寡言，今又何多也?」公曰「時危恩重情豈能默默，吾不敢畏丞相，但畏後世史官」。其參議中書也，論天下事以擇將帥、舉賢才爲本。請專任甘肅行省平章定柱總西方兵，勿遣其迎帝帥悞軍事。用樞密副使普顔不花爲中書參政經畧江南，以也先帖木兒、黄常爲禮部尚書，頒暦安南，立兵農宣撫使司以安畿内，任賢守令以撫流竄之民。順帝欲以公兼兵農宣撫司使，公以疎遠辭，且諫曰「今日之事，宜卧薪嘗膽以圖中興可也」。公言雖愈加切，時不能盡用。舊制銓曹有行止科吏主之，日具内外官十名上中書，中書籍以遷擢，其後吏怠不爲意，仕者淹滯，有待選十餘年者。公責吏日具五名，五日一上。中書吏樂易集，各思奉職，而久滯者獲伸。高原富民劉強通其子婦，婦訴官，達刑部，吏受賕欲變其獄以俟赦，公以事關倫理，趣如法論之。其轉侍御史也，亂兵殺易州達魯花赤，公請假守令以制兵之權。會中書左丞成遵而下，以贜得罪，獨賀丞相、翰樂平章與公不與。皇太子書「澄清忠義，清白傳家」八字以褒賜之。

其參知政事也，刑部尚書朶列圖兼興和路總管，與守將有隙，守將誣其欲私發官困粮，廷議杖踰百，免其官，公驗無發封狀，釋不問。都事倪晦與劉哈剌不花同官，丞相太不花莫府數與公事忿争，劉怒欲中晦，陰結〔一〕監察御史劉君楚俾擠之。會晦至燕都，囊故人所寄買馬白金，君楚攟其囊得金，下晦獄，令自伏爲贓狀上中書，公疑，亟爲白出之。馬德守德州俘所獲南軍千户楊甲至都，將斬之，公召問狀，乃淮安世襲千户，戰敗陷濟南，羣盜中陳柔俾請德軍饋物德械送之，非賊也，公白宰相釋之。楊感泣曰：「參政生我枯骨，中惠大無以爲報，然參政長者爲公法釋我，我不敢私謝，期以忠義報可也。」卒與逆臣孛羅帖木兒戰死之。太醫院經歷徐某藏盜贓，盜敗，徐就鞫案已具，要官庇徐屬從未減，使三返，公竟不許。嶺北行省參政董復初素有廉名，同省臣飛書言其在稱海宣慰司時取官中米千石。公疑其事，遣使覈覆之。果得誣孛羅帖木兒、廓擴帖木兒俱以平章總兵河南，漸生釁端。公謂御史大夫普化曰：「養虎者欲其不相搏噬，則别其牢。今欲二人無鬥，莫若如其職而分地處之。用孛羅帖木兒爲丞相治四川，以廓擴帖木兒爲丞相治河南，各責其成功可也，大夫曷不爲上言之？」普化如公言，順帝及皇太子咸以爲然。會丞相搠思監喪妻不出，事中寢。初江南經畧普顔不花李國風請封徽國朱文公爲齊國公，以龜山楊公、豫章羅公、延平李公、西山真公、九峯蔡公從祀於孔子廟廷。公爲御史時，亦請封謚劉賁，事上中書，皆寢不報，至是公皆舉行，復爲文以少牢躬祭賁墓。禮部員外郎姜碩使僞漢陳友諒不屈而死，公爲奏官其子。京畿歉，國用不足，公奉旨以錢幣誥勅，募民入粟。公以義諭民，聞者感動，荷負來輸者填道，至有不願給直者。上都宫殿火，順帝勅重建大安、睿思二閣，公上書諫曰：「苟以二閣爲祖宗所建，四海九州獨非祖宗故物乎？」會皇太子、大臣亦以爲言，遂罷其役。其承旨翰林也，翰林修史，有司日奉餐錢

〔一〕重刻版爲『給』字。

方爲之，否則斂手而坐。公謂同列曰：「吾等以史爲職，且禄已厚矣，奚俟餐錢而後爲耶？」因次第修之。其左右丞居嶺北也，和寧爲太祖肇基之地，而無圖志可考，公請於朝作《和寧志》。先是夏侯尚玄，嘗伏闕上疏言剡，王某之冤，公高其義，補其子爲宣使。時埜速達兒爲胤平章，挾私憾殺右丞荅里麻巴，公曰：「是尚可以仕邪？不去，禍且及。」即上章辨荅里麻巴無罪。辭官去，居房山，卧不起。將相重臣皆以書請，不聽。丞相史列門來問計，公曰：「撫軍院誤國至斯，不可救矣。」亟請河南王廓擴帖木兒總兵以衛畿甸而固守之。當時，事勢已不可爲，及再任翰林，僅一日，而大兵入燕，公曰：「國家遇我至矣。國亡，吾敢不死。」趨所居報恩寺，脱帽井傍，兩手據井口俯身將就沉，寺僧大梓與番陽徐彦禮大呼曰：「公毋死，公毋死，公不食禄四年矣，非居位，比且國史非公莫知，公死，是死國之史也。」力挽之起。已而，兵入府藏，垂及史庫，公言於鎮撫吴勉輩而出之，由是累朝實録無遺缺者，公之力也。其入國朝也，皇上嘗訪以元興亡之故，甚見禮重。俾之侍講禁林宋穆陵顱骨，爲楊輦真珈所發。後入宣政院，西番僧相傳授爲祭器。公言於上，索取瘞之聚寶山。時公春秋已高，雅志亦不復仕矣。公厚重深中有容，寡言笑，聞人詆毁如不知，與人交有禮，雖貴顯恒若貧賤時。平生好薦賢，先後所引若翰林學士劉君獻、待制黄君哻等七十餘人，至通顯者甚衆，累持文衡，考試多士，人服其公，樂施好善，若有督之者。凡事有關於名教可以勵風俗者，必爲之乃已。居官清慎節儉，遇凶歲輒疏食不御酒食。倉吏進禄米羸七斗，時斗可易白金五兩，公命歸之官。奉勅書嶽政院使禿滿達兒神道碑，其從子以白金五十兩爲壽，公却之曰：「國體當爾居中書，凡請文來謝者皆不受。」故人妻子不能衣食者，厚賙而生之於嘗請仕，公曰：「賢才未進，吾敢私爾乎？」能以德報怨，參政燕人杜翱，以公南士，欲構公罪。翱死金陵，公爲文祭之。公博學善文辭，至正中獨以文鳴天下，凡朝廷制作，皆自公出。四方欲顯白先德者，皆造公門。尤精於《書》，得片楮隻字者，寶秘之以爲榮，有《文集》五十篇，《奏議》二卷，《宋史稿》五十卷，《元史稿》若干篇，藏於家。公娶舒氏，先三十年卒，再娶趙氏，先十一日卒，俱封楚國夫人。子男子二人，於中至正二十年進士第，累官承直郎大都路同知蘇州事，今爲安慶府儒學教授。斿登仕郎大都路儒學提舉，亦前年卒。女六人，一適同邑曾侁堅之子也。餘皆夭。孫二人，長太夭，次德童。公未仕時，館授貴谿張氏，張思伐杏樹以闢家塾有鬼，夜叩寢門，告公曰：「吾杏之精也。主人將伐，願參政生之。」公即造張力解而止，鬼致白金壹爲謝，公辭。及公爲參政嘗以滿溢爲懼，後陞左丞，遂怏怏不樂云。嗚呼！天之於人不能以俱全也久矣，或授之才而不假以位，或畀以位而不畀以時，此奇才偉德之士，常困而不施而生民所以鮮蒙其休澤也。惟公以淵深之學，精純之文，嘗都顯要之地位，海内仰之，如祥雲景星，亦可謂有得於天矣，而逢時亂亡，不獲大展以死，豈不可哀乎？雖然觀其所自著者，固足以不朽矣。』

李仲公復危太樸書云：『夏中承二月二十七日書，秋末又承惠書，喜審用力實地，且得賢主人，道同志合，相觀而善，此其時矣，傳文甚感介念。劉仲儼未曾至此。區區材小志卑，氣弱習薄，年已無聞，自視其中，無足齒於人者。比蒙不鄙，遠賜書臨已難終嘿，薦厘惠帖，猶見高明君子之道。考諸三王而不謬，建諸天地而不悖，質諸鬼神而無疑，百世以俟聖人而不惑，古人如此的當立言，豈可不以此自察。吾志吾習，果爲不謬不悖，無疑不惑否？非精神不能辨，非強力不能行，何時簪盍，以究欲言。《孝女傳》在來春納去，但化金一節，更宜考及。葛祐爲何處人？二女之名謂何？得賜詳示尤佳。君静、仲儼未識面，不奉書，會間煩致下意。餘惟以古道自任，日進高明，不宣。』仲公又答危太樸書云：『王伯衡歸，得所惠書敬審，榮受天恩，分教成均，不勝贊嘉。隆古以來，成人有德，莫此爲重。我在者可不盡心與之爲嬰兒，徒借徑出身，固非士君子之所爲，施之夏楚，動用聲色，以取乖戾，亦恐非，但當竭盡此誠，勤勤懇懇，告之以忠孝，使自敬其身，毋自暴自棄，縱彼不信不聽，而吾之此誠不改不移，人心皆靈，夫豈無萬一感悟其間，徒汲汲于口耳之末，何益於朝廷哉？勸勉得幾個人才，亦不虚受一命。區區是深山窮谷無用日就衰槁之人，而每於當世，亦或有不能忘情者，故謾進此説，不審左右以爲然否？尊兄今既登仕版，又難同布衣之時，一日肩頭上重一日，又要和光同塵，又要不失己，不負平日所學，豈不是難，千萬凡百樸實，莫改草菜實酸，粗衣糲飯，莫妄攀附，莫強追陪，徒自取煩惱，增逋負，縱得一美除，養廉俸禄亦有限，其間致曲有多少憂危處，非做家私還債之具也，此是古今儒者斷斷不易之義。尊兄高明，何待愚言，然離既久，不敢不告也。又聞續絃已定，想只求清白韋布之家，庶婦人女子不驕奢相安，千萬毫髪不可越分，恃愛已非一日，敬敢如此直言，想不責怒，謬文數首録去求教，後便幸批示可否？未間千萬自愛，不宣。』

又與危太樸書云：『比作一書申賀，托王用亨尋便附上。不知曾微省覽否？絃歌乃在辟雍，環而觀聽者，皆當世之英，四海之秀，有開發之機，有相觀之善，有起予之樂，不負所學，此其兆矣。但信於古道者，必不合於時宜，近於時宜者，必或遠於古道，酌而中之，不其難乎？前者之言，出於分外，不審能如雅意否也。任他千鬼百怪，我這裏只是一箇至誠，知之爲知之，不知爲不知，能爲能，不能爲不能，莫相陵駕，莫相欺詐，亦自心逸日休。古今天下，唯至誠感人深，咸卦六爻，皆無大吉，以此見感人之難，纔有一毫私意，便不足以感人矣。唯有一个至誠，上事天子，下接臧獲，臨患死生之際，皆當如此也。胄學樂教，是三代之盛事，然頗聞亦甚難處，既居其位，不可不精思熟慮，庶幾求所以少稱其職者，此士君子之用心，難與它人言也。區區老退，交遊中用世日顯進，不免掛懷，不覺如此覼縷耳。幸恕其僭，平生數篇謬文，近方收拾，其可以不甚鄙倍者，留示子孫輩，況吾太樸所見，或有少稱盛意，稍合輿論者，幸示其目，庶憑以去取，仲舉相會之際，幸致此意。又況仲舉在吾邑時，多有倡和，今皆無稿，或有所收者，並幸抄示。晤對末涯，千萬以道自重，不宣。』

涂文學幾

涂幾，字守納，江西宜黄人。涂爲宜黄世家，幾遠祖大經，兄弟五人，並登進士，科甲相繩甚盛。從兄溍生有學行，遂於《易》。元至順間，江西行省解額止二十三人，溍生三中鄉舉不第，授贛州濂谿書院山長，著《四書斷義》、《易義矜式》，並行於世。幾早歲負才名，志尚高古，不與時俯仰，博學善屬文，援據經史，下筆數千言，不涉浮詞，作詞賦得楚騷遺音，從李仲公先生聞陸子易簡之學。晚避兵臨川之竹山。洪武初，嘗擬進《時事策》十九篇。其上皇帝書，畧曰：『臣平生苦學，見於文章，製作盈几。時輩妄謂當與漢唐文人畧相先後，使居館閣，當作爲聖朝一代大典，紀述聖君賢臣之事業，鏗鍧炳燿，間錯金石，足以載當世而垂無窮。』會有疾，不果上而卒。所著有《東游集》、《涂子類稿》。幾生平抱負宏濶，不可一世。讀經史貫穿縱横，上下千古。比師事仲公先生，乃一反之於約，以爲文必原於道德，而從前之以文詞爲文之陋。其序《俟菴先生文集》云：『鄱陽先生李仲公，蚤歲聞道，其學得聖人傳心之精微，與祝蕃遠、舒元易、吴尊光三君子遊，並生其時，志同而行合，人號江東四先生云。先生之道，吾不得而知也，渾渾乎千古之在吾前也，浩浩乎萬古之存吾後也，而先生以一心貫之。吴文正所謂陸子之學，如青天白日，皦然不可昧者，至先生而益光乎。予嘗謁先生，先生年幾七十，耳目聰明，神氣以完，真有道者也。見予方繳纏訓詁，爲解乾坤易簡，予因是有省。先生之道，其大者既如此。其於文辭，鑿鑿乎菽粟布帛之可服啖乎生人，溫醇若經，輩視韓歐，無意於工，而不能不工爾。時之作者，言談性命而不知文字之體，或循蹈規矩而忽忘義理之實，兼是二者，千百無一二焉。獨先生之文，精深而切近，高古而渾全，天球古圭，不足象其濕且楄也。奔泉流水，不足爲其峻且清也。譬諸造化，生物之蘊蓄，有未易識其端倪者歟。先生嘗誨人曰：「六經三代之文，漢唐可以無作，漢唐之文，後世可以無言。」嗚呼！知言哉！先生殁，嗣子卓網羅放失，得先生之文凡若干篇，爲若干卷，將畀諸梓，以幸後世。俾予爲文序其槩。先生予師也，卓子畏友也，予何敢以固陋辭拒。抑學者非少知先生之道，則亦不能讀先生之文也。先生之文，道溢而文從之也。洪武癸丑諸生宜黄凃幾謹序。』蓋其心悅誠服如此。同時，宜黄有鄒矩字元方者，亦博學工文，與幾齊名，人稱鄒凃。洪武中，以通經儒士薦，任南城縣訓導，因守約聞仲公先生之教，斂華就實，教士有法，南城諸生敬愛之，刻其文集藏板於學宮。

張孟循率

張率，字孟循，饒州安仁人，少負奇才，以詩文名一時，議論風發泉涌，著述甚富，既師事李仲公先生，求身心之學。仲公切箴之，始斂華就實。仲公先生集中有與孟循三書。其第二書云：『允叔之歸之日，僕適有下坪之行，是以不及奉柬。朋友講學，且宜痛改舊習爲第一義，求欲速成，非善學者也。胸襟苟未正當，而遽有見解，真所謂假寇兵而資盜糧者也，高見以爲何如？子中想已安，區區省得一行，苟未安，必當有續帖也。繩還常住，但不免有斷續之塹爾。外附書一封還李如心，聞其相知日多，可喜可喜！方丈臟腑想全妥帖矣。匆匆。』其第三書曰：『顧此衰老時熱，不能少盡匍匐之義，日昨嘗奉一書申首附渡所，曾徹覽否？續聞先柩欲以七月權厝，愚以爲此舉未安，士逾月而葬，喪禮稱家有無，避貧賤，求富貴，此後世術家之説耳！只當擇家山一平妥之所，或祖壠之旁，莫要一番作兩番事，在後事皆難測度，起意難也。且如先丈之葬，賢者費了多少心機氣力，未知所作曾合曾楊，恐少債負，亦尚未零利，托在久要，不避僭越，千萬入思，及時畢事爲是，不宣。』

王監税埏

王景達，師事李仲公，甚力于學，甫仕遽卒，戚友哀之，仲公爲作王景達墓誌。其先蜀潼川培城人。從曾大父諱庚應，宋嘉熙中由侍右郎官出都大提點坑冶司饒州户，時蜀在邊，人危於兵，同留家饒安仁云。曾大父諱辰應，朝奉大夫知施州。大父諱榮，朝散郎通判武岡軍事，國朝進武畧將軍同知武岡路總管府事。父庶。子恭埏，幼而端愿，寡言笑，喜怒不外見。稍長，善讀書，鏘然如出金石。既冠昏，益治家事。元統間任受道州路永明税務天〔一〕使。至元五年三月乙丑以疾卒。凡昏交鄉里，至於僕妾，無不咨嗟涕淚之。生大德辛丑，得年三十有九。娶吴氏。子男三人，長某國學陪堂生。次鎖郎，次德槐。女三，長適許，適同吴某、俞某。次以是月乙酉祔武岡府君墓。下里曰高嶺。埏嘗受學於存，其疾也，存累累視之。卒之夜，存勉之勿芥蔕，埏欣然聽納，勅妻子各事事，毋我戚。遂逝，今葬也。其孤願以志其掩諸幽者以慰之，存曰：『埏爲人也，謂宜壽耶？曾不以半百，謂天耶？亦既四十而有子矣。命於天者，其庸可違乎？壽其何必喜？而夭其何必悲乎？彼高者嶺千古之一歸乎？』仲公先生弟子甚盛，其見於《俟菴集》者，有上饒徐震字伯軥、上官岊字叔升，晚居臨川，從遊者多英才。若劉禮字孟中、李綱字伯尚，皆知名於時，而官階莫考，今附於後。又有閔氏弟子劉學録則誠者，未詳其名，亦附見焉。

仲公有贈徐伯軥序云：『夫衆人之行役也，非或由於干禄，則多出於逐利，則亦何貴乎人言之贈，必也知其所不足，思其有可益，而後求其人而爲之言，此古今之所同。上饒徐震伯軥，拳拳然欲顯其親之有善，去年秋得詩於學士虞公，既又得法書於楊撫州。今則又將浮彭蠡而過秦淮，或由大河之南經泰山之下，望孔林而走京師。以其嘗從余游也，而復欲余言以自厲。夫古今天下之爲人子者，孰不欲顯其親之有善，義莫先於修己，然亦有因循而不果，馳騖而不暇，則亦終於没没焉而已矣。今子凝重而不浮，詳默而有幹。是行也，其所承事非當世

〔一〕疑爲『大』字。

之顯者，則四方之聞，人瞻其儀，聽其論辨，稔其德行，洽其政事，其有以益乎我而成乎我者？度不可以槩也，夫如是，則亦焉往而非顯親之善之義也乎？』

又嘗有贈上官叔升遊京序云：『上官岊來曰：「岊將有京師之役，不得朝夕見，願賜一言以自警者。」余曰：「吾年運既往，而業不加修，而何以語子？雖然吾嘗聞之師矣，君子之於自厲也，莫大於先静其心，心静則視聽言動皆得其正矣。」曰：「然則心無體，吾不得而執也，心無矣，吾不得而聞也，果惡乎而静？」曰：「寡欲而已耳。紛紛然接於我之目者，皆可欲也。造造然入於吾之耳者，又皆可欲也，亦惡乎而寡。」曰：「至聽無聽，至視無視，非爲之全神守氣。由是而國有忠臣，由是而家有孝子。百祥具集，諸福畢至，内馳外滯，徒以汩吾智而終吾世，是謂天德之棄。」岊再拜曰：「謹受教矣。」遂書以爲别。』

又嘗爲中説贈鎦〔一〕孟中云：『菽粟布帛在天下，饑者無不資其飽，寒者無不需其温。百爾喙，羣爾舌，極當世才辨，豈有易於聖哲之言哉！況夫盈天地間，形色聲氣，觸目接耳者，皆中也，汝獨弗思乎？斂而静，變而紛紜，發而千萬里，潛而陰陽古今。顧此一孟中，其倏霍不資若是，果孰使之然與，今適呼汝曰：「孟中，女拱而前曰唯唯。」呼以他則不訾，或踶之翼之異類之，則必怫焉怒曰「我人也，奚彼之賤？」然則是以形軀爲孟中也。超乎形軀者，蓋真孟中，覿面無覩也，入耳無聞也，孟中非達而外，在己耳。執己以己求斯愈失，中乎！中乎！他日常徵吾言乎？生起謝曰：「敢不敬承。」遂書以爲《中説》。』

又嘗爲劉孟中《字説》云：『臨川劉禮字孟中，來求其説。余曰：「子無徒求中之説，當求識夫中之實焉可也。然則若何而識之？一曰有信心，二曰立定志，三曰擇正師。今夫衆人之欲資己者，孰不謂爵禄京師之所自出也，

〔一〕應爲『劉』字。

必宜乎京師焉求之，是信。」聚糧而索飧，忘舟卓水陸之勞，易寒暑而不輟，犯霜露而不懼，忍羈旅而不憂，是志也。求先事於己者，請其干取之方，辨其得失之機，是則師也。是故由其心之信，而後志之立，由其志之立，而後師之擇，是三者缺一焉不可也。是則求夫中者之實者也，非徒取其稱美焉而已也，非徒資夫滕口佔畢也。《記》曰：「心誠求之，雖不中不遠矣。」」

又嘗爲李伯尚《字說》云：『臨川李絅字伯尚，來從余游。他日，請說其所以名字者，余曰：《衛風碩人》之詩曰：「衣錦絅衣。」《中庸》曰：「衣錦尚絅。」惡其文之著也。夫君子之於學，先本而後末，先内而後外，有其本而末自理，有其内而外自彰。是豈有毫髮求知於人之心，是謂實學，是謂行成，人與之俱若無能者，故貴乎尚絅以自保自任也。今吾子孝友先於家，恭敬達於鄉里，趣向乎於師友，所謂錦也。果能然？勿自多，勿謂己君子而人小人，人毁我，益自檢，人譽我，若可愧，聰明若愚，良賈若虚，是則絅也。夫内外本末備以成其身者，是則衣錦尚絅之義也。』

按：先本後末，先内後外，正陸子教人之法也。

劉學録，字則誠，名未詳，餘干人，任高郵州學録，閔仲魯之弟子也。其之官高郵時，李仲公爲文以送之，云：『余與覃懷閔君仲魯，皆學於上饒陳先生之門。先生殁，去家維揚，踰二十年不相見。其神清以夷，其質方以正，其談經率詳明敷暢，使人深聽而鄙吝消。予雖思之，而駸駸乎老憊，不能具舟命駕，多見其不如古之知己者。他日，餘干劉則誠來吾山中，預言家有别墅，與維揚閔先生遊者再歲。仲魯素風儀整然，而則誠進退之禮，殊有師法。嘗見薦於淮東憲使，得録高郵儒學，之官且有日，州里婚交賦詩次餞，而予序其端，因序之曰：「吾子方以弱冠之年，而得官於庠序之間，上有博士以主其教，下有實敘以似其勞，酬應之所鮮及，會稽之所不聞，當夙興夜寐，資諸人之善，而求諸己，名之興業，胥進而胥長，其將有不可界限者也。大江之舟，先維揚而後高郵，必當拜師門而行，試以吾言質之何如也？至正丙戌九月日作。』

趙寶峰偕

《寧波府志》本傳

趙偕，字子永，慈谿人。幼老成不凡，常讀楊文元公所著書，恭默自省，有見于萬象森羅，渾爲一體。乃悉棄舊業，尊崇之不懈，雖處山林，恒有憂世之色。縣令陳文昭，親至門受學，始敢涖政，平居躬行孝友，日舉聖賢之言以裁狂簡。學者稱寶峰先生。

楊徵君芮

《寧波府志》本傳

楊芮，字大章，文元公之五世孫，紹其家學，日與友人講明心性之奧，造詣深遠，衣食僅自給，少有餘則分賑其貧者。元參政危素，御史余嘉賓，交薦不起。明洪武初，又徵之，以疾辭，不果行。

桂教授同德

《寧波府志》本傳

桂同德，別號容齋，桂待制萬榮之四世孫，于經史無不通，尤遵慈湖之教，其誨人以德行爲本。爲本府教授，常集諸生于講下訓之曰：『窮經究史，固學者事，而入孝出弟，尤所先務，苟規于章句而不真履實踐，此爲人之學，非聖學也。』所著有《容齋集》。

桂長史彥良

《明史》本傳

桂彥良，名德偁，以字行，慈谿人。元鄉貢進士，爲包山書院山長，改〔一〕平江路學教授，罷歸。張士誠、方國珍交辟，不就。洪武六年徵詣公車，以白衣賜宴〔二〕，授太子正字。帝嘗出御製詩文，彥良就帝前誦，〔三〕聲徹殿外。左右驚愕，帝嘉其朴誠〔四〕。時選國子生蔣尊等爲給事中，舉人張唯等爲編修，肄業文華堂。命彥良及宋濂、孔克表爲之師。嘗從容有所咨問，彥良對必以正。帝每稱善，至〔五〕書其語揭便殿。七年長〔六〕至，詞臣撰南郊祝文用『予』、『我』字。帝以爲不敬。彥良曰：『成湯祭上帝曰「予小子履」，武王祀文王之詩曰「我將我享」，古有此言。』帝色霽曰：『正字言是也。』時御史臺具獄，令詞臣覆讞。彥良所論釋者數十人。遷晉王府右傅。帝親爲文賜之。彥良入謝。帝曰：『江南大儒，惟卿一人。』對曰：『臣不如宋濂、劉基。』帝曰：『濂，文人耳。基峻隘，不如卿也。』彥良至晉，製《格心圖》獻王。後更王府官制，改左長史。朝京師，上太平十二策。帝曰：『彥良所陳，通達事體，有裨治道。世謂儒者泥古不通今，若彥良可謂通儒矣。』十八年，請告歸。卒，福王時追謚敬裕。

宋濳谿題桂公御製勅符後云：『皇上以上智之資，延攬英傑，置之庶位，知人善任，誠近世所未有。洪武十一年，

〔一〕張廷玉等撰：《明史》卷一百三十七《桂彥良傳》無『包山書院山長，改』句。

〔二〕張廷玉等撰：《明史》卷一百三十七《桂彥良傳》無『以白衣賜宴』句。

〔三〕張廷玉等撰：《明史》卷一百三十七《桂彥良傳》爲『彥良就御座前朗誦』句。

〔四〕張廷玉等撰：《明史》卷一百三十七《桂彥良傳》爲『直』字。

〔五〕張廷玉等撰：《明史》卷一百三十七《桂彥良傳》無『至』字。

〔六〕張廷玉等撰：《明史》卷一百三十七《桂彥良傳》爲『冬』字。

詔以太子正字，臣桂彥良爲晉王右傅，且親御翰墨，爲文勅之。識以謹身殿寶，其子中書舍人愼裝演成卷，請臣題其後。臣惟古明王之待重臣，寵之以爵，告之以言者，有之矣。然其時之文，多述於代言之人，求其出於親製者，不可得也。親製者，如漢武帝之於吾邱壽王莊助者有之。求其褒許隆至教告深切如此者，不可得也。臣與彥良同朝，且同官東宮甚久，彥良之爲人，淳篤和易，有長者風，當今廷臣，鮮見其比，上嘗以儗臣濂，雖臣亦自以爲不及也。今勅文以善學孔孟稱之，而望以王佐之業，傳所謂知臣莫若君，其此之謂歟？雖然，今之職爲相傳者，凡數十人，上未嘗以言爲賜。賜以言，未嘗以稱彥良者許之也。彥良獨蒙聖知若是之至，安可不思報乎？具簿書，綜獄訟，他人能之者，上不以責彥良，亦非彥良之所以報上也。必也輔王以德義，迪王以忠孝使晉國有泰山之安，賢王有明哲之譽，而彥良之名，亦相與流於千萬載。此豈非上之望於彥良者歟，彥良其可不勉歟。』

方正學作《雙桂軒銘》云：『《傳》曰「仁者必有後」。豈不然歟某游京師，識太子正字四明桂公，和易誠篤，表裏如一，與人交豁然無隱，類漢萬石君襲勝之流。舉朝之人服公德無異辭，信所謂仁者也。既而復謁公於清谿私第，見公之二子。曰愼宗敬，曰全宗生者。又皆英敏卓越讀書綴文，有名縉紳間，人或稱之曰，桂公有二良子。私心固已奇之，以爲必非偶然者。某東歸天台，宗敬以書來白，四明所居軒，有雙桂連理之祥，因以雙桂名軒。余發書歎曰：「是天之所以符二子耶！」仁者之報，其殆於斯，不可以無識也。爲作銘，銘曰：「天人之間，古謂難言。是豈其然，影著於形。響必有聲，感孰不應。胡執不通，呰其夢夢。盍觀桂公，桂公孔仁。言敷行敦，二子甚文。文則既有，質則加厚。稱者同口，人譽已彰。天兆厥昌，惟桂發祥。一本而岐，岐而合之。天意可知，豈無他樹。獨發於桂，桂姓攸契。雙桂鬱敷，二子之符。耿哉不誣，天亦可親。日示於人，肆其屈伸。惟公植德，二子將食。益衍無匿，爾衍爾昭。爾公爾侯，復膺天休。兹谿之陰，雙桂森森。望於東南，扶桑可薪。析木可焚，是桂永存。」』

《寧波府志》稱：『桂彥良爲桂待制萬榮五世孫，學以尊德性爲本。洪武初以聘起，仕至晉王府長史，上有江南大儒，惟卿一人之稱。常作存養省察圖以進，明初，最能昌慈湖之學者長史與春風先生烏本良云』。按桂氏世傳慈湖之學，至彥良大顯於明初，太祖尊重之，在宋濂、劉基之上，以爲江南大儒，惟卿一人，則聖明所見學術之統，宜有所歸矣。而横雲山人《明史列傳稿》不及其師傳家學，豈未見《寧波志》書耶！蓋自元初許平仲諸公尊崇朱子，以其所著書取士，朱學而外，不復省覽，亦不敢齒及，其實舉業之士，不惟不知陸子之學，亦不知朱子之學爲何如？道聽塗說，習以成風，非一朝一夕之故矣。今明史館尚未成書，爲長史傳者何人，其能發明長史所學之淵源乎？予日望之。

春風先生烏本良弟斯道

烏本良，字性善，浙江慈谿人。幼同弟斯道講論經史，作詩習字，爲先達所推獎。父没，儲無甔石，日營以奉母。時斯道方弱冠，季弟二，女弟三，皆在齠齔，仰給焉，遂授徒錢塘以自資。時大家有願以女妻之者，本良曰：『此來爲母與弟衣食計耳，所願未遂，何暇及婚事。』後撫二弟稍長，畢嫁女弟，始婚。一日，得慈湖楊文元公遺書及《春秋易解》，自謂如坐春風中，遂以春風名齋，力學不倦，淳祐四先生之風復興起焉。斯道尤才高，一時登第，授江西吉安永新縣令。一守其兄之教，題署中堂額仍曰『春風』。政化大行，永新士民愛戴如父母，崇祀名宦祠，至今官署中春風堂之額不改。斯道既歸，築室著書，題其室曰『春草堂』。學者稱本良爲春風先生，稱斯道爲春草先生。《春風》、《春草》二集，至今流播云。

鄭待制玉

《元史》本傳

鄭玉，字子美，徽州歙縣人。幼敏悟嗜學，既長，覃思六經，尤邃於《春秋》，絶意仕進，而勤於教學者。門人受業者衆，所居至不能容。學者相與即其地構師山書院以處焉。玉爲文章，不事雕刻煆煉，流傳京師，揭徯斯、歐陽元〔一〕咸皆〔二〕稱賞。至正十四年，朝廷除玉翰林待制、奉議大夫，遣使者賜以御酒名幣，浮海徵之。玉辭疾不起，而爲表以進曰：『名爵者，祖宗之所以遺陛下，使與天下賢者共之者，陛下不得私予人。待制之職，臣非其才，不敢受。酒與幣，天下所以奉陛下，陛下得以私與人，酒與幣，臣不敢辭也。』玉既不仕，則家居，日以著書爲事，所著有《周易纂註》。十七年，大明兵入徽州，守將將要致之，玉曰：『吾豈事二姓者耶！』因被拘囚之。〔三〕親戚朋友携具餉之，則從容爲之盡歡，具告以必死狀。其妻聞之，使語之曰：『君苟死，吾其相從地下矣。』玉使謂之曰：『若果從吾死，吾其無憾矣。』明日，具衣冠，北向再拜，自縊而死。

鄭待制生於新安，奮然有志於聖賢之學，而是時新安學者若陳定宇、胡雲峰之流，率以章句訓詁爲事，争爲講章，敷衍陳言，疊牀架屋，自以爲能承朱子之學，而苟有意於躬行心得者，則羣詆之以爲陸學。待制獨心非之，以爲朱子之學不如是，而陸學未爲非也。嘗爲送葛子熙之武昌學録序云：『予家新安，朱子之鄉也。子家臨川，陸子之鄉也。請各誦其所聞可乎？方二先生相望而起也，以倡明道學爲己任。陸氏之稱朱氏曰江東之學，朱氏之稱陸氏曰江西之學。兩家學者，各尊所聞，各行所知，今二百餘年，卒未能有同之者。以予觀之，陸子之質

〔一〕宋濂等撰：《元史》卷一百九十六《鄭玉傳》爲『玄』字。
〔二〕宋濂等撰：《元史》卷一百九十六《鄭玉傳》爲『加』字。
〔三〕宋濂等撰：《元史》卷一百九十六《鄭玉傳》爲『因被拘囚，久之』句。

高明，故好簡易。朱子之質篤實，故好邃密，蓋各因其質之所近而爲學，故所入之途有不同耳。及其至也，三綱五常，仁義道德，豈有不同者哉！况同是堯、舜，同非桀、紂；同尊周、孔，同排釋、老；同以天理爲公，同以人欲爲私，大本達道，無有不同者耳。後之學者不求其所以同，惟求其所以異。江東之指江西，則曰此怪誕之行也；江西之指江東，則曰此支離之説也，而其異益甚矣。此豈善學聖賢者哉！朱子之説，教人爲學之常也；陸子之説，高才獨得之妙也，二家之學亦各不能無弊焉。陸氏之學，其流弊也如釋氏之談空説妙，至於鹵莽滅裂而不能盡夫致知之功；朱氏之學，其流弊也如俗儒之尋行數墨，至於頽惰委靡而無以收其力行之效，然豈二先生立言垂教之罪哉，蓋後之學者流弊云爾。嗚呼！孟子殁千四百年而後周子生焉，周子之學，親傳之於二程夫子無不同也。及二先生殁，而後道學之傳，始有不同者焉。周程之同，以太極圖也。朱陸之異，亦以太極圖也。一圖異同之間，二先生之學從可知矣。子之教於武昌也，其爲朱氏之説乎？抑爲陸子之説乎？幸誦其所聞以教我。待制持論如此，可謂豪傑之士矣，宜其卓然有立仗節死義，不負所學也。』

《陸子學譜》卷之二十

南昌萬承蒼訂
後學臨川李紱編
陸川龐嶼校

附録

《宋史》本傳

陸九淵，字子静。生三四歲，問其父天地何所窮際，父笑而不答。遂深思，至忘寢食。及總角，舉止異常〔一〕兒，見者敬之。謂人曰：『聞人誦伊川語，自覺若傷我者。』又曰：『伊川之言，奚爲與孔子、孟子之言不類？近見其間多有不是處。』初讀《論語》，即疑有子之言支離。他日讀古書，至『宇宙』二字，解者曰『四方上下曰宇，往古來今曰宙』，忽大省曰：『宇宙内事乃己分内事，己分内事乃宇宙内事。』又嘗曰：『東海有聖人出焉，此心同也，此理同也。至西海、南海、北海有聖人出，亦莫不然。千百世之上有聖人出焉，此心同也，此理同也。至於千百世之下有聖人出，此心此理，亦無不同也。』後登乾道八年進士第。至行在，士爭從之遊。言論感發，

〔一〕脱脱等撰：《宋史》卷四百三十四《陸九淵傳》中爲『凡』字。

聞而興起者甚衆。教人不用學規，有小過，言中其情，或至流汗。有懷於中而不能自曉者，爲之條析其故，悉如其心。亦有相去千里，聞其大槩而得其爲人。嘗曰：『念慮之不正者，頃刻而知之，即可以正。念慮之正者，頃刻而失之，即爲不正。有可以形迹觀者，有不可以形迹觀者，必〔一〕以形迹觀人，則不足以知人。必以形迹繩人，則不足以救人〔二〕。』初調隆興靖安縣主簿。丁母憂。服闋，改建寧崇安縣。以少師史浩薦，召審察，不赴。侍從復薦，除國子正，教諸生無異在家時。除敕令所删定官。九淵少聞靖康間事，慨然有感於復讎之義。至是，訪知勇士，與議恢復大畧。因輪對，遂陳五論：一論讎耻未復，願博求天下之俊傑，相與舉論道經邦之職；二論願致尊德樂道之誠；三論知人之難；四論事當馴致而不可驟；五論人主不當親細事。帝稱善。未幾，除將作監丞，爲給事中王信所駁，詔主管台州崇道觀〔三〕。還鄉，學者輻輳，每開講席，户外屨滿，耆老扶杖觀聽。自號象山翁，學者稱象山先生。嘗謂學者曰：『汝耳自聰，目自明，事父自能孝，事兄自能弟，本無欠闕，不必他求，在乎自立而已。』又曰：『此道與溺於利欲之人言猶易，與溺於意見之人言却難。』或勸九淵著書，曰：『六經註我，我註六經。』又曰：『學者〔四〕苟知道，六經皆我註脚。』光宗即位，差知荆門軍。〔五〕有訴者，無早暮皆得造於庭，復令其自持狀以追，爲立期，皆如約而至，即爲酌情決之，而多所勸釋。其有涉人倫者，使自毁其狀，以厚風俗。唯不可訓者，始寘之法。其境内官吏之貪廉，民俗之習向〔六〕善惡，皆素知之。有訴人殺其子

〔一〕脱脱等撰：《宋史》卷四百三十四《陸九淵傳》中無『以形迹觀者，必』句。
〔二〕脱脱等撰：《宋史》卷四百三十四《陸九淵傳》中爲『之』字。
〔三〕脱脱等撰：《宋史》卷四百三十四《陸九淵傳》中爲『道崇觀』三字。
〔四〕脱脱等撰：《宋史》卷四百三十四《陸九淵傳》中無『者』字。
〔五〕脱脱等撰：《宋史》卷四百三十四《陸九淵傳》中有『民』字。
〔六〕脱脱等撰：《宋史》卷四百三十四《陸九淵傳》中爲『尚』字。

者，九淵曰：『不至是。』及追究，其子果無恙。有訴竊取而不知其人，九淵出二人姓名，使捕至，訊之伏辜，盡得所竊物還訴者，且宥其罪使自新。因語吏以某所某人爲暴，翌日有訴遇奪掠者，即其人也，乃加追至〔一〕，吏大驚，郡〔二〕以爲神。申嚴保伍之法，盜賊或發，擒之不逸一人，羣盜屏息。荆門爲次邊而無城。九淵以爲：『郡居江、漢之間，爲四集之地，南捍江陵，北援襄陽，東護隨、郢之脅，西當光化、夷陵之衝，荆門固則四鄰有所恃，否則有背脅腹心之虞。由唐之湖陽以趨山，則其涉漢之處已在荆門之脅；由郢〔三〕之鄧城以涉漢，則其趨山之處已在荆門之腹。自此之外，間道之可馳，漢津之可涉，坡陀不能以限馬，灘瀨不能以濡軌者，所在尚多。自我出奇制勝，徼敵兵之腹脅者，亦正在此。雖四山環合，易於備禦，而城池闕然，將誰與守？』乃請於朝而城之，自是民無邊憂。罷關市吏譏察而減民稅，商賈畢集，稅入日增。舊用銅錢，以其近邊，以鐵錢易之，而銅有禁，復令貼納。九淵曰：『既禁之矣，又使之輸耶？』盡蠲之。故事，平時教軍伍射，郡民得與，中者均賞，薦其屬不限流品。嘗曰：『古者無流品之令〔四〕，而賢不肖之辨嚴；後世有流品之分，而賢不肖之辨畧。』每旱，禱即雨，郡人異之。逾年，政行令修，民俗爲變，諸司交薦。丞相周必大嘗稱荆之政，以爲躬行之效。一日，語所親曰：『先教授兄有志於〔五〕天下，竟不得施以没。』又謂家人曰：『吾將死矣。』又告僚屬曰：『某

〔一〕脱脱等撰：《宋史》卷四百三十四《陸九淵傳》中爲『治』字。
〔二〕脱脱等撰：《宋史》卷四百三十四《陸九淵傳》中有『人』字。
〔三〕脱脱等撰：《宋史》卷四百三十四《陸九淵傳》中爲『鄧』字。
〔四〕脱脱等撰：《宋史》卷四百三十四《陸九淵傳》中爲『分』字。
〔五〕脱脱等撰：《宋史》卷四百三十四《陸九淵傳》中無『於』字。

將告終。』會禱雪，明日，乃〔一〕雪。〔二〕沐浴更衣端坐，後二日日中而卒。會葬者以千數，謚文安。初，九淵〔三〕與朱熹會鵝湖，論辯所學多不合。及熹守南康，九淵訪之，熹與至白鹿洞，九淵爲講『君子小人喻義利』一章，聽者至有泣下。熹以爲切中學者隱微深痼之病。至於無極而太極之辯，則貽書往來論難不置焉。門人楊簡、袁燮、舒璘、沈煥能傳其學云。

謚議

嘉定八年，奉旨賜謚，事下太常。九年三月，宣教郎太常博士孔煒，議曰：『學道以聖賢爲師，聖賢遺書，萬世標的也。孟軻氏有言曰：「君子深造之以道，欲其自得之也。自得之，則居之安；居之安，則資之深；資之深，則取之左右逢其原；故君子欲其得之也。」甚矣！古人之講學，其端緒源委，誠未易言。學而未至於安，難與議聖賢之閫域矣。傳記所載，如曰：「安而行」，「安而久」，「恭而安」，皆取〔四〕此也。自軻既没，逮今千有五百餘年。學者徇口耳之末，昧性天之真，凡軻之所以詔來世者，卒符於空言。有能尊信其書，修明其學，反求諸已，私淑諸人，如監丞陸公者，其能自拔於流俗，而有功於名教者歟。公生而穎悟，器識絶人。與季兄復齋講貫理學，號江西二陸。其學務窮本原，不爲章句訓詁，其持論雄傑卓立，不苟隨聲趨和，唯孟軻氏書是崇是信。蓋謂此心之良人所均有，天所與〔五〕我，非由外鑠，先立乎其大者，則其小者莫能奪。信能知此，則宇宙無非至

〔一〕脱脱等撰：《宋史》卷四百三十四《陸九淵傳》中無『乃』字。
〔二〕脱脱等撰：《宋史》卷四百三十四《陸九淵傳》中有『乃』字。
〔三〕脱脱等撰：《宋史》卷四百三十四《陸九淵傳》中有『嘗』字。
〔四〕陸九淵著，鍾哲點校：《陸九淵集》卷三十三中有『諸』字。
〔五〕陸九淵著，鍾哲點校：《陸九淵集》卷三十三中爲『予』字。

理，聖賢與我同類。大端既立，趨向既定，明善充類以求之，強力勇敢以行之，如木有根，如水有源。逮其久也，此心之靈，此理之明，將渙然釋，怡然順，真有見夫居廣居，立正位，行大道，皆吾分内事。所謂操存求得，盛行不加，窮居不損者，端不我誣也。公惟見理昭徹，加以涵養踐履之功，故能自得於心，有餘於身，即其成己，用以成物。四方才俊之士，風動雲集，至無館舍以容。公榘矱端嚴，對之者非心邪念自然消沮；言論爽邁，〔一〕聽之者如指迷途，如出荆棘。見〔二〕諸遺編，義利之分，王霸之别，天理人欲，凡介於毫芒疑似之間者，辯之弗措，叩之弗竭。自非學本正大，充乎自然，安能如是之周流貫通，動與理會也哉？繇其推是學以爲文，則辭達而不事〔三〕乎雕鐫，理勝而無用乎繚繞，無意於文，而文自〔四〕工。施是學於有政，則視吾民如子弟，遇僚屬如朋友，誠心所孚，自有不言之教。當時元臣碩輔，或薦〔五〕其心悟理融，出於自得；或稱〔六〕其治郡善政，可驗躬行。夫理而造於自得，政而本於躬行，則君子之所養可知矣。使天假之年，上之得君行道，次之立言明道，俾獲盡宣其用，則以利生民以惠後學，可勝既哉！謹按謚法：「敏而好古曰文，貌肅辭定曰安。」公天稟純明，學無凝滯，服膺先哲，發揮憲言，非敏而好古乎？抗志洪毅，師道尊嚴，記久傳遠，言皆可復，非貌肅辭定乎？謚曰文安，於義爲稱。謹議。』

〔一〕陸九淵著，鍾哲點校：《陸九淵集》卷三十三中爲「論説爽厲」句。
〔二〕陸九淵著，鍾哲點校：《陸九淵集》卷三十三中爲「質」字。
〔三〕陸九淵著，鍾哲點校：《陸九淵集》卷三十三中爲「争」字。
〔四〕陸九淵著，鍾哲點校：《陸九淵集》卷三十三中有「爾」字。
〔五〕陸九淵著，鍾哲點校：《陸九淵集》卷三十三中有「進」字。
〔六〕陸九淵著，鍾哲點校：《陸九淵集》卷三十三中有「美」字。

是年十二月十三日，朝請大夫行尚書考功員外郎丁端祖覆議曰：『儒者〔一〕之盛，自三代以來，未有如我本朝者也。夫六經死〔二〕於秦，而士以權謀相傾。漢尚申、韓，晉尚莊、老，唐惟辭章是誇，先王之道，陵遲甚矣。至我本朝，伊洛諸公未出之時，《易》之一書，猶晦蝕於虛無之談；《書》之「皇極」，《詩》之《二南》，《禮記》〔三〕、《中庸》、《大學》之旨，《春秋》尊王之義，皆未有能發明其指歸者也。自濂谿、明道、伊川義理之學爲諸儒倡，而窮理盡性之說，致知格物之要，凡堯、舜、禹、湯、文、武、周公、孔子相傳之大原，始暴白於天下。其後又得南軒張氏、晦菴朱氏、東萊呂氏，續濂谿、明道、伊川幾絶之緒而振起〔四〕，六經之道晦而復明。是三君子，奉常既已命謚矣。又有象山陸氏者，自丱角時，聞誦伊川語，嘗曰：「伊川之言，奚爲與孔子、孟子之言不類。」初讀《論語》，即疑有子之言支離。及長而與朋友講學，因論及《太極圖》，斷然以太極之上不復更有無極。其他特立之見，超絶之論，不一而足，要皆本於自得。天分既高，學力亦到。蓋自三四歲時請問於親庭，其立論已不凡，真所謂少成若天性者。惜乎不能盡以所學見之事業。立朝僅丞、匠、監，旋即奉祠以歸。惠政所加，止荆門小壘而已。世固有能言而不能行，内若明了而外實迂濶不中事情者。公言行相符，表裏一致。〔五〕吐辭發論，既卓立乎古今之間〔六〕；至於臨政處事，實平易而不迂，詳審而不躁，當乎人情而循乎至

〔一〕陸九淵著，鍾哲點校：《陸九淵集》卷三十三中爲『學』字。
〔二〕陸九淵著，鍾哲點校：《陸九淵集》卷三十三中爲『厄』字。
〔三〕陸九淵著，鍾哲點校：《陸九淵集》卷三十三中爲『《記》、《禮》』句。
〔四〕陸九淵著，鍾哲點校：《陸九淵集》卷三十三中有『之』字。
〔五〕陸九淵著，鍾哲點校：《陸九淵集》卷三十三中有『其』字。
〔六〕陸九淵著，鍾哲點校：《陸九淵集》卷三十三中爲『見』字。

理，〔一〕無一毫蹈常襲故之迹。若公者，在吾儒中真千百人一人而已。奉常謚以文安，誠未爲過。博士議是。謹議。』

附告謚文

嘉定十年丁丑，春三月二十八日，賜謚文安，撫州州學教授林恢告祠堂賜謚文：『先生振絶學於千載之後，躬行著論，碩大光明，播於四方，所謂百世以俟聖人而不惑者。屬者諸生請謚，郡聞於朝，訂議太常，謚以文安，聖天子俞之。嗚呼！不俟百世，斯文已有見矣。』

金谿宰何處久告謚文，云：『惟公志道精專，禀資超卓，大揚厥旨，以覺後覺。其覺維何？天降之衷，父慈子孝，君仁臣忠。列聖相傳，明若斗極，自軻之亡，異端蓁塞。公實任道，手開東明，排斥浮僞，吾道砥平。進而告后，志在經邦，退而牧民，時稱循良。天不憖遺，山頹木壞，惟有文辭，方册是載。幸公門人，佩訓不忘，請謚易名，達於太常。公論與賢，聖朝輔德，爰賜嘉名，世世烜赫。象山之象〔二〕，萬古洋洋，匪公之榮，吾道之光。』

文集序一　宋　楊簡

有宋撫州金谿陸先生，字子静，嘗居貴谿之象山，四方學者畢至，尊稱之曰象山先生。先生冢嗣持之，字伯微，集先生遺言爲二十八卷，又外集六卷，命簡爲之序。簡自主富陽簿時，已受教於先生，因言忽覺澄然清明，應用無方，動静一體，乃知此心本靈、本神、本明、本廣大、本變化無方。奚獨簡心如此，舉天下萬世人心皆如此。《易》曰：『百姓日用而不知。』孔子曰：『二三子以我爲隱乎？吾無隱乎爾，吾無行而不與二三子者。』大

〔一〕陸九淵著，鍾哲點校：《陸九淵集》卷三十三中有『而』字。
〔二〕陸九淵著，鍾哲點校：《陸九淵集》卷三十三中爲『學』字。

戴記孔子之言，謂忠信爲大道。忠者忠實，信者誠信不詐僞，而先儒〔一〕過求諸幽深，故反不知道。孔子又名大道曰中庸。庸者常也，日用平常也。孟子亦謂徐行後長即堯、舜之道，又謂以羊易牛之心足以王。先生諄諄爲學者剖白斯旨，深切著明，而學子領會者寡。簡不自揆度，敢少致輔翼之力，專敘如右。開禧元年夏六月乙卯，門人四明楊簡敬書。

文集序二　宋　袁燮

天有北辰而衆星共焉，地有泰岳而衆山宗焉，人有師表而後學歸焉，象山先生其學者之北辰泰岳與？自始知學，講求大道，弗得弗措，久而寖明，又久而大明，此心此理，貫通融會，美在其中，不勞外索。揭諸當世曰：『學問之要，得其本心而已。心之本真，未嘗不善，有不善者，非其初然也。』孟子嘗言之矣：鄉爲身死而不受，今爲宫室之美、妻妾之奉、所識窮乏得我而爲之，此之謂失其本心。其言昭晰如是，而學者不能深信，謂道爲隱而不知其著，謂道爲邈而不知其近，求之愈過愈湮鬱。至先生始大發之，如指迷途，如藥久病，迷者晤，病者愈，不越於日用之間，而本心在是矣。學者親承師訓，向也跂望〔二〕若千萬里之隔，今乃知與我同本，培之溉之，皆足以敷榮茂遂，豈不深可慶哉？嗚呼！先王〔三〕之惠後學弘矣。先生之言悉此出，上而啓沃君心，下而切磨同志，又下而開曉黎庶，及其他雜然著述，皆此心也。儒釋之所以分，義利之所由別，剖析至精，如辨白黑。遏俗學之横流，援天下於既溺，吾道之統盟，不在兹乎？燮識先生於行都，親博約者屢矣，或竟日以至夜分，

〔一〕陸九淵著，鍾哲點校：《陸九淵集》附録一中有『求之』二字。
〔二〕陸九淵著，鍾哲點校：《陸九淵集》附録一中有『聖賢』二字。
〔三〕陸九淵著，鍾哲點校：《陸九淵集》附録一中爲『生』字。

未嘗見其少有昏怠之色，表裏清明，神采照映，得諸觀感，鄙吝已消，矧復警策之言，字字切己與。先生之歿，餘二十年，遺言炳炳，精神猶在，敬而觀之，心形俱肅，若親炙然。臨汝嘗刊行矣，尚多缺畧，先生之子持之伯微，裒而益之，合三十三〔一〕卷，今爲刊於倉司。流布寖廣，書滿天下，而精神亦無不徧。言近而指遠，雖使古人復生，莫之能易。嗚呼！兹其所以爲後學之師表〔二〕與。先生諱九淵，字子静，撫州金谿人，嘗講學於貴谿象山，學者尊爲象山先生云。嘉定五年九月戊申，門人四明袁燮書。

文集序三　明　王守仁

聖人之學，心學也。堯、舜、禹之相授受曰：『人心惟危，道心惟微，惟精惟一，允執厥中。』此心學之源也。中也者，道心之謂也。道心精一之謂仁，所謂中也。孔孟之學，惟務求仁，蓋精一之傳也。而當時之弊，固已有外求之者。故子貢致疑於多學而識，而以博施濟衆爲仁；夫子告之以『一貫』，而教以『能近取譬』，蓋使之求諸其心也。迨於孟氏之時，墨氏之言仁，至於摩頂放踵；而告子之徒，又有仁内義外之説，心學大壞。孟子闢義外之説，而曰：『仁，人心也。』『學問之道無他，求其放心而已矣。』又曰：『仁義禮智，非由外鑠我也，我固有之，弗思耳矣。』蓋王道息而伯術行，功利之徒，外假天理之近似以濟其私，而以欺於人曰：天理固如是。不知既無其心矣，而尚何有所謂天理者乎？自是而後析心與理而爲二，而精一之學亡。世儒之支離，外索於刑名器數之末，以求明其所謂物理者，而不知吾心即物理，初無假於外也。佛老

〔一〕陸九淵著，鍾哲點校：《陸九淵集》附録一中爲『二』字。
〔二〕陸九淵著，鍾哲點校：《陸九淵集》附録一中有『也』字。

之空虛，遺棄其人倫事理〔一〕之常，以求明其所謂吾心者，而不知物理即吾心，不可得而遺也。至宋周、程二子，始復追尋孔孟之宗，而有無極而太極、定之以仁義中正而主静之説，動亦定、静亦定、無内外、無將迎之論，庶幾精一之旨矣。自是而後有象山陸子〔二〕，雖其純粹和平，若不逮於二子，而簡易直截，真有以接孟氏之傳。其議論開闔，時有異者，乃其意見氣質〔三〕之殊，而要其學之必求諸心，則一而已。故吾嘗斷以陸氏之學，孟氏之學也。而世之議者，以其嘗與晦翁之有同異，而遂詆以爲禪。夫禪之説，棄人倫，遺物理，而要其歸極，不可以爲天下國家。苟陸氏之學而果若是也，乃所以爲禪也。今禪之説與陸氏之説、孟氏之説，其書具存，學者苟取而觀之，其是非同異，當有不待於辯説者。而顧一倡羣和，勦説雷同，如矮人之觀場，莫知悲笑之所自，豈非貴耳賤目，不得於言而勿求諸心者之過歟？夫是非同異，每起於人持勝心，便舊習，而是己見。故勝心舊習之爲患，賢者不免焉。撫守李茂元將重刻象山之文集，而請予一言爲之序。予何所容言哉？惟讀先生之文者，務求諸心而無以舊習己見先焉，則糠秕精鑿之美惡，入口而知之矣。正德辛巳七月朔，陽明山人王守仁書。

文集序四　明　王宗沐

聖人之言心，淵然無朕，其涵也；而有觸即動，其應也。佛氏語其涵者，圓明微妙，而秘之以爲奇；俗學即其應者，妝綴繳繞，而離之以爲博。要之，不能無所近，而亦卒不可入。何者？其不能無所近者緣於心，而卒不

〔一〕　陸九淵著，鍾哲點校：《陸九淵集》附録一中爲『物』字。
〔二〕　陸九淵著，鍾哲點校：《陸九淵集》附録一中爲『氏』字。
〔三〕　陸九淵著，鍾哲點校：《陸九淵集》附録一中爲『氣質意見』句，順序顛倒。

可入者遠於體也。聖人者，不獨語其涵，懼人之求於微；而不獨語其應，懼人之求於迹。故哀與欽者，心之體也；見廟與墓而興者，其應也。體無所不具，則無所不感；無所不感，則無所不應。因其應而爲之文，於是乎有哭擗哀素之等，俎豆璧帛之儀。儀立而其心達，而儀非心也。此所以爲聖人之學也。佛氏則從其應而逆之以歸於無，曰墓與廟，哀與敬，皆妄也，而性則離是，而亦不離於是者也。俗學者非之曰此有也，則從而煩其名數，深其辨博，而以爲非是則無循也。然不知泯感與應者，既以元〔一〕遠空寂爲性；而其溺於名數辨博者，又詳其末而忘其所以然。予故曰：『禪與俗卒不可入者，皆遠於體也。』聖人之言心，詳於宋儒，最後象山陸子〔二〕氏出，盡去世之所謂繳繞者，而直指吾人之應心曰『見虚墓哀而宗廟欽者心也，辨此心之真僞，而聖學在是矣』。其於致力之功雖爲稍徑，而於感應之全則指之甚而〔三〕。而俗學以爲是禪也，其所未及者名數辨博也。嗟乎！象山指其應者，使人求其涵也。佛氏溺其應於無，而象山指其迹於應，以是爲禪，然則爲聖人者，其必在名數辨博乎？以儀爲心，予惡夫哀欽之無從也！是集刻於金谿，而歲久漫漶，德安吉陽何先生撫江西之明年，丕闡理學，以淑士類，乃改刻焉，而命沐爲序。辭不獲，因取象山言之粹者，據而証之。世之知者，果有取焉，則禪俗與儒之界將昭然若指掌，而象山氏之學可知也〔四〕。大明嘉靖四十年歲次辛酉五月吉，賜進士出身，中奉大夫江西布政司右布政使，〔五〕臨海後學王宗沐撰。

〔一〕陸九淵著，鍾哲點校：《陸九淵集》附録一中爲『玄』字。
〔二〕陸九淵著，鍾哲點校：《陸九淵集》附録一中無『子』字。
〔三〕陸九淵著，鍾哲點校：《陸九淵集》附録一中爲『明』字。
〔四〕陸九淵著，鍾哲點校：《陸九淵集》附録一中有『已』字。
〔五〕陸九淵著，鍾哲點校：《陸九淵集》附録一中有『前奉敕提督江、廣兩省學政，刑部郎』句。

語録序

月湖楊廉編集《象山先生語録》爲十卷，自爲序，曰：『近世學者，率未見象山先生之書，而往往能指目其學，徒以朱子之言家傳人誦而知之耳。先生文集語録寖出於世，而學者遂不復契勘焉。若是者，不惟不知先生，兼亦不知朱子。朱子嘗謂子静所説專是尊德性，其學者亦多持守可觀，則有以處先生矣。先生語録無類，不便觀覽，廉僭類之釐爲十卷。讀者誠能以朱子所謂尊德性之説而求之，則所以師我者，固有餘地矣。』

祠堂書院記

二陸先生祠記　宋　楊簡

道心大同，人自區別。人心自善，人心自靈，人心自明，人心即神，人心即道。安睹乖殊？聖賢非有餘，愚鄙非不足。何以證其然？人皆有惻隱之心，皆有羞惡之心，皆有恭敬之心，皆有是非之心。惻隱，仁；羞惡，義；恭敬，禮；是非，知；仁義禮知〔一〕，愚夫愚婦咸有之，奚獨〔二〕聖人〔三〕有之？〔四〕人人皆與天地同。又何以證其然？人心非氣血〔五〕，非形體，廣大無際，變化〔六〕無方。倏焉而視，又倏焉而聽，倏焉而言，又〔七〕倏焉而

〔一〕陸九淵著，鍾哲點校：《陸九淵集》卷三十六中爲『智』字。
〔二〕陸九淵著，鍾哲點校：《陸九淵集》卷三十六中爲『豈特』二字，而不是『奚獨』二字。
〔三〕陸九淵著，鍾哲點校：《陸九淵集》卷三十六中爲『賢』字。
〔四〕陸九淵著，鍾哲點校：《陸九淵集》卷三十六中有『人人皆與堯、舜、禹、湯、文、武、周公、孔子同』句。
〔五〕陸九淵著，鍾哲點校：《陸九淵集》卷三十六中爲『血氣』二字，二字順序顛倒。
〔六〕陸九淵著，鍾哲點校：《陸九淵集》卷三十六中爲『通』字。
〔七〕陸九淵著，鍾哲點校：《陸九淵集》卷三十六中無『又』字。

動，倏焉而至千里之外，又倏焉而窮九霄之上，不疾而速，不行而至，非神乎？不與天地同乎？學者當知夫〔一〕舉天下萬古之人〔二〕心皆如此也。孔子之心如此，七十子之心如此，子思、孟子之心如此，復齋之心如此，象山先生之心如此，金谿王令君之心如此，〔三〕金谿一邑之心如此。學者當自信，毋自棄，毋自疑〔四〕。意慮倏〔五〕起，天地懸隔，不識不知，匪合匪離。直心而往，自備萬善，自絶百非，雖無思爲，昭明弗遺。二陸先生，撫州金谿人。復齋諱九齡，字子壽，篤志斯道，窮深究微，兢兢孜孜，學者崇〔六〕之。象山先生其弟也，諱九淵，字子静，天性清明，不染物欲〔七〕。某〔八〕嘗親聞先生之言，自謂其爲〔九〕童幼時，聞人誦伊川〔一〇〕語，自覺若傷我者，性資素明如此。故長而益明，愈久而益明，〔一一〕破學者之〔一二〕窟宅，開聖道之夷塗，其言甚平，而或者填萬説於胸中，持萬説於胸中，以聽先生之言，故或疑其深，疑其峻。然而海内之士，聞其風而趨之，如百川之

〔一〕陸九淵著，鍾哲點校：《陸九淵集》卷三十六中無『夫』字。

〔二〕陸九淵著，鍾哲點校：《陸九淵集》卷三十六中無『人』字。

〔三〕陸九淵著，鍾哲點校：《陸九淵集》卷三十六中有『舉』字。

〔四〕陸九淵著，鍾哲點校：《陸九淵集》卷三十六中無『毋自疑』句。

〔五〕陸九淵著，鍾哲點校：《陸九淵集》卷三十六中爲『微』字。

〔六〕陸九淵著，鍾哲點校：《陸九淵集》卷三十六中爲『宗』字。

〔七〕陸九淵著，鍾哲點校：《陸九淵集》卷三十六中爲『雜說』二字，而不是『物欲』二字。

〔八〕陸九淵著，鍾哲點校：《陸九淵集》卷三十六中爲『簡』字。

〔九〕陸九淵著，鍾哲點校：《陸九淵集》卷三十六中無『爲』字。

〔一〇〕陸九淵著，鍾哲點校：《陸九淵集》卷三十六中有『先生』二字。

〔一一〕陸九淵著，鍾哲點校：《陸九淵集》卷三十六中無『愈久而益明』句。

〔一二〕陸九淵著，鍾哲點校：《陸九淵集》卷三十六中爲『於』字。

東矣。某〔一〕積疑二十年，先生一語觸其機，某〔二〕始自信其心之即道，而非有二物，始信天下之人〔三〕，皆與堯、舜、禹、湯、文、武、周公、孔子同，皆與天、地、日、月、四時〔四〕、鬼神同。王令君名〔五〕大有〔六〕，因邑人崇敬二先生〔七〕，以俸資設祠於學，且將行禮焉。屬某〔八〕爲記，且曰：『欲以昭明二君子之道。』某〔九〕雖無所似，灼知二君子之心無以異於天下之〔一〇〕心，不敢〔一一〕穿鑿其說以滋〔一二〕惑來者，廼〔一三〕起恭而書其畧〔一四〕。紹熙四年六月九日，門人具位楊某記。

二先生祠記　吳子良

聖天子臨雍，進周、程、張、朱五君子於從祀，薄海内知鄉方矣。顧朱子所與反復論辯，若南軒張氏、東萊呂氏、

〔一〕陸九淵著，鍾哲點校：《陸九淵集》卷三十六中爲『簡』字。
〔二〕陸九淵著，鍾哲點校：《陸九淵集》卷三十六中爲『簡』字。
〔三〕陸九淵著，鍾哲點校：《陸九淵集》卷三十六中有『心』字。
〔四〕陸九淵著，鍾哲點校：《陸九淵集》卷三十六中無『四時』二字。
〔五〕陸九淵著，鍾哲點校：《陸九淵集》卷三十六中無『名』字。
〔六〕陸九淵著，鍾哲點校：《陸九淵集》卷三十六中爲『有大』二字，順序顛倒。
〔七〕陸九淵著，鍾哲點校：《陸九淵集》卷三十六中爲『君子』二字，而不是『先生』二字。
〔八〕陸九淵著，鍾哲點校：《陸九淵集》卷三十六中爲『簡』字。
〔九〕陸九淵著，鍾哲點校：《陸九淵集》卷三十六中爲『簡』字。
〔一〇〕陸九淵著，鍾哲點校：《陸九淵集》卷三十六中有『人』字。
〔一一〕陸九淵著，鍾哲點校：《陸九淵集》卷三十六中爲『容』字。
〔一二〕陸九淵著，鍾哲點校：《陸九淵集》卷三十六中無『滋』字。
〔一三〕陸九淵著，鍾哲點校：《陸九淵集》卷三十六中有『起敬』二字。
〔一四〕陸九淵著，鍾哲點校：《陸九淵集》卷三十六中有『云』字。

象山陸氏，各以其道鳴。東南士不敢没也，則所在學多祠之，而豫章獨闕焉。子良以提學攝府事，念莫先於此。於是始祠三先生在從祀後。或謂朱子於南軒論最合，東萊已小異，象山則大異矣，合祠之何哉？嗟夫！此説起，道術之所以裂，心學之所以悖也。《書》曰：『無偏無黨，王道蕩蕩。』無黨無偏，王道平平，此言道本無黨偏也。道本無黨偏，心其可有黨偏乎？近世學子互立標榜，曰：某自朱氏，某自張氏，某自呂氏、陸氏，隘矣哉！夫當諸君子在時，祇見其心之同，豈必其論之異，縱其異也，同者固自若也。何謂同？同於扶綱常，同於别義利，同於修己治人，同於愛君憂國而已。且夫道有體有中，渾然天性之中，而無物不具者，其體也；森然事物之際，而無理不形者，其用也。學有知有行，不徒揣度以爲知，而必著於行者，是知也；不徒茫昧以爲行，而必循於知者，是行也。世固有博考古今遠稽文獻，而要領則迷，淵微則隔者矣。若夫實明於要領，實洞於淵微，則所謂古今文獻者，不可廢也。此孔子所爲删《詩》定《書》，討《禮》正《樂》，而修《春秋》者也。此朱、呂之道，所以本無小異也，體用未始有異故也。世固有直指本心，自謂見性，而等級則躐，工程則疎者矣。若夫實進於等級，實究於工程，則所謂指心見性者，不可廢也，此孔子所稱先覺爲賢。心之精神之爲聖，知二知十爲回賜優劣者也，此朱陸之學，所以本無大異也，知行未始有異故也。嗟夫！聖道公溥不可以專門私，聖學深遠，不可以方册，既貫羣聖賢之旨，則可以會一身心之妙。充一身心之妙，則可以補羣聖賢之遺，孰爲異同哉！爾後學之士，其必合朱、張、呂、陸之説，泝而約之於周、張、二程。合周、張、二程之説，泝而約之於顔、曾、思、孟，合顔、曾、思、孟之説，泝而約之於孔子。則孔子之道，即堯、舜、禹、湯、文、武之道也。孔子之學，即皋、益、伊、仲、傅、箕、周、召之學也。百聖而一人，萬世而一時，尚何彼此户庭之别哉！然則今之合祠三先生也，宜也，非爲三先生設也。

槐堂記一　宋　傅子雲

子思子百〔一〕，言天命之謂性，率性之謂道，修道之謂教。開闢以來，神聖繼作，闢於天下而垂於後世者，教也。凡其教之所修明者，道也。而道根於性，性得於天，非人之所可毫毛加而斯須離也。皋陶陳天敘之典，而虞治以熙，箕子演帝錫之疇，而周道以隆。其後周公表迪哲宅心之旨，以啓成王，復即王命，敷明德敬典之訓以告康叔，由是太平興而頌聲作。洋洋之教，所以使由在位，以及微賤，皆知好德由禮，以全其天者，豈區區智力所能與於此哉？周道既衰，文弊俗浮，吾夫子以將聖集百聖之大成，欲復西周之舊而振起之。當血氣未衰之時，未嘗久而不夢見周公也。轍環天下而不遇，卒成戰國之紛爭。功利是尚，而詐謀蝟興，處士橫議，而詖淫蜂起。其能明孔子之道而清之，將不在孟氏乎！蓋孟子學於子思，而子思之學出於曾子，傳得其宗，故能道性善，以拯暴棄明仁義以聞充塞，由良知良能之得於天者，達諸家國天下，則道若夫路治猶運掌。而皋陶、箕子、周公輔成虞、夏、商、周之旨脉，得復傳於後世，盛哉其功也。孟氏去今千有七百餘年，七篇具存，蝕餲甚矣！其間出而力扶吾道者，固有其人。然至我朝伊洛諸賢而始盛，殆仲鬱蓄之久，故間見層出者非一。惟象山先生稟特異之姿〔二〕，篤信孟氏〔三〕之傳，虛見浮〔四〕說不得以淆其真，奪其正。故推而訓迪後學，大抵簡易明白，開其固有，無支離繳繞之夫，而有中微起痼之妙。士民會聽，沉迷利欲者，惕然〔五〕改圖；蔽惑浮末者，翻焉〔六〕

〔一〕「百」字應爲「曰」字。
〔二〕陸九淵著，鍾哲點校：《陸九淵集》卷三十六中爲「資」字。
〔三〕陸九淵著，鍾哲點校：《陸九淵集》卷三十六中爲「子」字。
〔四〕陸九淵著，鍾哲點校：《陸九淵集》卷三十六中爲「僞」字。
〔五〕陸九淵著，鍾哲點校：《陸九淵集》卷三十六中爲「焉」字。
〔六〕陸九淵著，鍾哲點校：《陸九淵集》卷三十六中爲「然」字。

就實〔一〕；膠溺意見者，凝然適〔二〕正。莫不有主於内，則知足以明，仁足以守，勇足以立。〔三〕猶出珠璧於泥淖而濯之清泉，脱鴻鵠於密網而遊之天衢，抉浮雲之翳以開東明，而有目者快幽隱纖微之覩也。豈天以啓悟斯人之長異先生，而先生惟覺其天予之善，〔四〕非有識知之私加其間，則感通〔五〕之效，固若是耶？惜乎天嗇之年，志既不遂，而遺文垂世，又特見於〔六〕往來論學之書，與夫奏對、記序、贈説等作，然於著誠息僞，興起人心之功〔七〕，亦可謂有光於孟氏矣。先生没，郡縣往往多於其講學之地立祠，矧惟金谿鐘秀生賢，先生屢嘗講道於學。故紹熙壬子，邑大夫王公諱有大時合先生之季兄復齋先生立祠於學之講堂，而門人慈湖楊公爲之記。嘉定癸未，倉使蕭公舜咨因先生被謚文安，命縣特於學之東偏，卜地建祠。越三年，朝廷謚復齋曰文達。縣又並立塑像，以便祭享，易其扁曰二陸先生祠堂。部使者或命縣修葺，而頗給其費，蓋欲以尚德崇化厲屬縣也。紹定癸巳春，天台陳矦來宰是邑，祇謁禮畢。亟訪問先生學徒之存者，有以子雲告。則旋辱書价，命即學講書，聽者數百人，感動者衆。陳矦曰：『是所謂人心之同然者，可不因之而示以勿失所向乎？』矧昔先君子之刺臨川也。捐民口之入官者，入郡庠以養士。金谿於臨川爲屬邑，推遺規以承先志，茲其敢緩。學有止善堂下列諸齋，既命修其敝壞，悉就整固。乃捐己俸買民廢地，自縣治之西祠堂之北築道接屋，以達於堂。陳矦治事之暇時，

〔一〕陸九淵著，鍾哲點校：《陸九淵集》卷三十六中爲『説』字。
〔二〕陸九淵著，鍾哲點校：《陸九淵集》卷三十六中爲『反』字。
〔三〕陸九淵著，鍾哲點校：《陸九淵集》卷三十六中爲『莫不知足自知，仁足自守，勇足自立』句。
〔四〕陸九淵著，鍾哲點校：《陸九淵集》卷三十六中爲『豈天以啓悟斯人之徒，俾先生微覺其天與之善』句。
〔五〕陸九淵著，鍾哲點校：《陸九淵集》卷三十六中爲『速』字。
〔六〕陸九淵著，鍾哲點校：《陸九淵集》卷三十六中無『於』字。
〔七〕陸九淵著，鍾哲點校：《陸九淵集》卷三十六中無『之功』二字。

由此道臨誨諸生，勉以道而課其文辭。又於祠堂隙地建象山書院，而隸於學，將使聞先生之訓者通領之，且痛節諸費益以士民之助買田儲廩，選補弟子員，使用志於此，而時習焉。祠後之堂扁曰『存齋』，識先生自名其常所居之齋也。祠右有閣，閣下之室，扁曰『滋蘭』，識先生所取以名其受徒之堂也。進北數步，罅其塏挹奇巒，爲屋五間，扁曰『槐堂』，識二先生受徒於家東偏之堂名，於以見共斯事也。築杏壇、舞雩壇，欲諸生游息而不忘洙泗之風也。既成，氣象雄偉，至者感奮，及率諸生行舍菜禮，肅雍奉事，心志齊同，命子雲記之。子雲竊謂陳矦之政，克承先志，知所先務，於以推行在上之所風厲，斯可謂偉然特達之舉，而自顧渺末，辱陳矦忘勢賓禮，既欲俾予冒居書院主教之職，而請於臺郡，示不敢專。則又適遇毘陵李矦兼總斯任，樂於作成，亟可其請，亦可謂幸會之非偶然者。所不宜以愚劣辭，然衰頹益甚，凛然恐無以仰副陳矦要責之意，則又安可惟記歲月不稍揭，書院本旨進學大端以爲陳矦教育之助乎？兹所以輒不自揆，本古昔以敘其槩也。雖然陟遐自邇兹焉，發足而千里之至，在其勿畫搴流摘枝固自有本，而瞥生虛見，亦能亂真，此正陳矦之所憂而願同志加人一己百之功，嚴似是而非之辯，以躋於輝光純一之地者，余不敢不告。陳矦名詠之，字之道，故諫議大夫謚獻肅之孫，故京尹侍郎陳君先生之嗣云。紹定六年十二月丙子記，新建寧府甌寧縣主簿象山書院主教傅子雲撰。

重建槐堂書院記　宋　葉夢得

山川炳靈，儒英並出，美適鐘於一門，教可垂於百世。若金谿二陸先生之祠於學宮者，其風化之所係，與二陸先生之學問，宏深智識超卓，以斯道而任諸身，以先知而覺乎後。其生也，海宇仰而宗之；其没也，郡邑尸而祝之，朝家又從而褒表之，非偶然也。若稽厥始，紹熙癸丑，邑令王君有大，附祠於學之左，而繪像焉，慈湖楊公實記之。嘉定丁丑，邑令蕭君舜咨建祠於學之東，且剏止善堂聯於學，絜齋袁公又記之。紹定癸巳，邑令陳君詠之，且增剏書堂於祠之西，乃以二先生家塾之名扁曰『槐堂』而記之者，琴山傅公也。其後邑士請於臺郡，以琴山饗於祠而記之者，宏齋包公也。□諸堅珉，發明昭晰。夢得少受業於琴山先生，服應二先生之教。迨淳祐庚戌，假守臨川，風夜祗栗，懼泰師訓。夏五月，邑令王君中立以增葺，來告夢得。竦然作曰，崇教善俗，他有重於此者乎？乃晝規模，乃捐泉布，俾遷祠於槐堂之前，周於兩廡，分爲四齋，職舍參列，庖廩翼傍，敞門徑，崇垣墻，以止善之堂廢，乃修舊祠，移其扁而揭之。樓曰桂樓，軒曰滋蘭，各加整葺，悉存厥初。經始於孟秋，越三月落成。高明靚深，氣象軒煥。筆峰聳於前，繡谷環於後。翠雲仙山，映帶於左右。地靈秀發，殆若天設。乃延門人李子愿爲堂長，以主教事，職事生員各立定數。因其歲之所收，而差次其廩給。自前令陳君詠之始置田，迨計使吳公子良撥絶户產，而計使尹公煥又從而均租正籍，得米僅千斛，豆錢三百緡，猶未足用。今復析荷源寺廢田以補之，月撥縣解郡用錢楮以助之，而歲用粗給。且慮時久事變，體統無屬，以提督之權歸之於令，凡有更創易置之事，則必次第而聞於郡，庶幾上下相維，可持於久，修規立程，著爲定志，士咸樂其有條，而請夢得記之，以傳不朽。重惟前後修剏，既有諸名公鴻筆記述，何庸復贅辭其間。然念二先生之教，師表四方，而爾邑爲二先生洙泗之鄉，故皆思之深而信之篤，則聚辨之地，不容不嚴。今揭處妥靈，游居講習之所，皆爰安爰處，則盍思所以無負於二先生之教可也。二先生之教，大抵體認本心之靈明，而口耳非所尚；省察一身之踐履，而議論非所先；以宇宙内事爲己分内事，而富貴利達非所計。來遊衿佩，克知乎此，則斯堂之建，豈惟不愧於今，亦可不廢於後。此夢得所以拳拳於同志，願相與勉焉！於是乎書。後學朝請大夫知撫州軍州兼管内勸農營田事節制軍馬葉夢得記。

按：《西江陸氏家乘》卷之八云：『槐堂書院，在金谿縣學東，宋紹定間，邑令陳詠之建，祀復齋、象山二先生。元季燹於兵，爲邑人王氏所據。天順間，巡按呂公臨縣，訪裔孫同倫，徵其故址，復創書院。建三先生像，年久傾圮。正德丙子，裔孫志和、志從，具呈僉事程果重修。』

《袁蒙齋集》有初建書院告陸象山先生文，云：『先生之精神，其在何所耶？在金谿之故廬，優游而容與耶？〔一〕在象山之精舍，言言而語語耶？抑周流乎〔二〕上下四方，與天地遊，與四時序耶？某〔三〕將指東江，志〔四〕興正學，山之旁近，爰咨爰度，得勝境於徐巖，離象山而非邈，三山〔五〕環峙兮高可仰，大谿横陳兮清可濯，殆天造而地設，匪人謀之攸作，是可以〔六〕宅先生之精神，振先生之木鐸。』或曰：『建象山之書院，當於象山之故址，而又焉可改也。』是求先生於形迹，而未知先生之精神，〔七〕無在無不在也。先生之道，精一匪二，揭本心以示人，此學問〔八〕之大致。嗣先生之遺響，警一世之聾聵，平易切近，明白光粹，至今讀其遺書，人人識我良貴。由仁義行，與行仁義者，昭昭乎易判也。集義所生，與義襲取者，〔九〕截截乎不〔一〇〕亂也。宇宙内事，即〔一一〕己分内事，渾渾乎本〔一二〕一貫也。議論一途，朴實一途，極天下之能言者，斯言不可贊也。嗚呼！先生之學如此，先

〔一〕陸九淵著，鍾哲點校：《陸九淵集》卷三十六中爲『先生之精神，其在金谿之故廬，優游而容與耶？其』句。
〔二〕陸九淵著，鍾哲點校：《陸九淵集》卷三十六中爲『於』字。
〔三〕陸九淵著，鍾哲點校：《陸九淵集》卷三十六中爲『甫』字。
〔四〕陸九淵著，鍾哲點校：《陸九淵集》卷三十六中爲『聿』字。
〔五〕陸九淵著，鍾哲點校：《陸九淵集》卷三十六中爲『山峰』二字，而不是『三山』二字。
〔六〕陸九淵著，鍾哲點校：《陸九淵集》卷三十六中無『以』字。
〔七〕陸九淵著，鍾哲點校：《陸九淵集》卷三十六中無『振先生之木鐸。或曰：「建象山之書院，當於象山之故址，而又焉可改也。」是求先生於形迹，而未知先生之精神』句。
〔八〕陸九淵著，鍾哲點校：《陸九淵集》卷三十六中爲『門』字。
〔九〕陸九淵著，鍾哲點校：《陸九淵集》卷三十六中爲『與義襲而取之者』句。
〔一〇〕陸九淵著，鍾哲點校：《陸九淵集》卷三十六中有『可』字。
〔一一〕陸九淵著，鍾哲點校：《陸九淵集》卷三十六中無『即』字。
〔一二〕陸九淵著，鍾哲點校：《陸九淵集》卷三十六中無『本』字。

生之精神如此，然則在金谿之故廬者如此，在象山之〔一〕精舍者如此，周流乎上下四方者亦如此，誰〔二〕謂徐巖而獨非如此耶？工役俶興，禮宜虔告，先生精神，淵淵浩浩。謹爲告詞曰：『先生之學，得諸孟子，我之本心，光〔三〕明如此。未識本心，如雲翳日，既識本心，元無一物。先生立言，本末無弊，〔四〕不墮一偏，萬物皆備。〔五〕書院肇建，躬致一奠。可見可聞，非聞非見。〔六〕』

敕賜旌表陸氏門閭記　包文肅公恢

天地本一家，人己本一體，況其所自出者，猶水同源而木同根者乎。自古在昔，篤敘親睦，周於九族，五宗之法，其不遷者，固將百世，而其遷者，亦流轉而無窮。尊尊、親親，老老、幼幼，未始一日離析，綱常秩然，不壞不滅，而風俗淳厚，禮義興隆，世之所以極盛大治者，繇此其選也。彝倫斁，宗法廢，天理無所維持，人心失所管攝，極而至於拔本塞源，滅恩絕義，以父子而異居者有矣；以兄弟而争訟者有矣；旁視羣從，則又若塗人之不相識，而反相攻者有矣；斧斤自縱，骨肉相離，此天下之所由以乖亂而不可收拾也。其所關係，豈徒曰一家之理亂而已？然則歷千百餘載而下，乃有如陸氏之門者。豈非世之寥寥乎絕無而僅有者乎？卓卓乎光前而裕後者乎？此我皇上所以特出睿旨以行旌表之盛典也，然世蓋有之矣。而陸氏有非他人之所可及者五焉，我國朝

〔一〕陸九淵著，鍾哲點校：《陸九淵集》卷三十六中無『之』字。
〔二〕陸九淵著，鍾哲點校：《陸九淵集》卷三十六中爲『孰』字。
〔三〕陸九淵著，鍾哲點校：《陸九淵集》卷三十六中爲『先』字。
〔四〕陸九淵著，鍾哲點校：《陸九淵集》卷三十六中爲『本末具備』句。
〔五〕陸九淵著，鍾哲點校：《陸九淵集》卷三十六中爲『萬世無弊』句。
〔六〕陸九淵著，鍾哲點校：《陸九淵集》卷三十六中爲『可聞非聞，可見非見』句。

之所以許賜旌表者，特曰義居三世，或四五世而止，是以過此以往爲難矣，時人之能應所許受所賜者，多不過六世焉。其在雍熙、淳祐時，則有若三世者兩家；在太平興國時，則有若四世、六世者兩家；在元祐、政和時，有若四世、五世者兩家；在乾道、至道時，則有若六世者兩家。今陸氏自德遷以來，以迄於今，乃十世二百年如一日，合門三千餘指如一人。共居同爨，始終純懿，此非他門之所可及者一。自家道既興，家政既成，孝友之行，孚於中外，輯陸之風，播於遐邇，自一世至於十世，若陸氏者，固已度越他人之門閭幾等矣。然門閭之高，不惟其世〔一〕，惟其人，此古今之所尤難者。惟陸氏五世而有文達九齡、文安九淵二大儒者，〔二〕以人品之高，道術之明，特起東南，上續道統，實以師表四海，非僅以師表一家。《大學》知至〔三〕、誠意、正心、修身、齊家、治國、平天下之全體大用，具在是矣。陸氏之所以名家者〔四〕，繇二先生之名世也。此非他門之所可及者二，人之家世，固以長久爲貴，然孰主張是，孰綱維是，雖有美意，必有良法，所以行其意也，而更續緝熙，美以世濟，又非一人一日之所能爲之。號爲義者，豈必美意良法之純備皆長久之計哉！故彊扶力制以至於五六世者，已不易得矣。陸氏四世至居士公賀，潛德不試而施於家，嘗采冠、昏、喪、祭禮儀而推行之，至文達又能繹先志而修明之，故其家法著於鄉社而聞於天下。文達、文安，有兄四人，九思、九敘、九皋、九韶，皆奇傑非常流，能共起家者。九韶稱梭山先生，尤能加詳密於治家之制，而大綱則有《正本》、《制用》上下凡四條，其小紀則有《家規》凡十八條，本末具舉，大小無遺，雖下至鼓磬聚會之聲，莫不各有品節，且爲歌以寓警戒

〔一〕陸九淵著，鍾哲點校：《陸九淵集》卷三十六中無『惟其世』三字。
〔二〕陸九淵著，鍾哲點校：《陸九淵集》卷三十六中爲『惟陸氏五世而有文達、文安二大儒』句。
〔三〕陸九淵著，鍾哲點校：《陸九淵集》卷三十六中爲『致知』二字，而不是『知至』二字。
〔四〕陸九淵著，鍾哲點校：《陸九淵集》卷三十六中無『者』字。

之機焉。至此，則三代威儀盡在於此。誠有如先儒之所歎者，非他門之所可及者三。家難齊，其來已久，先儒謂家難而天下易，故睽次家人，以難合而易睽也。一世猶難也，况累世乎？名曰義居，安得人皆知義，不過強合爾，如張公藝九世之出於忍是也，先朝之所賜，多百姓之家，非以私其家。意以風天下，不必別其爲民爲士也。聞有同屋而處矣，果有知居天下之廣居而非逸居者乎！聞同堂而食矣，果有知養大人之大體而非小體者乎！若陸氏，則世世師聖賢，人人知義禮。所謂居廣居養大體者，乃其素所講習，視彼徒聚於衆以養口體，而如張公藝之堅忍以持久者，天壤異處矣，此非他門之所可及者四。唐崔元暉不異居者三世爾，家人怡怡，羣從會食無他爨，當時已爲美談，蓋以身清家貧爲之，良不易矣。彼嘗被旌表之家，往往庫有餘財，廩有餘粟，而是以爲之當不難矣。今陸氏以清白傳家，常產素薄，而子孫日以蕃衍，已至三百餘人，產業曾無加益，是常有不給之憂，所恃者梭山清心素儉經營足食之計，且隨貲產之多寡，制用度之豐儉爾。是故能處貧若富而實貧，處匱若裕而實匱。其又孰有難於此者，此非他門之所可及者五。以是五者論之，是皆前代先朝之時，士民間之所未聞者，可不謂之絶無而僅有光前而裕後者哉！宜太常有特旨之請，以其不可以循常典也。文安昔嘗受知孝宗，今皇上克知其家，亦必有素，旌表之命，恩意厚矣，又豈容徒以常典論哉？厥今爲家長而主家事者沖也，沖毅然直，確然能持其家者。其以次弟姪輩，又類皆負才氣，道問學，穎脱以出。能爲公堂用志而不分爲族衆服勞而無倦，恩相愛而文相接，炳相扶而蔚相輝，保合太和，一門盎如也。自祖父老成淪謝之後，而能繼志述事以扶植十世三百口二百年之門户，不惟不至衰替，又若加興盛焉者，尤可以爲難得矣。然以前人始爲之實難，當其欲求全美，雖百年成之，而尤患其未足。若後人終成之尤難，苟其少有違缺，將一日壞之而已慮其餘，又誠不可忘戒懼也。今承聖恩褒嘉之，後肇造門閭，鼎新如式，近者見而榮之，遠者聞而慕之，非僅一時之光輝也。其遺休餘烈，宜何如哉？自子而孫，孫而又子，有之似之，常無間然，則小大永盛，源深流長，雖自十世至百世，自三百人以至三千人，自二百年以至二千年可也。祖宗之澤，皇上之恩，固無終窮，惟在永保此意而不替，長守此法而無弊，上以報君，中以榮家，外以率人，當有聞陸氏之風而興起者，運動鼓舞，寖久寖廣，則人倫民德之彌厚，教化習俗之益美，雖古人比屋可封之風可期而致也。然則今日之旌表，所以風天下者，豈曰小補，而要其終，豈曰淺功近效云乎哉？淳祐八年歲次戊申，五月戊申朔，朝請郎權發遣福建路轉運判官兼知建寧軍兼管内勸農事節制左翼軍屯戍軍馬偕紫包恢記。

象山書院志畧

象山精舍，在貴谿縣西南八十里，舊名應天山，宋陸子静先生讀書其上，建精舍以自居，四方學者踵至。門人彭世昌爲創齋舍數十楹。精舍前翼以四齋，曰居仁、由義、志道、明德。其矩齋、卦菴、養正、達誠等齋，則散處之。先生以其山形肖象，故更今名。慶元二年，先生門人劉建翁立祠堂於精舍之前，臨江章茂獻爲記。紹定二年，江東提刑趙彦誠爲增修祠舍，自爲記。迨元至順間，進士祝蕃復爲重修，春秋祀之。元季毁於兵。至我朝景泰壬申，廵撫都御史韓公雍，即其舊址，重修祠堂，奉祠梭山、復齋、象山三先生。《貴谿志》又云：『縣南二里有三山，山麓，宋嘗創建象山書院，於其春秋致祭，溥之裔孫承祀。』

新建象山書院記　黄直

金谿舊有槐堂書院，在儒學之左，以祀三陸先生。但祠宇介乎委巷，畢湫隘陋。吏茲土者，往往視爲故事，間有知所崇尚又或限於時絀，而不能舉羸。嘉靖壬辰，三衢程侯以名進士，筮仕金谿，崇儒重道，敦禮興化，因謁二先生祠，慨然謂諸生陳嘉言、蔡碏、毛滋等曰：『斯豈崇尚真儒之地哉？象山之在當時，學問淵源，直接孔孟，非世儒支離破裂可擬議。近來此學漸明，人知趨向，輔臣建議，已推尊從祀。况金谿先生生長之鄉，可無專祀之地乎？』諸生以本縣南關外刈鵝墩地勢高敞可建書院爲對。復謀諸舉人黄綸、聶靳、周瑚、王紹元、何諫、傅昂、彭天敘，僉以爲然。遂捐奉委一都義民王琳、黄廷會、龔日衡、蔡九山、陳木正、蔡九庭、詹時、孔愈盛、黄時秀、王克完、陶繻、王毓元、黄克寬、劉時秋、王偉、蔡九仞董其事。自甲午夏，迄乙未春，工落成。設先生之位於堂之北，而以楊慈湖、傅琴山二先生配。歲時額以仲春仲秋次丁致祭，仍置田若干畝以供所費。牲醴祭品，具有定數，名曰象山書院。夫祠院弊於因仍，而專祀隆於一旦，則我矦昭來學補世教之功，永永無斁矣。象山書院在縣南關外一里許，地名刈鵝墩。嘉靖十三年，邑矦三衢程秀民建塑先生像，慈湖琴山像祠之。

新建象山先生書院申文

撫州府金谿縣爲崇道學以勵風化事，准本縣知縣程秀民，關前事竊照爲政，以厚風俗爲要，而厚風俗以崇道學爲先。有宋之時，真儒輩出，有如陸象山先生者，偕其兄陸九韶梭山先生，陸九齡復齋先生，挺生金谿，鳴道江右，其學以先立乎其大者爲主，而不專事乎詞章訓詁之習，故其道精瑩簡易，凡所以教人爲政者，悉自其良心之固有者而發明推行之。人徒見其鵝湖太極之辯，少異於朱子，遂以禪學詆之，甚至謂子靜專於尊德性，朱子專於道問學，非獨不知象山，雖朱子亦重爲之病矣。近來此學漸明，人知趨向，輔臣建議，已推象山從祀廟廷矣。然表章之典，尚有所待焉，金谿先生生長之鄉也。宋紹定六年，知縣事陳詠之，因其家舊有槐堂書院，即今儒學之左，以祠二陸先生。元至正末，邑燬於亂，書院盡廢。天順六年，巡按江西監察御史呂，即故址重建祠堂，位梭山、復齋、象山三先生於正北，以傅子雲、楊敬仲配於左右。正統三年，江西布政司奉例爲褒崇道學事，劄行本縣，將陸象山先生裔孫陸時慶，勘實優免本户雜泛差役，責令修葺書院祠墓，及歲僉門子一名看守書院。正德十二年，欽差巡撫江西等處地方都察院右副都御史孫，行縣，以每歲二月十五日致祭。但前書院僻處委巷，畢隘側陋，其廟宇止是小屋三間，且侵越於豪富之家，而雜沓於烟火之室，往來士夫慕象山之道而拜謁者，徒付之歎息而已。夫象山之道，今海内之士，皆知其有功於聖門有補於後學，欣慕尊尚，而何其生長之鄉，過化之區，尚未聞表章而作興之，此豈所以勵風化也。嘉靖十二年五月，抄蒙欽差巡撫江西等處地方右副都御史高，批據本縣學生員陸德崇、陸德明，呈爲表先賢理祠墓作養後學事。蒙批仰金谿縣知縣程秀民查處申奪繳，依蒙已經監造牌坊一所於青田象山墓所，訖獨其書院之在學左者，尚仍其陋。今查得本縣原有西昇寺，坐落二十都，有田八十餘畝。弘治以來，豪民王統、王菊一等包占田畝，以致寺廢僧逃，止遺佛殿二所，淪於草莽，尚可修葺。又見本縣南關外地名刘鵝墩，乃金谿之水口脉地，地形高敞，可以建造屋宇。復審里老潘美、周劉漢等，僉以刘鵝墩改造象山書院，並無窒礙，除將西昇寺廢殿二所，移置前墩，以爲前堂寢室。委一都義民王琳、黄廷會、龔日衡、蔡九山、陳本正、蔡九庭、詹時、孔愈盛、黄時秀、王克完、陶繻、王毓元、黄克寬、劉時秋、王偉、蔡九仞董其事。仍捐俸重復新建門樓一所五間，川堂一所三間，左右東西廊屋各一所六間。崇以墻垣，飾以丹青，工將落成。卑職又恐典守無人，則廟宇易圮，又將前項寺田逐一清查，共追得田一百六十石見在。使人歲收其利，亦足以供祀事，但未經呈申，恐無以垂久遠，合行移關具申。伏乞遠獎先賢，俯慰民望。頒之扁額，錫以定名，將前槐堂書院改爲三陸祠堂，仍設梭山、復齋、象山三先生之像於中，以彰一時同胞之盛。將今所建刘鵝墩名曰象山書院。專設象山先生之位於北，而以楊慈湖傅琴山二先生爲之配，以爲一時特隆之恩，及將前所清寺田一百六十石内，除三十石，與近院民人王佳，十七等對換田二十五石，塡作院基地外，實在田一百三十石，共六十五畝，每畝起科三升，該糧一石九斗五升，給帖一都排年楊永忠、王元等輪流照業。每畝年約收租穀一石，共該收租穀六十五石，每石值銀二錢，共該銀十三兩。每年除銀一兩五錢輸納糧差，餘銀一十一兩五錢，内除銀八兩買辦牲醴祭品以供春秋祭祀之用，其餘銀三兩五錢，歲留以修整書院屋宇。而又每歲於約徭内添設門子一名爲之看守灑掃，其董事尚義之民，量加賞勞，則盛典將垂於不朽。人心樂勸於有終，道學崇，風俗勵矣。緣係崇尚道學事理，卑職未敢擅理，合關縣轉遠等因到縣，准此合就申禀。爲此縣司合備前由，合行具申巡按江西監察御史王奉批據申，足見崇禮先賢之意，俱依擬行此繳，欽差提督學校江西等處提刑按察司僉事李，奉批俱如擬施行，有牌記未申奪繳此。

象山書院落成祭文　程秀民

維嘉靖十三年歲次甲午九月甲子朔，越十九日壬午，金谿縣知縣程秀民等，謹以羊一豕一，香帛蒸醴昭告於宋儒陸象山文安公先生，曰：於穆先生，挺生是邦。立天之極，振道之綱。聖人不作，學失其源。詞章訓詁，晦於多言。公用弗寧，反遡厥心。良知獨得，孔孟是程。易簡之蘊，精一之秘。有發其端，功存萬世。嗟彼俗學，行矣弗察。操戈入室，視若枘鑿。天啓哲人，相我斯文。慈湖琴山，摳衣公門。篤信力行，介石之貞。闡揚道妙，如日孔昇。遐哉百年，公論昭明。夢者既覺，醉者既醒。爰及聖代，乾運中興。輔臣倡義，從祀孔庭。恩典以隆，潛德以光。獨惟宅里，表揚未遑。我生不辰，孔懷景仰。叨涖兹土，再瞻公像。緬維祠宇，湫隘卑陋。爰議興築，以規悠久。筮諏既從，詢謀亦同。首斥私俸，鳩徒庀庸。民心有靈，感而遂通。捐貲輸力，如雲是從。廼卜基址，厥地惟雄。廼程土物，厥勢惟崇。翼翼寢廟，繪山飾藻。曾不期月，既堅既好。呈之藩臬，達之憲臣。交相贊襄，聿觀厥成。維兹吉旦，敬潔粢盛。位公於北，妥公之神。慈湖琴山，分配左右。參天與地，同其不朽。嗚呼先生，克祐邦人。士興於義，民登於淳。風移俗美，永享明禋。

歲祀象山書院祭文　陳九川

維嘉靖某年歲次，某月朔，越某日，金谿縣知縣某等。敢昭告于先賢象山陸文安公。惟公學契本心，統承孟氏，異端精辯，聖道載光，茲惟公鄉，宜崇祀典，今茲仲秋，統率師生，以牲帛醴齊，粢盛庶品，秖薦歲事以慈湖楊公琴山傅公配，尚饗。

青田書院記　程文海

道不繫於地也，然由迹以知其事，沿事以見其人，使後之學者有所觀慕感發，則地亦若與焉者，此青田書院之所爲作也。謹按陸氏居青田，至象山文安公時，已十世不異爨。先代復其賦，表其廬，文安公兄又以道德師表當世，而青田陸氏聞天下。中更寇燬，星分瓦解，陸氏先祠，亦不能屋矣。至元二十三年，廣平程某以侍御史將旨江南，過金谿。顧瞻遺址，閔然興懷，鄉之耆舊，咸請復其家，且建三陸先生祠。遂以語郡，郡下之縣，縣無其人，文書苟具。大德五年，公諸孫如山慨然謀諸賢士大夫，且懷牒郡庭，以爲請。衆咸義之，爲助其費。適縣令尹張君懌政最方茂，有志斯文，欣然自以爲功。乃即義居故址，創屋數十間，春秋有祠，講肄有堂，廡房室門署備，扁曰：青田書院，而請某爲記。某蓋嘗冀其成，而今始克成，可喜也，抑可歎也，《傳》曰：『堯舜之道，孝弟而已矣。』使家皆陸氏，人皆文安弟昆，治民者豈復勞其心哉？亦既不然，而於風厲示效之方，又藐然曾不訾省，是不亦可歎已乎。美哉！張令君能知所先務也，懿哉！賢士大夫，能助其子孫繼志也。大哉！公之道德，久而彌彰也。公與徽國朱文公生同時，仕同朝，學同志，其不同者，立言有豐儉之間。是以今之知學之士，知文公者甚衆，而知公者甚鮮。知不知非道之所計，然以義居數千指若此，不幸遇患又如此，行道之人猶念之，况大賢之里居。政教之所急，而可藐焉，曙不訾省若此乎？此無他，不知之過也。某雖未足以知公，抑嘗知學。公嘗有云，就使吾不識字，要當爲天地間堂堂正正大丈夫。今家之子孫，與其里之秀民，勞於作，樂於成，庶幾藏修游息於永久，其亦奚所見乎！是必有所慕矣。然慕其人，不若師其心，居其居，不若履其道。不然，名存實廢，室邇人遐，適足以來無窮之慨歎而已，然則父兄師友可弗念歟！是役也，以七年二月建，十月成，明年三月記。

按：《西江陸氏家乘》卷之八云：『青田書院，在縣北三十里，乃三陸先生鄉也。』元大德七年，縣尹張居懌建，塑三陸先生像祠之，元季燹於兵。大明正德丙寅，裔孫志行志愛會族重建。

崇正書院記　王蓂

番禺馮侯大本之尹金谿也，治先其大者養與教，既於四鄉各建倉廣儲，歲歉克濟，民惠厥德，垂規諸永矣。既又慨然作曰，吾不敏，無以教於邑之人，若象山陸子，邑產也，若晦菴朱子，亦嘗祀於此邦焉。二先生同時並作，相會講道，共承前聖之統，真皆百世之師，盍並祠之，振揚其休光，使金谿之學者尊其道，宗其學。尚亦於風教有裨乎！於是乎躬出相地，得縣西南隅廢倉之址，其地窿然以高，面山臨流，背囂塵而挹清曠，其於祀於學也咸宜，乃定其規畫建書院焉。最後爲祠堂，立二先生木主於其中。前爲講堂，建作號舍於兩翼。又前爲戟門，又前爲大門，扁曰：崇正。嘉靖乙巳七月壬申始事，九月，督學僉憲蔡公適至，侯請定春秋之祠，公亟嘉之。報允焉。是舉也，出於侯之割俸勸義，不費諸官，不擾諸民，而事以時就。爰擇十一月丁丑，率諸生釋菜，以妥二先生之靈，遂來請記曰，子之有聞於二先生之學也，嘗輯心學二録，傳之海內，學者獲知二先生之學之合一矣。願益有以發明之，以厲乎興起而來集於斯者，俾其學二先生之學而弗昧其所從入焉。蓂之愚何足以任此？無已，則以二先生白鹿之訓，申之以心學，可乎？夫天下無心外之理，無心外之事，故無心外之學，外心以爲學，則學所學，非聖賢之學也，非天下之正學，是故學也者，夫惟學乎心而已矣。夫亦惟其心之存乎天理，而不牿之以人欲也。故發之於父子也，必無不親矣；發之於君臣也，必無不義矣；發之於夫婦兄弟朋友也，必無不別，無不序，無不信矣。其親也、義也、別也、序也、信也，必無所爲而爲。一於義而不雜於利，爲己而不爲人，爲内而不爲外矣。夫如是，則吾心之本體以全，大用以行，所以爲心者盡，而所以爲學者亦盡矣。夫是之謂正學，夫是之謂聖賢之學，二先生之學，深詣乎此。而發之以教人，故其白鹿之規有曰：『講明義理，由其身以及人。』又曰：『遵聖賢之教，而責之於身。』又曰：『思慮云爲之際，戒謹恐懼之心，嚴斯訓也。』無非教學者求盡其心而已矣。白鹿之講有曰：『志乎義，斯喻於義，志乎利，斯喻於利，學者之志，不可不辨。』又曰：『深思是身不可使爲小人，必將於利欲之習，怛焉痛心。』又曰：『專志乎義，博學、審問、慎思、明辨而篤行之。』斯訓也，亦無非教學者求盡其心而已矣。二先生之學，豈有出於此心之外哉？二先生之教學者，亦豈非心爲教哉？追景二先生於百世之上，而自奮以興乎百世之下，則盍以二先生之心爲心，以二先生之學爲學，辨之於精神心術之微，踐之於彝倫日用之顯，必求爲君子而不爲小人，必求爲聖爲賢而不爲愚爲不肖，斯不亦善學二先生已乎？斯不亦無負於二先生之教矣乎？嗚呼！若吾二先生，真得千聖相傳之心，其揆一也。萬世所當宗焉者也，道一有編，心學有録，學則有纂，皆以闡二先生之學也。然天下同此心，則同此學，其將自是益闡於天下矣乎！道一書院創於旴江，崇正書院創於金谿，皆以廣二先生之教也。然天下同此道，則同此教，其將自是益廣於天下矣乎！蒖私淑於二先生，夙切高山之仰，而又深嘒夫馮矦之義舉，大有功於二先生，有功於來學也，是故記之，嗚呼！斯記之所爲告也者，豈獨以勵夫金谿之人而已夫。

歐陽圭齋作《重建金谿學記》云：『金谿爲陸子之鄉，陸子天資高明，學識凝定，兩漢而下儒者，罕見其比。時朝廷方崇朱學，而朱子與之異同，其來已遠，廣漢張氏與朱同志而同道者也。張氏作洙泗言，朱子見之，以爲開學者捷徑，原其與陸學異同，大節不過此耳。夷考二子所以教學者，入德雖殊，造道則一，惟善學陸者，不騖於超詣之宗，善學朱者，不墮於訓詁之家。斯則曾子之篤實，子貢之穎悟，皆足與聞聖人一貫之旨者也。是故周矦欲明道藝，成風俗，則先正人心，欲正人心，則先正士習，欲正士習，則先正學術，欲正學術，則先於朱陸二學之異同，會其指歸以教學者。夫如是，則金谿之道藝風俗士習人心，與黌舍一時而俱新』云云。

按：圭齋以文章名於一代，當崇尚朱學之時，而議論獨能如此，不可謂非深知斯道者矣。蓋人固未有無見於道，而能以文章名一代者也。宋潛谿濾學於黃文獻溍，溍學於許白雲謙，蓋其淵源固由金華四先生以上溯朱子之傳者也。其爲金谿縣孔子廟碑，而末系以詩云：『金谿之山，翔躍猶龍。下有學宮，靈氣所宗。篤生大賢，惟我陸子。究明本心，遠探聖髓。其道朗融，白日青天。纖塵不飛，萬象著縣。』其推崇如此，尊之曰大賢，而親之曰我，明其探聖髓而比之以天日，至矣！蔑以加矣。蓋前輩留心聖學，實有見解，則雖淵源朱子，不敢不尊陸子如此。而後來無知之徒，如陳建、呂留良輩，於潛谿無能爲役，乃輒敢詆諆陸子，誠所謂小人而無忌憚者也。

《姑蘇筆記》云：象山先生，天資高明，卓識偉然，雖未嘗註四書，而散見於文字間，其貫穿通徹，何可及？說《孟子》『必有事焉而勿正心』是一句，『勿忘勿助長也』是一句，下句是解上句。《孟子》中有兩正字同義，必有事焉而勿正心，一也；言語必信，非以正行也，二也。勿正字下有心字，則辭不斷；勿忘字上無心字，則辭不贅，此但工於文者亦能知之。『必有事焉』字義，與『小心翼翼昭事上帝事』字義同，晦翁於集註云：必有事焉而勿正，趙氏程子以七字爲句，近世或並下文心字讀之者，亦通。近世讀者，指象山也。要知象山此說，明潔諦當，雖程子所見，亦偶未到此，何止於亦通而已。晦翁若明載此說作陸氏曰：豈不佳哉？晦翁謂必有事焉，如有事於顓臾之有事也，正預期也。《春秋傳》曰：戰不正勝是也。雖引援不同，實與象山同意。近李明通作象山文集序，謂古心先生嘗云，象山如烟消日出，不涉半點字義，余頗疑此說。講明道理，如何全不涉字義。得《廣信府志》，象山陸先生贊云：先生字子静，名九淵，臨川人，舉進士第，爲世儒宗。開明義理，研析精微，其衛道甚嚴，與諸生聚辯之地曰象山，屬廣信之貴谿。頃同晦奄菴諸公講道於鵝峰蘭若，祠像儼然。謚文安。今上即位，追表而録其後焉，贊曰：『真識洞古，寒光照空。誰今滓翳，障我昭融。星會講習，日參異同。象山赫赫，增高鵝峰。』

袁蒙齋嘗作象山先生贊云：『即心是道，勿助勿忘。愛親敬長，易簡平常。煌煌昭揭，神用無方。再拜象山，萬古芬芳。』

包宏齋弊帚藁畧有先生贊云：高明英特，所立之卓。沉潛縝密，所守之約。彼之所學者，告子之外；此之所學者，孟子之内。外者皆虚說，誣民而徒塞乎仁義；内則皆充實光大而可入乎聖智。不差毫釐而一是之歸同，無過不及而一中之混融，嗚呼！若先生者真可以進乎夫子皜皜莫尚之明，而世之妄肆瑕疵者，亦何足以傷玉氣貫虹之精哉？

明禮部尚書席文襄公書作《鳴冤録》，以明陸學，自爲序云：『鳴冤録者，録陸氏之冤而鳴之也。宋室南遷，朱陸二子，一倡道於建陽，一倡道於江右，一時名士，争走門墻。於時朱氏方註六經，訓百世，謂物必有理，理必盡窮，然後可以入道。陸氏謂其牽繞文義，倒植標末，徒使窮年卒歲，無所底麗，天與我者，萬物皆備，何假外求。朱氏因目之曰此禪學也，一時遊考亭之門者，方與象山門人較争勝負，一聞斯言，喜談樂誦，月記日録，迄於今日。朱氏之書盛行於世，舉業經學，非朱傳不取。由是經生學子，童而習之，長而誦之，皆曰陸禪學也。

山林宿士，館閣名卿，亦曰陸禪學也。予讀其書，誦其言，目濡心醉，亦曰陸禪學也。凡聞陸氏者，如斥楊墨，如排釋老，甚而若將浼焉。問無覺者，終身迷誤，莫知反也。』及宦四方，得陸氏語録文集，三讀其言，撫膺歎曰：『嗚呼！冤乎！孰謂陸公爲禪乎？』再取讀之，不徒非禪也，且若啓蔽提聾而中有戚戚焉。又從而歎曰：『予晚出迷途幸矣！』將持陸書徧訟諸士，顧文言頗繁，見者墉覽，覽者未終，卒難曉悟。政餘乃撮其書問語録之要者，各類二篇，曰嗚冤録。使人讀未終日，見其無二乘空寂之語，無六道輪廻之説，必將曰冤乎？人言可盡信乎？兹殆賤目而貴耳也，嗚呼！此吾道之冤也，刑獄之冤陷一人，道術之冤，使天下人心，如飲醇酒而莫知其醉，雖欲無嗚，將能已乎？自孟氏道遠，伊洛言湮，而心學失傳，一有覺者，同室起鬭，如孫龐同師鬼谷，而自操戈盾以角，兩國之雄，亦可怪矣。及朱氏晚年悔悟，自恨盲廢之不早惜乎！易簀已至，其書已行，不可追挽，後之君子，不究晚年，至論師尊，中年之書，過於六經語孟，使朱氏之心不得表白於後世，負冤者不徒陸氏，而吾朱夫子含冤九地，亦不淺矣。所幸斯文未喪，此心不死，近時一二大賢嘗伸此義以救末流，信者寡而傳疑大半，是録所由嗚也。君子感其嗚，一洗其冤，將知登岱山望東海，道在此而不在彼矣。録曰嗚冤。蓋有激也，亦以起問者見是非也。

明大學士徐文貞公尊信陸王之學，自編《學則》一卷，又爲《學則辯》，云：『某既編《學則》成，朋友之相詰難者，或引存養格致，以爲尊德性、道問學不可合爲一事；或引學問思辨篤行，以爲必先道問學而後可及於尊德性；又或謂晦菴、象山兩夫子均之爲聖人之徒，但其入門則有不可强而同者。其説雖殊，然要皆不究夫學之所以爲學，故必認以爲二，而不能信其一也。夫學，尊德性而已矣：問也者，問此者也；學也者，學此者也。遺此之謂禪，離此之謂訓詁。故尊德性者，君子之所主以爲問學者也；問學者，君子之所由以尊德性者也。舍問學而求尊德性，則德性不可得而尊；舍尊德性而求道問學，則亦不復有所謂問學之事。此尊德性、道問學所以爲一，而非可以存養、格致分屬並言者也。且存養非他也，存其所格之理焉耳；格致非他也，格其所存之理焉耳。存也，格也，其功無二用也。是乃所謂問學，而君子所由以尊德性者也。如必析尊德性以屬存養，析道問學以屬格致，而謂尊德性之功，別有出乎問學之外，則《中庸》首章之獨言戒懼，於義既不勉有所遺，而《大學》之格物致知，乃徒爲博物洽聞之具，而非所以致誠正修齊之實矣。此豈獨不知尊德性、道問學，亦豈識所謂存養、格致哉？乃若學問、思辨、篤行，其所謂博學者，非濶畧於踐履，而徒務博其見聞，及其既博，然後漸次收拾以付之於行也。蓋君子修身踐行，既無所不用其學矣，其或學而有疑，則問之之審；問而未有得，則思之之慎；思而猶未能了然於其心，則辨之之明；辨之既明，則益敦行之而弗怠。是所謂篤行者，乃取博與篤兩義相對而言，非所以爲先後之次也。然則道問學、尊德性不可以分先後明矣。至謂兩夫子入門異，而均之爲聖人之徒，則又有可言者。夫君子由學以入聖，猶人由門以入室。今指尊德性、道問學爲兩門矣。然而聖之所以爲聖，踐形盡性之外，無他事也，則尊德性、道問學，室一而已，門〔一〕一而已，安得有異入乎？凡某所以斷兩夫子之同者，固慨夫世之人舉其訓詁〔二〕之陋，妄自托於朱子，而詆陸爲禪；舉其空寂之謬，妄自托於陸子，而詆朱爲俗也。今曰均之爲聖人之徒，則某之所争者固已得矣，又何異之足言哉？大抵子思此章，其辭旨本自曉白。蓋不徒曰尊德性，而必繼之以道問學，則可見功夫之有在，而爲尊德性者所不能遺；不徒曰道問學，而必先之以尊德性，則可見主本之有定，而爲道問學者所不能外；不徒曰尊德性、道問學，而必合之以而之一字，則可見其爲一事，而非耦立並行者之可倫。是故尊德性、道問學一也。朱子世以爲專道問學，而其言必言〔三〕於

〔一〕陸九淵著，鍾哲點校：《陸九淵集》中有『亦』字。
〔二〕陸九淵著，鍾哲點校：《陸九淵集》中爲『話』字。
〔三〕陸九淵著，鍾哲點校：《陸九淵集》中爲『主』字。

尊德性；陸子世以爲專尊德性，而其言不遺夫問學，此兩夫子所以同也。學者苟反身以究夫學之不容二，而又虛心以觀兩夫子之言，則可無疑於紛紛之說矣。』

右《學則辯》，華亭少湖徐公所作也。辯朱、陸二夫子之學同歸一致，不容有毫髮之疑矣。今因補刻《象山全集》，附刻是辯，俾求象山之學者則焉。荊門州儒學學正閩尤谿廖恕謹識。嘉靖乙未秋九月吉旦。

本朝翰林院編修萬子承蒼答順德陳守論《陸子文集》書云：『過順德，作中夜談，深以爲慰。比辱手書，具知動定，陸子集辯詰不遺餘力，仰見吾兄任道甚勇，衛道甚嚴。又懼承蒼惑於異聞，欲挈之使進於大儒之門户，良友切磋之益，可謂厚矣。顧承蒼之心，若有未安者，不敢苟焉景附，輒陳其愚見，而幸吾兄之終教之。承蒼少時溺於記誦辭章之習，行年三十，取程朱之書徧讀之，始有志求道，獨病其言浩博，往往未定於一，莫可據依。及觀陸子書，依六經孔孟以立言，本末一貫，内外兼該，了不異明道程子意。既而思之，伊川程子亦嘗有是言，攷之《朱子全集》，則其傳之延平李氏，與其晚歲之所自得，又無一不合者。因六經孔孟以求明道之言，因明道以求伊川程子、朱子、陸子之言，乃知此心此理無不同。而聖人之道果可以學而至也，世之論學者，既未嘗沉潛反覆於程朱之書，而陸子書則概棄弗視，其所以詆斥之者，但設爲想像之辭，或截其單辭剩語，轉相傳說，率非陸子之實，此論行凡朱子之言，與陸子合者，反諱匿之不復道。於是朱子深造自得之學，終以不明，而聖人之道亦晦。承蒼深病其然。故願得同志之士，相與講明之以歸於一是，今讀兄所論，仍據前人想像之辭爲斷，則是卒未覩陸子之全書，而無以得其實也。陸子言心，皆以所載之理言之，初不認心爲理，世所尤詆者，心即理也一語。惟見之答李宰書。蓋以闢夫言無心者之繆，其爲說曰，人皆有是心，心皆具是理，心即理也。故曰義理之悅我心，猶芻豢之悅我口。羅整菴嘗引此二語以辯心即理也之非，其未見陸子全書明矣。合而分，分而合，苟玩其文義，雖童子不難辯矣。學不離見聞，而不可溺於見聞。陸子於書無所不讀，又於人情物理事勢用功，其教人也，必先之親書册，求師友，嘗曰：「學有講明，有踐履，格物致知，此講明也。」又曰：「未嘗學問思辨，而曰吾惟篤行之而已，則是實行也。」此豈掃却見聞者，特惡夫口耳之學。不能有□於身心者耳。存養之說出孟子書，不可曰認賊作子。若謂其所存養者别有一物，則當指其實而攻之。今但據「存養」二字便以爲異，譬則見人撫摩其子，而遽呵之曰，是賊也。非其子也。將何以服其人耶！若夫理與心一，此道全不在語言文字，非存心無以致知，朱子固嘗言之，而陸子無是也。凡世之所詆於陸子者，皆陸子反覆辯難，决以爲不可者也。不然，則其未嘗言者也。不然，則兩家門人妄傳之者也。而語意近似者，又皆朱子之所已言，此不可不察也。《困知記》嚮固熟觀之，其書極尊朱子，然其大旨絶相剌謬，而多與陸子合。所以詆陸子者，蓋未見其全書。而徒疑爲陽明之學所從出云爾。《學蔀通辨》一書，其言詭譎乖悖，大類訟師誣告文狀，不足道者也。承蒼嘗客東莞，其邑人言陳建素無行，爲其鄉先生所不齒。鄉先生故多宗陳王之學，建乃竊爲此書，以媚上官。而陰謗其鄉先生。初未敢顯出，匿諸北方，萬曆中顧公涇陽爲之序，至我朝陸稼書先生偶稱之。始傳於世。自言陸子文集無可議。獨取之語録，大抵皆横誣而已。末乃摘陸子言精神者數條，以爲專務虚静之證。不知陸子最不喜言虚言静，精神第常語，又止見於門人所記，攷朱子文集，言完養精神者，乃不可勝舉。承蒼嘗悉列其醜詆之辭，繫陸子本文於後，皆不合。復取朱子之言證之，異時呈之吾兄，自見其謬。由此觀之，陸子固不可詆也。雖然，吾兄未知陸子，而其學乃甚似陸子。如報災一事，所謂自盡其心者是也，平時能存心，則此理甚明，當報災自能報災，擴而充之以有此端耳。謂是物格知至之驗，恐吾兄亦未可遽承也。非獨此事而已，承蒼所聞於吾兄，而數爲在京諸公稱道者，若禱雨講約辨寃獄諸善政，皆是心也，當如是，自能如是，豈嘗一一考証於古人之書，而後爲之乎。必考証於古人之書而爲之，則是僞而已矣。豈吾兄之心哉！此言雖發自陸子，然非陸子之言，六經孔孟皆言之，即程子、朱子亦未嘗不言之也。嗟乎！六經孔孟之道，至宋儒然後大昌，周、程任之於前，朱陸繼之於後，雖所從入之途或殊，要其歸趣，未始不一。今徒見陸子之言，先本後末，由内及外，遂以斯道易簡工夫，專屬之陸子。來書每稱陸子爲易簡工夫。而執夫析理氣爲二物，假書册以攝心者，以是爲朱子之定論，至其恒言存養，又隱然病之。朱子之學，果僅止於是乎？聖人之道，果若是其支離也乎？後之學者，將何從焉？承蒼與兄皆有志於道者，非若科舉之士，遇以朱陸異同命題，泛然援昔人之言判之而已，當究觀兩家之書，以求其至當，然後操之有要，而爲之可成。由承蒼之説，則陸子爲能守約，朱子自多學而識入，其卒也亦返乎約。由兄之説，則朱子始終未離乎，多學而識之見而已。孰爲能尊朱子者耶？承蒼今年五十，兄亦且四十，將欲即凡天下之物，莫不因其已知之理而益窮之，以求至乎其極，度已難矣。六經孔孟之書，少而習之。宋儒之精言，漢唐以來史册所載，治亂得失，是非賢不肖之梗槩，畧已過目，竊謂自今以往，姑務先立乎其大者，於人倫日用間，隨分自加檢點，見善則遷，有過則改，以蕲至乎踐履篤實之地，事役有暇，則益讀有用之書，爲涵養充柘之助。用力若此，亦庶乎其不悖於道也。不識吾兄能俯從之否，都中朋友絶少，自李象先歸後，惟日與君家二登話此，孫侍郎亦言爲學當以陸子爲準式，一二前輩持之尤堅，豈非所謂此心同，此理同者耶？所示别紙，條析奉報，如兄固不謂然，願惠書明白言之，以警愚妄，幸甚！承蒼再拜。』

别紙附

來教云：充其所見數句，何嘗不的當精切，但恐本原之地差却。則所謂見，所謂推，所謂著察純一，皆自有其指歸。譬如認賊作子，其撫摩鞠育，殆亦無以異於己子，即禪家行住坐卧，都不放空，亦何嘗不自謂行習著察。承蒼謹案『充其所見，推其所爲，勿怠勿晝，益著益察，日躋於純一之地』數句，皆依孔孟以立言，知孔孟之指歸，則知陸子之指歸矣。謂之的當精切，何復致疑？如謂本原之地有差，則當明言其差處何在？恐未可以莫須有三字定案也。

來教云：『此天之所以與我者。』以下無數此字，皆指心而言，故下文即引心逸日休以明之，孟子所謂得者得此理也。今云得者得此也，是以心得心也，文理難通，善與義自有事實在，今云積此集此，則與寂守其心者何以異乎？

陸子曰：『此天之所以與我者，非由外鑠我也。思則得之，得此者也；先立乎其大者，立此者也；積善者，積此者也；集義者，集此者也；知德者，知此者也；進德者，進此者也。同此之謂同德，異此之謂異端。心逸日休，心勞日拙，德僞□辨也。』此天之所以與我者，非由外鑠我也，此字指仁義禮智之理而言，故下文推廣其意，八此字，皆指理，不指心，引書二句趨重德字，其意甚明。後一篇答曾擇之書則曰：『此理本天所以與我，非由外鑠。』又曰：『仁即此心也，此理也。求則得之，得此理也；先知者，知此理也；先覺者，覺此理也。』合觀之亦可以瞭然矣。以心得心，自是吾兄誤解，積心集心，雖三家邨學童，無此文義，陸子殆不爾也。曩見羅整菴集中發此論，故斷其未見陸子全書。陳建則謂只用一此字，從來文字無此樣，轍不知象也者，像此者也，爻也者，效此者也，易固有之矣。程子曰：『理則天下只是一箇理，故誠只是誠此者也，敬只是敬此者也，仁是仁此者也，信是信此者也。』又曰：『造次顛沛必於是，吾斯之未能信，只是道得如此，更難爲形狀。』又曰：『古人見道分明。』故曰：『吾斯之未能信，從事於斯，無是餒也，立之斯立。』此等樣轍，陳建輩能知之，陸子未曾言心，猶有寂守之疑，若朱子曰中庸□天命之謂性，即此心也；率性之謂道，亦此心也；修道之謂教，亦此心也；以至於致中和贊化育，亦只此心也。致知即心致也，格物即心格也，克己即心克也。蔡九峰受朱子之命作書集傳，其序始終言心，吾輩又當如何置詞耶？

來教云：自有諸己，至其爲物不貳，始終求之一心，所謂易簡工夫也。

詳觀陸子此段，即不見一心字，有諸己以身言，寬裕溫柔十六字以德言，若因其引用中庸，不識無物，遂以爲求之於心，則是子思語先有病矣。所謂由萌蘗之生，而至於枝葉扶疎，由原泉混混而至於不舍晝夜，真見得此理至易至簡，可久可大，吾兄稱之，豈虛也哉？

來教云：自學問固無窮已，至末云端緒得失則當早辨。又云於其端緒知之不至。又云學未知至云云。皆以爲學當求諸心，所謂以知本爲知至也。人情物理一段，明明將格物致知抹煞，今謂之學問思辨，而於此不能深切著明，又已將學問思辨駁倒。

來教又云：一篇大意，不過謂學只宜求之於心，格物致知，學問思辨，皆其外皆其末，無奈大學首格物，又中庸又有學問思辨之目，故不便直言抹煞，是以其言繳繞屈曲，左遮右掩，蓋亦自知其難通矣。

詳觀陸子此段，凡六百七十言。惟先覺不作，民心横奔，及耻非其耻，而耻心亡矣。兩見心字，前後大旨，俱不言心。其曰學問固無窮已，然端緒得失則當早辨，是非背向可以立決，即孔子之所謂志於道，子思之所謂入德。格物致知，程子以窮理言學問、思辨。中庸以擇善言，皆是意也。彼以浮文相熒惑，信聖言爲藩飾者，不可謂之學問思辨。耻一物之不知者，不可謂之格物致知。陸子駁之，豈得爲過？陸子生平恪守經訓，從未敢增易一字，何至有抹煞之疑？兄謂大學首格物極是，而朱子欲補敬字在前，又加窮理二字於格物之上，以存心易格物字。於大學正文，既竄易其章句，復補作格物致知傳，似以聖人之言爲未當，而附益己說，此則承蒼之所不能無疑者也。不事見聞，而專求之於一心，陸子從無是言，亦無是意。言虛無，言寂静，尤其所斥昔人議陸子不出此數端，皆與陸子之學相反者也。格物致知，學問思辨，陸子教人耑自此入手，與趙詠道書言之尤詳，特不爲訓詁之學耳。竊觀吾兄之意，乃直以格物、致知、學問、思辨之功，耑在讀書考古。愚謂此特其中之一事，而必以切於人倫日用者爲先務，朱子集中亦嘗有是言。至若朱子教人且多讀書，以爲撞來撞去，或可撞着，此恐是一時之誤，未可據爲路頭，莫若於數說之中，擇其一說之是者，篤信而固守之，亦朱子所以事程子之道也，商之如何？

來教云：只一存字，自可使人明得此理即是主宰，象山所謂此理，亦是昭昭靈靈之心而已。此只一存字可明，如佛氏之明心見性是也，若此理之具於吾心，而散於萬事萬物者，非格物、致知、學問、思辨，何以能明？孟子言君子存之，如下文明物察倫，行仁義，惡旨酒，好善言，是多少工夫，亦不是空空存是。以夫子之聖，猶好古敏求；顏子之賢，猶博文約禮，不是一存字可了。孟子亦有求放心之說，蓋志氣清明，義理昭著，可以從事於學問。程子亦有存久自明之說，所謂自此尋向上去，下學而上達也。今象山乃謂明得此理即是主宰，是欲將此心之昭昭靈靈者爲作用。看孺子一段，可見異乎孟子伊川之言矣。

此篇因曾擇之將存誠、持敬合說，而陸子折之以爲存誠字，於古有考。持敬字是後來杜撰，故引易閑邪存誠，以明存誠字之所出。因云不但言存誠可，即言存心亦可，故引孟子存其心之說。又云不但言存心可，即單言存字亦可。故言已嘗以存名齋，而引孟子君子存之，難有存焉者寡矣之說，遂申之曰只存一字，自可使人明得此理，謂雖不言存誠，只說存之一字，自可使讀者明得誠之理，是解書不是論爲學工夫。下文云明得此理即是主宰，真能爲主，則外物不能移，邪說不能惑。明得此理，即格物、致知、學問、思辨之效。外物不能移，邪說不能惑，即固執篤行之效，初不說空空存。陸子言理，兄自言心，心可謂之昭昭靈靈，理不可謂之昭昭靈靈，是與陸子之言異也。蓋志氣清明三句，恐有語病。志氣清明，義理昭著，必已嘗學問，能求放心者，始克臻此境地，以朱子大學之訓求之。志氣清明，義理昭著，乃知至之事，從事於學問乃格物之事。今曰志氣清明，義理昭著，可以從事於學問，則是知至而后可以格物也，然乎否耶？朱子求放心節註，謂可以上達，兄謂可以從事於學問，直以從事於學問爲上達，是與朱子之言異也。程子曰：理有未明，故須窮索，存久自明，何待窮索。又曰：聖賢千言萬語，無非欲人將已放之心約之，使反復入身來，自能尋向上去，下學而上達也。語本不連，義亦微別，今並舉之。似以尋向上去，下學而上達，釋『自明』二字，是與程子之說異也。孟子曰：學問之道無他，求其放心而已矣。今曰志氣清明，義理昭著，可以從事於學問，是與孟子之言異也。孺子入井一段，雖言心，而怵惕惻隱之根源，則是理。孟子知皆擴而充之，知字正欲使人明得此理。今以明得此理即是主宰爲非，是又與孟子之言異也。此理之具於吾心，而散於萬事萬物者一語，尤與程朱之言不合。由此觀之，兄之博學審問則得矣，其於愼思明辨之功，得毋尚未盡耶。

佛氏明心見性之說，蓋謂明得心即見得性。吾儒所謂性，只是仁義理智。佛氏棄人倫，滅天理，其所謂性者非也。既失其性，則所明者不過空虛寂滅之心而已，亦非吾儒之所謂心也。此處爭道理，不爭字面。朱子謂明德者，人之所得乎天，而虛靈不昧，以具衆理而應萬事者也，明明之也，具衆理應萬事非心而何？程子謂明諸心，知所往，則『明心』二字亦可不諱矣。何獨於陸子之言心而必言理者，反呶呶然議之乎？又況其不言心而專言理也乎。

陸子未嘗言一存字可了，然聖賢之學，則確是一存字可了，但有自然勉然之分耳。兄試將孟子本文，及程朱全集議論，反覆玩味，再向自家身心上切實體認一番，自當知之。尹氏存天理之說，本自程子。陸子謂明得此理，即是主宰，大意極合。兄每見陸子說理字輒不喜，反似有取於理障之說，但不知捨却此理，更有何物作得主宰耶？朱子曰：自古聖賢，皆以心地爲本。又曰：常常收得這心在，便是執權衡以度物。又曰：爲學大要只在求放心，其他用功，總閒慢，須先就自心上立得定決不雜，則自然光明四達，照用有餘，凡是非美惡，亦不難辨。又曰：今說求放心，吾輩却要此心主宰得定，方賴此做事業。如此之類，却只說心做主宰，不說理做主宰，其與陸子之言，是同是異，幸明辨之。

前見陸子與邵叔誼書有云：此天之所以與我者，非由外鑠我也，遂疑此字指心言。此書有云：此理天之所以與我，非由外鑠。明著一理字，似可以釋然矣。今備舉上下文，而獨截去此二句，豈一時檢點不及耶？易曰：修辭立其誠。吾輩不可不三思也。

來教云：心一也數句，是象山受病根源，故整菴闢之。心即理也，亦象山與李宰第二書中語，然亦不必移易於此乃見其誤，其曰歸一，其曰無二，其曰不容有二，蓋象山之認心爲理，已自十分明確，無庸再費分疏，宜其與考亭相齟齬，其自謂伊川之言若傷我者，夫豈誣哉？嗚呼！象山以過人之姿，踐履篤實，乃毫釐之差遂至謬以千里，信乎學之不可不熟講也。又云：此心此理，是一是二。

此篇歷引孔孟之言而總斷之曰，古聖賢之言，大抵若合符節，蓋心一心也，理一理也。至當歸一，精義無二，此心此理，實不容有二，其義甚明，而兄謂陸子受病在此，豈果以自古聖賢，皆非一心，自古聖賢之言，皆非一理也乎。謂自古聖賢之心，皆一心，故所言之理皆一理，而即斥其認心爲理。兄論陸子書如此，誠無庸再費分疏也。所舉答李宰書，前已言之。朱陸不一之故，實因朱子中年立說稍異，兩家門人，復交搆其間，是以不能無齟齬。迨陸子既卒，朱子未見其全書，故終不免疑爲禪學。而己所論著，則無不與陸子相合，惟其精詣如此，所以克紹道統之傳，此說甚長，不及縷悉，但全看朱子文集自知之矣。陸子極尊二程，其有不合者，則以六經、孔、孟之言證之，不敢苟同。所謂伊川之言若傷我者，正可見陸子用功切實處。凡讀古人書，必以心驗之，以身體之，而不爲浮文虛論。然亦未嘗顯駁其非，後學所以事前賢之道，固宜爾也。若朱子於伊川先生之言不合者，十常六七，務自立一說，以求勝於伊川先生，此亦中年學未純一之故，後來則無此病矣。心一心也，理一理也數句，整菴未嘗闢之。至當歸一，精義無二，則屢引用其說，想不以爲謬耳。

此心此理，是一是二，願明言之。陸子曰心皆具是理，恐未可將理字劃出向心外也。

來教云：仁即此心也，以下尤見象山宗旨。仁人心也，誰謂非孟子之言。按：誰謂非三字，微涉輕佻似有咎孟子，多此一言之意。延平謂孟子不是將心訓仁，語意與象山自别，此恐宜作題目入思議。此心此理，終是劃不開，只一滚説，未見分曉。四端雖具於心，同是一理，其實有四者之不同，深體認之可見，今渾而言之曰此理也。不知心只一心，理不一理，其認心爲理，已可槩見，故引孟子良知良能以明之。而揭之曰此吾之本心也。此其所以成慈湖頓悟之非，而啓姚江良知之誤也。且此節緊要全在擴充二字，孟子欲人識其端而擴充之，今象山竟將此二字抹煞，其意不過欲証明此心，故闢多學而識之非，謂復其本心爲有事，爲積善，爲集義，此所謂易簡工夫也。其所謂一陽爲主於内者，亦不過以此心爲作用。故曰：是知其爲是，非知其爲非，此理也；宜辭而辭，宜讓而讓，此理也。此與當惻隱時便惻隱，當羞惡時便羞惡，同一作用。白沙所謂得此欛柄入手，更有何事後之？先一貫而後忠恕，以知本爲知至者，皆此意也。不知仁義禮智之理，雖具於心，而實散之於萬事萬物。非窮理格物，極深研幾，體驗於人倫日用之間，亦何由行習著察充其本然之善以復其初也。今以復其本心，便爲有事，爲積善，爲集義，則是其所謂易簡工夫者，不惟將格物致知一層抹煞。其踐履篤實，亦未嘗於人倫日用之間，力加擴充，不過兀守其心而已。按：陸子十世同居，孝宗稱爲滿門孝弟，周益公判湖南帥府，與人書曰，荆門之政，如□循吏躬行之效至矣，語見周本集，此等處皆不足信耶。夫既不能窮理，又不能實致其擴充之功，只恃一心以爲作用，將吾心之全體大用，有所未明，其行乎惻隱辭讓是非之途者，必至於顛倒錯亂，猖狂自恣而後已也。此象山之學，所爲悖於聖人而合乎禪宗，朱子詆之於前，諸儒闢之於後，又豈爲深文也哉？

孟子因當時之人，將仁字全説向外，故欲人反而求之。曰仁人心也，本不是將心訓仁，人亦決無疑孟子將心訓仁者。延平所解，原屬蛇足，此訓詁之學，所以言愈多而理愈晦也。天下之理，析之則有萬殊，合之則爲一致。愛親敬長一段，由孟子惻隱之心一節而引伸之，正是即其分之殊，以明其理之一。程子曰：理則天下只是一箇理。故敬只是敬此者也，仁是仁此者也，信是信此者也。今據仁即此心也，此理也。以下之文遂疑。陸子認心爲理，則孟子、程子孰非認心爲理者。凡人立言，必有次第。陸子仁即此心也、此理也一段，欲曾擇之識此理之端後二段，方言擴充之力。前段歷舉惻隱、羞惡、是非、辭讓數端，而總之曰，此吾之本心也，所謂安宅正路者此也，所謂廣居正值大道者此也，是以本體而言。後言復其初心，居安宅、由正路、立正位、行大道，是以工夫而言。孟子惻隱之心二節，先言本體，後言工夫，次第亦正如此，兄乃不究觀之。止據說本體處，即謂將擴充二字抹煞，曾謂居安宅、由正路、立正位、行大道者，猶不可言擴充也乎。最後一段，說擴充之功尤詳且盡。其曰：吾友能棄去謬習，復其本心，使此一陽爲主於內，造次必於是，顛沛必於是，無終食之間而違於是，此乃所謂必有事焉。乃所謂勿忘，乃所謂敬，果能不替不息，乃是積善，乃是集義，乃是善養浩然之氣，此乃所謂必有事焉。此字緊承使此一陽爲主於內四句，暗對前段仁字，並不曾云復其本心爲有事，爲積善，爲集義。復其本心，正不容易，其工夫在爲仁，爲仁工夫在有事勿忘，在敬，在積善，在集義。積善集義者復之始，無終食之間違仁者復之終。所謂擴充之力，孰有過於此者乎？曾謂造次必於是，顛沛必於是，無終食之間而違於是者，猶不可以言擴充也乎！方論爲仁工夫，原不必追說到格物致知。孔子告顏子，止言克己復禮，可見陸子與常人言，故較詳密，亦是胸中道理爛熟，所言自無滲漏。中間一段云，今拘攣舊習，不肯棄捨，乃狃其狹而懼於廣，狃其邪而懼於正，狃其小而懼於大，尚得謂智乎，正欲曾擇之明得至善之所在，如孟子言知皆擴而充之，歸重知字，格物致知之道不外乎此。初未嘗抹煞格物致知一層踐履篤實，是朱子稱陸子之辭。未嘗於人倫日用之間用力，則所踐履者何事非加擴充？何由篤實？兄所云云，似與朱子迥異。所謂行乎惻隱辭讓是非之途，必至顛倒錯亂猖狂自恣者，亦果有據乎？朱子有云聖賢已死，他憑你如何說，他又不會出來與你争，只是非聖賢之意，此言雖淺，固宜服膺。兄於陸子集，全不看上下文，與其言中之意，止撮取數字，輒據爲罪案，而加以刻深之詞，此非言語間小小過差，亦恐足爲心累也。朱子平日議論太多，自孔、顏、曾、思而外，皆若有所不滿，不獨陸子而已。於孟子則謂其麤，謂其露才，謂其英氣害事，謂學之無可依據。於二程子之言，多所牴牾，謂伊川未能無我，節目尚疎，每事三說，决有兩說不是。程門弟子，則槩目以禪學。嘗云諸人無頭無尾不曾盡心在上面，也各家去奔走仕宦，所以不能理會得透。又云諸公雖親見伊川，皆不得其師之說。龜山尤傳道所自謂其做人苟且，謂其隨衆鶻突，謂其說道理無收煞，謂其氣質弱。延平語中年多不信之。屏山白水籍谿，雖親受業，亦皆斷之爲禪。同時如張宣公，則所與往還書，詆斥甚切。其後《南軒集》多删改以就己之說。呂成公則謂其杜撰，謂其看文字粗，謂其不理會經，謂其弊在於巧。此等言語皆宜善觀之。其於陸子，雖中年所見各殊，要不失爲朋友切磋之道。厥後門人傳說宗旨，彌失其真，遂激而爲已甚之論。自言忿懥爲病，理或有之，及乎晚年，道成德立，則有不謀而合者矣。今觀《朱子文集》，疑陸子爲禪學者几數條，不過如論上蔡、廣平、龜山之意，而其推尊陸子，則不在二程子下。嘗曰：子静平日所以自任，正欲身率學者一於天理，而不以一毫人欲雜於其間。又曰：陸子静表裏不二。又曰：南渡以來，八字着脚理會着實工夫者，惟某與子静二人而已。又曰：南軒、伯恭之學皆疎畧，南軒疎畧從高處去，伯恭疎畧從卑處去。又曰：子静底是高，伯恭的甚底，如何得似他。觀此，則其位置陸子於張、呂二公之上，章章如矣。今讀朱子之書者，推崇張、呂無異詞，即上蔡、游、楊諸公，亦不因朱子目爲禪學而盡擯之。獨於陸子嘵嘵不已，豈朱子之心哉？議陸子則以朱子所詆者爲據，觀朱子晚年持論，無不與陸子相合，又安以爲朱子解也哉！慈湖之於陸子，猶上察諸公之於二程。慈湖言頓悟，陸子不言頓悟，豈可追咎其師。陸子於門人，數稱傅、鄧、黄、項諸子，而不及慈湖，嘗箴其言一，責其習氣未盡，而朱子亟稱之，既薦之於朝，又令學者從之遊，此必有說，慈湖書嘗盡見之否？若止是《困知記》所録，未足爲定論也。陽明之學，從朱子入，不從陸子入，故晚年定論一編。尚欲依附朱子，而顯與陸子異。至其門人王畿之徒，專欲從良知發用處，推致其極，以爲不待存養，不假窮索，則益悖矣。然考其全録，提唱致良知三字，在正德辛巳以後。立論過高，學之恐有厭下學而希上達之病，若前此所守極正，人品事業卓然爲明代第一人。儒者思爲有體有用之學，固當奉爲標準。吾輩今日果能從聞見上用功，則擇其善者而從之一言，自當遵守，凡古人言行，即有未盡善處，須詳思其所由然之故，一一申說出來，庶不失爲先明正大胸次。如全不覩其是者，只聽他人口吻，奮然隨之，叫號嫚罵，無論古人品地有定，不易壓倒，縱令能壓倒古人，亦於自家身心何益耶？願吾兄之熟講之也。

仁義禮智之理，雖具於心，而實散之於萬事萬物二語，似屬創論，雖字實字，更太露低昂。嘗聞先儒之說，以爲天下之物，莫不有理而皆統具於吾心，所謂萬物皆備於我也。今但謂理具於心而散之於萬事萬物，猶近心爲太極之說，然已是將内外截然分開，不知吾心之理，如何將來散與〔一〕萬事萬物？萬事萬物待將何人心中之理去散給他？既散之後，吾心所具者尚餘幾何？後來又如何收取些轉來？皆費研索。若仁義禮智之理，孟子固曰非由外鑠我也。我固有之也，豈可謂實散之於萬事萬物？告子以義爲外，孟子闢之；荀子以禮爲外，程子闢之。如吾兄所說，則是仁智之理，亦散之於外也，可乎？不可耶！朱子大全集，偶不在篋中，未能盡記。弟以理推之，知其必無此語。若所謂心雖主乎一身，而足以管夫天下之理，理雖散在萬事，而實不外於一人之心，則與兄所言者，自不同矣。非窮理格物數句，亦微有語病。窮理格物，朱子言之。今續極深研幾一句於下，似以窮理格物四字爲未足者，恐非朱子本意。又於極深研幾下，接體驗於人倫日用之間一句，似以極深研幾，猶是未嘗體驗者，恐非朱子知行相須之意。亦何由行習著察，充其本然之善，以復其初也。三句俱覺堆疊成文，恐不如陸子充其所見，推其所爲，勿怠勿盡，益著益察，日躋於純一之地等語，親切有味。前書精細明確，窮理盡性，

〔一〕 重刻版《陸子學譜》爲『以』字。

精義入神，推勘入微，體驗切實，以至於融會貫通云云，大意亦與此同。承蒼學力至淺，方論陸子集，本不欲及此。但來教多是泛論，惟此數句，說本體，說工夫，足見吾輩學問原委所在，故不得不奉商也。心有體有用，體立而用自行，故其要在以仁存心，以禮存心。程子曰存久自明。陸子曰此心但存，則此理自明皆此意也。兄言恃一心以爲作用，將吾心之全體大用，有所不明極是，但尊意似謂讀書即是窮理，依着書上之理做去，即是擴充，承蒼則謂讀書考索義理，亦是存心之事，故博學篤志，切問近思。子夏以爲仁在其中，心愈存則愈明。擴充只是將心中本明之理推廣出去，使滿其量。若此心不存，止□書本上所明之理，究竟與心不相浹洽，一些本體也算不得，行之於外，必有顛倒錯亂之患，鄙見如此，未審是否？伏乞高明誨之。

來教云：此書言致知明善。所謂致知明善者，在先知開端發足之大指。所謂大指，蓋亦可知矣。《與胡季隨書》

陸子曰：『誠身之道，在於明善，然則明善，即其大指也。』

來教云：此書言格物知至矣。其所謂物格知至者，在乎自疑自克，而謂私見之箇人，難於自知，己私之未克，雖自命以仁義道德，自期以可至聖賢之地者，皆其私也。此不過欲人舍所學以從己之說，即爲自克，即爲物格知至，與聖經所言物格知至者異矣。

陸子曰：『學問之初，切磋之次，必有自疑之兆，及其至也，必有自克之實，此古人物格知至之功也。洵是過來人語，吾輩能實下工夫，自知之矣。』又曰：『己之未克，雖自命以仁義道德，自期以可至聖賢之地者，皆其私也。此解克己復禮而大旨則爲荆公而發，不必以深刻之意求之。』

聖經所言格物畢竟如何？若今日時文所說，質之五經、孔子、孟子之言，及漢唐史册所載諸儒議論，有一處相合者否？乞以見教。

來教云：此書以識路頭爲知止，但恐路頭一差，定静安慮，一齊差却。學於古訓有獲。今云知止則於古訓如歸吾家，如入吾門，先説約而後詳説，先知至而後物格。所謂六經注我，我注六經。

陸子言不識路頭，終汩没於形似，而無所至止，路頭者行之始，所至止者行之終，未嘗以識路頭爲知止也，不識路頭則差，識得便不差。下云集義由仁義，路頭若此，庶乎其不差矣。此書又言不知所止，豈能欽厥止哉？不欽厥止，豈能安汝止哉？爲學先後次第，論之極明，恐不如吾兄所識。下文言汝初信問讀《易》之法，誠知所止，則其於往訓，如歸吾家而入吾門矣。以見人患，不能知所止，誠知所止，則書册中之理，無不可通，非謂先知止而後讀書也。然程子謂今人不先明理義，不可治經。則讀書亦非可漫然者，況鄧文範是問讀《易》之法。《易》與他經不同，讀《易》之法，又與記誦訓詁不同。孔子晚而學《易》，即謂在知止後，奚不可耶？《書》言學於古訓乃有獲，不是讀古訓有獲。今人不明學字之義，故以多聞多見爲博學。學字之義明，則於朱子、陸子之書，無難解者矣。又陸子此書，言往訓不言古訓。古訓則可專指經文，往訓則凡解經之書，如程子易傳之類，皆在其内。此等處亦未可草草看過。陸子全書，從無一字泛説也，六經注我，我注六經，出於陸子門人所記，未可盡信。但朱子有云，經之有解，所以通經，經既通，自無事於解，借經以通乎理耳，理得則無俟乎經，頗與此意相似，至程子謂天地之用，皆我之用，則又豈特六經爲然也哉？

來教云：此篇言學矣，然其大旨，則謂學當求師。伊洛諸賢，以師道自任，而所以道之非其道，蓋言物格致知之非也。故下言傳夫子之道者，不在游、夏之文學，而在曾子之愚魯。大約象山之文，雖波瀾浩渺，縱横出没，而不離乎其宗，誠考亭所謂黑腰子也。

陸子云：『本朝理學，遠過漢唐，始復有師道，其推尊伊洛諸賢可謂至矣。』後則言當時之爲師者，不以其道導門弟子，非指伊洛諸賢也。格物致知，聖經首訓，陸子誨人，必本於此，孰敢以爲非者。但專以讀書考古爲格物致知，則大失聖經之意耳。論游、夏之文學，不能傳夫子之道，夫子爲子思擇師，獨在曾子，洵是千古絶識，諒在吾黨決無異詞。六經非一人之作，孔子、曾子、子思門人始專輯其言，一聖兩賢，若合符節。孟子處戰國時，以好辯稱，其言尤爲縱横變化，而皆不離乎其宗，良由理本同然，得之於心而宜之於外，自是不容有異。後來惟廉谿明道所言，前後一轍，與孟子同。象山之書亦然，其氣象尤酷似孟子。若伊川之言，考亭議其未定於一；考亭之言，整菴議其未定於一。蓋其始也，求之於多，多則雜矣。惟其晚而自悔，故卒亦無不一也。試思中無定見，孰能不離乎其宗者，此又可以爲象山病耶。至此篇行文明白條暢，初不見有晦暗處，黑腰子三字，乃禪家不通鄙語，朱子偶然稱引，門人遂筆之於書，可謂無識，吾輩復何爲數舉之耶？

來教云：此篇自任之意甚力，推倒伊洛諸賢，意中言外，皆詆訾考亭，然以聞見爲支離，而謂此心此理，我固有之，聖賢先得我心之所同然，明明與聖人多聞多見之訓不同。

陸子曰：『近時伊洛諸賢，研道益深，講道益詳，志向之專，踐行之篤，乃漢唐所無有，其所植立成就，可謂盛矣。然江漢以濯之，秋陽以暴之，未見其如曾子之能信其皓皓。肫肫其仁，淵淵其淵，未見其如子思之能達其浩浩。正人心，息邪說，距詖行，放淫辭，未見其如孟子之長於知言，而有以承三聖也。』蓋謂伊洛諸賢，得聖人不傳之道於千載之後。面歎夫親炙之者，不能如曾子、子思之於孔子；私淑之者，不能如孟子之於孔子。推尊若此，後人無以復加，推倒之說，何爲而發也？朱子、陸子皆以道自任，故朱子謂南渡後，惟己與子静，理會着實工夫。而我朝安谿李文貞公，亦並稱爲百世之師，謂此書言外有不滿朱子之意，是則誠然。支離事業，鵝湖相見時，即淳切言之。朱子與陸子書，則有葱嶺之戲，此皆朋友輔仁之誼。其後朱子聞陸子教人讀書，陸子聞朱子書册埋頭之歎，則彼此交相喜悦，其心事光明正大，至今如見，豈世之面是心非者，所可同日而語耶？我固有之，聖人先得我心之所同然，皆孟子語，豈宜用爲訾議，至謂與聖人多聞多見之訓不同，承蒼則未敢默默。攷諸論語，聖人固未嘗以多聞多見爲訓也，多聞擇其善者而從之，以爲讀古人書，苟不能擇善，則多聞適以滋惑，而不得爲知也，多見而識之，所見者，或列國之時政，或卿大夫之行事，孰善孰否？不容顯爲別白，則但識之而已，不可遽從也。如是其精且慎，然僅可語於知之次，則知之上者可思矣。子張學干祿章，則恐其溺於聞見，而遂不免於尤興悔也，故教之闕疑殆，教之慎言行，以爲徒恃其多聞多見，鮮不爲言行之累也。朱子謂救子張之失而進之，最爲得旨，夫子語子貢則以多學而識爲非。又曰：『君子多乎哉不多也。』他若言博文則在於約禮，謂之亦可弗畔。若曰苟不約之以禮，必且畔於道，所以爲博學於文者戒也。聖人之意，不既章明較著矣乎！程子曰：『學也者，使人求於内也。』不求於内，而求於外，非聖人之學也。又曰：『大凡學問知之聞之，皆不爲得，得者須默識心通。』又曰：『學者須學文，知道者進德而已，有德則不習無不利，未有學養子而嫁，蓋先得是道矣。』學文之功，學得一事是一事，二事是二事，觸類至於千百，至於窮盡，亦只是學，不是德，有德者不如是。又曰：『世人之學，博聞強識者豈少，其終無有不入禪學者。』上蔡記誦博識，則謂其玩物喪志。與叔季明以知思聞見爲患，則曰某甚喜此論，世之學者大弊在此。其解大學則曰致知，但知止於至善，爲人子止於孝，爲人父止於慈之類，不須外面，只務觀物理，泛然如游騎無所歸也。其解《論語》則曰：『君子博學於文，約之以禮。』此非自得也，勉而能守也，多聞釋其善者而從之，多見而識之，知之次也，以勉中人之學也。程子之教人又如此，宜無不可遵者。故謂聖人以多聞多見爲訓，特俗下講說之誤，非朱子之言，亦非知學者之言也。

來教云：以義利公私判儒釋，此只在形迹上說，可知向上一層，未曾撥轉，安得不是葱嶺帶來。

周子曰：『聖人之道，至公而已矣。』又曰：『天地之道，至公而已矣。』公則爲義，私則爲利，以此判儒釋，其理極精，其言最盡。兄謂其在形迹上說，向上一層，尚未撥轉。竊所未喻，從來論儒釋者皆謂上一截同，下一截異，故猶有欲學其上一截者。陸子則謂儒者全是公與義，釋氏全是私與利，自始至終，自内至外，無一不異，直是判得斬截分明，使人無可躲閃處。又言吾儒之道，乃是天下之常道，謂之典常，謂之彝倫，蓋天下之所共由，斯民之所日用，此道一而已矣，不可改頭換面。又言釋氏視吾《詩》、《禮》、《春秋》，何啻緒餘土苴？吾儒求道，當以周公之思兼三王，孔子之學不厭、教不倦，孟子之正人心、息邪説、距詖行、放淫辭爲標的。惟其學一以聖人爲歸，故於異教毫無回獲如此，而猶目爲禪宗，是何啻以薰爲蕕，以白爲黑也。朱子當日聞人言陸子不教人讀書，又未盡見其論著，是以不能無疑，葱嶺之戲，雖不當要不害爲朋友責善之道。然陸子輪對五劄，現在集中，皆齊治均平之論，雖善毀者，不能指某句爲禪也。吾輩生六百載後，各有心目，開卷釐然，寧不知朱子之服膺陸子，實在張、呂二公上，而徒據此一言，盡没其平生相敬之實，非惟不知陸子，亦豈得爲知朱子者哉？

來教云：無形而有理，豈不分明，不知何故費許多唇舌，得毋未免於執己好勝之譏乎。

無極之辯，當以陸子爲正，雖仇視陸子如羅整菴，且無異詞，以吾兄之博學詳説，亦不能别置一詞，是可以見此心此理之同矣。朱子當日誤信其説出於周子，又見己所作註已行於世，其論太極之理，果如所解，亦足有功後學，故不能割捨而重爲之詞。然無極太極，在作圖者，實作兩層解，今欲渾而爲一，不免遷就牽合。逮乎晚年，語及無極者絶少，其門人亦罕言之，想師弟間必有定論。吾輩今日亦何必曲爲之回護耶？六經孔孟之書，不言無極，惟老莊言之。通書不言無極。二程所論至多，不言無極。上蔡、廣平、龜山以逮豫章羅氏、延平李氏，皆不言無極。朱子發謂傳之陳希夷，今華山現刻有希夷無極圖，鑿鑿有據。設令表章太極圖説者，始自陸氏之徒，不知後人當如何横議。以爲崇尚虚無之確證，今獨無奈其出於朱子耳。《宋史》所載，本是自無極而爲太極，後來朱子定作無極而太極，稍覺圓渾，亦未若柳子厚所云，無極之極爲更超也。兄於朱子兩書，獨取無形而有理一句，洵爲有見。但以鄙意觀之，本文兩極字是一樣，朱子用一形字一理字，已是分作兩樣，且彼爲是說者，必自以爲造語精妙，今但曰無形而無理，殊覺籠統淺近，絶不見有着實處，未有此說以前，執疑太極爲有形，爲無理耶。朱子曰：太極者，猶曰舉天下之至極無以加此云爾，語意何等鄭重！有理二字，語意何等輕泛！並提而論，已是迥不相侔，謂之分明，未敢信也。陸子謂欲言其無方所，無形狀，宜如《詩》言上天之載，無聲無臭，豈宜以無極加太極之上？《繫辭》言神無方，不言無神；言易無體，不言無易，此言平允，斷不可易，試平心思之。

承蒼條具鄙說如右，大抵皆因來教所及，畧爲分疏。至於朱陸合一之實，猶未敢極論，亦恐驟論之，吾兄終不見信也，願更取《朱子大全集》，平心觀之，而無以先入之言相捍拒，則自見之矣。承蒼與兄皆自齠齔以來，誦習朱子之教，曷敢少違。昔聞明代諸公，多所詆訾，不勝切齒，即見困知録間有異議，亦爲蹙然。十數年間，寢食於朱子之書，確然見其晚年立教，多與陸子相合。朱子始終未見陸子全集，非故屈己意以從之，蓋見道愈明，則其言自不容不一耳。今必據朱子中年之說，力排陸子，則凡說之合於陸子者，勢不得不覆匿之，而徒以教人多讀書爲朱子一生定本，即如勉齋所作行狀，凡萬五千言，於讀書講學，娓娓詳之。至其存養踐行，止用輕筆帶過。總敘處，窮理以致其知，反躬以踐其實，居敬者所以成始成終也云云，亦不免截然分爲三事。如云躬行不以敬，是將敬看在躬行外，程子謂不可將窮理作知之事，亦與勉齋此語不相似。反覺聖人一貫之學專在陸子，而朱子之深造自得者，終不復明。後之學朱子者，將何所據依以爲入德之自耶？承蒼不揣愚昧，僭爲此說，非敢袒護朱子，實欲天下後世，共知朱子之學，由博反約所以能集諸儒之大成。而其晚年教人，則諄諄以求放心尋德性爲先務，不欲學者困於聞見之支離。庶幾有志之士，弗迷其方，得以自進於斯道。而國家亦收人才之實效，此其用意誠迂，然於朱子之教，則可謂不悖者矣。頃見孫臨泉言今日非無通經博古之士，特患其心騖外徇私，不得其正，惟陸子之言可以藥之。斯誠大君子維世植教之盛心，苐於朱子深處，似未見得分明。吾兄之意，則專欲推崇朱子，惟恐陸子之說，得以並駕於其間，而究其實亦未免淺視朱子。故敢以區區之說進，乍聞之必有牴牾。第念此事非一家私言，必相與往復體究，歸於至是，乃爲不負先儒，公務有暇，幸望諄切指示，無效昔人門户之見，徒以空言相誚責也。承蒼於朱子之書，惟格物致知補傳，疑其未定於一。無極三書，頗信陸子，其他則皆洞悉其指歸，中心悅服。前舉其議論先儒之言，特欲明朱子於任道諸賢，皆有評騭。其議陸子，亦春秋責備賢者之意耳，雖語氣稍覺繁重，非敢暴揚朱子之短也，伏惟亮照。

萬編修又嘗書程瞳《閑闢録》後云：謂朱子反身入德，有資於陸子之言，初不害爲朱子之大。程瞳必反覆緣飾，以明其不然，是謂朱子無取善之量矣。觀朱子跋鹿洞講義，悅之至，服之誠，末云几我同志，於此反身而深察之，則庶乎其可以不迷於入德之方，惡有責他人信從，而己獨不然者耶？凡人稍知求道，即無迷於聲利之理。程瞳僅以不迷於利稱朱子，所以視朱子者過淺。朱子於義利之說，固不待見陸子而後有聞，第未深察夫學者隱微深痼之病，如此之甚，遂不免以爲易曉而忽視之，平時講論，罕所發明，及聞陸子之言，始竦然動心已耳。程瞳言朱子前此已能察於義利，歷引其言以証之，本屬無謂。然所舉張南軒文集序，則作於淳熙甲辰，在鹿洞會講後三年，正因陸子之言，而愈服南軒此言之切要，白鹿洞賦，未審作於何時，考朱子年譜，已亥三月赴南康軍，十月創白鹿洞書院，數月告成，當在庚子之春，是年十一月始作卧龍菴。與呂伯恭書云：『有意爲記卧龍山居，此固幸甚，然今事又有大於此者，敢以爲請，別紙所具，白鹿洞事迹是也，幸賜之一言，則是時白鹿洞書院記，猶未具也。』次年辛丑正月，始得伯恭所作記藁，往復商榷，未即刻石，而陸子之來南康，即以二月。今觀《白鹿洞賦自註》云，事具呂伯恭書院記，然則朱子此賦，安知不作於三月任滿，從容無事之時，而所云彼青紫之勢榮，亦何心於俛拾，非即因陸子喻義章口義而引伸之者耶？白鹿講會感興二詩，所作歲月未可懸斷，但感興詩編次與和陸復齋詩相近。和復齋詩，實辛丑年會陸文安公時補作也，故有別離三載之句，陸子年譜可考也。朱子跋《白鹿洞講義》云：『陸兄子静，來自金谿，今易谿爲陵，白鹿講會次卜文韻，易卜爲方，卜乃人姓，故云次韻。』朱子别有次卜掌書韻詩，易爲方丈則不可通矣，引南軒文集序，增出擴前聖之所未發二語，此皆無關大要。然亦可見程曈於文理字義，尚未通曉，而欲議前賢學問之旨歸，豈不妄哉？

附

《四庫全書總目·陸子學譜二十卷》提要

《陸子學譜》二十卷江西巡撫採進本

國朝李紱撰。是編發明陸九淵之學，首列八目：曰辨志，曰求放心，曰講明，曰踐履，曰定宗仰，曰闢異學，曰讀書，曰爲政；次爲友教，次爲家學，次爲弟子，次爲門人，次爲私淑，而終之以附録。考陸氏學派之端委，蓋莫備於是書。惟必欲牽朱入陸則可以不必耳。